国家出版基金项目
NATIONAL PUBLICATION FOUNDATION
“十三五”国家重点出版物出版规划项目

20 世纪中期云南少数民族社会历史调查实录

第二卷

中央民族访问团西南民族访问团第二分团（二）

主　编◎申　旭
副主编◎肖依群

云南人民出版社

图书在版编目（CIP）数据

20世纪中期云南少数民族社会历史调查实录. 第二卷, 中央民族访问团西南民族访问团第二分团. 二 / 申旭主编；肖依群副主编. -- 昆明：云南人民出版社, 2023.4

ISBN 978-7-222-20951-0

Ⅰ. ①2… Ⅱ. ①申… ②肖… Ⅲ. ①少数民族—民族历史—社会调查—云南—20世纪 Ⅳ. ①K280.74

中国国家版本馆CIP数据核字(2023)第017143号

责任编辑 郭木玉
特约编辑 周元晖
助理编辑 巫孟连
装帧设计 石　斌
责任校对 溥　思　文永清
明　珍　费　珺
白　帅　董郎文清
责任印制 代隆参

20 世纪中期云南少数民族社会历史调查实录

第二卷
中央民族访问团西南民族访问团第二分团（二）

主　编◎申　旭
副主编◎肖依群

出　版　云南人民出版社
发　行　云南人民出版社
社　址　昆明市环城西路609号
邮　编　650034
网　址　www.ynpph.com.cn
E-mail　ynrms@sina.com
开　本　787mm × 1092mm　1/16
印　张　40.5
字　数　935千
版　次　2023年4月第1版第1次印刷
印　刷　昆明理煜印务有限公司
书　号　ISBN 978-7-222-20951-0
定　价　500.00元

云南人民出版社微信公众号

写在前面

一

2019年1月，我在5卷本《秘境——云南民族濒危影像记忆》的开篇“写在前面”中写道：

编成本套图书前后历经10个月，而搜集、梳理和研究云南民族影像资料，则自我来云南工作以后直到退休，花费了整整30年的时间。

在2016年出版的《云南民族调查史料钩沉（1950—1965）》开篇“前言”中，我曾写下这样一段话：出版本书最主要的目的，就是将我们20多年来搜集到的云南民族调查史料的相关内容和目录公之于世。这些史料绝大部分至今尚未公开出版，也很少为有关部门和专业研究人员所使用，很多人甚至不知道其存在。而这些珍贵的云南民族调查史料，正是中华人民共和国建立初期党的民族政策在西南边陲得以良好贯彻执行的确切依据，也是部分民族政策基于民族调查而制定的最好见证。如果要总结新中国民族工作的“云南现象”和“云南经验”，了解云南民族团结进步、边疆繁荣稳定的历史发展轨迹，这些史料则是其中最早和最重要的组成部分。

编纂《秘境——云南民族濒危影像记忆》丛书，我们有着同样的初衷。“为了明天而收集昨天”，则是我们的终极目的。

2020年1月，《20世纪中期云南少数民族社会历史调查实录》（后文简称《实录》）的选编工作正式启动。

我们对于20世纪中期云南少数民族文献史料和影像资料的搜集是同步进行的，因而编纂《实录》和编纂《秘境——云南民族濒危影像记忆》一样，有着同样的初衷和终极目的，两套图书同为“历史记忆”，一为文字，一为图片，相互观照，彼此成就。5卷本《秘境——云南民族濒危影像记忆》于两年前编定，即将面世，而《实录》的编辑和出版事宜肇始于2012年，至今已8年有余。其间不断大费周折与各方机构、多个部门商谈切磋，多次按照要求提交情况说明、申请报告、策划方案、出版计划、经费预算；曾接到过项目已获批准的通知，也见到了权威机构的立项文件，但结果都无从言说，令人身心俱疲、感喟不已。2015年，我在《云南民族调查史料钩沉（1950—1965）》（云南人民出版社2016年版）一书的“前言”中写道：

> 2004年，我们策划并出版了《见证历史的巨变——云南少数民族社会发展纪实》一书，全书分为4卷，即社会发展卷、生产劳作卷、生活习俗卷和文化艺术卷，书中提供了1480幅珍贵的历史照片，是我们搜集、整理云南民族调查资料的阶段性成果。之后在继续查找、搜集和购买各种云南民族调查资料的同时，我们在极为困难的条件下，阅读了全部能够找得到和看得到的云南民族调查资料，并开始着手辨识和系统分类整理工作，计划将其部分陆续公开出版。由于经费等多方面的原因，这项工作至今仍在进行之中，因而先将云南民族调查资料的主要情况和一万多份史料的目录编成《云南民族调查史料钩沉（1950—1965）》一书，抛砖引玉，希冀有更多的人来关注和研究新中国建立初期云南各民族的发展历程，也期望有更多的人去抢救和保护云南民族调查资料，少存遗憾，给后人留下一笔不可多得的精神财富。

来到“十三五”收官之年，《实录》史料的辨识、分类、整理、选编和出版进程步入快速前行的轨道。

二

20世纪中期云南少数民族社会历史调查资料，主要包括以下几个方面的内容：

1. 民国时期的调查资料；
2. 中共云南省委边疆工作委员会的调查资料；
3. 云南省民族事务委员会的调查资料；
4. 云南省民族工作队的调查资料；
5. 中央民族访问团西南民族访问团第二分团的访问调查资料；
6. 云南民族识别研究组的调查资料；
7. 云南民族语言调查组的调查资料；

8. 全国少数民族社会历史调查中的云南民族调查资料；

9. 为贯彻执行民族政策，配合中央、云南省有关方面的各项工作，云南省各专区、自治区（州）、县、市、区、乡以各种组织形式进行的调查资料。

《实录》中民国时期的调查资料收录较少，范围也不甚广，目的仅在于使阅读者和使用者对1950年前后阶段云南少数民族的基本情况和发展进程有一个连续性的概念，不致截然割裂开来，重点仍聚焦于1950年云南解放以后各方面所发生的重大变革，并以1956—1964年的调查资料最为集中。因1956年开始的全国少数民族社会历史调查，包括云南在内的大部分地区在1965年时已基本结束，《民族问题三种丛书》的编写工作又因“文化大革命”的来临而陷于停顿状态，《实录》内容的时间下限也就确定在1966年“文化大革命”开始以前。

提起“云南民族调查”，人们首先想到的就是始于1956年的全国少数民族社会历史调查，即人们通常所说的“全国民族大调查”。实际上，早在1941年8月，中国共产党就做出了《中共中央关于调查研究的决定》，对中国社会各阶层进行调查研究。在1956年全国少数民族社会历史调查开始之前，中央人民政府先后派出了中央民族访问团西南民族访问团第二分团、云南民族识别研究组和云南民族语言调查组前往云南进行各项访问调查，中共云南省委边疆工作委员会、云南省民族事务委员会、云南省民族工作队等也对云南省解放初期各方面的情况做了大量的调查研究工作，为云南省少数民族身份和种类的最终确认、云南边疆民族地区社会经济的发展和中央民族政策的制定、贯彻执行奠定了坚实的基础。

从1956年开始，中国历史上第一次有组织、有计划进行的全国少数民族社会历史状况科学调查，系由毛泽东倡议、彭真负责。当时明确了调查工作由全国人民代表大会民族委员会主持，成立了由全国人民代表大会民族委员会主任委员刘格平、中央民族事务委员会副主任刘春和中央民族学院副院长费孝通组成的调查领导小组，在全国人民代表大会民族委员会成立了调查办公室。1956年4月，全国人民代表大会民族委员会制订了民族调查规划，拟定筹建云南、贵州、广西、西藏等地区少数民族社会历史调查组，计划在4—7年内基本弄清楚各主要少数民族的社会经济结构和阶级情况。当年就组织了云南、四川等地8个调查组，抽调了民族学家、社会学家、历史学家、经济学家以及社会科学研究人员、民族工作干部、大专院校师生参加。对云南各民族的调查，至“文化大革命”以前基本结束。据不完全统计，20世纪50—60年代云南民族调查资料初步整理出万余种，总字数在1亿字以上；整理档案资料和文献摘录数百种，计2000多万字；录制少数民族社会历史科学纪录片7部，拍摄各民族照片数万幅，还搜集了一批少数民族历史文物。

中国少数民族社会历史调查及其资料的整理、出版时间前后长达数十年之久。这是新中国成立以来唯一的一次大范围、全方位的少数民族调查，丰富的材料比较详细、忠实地记录下了各民族历史和现状，是非常可贵的第一手材料，为我国少数民族身份、种类的识别和确认提供了科学依据，培养了新中国第一批民族学家和人类学家，为中国少数民族的社会发展和新中国民族学、人类学的奠基与成长发挥了举足轻重的作用。就最终确定少数民族种类最多的云南省而言，民族识别和调查做得最好，民族工作尤为仔细和认真，民族政策的贯彻和落实最到位，调查资料数量及保留较多，内容也极为丰富，因而显得尤为弥足珍贵。

《实录》所说的“云南少数民族调查资料”即指上述各项调查的文献、提纲、记录、报告、总结、信件、照片、纪录片文本、研究成果、纸质文物等各类历史资料，以及20世纪50—60年代铅印的云南民族调查资料。

20世纪50—60年代，全国人民代表大会民族委员会云南少数民族社会历史调查组、中国科学院民族研究所云南民族调查组和云南省少数民族社会历史研究所等部门和研究机构编辑铅印的调查资料，由于封面一律为白色，故又被称为“白皮书”。

云南民族调查资料白皮书总共印刷了多少种，目前尚不得而知。到目前为止，我们收藏到58种，涉及云南25个世居少数民族中的14个，即彝族、哈尼族、白族、傣族、傈僳族、拉祜族、佤族、纳西族、景颇族、布朗族、阿昌族、怒族、德昂族、独龙族等。其他11个少数民族没有涉及，原因和可能性有3点。

1. 当时进行的少数民族社会历史调查主要是为撰写各少数民族简史、简志提供资料，具体分工的方法是：一个民族若同时分布在若干省区，则由分布该民族人数最多的省区负责撰写，其他省区负责该民族的社会历史调查，并把调查资料提供给承担撰写任务的省区。云南配合贵州、广西等省区撰写任务而进行调查的少数民族共有8个，即蒙古族、回族、藏族、苗族、壮族、布依族、瑶族、水族等。

2. 普米族、基诺族和满族3个民族被识别和确定为单一民族的时间较晚。普米族于1961年被确定为单一民族，而基诺族直到1979年才被确定为单一民族。当时普米族和满族两个民族的调查资料已经初步整理，但未被列入白皮书，而基诺族尚被称为攸乐人，其调查资料则被列入彝族的内容范畴。

3. 某些民族的调查资料，也许已经收入白皮书，只是我们尚未见到。

通过阅读白皮书，并将其与云南民族调查资料手稿及后来公开出版的国家民委

《民族问题五种丛书》之《中国少数民族社会历史调查资料丛刊》中的云南部分进行对照，简而言之，白皮书的价值主要体现在以下4个方面。

第一，《中国少数民族社会历史调查资料丛刊》没有全部收录白皮书的内容。仅举一例如下。

中国科学院民族研究所云南省少数民族社会历史调查组、云南省少数民族社会历史研究所办公室在《四川及云南昭通地区彝族社会历史调查资料》（彝族调查资料之二，1963年5月10日）白皮书的“说明”中写道：

因为编写《彝族简史》的需要，中国科学院民族研究所云南省少数民族社会历史调查组与云南省少数民族社会历史研究所于1960年2月至5月，至四川凉山彝族自治州和西昌地区以及羌族地区进行了调查。此次调查中，以云南大学历史系方国瑜教授为首的20多位师生，也作为调查组的成员参加了工作。本资料就是以此次调查的一部分专题材料为主，包括云南昭通地区毗连四川凉山的有关部分调查而成的。

《四川及云南昭通地区彝族社会历史调查资料》白皮书共收录四川、云南有关彝族的调查16篇。20世纪80年代，在出版国家民委《民族问题五种丛书》之《中国少数民族社会历史调查资料丛刊》时，云南省编辑组编辑了一本《四川广西云南彝族社会历史调查》（云南人民出版社1987年版），但未收录任何一篇该白皮书中的调查资料。

第二，云南民族调查资料白皮书主要来自当年的调查手稿，但现今部分手稿已不存在或很难寻觅，白皮书就成为当时调查最真实的记录。

截至目前，我们已粗读过1万多份尚未系统整理和公开出版的云南民族调查资料，大多为复写本、刻印本、油印本和抄本，表明这些资料并非孤本，其中部分曾经内部印刷，部分已经编入白皮书或《中国少数民族社会历史调查资料丛刊》。例如，《思茅　玉溪　红河傣族社会历史调查》编者指出：

本集共收集孟连傣族历史文献译文、社会调查资料及景谷、元江、新平、金平、红河各县调查材料共十七篇，其中八篇曾由中国科学院民族研究所云南民族调查组、云南省民族研究所以内部资料形式铅印过。[①]

① 云南省编辑组编：《思茅 玉溪 红河傣族社会历史调查·后记》，国家民委民族问题五种丛书之一《中国少数民族社会历史调查资料丛刊》，云南人民出版社1985年版。

《傣族社会历史调查》（西双版纳之十）编者指出，该集收入的资料中，“《勐海县勐混区曼蚌乡傣族农村公社和家族组织调查》一文，曾见于云南省历史研究所的内刊”①。《傣族社会历史调查》（西双版纳之三）编者指出：

本集收入的译稿，都是1954年至1955年间收集的有关西双版纳宣慰使司和各勐的史料，大部分在五十年代作内部资料刊印过。《傣族宣慰使司地方志》，是傅懋勣教授和刀忠强同志在1953年翻译的，我们根据中共西双版纳州委档案科和省历史研究所的复写本和油印本，选用了其中几节。《防火的通告》《宣慰使侍卫轮流执勤牌》等五篇，均选自省历史研究所的手抄稿，没有译者署名，只在卷内目录“调查写作年月”栏中注明“1954年”。这些稿件均请当年西双版纳傣族社会联合调查组翻译小组主持工作的刀国栋同志过目，认定确系这个小组的翻译稿。②

《傣族社会历史调查》（西双版纳之六）编者指出：

本集共收入十二篇调查资料，其中《勐遮傣族社会经济情况调查》和《勐遮傣族农民内部的封建等级调查》两篇，在六十年代初期作为内部资料铅印过。其余各篇原件，除了《版纳勐遮景真傣族社会历史情况调查》存中共西双版纳傣族自治州州委档案室外，均存省历史研究所。③

《傣族社会历史调查》（西双版纳之七）编者指出：

本集收入了景糯、勐很、勐旺、景董以及象明的调查资料共十四篇。收入的这些资料原件，除《景糯傣族社会经济情况调查》《勐旺傣族社会经济调查补充材料》《勐旺曼练景寨调查》《勐旺曼扫寨调查》存中共西双版纳傣族自治州州委档案科外，其他各

① 云南省编辑组编：《傣族社会历史调查（西双版纳之十）·后记》，国家民委民族问题五种丛书之一《中国少数民族社会历史调查资料丛刊》，云南民族出版社1987年版。
②《民族问题五种丛书》云南省编辑委员会编：《傣族社会历史调查（西双版纳之三）·后记》，《中国少数民族社会历史调查资料丛刊》，云南民族出版社1983年版。
③《民族问题五种丛书》云南省编辑委员会编：《傣族社会历史调查（西双版纳之六）·后记》，《中国少数民族社会历史调查资料丛刊》，云南民族出版社1984年版。

件均存省历史研究所。[①]

《傣族社会历史调查》（西双版纳之八）编者指出：

本集收入勐罕、勐笼、勐养和勐景哈、勐宽等五个勐的调查资料十二篇。……除上述外，其余各篇五十年代的油印本，原件存省历史研究所。[②]

仅仅要弄清楚这些原件现今是否还存世，其中哪些作为内部资料刊印过、哪些曾收入云南民族调查资料白皮书、哪些已收入《中国少数民族社会历史调查资料丛刊》、都进行了哪些删节和修改等，都不是一件简单容易的事情。

第三，《中国少数民族社会历史调查资料丛刊》遗漏了太多白皮书原有的信息。

白皮书大多有"前言"或"编后记"，如1958年2月13日全国人民代表大会民族委员会云南民族调查组、云南民族研究所《1956年12月至1957年6月云南西盟卡瓦族社会经济调查总结报告·卡瓦族调查材料之一》（全国人民代表大会民族委员会办公室编，1958年3月）白皮书的"编辑前言"：

自 1956 年 12 月至 1957 年 6 月，我组、所 3 个田野调查组分别调查了德宏州南部景颇族 6 个点，西盟县卡瓦族 6 个点，碧江县傈僳族 2 个点，贡山县四区独龙族 3 个点，碧江、福贡、贡山三县怒族 3 个点。在过去调查的基础上，进一步调查研究了这五族地区的生产力、生产关系、阶级分化、政治及家族制度、意识形态及生活习惯和社会主义改造中的问题。但我组、所初创之际，全部干部都是生手，受过资产阶级社会学、民族学一定的影响，几次批判又软弱无力；尤其对马列主义学习不深，不善于正确地进行阶级分析，特别是对过渡时期两条道路斗争的认识不明确，因此五族调查材料在目前社会主义改造与生产大跃进两个高潮中不能够全部说明问题，就是阶级分化与社会主义改造中的矛盾问题，组、所内干部意见也不一致，尚不能得出准确结论。

上述五族调查，原始材料 164 万字，景颇族社会、经济、政治、意识形态及历史的专题材料 38 万字，五族各点的综合材料 50 万字，卡瓦与景颇两族的综合材料 51 万字，

---

① 云南省编辑组编：《傣族社会历史调查（西双版纳之七）·后记》，国家民委民族问题五种丛书之一《中国少数民族社会历史调查资料丛刊》，云南民族出版社 1985 年版。

② 云南省编辑组编：《傣族社会历史调查（西双版纳之八）·后记》，国家民委民族问题五种丛书之一《中国少数民族社会历史调查资料丛刊》，云南民族出版社 1985 年版。

五族5个总结材料共30万字。另收集文物193件，摄拍照片900张，可供研究参考。

办公室编印资料150万字，这是研究边疆各民族社会经济的基础。争取文史馆、参事室及云大教师多人协助，抄录明清两代云南及东南亚民族史料400余万字，翻译外文著作中的云南及东南亚民族资料120万字，对于明清以来各民族历史关系研究有参考价值。

五族田野调查材料及总结材料，尚须较长时间修改才能付印。就是五族5个总结材料，合计亦达30万字，不便领导同志看阅。为便于领导同志在百忙中以短时间看阅我组、所调查研究情况，特将五族调查材料各写成2000—4000字的总结提要。

该书的"编后记"除了告诉我们该书的编辑者是云南少数民族社会历史调查组、云南省少数民族社会历史研究所，校阅者是张凤岐以外，还讲述了此次调查的基本情况：

1956年12月至1957年6月，我组在西盟瓦族自治县对马散、永广、中课、翁戛科、岳宋等5个瓦族寨子进行了重点调查，并对该县其他少数民族（拉祜族、傈僳族、"罗缅"）进行了某些调查。我们的调查是在过去调查材料的基础上进行的，过去的材料给了我们帮助和启发。

在调查过程中，是在思茅地委会、澜沧边工委会、西盟工委会和西盟瓦族自治县筹委会以及西盟各区委会的具体领导和帮助下进行的，并得到当地驻军的大力协助。

由于我组同志多是初次参加调查工作，缺乏农村工作经验，理论水平不高，因而我们的调查是很肤浅的、不全面的，有些材料还须复查，有些论点还值得商榷。

云南民族调查组第一分组

1957年12月　昆明

《1956年12月至1957年6月云南西盟大马散卡瓦族社会经济调查报告·卡瓦族调查材料之三》（全国人民代表大会民族委员会办公室编，1958年3月）白皮书除了"前言"以外，还有"编者说明"和"编后记"。全国人民代表大会民族委员会云南少数民族社会历史调查组、云南省少数民族社会历史研究所撰写的"编者说明"主要讲述了此次调查的时间、地点和内容：

全国人民代表大会民族委员会云南少数民族社会历史调查组第一分组于1956年11月至1957年7月，到云南西盟卡瓦族自治县（筹备委员会）在卡瓦族的6个点（大马散、岳宋、永广、中课、翁戛科、龙坎）进行了社会经济和历史的调查工作。大马散是分组的调查重点，在这里调查历时 7 个多月之久，写成了这个调查报告。

本册包括大马散寨卡瓦族的概况、经济［包括农业（生产力：生产工具、生产技术、劳动力的使用、产量。生产关系：生产资料占有、劳动组织与分工、合种、土地买卖、雇工、债务、蓄奴），手工业及副业，商业］、社会历史（历史、政治、军事、物质生活、家庭、婚丧、宗教、科学文艺、文教卫生）和大马散农业生产合作社情况。第一分组试图在几年来地、县委调查的基础上，进一步调查研究了大马散卡瓦族的生产力、生产关系、阶级分化、政治及家族制度、意识形态及生活习惯和社会主义改造的问题。大马散是西盟卡瓦族的腹心地区，保留本民族的固有特点较多些，代表面较宽，所以，在这里进行实地调查就能了解西盟腹心地区卡瓦族的特点。

自从 1957 年冬至 1958 年春省委提出苦战三年改变我省的面貌以来，西盟大马散卡瓦族与全省各族人民一样，掀起了生产大跃进和合作化大跃进的高潮，两个高潮互相推动，使大马散卡瓦族起了亘古未有的大变化，如猎头之俗已在大跃进中停止；许多落后习惯已完全改变。本调查报告由于调查时间的限制性，有些卡瓦族在前进中所存在的矛盾和问题，在 1956—1957 年夏调查时还没有暴露出来，或尚未发现。因此当时调查研究的认识与今天卡瓦族大跃进中生动活泼的局面，容或有不全面不深透之处。但作为了解大马散卡瓦族生产和合作化大跃进以前的实际情况，仍然有参考价值，特刊印出来，以供各方研究之助。

“编后记”则提供了整理者的分工情况：

我组在马散调查中得到中共西盟工委会、西盟瓦族自治县筹委会及马散区委会的大力帮助，区上的同志们更提供了许多材料，特此致谢！本报告的整理者是：顾宗振同志负责“概况”“生产资料占有”“劳动组织与分工”“合种”，杨炳炎同志负责“生产力”“手工业及副业”“文教卫生”，沈琼英同志负责“土地买卖”“雇工”“大马散农业生产合作社情况”，李仰松同志负责“债务”“物质生活”，黄宝璠同志负责“蓄奴”“商业”，徐志远同志负责“历史”“军事”“姓氏与父子连名制度”“科学文艺”，傅愫斐同志负责“政治”“家庭”“婚丧”“宗教”。

云南民族调查组第一分组

1957 年 12 月　昆明

国家民委《民族问题五种丛书》云南省编辑委员会编的《佤族社会历史调查（一）》[①]将该册的标题改成了《西盟大马散佤族社会经济调查报告》，删去了《1956年12月至1957年6月云南西盟大马散卡瓦族社会经济调查报告》白皮书中的"前言""编者说明"和"编后记"。

云南民族调查资料白皮书的"前言""编辑前言""说明""编辑说明""编后记"为我们提供了丰富和宝贵的云南民族调查组的信息，但在公开出版《中国少数民族社会历史调查资料丛刊》时大多被删去，留下了太多的缺憾，其中部分也许已经无法弥补。

第四，《中国少数民族社会历史调查资料丛刊》几乎对所有收录进白皮书的内容进行了修改或删节。

鉴于上述，《实录》将收录部分白皮书的内容，主要包括3个方面：一是《中国少数民族社会历史调查资料丛刊》没有收录的文稿，二是《中国少数民族社会历史调查资料丛刊》虽然收录但删改过多的文稿，三是《中国少数民族社会历史调查资料丛刊》仅做了部分收录的文稿。《实录》对于部分白皮书文稿的收录，如果能找到原稿，即以原稿为准；如果无法找到原稿，则以白皮书为准。

三

《中国少数民族社会历史调查资料丛刊》云南部分，收录的不仅是1956年开始的"全国民族大调查"中云南的民族调查资料，而且包括部分1950年至1955年中央和云南省有关部门所做的各项云南民族调查的资料。例如，1958年5月云南少数民族社会历史调查组在《西双版纳傣族社会经济史料译丛》"前言"中写道：

中央访问团第二分团，中共云南省委边疆工作委员会，云南省民族事务委员会，各地、县委，各民族工作队及其他部门和民族工作干部，几年来对云南各少数民族地区的社会经济情况曾进行了许多调查工作，搜集了大量资料，这些资料是此次调查研究的基础。现特委托中共云南省委边疆工作委员会研究室、云南省民族事务委员会、我组参加其工作，将上项资料分别整理编辑；全国人民代表大会民族委员会并指定我组负责刊印出来，

①《民族问题五种丛书》云南省编辑委员会编：《佤族社会历史调查（一）》，《中国少数民族社会历史调查资料丛刊》，云南人民出版社 1983 年版。

以供我组作为调查研究的基础材料及各有关部门和民族工作的参考。[①]

在该书的“编者说明”中，编者又写道：

在解放后几年民族工作基础上，1954年九十月间，中共云南省委边委、省委宣传部与省民委先后派去工作组，会同思茅地委联络组与西双版纳工委调查组，并选拔当地傣族干部20余人，共同组成近70人的调查工作队，展开了景洪、勐海、勐遮、勐腊、勐捧等版纳的傣族社会调查工作。在进行调查工作中，也广泛地搜集过去西双版纳宣慰使司和各勐公私所藏的傣文抄本进行翻译，编成本书。[②]

另外，如《中国少数民族社会历史调查资料丛刊》收录的云南民族识别等方面的资料，调查时间也都在1956年“全国民族大调查”开始以前。

云南民族调查资料最初计划用来编写《民族问题三种丛书》，即《中国少数民族简史》《中国少数民族简志》《中国少数民族自治地方概况》。1978年党的十一届三中全会以后，中央决定将《民族问题三种丛书》扩成《民族问题五种丛书》，增加了《中国少数民族语言简志丛书》和《中国少数民族社会历史调查资料丛刊》。《民族问题五种丛书》中的前4种已于20世纪80年代前后基本出版完毕，第五种即《中国少数民族社会历史调查资料丛刊》，作为国家民委《民族问题五种丛书》之一，于20世纪80年代前后全国共出版143册。其中，云南部分由云南人民出版社和云南民族出版社共出版73册，约计3000万字，册数和字数均约占全国出版总量的一半。国家民委《民族问题五种丛书》修订本于2009年由民族出版社出版，合计为86种147册，其中《中国少数民族社会历史调查资料丛刊》云南部分，虽然《崩龙族社会历史调查》不再单独出版，但是加上民族出版社1990年出版的《基诺族普米族社会历史综合调查》1册，仍为73册。

国家民委《民族问题五种丛书》之《中国少数民族社会历史调查资料丛刊》的编纂工作始于1979年。费孝通曾回忆说：“我是1950年到贵州的，从那年开始就搞民族调查。在这以前，什么叫少数民族，我们也不大清楚。通过中央访问团的几次调查，搜集到不少资料，了解了有些什么民族。……总之，过去30年的民族调查工

① 全国人民代表大会民族委员会办公室编：《西双版纳傣族社会经济史料译丛·傣族调查材料之一·前言》，1958年5月。

② 全国人民代表大会民族委员会办公室编：《西双版纳傣族社会经济史料译丛·傣族调查材料之一·编者说明》，1958年5月。

作，国家是花了钱花了力的，各个民族都出了力。我们搞了不少资料，数量很大。可是，这一大批资料很多都不在了，在‘四人帮’横行时损失了。据我所知，贵州烧得很厉害，一卡车一卡车的资料拉去烧掉了，别的地方也损失了不少。这样，现在剩下的材料就很宝贵了。正是因为这个教训，所以在三中全会之后，国家民族事务委员会就提出来，要抓紧时间把过去的材料整理出来，要编五种丛书，供大家使用。”[①]“1978年的中共十一届三中全会后，国家民委行政机构得以恢复，隔年即在北京召开了出版‘五丛’的规划会议，并成立了由众多著名专家学者组成的编委会，以民委党组的名义向党中央进行报告。此报告于1979年3月由中央宣传部和中央统战部转发至相关省和自治区，并将这一计划列为国家哲学社会科学研究‘六五’规划重点科研项目，作为国家任务下达执行。借此，因‘文革’而搁置的民族问题‘三套丛书’得以充实、提高、发展至‘五种丛书’。”“2003年9月1日，民族出版社将一份重修、再版《民族问题五种丛书》的设想和方案上报至国家民族事务委员会民族问题研究中心。经相关专家学者的反复研究论证，《关于修订、再版〈民族问题五种丛书〉的总体方案》于2005年2月制定出台。随后国家民委主任李德洙主持召开党组会议，审议并原则上通过了该方案。是年7月，经报请国务院批准，修订再版工作全面启动。”[②]

为了做好这项宏大巨制的修订工作，在北京成立了“国家民委《民族问题五种丛书》总修订委员会”，并在“基本保持原貌，统一体例、版本，增加新内容”的总体指导方针下，根据各种丛书的不同特点，制定了具体的修订思路。“‘中国少数民族社会历史调查资料丛刊’的修订，主要是尊重史实，修正错误，增加注释。”[③]修订原则即包括两个方面：一是“尊重史实”，即尊重当时的调查成果，原封不动地保留原文，连标点符号都不改，只在需要修订的地方用标注的方式加以说明；二是“拾遗补阙”。一方面由于原版“五种丛书”的调查重点集中于西南、西北地区，此次修订需要补上中东南等地区漏掉的内容；另一方面需要以页下注释的形式补充调查点几十年来人口、经济、社会、风俗、语言等方面的变化情况。[④]

① 费孝通：《费孝通民族研究文集》，民族出版社1988年版，第295—296页。
② 徐姗姗：《对“民族大调查”与“社会历史调查丛刊”的再解读》，《广西民族研究》2007年第2期。
③ 李德洙：《国家民委〈民族问题五种丛书〉修订再版总序》，2007年8月。
④《中国少数民族社会历史调查丛刊》修订领导小组：《〈中国少数民族社会历史调查丛刊〉修订要求与相关说明》（2006年2月），转引自徐姗姗《对“民族大调查”与“社会历史调查丛刊”的再解读》，《广西民族研究》2007年第2期。

在新中国成立初期历次的民族调查中，无论从规模来讲，还是从结果来看，开始于1956年的全国少数民族社会历史调查都是史无前例的，曾被国家民委等部门和国外学术机构评价为“前无古人，后无来者”。以此次民族调查为基础，出版了《民族问题五种丛书》。这套丛书是当今世界上多民族国家中唯一一部由政府组织、社会力量广泛参与、全面反映国内各民族情况的大型综合文献，内容涉及民族区域自治、民族学、民族史、民族语言文字以及民族经济、文学、宗教、医药、体育、音乐、舞蹈、美术等诸多领域；调查编写工作涉及全国19个省、自治区及中央有关单位400多个编写组，1700余人执笔，共编写出版《民族问题五种丛书》403本，总字数约8000万字；其编写出版工作自1958年开始，到1991年暂告一段落。

四

1950—1965年以各种形式进行的民族调查及其成果是新中国民族理论形成的第一成果，至今仍是民族学、人类学研究的一块稳固基石，在中国民族学发展史上具有里程碑意义。云南是中国共产党民族政策具体实践的一个成功典型案例，丰富而翔实的各少数民族社会历史调查资料则具有充分的代表性。云南是中国少数民族种类最多的省份，是中国少数民族社会历史调查的重点省份，也是中国少数民族社会历史调查文献资料保存最多的省份。当前，云南正在努力建设我国民族团结进步示范区，回顾民族工作历程、总结民族团结经验、促进民族理论创新，是创建示范区的基础性重点工作，因而编辑出版《实录》有着重要的理论价值和现实意义，也将产生深远的影响。

我们现在编辑的这套图书，曾被命名为《〈民族问题五种丛书〉续编——云南少数民族社会历史调查资料未刊稿汇编》，其原因就在于云南少数民族社会历史调查资料未刊稿的存世量远超于人们对它的掌握和认知，其主要目的之一则是为了弥补《中国少数民族社会历史调查资料丛刊》云南部分的某些缺憾与不足。

《中国少数民族社会历史调查资料丛刊》云南部分收录了当时诸多民族调查资料的精华，这一点毋庸置疑，此不赘述。但从现存云南民族调查资料的情况看，《中国少数民族社会历史调查资料丛刊》也存在一些缺憾，主要表现在两大方面。

1. 缺少9个民族的内容。云南有26个世居民族，《中国少数民族社会历史调查资料丛刊》云南部分仅收录了17个民族的调查资料，而汉族、蒙古族、藏族、壮族、布依族、满族、水族、普米族和基诺族等9个民族的内容没有收录。需要说明以下两点。第一，虽然新中国成立初期云南的各项调查主要集中在少数民族地区，调查对象主要是各少数民族，出版的图书名称为《中国少数民族社会历史调查资料丛刊》，但云南汉族的调查资料也应该以某种形式被收录其中。云南民族关系中有3个重要的“离不开”，即汉族离不开少数民族、少数民族离不开汉族、少数民族之间互相离不开，要想把一个地区的民族情况弄清楚，没有汉族的调查资料是很难做到的。就我们目前所见到的云南民族调查资料而言，其中约有数百份汉族调查资料，内容包括云南汉族的来源、汉族与云南社会经济的发展、汉族与少数民族的融合、新中国成立前汉族商业垄断和云南资本主义萌芽、新中国成立初期云南汉族状况、云南山区汉族社会经济调查等诸多方面。第二，在20世纪80年代云南民族出版社和云南人民出版社出版的《中国少数民族社会历史调查资料丛刊》中，没有基诺族和普米族的内容，1990年民族出版社出版了《基诺族普米族社会历史综合调查》一书，其中的上篇“《基诺族社会历史综合调查》，是根据全国民族问题五种丛书编委会云南分编委1980年的决定进行编写的。这一资料的完成是长时间调查的结果”①。虽然基诺族在1979年才被正式确认为中国的一个单一民族，但在20世纪50—60年代的民族调查资料中，有数十份有关“攸乐人”的调查报告，这些调查资料并没有收入《基诺族普米族社会历史综合调查》一书。而《基诺族普米族社会历史综合调查》的下篇《普米族社会历史综合调查》，虽然收录的是20世纪50—60年代的调查资料，但部分经过选编者的多次修订，已经无法看到其原始面貌。后人在对前人的历史调查资料进行选编时，删除不利于民族团结或不合时宜的内容非常必要，但选编者基于自己的知识背景对其他民族（当时云南民族识别工作尚未结束，部分民族及其支系的身份、名称尚未最终确认，但参订者将调查资料涉及的所有民族称谓全部改为后来确定的“规范化名称”②）的调查资料进行“选编”“参订”“修订”（修订者与调查者并非同一民族），必然面临语言、文化诸多方面的困难和不理解，其结果也就很难完全展示原始调查资料的真实性和准确性。

2. 内容涵盖面不够。首先，据目前所了解的情况，云南民族调查资料存世量居全国第一。在修订出版的147册《中国少数民族社会历史调查资料丛刊》（民族出版

①《民族问题五种丛书》云南省编辑委员会编：《基诺族普米族社会历史综合调查（上篇）·基诺族社会历史综合调查·说明》，《中国少数民族社会历史调查资料丛刊》，民族出版社1990年版。

②《民族问题五种丛书》云南省编辑委员会编：《基诺族普米族社会历史综合调查（下篇）·兰坪、宁蒗两县普米族社会调查·说明》，《中国少数民族社会历史调查资料丛刊》，民族出版社1990年版。

社2009年版）中，云南有73册，占了总册数的一半。没有整理和出版的内容，云南民族调查资料现存在1亿字左右，远远超过现已出版的《中国少数民族社会历史调查资料丛刊》字数的总和。

在云南民族调查资料中，最具价值者为原始档案，即云南少数民族社会历史调查资料，其重要原因之一就在于其他4种丛书的编写依据大多来自第五种即云南少数民族社会历史调查资料。据不完全统计，云南调查组收集、整理和编写的历史档案、少数民族文献和调查资料目前已公开出版约3000万字，大约占到调查资料总字数的1/4。没有系统整理和出版的调查资料，部分存藏于北京市、云南省及其各州市县档案馆、图书馆和相关机构，部分散落于民间或由私人收藏，部分由原参与民族调查的工作人员收藏，部分见诸网上书店，版本包括稿本、复写本、刻印本、油印本、铅印本以及少数民族文字文献，内容则包括调查资料、调查提纲、工作计划、工作报告、工作笔记、文件、公文、批示、审稿意见、会议记录、总结、简报、通信、纸质文物（地契、证照、奖状、土司谱牒、账本等）、纪录片文本（拍摄提纲、脚本、分镜头剧本、解说词）等。但这些珍贵的史料数十年来几乎无人问津，其中部分资料由于保存不当或经过多次搬迁损毁严重，部分已经丢失，有些已有虫蛀，有些则因时间太久（受当年的纸张和墨水质量所限）或受潮而变得字迹模糊、难以辨认，亟待抢救性整理和出版。

云南之所以现存有如此大量丰富的民族调查资料，与云南的地理环境、民族情况、历史发展等多方面的复杂因素是分不开的。由于云南民族具有复杂性、国际性、宗教性等多方面的特点，新中国成立初期在云南的各项民族调查工作都要比在其他省区的工作更难做，需要的时间也更长。例如，新中国成立初期中央决定派出民族访问团到全国民族地区进行访问，首先派出的就是西南民族访问团（1950年），而东北内蒙古民族访问团在两年之后才派出。中央民族访问团西南民族访问团又分为3个分团，第一分团去西康，第二分团到云南，第三分团去贵州。到1951年3月，第一、第三分团的工作已全部结束，而第二分团即云南分团第二阶段的访问工作才刚刚开始。中央民族访问团西南民族访问团第二分团走访了云南9个专区的42个县（含设治局），除了建立地方民族民主联合政府、开办民族干部培训班、召开地区民族代表会议等各项重要工作以外，还整理和编写了百余万字的访问调查资料，这在中央派到全国各地的民族访问团中实属唯一。

前面所说8个方面的云南民族调查资料（不包括民国时期的调查资料），至今大部分尚未整理和出版。已出版的《中国少数民族社会历史调查资料丛刊》中的云南资料只是这些民族调查资料中的极小部分，而且很多重要内容几乎没有涉及。即使读完《中国少数民族社会历史调查资料丛刊》云南部分的全部内容，人们对新中国成立之后一个时期内的云南民族情况依然缺乏了解。比如：云南民族调查是怎样开始和进行的，来龙去脉是什么；云南多种社会形态并存的状况如何；云南的民主改革是在什么条件下如何分类进行的；云南民族区域自治政策和民主建政工作是怎样贯彻和落实的；云南第一个民族自治区和民族自治县是如何成立的，有什么经验和不足，对以后其他民族自治区、自治州和自治县的建立有什么影响和借鉴；等等。

其次，某些少数民族的各类调查资料很多且内容极为丰富，而《中国少数民族社会历史调查资料丛刊》仅收录了其中的极少部分。

最后，我们所说《中国少数民族社会历史调查资料丛刊》收录资料的涵盖面不够还有另外一种情况，即某一方面的资料有所收录，但或掐头去尾，或只见其一不知其二，使人无法了解某一方面资料的全面情况。例如，关于云南民族识别共有3个综合调查报告，第一阶段的识别报告名称为《云南省民族识别研究第一阶段工作初步总结》①，仅其中的《云南民族识别研究组第一阶段民族识别总结》部分被收录在《云南少数民族社会历史调查资料汇编》中，标题被改为“云南省民族识别报告”②，而第二阶段云南民族识别（第一阶段云南民族识别工作总结上报不到1个月，第二阶段云南民族识别工作已经开始）总结和后来的云南民族识别综合调查报告均未被收录，无论是一般读者，还是专业研究人员，仅通过《中国少数民族社会历史调查资料丛刊》收录的资料，对新中国云南民族识别情况和过程都不可能有一个基本的了解。

对于缺少9个民族内容的情况，由于《实录》的内容是少数民族社会历史调查史料，因而汉族不再单独列项，读者可以从各少数民族调查资料和综合调查资料（如“经济生活”部分）中窥见一斑；没有列项的各少数民族资料，除当时尚未识别、“正名”、列为单一民族从而导致没有（或尚未发现和整理）调查资料者外，我们尽量予以弥补和增添。对于内容涵盖面过窄的情况，除了增加单独板块以外，我们在各卷少数民族调查资料中也会适当加以补充。

① 中共云南省委边疆工作委员会编印：《云南省民族识别研究第一阶段工作初步总结》，1954年8月25日。

② 云南省编辑组编：《云南少数民族社会历史调查资料汇编（三）》，《中国少数民族社会历史调查资料丛刊》，云南人民出版社1987年版。

五

《实录》名为“实录”，就表明了对原始文献史料进行实录即是《实录》最主要的特色之一，也是《实录》与过往同类图书最大的不同之处，保持调查资料的原貌和真实性便成为编辑《实录》的不二法门。

在选编《实录》资料的过程中，经过我们将云南民族调查资料的手稿、原件和白皮书等进行比对，可以发现，部分《中国少数民族社会历史调查资料丛刊》中云南的资料已经做了一定程度的修改，有些调查资料改动的幅度相当大，中央民族访问团西南民族访问团第二分团编辑出版的《云南民族情况汇集草稿》就是一个典型的例子。

中华人民共和国成立后不久，根据毛泽东主席的建议，中央决定向全国各民族地区派遣访问团。从1950年7月到1952年年底，中央共派出4个民族访问团，即中央民族访问团西南民族访问团、中央民族访问团西北民族访问团、中央民族访问团中南民族访问团和中央民族访问团东北内蒙古民族访问团。1950年6月，中央决定首先派出西南民族访问团，由刘格平任团长，费孝通、夏康农任副团长，团员共120余人，分别深入川、滇、黔、康民族地区进行访问。中央民族访问团西南民族访问团团员由中央民族事务委员会、文化教育委员会、内务部、卫生部、贸易部、青年团中央等20多个单位（政务院所属各部、会、院、署）抽调组成。中央民族访问团西南民族访问团下设3个分团，第一分团赴西康，刘格平兼任团长；第二分团赴云南，夏康农兼任团长，王连芳任副团长；第三分团赴贵州，费孝通兼任团长。中央民族访问团西南民族访问团第二分团即云南分团，简称中央访问团第二分团。

1950年7月2日，中央民族访问团西南民族访问团离开北京，经武汉到重庆，西南军政委员会主席刘伯承、副主席邓小平作欢迎报告。刘伯承在欢迎报告中指出：

关于西南少数民族问题，以我们来说还是一个新的问题，我们仅一知半解，许多情况我们还不大了解，比如西康藏族人口，云南、贵州少数民族的种类，到今天还没有精确的统计。……希望访问团每达少数民族地区要首先赔不是；另外是要多多调查研究，做一个毛主席的好学生。……要正确地执行民族政策，首先要调查研究。毛主席指示我们：“没有调查研究，就没有发言权。”①

①《刘伯承同志在欢迎中央访问团会上关于西南民族工作问题的报告》（1950年7月21日），云南省委办公厅印《民族工作文件汇编》，1951年8月。

邓小平在讲话中指出：

中央民族访问团这次到西南来，必定对我们帮助很大。你们在少数民族方面研究、了解的东西比我们多得多。特别是你们下去以后，亲身接触具体情况，会发现许多问题。我们很希望同志们研究各种问题，多提意见，哪怕是一个片面的意见，也比没有意见好。现在我们就是苦于没有意见。……依靠同志们的工作，我相信可以解决西南最复杂的又是最重大的问题——民族团结问题，至少可以打下一个很好的基础。①

中央访问团第二分团走访了云南9个专区的42个县，从中央访问团第二分团的行程来看，其在云南的访问可以分为两个阶段。第一阶段从1950年8月6日至1951年1月31日，主要访问滇西各地。1月31日滇西各组返回昆明做短暂休整，第二分团领导做半年来第一阶段工作初步总结。第二阶段从1951年2月22日至5月中下旬，主要访问滇南各地。5月中下旬滇南各组返回昆明，齐聚安宁温泉，做第二分团工作和个人总结。

此外，中央访问团第二分团还整理和编写了100余万字（《实录》编者按目前已收藏的78册书稿页数统计）的访问调查资料，这套资料有一个总的名称，即《云南民族情况汇集草稿》。

中央访问团第二分团编印的《云南民族情况汇集草稿》（后文简称《草稿》）也分为两个阶段，第一阶段的访问成果标明为“材料”，标明的出版（《草稿》为竖排铅印，小32开本，纸张粗糙，封面用红字印刷，虽然标有“出版”字样，但并无统一书号）时间是1951年2月；第二阶段的访问成果标明为“资料”，标明的出版时间是1951年7月。可以看出，中央访问团第二分团的工作不仅时间长（中央访问团第二分团第二阶段工作刚刚开始，第一分团和第三分团的工作已经结束）、成果多（目前尚未看到其他访问团有如此大量的实地访问调查报告面世），而且时间抓得很紧——1951年1月31日第一阶段工作结束，2月份就出版了第一阶段的访问材料；1951年6月10日中央访问团第二分团离昆返京，7月份人们就看到了墨香犹存的第二阶段访问资料。

中央民族访问团西南民族访问团第二分团第一阶段访问了6个专区，即宜良、丽江、保山、大理、楚雄、武定，在这6个专区的每册《草稿》前面都有一个“编

①《邓小平文选》第一卷，人民出版社1994年版，第170—171页。

者声明”：

这些材料是我们从1950年8月29日至1951年1月31日（其中大部时间是在行动中），先后在圭山、丽江、保山、大理、武定、楚雄等地区进行兄弟民族访问工作中，通过当地干部、民族代表及熟悉当地情况的人士所了解的一些情况。为应各有关机关之急需，仅将原材料加以整理，尽量避免主观分析与结论，在文字上仅要求念得通、看得懂。但由于是短期的访问与了解及仓促整理，情况难免不真实或不深入，观点难免错误，文字烦琐或不通顺。故仅能供各有关机关进行民族工作的参考或进一步考察的线索，并望于今后的调查研究，加以校正。

1951年2月 日

中央民族访问团西南民族访问团第二分团第二阶段访问了3个专区，即普洱、蒙自和文山。在普洱区和蒙自区的每册《草稿》中也都有一个“编者声明”，与前面6个专区每册《草稿》的“编者声明”内容基本相同，只是时间和地点有了更动：

这些材料是我们从1951年2月22日至1951年5月底（其中大部时间是在行动中），先后在蒙自、普洱、文山等地区进行兄弟民族访问工作中，通过当地干部、民族代表及熟悉当地情况的人士所了解的一些情况。为应各有关机关之急需，仅将原材料加以整理，尽量避免主观分析与结论，在文字上仅要求看得懂。但由于短期访问及仓促整理，情况难免不真实或不深入，观点难免错误。故仅能供各有关机关进行民族工作的参考或进一步考察的线索，并望于今后的调查研究，加以校正。

1951年6月 日

20世纪70年代末，国家民委将《民族问题三种丛书》扩展为《民族问题五种丛书》时，部分《草稿》被编入《民族问题五种丛书》之《中国少数民族社会历史调查资料丛刊》中，名称为《中央访问团第二分团云南民族情况汇集》，分上、下两册，由云南民族出版社1986年出版。

《草稿》共计有多少册？这是一个迄今尚未找到答案的问题。作为中央民族访问团西南民族访问团第二分团副团长并留任云南的王连芳在《云南民族工作回忆》一书中回忆道：

当时我们可能了解的民族情况，联络组基本上都了解到了。每次送到我那里的材料都很多，由孙敏贤同志帮我一道看，并进行分类处理。一是如控告、纠纷和违反禁忌等需当地干部引起注意的，留在当地处理，一般的交县里，重要的给地委；二是典型材料、综合材料、总结等直接报省委，少数给省民委；三是报送中央的材料，紧迫的直接电告中央，其他的则带回北京。这些材料虽然粗浅但却使我们初步掌握了云南少数民族的基本情况，为中央和省委以后的民族工作决策提供了重要依据。其中一部分在1985年被编成《云南民族情况汇集》（上、下集），留下了近90万字的珍贵资料，其他资料和总结均随团带回北京，保留在中央民委。①

王连芳所说的《云南民族情况汇集》即1986年出版的《中央访问团第二分团云南民族情况汇集》（后文简称《汇集》）。《汇集》编者在上册“后记”中说：

1981年底，为编辑西双版纳地区的傣族调查资料，马曜教授首先将珍存的中访团这批资料中有关西双版纳的调查资料十件，交付编入《傣族社会历史调查（西双版纳之一）》（云南民族出版社出版）。出书后引起各方关注，经编委丛刊组研究决定，命专人搜集这批资料，编入中国少数民族社会历史调查资料丛刊。由于历史原因，当年中访团达百余件、百余万字的《云南民族情况汇集草稿》，已很难见到完整成套的了。在搜集这些资料过程中，先后得到省档案馆、省民委资料室同志的鼎力协助，终于将文山以外各地区调查资料基本收齐。

《汇集》编者在下册“后记”中又说：

上、下两集的资料，从搜集原件到编辑付印，前后历时两年多；在搜集资料、编辑过程中，原中央访问团二分团副团长省人大常委会副主任王连芳同志，始终给予各种极大的支持和指导。马曜教授将珍藏数十年的资料近30件交付编辑。原中访团二分团的苏丹、宋伯胤、胡鸿章、宋文治、高文英、尹寿铭等同志，以极大的热情为编辑提供情况、照片等。

作为中央民族访问团西南民族访问团第二分团成员并留居云南工作的胡鸿章回忆说，中央访问团第二分团“接触了分别居住在60个县内的少数民族群众，做了20

① 王连芳：《云南民族工作回忆》，民族出版社2012年版，第12—13页。

个村和10余个专题的典型调查，整处了近百万字的调查材料”①，又说中央访问团第二分团“整理了70份近80万字的调查材料”②。关于《草稿》的册数，有“70份”和“百余件”之说，但不知道“百余件”的根据从何而来，更不晓得“百余件”的具体内容；关于《草稿》的篇幅，则有“近80万字”“近90万字”“近百万字”和“百余万字”等等不同的说法。

关于文山专区的访问资料，《汇集》编者在上册“后记”中说：

经我们在昆明、北京两地查找，又函请文山壮族苗族自治州民委查询，均未找到。

中央民族访问团西南民族访问团第二分团访问文山的资料有多少，当时是否已编入《草稿》？这也是无从知晓的问题。中央民族访问团西南民族访问团第二分团成员宋伯胤在1951年2月12日的日记中写道：

老聂告诉我，下一阶段工作我参加第一组，组长是老范，我是副组长，由老聂率领，去蒙自、文山工作三个月。团部去宁洱，还有一路去澜沧，这两组是远征军。我们的地区是近了点，团部给予的任务，他们是做“线”的访问，我们则做“面”的调查。③

从宋伯胤后来的日记来看，他这一组人马又分为两部分，一部分去蒙自，一部分去文山，宋伯胤只去了蒙自，在他的日记中有详细的记录。他在1951年5月27日的日记中写道：

到文山去的同志们回来了。二分团这一次是最后的会师。④

到文山去的“同志们”都有谁，是否编写了访问调查资料，依然不得而知。

为了寻找中央民族访问团西南民族访问团第二分团在文山的线索，我曾两次前

① 胡鸿章：《回忆中央访问团访问云南》，云南省编辑组《中央访问团第二分团云南民族情况汇集（下）·附录三》，《中国少数民族社会历史调查资料丛刊》，云南民族出版社1986年版。
② 胡鸿章：《回忆中央访问团云南分团》，《云南文史资料选辑第四十四辑·云南民族工作回忆录（一）》，云南人民出版社1993年版。
③ 南京博物院编：《宋伯胤文集·民族调查卷》，文物出版社2012年版，第216页。
④ 南京博物院编：《宋伯胤文集·民族调查卷》，文物出版社2012年版，第304页。

往文山壮族苗族自治州、市各档案馆、图书馆、民宗局、政协文史资料编辑审查委员会等相关机构查阅档案资料，仅在文山州档案馆查到了两份提及中央民族访问团的资料。两份资料皆有两个版本，一为手稿，一为刻印稿，内容基本一致。一份资料为中国共产党文山地方委员会1951年3月17日统族字第贰号文，名为《文山地委统战部关于民族工作的计划》，其第三部分“关于民族调查工作”写道：

各县要在五月下旬（即中央访问团未到前）完成下列各项民族调查工作：

①民族种类——名称。②各民族人口数——尽可能得到正确数字，即匪乱地区亦应估计人口的约数。③各民族分布地区——如能绘图说明更好。④风俗习惯——各民族婚姻、年节等礼俗制度。⑤各民族的历史——叙述民族来历、有过什么沿革或斗争。⑥社会概况——各少数民族与汉族的关系，各民族互相间的关系。土司、领袖、头目和经济、生活等情况，应各民族分别叙述。⑦干部情况——县、区、村各级干部各若干？党团员干部各若干？⑧文化情况——有无自己的语言文字？学校情形？⑨宗教——有何宗教信仰？迷信程度。⑩治安状况——报导各少数民族地区匪特活动情况及有无参加匪特的恶霸地富。

从这份民族调查工作计划中，我们从一个侧面可以大致了解中央民族访问团西南民族访问团第二分团在云南各地访问调查的具体内容，还可以知道中央民族访问团西南民族访问团第二分团在1951年5月下旬（或以后）要去文山访问，这与宋伯胤记录的时间稍有出入（宋伯胤1951年5月27日的日记说“到文山去的同志们回来了”）。我们所无法知道的是——文山地区制订的民族调查工作计划完成得如何，是否编写了调查报告？如果是，又是否会列为中央民族访问团西南民族访问团第二分团调查材料的一部分？如果答案是肯定的，那为什么到目前为止在《草稿》中没有找到任何有关文山调查资料的痕迹？如果答案是否定的，又是出于什么原因？（《草稿》普洱和蒙自两区资料的“编者声明”中都提到去过文山访问调查并进行了材料整理）

另一份资料为中国共产党文山地方委员会1951年7月18日发文第031号，名为《地委关于召开各族各界代表会议建立联合政府复麻栗坡市委》。其中，在“（三）如何产生政府委员问题”一节中提到了“见张冲、王连芳同志《关于普洱专署组织联合政府的总结报告》”[①]，在“（五）领导思想问题”一节中指出：

中访团来文山指示后，少数民族工作已引起各级党委注意，但把阶级斗争与民族团结对立起来的左倾情绪还未根绝，争取与稳定民族上层分子还不坚决。……必须明确在边远地区，特别民族关系混乱的地区，只有把社会改革暂退一步，把民族团结、民主建政、生产工作、抗美援朝运动、爱国主义教育推进一步，把少数民族团结发动起来，才能推动其他工作。我们要在思想上彻底解决此一问题，并将这一精神贯彻到具体工作中去！

这份资料对中央民族访问团西南民族访问团第二分团到过文山做了确切的记录，但除了做指示以外有没有像在其他地区一样编写调查报告并编入《草稿》？从到目前为止所掌握的资料来看，依然不得而知。

《草稿》是中央民族访问团西南民族访问团第二分团最为重要的成果之一。从《汇集》编者叙述的情况看，《草稿》非常珍贵，但散佚情况严重，在20世纪80年代编辑《汇集》时，曾“命专人搜集”，并动用组织手段，都未能将《草稿》收齐。我们曾查找和阅读了上万份的云南民族调查手稿资料，对老一代民族工作者吃苦耐劳的革命精神和一丝不苟的工作作风充满敬意，因而历来视其为可信的史料。先是一个偶然的机会，从一家旧书店淘到几册《草稿》，将《草稿》和《汇集》进行简单对照阅读之后，顿时让人心生狐疑：两种版本同一篇访问调查的内容居然有很多地方无法对应！是我见到的这几本情况如此，还是所有《汇集》收录的《草稿》内容已非原文？经过20多年的搜集和寻访，现已收藏除文山区以外的《草稿》原件共78册（其中一册为翻拍件），依照中央民族访问团西南民族访问团第二分团的访问路线顺序，计有路南圭山区材料5册、丽江区材料17册、保山区材料13册、大理区材料2册、楚雄区材料1册、武定区材料7册、普洱区资料20册和蒙自区资料13册。除《傣族社会历史调查》（西双版纳之一）收录10册以外，《汇集》共收录《草稿》63册。

将《草稿》与《汇集》进行比对，发现《汇集》编者对《草稿》动了较大的“手术”，主要有以下几个方面。

1. 未收录或部分收录。《汇集》没有收录的《草稿》有5册，对其他部分《草稿》的内容仅做部分收录或删节收录。

---

① 关于张冲、王连芳的报告及中央民族访问团西南民族访问团第二分团协助成立普洱专区联合政府，参见申旭、肖依群编著的《云南民族调查史料钩沉（1950—1965）》（云南人民出版社 2016 年版）一书之“I 中央访问团第二分团对云南的访问调查”。

2. 掐头。每册《草稿》都有封面和“编者声明”，封面上标有“云南民族情况汇集草稿”“××区材（资）料之×”“中央访问团第二分团”字样以及篇名、出版年月等各种信息，《汇集》将其和“编者声明”、目录等一并删除。

3. 去尾。王连芳在《云南民族工作回忆》一书中写道，中央民委受命筹建访问团时，访问过程中的调查研究工作就备受重视，民委领导指派他负责起草一个调查提纲，由杨静仁修改后报送中央。1950年6月访问团全体人员集中在北京国子监学习，当时的中央书记处书记、北京市委书记彭真派秘书到国子监找他，转达了3点意见：第一，访问有多种功能，但其中一个重大的政治任务就是多方面了解民族情况报告中央，为中央今后的民族工作决策作参考；第二，调查提纲所列的项目都可以，但最根本的东西是调查各族群众的愿望、要求和疾苦，不要以为群众意见零碎，从零碎意见中可以看到人民的真实要求和期待，从而懂得人民要我们干什么、不要我们干什么；第三，调查要尽可能深入，尽可能深入下面，从一户、一个人那里了解情况。①另外，《中央访问团的任务、工作方法和守则》规定中央访问团的任务有两条，其中之一是“对西南各兄弟民族之政治、经济、文化情况、民族关系、群众要求以及当前民族政策的执行情形，有重点地进行调查研究，并搜集有关资料”②。《汇集》将《草稿》中关于民族关系、群众要求和民族政策执行情形等方面的内容（放在各篇访问调查报告的后半部分）大多删去，对其他方面的内容也部分删除，对此，《汇集》编者的解释是：“编辑过程中，以不失历史资料为前提，对各篇作了必要的删节或摘要，均不一一注明。”③

4. 换名。大部分《草稿》的标题被重新命名。

5. 肢解。一册《草稿》被分成2个、3个甚至4个材料并分别加上标题后放入《汇集》之中。

6. 重组。颠倒《草稿》原文的内容次序重新组合。

7. 改写。全部《草稿》的内容均被做过改写或改编。

8. 添加。《汇集》编者人为添加了“内容”或自己的主观臆断。

1951年2月17日，中央民族访问团西南民族访问团第二分团副团长王连芳召集会议，布置整理访问材料的工作及具体要求。宋伯胤在当天的日记中写道：

① 参见王连芳：《云南民族工作回忆》，民族出版社2012年版，第10—11页。
②《中央访问团的任务、工作方法和守则》，《中央访问团团员手册》，1950年。（参见《实录》第一卷）
③ 云南省编辑组：《中央访问团第二分团云南民族情况汇集（上）·后记》，《中国少数民族社会历史调查资料丛刊》，云南民族出版社1986年版。

晚上在王副团长屋里开会，参加者是留昆整理资料的同志。王副团长指出，在着手整理材料以前，必须首先解决两个思想问题：第一，以非常宝贵和高度重视的态度来对待这个任务；第二，不要随意处置同志们心血的成果。至于整理材料的具体要求，有四点。

（一）整理材料是一个材料汇集的过程，我们所要做的事情就是将材料汇集起来，不是系统地编成文件。

（二）有文必录。即使同一个问题，有两种说法，也要录进去。

（三）原则上无大问题。

（四）文字略通顺。①

“材料汇集”“有文必录”是《草稿》整理成册的重要基本准则。《宋伯胤文集·民族调查卷》一书收录了他自己11篇《草稿》中的文章，但颇具意味的是，每篇文章的末尾都注明有“原载云南省编辑组：《中央访问团第二分团云南民族情况汇集》，云南民族出版社，1986年”字样；也就是说，该书的编者并没有对照《草稿》原文，而是沿用了没有按照“材料汇集”“有文必录”原则进行编辑的文本，若以后有人引用该书，极有可能造成误解误用的不良后果。

国家民委《民族问题五种丛书》云南省编辑委员会在《中国少数民族社会历史调查资料丛刊》（修订本）云南部分的“出版说明”中说：“《丛刊》是研究民族历史、民族学等学科的综合性调查资料汇编。我们这次编选基本上以过去调查整理稿为基础，以便保证调查资料的客观性。在具体编选时，则以具有科学研究价值作为选编资料的标准。在时间上以反映各民族民主改革前社会面貌的资料为主。根据调查资料的价值大小，采取全录或节录。”可能是由于修订原则的约束，抑或是修订者没有找到“过去调查整理稿”，因而在2009年民族出版社出版的修订本中，虽然强调此次修订再版的主要工作是“订正错误”②，但将《草稿》原文与之对比来看，《汇集》中的错误显然没有得到“订正”，这种情况严重地影响了文献史料的真实性和准确性。我们非常赞同“尊重史实”的修订原则，但仅就《草稿》而言，现今人们尊重的并不是其原文的“史实”，而是经过《汇集》编者改编、改写后的“史实”。

① 南京博物院编：《宋伯胤文集·民族调查卷》，文物出版社2012年版，第219页。
②《中国少数民族社会历史调查资料丛刊》修订编辑委员会：《中国少数民族社会历史调查资料丛刊·修订再版说明》，2007年12月。

遭遇了《汇集》编者大刀阔斧的“手术”，《草稿》已经变得“面目全非”，可谓“旧貌换新颜”。但可以肯定的是，经过了彻头彻尾的改变以后，《汇集》中的诸多问题也许瑕不掩瑜，但它无论是对于云南民族调查资料真实性和完整性的保存和留传来说，还是对于后人参考和进行学术研究而言，都不失为一种“硬伤”。

六

《实录》的编辑出版是一个系统性工程，第一阶段计划出版30卷。具体内容是：

第一至二卷：中央民族访问团西南民族访问团第二分团；

第三至四卷：民族工作；

第五至六卷：民主改革；

第七至九卷：民族语言调查；

第十卷：民族人口·民族识别；

第十一卷：民族民主建政与区域自治；

第十二卷：经济生活；

第十三卷：全国少数民族社会历史调查工作文档；

第十四卷：民族问题三种丛书与云南少数民族社会历史科学纪录片工作文档；

第十五至二十八卷：云南各少数民族调查资料；

第二十九至三十卷：图录和三十卷总目。其中，图录包括有关公文、函件、工作书札、电报稿，各少数民族历史照片、民族调查和纪录片拍摄工作照，中央访问团和慰问团赠送云南少数民族礼物、云南少数民族敬献中央人民政府礼品的照片。

在30卷图书中，云南少数民族资料与其他分类资料各占一半。

各卷预计完稿时间：

2020年：10卷。

2022年：7卷。

2023年：6卷。

2025年：7卷。

《实录》各卷采用纵向和横向两种分类编排方式，在一卷之内必要时纵向与横向交错进行。

第一至十四卷内容的分类架构为纵向排列，即大体上是按各项调查的时间顺序，其主要目的有二：一是为了突出新中国成立伊始中央人民政府对云南边疆人民的关怀、党的民族政策在云南的施行及新中国民族工作的“云南现象”和“云南经验”；二是展示新中国成立初期云南各项民族调查（包括中央民族访问团西南民族访问团第二分团、民族语言、民族识别等中央人民政府派出的调查组和云南省委边疆工作委员会、云南省民族事务委员会、云南省民族工作队等云南本地的调查组）的主要（文字）成果。第一至十四卷的内容突出两个重点，一是1949年以后从中央到地方各级政府机构及下属民族事务机构对云南各地的调查，二是新中国成立初期云南经历的重大事件（如清匪反霸、镇反、减租退押、民主改革、区域自治、互助合作、经济发展等），以展示这一时期云南社会的发展历程。

第十五至三十卷的内容主要集中于全国少数民族社会历史调查中的云南各少数民族调查及相关图片，各民族资料按民族代码顺序依次列出，其分类架构大体为横向排列。

编辑《实录》的整体思路，既着重于全面，也考虑到具体；既有选择重点，也要照顾到各方面的平衡。例如，第五至六卷内容为“民主改革”，包括3个部分，即土地改革、和平协商土地改革和直接过渡。这两卷资料选择的要旨，既要考虑到纵向的主题思路（从中央文献到地方指示，弄清事件的来龙去脉和具体内容），又要顾及内容涵盖面（如清匪反霸、减租退押、土改、复查以及土地改革中的建党、建团、妇女工作等），还要照顾到横向3个方面的大体平衡（一是3个部分内容篇幅的平衡，二是各地区、市县覆盖面的平衡，三是各民族内容的平衡）。再如，在民族语言调查资料的选择上，既要考虑到面的平衡（只要是有调查资料的民族，尽可能有所展现），又要有侧重地照顾到各卷内容的平衡（比如藏族，除语言调查资料外，其他方面的调查资料较少，在以往出版的《中国少数民族社会历史调查资料丛刊》中也没有云南藏族的资料），还要有重点（比如彝族，不但是云南支系、人口最多和分布最广的少数民族，而且还涉及四川、贵州等省，同时还是与周边东南亚国家共有的跨境民族）。

如此架构的目的在于以下5点。一是尝试对1950—1965年的云南民族调查史料进行一次系统性的梳理，因尚属首次，难度甚大，但却非常必要，也具有重大的现实意义。二是通过系统梳理，为总结新中国成立初期民族工作的“云南现象”和“云南经验”提供扎实和充足的史料依据，并在此基础上使其能提升到民族学研究和民族工作的理论高度。三是展现以前所有同类图书中大多没有收录却又极为重要的内容。四是摒弃以前大多主要选择经济内容的编辑思路（经济内容的重要性不言而喻，我们将主要在第十五至二十八卷各民族板块中加以展现）。如果《实录》在内容上与以往同类图书大体雷同或相似，只是在数量上进行些许增添和补充，那就失去了其应有的价值。毛主席当年曾对中央其他领导讲，少数民族地区也要进行社会改革了，一改革很多东西以后就再也见不到了，所以要抢救，这才有了中国"前无古人、后无来者"的少数民族社会历史调查。但是要"抢救"而且已经"抢救"的东西，绝非仅有经济甚至只是农业生产一项内容。五是通过文字、图片系统和全方位的展现，试图勾勒出新中国成立初期云南民族调查的全幅景象和完整进程，并以一斑而窥全豹，从而对全国各少数民族地区的社会历史调查在广度和深度方面能有进一步的了解和认识。

执守严谨的重材料、重考证学风并提出"史学即是史料学"观点的历史学家傅斯年曾说过："整理史料是件很不容易的事，历史学家本领之高低全在这一处上决定。后人想在前人工作上增高：第一，要能得到并且能利用前人不曾见或不曾用的材料；第二，要比前人有更细密更确切的分辨力。"①囿于心智、学识、能力与对云南民族调查史料的认知和掌握程度，及对民族史史料学及其目录学、分类学的一知半解，加之新中国成立初期各种访问团、慰问团、调查组、民族识别研究组、工作队、代表团、参观团等活动密集频繁，更有史无前例的"全国少数民族社会历史调查"，以及中国共产党各项民族政策和实施细则的深入持续贯彻执行，从而使云南民族调查史料的存量和内容变得更为丰厚，全面系统梳理可谓工程浩大，仅凭一己之力很难付诸实施并顺利面世，因而我们现阶段仅仅是在力学不倦的同时，尽力去做一些局部的抢救性整理工作。目前，30卷图书的资料已基本齐备，编选工作也在按照计划有条不紊地展开。当然，我们不会停下继续搜集和整理云南民族调查文献史料的脚步，在身心安好、精力财力尚可维系的情况下，依然会不回头地执着前行，并借此表达对那些在极端严酷环境下脚踏实地开展民族工作的工作者的诚挚敬意。他们历尽艰辛、勇于奉献甚至以生命的代价②获取的第一手调查资料，早已构成云南民族文化遗产宝库中不可或缺的重要组成部分。文化是民族的灵魂，是民族精神和民族素质的纽带，深深植根于民族的血脉之中。这些史料之所以如此珍贵，很大程度上就在于其丰厚的民族文化内涵，值得永久藏存。想要留住它们，就离不

① 傅斯年：《史学方法导论》，《傅斯年全集》第1册，湖南教育出版社2003年版，第58页。

②1958年9月29日下午7时，云南民族调查组怒江分组贡山小组成员陈延长在调查途中坠落怒江，不幸遇难。时任贡山小组组长洪俊于10月1日上报《关于陈延长同志牺牲的经过（报告）》，详细描述了事件的经过。我们藏有这份报告的原件（复写稿），其内容将编入《实录》第十三卷。——编者

开执着者的良苦用心；想要解读、弘扬和传播它们，就离不开研究者的孜孜矻矻和传播者的不懈努力，其中最重要的一个方面，就是具有历史眼光和远见卓识的出版者，云南人民出版社就担当了这一举足轻重、令人钦敬的角色。

这些无可复制的实地调查资料，已经成为云南民族文化遗产宝库中的经典。何谓经典？2003年诺贝尔文学奖得主、南非作家 J. M. 库切（John Maxwell Coetzee）的定义也许最为贴切。他在题为“何谓经典”的演讲中说道：

经典就是得以存活之物……历经过最糟糕的野蛮攻击而得以劫后余生的作品，因为一代一代的人们都无法舍弃它，因而不惜一切代价紧紧地拽住它，从而得以劫后余生的作品——那就是经典。

作为云南民族文化遗产宝库中的经典，它们不能被遗忘，也不应该被率意“修正”。作为云南珍贵民族记忆的收藏者和云南历史文化的研习者，我们也会时刻牢记——“为了明天而收集昨天”。这既是初衷，也是终极目的。

申　旭

2020年1月15日

编辑说明

1. 20世纪中期云南民族调查的内容广泛、丰富、繁芜，由于时间、精力、费用等诸多因素，仅靠个人努力显然无法完成全部云南民族调查史料的搜集工作，挂一漏万在所难免。就目前了解和掌握的情况看，有些调查史料或调查笔记没有标题，且内容相当零碎；有些史料仅有存目而内容已佚；有些史料仅见标题而尚未看到具体内容；有些史料抑或无必要收录，因此《实录》内容为精选而非大全。

2. 通过多年对云南民族调查史料的持续收藏和研读，《实录》暂将其分为13个大类，即中央民族访问团西南民族访问团第二分团、民族工作、民主改革、民族语言、民族人口、民族识别、民族民主建政与区域自治、经济生活、全国少数民族社会历史调查、三种丛书、少数民族社会历史科学纪录片、云南各少数民族调查史料和图片。

3. 本着拾遗补阙的原则，已公开出版的史料原则上不再收录，但为了展现一项调查工作的全过程并保持一套史料的系统性和完整性（收齐一套史料往往需要数年甚至更长的时间），同类图书仅做部分收录或删节、改动过多而又相当重要的史料，则全文收录。

4. 某些文稿有手写本、复写本、刻印本、油印本、铅印本等多种版本，其中部分为摘录或摘要本，《实录》选择相对完备、详细的版本。

5. 《实录》按具体内容和民族内容进行分类，前者按时间先后编排，后者按中国民族代码顺序排列。

6. 一卷或一个板块具体内容的编辑，按照省、专区、自治区（州）、县、市、区、乡等行政区划依次进行，各级行政区划排名不分先后。

7. 依照中国民族代码顺序排列的云南各民族调查史料，按照当时各调查分组或调查小组的调查对象和调查主题进行分类。例如彝族分组的调查史料，除了其中标明为其他民族的调查内容以外，皆归入彝族范畴。

8. 带有歧视和侮辱意味的民族称谓一律删除，必须保留者皆做修改，比如“猓”改作“倮”，“母鸡”改为“佲僟”，等等。

9. 部分史料中存在民族歧视和侮辱方面的叙述，凡影响民族和谐与团结部分予以删除，不加注明。

10. 1966年以前云南各项民族调查（参见《实录》之“写在前面”）期间，部分少数民族尚未进行民族识别或完全确认，部分少数民族的名称尚未最终确定，《实录》对这一时期云南民族调查史料中的原有民族或其支系称谓予以保留，不做改动。例如佤族在定名之前，曾被称为或更改为“瓦族”“卡瓦族”“佧佤族”“佧瓦族”“卡佤族”等，本书不做统一，以免完全抹去了民族名称的历史演变过程。

11. 1966年以前云南各项民族调查（参见《实录》之“写在前面”）期间，部分少数民族自治地方的名称尚未最终“正名”，《实录》原样保留，不做更动。

12. 由于调查、访问、翻译、记录、整理的人员、时间、地点等方面的不一致，人名、地名的写法并不一致，《实录》以脚注形式予以标明，不做统一或修改。

13. 同一专业术语在不同文献中的用法不同，如三种丛书，又写作“三套丛书”“三种民族问题丛书”“民族问题三种丛书”等，除明显错讹之处以外，不做统一。

14. 部分文稿封面、目录标题与正文标题并不一致，本书原样录入，不做改动，仅在页下注释说明。

15. 部分文稿中的数字明显存疑，除有直接证据或旁证据之修改外，不做更改，也不做说明。

16. 原文稿中数字表述多为汉字，除必须使用汉字者外，现统一使用阿拉伯数字。

17. 部分汉字的使用几十年来已有明显变化。如“哪里”原稿作“那里”，“做生意”原稿作“作生意”等；再如助词“的”“地”“得”的使用也较为随意。现根据当下汉语使用规范进行统一，不做说明。

18. 部分文稿标题没有域名，为方便阅读，根据内容将域名放在括号内置于标题前予以标明。

19. 部分文稿没有标明日期，如能在正文中查出日期，则将其摘出置于文稿的开端。

20. 文稿中个别明显笔误或错漏之处，直接补入和改正，不做注释。

21. 限于当时记录、翻译和编写等各方面的原因，部分文稿无法通读，《实录》

在不扰乱和改变其原有风格的前提下稍加理顺。

22. 为了方便阅读，对个别较长的段落稍加分段调整。

23. 《实录》尽量保持原记录文稿的行文风格和断句构成，但为了保证史料的完整性和阅读顺畅，根据内容对部分文稿的序号进行了补入和调整；对标点符号按现在的使用规范做了修改，不做说明。

24. 由于纸张、墨水、年代久远、保存不当、记录编写人员笔误等诸多原因，部分史料的自造字、错别字偏多，个别专有名词处已有残破或漫漶不清，以致极难辨识和无法卒读。对此，《实录》尽力以其他同类史料予以校正补入，无法补入者，则标以虚缺号“□”。

25. 《实录》第七、八、九卷内容为云南民族语言调查资料。由于各方面的原因，此3卷采用扫描和拍照方式将原手写稿内容呈现。原手写稿中的汉语存在有错别字、繁体字、异体字、不规范简体字、自造字等情况，还有词汇、语法序号编排混乱，表格随意断开、分页等现象，作为对珍贵原始资料的抢救性保护留传，《实录》不做任何改动，保持原稿模样。

26. 《实录》收录的史料，部分为个人收藏，部分存藏于相关档案馆、图书馆、资料室，部分存藏于当年参加过民族调查的工作人员手中，为了方便阅读和使用，尽量列出日期、署名等相关信息，并置于每篇文稿的开端，但不标明收藏出处。

目　录

①《云南民族情况汇集草稿》有两册“保山区材料之十二——耿马情况调查”，封面相同，内容完全不同。——编者

①《云南民族情况汇集草稿》有两册“武定区材料之四”，内容不同。——编者

云南民族情况汇集草稿

中央访问团第二分团

1951年

保山区材料之八
——腾冲龙江区初步调查
中央访问团第二分团
1951年2月出版

保山区材料之八
——腾冲龙江区初步调查

编者声明

这些材料是我们从1950年8月29日至1951年1月31日（其中大部时间是在行动中），先后在圭山、丽江、保山、大理、武定、楚雄等地区进行兄弟民族访问工作中，通过当地干部、民族代表及熟悉当地情况的人士所了解的一些情况。为应各有关机关之急需，仅将原材料加以整理，尽量避免主观分析与结论，在文字上仅要求念得通、看得懂。但由于是短期的访问与了解及仓促整理，情况难免不真实或不深入，观点难免错误，文字烦琐或不通顺。故仅能供各有关机关进行民族工作的参考或进一步考察的线索，并望于今后的调查研究，加以校正。

1951年2月　日

一、一般情况

（一）民族分布

龙江为腾冲县属第二区，包括10个行政村。全区有民族汉、泰、回、傈僳4种，是以汉族为主的民族杂居区，现将杂居情况及各族人口数列表于后：

村名 族名	第一行政村	二	三	四	五	六	七	八	九	十	总计户数
汉	100	180	250	200	300	200	200	200	100	80	1810
泰		10	11	4		155		38			218
回								12	35	93	140
傈僳	16					3					19
合计	116	190	261	204	300	358	200	250	135	173	2187

以地形来看，龙江的民族分布，泰族完全居于靠龙江两岸的坝子，傈僳全居于山上，汉回两族居于坝子或山上。

（二）民族来源

最早居于龙江的民族，据说是老缅与卡拉。泰族与回族约在明洪武与万历年间到龙江，当时汉族已将老缅、卡拉赶走，占据了该地区的回族及摆彝，据回族代表马定国及泰族代表范加有说，都是当年镇守边疆而来。马定国说“摆彝本来是‘把彝’”，即把守边地的意思，后来叫来叫去变为“摆彝”。祖籍都是南京、江西。摆彝代表有的还说是两广搬来的。以上传说皆无据可考，可靠性很少。详细历史他们也不知道。傈僳是最晚到龙江的，不过是六七代人。据傈僳代表乔进发说，傈僳是由龙江发源地附近的明光大塘搬来，原因是与汉族战争而被追赶至龙江的。明光大塘靠近怒江，接泸水，可能是顺怒江下来的。

（三）经济

龙江区人民主要是从事农业。坝子气候热，每年可种稻子1次，其次是苞米、番薯。山地气候较冷，只能栽种苞米、洋芋、苦荞。稻子除够供给本区食用外，尚可输出部分至腾冲、南甸一带。

（四）文教情况

龙江区回、泰、傈僳代表都有同一的要求，希望政府帮助设立学校，以使其子弟有受教育的机会。在解放前，龙江区小学校的数目并不少，每个行政村最少有1所，第六行政村有5所，但兄弟民族子弟上学的却很少。据回族代表马定国说：“在民国三十五年，龙江开全区学生联合大会，有学生3000余人，回族学生只有3个。原因是生活太苦，没有能力供给子弟上学，而且回族子弟学费要比汉族高。”泰族对本族教育很重视，民国三十七年，曾在第六行政村同家庄成立小学1所，但不到3个月即被反动村政府停办（详细情况，在“民族关系”内另述），至今泰族犹对此事愤懑。

解放后，回族在清真寺办了1所小学，有学生28人、老师1人。泰族也自费办了两所小学，一所在第六行政村，100多名学生、老师3人；另一所设在帕连村（属第六行政村），有70多名学生、老师2人（1泰1汉），学校经费都由学生自出。

（五）卫生情况

龙江区每年夏末秋初，流行疟疾，死的人很多。蛮乃村共有34户，在1950年旧历九月时，患“大烧热病”死的有42人（平均每户死1人）。

二、民族关系

（一）汉族与回族及僳僳的关系

1.历史关系

历史上汉族与兄弟民族的关系，较大的事件便是发生于清同治年代的杜文秀起义，自大理至保山、腾冲而波及龙江。这当中回族死亡惨重，据守马家村的3000多户回族，战后只剩下四五十户孤寡，除了12家孤寡、6家“子尼”（小孩）留居马家村外，其余皆被分散于腾冲十八连地居住。马家村回民土地充公，由三大地主收买，每户必须向刘大地主交纳12两银子始可居住，因出不起均被赶到马家村附近的山上居住。凡马家村回民土地房屋充公（当时马家村回民田产约有2000箩种，一箩种可收40箩）。

泰族佃户与汉族地主的历史纠纷：事情发生于龙江区第六行政村所属的晚岭自然村，曩、张、杨3姓泰族居此，3姓全是佃农，他们是洪武二年到晚岭来租种刀土司的土地。明末清初，龙江改土归流，刀土司将晚岭土地卖与第六行政村孙姓（汉族），刀土司曾声明“卖田不调佃”，土地仍让原来耕种者继续耕种。清雍正时孙家又将晚岭土地典当于杨魏等3家汉族，期满后杨魏等3家不予赎回，孙家只得向县府起诉。杨魏等3家暗暗向3家泰族说：“假如你们3家能证明土地是我们的，便分一半土地给你们。”同样孙家也暗中与泰族说：“你们泰族做我们的证明人，我们就不加你们的租，不调佃，不让谁欺负你们泰族。”且立有契约，结果晚岭泰族农民公正地为孙家做证，使孙家赢了官司。到了光绪年间，孙家不守诺言，要加租换箩，泰族早将契约丢失，只好认加。同时孙姓有红白事要泰族佃户去吹唢呐、抬轿，年轻人不去，孙姓地主大怒，将晚岭张、曩、杨3姓老头叫到六村打耳光侮辱。此事引起了全六村泰族的气愤，大家一致支持晚岭3家泰族去告孙家，共打了5次官司，都失败了。孙姓地主更加猖狂得意，加紧剥削，要晚岭泰族出房地钱。泰族不甘剥削，又上告县府，民国三十年，县府判决晚岭泰族房地泰族所有。孙姓不服又上告至大理，事未解决，正当日本攻占龙江，没有结果。日本人刚从龙江撤退，孙家就来拆晚岭泰族房子，砍竹林松树（200棵），抢走鸡鸭、蓝靛2000多两、猪3个，除此还有家中用具如锯、斧、刀等。泰族因人少，敌不过孙姓大户，无可奈何，直到现在依旧忍着这口气。此次曩自慧代表晚岭泰族要求访问团帮助他们向孙姓追还被抢去物件。

2.现在的民族关系

回、泰族都说龙江汉族不好，欺负他们，尤其汉人地主对他们剥削。因绝大部分回、泰族都种汉族地主的地（龙江区泰族218户，只5户是自耕农，其余皆租种汉族土地；回族140户中，除3户地主外，余皆佃农，也多是种汉族地主的田），所以他们仇视汉人的情绪是一致的。此外，还有很多的民族压迫事件，如红白喜事回族宰牛1条，须上6%的税。民国二十七八年，龙江政府禁止回族宰牛。回族祖坟多在马家村附近的山上，曾禁止回族去祖坟上念经，且有挖掘回族墓地植树的事。在政治上回族也没有地位，如第九行政村有300多户[1]，其中回族有35户，但没有一个回族做过乡长。民国三十二年，有部分士绅欲推回族马顺兴（在九村士绅中有威望，且为地主）做乡长，即被多数汉人反对，他们说："若叫马顺兴当乡长，除非汉人都死完。"又第六行政村同家庄泰族于民国三十七年成立私立小学1所，有学生17人，请了1个泰族老师，上了3个多月的课，就被第六村小学校长郭朝美（汉人）说他们私办小学，犯了法，要罚每家学生5箩谷子。各学生家长被恐吓后，只得向他请求宽恕，少罚一些。结果每家罚两升米外，全校另罚了4斗米，小学校也被停办了才算完事。但此事影响泰汉族之间的关系，泰族代表（曩永灿）说："汉族是不让我们泰族子弟读书的，使用愚民政策。"故此次龙江代表部分提出泰族自己管理自己的事的意见，主要原因是为了办学校。他们说："与汉人在一起办公事，不能办泰族学校。"

解放后，由于汉、泰、回佃户都联合在一起组织农会，清算共同的地主，民族关系好转了一些，但还不足以消灭民族旧有的成见。尤其是泰族对汉族的成见最深，他们对汉族佃户也不信任，"凡是汉族都是滑头"，"与汉族在一起搞农会也不痛快"，他们认为汉人佃户会把农会情形偷告地主，是地主的狗腿子；认为清算地主所得的东西，分配也不公平，汉人分得多而好，泰族分得少而坏。他们举例：第八行政村清算地主段德生等，得到土布30匹、新旧衣服百多套、水牛5条、黄牛1条、骡子3匹、猪1个、大洋45元、大烟12两、箱子7个、被褥10多床、大衣3件、绸子半匹、褥子3床（西藏制）、桌椅板凳四五套、苞米四五箩、稻子四五箩。参加清算的佃户汉族有300多户、泰族有16户，除了牲口、现钱、大烟尚未分配外，其他各物均已分配。泰族16人共得汗衣1件、布2尺（每人）、鞋1双、旧衣1件、手巾1条、旧裤3件、枕头4个，他们认为泰族得的东西太少，不公平（但以上的东西以300多人来分，每人得的东西是有限的，以为汉族欺负他们，分东西不公平，恐系过去的隔阂尚未消除所致）。

（二）泰族和回族的关系

泰族对回族稍有意见的是杜文秀起义期间回族杀死了一些泰族，故他们对汉族将回族分散至各地居住的事很表同意，他们说："不然他们再造反起来，又要乱杀人。"

三、龙江区的租佃关系

（一）地主占有土地统计

地主姓名	族别	占有土地数	备注
周彩光	汉	900箩租	
周增光	汉	800箩租	

①300多户，本文开头的表中合计为135户。——编者

续表

地主姓名	族别	占有土地数	备注
卢文彩	汉	700箩租	
杨朝卿	汉	600箩租	
卢文彬	汉	500箩租	
卢文炳	汉	300箩租	
张朝宗	汉	1000箩租	
尚在清	汉	4000箩租	
杨少容	汉	2600箩租	
尚笔换	汉	2000箩租	
尚在鸿	汉	1000箩租	
杨少华	汉	1000箩租	
段德生	汉	2000箩租	
马顺兴	回	2000箩租	
段曰和	汉	900箩租	
段曰仁	汉	900箩租	
段曰祥	汉	200箩租	
关兴渭	汉	300箩租	
孙开福	汉	200箩租	
刘福铭	汉	3000箩租	
刘少堂	汉	10000箩租	
马德芳	回	800箩租	
白文茂	回	500箩租	
常永成	汉	10000箩租	
合计	24	46200箩租	

上表共有地主24户，其中回族地主3户，余皆汉族地主，最大地主有租10000箩。

（二）地主的剥削

租额一般为60%至80%，租佃手续很简单，无押头，也没有契约，而因租佃手续简单，地主调佃也随意。佃田不是永佃制，因此佃农常被夺去耕种的土地。地主也利用简单的租佃手续来任意加租，使佃农无话可说。加租换箩是龙江区地主普遍用以剥削及威胁佃户的手段。如九村回族马定国种地主刘少堂之田，12年内加租3次（民国二十八、三十二和三十五年），由30箩租加为60箩。土地总出产量最高为100箩，常年为80箩，租由37.5%增至75%。又如：第八村泰族白定美种地主段曰和4箩种田，开始时租是60箩，民国二十五年，段叫白多施肥，说定“田若出产多了，也不加租”。但民国三十五年，段看到田出产量增加，变了卦硬要加租，结果加为110箩，后经白定美苦苦要求减为100箩，但箩由20升换为23升（小箩换大箩）。又如：地主常永成走过第八村一家佃户的门前，佃户没有问他“吃饭了没有”，他生气了，第二年就加了佃户30箩的租。

（三）额外剥削

秋收后，龙江佃户都须把田里自己掏钱买子养的鱼，1/2至2/3捉来送给地主。有时地主亲到田里来讨鱼，专挑选大而肥的，若佃户不养鱼，地主就会说："我的田可以养鱼，你怎么不养鱼，是不是不想种我的田了呢？"过年还须送给地主礼，如第八行政村属自然村蛮赛，泰族17户种下白乡地主40多箩种田，每年全村送给地主年礼为：12斗糯米（每斗30市斤）、12只大鸡，又每年地主派十几人来收租，每家佃户都须请1餐饭，且此餐必备有鸡、鱼、小猪。他们带来的马，佃户都须出马料饲养。每年全村花在招待收租人费用约在人民币100万元。

（四）高利贷

每一地主都放高利贷。a.借谷：利息都是100%至150%，如在农忙时借1箩谷子，秋收后，须还2箩，也有2箩半的。b.借钱：年利也是100%，如第八村王赞庭（泰族）借汉族地主段德生600元半开，10个月本利合1000元半开，另外还有水息100箩谷子（按1箩谷合一两元半开）；又如曩永灿之兄（六村人）借汉族地主关兴渭90元半开，两年之内还本利400元半开。c.借牛：佃户多数是自己没有耕牛的，须向地主借耕牛，每条牛耕1箩种的田（出产约40箩至50箩），租金是5箩谷子。

四、解放后的清算斗争

解放后龙江区共斗争了10个地主，斗争的方式都是通过农会"公审"。主要是依靠汉族佃农发动，原因是龙江区的汉族佃户数目较多。地主的罪状不外：（1）高利贷剥削；（2）硬霸田产；（3）吃钱害命；（4）无理加租换箩；（5）勾结地方统治势力压迫农民。

被斗争的10个地主，其中罪恶极大的有杨少容、尚笔换、段德生。其斗争情况如下：

杨少容：六村农会于1950年9月成立，1月后开始清算，10月将杨捉到农会来，开群众大会公审，同时组织"殴打队"，公审中用细鞭抽打。主要罪恶：谋害人命、吃钱、硬霸产业、无理加租。一天还没有审完他的罪状，晚上他自己吊死了。他死后又捉他的二儿来公审，最后将他家产充公，计牛2条（其中1条分与12户贫农，每户分得8元半开）、马5匹（14户贫农分1匹）、铺盖、床板，另有现款400元半开（放在村公所保存），房子3所（瓦房）充公。

隔两日清算尚笔换，他的罪状是：害人命、吃钱，在日本进占时当过乡长，压迫人民、派款、霸占田地。公审后将他家牛1条、马3匹、房子两所（瓦房）、麝香两个充公，两所房子分与14家贫农居住。

段德生：第八村人，罪恶极大，罪状有60多条，主要是霸占土地、高利贷剥削、谋害人命。群众愤激之下被打得皮破血流。

五、龙江区兄弟民族之要求及希望

（一）回族

A.要求政府办免费回汉文小学校（回文教员1人、汉文教员2人）。B.要求要回马家村作办回汉学校及龙江回民居住，以作纪念。C.要求政府禁止汉族至马家村回族坟地栽植桐油树及损坏坟墓。

（二）泰族

A.希望政府能帮助他们改良织布机（泰族所用之布都是自织，但织布机简单原始）。B.希望政府能在腾冲二、三、九区成立贸易公司，供给他们生活必需品，尤其是盐、纱。C.要求政府允许或帮助泰族办泰族子弟学校。

（三）傈僳族

A.希望政府办免费学校，使贫苦傈僳子弟有入学机会。B.傈僳都居于山上，生活很苦，希望能下坝子来开垦荒地。

附录

家庭调查

范加友

泰族，家有22口，有8个全劳动力、2个半劳动力（包括兄弟4人、妯娌4人、16岁以下侄子2个）、老父母2人、10个小孩。全家佃耕12箩谷种土地，全部出产660箩谷，交租436箩、剩224箩，每年全家需粮食约400箩，差176箩。

家有大水牛4条、小水牛3条、驮马2匹、老马1匹（不能驮重物）、小猪3个、母鸡3只、草房1所。

家庭全年支出：买盐1800两，用60元半开；买烧柴用36元半开；灯油，1200两，合12元半开；食油，1200两，合67元5角半开；洋纱4包，合130元半开。全年支出共计305元5角半开。

对政府负担（以民国三十七年计）：户口税，18元半开；壮丁税，兄弟4人共出196元。全年共计214元半开。

另外子弟教育费（读高小2人）每年50元半开，全年全部支出569元5角，折合人民币4556000元（1元折8000元）。此项支出不靠土地出产，全靠兄弟4人做小生意收入开销。

曩永灿

泰族，家有10口，大人7个、小孩3个，有5个劳动力。租种8箩种田，可收350箩谷，交租218箩、剩122箩，全家每年吃米约200箩，不够3个月粮食。家有水牛1条，但不够耕种，每年还需向外租用水牛1条（租金一年为16箩米）；3个猪，瓦房1所。

每月全家开支：盐70两，合人民币18000元，油二百六十七十两，合人民币117000元，烧柴（5升米）合6000元，共计人民币141000元。

其不够补助办法：家中木匠1人，一年可做工1个月（每日工资4000元），除此曩永灿做点小生意（下芒市卖帽），也收入一部分。

乔进发

傈僳族，一家5口（夫妻两人，小孩3个，大的15岁、二的14岁、小的6岁）。有劳动力3个。租种出产15箩苞谷地，上租5箩。无牲口，只有两只鸡。土地出产仅够吃6个月，每年四月开始就需吃野菜、野马蹄。每年全家需出去帮工（350个工）。大女儿去做工只算半工，每个工一日除管饭外，工资米1升（38两），全年全家做工收入约350升米。另外每年收大烟20多两，除上租（40%）外尚余12两（每两大烟刚出时价约一元四五半开），值十七八元半开。

从以上3家的家庭生活开支可看出，龙江区佃农一般生活不能全靠耕种，还需兼做小生意及做工来维持。

联络第一组

调查于1950年10月底

附录：腾冲县各区少数民族概况

（本资料系根据腾冲县人民政府，召集各区干部汇报各地区少数民族情况记录，内容详略不一，有些区无少数民族或无特殊情况者未收集，故仅能作一般普通资料，以备参考。）

一、第九区

全区人口总数约47000人，少数民族占1/4，共6种①，如下表：

民族	户口	人数	住区
泰族	600	5000	住第三、四行政村蛮哈、养喜
卡拉	100	800	散居第一、七行政村
傈僳	80	600	散居第一、三行政村
阿昌	150	1200	散居第一、七行政村
回族	40	300	散居各村
备考：前清丙辰年后，反动统治者把回族同胞分散各村居住，每村至多三四户。			

1. 一般情况

（1）本区疟疾流行，普遍缺乏医药，急需医药救济。

（2）回族农民收入不够生活，因常赶马到缅甸或经营小生意来弥补，生活较其他各族稍优。

（3）阿昌性强悍，现已组织民兵。受汉、泰族的统治者双重压迫，生活极苦。种植大烟的很多，有些人染有嗜好，一年生产不够半年吃。

（4）泰族男女勤劳，生活还好，有“富不上万，贫不饿饭”之谚。

2. 租额负担

各族无自己田地，全为汉族地主或泰族土司的佃户，租额多为对半分，渐有重至倒三七分或二八分的。

3. 解放后情形

（1）政治地位提高，参加各级政府工作，或选派各种会议代表。曾开过农代会，各族都有代表参加，会后一致表示今后应更加团结互助。例如到保山开会，第一天通知，第二天即全到齐，女代表也有参加，还觉得自己人数太少。

（2）实行减租减息后，多数已得到实惠，表示今后应更积极地拥护政府法令。

① 此处6种民族疑包括汉族在内。——编者

（3）泰族男女青年，多请求改汉装，妇女不愿再穿长裙梳高髻，多数已改着汉装。虽经干部劝导，仍偷偷穿着以为美观。

二、第二区（龙江）

全区人口总数约3140户37000人，少数民族占1/10，如下表：

民族	户口	人数	住区
泰族	120	1300	住龙江西岸①
傈僳	40		住六库及龙江边境山巅
回族	200		住山腰各寨

1. 一般情况

（1）泰族：住龙江两岸，气候炎热，谚语有："紧芒市（形容疾病传染严重），慢潞江，不松不紧小龙江。"由此足见瘴毒仍流行，村庄分散，多不愿分家。例如刀文番家有23人，能参加生产劳动者13人，每季种谷种20箩，为本区佃富农。

（2）汉族：住山边或山腰，气候较凉。据他们家谱记载，大多是明朝洪武年间从军迁移来此地者。例如蛮蚌，由地名即可知原为泰族地，渐被汉人侵占去，现几全为汉人。

（3）傈僳：住山巅或大箐边，分汉傈及花傈两种，谚有"四月割荞子，五月把家搬"，即言土瘦，收获不能维持全年生活，只好常迁徙另找新地谋生之义。平常多住地边"巢棚"，多种荞及大烟。常独家住，善射猎。十七八岁结婚后即分居，婚礼简单，几升苞谷加块猪肉送到岳家即可完婚。

（4）回族：住山腰，本区原来最多，2000余户，迭经变乱，现仅剩200户。例如马家寨原有400户，现仅有20户，杂居汉族村落，多数为佃农，租城区地主的田或公田。例如县经费管理委员会之火把田、夫马田（均为杜文秀起义后回族财产被没收充公者）。去年（1949年）收48万斤公粮。

2. 负担问题

过去傈僳最穷，不负担公粮，1949年征粮则租佃户均出负担。最初有谓："减租后上粮，不如不减。"经反复说通，才明白减租后佃户可得65%，而地主不得超过35%的规定，对自己有利。评产时汉人产量以多报少，泰族实报，故结果稍有偏差，现已予纠正。

3. 租佃问题

本区气候较热，龙江两岸土地肥沃，普通一箩谷种产量可达120箩，因此租额较别区高。一般为二八分（地主八成、佃户二成），另外租牛耕种还出牛租，住屋亦多为地主所有，如翻修或添盖须得地主同意才行，年纳房屋租或钱或谷。

① 西岸，疑为"两岸"之误。——编者

解放后，本区农民斗争地主尚文章，他已向人民低头。

橄榄寨富农刀文番，收租额为总产量35%，为本区最轻的租户。

三、第三区

1. 民族

山头、卡拉、阿昌、傈僳（详情不明）、泰族440余户。

2. 分布情况

清水、明朗有卡拉族，分布于七甸村、甘子寨、蛮垒、江家寨等地，连梁河地区1000余户，由缅甸卡拉山迁移来，比汉人先来开垦，但现土地多被汉人侵占，山林亦占完，据反映“如今有力无处使，有锄无土挖，有斧无处砍柴”。吃的大都不够，以山茅野菜充饥占半数，最受压迫，生活简单，除茅屋外别无一物，生活风习多已汉化，但不与汉人通婚，解放后已渐有通婚的。自己不称卡拉，因赤足，当地俗称“大脚板”，现已穿鞋。文化低，能识汉字者少。中寨只有毛福星一家为中农。一般的胆最小，因长时期受压迫，最怕事，初不易接近。了解政策到实行减租后，一般人都高兴地说：“我们今后不仅有吃的，甚至还可以买点东西用了。”

总计三区少数民族比二区还多，明朗、河西泰族占多数，多半种土司所有的田地。

四、第八区

1. 民族

傈僳约65户，分住于盏西与中（？）交界山区之间，故常为匪扰害，虽自种山地，但仅够3月生活，冬天砍柴、打猎，秋天种荞子、玉麦。住地气候较冷，夜晚即睡火塘边。

2. 出产

产木香、土党参、麻子。山地多自己开垦。另有一部租种县财政局公田。

3. 解放后情况

小凹阱与高田两地曾组织有农会，因与盏西匪乱区接近，为自卫计，组织联防，土匪来侵，攻守互助。农会有5个小组，30余人。

五、第一区

1. 民族

回族200多户，多聚于小西区，本族内部很团结，与其他各族尚有隔阂，故显得有些孤立。

2. 解放后情况

恶霸明朝林、明朝仪（皆为回族，明朝林曾任县府军事科长），旧时作恶，人民要求反他，回胞也一致同意。根据民族政策尊重少数民族的原则，乃交由回联自行议处。

有些少数民族已不愿再受土司管辖，请求归我区政府直接领导，尤其是山头族表现最积极，经干部反复劝阻，以免影响团结上层问题，现尚未得解决。

保山区材料之九
——腾冲县卡拉族典型村中寨调查材料
中央访问团第二分团
1951年2月出版

保山区材料之九
——腾冲县卡拉族典型村中寨调查材料

编者声明

这些材料是我们从1950年8月29日至1951年1月31日（其中大部时间是在行动中），先后在圭山、丽江、保山、大理、武定、楚雄等地区进行兄弟民族访问工作中，通过当地干部、民族代表及熟悉当地情况的人士所了解的一些情况。为应各有关机关之急需，仅将原材料加以整理，尽量避免主观分析与结论，在文字上仅要求念得通、看得懂。但由于是短期的访问与了解及仓促整理，情况难免不真实或不深入，观点难免错误，文字烦琐或不通顺。故仅能供各有关机关进行民族工作的参考或进一步考察的线索，并望于今后的调查研究，加以校正。

1951年2月 日

一、一般情况

卡拉族，据云为滇西守士①人，自称本人。

据现有资料——石碑及家谱记载，现住本区之卡拉族，皆为洪武年间由南京应天府搬来，改名换姓，与本人结婚而住于此（按此种碑记未必可信。可能与耿马、双江、镇康一带卡拉、卡瓦同族，移居分隔，失去其语言风俗）。

卡拉族聚居腾冲县第三区者，有中寨、蛮垒、汪家寨、甘蔗寨4寨（在河西有1寨）。不与他族杂居，但与他族（除汉族上层）通婚。

中寨距腾冲县城30华里，有大路，北通腾冲，南至南甸，东抵河东，西达河西。气候近似昆明。有28户133人。男女皆从事农业主要劳动。由中寨人民的生活情况，可窥得本

① 守士，疑为“守土”之误。——编者

区卡拉族人民生活之一斑。

二、政治情形

解放前，本区行政机构设保甲制度。解放后取消保甲，合并数保为行政村，闾改为自然村。

行政村成立后，汉人徐绍荣（贫农）任村长，闾长为本寨人孟应良。

1950年2月，区人民政府派杨永生来组织农会与妇女会，因群众有顾虑，虽经酝酿数月，而未正式成立，直至农历八月十四日，三家村恶霸李连香、荆竹寨恶霸李生春、陈家寨恶霸陈国杰被打倒以后，群众觉悟程度提高，始自动组织农会与妇女会。以旧的第二保（中寨、蛮垒、冯家营、三家村）为一单位。农会主席孟福兴、妇女会主席杨映梅，皆为本寨人，工作积极负责，很得会员们的信任和拥护。本村除眼瞎及衰老的人以外，全部参加农会。现农会会员男的36人、女的33人，编为9个小组（男4组、女5组）。在征收1950年公粮前的评产挤黑中，农会小组起了很大的积极作用。

妇女会是农会组织中的一部分，在1950年阴历十月初始成立，33个会员，编成5个小组，做农会小组工作（迎军、挤黑、选代表……），此外还互相帮忙担谷，挖旱谷地，或约在一起上山摘山果野菜。小组开会无定期，有工作则由组长随时召集会员讨论解决。在开会时，每个人都讲话，为了学会演讲，好“办公事”，她们讲的是妇女怎样翻身的，妇女翻身了，要同男子一样地工作，并努力做好工作等问题。

三、经济生活

（一）生产资料的占有（包括房屋）

全村只孟自香家有1箩种的水田，李名香家有5斛种的旱谷地（1箩有10斛，1斛合2升。1箩米有5.63市斤）。除金安香家外，每家房屋附近有1块菜园（平均每人占地3.4方丈），皆有锄头、镰刀、犁、耙、斧子及砍柴刀等简单工具。只孟自香、李名香、赵国生家各有1头牛，孟福田等3家合喂了1头。孟自春在斗争了李生春后，清算得到4头小黄牛。骡马、羊全无，能喂猪的人家也不多。

房屋多是3间平房（或有一两间耳房），草顶篾笆墙，有些房子已破烂。全寨28户，只12家瓦房、两家土壤墙草房。

（二）劳动力及生产方式

全村除老弱残废者外，无不参加劳动。

兹列全村人口与劳动力统计表如下：

性别	人口			劳动力				主要劳动者	
				全劳动		半劳动			
	共计	大口	小口	数额	占大口的百分比（%）	数额	占大口的百分比（%）	人数	占大口的百分比（%）
男	60	40	20	30	75	9	22.5	39	97.5
女	73	56	17	33	45.2	11	19.8	44	78.5
合计	133	96	37	63	65.6	20	20.8	83	86.4
备注：15岁以上者为大口									

全村中妇女做主要劳动（除因迷信而不犁田外，其他田地活都做）外，尚需经营一些副业劳动。

中寨人终年都是起早摸黑地劳动着：二、三、四月下种、犁田、整土，四、五、六月栽秧，七、八、九月除草，九、十、冬月收割（皆用阴历计），冬月以后就挖旱谷地。稻田常犁4次、耙3次，除两次草。施肥平均每箩种的田每次50挑树叶、15挑牛粪草。田地都种一季，不种小春，因为土地瘦薄，种两季收成就不好。

（三）租佃关系

本村所种的田，全向汉人地主租种，共租73箩谷种。全为定租制，无租约、无押金，但租额则极高，最高达年产量70%以上。在常年产量50%以下者极少，且皆为最坏的地，要花加倍工本，而产量甚微。

兹将各种租额的佃田数目及百分比列表如下：

租额的高低 各种租额的佃田	租额在40%以下者	租额在40%至49%者	租额在50%至59%者	租额在60%至69%者	租额在70%以上者
佃田数目（箩）	5	8	13.5	20	26.5
占全村佃田的百分比	6.8%	10.9%	18.5%	27.5%	36.3%

租额既高，而且欠1箩租谷地主就要夺佃或逼着佃户写借约，次年加倍还。3户雇农都是因为以前欠租而被夺佃的。再如孟自和家，租地主张体寿的两箩种的田，在1945年欠了两箩租谷，次年下种时张体寿强迫夺佃，孟自和央人求情才留下1箩种田。而这继续租种的1箩种田，加租额1箩。

农民无耕牛，又得向地主租牛，耕1箩种的田，要拿5箩“牛租”谷（并且要在地主家耕种完后才租给农民耕种）。因此，农民终年辛劳的果实，平均74%给了地主。

兹列全村被租佃剥削的比例列表如下：

常年产量的各项分配	租额			农民实际收入
	合计	地租	牛租	
数量（箩）	1801.75	1553.75	248	630.75
占常年产量的百分比	74%	63.8%	10.1%	26%
备注：租种73箩种田的常年产量为2432.5箩				

（四）副业及生活状况

因为农业收入的74%被地主所剥削，本寨28户中，农业收入可够吃11个月的，只有李名香1家。这是因为他家劳动力特别好的缘故。

兹将本寨农业收入供食用的情况列表如下（最后一项为雇农3户）：

够吃的月数	11	7	6	5	4	3	2	1	0
户数	1	1	5	2	4	4	6	2	3
占总户数百分比	3.5%	3.5%	17.86%	7.14%	14.29%	14.29%	2.43%	7.14%	10.71%

为了生存，中寨的男女老幼，尤其是妇女，终年是在凌晨两三点钟的时候就带一点干粮到山上去修树枝、拣树叶、拾枯枝（因为自家没有山，在人家山上砍柴，捉到要罚钱），及采山果野菜。到下午或黄昏的时候回家。在雨季，上山衣服常湿透，所以害湿气病的人多。摘来的东西，大部分第二天便挑到腾冲街市出卖，平均每人每月卖得的钱，仅买1斗5升米。本寨完全靠山生活的有孟学旺等4家（收的粮食交租剩下的仅够吃1个多月），靠山上采来的东西补助油盐吃的有孟自香等3家，其余则大部分的生活来源靠山。

兹将每月所采之山果野菜药草等物及其用途列表如下（以阴历计算）：

月份	出卖的山果药草及其他	自食的山果野菜及其他
正	山不硬叶（洗锅用），橄榄、大风草、臭灵丹（皆“败火”药）	母果、地瓜
二	同	山红米、地瓜
三	同	山红米、地瓜、马蹄
四	青木叶、蒿叶（做肥料）	山红米、生山不硬、马蹄、树叶（肥料）
五	同	生山不硬、马蹄
六	熟山不硬	香菜、生山不硬
七	熟山不硬	香菜
八	熟山不硬	
九	橄榄	
十	橄榄、连枣、山不硬叶、臭灵丹、大风草	
冬	同	
腊	同	
备注：终年拾柴，大部分出卖		

中寨的人民，只有九月到十二月可以完全吃大米，其余的时候掺玉麦、洋芋、瓜葫芦、小瓜、南瓜吃，或掺山果野菜吃。有五六家掺到80%以上。

能够终年有油盐吃的，只李名香等五六家，其余的只有点盐吃。每家到过年、过节、栽秧、割谷时，才买一两斤肉吃。

中寨的天气和昆明差不多，但中寨每人只穿一身土布单衣，且多是补丁满身，有些五六岁以下的小孩终年不穿裤子。有棉铺盖睡觉的只有李名香、孟自香两家。余则上盖棕蓑衣、下卧草席子，间或有一床破棉被，冷就晒太阳、烧树枝取暖。

（五）雇工与息借

本寨无人雇长工，雇短工也少，通常是换工——1个人工换1个人工，5个人工换1个牛工。本寨除3户雇农常年卖短工外，别户也多经常抽闲卖短工。短工工资大家决定为每日供两餐，另给1升半米。

本寨人穷困，借债不易偿还，加上老辈子的欠债未清，外村的地主富农都不借给他们，他们只是自己安慰说："我们是穷得干净，饿得硬（挣）气，不借别人的。"解放后贫佃农间互相帮助，渐有小款借贷。

（六）解放前后的负担情况

解放前，国民党政府的摊派特别多。"壮丁费"，凡年在16岁到45岁的男子都被派款，一年派壮丁费三四次，每次每人出8元至13元半。"门户捐"每年派3次，每次每户1元半开。全寨每年出1石米的"保长费"，另有"保丁费""文书费""乡丁费"，年各4斗多米。乡、保办公费，年各10元半开左右。乡长薪水10元半开。原来本乡有积谷，在日本人占据腾冲时吃掉，于是又要付一笔乡保办公人员的饭费。每年修公路，每户要派30多个工。国民党政府不管你家境如何，都是一样摊派，"交不出连锅也拿去！"于是害得中寨的人民"穿不就身，吃不就口"了。

解放以后，人民政府不派款，1949年的公粮全是地主出的。1950年，本区实行减租退押，区人民政府叫农民暂不交租，等着地主交清1950年的公粮，按西南局减租条例减租后，再将多余的粮食交给地主，恶霸地主在被斗争后，也不敢来收租。于是，佃户家里"从开天辟地以来，第一次堆得满屋里是谷子"，感到没有地方存放，他们希望政府快点把公粮收去。

四、文化教育、宗教信仰及风俗习惯

本寨小孩子，五六岁时就得上山摘山果野菜，终年没有闲时间也没有钱读书。识字的人只有李名香、孟福兴等5人。

卡拉族没有自己的语言文字。

宗教信仰和风俗习惯几乎全同于汉人，独特的只是供一种名为“包”的树，在每年阴历三月属马日用三牲祭一次。

五、民族关系

（一）历史上的民族压迫

本区卡拉族与他族的关系，是表现在无数次受汉人地主的欺压上。据中寨人传说：卡拉人曾住中寨北边的“岭安田”地方（又称旧寨，有二卡拉坟在此）。在杜文秀起义时，全部逃避，回来时田地房屋已全被王家营荆竹寨的李家（汉人地主）霸去，被迫移往中寨。

在此事以前，王家营荆竹寨的李老贡爷骗卡拉人说：“你们不认识字，上粮会吃亏的，不如把契约和粮交给我，我替你们代交粮；你们只要记住我的恩惠，每年送点节礼给我就行了。”从此，把中寨人的田山契约都骗了去。因为节礼多吃不完，全霉掉，后改为每户送一挑柴，一直送到20年前为止——这时田和山全被他家霸去了。

此事不久，冯家营与荆竹寨人（全是李姓汉人）为了争夺中寨寨院外的旱谷地，冯家营打死了荆竹寨的一个老人。荆竹寨的人请官来验尸，并恐吓中寨的人说：“人是在你们地点打死，官要来杀你们哩！快躲吧，我们来替你们说情。”于是中寨人都吓得躲了。官来后，看到中寨没有人，认为是中寨人杀了人，就把中寨的旱谷地全判给荆竹寨李家。

1936年，中寨有一棵大树枯倒，中寨人把它砍成12排（每排14挑）柴，打算卖出后修理村内神庙。柴刚砍好，李生春来，说树是他家的，他不但把柴搬去，连斧子、砍柴刀都拿去了。

在这年，李生春又和李占春联合霸占了水源“浸子”，使得中寨人灌溉不便。在雨水少时，耕种因而延迟。

1948年阴历正月十六日，李生春和李璧春栽6个石界碑在中寨的寨院内。从此，不仅院外的旱谷地全部属于李家，就是寨人砍院埂上的竹树，被李家看到了也要罚钱。这是中寨人最感痛苦的一件事，他们不论大人小孩，开口就说：“一出大门就是人家的了！”

（二）人民对恶霸地主的斗争

在解放前，本寨人受尽汉族地主的压迫，是“看着他们狠，连气也不敢吭一声”，而“眼泪却往肚子里落”的，但在内心确实恨透了。

云南解放后，本区大寨的汉人佃农，在1949年阴历腊月二十七日群集李生春家，要他减租，他不得已才退出大寨的两仓谷，约100箩。中寨人看到大寨的人减去了租子，在第二天就照样做，但李生春已将谷子转移了地点，家里只剩下14箩，中寨人把它拿回来分了。

减租后，地主李同松、李生春等就来夺佃。后经农会筹委会的调解，没有全部夺去；被夺去的，因为别人不租，地主自己又不耕种，在农民保证不减1950年的租以后又租给原佃户（农民为了要耕田，也就答应了）。

1950年阴历八月十四日，本寨人民在区人民政府和农会的领导下，斗争了李生春等3个恶霸地主。人民将恶霸地主压在他们心上的石头——界碑，翻起来给李生春背着。人民感到确实是翻身了。

此后，恶霸如尹自纯、李璧春吓跑了。李朝俊、李生春被关进人民政府的监狱，李璧春逃后又回来，向农会坦白认了错，地主的威风完全被人民打下了。

（三）解放后人民的反映和要求

本寨人民受汉人地主的剥削太深，而又接近汉区，所以觉悟较快。解放后，由于没有派款，没有向佃户征收公粮，他们的生活得到了初步的改善，由此体会到人民政府的确是为他们的。中寨接近区人民政府，区内工作同志常去中寨，同他们谈家常，帮助工作。他们有事也到区政府里谈，不管大人小孩，一见到工作同志，就很亲热地围拢来，问东问西的，要求教他们唱歌，谈政治给他们听。

在征收1950年公粮时，评产挤黑非常认真，而且对别村提了许多正确的意见。

现在迫切地要求学习。他们说："要是我们多读一点书，就可以和你们（干部）一样地替大家办公事了。"他们要求政府在本寨附近办一所免费、供书籍和纸墨笔砚的学校，他们都愿意把小孩送去读书。

对土改的要求也很迫切，希望在1950年就实行土改，说："我们现在是有锄头没有挖处，有斧头没有砍的。要是我们有自己的山和田，生产一定比现在好。"

还有几户最穷的，希望政府在春耕时贷种，在五六月贷粮。

本区流行疟疾，希望政府帮助医药。

六、典型家庭调查

（一）李名香

人口与劳动力：李名香，36岁，母61岁、妻32岁，都是好劳动力。其子11岁，读书，农忙时放牛、打谷。

房屋、土地、农具、牲畜的占有：有瓦顶竹笆墙的房两间半。5斘种的旱谷地1块，土地瘦薄，间八九年种一次稻，今年荒着。有16方丈、6方丈的菜园各1块，春季种豆，秋季种玉麦、青菜、瓜、豆。有犁、耙各1，锄2，镰刀3，斧、砍刀各1。有老耕牛1头，10多斤重的小猪1对。

副业：其母与妻在农闲时上山砍柴，自烧并出卖小部分。另外还采山不硬、橄榄，卖后供全家全年的油盐钱。

租佃关系与生产情形：共租入5箩5斛种的田。李生春家的1箩种，是“河冲田”，每年从山上冲下许多石头到田里，光拾石头要花3个工。常年产量为45箩谷，租额为30箩。年成不好时，佃四主六地分，租了15年，四六分的有两年。

租李璧春家3箩5斛种的“旱坝田”，土质很坏，常年产量为140箩，租额75箩，年成不好就平分，租了15年，平分的有4年，每年给他4担稻草。去年减了他的6箩租，在今年春耕时，他说：“你要减租我就不给你种。”李名香答应不减租，才没有夺佃。

租李同松（冯家营地主）家1箩种，租了30年，常年产量50箩，租额28箩。去年减了他7箩租，他把田夺回去，但自己不劳动，别人又不租，在今年插秧时，又租给李名香。

这些田都是四犁三耙除两次草，收获才能达到常年产量——235箩谷，但在拿去133箩地租和牛租（因牛老了，要租牛耕2.5箩种的田）12.5箩后，只剩下89.5箩了。

借贷与雇工：前年三月，借三家村李成学家（中农）大洋20元，月息1角，去年还了11元，算还本，未付利。

1939年，借本村公款20元滇币，原按会息计算，迄今本利一分未还。

1947年8月，借给蛮垒杨国兴（贫农）大洋55元，次年3月还来30元，剩下25元，年息5.5箩谷，至今共拿了13箩谷。另外救济本村赵林广，借出6箩谷。

每年雇七八十个短工——插秧10个工，工资每天两升米。锄草需40个工，每个工半升米。割谷雇两三个工，每个工资1升半米，共需工资7斗4升半米。雇工供饭，需8斗米，共需谷子约15箩。

生活状况：4口人，每日3餐，最多吃3升米，一年约吃八九箩谷子，连雇工供饭；一年不足14箩。故10个月可全吃大米，两个月以玉麦、瓜、豆掺起来吃，用青菜、瓜、豆下饭。一年吃36斤盐、72斤油。祭祖、过年、栽秧、割谷及过节时，每次买三四斤肉吃。睡觉有棉被盖，有两套较新的土布单衣换洗，一年每人能做两套土布单衣，是全寨生活最好的一家。

觉悟程度及对人民政府的要求：李名香读过6年书。在解放后，认识到中国共产党和人民政府是帮助人民谋幸福的，参加了农会，母与妻参加了妇女会。望迅速地分土地，希望能够“办公事”（参加政府工作）。

（二）赵保兴

人口与劳动力：赵保兴，42岁，因幼年时操劳过度，生疮——脚手指甲（除大拇指外）全部脱落。现在多在水田里工作几天，脚上就裂口流水流脓，需要休养几天。但他仍不分昼夜地赶活。妻35岁，照料家务，也下田、上山。长女17岁，一年四季上山砍柴或摘山果、野菜。长子14岁，读了6年书，农忙在家工作，顶半个劳动力。次女3岁，次子3月。

房屋、土地、农具、牲畜的占有：三间两耳的屋1栋，三间瓦顶正房，两间草顶耳房，全是竹笆墙，且不完整。有6方丈菜园地1块，种青菜、瓜、豆及玉麦、洋芋等。农具有2个犁头、1张耙、3把锄头、4把镰刀及斧子、砍刀各1。50斤重的猪1只。

副业：长女一年四季上山砍的柴、摘的山果野菜，除供自家烧和掺饭吃外，平均每月可卖人民币4万元，用以买油盐及米，以及每人一年一套的土布单衣。

租佃关系与生产方式：在20年前，租李璧春家3箩种的田，常年产量100箩。租额为64箩（有一年让了两箩），另给4担稻草。去年减了8箩租，李璧春要夺佃，赵保兴答应他今年不减租，田才未夺去。

租李生春的5斛种，租了4年，常年产量20箩，租额15箩，去年让了4箩租。

租李继道（地主）的5斛种，租了几代人，常年产量25箩，租额10箩，因是老佃田，租额轻些。

租陈家寨陈德甫家（富农）的1箩种，租了100多年，常年产量40箩，租额24箩。

租三家李姓的田都是四犁三耙，除两次草，每箩种施肥30担树叶、15担牛粪，收获才能达到常年产量。陈家的田每箩种要多施20担树叶、10担粪草。

另外，租李继道的菜园1块，约5方丈，种两季，收得两箩蚕豆、两箩多玉麦，租额两箩谷子。所有的田都租牛耕种，牛租25担。

总共除地租、牛租外，一年得到45箩谷、两箩蚕豆、两箩多玉麦（今年李璧春家的田多收了5箩谷）。

生活情况：赵保兴很能吃苦，常是带着病种田，一天做两天的工作，种田不雇工，只换工，穷困时不借债。

全家5口人吃饭（小孩吃乳），每日3餐，要吃3升米，一年要吃90箩谷，所以农业收入只够吃7个月。九月尾到次年三月完全吃米，二月到四月要掺6/10的山红米（野生草籽，味略涩，榨软和饭吃），五月到七月初吃洋芋、香菜（野生），七月到八月吃青玉麦、小瓜、刀豆。一年要吃36斤盐、19斤油，过年、祭祖、栽秧、割谷时，买两斤猪肉吃。

衣服：成年人每年缝一套土布单衣，小孩没有裤子穿。盖的只有一床破棉被，其余的是盖棕蓑衣、草席。为中寨的中等户。

觉悟程度及对人民政府的希望：很拥护人民政府，在征收1950年公粮时的评产挤黑中，以他参加的一个农会小组为最积极。他说："我们要帮助大军消灭土匪，土匪是地主老财搞的。"他对土改的要求很迫切，因为"自己没有田，肥田时半夜里提心吊胆去偷树叶，一年忙到头，收获的东西被地主拿去了"。此外，他希望政府供吃供穿地办学校，他说："我们卡拉人，以前连保长也没有当过，现在我们希望多读些书，就可以'办公事'了。"

（三）孟自春

人口与劳动力：孟自春，49岁，妻42岁，二人都是好劳动力。女7岁，子4岁，不能劳动。

财产的占有：草顶竹笆墙的房1栋，3间。半方丈的菜园1块。有锄头、镰刀、砍柴刀各1。在斗争李生春后，清算到4头小黄牛。

主业与副业：孟自春一年四季卖短工。今年帮骡子冲全寨照守稻子，照守半年，赚得20箩谷。其余的时间，帮人家栽秧、挖园子、打谷子。每工除吃饭外，平均约赚1升米。

其妻一年四季上山砍柴，摘山果、野菜，大部分出卖供油盐钱及购买一部分米，掺各种山果野菜吃。

息借：借三家村李学光家的50元现金，借了26年，以前一年给他几担青树叶算利息，近几年孟太穷了，李家连本利都未来要。

生活状况：他家是“吃一天，愁一天”，4个人完全在家时，每天要吃两升米，所以他家每年只有几天完全吃大米，所有山果、野菜他家都吃过（如香菜、山不硬、山红米、地瓜、马蹄、母果等），更谈不到吃多少油盐和猪肉了。衣服是每人隔一两年缝一套土布单衣，盖棕蓑衣，卧草席。是中寨最苦的人家之一。

孟自春为人老实，不好说话。他的妻子今年五月在荆竹寨李家的公山砍了一棵小树，被捉到罚了两块现金，他觉得很痛心。

（四）孟自香

人口与劳动力：孟自香，56岁，他家是中寨28户生活极贫苦的卡拉族中较好的一家。全家10口人（男5口、女5口），妻53岁、长子31岁、次子27岁、幼子21岁、女儿18岁、长媳29岁、次媳27岁，孙儿、孙女各1。除孙儿孙女幼小外，全家有7个劳动力、1个半劳动力（孟妻）。

房屋、土地、农具、牲畜及租佃关系：孟自香家住中寨上头，占地约宽4丈、长3丈余，屋角有一约3丈长、2丈宽的菜园。房屋成四合形小院，有堂屋1，住房4间，厨房1，侧屋2，但极破烂，空着堆些乱草，住屋黝黑，系瓦顶篾壁，壁间通风。住屋内家具简陋，总共不过有几个矮凳，破木床，一个盛10余箩谷子的篾箩。

他家自有1箩种的旱地，据他说得10年才种一次稻谷（土瘦），收成有30多箩，其余时间空起或种一些洋芋、杂粮。租了7箩种的田，系定额租，计种李生春家1箩种的田，年产60余箩，交48箩租；李朝通2箩种的田，年产85箩，交76箩租；李己仁家1箩种的田，年产40箩，交20箩租；齐家营2箩种的田，因土地较瘠瘦，年产40箩，交租27箩；齐思田家1箩种的田，年产36箩，交租22箩。总产量是二百七八十箩，交租193箩。如年成太坏，可向地主央求少缴几箩租子。

屋侧菜园种青菜、白菜、蚕豆、豌豆等，全供自家食用。

田地都是祖传十几代租下的，租田时都没有写立租约，只口头说定年纳租谷若干，租额平均都在70%以上。

牲畜只有1条水牛、猪1只（50多斤）、鸡3只。农具仅有犁头两把，锄3把，山锄、钉耙各1把，镰、斧、砍刀各1把。

生活情况：全家除交租外，所余不过90箩，全家10口人年吃约200箩，只够吃半年（从收割时起到次年二三月）。妇女农闲时上山捡山不硬和山红米，至少吃俩月。此外去30里外修砍大树枝头，年砍约三四十担，每担约40斤（换米半升至1升），除柴火自用外，挑到市上卖。或拾大风草卖。这些副业都是妇女做，农闲时间整个花在这些工作上。男子便抽暇卖工，一年四季都忙。

衣服：一年四季穿土布单衣，满身补丁，冬天靠烧柴火、晒太阳取暖，床上铺草席，破被很薄，儿媳的衣着稍好些。

3个儿子都念过书，次子程度较高——算全寨最高的。

全家在1950年8月农会成立时都加入。现在次子孟福兴是村农会主席，长子是民兵，长媳是妇女会主席，次媳也参加妇女会。孟福兴这次参加了保山区各民族代表会。

过去租佃纠纷和负担：解放前，国民党也说要二五减租，乡长把公事压着，让地主们先来收租。李朝通家全收去，李生春家减了8箩，李己仁家减了4箩，只齐家减够了的。

孟自香种李生春两箩种田，因减了租，李生春大发脾气，强迫要交够租，并以夺佃威胁。到了腊月，势必非减不可才让了8箩，但逼退田，不准下种。后因农会酝酿成立，村人调解，孟自香终于还夺回去1箩种的田。

解放前负担很重，国民党名目繁多的派款，在穷苦的中寨也完全一样：门户捐、壮丁费、乡保长费、修路费，一年孟自香家要负担一二百元（公粮归地主缴纳）。

息借与雇佣关系：息借关系在本寨很少，主要是中寨穷，没人敢放债。孟家老实，也不敢借贷。雇佣方面，由于全家劳动力多，不雇长工，有时太忙，请短工帮助，日供两顿饭，1升半米工资（大家决定），有时换工，只供伙食。

觉悟程度及对人民政府的希望与要求：解放后，他们从减租（减汉人地租）中获得生活的改善，认识到现在政府是不同了，生活能够慢慢变好了。1950年秋收的谷子，全部给放在自己家里。他们很希望快收公粮，因为家里从没堆过这么多的谷子，堂屋地上满堆着，感到无处存放。

孟自香提出两点对政府的要求。①在本寨或附近开办学校。认识到过去不识字受骗太多。过去在别寨念书的孩子，被人看不起，受欺负，所以不愿去。在本区本寨设校，大家都愿送子女去念书。②本区时常发生疟疾，盼政府多助医药。

（五）孟自和

人口与劳动力：孟自和41岁，妻39岁，两个小孩（7岁、1岁）。全家只孟本人为一劳动力，妻眼瞎，完全不能劳动。

房屋、土地、农具、牲畜：有3间草房，1堂屋、1住房、1厨房，均篾笆墙壁，破烂不堪。租了3箩5斛种的水田，生产工具仅有锄1、镰刀2、犁1、砍刀1、钉耙1、烧地耙3。牲畜有猪、鸡各1只，水牛是租三家村韩富中的，放在自己家中喂（本来自有1条牛，老人欠债被地主拉走了）。

租佃关系：租田3箩5斛谷种，计张体寿1箩种田，年产谷45箩，交租31箩；李印周（大寨大地主，已逃走）两箩种田，年产共90箩，交租80箩；陈子杰家5斛种田，产15箩，交12箩，牛租交10箩。

没有租约，无额外剥削。由于他家穷，所以地主都口头约定，租子每年1箩也不能差，否则夺田。他也从没有差过租。1949年，各地主都减了租。

租张体寿田原系两箩种，其父在时即租的，已经30多年了。1945年因欠了两箩租，被张强迫把田夺回。当时田已下种，不得收。后由李印周调解，退1箩种田给孟种。原来两箩种田交租60箩，以后1箩已改交31箩租。

生活情况：孟妻眼瞎，什么事都不能做，只在家带小孩。孟自和一年四季从早到晚都在忙，最忙的是从二月起到九十月收谷止。田里除换工及有人助工外，一切都是个人去干。天未明即起，摸黑煮饭与妻、儿吃后，赶亮上山砍柴、下田，夜晚才回，没有时间去帮工、拾山不硬野果。吃洋芋的时间较多。全年产粮除纳租外，所剩不过20箩谷。他在房周空地尽量种洋芋，每年洋芋收成可抵二三十箩谷子。砍柴仅够自烧，无力砍去卖。小儿四季都光屁股。他也衣不蔽体，大洞小孔，出嫁之妹有时回来为他补缀。秋收前还向人家借来1箩谷，给小孩换破布带衣穿。每年去腾冲一二回，卖点柴买盐吃。现小儿子已送去念书。

孟自和7岁就开始为人看牛马，哥出外当兵，一直无音信。有一弟已分家另住，租一点田种，最近已死，剩弟媳赵银香，生活无着，孟也无力帮助。

息借与雇佣关系：劳动力缺乏，度日困难，所以常常借贷，他能按时归还，所以人家肯借给他。曾向陈家坝里人借谷子，过去1箩还两箩。五六月无吃时借，九十月收割后还。1951年利息已减为借1箩还1箩2，放债的人都是老人，妇女则用她们的私房谷子。

雇佣关系无，孟自和每年在本寨换10多个工。

他对人民政府的希望：①政府在春季能贷发种子，能耕种小春，需要洋芋种、荞种。②希望办学校，小孩们有书读，认得字才有办法。他说："我把小孩送去念书，就是要他认得字才有出息。"

（六）孟学旺

人口与劳动力：孟学旺51岁，妻50岁，女17岁，子12岁。

孟学旺眼瞎作半工，劳动力为妻、女，下田耕作。幼子也可帮点忙，并为全寨看牛7头，得点伙食。

房屋、土地、农具、牲畜的占有：有破篾笆房3间，屋侧有1块约两方丈的菜园，租种1箩5斛种的水田，农具仅锄、钉耙、镰刀各1把，牲畜全无。耕牛是租的，或用人工去换。

租佃关系：租田1箩5斛种，计陈少生的1箩种田，常年产18箩，收成坏时产十二三箩，租子交7箩2斛半；陈子杰5斗种田，年收15箩，交12箩租，牛租2箩5斛。除纳租外，所余不过10多箩。

租佃关系上过去没有什么大纠纷，只在收成欠缺时曾要求地主让租未允，仍逼着交够了。陈少生的田才租种两年，陈子杰的田只种了1年。1949年减租，陈子杰减了，陈少生未减。

副业：全年收入10余箩，需吃80多箩，不够吃。妻女上山砍柴，拾山不硬去卖，或拾红米草和米煮吃。砍柴到20多里外的冷饭寨（修枝）。农忙时妻女在本寨卖工，每工一升半米。

因自家的租田少，所以许多时间都用在副业生产上。不需雇工或换工，只用人工去换牛工。

生活情况：春天没米吃，全家砍柴卖。六七月园里南瓜熟了就当饭吃。平时饱一顿饿一顿，饿得头发昏。幼子代人看牛，可往人家吃一点。平常很少吃盐，有时柴价高，买点盐吃，一年约吃10多斤。从前喂鸡卖，年节买一二斤肉吃。平时吃菜用水煮，无油。

衣服二三年不得缝件单衣。冬天靠晒太阳、烤火取暖。

负担方面：解放前全寨负担公款，因孟学旺太穷，有时经众决定，分摊时让他不出或少出。村子守夜因他眼瞎，得出钱雇人。

1950年8月，孟学旺加入农会，妻女加入妇女会。

腾冲工作组调查（石堉壬、姜季贤、李尧东）

1951年2月4日

保山区材料之十

——莲山情况调查资料

中央访问团第二分团

1951年2月出版

保山区材料之十
——莲山情况调查资料

编者声明

这些材料是我们从 1950 年 8 月 29 日至 1951 年 1 月 31 日（其中大部时间是在行动中），先后在圭山、丽江、保山、大理、武定、楚雄等地区进行兄弟民族访问工作中，通过当地干部、民族代表及熟悉当地情况的人士所了解的一些情况。为应各有关机关之急需，仅将原材料加以整理，尽量避免主观分析与结论，在文字上仅要求念得通、看得懂。但由于是短期的访问与了解及仓促整理，情况难免不真实或不深入，观点难免错误，文字烦琐或不通顺。故仅能供各有关机关进行民族工作的参考或进一步考察的线索，并望于今后的调查研究，加以校正。

1951 年 2 月　日

莲山位于中国之西南边陲，与缅甸接壤，全区东至盈江60里，东南至陇川5天路程，南至腊戍7日路程，西靠英属缅甸，北接缅甸昔马董3日路程。全区由南到北100多公里，由东到西70多公里。

一、一般情况

莲山人口解放后尚未进行调查，据1946年国民党政府统计，全区有4370户，人口15500人，男7680人、女7820人（据保山专署1950年11月资料为17319人）。但实际情形当比此数为多，因国民党时代从未正确调查，人民因畏征兵，又不实报（据行政委员会估计25000左右）。

解放前后人口增减甚大。近年莲山多事，各族人民常全家移入缅甸。日军占领时，许多百姓都搬走，太平街与昔马冲突时，太平街有1寨完全搬走，昔马由600户减为400余户。解放后，部分人民不明人民政府政策，并受特务造谣的影响，搬走者亦不少（但现在有搬回的）。

总计自民国三十四年至解放前莲山共搬走700余户（？）。

莲山民族共有5种：

（1）摆彝：约占全人口40%，多聚居于坝子内，部分与汉人杂居。

（2）山头族：占全人口30%，都住在山上，有的与傈僳和汉人杂居。在猛典有“小山头”，在太平街的散棚附近有十几户“茶山”（两寨：一为麻道，8家，叠水有10余家）。据不完全统计，山头族居昔马乡之龙盆者有70余户，崖子坡9户，蛮棒40余户，正通8户，鲜红10余户，五官寨7户，高里6户，山窝洛7户，蛮允镇附近之一排寨8户，崩林20户，跑井6户，正交7户，扒拉3户。

（3）汉族：约占全人口20%，大部居于太平镇、蛮允镇及昔马3个坝子内。太平镇共有8保，内有3个保均是汉人，蛮允镇3保内有1保均是汉人，昔马有汉人400余户。汉人除大部分居于坝子内，另有小部分与山头、傈僳杂居于山上；昔马附近之龙盆有七八户，蛮棒七八户，正通两户，卡亚七八十户（此寨山头占少数），高里四五户，五官寨10户，惠龙河七八户，崖子坡8户。

（4）傈僳：约占全人口百分之八九，亦居山上。以猛典、昔马两乡为多，有傈僳200多户。在昔马乡者崩林18户，龙塘3户，香山3户，跑井12户，利顺元10余户，辉赫山9户，禾木树8户，齐木寨7户，十八岔10户，和头六七户。部分与汉人杂居。

（5）阿昌：全境共有7寨100余户。

在民族关系方面，以前摆夷[①]与汉族不团结，因设治局与司署之间的矛盾，造成两族的隔阂。设治局压迫少数民族，过去李兴和、刘昌义在莲山压迫各少数民族。汉族内部因利益冲突亦不团结。摆彝自认为“进步”，同时生活较好，轻视山头族。山头族因生活太苦，有时下山抢劫，故坝子内的汉人及摆彝皆恨山头族，并主张政府应武力镇压。山头族内部之枣保山官及木脑山官，彼此间亦有冲突（见下节山头族资料）。

此次访问团在莲山各地召开代表会议，各族人民已初步认识过去民族间不团结的原因，并表示坚决团结。如山头族表示“以后不再抢人”，凡由政府号召之各项会议，都下山参加。汉族（特别是太平与昔马的汉族）已认识到过去的不团结是受国民党的挑拨，其责任应由李兴和、刘昌义负，汉族人民都是一家。以前太平街汉人认为昔马汉人都是“坏蛋”，至今始改变过去这种看法。

① 摆夷，本文又作“摆彝”。——编者

二、政治情况

（一）解放前的政权组织

过去莲山有两个统治机构，一个是国民党设治局，一个是司署。

设治局下分5乡镇，即莲山镇、太平镇、蛮允镇、昔马乡、猛典乡。乡镇下有28个保、292甲。据干部谈，各族人民对设治局都恨，刘昌义做设治局长时，因压迫和剥削人民太甚而造成昔马与太平街之争（见后太平街事件）。此外据说，李兴和拟统治全莲山，因而司署与其亦很对立。

（二）土司略历和解放前后

莲山系旧盏达土司，土司思鸿升现年59岁，系莲山盏达村人。父刀允源，因在清朝时出卖缅甸与昔马间之国界被人告发，于宣统元年被保山道尹刘某杀死，并将全部家产没收，取消土司地位及世袭。当时思鸿升只10余岁，因为在司署胡作非为，其母乃带他至缅甸，在缅甸入华侨大学。1924年返莲山，与当地封建势力勾结，主张“兴夷灭汉”，武装包围太平街9天9夜。后龙云派一大队兵来解围，思鸿升又逃至缅甸。1927年复返莲山，当时安抚司恐其暴乱，将原有土地发还40%。是时思鸿升安定一时，但开始扩张实力。1929年因设治局收烟捐，思与设治局冲突，杀死设治局长方某。1942年日军抵腾冲，莲山沦陷，思与日人相勾结。此时汉人大部逃往山上，并组织游击队。当时莲山政务完全由思把持，杀害汉人不少，据称至少有80人余（？），从此更加深汉彝间之矛盾。1945年日寇投降，李弥第八军驻保山，委太平街地主刘昌义为设治局长，李兴和为大队长，从此与思成对立状态。故此后莲山成了两个政权，以盏达河为界，河东由思统治，河西北由设治局统治。1949年5月设治局派款不公，莲山全区派保路费25000元卢比，昔马一乡派到15000元，并限24小时内交齐，于是人民起来反抗，由昔马何朝定、汪世康领导。思鸿升乘机发动莲山群众，并邀干崖、南甸各土司与汪、何联合围攻太平街，自1949年5月至1950年6月共13个月。解放军来后，于1950年10月间枪毙了刘昌义及李兴和，秩序始安定。

解放后，大军驻莲山，成立工作团，并组织各民族行政委员会，由思鸿升任主任，吸收各族上层为委员，原司署之28位职员，均参加行委会工作。在选派主任时，思鸿升曾主张民主选举，自当主任后思想较前进步；因他在土司中是最穷的，声望最低，胆子又小，随时怕李弥报复，故求靠拢人民。在行委会每天准时办公，抓紧经费，并发动群众开荒，自己以身作则，全家都参加劳动。保山开民族代表会时，因得到通知太晚，连夜赶到保山，并由家人赶制锦旗，又拟自缅甸买象送至北京（因运输困难，尚未运来）。思虽是“国民党员”，但与国民党有摩擦，李弥在解放后曾给思写信，他将信交与部队及工作团，表示坚决靠拢人民，并表示如解放军撤出莲山，他亦随之参加游击队。由于他的靠拢人民，莲山行委会得以开展工作，并获得摆彝人民的协助，摆彝妇女任主席的莲山妇女会也表现得好。

据称思鸿升有武装800余人、步枪千支，可以随时调动。1950年曾配合部队派出两个大队剿匪。

莲山行委会感到最大的困难是经费问题，现每月只能收税1700余元半开，不足之数甚多，因而工作不能顺利开展。

（三）帝国主义活动

莲山地处边陲，接近英缅，受英缅影响极大，甚至山头族、傈僳族只知有英缅不知有中国。据已得的材料是：

1.经济拉拢

英帝通过教会以极低利息贷款给百姓，有时还不收利息。凡山头人入缅做生意，不取关税，而非教徒之汉人及摆彝则严加检查。同时利诱蛊惑各族人民迁缅居住，凡迁去的给耕牛1条，借给30卢比、30箩谷子，3年后还本不取利息，并有大量土地任人开垦，不交租谷。因此，有些人因生活困难和不堪国民党压迫，便搬进缅甸。

莲山距内地太远，各种日用品因交通困难，运输不易；即使运到，因售价太贵销路亦不大。如香烟、肥皂、布匹、盐巴等均由缅甸运来，“价廉物美”，一般商人到缅甸去做生意的也比到保山、腾冲的为多。因此，帝国主义者在各族人民中已有很深影响，至今莲山还只用外国货币，不用人民币及半开（过去因国民党的法币时常贬值，半开、银币亦不稳定，群众吃亏很大，故始终不信任中国货币）。

2.文化麻醉

英帝于民国一、二年即在昔马龙盆村设立教堂，并办学校，傈僳区亦有教会小学，大量吸收傈僳、山头子弟入学，完全免费（创有山头及傈僳文字）。凡信教者不但获得受教育的机会，同时又可免费治病，故山头、傈僳两族信教的多，读书的也多，并且选拔大量青年男女到缅甸留学，回国后即传教或者教书，灌输英帝反动思想。

英帝在蛮允镇、小平原均设有教堂。小平原之天主教堂为各地教堂的领导机关，该堂台神父甚得教徒之信任。据说，现在因经费缺乏，已无活动（？）。

此外英帝大量吸收山头人入缅，并任命山头人在八莫、密支那等地做县长。在边界设移民局，凡由中国到缅甸的人都颁给通行证，收卢比100元（据说现在已停发）。

在昔马附近缅界内有3营盘：一在昔马拱能，住2000人；一在火焰山，可住1000人；一在那波，亦可住千人。守3营者共有50人，但时常调动。

3.袒护国民党特务

国民党反动残余，在英帝袒护之下，在缅活动甚跃。据说莲山之国民党特务散匪与缅美特务机关随时有联系，昔马之反动派逃至那波居住。

三、经济生活

（一）经济产物及自足情形

莲山区有小平原、太平镇、蛮允镇3个坝子，出产以稻为主。因靠近大盈江，有灌溉之利，土地又肥沃，每年每个劳动力能收入800箩。蛮允镇产米亦多。在江水不泛滥的条件下，农民除纳租及对司署负担外，均能维持最低生活。唯有时雨水过多（每年六、七月），在大盈江下游距蛮允镇10里之地有一大落水洞，水大时被树枝石头阻塞，江面升高，因而有泛滥成灾的。每泛滥一次，据当地人估计损失达20万箩谷子。因此，只要遇此情况，农民就不能维持生活。

又因过去莲山多事，搬入缅甸者甚多，再加地主恶霸夺佃情形亦广，所以太平街、昔马等处就有不少荒地，今后如能有计划地开发，则莲山之出产更有前途。太平镇汉人希望政府移民到太平镇开荒。

昔马因气候太冷，每年只收1季，本地出产不够吃，常年吃米均到太平镇或蛮允去购。

猛典产米甚少，亦靠外来谷米，故山头人常吃野果树根。

至于山区居民（山头族、傈僳族及小部分汉族），除少数租到田能种谷子外，大部都种山地。山地因土地贫瘠，只能种苞谷、荞麦、小米，收成有限，故能维持最低生活者极少。据当地干部讲，普通山民只够吃两三个月，以比例来说，能维持最低生活者不足10%，够吃半年者约百分之三四十，50%以上只够吃3个月。不足的补救方法是：

（1）山区住家不论是山头、傈僳或汉人，都种大烟。因大烟赚钱较多，销路也好（过去），较种粮合算。大烟收成后，即运至缅甸去卖，再换回日用必需品（如盐巴、布匹等）。运烟至缅甸大多数不经关口，夜间偷越山岭，如不被查获，获利极大（在昔马每两值4盾，到缅甸卖7盾缅币）。缅境警察对山头盘查较松，有时山头、傈僳将烟卖给坝区汉人或摆彝，或用烟土向坝区换取食粮或日用品，但无运入缅甸获利大。故一般山区居民皆愿冒险运烟。

（2）卖柴：坝区缺少烧柴，山区居民自山上砍伐树木，于赶街天下坝来卖，换回必需品。

（二）负担情况

在国民党时代，土司与设治局各收各的款，人民都是双重负担。

1. 设治局

设治局之主要摊派，以烟款为最重。烟款以锄计算，每锄出烟土14两，每户锄头均经详细调查，据说只有多没有少。此外并对种烟者常有额外啰唆，忽而禁烟，忽而准种，以实行政府法令为借口，额外榨取。其他税款亦以大烟计算。据称，刘昌义于民国三十五年收大烟计8驮（每驮50砣，每砣40两，合15000两）。

此外，设治局之摊派有壮丁费，每年所出数目不定，据当地人估计，约由20个到40个卢比，摆彝、汉人都出。如家有壮丁而不愿当兵者，必须巨款贿赂。门户捐每月1个到2个卢比。

至于大米款，汉人是由地主统交，佃户不直接交设治局。摆彝族只交官租给司署。

此外尚有招待费（委员下乡之招待费，开会用费）、修路费、修堤费、娱乐捐（赌博费），名目繁多，而且由局长而至乡保甲长，层层剥削，总计每户每年给设治局的花费在百元卢比以上。曾在昔马乡因追款被逼死8人，因无款而卖儿女者有4家。

2. 土司

对土司的负担，主要是官租。据干部说，约占产量5%至10%（？），对土司有不取代价的劳役责任，土司家中如有婚丧大事，各寨必须送礼，数目多少不定。百姓娶亲嫁女，亦须给土司喜事费，数目据说由数十至百卢比。此外有落地捐（街头天摊）、驮捐（做生意进出货物，按值交税）、娱乐捐（赌博）等款。土司采用包税制，由汉人之地主恶霸代收。土司的各项负担主要是由摆彝负责。

四、教育情况

莲山教育情况，据各民族行政委员会报告：

（1）解放前小学统计：有省立1所、教会立4所、私立2所、中心小学2所、保立国民小学8所、傈僳小学1所，共18所。停办的有散棚、台盛等6校，增办者有3校，其经费多数是用屠宰税、屠宰附加税，有的是学生负担及私人捐助。

（2）接管后学校统计：有省立1所、私立2所、傈僳小学1所、山头小学1所、中心小学2所、人民小学9所，共15所。校长、教员共46人。共45班（高一5班、高二3班、初一14班、初二13班、初三11班），共计男生612人、女生176人，总计788人。内汉人593人、摆彝96人、山头41人、傈僳58人。最近拟恢复散棚等6校，并拟开办海线、盏西等5校，合并碳腊等校。

（3）1951年上级对莲山教育经费，拟拨11万斤米，合大洋17600元。

（4）省小是民国二十一年开办，1948年停办，1950年恢复，有校长1人、教员5人、工友2人。待遇校长每月260斤米，教员220斤米。

（5）傈僳族在猛甸有小学1所，是傈僳山官董明文创办，是教会领导。有学生50余人，内有傈僳学生49人、汉族学生3人。

（6）山头族在龙盆寨有小学1所，系十六七年前由教会创办。现由排兴文（山官）领导，有教员1人，学生30余人都是女生，教山头文字，教员曾去过缅甸。

五、附录

（一）家庭访问

（1）向德源，年20岁，莲山杏哄寨人，摆彝族，曾在腾冲中学肄业3个学期，现已休学。家里共有6口人，父亲53岁、继母约30岁、姊23岁、妹18岁，长工1人。

全家以种田为生。向与其父亲兼做买卖纸烟小生意。种田、收割时全家下田。平时女人在家做饭及其他零碎事情。

共种16箩种子的田，自有田6箩种子，种官田10箩种子。自有田是由土司手中买来（买时每箩种子用100余卢比），自有田不再上官租。每箩种子每年可产谷子40箩到60箩，如以每箩产量50箩计算，每年收总产量800箩。今年又新开荒地一小块，种了草烟，能收多少不详。有水牛4只、猪15只、鸡四五十只。

支出主要是官租（给土司），每箩种子官田每年付官租20箩谷子，10箩种子田每年共付200箩，不论收成好坏，官租是固定的。解放后交政府公粮谷子30箩、卢比20文。据本家估计每年共须摊派谷子70箩、卢比40文，至于其他对土司的摊派每年约50文。

家中的用费主要是吃饭，每人每年最多是40箩谷子，5口人共200箩。盐巴每5天用20两，每年1460两，每40两价1元5角卢比，全年用盐钱50余元卢比。布匹每年每人用3件布（？），5人用15件布，每件12个半开，15件共180元半开（约合卢比百元）。

长工每年拿工资谷子40箩。另外请零工。有10箩种子需完全请人种收，工价是给10箩种子所产的1/3，如以收成产量500箩计算，工资是160箩多。

由以上的支出与收入计算，每年收支相抵，不致有亏空，但也没余谷。

以前向德源到腾冲上学时，曾借200卢比，现已还清。

（2）思永和，年24岁，莲山平原人，摆彝族，为土司思鸿升之侄孙。家里共6口人，即父（57岁）、母（58岁）、妻（28岁）、子（2岁）、侄女（8岁）。妻在1年半以前带子回盏西娘家，因盏西匪患至今未归。侄女系永和大哥之女，因大哥已死，大嫂改嫁，乃永和代抚养。

家有13箩种子的田，以前经常租给别人耕种，收租占产量1/3（如产60箩，收20箩）。据本人谈，每年可收地租300箩到400箩，近两年因时局不靖，无一人租种，田都荒起。现在永和的父亲在莲山各民族行政委员会工作，每月薪水30卢比（合人民币12万元）。永和种烟，每年可收烟百余斤，养猪4只、鸡10只。

每年全家需米120箩（每人合30箩，以4人计），每年每人3套衣服，盐巴全家每年600两。对土司及行委会均无负担（过去“皇亲国戚”对政府均无负担）。

3年前讨老婆，曾借1200卢比，现在尚欠1200元，利息是每百元卢比年利20箩谷子。

（3）们放保，年34岁，莲山户费寨人，摆彝族。全家原有3口人，因6年前们放保与其妻口角，妻返娘家至今未回，其子又于3年前死去，故目前只剩放保1人。

放保靠种田为生，租莲山镇地主思洪卫3箩种子的田，因土地属坝区，土质较肥，每年可收120箩谷子，除交纳70箩的地租外，每年余50箩。如不遇荒年，可有把握收到此数，有时遇大盈江水患，则出产减少，地主是“荒田不荒租”，放保因之生活则受影响。

们放保每月吃饭用2箩米（全年30箩）、食盐每月10两（约合1箩谷子）、添制衣服30个卢比（合谷子4箩），如无其他设治局及土司之剥削，则可维持生活。国民党时代之负担是多方面的，如对设治局的最重的一笔负担是壮丁费，每年出一次是25个卢比，其次是门户捐1个卢比、弹药款3个卢比，另外还有无数的临时摊派，如修路费、建筑费、河堤费、治安费以及许多不知名的项目。总计起来，们放保每年的各项负担要出到60个到100个卢比。对土司亦有负担，除给地主思洪卫每年上70箩谷子的地租外，并还代其交8箩官租，还有无代价的劳役责任，随时听候分派。遇到土司婚丧事，由村发起送礼，至少是5个卢比。老百姓娶亲嫁女也给土司喜事费。8年前们放保结婚，曾给土司喜事费30个卢比。

到农忙时要到地主家帮忙几天，不取工资。地主有婚丧事也要送礼。

因以上的几种负担，所产的粮食完全被剥削光了，他的生活据他说只好用以下几种方法来补足：

a. 种青菜、草烟，在街天挑到街子上去卖，每年可收入200个卢比。

b. 在自己的庄稼忙完时，到富农家去卖工，每天除供两餐饭，可得到1箩半谷子。

c. 户费寨部分富农兼做生意，生活宽裕，们放保与其中数家感情甚好，有时可不出利息借到谷子或钱，至今共欠外债300卢比。

解放以后，们放保的生活较前大为改善，设治局的苛捐杂税已没有，土司的官租也无形中取消（因土司怕解放军，没有来收官租）。1949年的公粮，在合理负担的原则下，们放保是“无者不出”。现在们放保正打算先把债务还清，然后再准备积些钱结婚，并买一条耕牛。

（二）蛮允镇简况

蛮允镇是莲山五乡镇之一，共有3保。第一保是汉人，共134户649人，全住蛮允街上。全保都是坝区，各家多少都有土地，但自不种，租给摆彝农民（街天摆彝做生意），地租大部都占产量40%（？），佃户可得60%，有时对半。汉人到缅甸做生意的甚多（解放后已减少），多半是带大烟出口，换回盐巴、布匹。到缅甸多半是去八莫及密支那。

第二保是坝子地，完全是摆彝族，共134户425人，除有两户不种田外，余都种田。全村系地主李发春出租田，年收租800箩。

第三保是山区，大部分是山头族，有小部分汉人及阿昌族，有两寨茶山族（麻道寨8家、叠水10余家）。第三保共有99寨，人数约2000，皆由枣保山官管辖（但实际枣保山官只能控制94寨，其余5寨由其对头木脑山官控制。木脑山官现当土匪，与金开文勾结。94寨内有7寨是汉人）。

蛮允镇有国民党、青帮、红帮及青年会等组织。分述如下：

（1）国民党：在蛮允镇有党员10人，负责者为尹希文、左忠贤。现仍与缅甸国民党有联系，经常开会，街天在茶馆开会（当地机关讲）。

（2）青帮：有6人，以赵天升、徐本和为首。徐本和曾在南京上学，入国民党训练班，以前做过盈江设治局长及莲山参议会议长。

（3）红帮：共27人，领导者为杨名道（现任蛮允副镇长）及陈定保。杨名道表面上甚进步，尽力与人民政府靠拢。

（4）青年会：即三青团，负责者为尹培川，会员共38人，有委员10人，尹培川负总责。另外有魏昌荣（河南人，现做医生，曾做新八军医官）、散修芳（现任第一保保长）、赵申光等皆为委员。散修芳负责扰乱经济，运进大批缅货如纸烟、洋油等日用品，并与缅甸八莫国民党负责人思成章互通消息。散修芳也负责拉拢青年会会员，并监视政府工作人员。赵申光负责了解解放军的工作，另外有郭仪正、丁德心专造谣言，曾说解放军不相信蛮允镇人民，解放军“先甜后苦”，并说“现在的宽大政策是假的”。

摆彝族内也有特务组织，主要是国民党领导的青年会。在民国三十一年成立，包括盈江、莲山等地区。主席是干崖土司之子刀威伯，副主席是莲山谷中甫。许多摆彝绅老负责组织青年并给青年买枪。加入青年会可不纳官租，但有事须全力出动。

摆彝的青年会与汉族青年会，据说只是上层人物有联系，下层会员彼此互不暴露。

汉人保内的各组织都与李弥有关系，在缅甸新甸有一酒店，店主周文玉与李弥勾结，专出委任状，由金开文转来。

以上各组织虽为同一领导，但组织与组织间、老人与青年间都有矛盾。据说此种矛盾是“组织上”的上层故意造成的，因上层恐各组织工作不积极，造成各组织的矛盾，使之竞争，积极工作。

（三）太平街调查报告

1. 一般情况

太平街是属于莲山所辖的太平镇的一个保，在小平原西南约30华里处。

整个太平镇有8个保、5个摆彝保、3个汉人保（太平、大寨、哈丫），共有124户8000余人。

太平街是个汉人保，原名“GA NO HO”，是下寨移来，“GA NO HO”是原寨名。有一个街子，5天一市。现在地方政府所在地共有137户，内中有摆彝7户（都是1950年5月搬来的，做小生意），余均为汉人户（新八军的退伍和流离在此的军人占14户），人口共计有784人（在遭日寇侵略前，共有200多户，现在共有137户，多逃亡失所）。

在解放前住在太平街的汉人，大部在街子上做生意，一半以上拥有土地，多少不等，做小生意的（卖酒肉、饵块、小吃及零星杂物，摆摊子）占2/3。也有土地，这些土地都租给摆彝，解放以后，才有几家汉人自动去种田。

稍有本钱的常去缅甸做生意，来回时间约1周，最大生意是洋杂货、布匹（在边区销售），其次是油盐，做此生意的主要是汉人，摆彝很少。经常跑缅甸做生意的为李、刘等10余家人，亦有内地汉商从腾冲贩杂货来销，把缅货运回去卖。汉人、摆彝也常去缅甸密支那去掘玉石、琥珀和金子的帮工（老板多是广东、福建人），利润很多，据传说至少对本以上。九月去缅，次年三月回来，找的钱就买成土地，汉人至今很多小地主。

土地产量是以箩计算，土地以种计算：一箩谷种的土地，一般年产约50箩，也有年产80箩或30箩的，看土地的肥瘦。一般在租田时定租，不写租约（因佃农都是摆彝，少有懂汉文的），口头决定，每年照纳若干定租。

地主中收1万箩谷子以上的有李兴和1户（新八军军长李弥之侄），收5000箩以上的有3户（刘昌义、王绍康、王德光），收5000箩以下、2000箩以上的有11户（以王绍康、李如昌、王绍昌等为首），2000箩以下、700箩以上者15户（以殷家春、李朝宗、李心光、周文用、尹万益等为首），700箩以下、100箩以上者21户（以杨永和、王烦昆、段必西等为首），另外收几箩或几十箩租子的有24户，其余有55户专靠生意赚钱，放利息来解决生活。7户摆夷都租田种。

大地主们的土地（如李、王、刘等），都是从没落了的土司思家手上买来的。

太平街的全部土地，没有统计数字，没丈量过，仅看下种的箩数。有很多荒地，尤其受昔马围攻以后，街子四周荒地更多，王家的土地占最多。

租额一般占产量的40%，至多为50%。如耕牛是地主的，佃户每年得缴牛租20箩。因为坝子田多人少，所以地主对于佃农采取拉拢的方式，如认干亲、拜弟兄、交朋友等维持自己的利益。佃户碍于情面，不好短租。但地主（汉人）与佃户（摆彝）均没有直接婚姻关系，要不拉干亲，佃户常闹退佃或去找其他空田空地租。

耕田用单牛（水牛），地主出租的牛放在佃户家养。

年交土司的官租约占产量5%到10%，有地主缴纳者，也有佃户缴纳的，在租田时决定。还有另外一种方法是依产量平均计分，官租交20%、地主得30%、佃农收50%。“公事人”不出官租。有些地不种的摆彝也被派到头上。太平街的官租，过去因司署穷（见思鸿升简况），卖与李兴和，每年由李来收，人民不能短，据说共收2000多箩。

李兴和除收官租外，还收240多家佃户的私租七八千箩，私、官租两项总共万箩以上，故为本镇的大恶霸地主。他还有很多荒地，大多是佃户缴不够租夺回来，宁让地荒，不给人种。

一般地主因怕退佃，没有额外剥削。只刘、李等家造房、拖料、婚丧，佃户要来帮助劳动。

摆彝除多为佃农外，也有少数自耕农，个别亦有将田租出的。他们租田要好的才要，因地多，有选择机会。一般只种1季，种后就不大去管，到时收割。施肥也少，不用人粪，用兽粪或树叶。

太平镇还代管有南甸“项寨子”板国才（原系汉人，后在土司属下通婚为摆彝）的千余箩租谷子，每年收取后移交，稍有扣头以作公用。

2. 民族关系

摆彝与汉人历来相处据一般人说还不坏，且互有往来。但由于大地主恶霸李兴和、刘昌义仗势对摆彝的压迫，造成摆彝仇视汉人，认为汉人都不是好东西，曾酿成解放前的斗争事件发生。

历史上太平镇的摆彝、汉族人民，都是受压迫最深的。他们受着土司与设治局官吏双重压榨。然而司署曾与设治局因利害矛盾，冲突数次，结果受害的仍是人民，所以太平街的人民在解放后反映："李兴和、刘昌义罪该万死，但司署司官杀人放火也是罪大恶极。"解放后，一般群众听说思鸿升又回来搞行政委员会，许多人都哭了，认为他"老一套杀人作恶的手段"，将继续来压迫人民。同时，摆彝对李、刘极尽仇恨，对思鸿升也不满之至。

民族间仇恨的一些历史原因：

干崖的刀三乱（刀京版之弟）因家境日益没落，将田地当与线家（干崖有钱户）不少。民国十三年，刀又去找线当田，线家很骄傲地说："最好你们把印拿来当吧！"刀三乱大愤而屠杀线家，据说"从此这几个土司地区摆彝、山头族联合杀汉人"。

山头族下坝子来卖一点柴草，买酒，常遭汉人大斗小秤地欺，故很仇视汉人。在山头话中没有"中国"这个词，他们叫"汉人"（Merm）就是中国。汉人亦因山头常下山抢人甚恨山头（近20年来基督教在山头区搞过一些工作，抢人的山头稍少了些）。太平街的小学教师反映："要他们不抢人，只有强迫他们来受教育。"

莲山土司与设治局争权是一个大原因。如民国十三年莲山土司组织"兴夷灭汉"的武装，联合10个土司来包围太平街汉人。经9天9夜，待云南省军大队长严尔爱率兵前来，方得解围，打走了土司的武装。且攻取干崖，烧了刀京版家，没收了思鸿升的土地。刀京版、思鸿升都逃缅甸，至民国十六年始得解决（详情见《土司情况》），但此后又数次发生土司与设治局（李兴和、刘昌义）互相攻杀事件（详情见《莲山调查》）。由于摆、汉上层统治者的这种利害斗争，广大摆、汉人民都遭到很大损失。民国三十年，思鸿升勾结日寇大烧刘、李二家，李兴和为报复就去烧了大蛮丙的摆彝寨和衙门，返回来摆彝又在土司的支持下联合大烧太平街，因之造成摆、汉关系极端恶化。

民国三十四年到解放前，刘昌义为征逼烟款共杀掉28人，计昔马乡汉人19人，余则为摆彝，就使太平街的汉人对李兴和、刘昌义皆恨之入骨。

3. 解放前后的政治情况

在抗战时期，有国民党十一集团军司令宋希濂曾在莲山组织过游击队，大队长为寸时钱，队副何朝定、许本和，高级参谋王用西[①]，据说还有些"成绩"，如昔马乡、太平街、蛮允镇等地汉人在其指挥下曾与日本作战，但不敌，逃到山上去藏住多时；太平街则由刘昌义做大队长，李兴和为队副，指挥"游击"，刘、李终日吃喝玩乐，并不出击，并

① 王用西，本文又作"王永西"。——编者

嫉妒寸时钱、王用西等，因之矛盾甚深，分为两派。自缅溃败退回到干崖的国民党第五军第二百师，经刘昌义用钱买通其支队长周文光，杀死寸时钱及王永西。在寸、王被杀后，何朝定（队副）则继任该区游击队大队长，攻打周文光，周不敌，即逃往陇川。从此，何朝定等及部分昔马人对刘、李仇恨很深。

抗日胜利后，李兴和与王明三为报复何朝定和想升官，就以“为了维护治安”的名义，摊派太平街3000卢比，去会李弥，至李弥到了莲山后，即委刘昌义为莲山设治局长，并给1连人，由李兴和率领，李等乘此机会就把何朝定、许本和之游击队强迫解散，而何朝定又不服，想搞独立。

刘、李得势后，奸淫勒索，无所不为。人民在这种忍无可忍的情况下，起而反抗。1949年4月19日保山“共革盟”之乱后，李感时间统治不长了，即带领20余人到昔马乡坐催腾保公路贷金（全莲山共25000卢比），计派昔马乡15000卢比，并逼收“公办烟款”，限3天内缴齐，拟得款后逃缅。人民因无款可交，有出卖小孩者，因交不起被打被吊者很多。

腾冲税务局之汪也康（河南人，在昔马收税）与何朝定商量打击李兴和，何正图报复，就号召旧部与昔马人民一道，把李兴和住院包围起来。到包围的第三天晚上，昔马乡长刘太清、王德才见事态扩大，就把李兴和放走，李得逃回太平街。何带人追至小平原后，将设治局烧毁，又包围太平街，而思鸿升、刀京版因与李有矛盾，也乘机派人助战（摆彝、汉人、山头、傈僳都有），李、刘藏在太平街内四面布置抵抗。此斗争达13个月之久，因而太平街人民生活无着，受灾甚深，就地主王家一户一年内就出2000卢比，前后因出不起，铁锅都被李兴和派人把去。

国民党为了调解此问题（据说假意），在1949年曾派人两次和派兵镇压，但都被何朝定拒绝和打垮。据说两次国民党共死伤48人，亦未得到效果，一直到解放后方得解决。

我解放军一二二团进驻莲山，李、刘假意欢迎，暗中仍与逃缅之李弥联络，并企图组织青年会，暗杀解放军战士。据说李准备在1950年5月底逃缅，经杨治潘告密，我军将李兴和扣押。之后人民控告李、刘案件多达数百起（太平街人民在内），当时需要刘昌义办理设治局交代，没有扣押，待手续办完后才将他扣起。

至1950年9月4日，人民公审李兴和，11月10日斗争刘昌义。两人均在斗争时被处死刑，人心大快，李的心肝都被昔马受害的人挖去吃了。李、刘的狗腿子王德华、王明三、李德昌（前太平镇长）均逃掉，李兴和的父母妻子（王）和前妻的4子均逃缅，李妻被我捕回在家，另有3个女儿未逃走（访问团到太平街时，李妻服鸦片烟自杀）。刘昌炳及刘昌义之4子均逃缅，现剩他的母亲及妻子在家。

刘、李被处死后，太平街的人也认识到昔马人和摆彝围攻太平街，完全是刘、李所造成的祸害，都认为该死。

解放至今，太平街的国民党员向我自首者52人，另有30多，除死的均逃缅甸，如国民党的书记李昌德等。此地还有三青团（名青年队），人数不详，主席刘万昌已逃，副主席王官灿已死。

据说现在特务们仍秘密活动，常散布谣言，如“李弥在缅甸就要打回来”，“美国参加三次世界大战了”。摆彝土匪金开文受匪特封官作乱，常派人到太平街活动。

一般人（汉人）对少数民族政策不了解，存在着一些顾虑，如对我争取思鸿升和司署改名行政委员会表示不满，光向我们历数思鸿升过去作的恶，并认为自己（汉人）是抗日的，思鸿升和摆彝是“汉奸”，屠杀过他们。有些人反映：“解放了，汉人的地位不如摆彝、山头了。”但对我军纪律很赞成，因而关系较好。他们很怕解放军走（因怕特务造谣说“李弥从缅甸要打回来了”），希望长驻，他们说：“自从解放以来，半年多了，解开了太平街的围，也打倒了地主恶霸，太平街也可以真太平了。”

我们已有了些群众工作，如已培养了一些青年妇女积极分子等。

该村群众目前要求是：因过去被围的原因，生活太苦，希减轻负担，亦因同样原因，学校经费困难，望帮助解决。

（四）莲山山头族情况

1. 分布情况

莲山西北部，由蛮允以西以北及太平街以北诸山，冈峦起伏，成丘陵地，山后即为缅甸平原，如密支那、八莫均在其后。这里南北长一百三四十里、东西三五十里不等。除少数汉人村寨（共200余寨），全系山头族。山头自称“景颇”（Ehinpaw），缅人称之为“克钦”，全区估计2000户（？），约万人。这以东连盈江猛甸、腾冲的神护关、盏西，东西百余里；北起尖高山以南约百里，亦均为山头族聚居区；与莲山山头族相连，过了盈江坝子，在陇川山地约2.7万，潞西山地约2万，盈江、梁河及腾冲一带万余，瑞丽北部山地亦为一聚居区。这一大片地区，南北400余里、东西300余里，除坝子外山区绝大多数为山头民族，据估计在7万人左右，滇西国境地区少数民族中，其地位仅次于傣族。

2. 政治情况

莲山的山头族，属蛮允镇管辖的有1保，太平镇管有1保，昔马镇也管300多户；另外有99寨不属任何区乡，由一最大山官枣保统治，太平镇辖的1保，由山官“排兴文”任保长。

山官系世袭制，如有数兄弟，则各分数寨，各自独立，并不互相统属。普通由较小的留在原处，越分越多，故有“十寨九官”的话。莲山一带，除排兴文一支外，全由枣家分出，如枣保、枣林、枣学等，最小的只管几寨。他们也有争执吞并的事，枣保有一个弟弟，即被枣保赶到缅甸。

枣保本人住在蛮允寨，在蛮允北约50里的一个小寨子。山官的家就是行政中心。平常没有土匪的时候，山官也从事生产，种烟贩烟，或到缅甸做生意。山官做的房子，一般也是竹墙茅顶，不过比别人大一些，多分成几个隔间。山官多数在衣服上也和普通人一样，重要的如枣保和排兴文，受缅甸化，则上半身穿一件洋服，下边还是中国式的裤子。枣保因做生意，过去生活好些，但近来没生意，也很紧。他想到保山受训，但他老婆怕“走了家里没吃的”，不肯叫他去。山官对所统属的人民，各家按贫富抽洋烟数量，以三五两为普通。山上没粮食，并不征粮，山上的土地随便种，他并无主权。

枣保山官在山头族中很有威信，访问团到山头族区的散棚开会，山头族群众一听说他要到就成群地到寨外欢迎，说去接“大官”，敲着鼓锣，老远就先放一排枪，枣保亦放一排手提机枪。我们在山下太平街会到他时，拘束得很，不言不语。在这里他是统治者，说东说西，吩咐这人那人，他的地位和统治本领都表现出来。百姓见“大官”，没什么礼节，同见一般人一样，只是听他的命令。山官多能讲汉话，枣保和排兴文讲得都很好。国民党在腾冲办的边疆学校，枣保曾去上学（不到1年），所以有些文化。解放后请他到莲山参加各民族代表会，请他当行政委员会的委员，他再三推辞说：“我不配，等将来去保山学习之后再说。”为人很老诚，因为怕坝子人，和因为同木脑山官有仇，已经12年不敢下山。他这个区域最大问题是他同木脑（属下一个小山官）有仇恨，原因是抗日战争时，莲山设治局组织“游击队”（实即土匪），想讹诈枣保一笔钱，说他和他哥哥是汉奸，去抢枣保。这事枣保怀疑木脑串通，叫了勒昆打木脑，200余兵被木脑杀了6人，因此成仇，几次调解不成。后木脑败逃，枣保无屋，即占据木脑房屋。现在木脑逃江东，跟摆彝族政治土匪金开文结成一伙，侄杜掌拉则时时在谋杀枣保，已知材料枣保这边已死40余人。访问团去后，劝其和解，枣保愿出钱为木脑建草屋，莲山行委会正设法与杜掌拉及木脑联系，为之调解。枣保山头自解放后未下山抢人，枣保在莲山民族会上表示：“你们（指坝子里的人）的马经过山上，我保证平安。”山上和坝子的民族关系已经有好转。

我们访问的另一山官排兴文是山官中表现最进步的一位，他通汉语，会汉文，能看汉文的《新约》。他是忠实的基督教徒，他穿的洋服上身口袋中总带一本《马可福音》（汉文的），每吃饭时必先祈祷。我们每次开会他都到。访问团到莲山，他先同少数人赶来，发现别人已到，他的学生和山头代表落了后，很着急，赶快派人去催促，连夜赶来。他同我们靠得很紧，大会上发言踊跃，遇着报告怕人听不懂，自动出来担任翻译。听了我们报告政策，看见送礼，请吃饭，高兴得一面讲一面跳，说：“我们山头翻身了！”又说：“以后各族弟兄要恋爱，要团结。”他以山头族山官身份，本保的汉人也听他管，听他指挥。

3. 生活情况

我们经过莲山的山头地区，长100里，都是丘陵地，山都是人深的荒草或疏林，土质很厚，也很肥，但是村寨很疏，至少总在三五里才有几家人家。住的房屋，穷的只有两间，外间养猪，里间住人，都是木桩或竹筒编排成墙，上铺茅草，好一点的有地板。屋高七八尺，离地一二尺以竹片排成一层。没有窗子，靠门和墙缝通光，屋内设火塘，围火睡眠。路上未见养牛羊的，少数养鸡养猪。房屋附近用篱笆木栅围一二亩大的地，全种洋烟，间有种几棵青菜的。主要靠出卖洋烟和砍柴下坝到蛮允、太平街、昔马、戛狚4

镇交换大米；靠镇的有些人家种菜到山下卖。一般生活苦，没衣服的很多，我们路上见到十七八岁的姑娘全身裸露，在太阳下取暖。她们没有棉衣，穿一种毛质的粗呢，自搓自织，裙边织成红、黄、绿各色的“十”字或“山”字花纹，普通只1件，下山卖柴时穿着。几乎没有一家人家有被褥，晚上只围火塘和衣睡去，并无遮盖。有少数人刻木槽到坝子卖（可以喂猪喂鸡），其他什么也没有生产的。山区有少数小块坝子，如棠梨坝、戛猖、昔马等，就被汉人占据。山上的自然条件很好，据说如果有组织地领导生产，至少食粮可以自给，鸦片可以改种草棉、茶和花生。种棉可能性很大（？），盈江坝子试验已成功。山头族有一特点，即男的一般不劳动，种烟砍柴，都是妇女，在市镇上和山路上，只见妇女成群背柴背菜。男的在过去专从事“抢劫”，抢了一次回家吃，吃完再抢，不抢时打猎，吃洋烟的很多。据说男子若帮女的劳作，即使烧火，女的即认为不喜欢她了。一家只夫妇两人，结果就只有女的1个劳动力，生产也就有限制。

妇女不会织布，会织粗呢。据说一年可织一身，机子很小，织起来也慢，织一个背袋要一个星期。颜色花纹却还美丽。

4.帝国主义活动情况

莲山的山头族区接近缅甸，英帝国主义用许多方法引诱欺骗他们，曾劝山头族搬界碑。山头族为逃避反动政府统治和得英帝的小恩小惠，有时自己亦主动搬移界碑。

莲山的小平原有一个教会，有二十几间房的两层楼房。原来那里一片荒地，并无人居住，这所楼房是全莲山唯一的一座。这个教会主要负责梁河、盈江、莲山、陇川一带山头民族的传教事业。我们没有统计数字，但知其影响很大，已有16年多的基础。山头族代表下来开会，谈起来口口声声就是说：“耶稣好，耶稣好！”

我们访问龙盆的山头族，那里有教会办的一个小学，也有一个小教堂，虽是山头族房屋，布置陈设却已西洋化，有沙发式的座椅、钟表、汽油灯、玻璃杯。小学教室在小山顶上，瓦顶楼式。教师达桑友（Dasganyau）自言奉外国人派来办学已10余年，教的是缅甸的山头文课本，有一课是英王乔治七世（？）。他们过去只知道英国人好，上帝好，八莫、密支那好，见了我们放映的电影才知道“原来中国比八莫还好！”我们把《东方红》翻译成山头话，内一句“中国出了个毛泽东”，发现他们并无“中国”一词语，只有“MUWA-MUNG”即“汉人的国”一词可用。教师穿洋服，学生穿缅式山头族服装，梳“文明发”，戴花带，穿了鞋子，涂胭脂口红。唱歌甚有训练，教唱《东方红》，几遍就会。

通过教会活动，许多山头族到缅甸当兵、念书。我们遇到一位在缅甸当了14年兵的山头族，曾到新加坡和上海驻过防。同我们接触的山头族青年，好些还穿的英军制服。一位护路队的队员全副英军服装，好些身上戴的英国徽章。有个山头族村子弄了一面缅甸国旗想挂，被行委会制止了。现在莲山山头族在缅甸当兵、念书的有200多人，他们要做生意、升学、当兵都到缅甸。枣保的弟弟，现在缅甸上中学，据说英文念得很好。我们遇到两个妇女代表，也曾在缅甸受过教育，举动大方，有些文化。

莲山山头族搬到缅甸住的也常有，据统计自1940年至解放前（包括汉人和摆彝），搬走的共800户。昔马原有600户，现只有400户，其中200户迁到那坡、乐昆、拉弄等村。为诱骗山头人和摆彝移出，密支那设有“移民局”（局长孙农Son-nung，也是山头人），给移去的每家牛1头，另发安家费、1块田地，3年内不收捐税。昔马汉人地恶，逃去的也有，劝他们回来，有的说：“等当了官（匪特封的）再回来。”

我们告诉他们帝国主义对他们是欺骗利用的道理，他们很明了，并表示：“写信叫他们当兵的回来，不给英国人当兵，以后升学要到中国自己的学校。”

连已回来的，和还在缅甸的山头族知识青年，估计有数百人（？），这些人经过教育，可以成为我们自己的干部或保卫边疆的队伍。（这里很可实行一个县以下的区域自治，枣保和排兴文为其自然领袖，人才干部稍加提拔，并不缺少；争取与组织山头族，是巩固国防与影响野人山地域的山头民族很重要的一件民族工作）

石堉仁、李耀东、李志纯

1951年1月

保山区材料之十一

——镇康县情况调查

中央访问团第二分团

1951年2月出版

保山区材料之十一

——镇康县情况调查

编者声明

这些材料是我们从1950年8月29日至1951年1月31日（其中大部时间是在行动中），先后在圭山、丽江、保山、大理、武定、楚雄等地区进行兄弟民族访问工作中，通过当地干部、民族代表及熟悉当地情况的人士所了解的一些情况。为应各有关机关之急需，仅将原材料加以整理，尽量避免主观分析与结论，在文字上仅要求念得通、看得懂。但由于是短期的访问与了解及仓促整理，情况难免不真实或不深入，观点难免错误，文字烦琐或不通顺。故仅能供各有关机关进行民族工作的参考或进一步考察的线索，并望于今后的调查研究，加以校正。

1951年2月　日

一、镇康县沿革简史

最初此地多为缅人。缅人在300年前逃迁缅甸后，即为本人族住此。当时还无汉人。在清道光、咸丰、同治年代开始有汉人陆续迁来，至光绪年间来的更多。

摆彝族的刀家在此地当土司18代，约500年的历史。争土司地位、立长立幼、自己残杀争印的事很多。在光绪年代，刀善达的寡妇母亲与印官私通，印官的太太即派人去捉拿，刀善达母子即逃到南定的母舅家。后有土匪借刀善达的名抢劫勐捧，印官告到昆明，把刀善达拿去，在昆明模范监狱关了12年，遇辛亥革命放回。本地人拥护刀善达的有几千人，刀借此势力回坐镇康。当时有汉族的马玉堂（议长）、鲁晓州（副议长）、段必楼（团总）等极为反对，把刀赶到耿马，追索甚急，耿马土司把刀交到保山。刀于保山被杀，把首级解回镇康示众，以后拥刀的就成为刀党，拥护汉官的形成汉党，互相争政治权力。改县后，即为汉人当权了。

民国以来，县长无不贪污，罗绍文（县长）家在亚练乡蛮回村，在罗任内属下的人贪污累累，中、分队长出去经常骚扰百姓。

漆锐夫

二、镇康县永康乡调查

永康乡即镇康坝，属第一区。全乡有300多户人家，约1400人。1911年以前为刀土司的管地。土司取消后，划归镇康县属。改土之前全乡除了私人开垦的山地以外没有私田，土地不能买卖，也没有租佃关系的存在。猛地坝一部分土地例外。这情形一直是维持到现在。

（一）民族分布

据不完全的调查，永康乡摆彝族占全人口的8/10，聚居在11个寨子里。8家濮满和4家佧佤杂居在一村，汉人二十几家聚居于一村，另和8家本人杂居于一村。现将每个民族聚居或杂居的寨名、户数列表于下：

寨名	居住民族	户数	宗教信仰	备注
端楞	摆彝	15	小乘佛教[1]	
南木算	佧佤	4	同前	生活比摆彝人苦，不与摆彝人通婚。现在的村长是濮满族人
	濮满	5		
甲板寨	汉人	8	信鬼神	
猛黑	摆彝	25	小乘佛教	
大乌路	汉人	10	信鬼神	汉人没有种公田，靠上山开荒过活
	本人	8	小乘佛教	
蛮腊	摆彝	9	小乘佛教	
蛮石	同前	12	同前	
城大寨	同前	8	同前	
蛮干	同前	16	同前	
猛地坝	同前	85	同前	包括猛地、忙吉、靠拉、新寨、街子头等5寨
送兔	同前	20	同前	
旧城	同前	20	同前	
茶铺	同前	20	同前	
弄控	同前	5	同前	乡公所所在地

（二）负担情形

土司统治时代的负担情形不详，只知道1949年全乡负担公粮的数字是10920斗，每斗

① 为“南传上座部佛教”的俗称。后同。——编者

重13斤多，约141960斤谷子。因为大家都种的公田，土地分配每家大致都在十四五斗种子左右。若收成好，全乡收谷子最多的只有城大寨邓心发（摆彝）1家，可收6背谷子（每背100斗），约7800斤。收四五背的有七八家。据说这是因为他们几家劳动力多，有牲口。猛地坝原来也是公田，1911年土司统治消灭以后，罗绍文的父亲强占了1/3以上的土地，成了他一家人的私产。每年收租1200斗，约有15600斤。靠拉寨摆彝族金老三租了罗家5斗种子的田，一年要交40斗租谷。

（三）民族移动

从国民党的反动统治起，一直到“共革盟”的骚扰，罗绍文、李文焕残匪的严重破坏，永康乡开始了空前的民族移动。最近1年来移动的情形如下：

（1）猛地坝原有八十几家人，从1949年开始，因为匪特的抢掠焚烧迁到耿马、畹町、孟定、大猛统等寨去的有30多家，搬到山上树林里去的40多家。坝子里街子头这个寨子原有20多家，现在只有5家人。田里的谷子全叫土匪糟蹋光了。

（2）猛黑寨原是一个20多家摆彝人聚居的村子，现在全部搬到山上去，用树枝搭成小屋子，或者全家住在树底下。不懂事的小孩子整天用布包着嘴，诚恐喊一声被土匪听见了。寨子里的房屋倒塌，田地荒芜，凄惨万状。

（3）蛮腊八九家人全搬到送兔寨。

（4）蛮石12家人全搬到旧城、城大寨。

（5）蛮干原有16家人，现在只留下两家。

（6）城大寨搬到孟定、畹町去的很多。

民族关系：全乡的民族关系一般说来是融洽的，在历史上也没有什么大的纷争。主要是他们过去全是受土司压迫的农奴，没有私有土地。现在存在的问题只有国民党反动统治所造成的永康乡摆彝族和永和乡汉族的纠纷。镇康河从南到北通过永康乡的全境，河西与永和乡接壤。1947年罗绍文修建永康乡蛮腊附近的湾桥，石匠八十几人吃的米是从镇康城里运去的。运谷子的马夫是永和乡哑口寨的汉人。从镇康出发时，为了取得杵米的利益（可以得到全部碎米和谷糠），马夫曾向罗绍文花过一笔钱，罗吃了钱就答应了。谷子驮到蛮腊，蛮腊的摆彝人认为既然谷子要在蛮腊寨子里杵，就应让他们杵。马夫自然不肯，蛮腊寨就推人到镇康来给罗绍文讲，也花了一笔钱，罗便派人从马夫手里要过来交给蛮腊寨人杵，因而两方面就结下仇恨。再加上两乡是紧紧接壤，河西摆彝人养的牲口有时吃了永和乡的青苗，常常引起小纠纷。镇康解放后，永和乡的一部分汉人受匪特利用，要向永康乡摆彝人算旧账。1950年11月间，蛮石寨摆彝人老三被永和乡哑口寨人拉去打了一顿，说他们过去靠罗绍文的力量欺侮人。12月3日，从镇康学习回去的摆彝人杨阿英等二人在城大寨大街上被永和乡人拉去，诬赖他们是土匪。最近永和乡人又提出划乡的要求：镇康河以西的有一部分属永康乡摆彝的田划归永和乡，以东属永康乡，这样“以河分界互不侵犯”。永康乡人对这些事很不满。

（四）宗教信仰

永康乡的摆彝人也是笃信小乘佛教的。全乡的缅寺分布如下：

缅寺名称	供饭寨名	长老人数	佛爷人数	和尚人数	备注
送免缅寺	送免寨		2	4	
旧城缅寺	旧城寨	1	1	6	
茶铺缅寺	茶铺寨	1			
弄控缅寺	弄控寨	1	1	2	
猛地缅寺	猛地寨		2		
猛黑缅寺	猛黑寨 蛮腊寨		1	3	
城大寨缅寺	城大寨				因土匪骚扰，佛爷、和尚全跑了

永康乡乡公所在弄控。乡长李正发，摆彝人，副乡长赵有升，德党镇汉人。3个干事全是汉人，3个通信员全是摆彝人。农会正在筹备，现有会员十几人。

为了说明永康乡人民的一般生活，特别做了两个摆彝人、一个汉人的家庭调查。现在附于后面：

（1）全老五：猛地坝摆彝人。

8口人吃饭。本人36岁，耕田。妻38岁，大儿子20岁，二儿子13岁，三儿子两岁，大女18岁已出嫁，二女9岁。有一兄弟22岁，哑巴，平时放牛，和哥哥合种十四五斗种子的田。哥哥家有7个人吃饭，一年能收300斗谷子。在国民党统治时期出租120斗，租一条耕牛要出30斗的牛租。8个人吃饭一年差120斗粮食。平时不吃肉。吃饭的菜只有豆豉、面瓜、河边采来的野菜。平时很少吃油和盐巴。

家里有草房3间、3只土锅、1只铁锅、1把锄头、两把镰刀、1副杵臼。屋子里只有1张毯子，两三个人盖1件蓑衣，靠近火塘睡觉。每个人有1套破衣裳，小孩子整年光着屁股。

今年的牛租还没有给，借别人谷子98斗，是邻家帮忙，没要利息。在国民党统治时期，除了交租以外，一年3块、5块、10块、20块地出。解放后还没有出过一斗米、一文钱。

今年十月十三日早饭过后，来了22个土匪（此为第五次），把全村八十几家人家全扫光了。拉去18条牛，驮走400多斗谷子，打死1个人。抢走铁锅、铁三脚架、毯子、五十几斗粮食，打破了两个土锅。土匪走后40多家人带牲口都搬到山上去。自家同八九家人一起住在葫芦哨，盖了一间小草棚。整天藏在山上，下大雨，棚子里到处漏。山上没有地方藏粮食，趁着土匪不来，下山到田里背一点上来凑几顿。

信佛教，上山时还给缅寺送了一点米。

全家人都认不得摆彝文。这次到镇康开会是生平第一次。

（2）李富保：大乌路寨子里的汉人。从昌宁搬来七八年。

3个人吃饭。母亲80多岁，不能干活。自己32岁，耳朵有点聋，帮别人干活。兄弟属鼠的，也帮人。

自己没有一块田、一条牛，借住在姓张（汉人）的一间草房里，3年前同姓左的给姓张的开了一片荒地，说好张家给他50块钱，但只给了10块。

弟兄两个整年帮人种田、砍柴、开荒。帮一天工一个人得两筒谷子。

家里有两口土锅，没有铺盖，垫着稻草，靠近火塘睡。早上吃干饭没有菜，晚上吃稀饭。没有谷子就吃苞谷，吃野草。

欠人家谷子10斗，要付利谷10斗。

国民党统治时期，一年总要派一两块钱的款子，靠出卖劳力交，有时派他去做伕子。

（3）南老大：蛮腊寨摆夷人。

自己30多岁。7个人吃饭。父亲70多岁，眼已瞎。母亲60多，不能干活，带小孩子。妻子二十几岁，女儿6岁，大儿4岁，二儿才几个月。猛黑、蛮腊二寨合种着三十几斗种子的雷响田，大家平分着种。自己一年能收100多斗谷子，交30斗的租。在山上撒两升苞谷的种子，勉强够吃。还种一点棉花和甘蔗，棉花换布穿。

有两间草房、1条老水牛、1口小铁锅、两个土锅、1个铁三脚架、1架犁、1个锄头、1把镰刀。一条麻布单，铺着草垫，向火睡。平时不吃肉，一年只吃一两次。油、盐是每顿都有的。

今年四月二十日搬到山上去，直到现在不敢回去。在山上盖了个小草房，全家挤在一起。寨子里的房子倒了，田里的谷子叫土匪收光了，以后的日子如何过下去，将为严重的问题。

宋伯胤
1951年1月

三、镇康县孟定坝调查材料

（一）地理及民族概况

孟定坝现属镇康县，为著名之“烟瘴”坝子之一。面积10余万亩。西北临近未定界，一天路程即可到缅甸土司地区麻栗坝。东接耿马，南接班洪，为一狭长平原。横长三四十里，宽仅数里，中间横贯一条怒江支流南丁河，及一条小河南洼河。坝子里的水田便主要靠这两条河流灌溉。田地肥沃，气候温湿，出产极为富庶。田地不需施肥，年可收获两季，到处可见到四季常青的丛林巨树。除主要产稻米之外，可植甘蔗、木棉、茶，有野生的辣椒、柴梗等。由于疾病丛生，尤以疟疾流行极凶，一般人除摆彝外很少有勇气下去居住。现已种的田地仅为全坝土地的30%。加以摆彝耕种方式比较落后，大多数只种1季，因而极优裕的农业条件不能尽展所长。交通困难，坝子人口少，山上其他民族皆自种山地，故所产稻米自食有余，仅能运销附近地区，如班洪、麻栗坝、滚弄、耿马等地。在现时极原始的交通条件下，运销到较远地方便够不上脚价，因而传闻有以多余存粮做燃料的事。假如在环境、交通、人口等条件改善后，孟定坝将可创造成一块非常富裕的农业区。

主要问题第一为疾病，夏季淫雨，到处是池沼泥塘，加以丛林遮日，荒草蔓生，疟蚊极易繁殖。摆彝幼童无一幸免传染，成人体质亦多贫弱，牲畜瘟疫一二年复发一次，造成50%人家缺少畜力。其次则为雨季造成的洪泛，一块30砘种子的肥田名灰卡坝，即因黑河水患95%悉被荒弃。

横定[①]之民族有六七种，分布于南山居住者有：山头、摆彝约八九十户，倮黑45户，傈僳四五十户，老佤10多户，佧拉八九十户。西山住有崩竜族一寨20多户、汉人200户。在横定坝的街上住着10多家本人（丈夫多为广东籍汉族，妻为濮满族），及七八家四川、湖南、广东籍的汉商。坝子里绝大部分是摆彝族，杂居有极少数的本人、回族。

全区总人口前3年（1947年至1949年）曾统计1300多户，由于连年战争，土匪骚扰，多迁徙户版、班弄、麻栗坝、木邦等地，现仅剩六七百户。

坝子里摆彝、本人多务农。主要产品为稻谷、棉花，山上的少数民族种植山地，主要出产荞子、苞谷、洋芋、麻。摆彝的收获平时除自食外皆有富余，但由于粮税负担、国民党搜刮、匪抢的影响，现亦多不够食用。有些穷人只好出卖劳力补助不足，或预卖新谷借高利贷款以度春荒。

山上的汉人多靠种鸦片烟为主要收入。由于历年烟课奇重，多入不敷出。其他民族所种山地亦皆寒薄，收获只能食用半年左右。大多在十一月至来年三月间到坝子里给摆彝帮工糊口，砍两排柴（约25方尺）赚得5角钱，挑竹子一天到两天只赚得5角钱。经常以山药、茅薯之类充饥。

土司向百姓征用的负担：

（1）门户钱：分两次征收，第一次在八月种谷时，每户两元。第二次在来年一月收谷时，每户6元。年可收5000元到6000元（因年来土地荒废大半，仍按原底银比例征收，百姓最为叫苦）。

（2）租粮：农民最初按户向土司领种。4石谷种的田地，依此每年交4石谷的租粮。年可收租200砘（1砘计400斤）。

（3）烟课：此项为河外地区汉人的特种负担，除固定的课税（数不详）之外，在烟刚下种的时候土司即分派下去一种“贷款”。实际上强迫预购，价低于市价一半，至来年交烟，结果经常收的烟不够交还借款。因此，烟户的一年生计只有靠一点借款和收烟时偷偷藏下一点烟土来食用，常常不能温饱。

（4）兵役：“亲兵”，全部为摆彝村寨摊派（上城11名、下城11名），免粮税另给5砘谷子（11人中有一“十长”为6砘），每10天一“逢”，两班轮换当值。另一种旧称

① 横定，疑为“孟定”之误。下同。——编者

“团兵”，后改为“自乡队”，全部征用汉人，约30人。免粮税，无薪金。有请人顶替者，出身价一二百元。

除以上负担外，土司的婚丧嫁娶、临时摊派，还有一些寨子专门轮流供给土司衙门的伙食、杂差劳役。国民党时代还有壮丁费、征借粮、征购粮，苛杂更多。

据老人讲，清朝时每户年交1札钱（2毫5厘），如今已增至10多元，数百倍以上。

（二）土司情况

土司罕万贤为耿马土司罕裕卿的外甥。明代世封土知府，原统治面积包括整个孟定坝、耿马坝、镇康坝、麻栗坝等地，现已权势衰微，解放前统治范围已缩小为孟定坝的1/2，且受镇康县管辖。

俗称“金刀保罕”。土司为罕家世袭，而属官为金、刀二姓。其统治系统与其他土司大致相同。土司（罕万贤）——掌太爷，已告老退休；小太爷（名不详）；大新爷一共4名：“冯盟”（即新爷中最大的一种名称）刀志敏——沙海敏——刀××，刀志敏的哥哥，名不详——金贵柱（为新升新爷）；小新爷（有5个，名不详）——火头7个（上城5个、下城2个）。

罕万贤解放前逃走（麻栗坝），现由罕中元（新选的代办，罕万贤的叔父）代理。土司的逃走，主要受镇康县长罗绍文、大队长李文焕及耿马土司罕裕卿的影响。1949年6、7月间，李文焕等人召集“联防自卫”会议，阴谋与我解放军抗拒，10月间我大军进至孟撒时，罕万贤即随同李文焕等人出走。

当我大军一部分进入孟定时，新爷火头曾准备联名上保，请求让罕万贤回孟定继任原职。当时因对解放军尚有顾虑未上保。后新爷火头四五十人自动选出掌太爷的侄子罕中元为代办，暂管政事。据新爷罕金德的反映：一般人对罕中元任代办都很满意，“态度很和蔼”，比较“忠厚”（罕万贤喜饮酒，性较粗暴，一般人不大满意）。

土司在抗日战争中曾遭遇一次巨大损失。民国三十一年四月及三十二年八月，日军到孟定两次，土司衙门烧光，所藏白银被挖走。孟定街被焚烧殆尽。土司仓皇逃至腊戌。其母（罕裕卿之姊）携带一部分金器财物逃至耿马，听到家里消息气死。财物被罕裕卿家吞没，由此财势大为削弱。

历史上孟定土司与耿马土司便积有宿怨，罕定国（罕万贤的祖父）便经常提起耿马为耿马土司由孟定的属地中劫去的。省府三十五年曾下令孟定归耿马，罕万贤表面赞同而暗中花钱运动仍划归镇康县属。

与其他土司临近的如户版土司、孟董土司亦经常明争暗斗，相互防卫，表面和气。有的尚结成姻亲，但暗中皆存在仇视。

（三）现孟定存在的主要问题

（1）人口稀少，土地荒芜，环境改良及大量移民为今后发展孟定主要工作之一。滇南有些地区亦为历史著名之“烟瘴区”，自滇越铁路通达后已有显著的改变。据孟定传说，“吃过坝子的三冬水”就可下坝居住，只要经过一个时间习惯过程，其他民族仍可与摆彝一样适应环境的。

（2）中缅关系：光绪三年定界，孟孟至户版钉有5棵界桩石，据说已被向里移动。民国三十六年国民党曾勘过一次界，无结果。

其次一个问题便是匪患问题。在麻栗坝果敢地方（缅境）土匪黄大龙（汉族）经常至孟定抢劫，与孟定土匪宋应旺勾结，国民党残匪李文焕与黄亦有勾结。匪徒窜扰于中缅界间，对我“清匪”造成很大的困难。

（3）水利问题：前面所称灰卡坝被洪水浸没，每年荒芜约30砣种子的土地，按一砣种40砣的收获计算，即损失1200多砣稻谷（400斤一砣，合48万斤）。孟定河及其他小河之洪泛损失尚未计算在内。

（4）牲畜问题：瘟疫影响，牲畜缺乏为普遍问题，50%靠租借畜力耕种。1石种的地可收3砣至5砣，请牛耕1石种的地便要出1砣谷的代价。

（5）发展植棉纺织：坝子可种木棉，因缺少技术指导，未能大量种植。木棉之纤维长而有韧性，最宜纺纱。而由于植棉不发达，本地棉布大部分靠外来。纺织技术太差，与洋纱布很难抗衡。如大力发展棉及布的生产，不单解决了孟定的布匹困难，而且可以解决滇西南棉布缺乏的困难。

（6）防疫问题：亦为最主要的一项工作。移民问题及摆彝人口死亡率减少问题（据不精确统计，婴儿母亲死亡率达到70%的惊人数目），及部队外来干部下坝工作问题，皆与此有密切关系。一方面是大量供给医药，另一方面要以科学方法改造地形，开通河流，减少甚至消灭死水潭沼，芟除荒草丛树，减少地面湿热停滞及蚊虫繁殖。

［上述材料根据两天时间内与孟定新爷罕金德及曾在该坝任教员、书记的刘兴池（现在镇康县府财粮科工作）及赵云杰（现在镇康法院任录事）的口谈记录整理而成。］

范景宇

1951年1月

四、镇康县第四区调查材料

（一）民族概况与分布

民族有摆彝、汉族、蒲满、傈僳、苗族、本人等6种。摆彝于数十年前从镇康坝迁来，其风俗习惯大部分已汉化。本教又称“本人”，是卡佤族、蒲满族的一种变称，其语言也不统一，有的说卡佤话，有的说蒲满话。他们自己讲是“随母变教”，父亲大都是汉族，因为母亲是本教，所生子女就统统称本教。宗教风习和摆彝同。人口比例：汉族最多，摆彝次之，苗族最少（确实数字没有统计）。分布地带，汉人主要住在坝子内，摆彝及本教居住在半山或靠山地带，苗族、傈僳多数居住在山头，除苗族外多是杂居。苗族生活最苦，住山头，气候寒冷，只能生产苦荞、苞谷，耕种应用很原始的刀耕火种方法，每年开生地，结果还是不够吃，只好向汉人地主高利借贷。苗族自己种麻，织麻布自穿，除下山买一点食盐外，很少下山。本教、摆彝生活较好，除耕种山地外，还种一部分稻田（大多是租汉人地主的田）。本教、摆彝中也有一部分小地主。在天池乡本教的地主比摆彝多，一般贫农生活很苦，每年差不多靠借贷来生活，利息很高，如红岩脚有一地主叫沙文亮（摆彝族），放出的米是一升米一年赔3箩谷子。

户数和成分如下：

（1）摆彝：共103户，富农4户、中农15户、贫农36户、佃农48户。

（2）蒲满：共12户，全为佃农。

（3）苗族：共42户，中农1户、雇农41户。

（4）傈僳：共120户，中农3户、贫农117户。

（5）本人：共343户，中农24户、贫雇农188户、佃农135户。

因汉族无代表出席，无法调查数字。据镇康县杨同志谈，汉人占全区总人数1/2左右。

该区划为3乡，只有天池乡建立了政权，其他两个乡尚未开辟工作，被土匪控制（我部队已开始布置清剿）。下面所谈的一些情况，全为第一乡之情况，据杨同志谈，3个乡的基本情况差不多。

（二）民族关系

苗族居住山头，除下山赶街买盐外，很少与其他民族来往。与其他民族之间亦未发生过冲突。汉人、摆彝、本教之间，因杂居关系，往还较多，民族之间一般也没有什么纠纷。该区的民族矛盾基本上讲起来还是阶级矛盾。因为在该地的地主或富农多为汉人，少数民族大部分为佃农或贫雇农。少数民族大部的经济掌握在汉人地主手里，如猛板、大寨70户至80户，其中有3户汉人地主就占据了全村土地，少数民族要反抗就会失去土地，所以过去一直是敢怒而不敢言。在减租退押中可以看出来，只要政府撑腰，要求翻身情绪非常的高。

（三）租佃关系

除有少数本教的小地主外，地主多为汉人。其中以张、易两姓土地最多，少数民族大部分是租种他们的土地。一般的租佃形式，有下列两种。A.割种：无固定租额，谷子打割后，地主佃农各分一半。B.租种：租田时，定下租额，不管天年好坏，必须按所定租额交租。

张、易两姓为天池乡的大地主、大恶霸，住猛板坝（张过去曾任过匪军师长及镇康县长，为镇康前任县长罗绍文舅父。罗为反动县长，解放镇康时，带着许多武装逃跑，与李弥、李希哲反动残匪勾结与解放军对抗。易龙山为张师长的姐丈）。他们两家占有许多田地及庄园，对农民的剥削非常厉害，其方式有两种：

（1）地租剥削：除平分总产外，1箩种的稻田还要收4箩谷子。有一个本教族代表金明说："种易龙山家土地，实际只种3箩半种，但平分总产量外，还要按4箩种收16箩谷子。"一般租额由50%到2/3。秋收时不收租，到粮吃得差不多或要吃完时，粮价也高起来了，才来收租要账。佃户们无粮可交，地主借此将所欠的租按高价折为半开，将"佃租"一变而为"高利贷"。由此利息就愈来愈高，佃户就愈来愈还不起。佃户们将一年所劳动的收获全部交给地主，还是补不清旧债，把牲口、大烟全交了还不够。

（2）劳役剥削：种张、易两家田地者，除交地租外，每家必须出1人到他家去供使用，男女都要，男的做杂事、女的做丫头。据本教族代表金明说："父子两人在易龙山家已经轮流服了18年的劳役，原说工资25元半开一年，但实际上18年来并未拿过一文工资，在易家做了不少的事，有时候还要挨打挨骂，例如有一次替小姐打蚊子没有打尽，就挨了一顿打。"摆彝代表也说："过去也在张玉之（张师长弟）家服过役，从未得过一文工资。做的事非常杂，挑水煮茶、提灯照老爷上厕所。有时茶拿慢了一点，就要挨耳光。"有的已经给地主使用了8年到10年，仍旧背着债。佃户家中的农具、家具，地主看上哪一件就可以随便拿去。残酷的剥削之下，少数民族的生活是不堪设想的困苦了。有的村落，如背阴寨村，共有30多户本教民族（没有汉人地主），过着自供自给的生活，穿的是自己手织的麻布，需要一点盐、针、线及零星用品，便拿自己的粮食、蔬菜到街子上去换，不常使用货币，生活便比较好得多。

（四）减租退押情况

该区是在县民族训练班（12月初到12月底）学习结束后开始的减租退押，进行步骤如下：

（1）建立组织：农协会、姊妹会、儿童团、联防组（民兵性质）。

（2）诉苦运动：发动群众诉苦、挖根，想想如何办？

（3）找清算对象：通过群众讨论，找出清算对象；停止交租，开始算账。

（4）收集材料：收集地主的罪恶事实，把地主扣起来交区看管；请示区县然后处理。

（5）开群众大会：说理清算，账算清后，交到县批示处理办法。

减租退押中，大部分的少数民族表现是积极的，特别是到县府参加过学习的表现更积极，如猛板大寨农民学习回去后，就主动地要求组织农会。开始时，有些群众有顾虑不参加，他们主动地去解释，作用很大，对地主的活动监视很严密。猛板地主张义芝（参议长）准备逃跑到麻栗坝去，他们就主动把他扣起来，送到区政府。反动地主造谣，则一方面宣传不要听谣言，同时到区政府去报告。摆彝和本人最积极。一般群众在诉苦会上表现了3种态度：

A. 可怜地主，如说：“我们诉诉苦就算了。只要他改过，要什么斗争，就算账吧。”

B. 看政府的态度，“政府叫我们怎么做，我们就怎么做”。

C. 要求彻底算账，“过去地主要了我们些什么东西，要一点点算，全部归还我们”。这一种较普遍一些。

（五）禁烟问题

该区过去种烟比较严重，在解放后是一个大问题。特别是汉人，全家生活来源大部分是靠大烟。县府根据具体情况曾做禁烟宣传，在12月农会学习班上，大家也讨论过这个问题。大家讨论的情绪很高，最后得出了4个原则：（1）禁种；（2）禁吸；（3）禁运；（4）铲烟。在学习班的农民当中全通过了，但是县政府考虑到铲烟问题在目前还不好做，随着来的便是救济问题，因此规定着重宣传前3个办法，不谈铲烟。

这个宣传办法步骤在少数民族广大群众中是受到拥护的。只是个别的农民有些搞不通，特别是受到地主的反宣传和破坏影响的，如说：“外面也种，咱们还种吧，政府不会怎么样，咱这地方种粮不长，不种大烟咱们的生活就没有办法，过去咱们这里吃的穿的，还不是全靠大烟换来吗？”有个别的农民上地主的当，跑到县府要求种烟。经解释后，有些转变。

据杨同志谈，在禁烟运动中政府准备贷棉籽、豆籽，号召大生产来解决禁烟后种烟农民的生活困难。

据代表的反映：“解放后他们非常高兴，洪岩脚、老汉寨都有了农协会、妇女会的组织，他们从此不再受地主的剥削。有两个代表过去种张、易家田地，而且在他家服役，但自从解放军到了天池乡，他们自动跑回家，地主也不敢说话。今年的粮食还堆在家里没有上租，等待政府减租减息。”

赵锡庆、尹寿铭

附录

镇康矿产调查

据了解，矿产很多，但由于交通不便，大部分发现之后没有探采过，所以现在仅仅知道某种矿和在什么地方，但蕴藏量多少、质量如何、有无开采价值等问题，还待今后专家调查研究。此材料仅供今后开采上的线索和参考。

镇康矿产调查表

矿名	矿址	实验	用途	希望	标本
赤铁矿	南木算	65%	铸造农具	可供本县及附近用	无
氧化锰	兴华、猛寨二乡	未化验，已采炼油	小工业	只可供本县用	有
硫锑酸	西区小农田	65%		可以出口	无
硫酸钙	西北两区	未化验，已采用	小工业	可以出口	无
铜矿	北区大寨	已有云大杨朝樑先生勘过		现在似难开采	无
褐煤	户乃乡	挥发35%，炭质49%	小型蒸馏来沙儿等		有
长石	高田村	曾试用陶器	陶器白釉	可以发展地方陶器业	有
高岭土	松林寨		陶器	可以发展地方陶器业	无
硫酸铁	南界田	张云土法化验成分少			

说明：

（1）此材料系书面材料草稿抄来，未经考察，所以有些地方不够详细，必要时可函问镇康县兴边协作社张云。

（2）附有几种标本，赵锡庆保存带京化验。

镇康耿马矿产化验结果表

名称	矿址	化验单号码	化验日期	化验结果	是否开采过	附注
银矿	耿马老厂	478	1936.10.24	为含银、铅、锌矿，含银0.07526%、硫化铅、铁、硫化锌、氧化砂		
煤矿	耿马	473	1936.10.12	水分3.89%、挥发分9.81%、固定碳12.91%、灰分73.9%		
煤矿	镇康乃户乡，距城10里	474	1936.10.12	水分11.61%、挥发分29.76%、固定碳19.47%、灰分33.16%	无	
铁矿	耿马太平掌	479	1936.10.24	为褐铁矿，含铁39.32%、锰、铝、石英		
铁矿	镇康县蛮海	477	1936.10.12	为良好赤铁矿，含铁65.96%		
铁矿	镇康县南木算，距城80里	476	1936.10.12	为良好赤铁矿、含铁68.54%	无	
锑矿	镇康县小荒田，距城100里	475	1936.10.12	含锑65.25%、硫25.75%、石英	无	①系经云南建设厅化验所化验；②由镇康兴边协作社张云调查

附录

发展工矿农业与加工业的自然条件

——此材料系摘录于镇康兴边协作社张云（社长）所写的《陈述开发意见与报告本社工作书》

（三）镇康耿马及卡瓦区蕴藏资源简述

1. 炉房银厂：此厂为中英争执之焦点，附近班洪，属于永邦、邦老二酋长所辖。清乾隆时，石屏县人开掘此地银矿，建立大炉炼银，故呼为炉房厂。后来缅甸银矿公司（明末清初，汉人官里雁所开之厂，今尚有汉人掘洞遗迹，滇人呼为老银厂）因老银厂蕴藏已少，派其美国工程师伍波澜多方调查，炉房厂银质丰富，准备开采，遭到当地卡族反对，不愿外国人开采。在民国二十年间，中美合作派美国工程师卓伯到炉房厂勘查，对该矿甚为称赞，拟之为世界第二银矿（第一银矿在美国），遭到英政府强烈争执，不得开采。民国二十一二三年间，英国派军侵略卡瓦区，占领炉房厂设营布防，遭到土人反抗，边地汉人参加土人与英军搏战，我国政府不愿扩大事件，压迫汉人义勇军退回国内遣散。民国二十五年，中英双方派员会同勘界，土人持早年中国历来所颁给卡酋印信及各证物，均为英方所否认，争执不决，延至民国三十年修滇缅铁路接轨谈判，英方要挟旧政府承认炉房厂主权属英，于是年六月间，双方签字立约，开采该矿时，英方可投资51%，中国可投资49%，但不久缅甸失陷于倭寇，英军退出卡瓦区。民国三十四年后，缅甸独立，仍继续派兵驻卡瓦区，始终不放弃主权，然而当地酋长人民亦不愿附和缅甸，大有自立自主之观念。余曾征求永邦酋长麻哈意见，若我国开采该矿，渠极表欢迎云。

2. 耿马银矿：于民国三十六年间，本社已派员勘过1次。民国三十七年间，本社就请云大矿冶系杨朝櫟、罗志得两君复勘（详杨君报告书）。

3. 镇康硫化锑矿：此矿由民国三十六年，经本社探查，带昆矿石交建厅化验，纯锑占65%，硫占25%。三十七年又延云大杨、罗两君复勘……（详杨、罗君报告书）。

4. 镇康铁矿：本社曾将矿石请建厅化验，为氧化铁，占2/3。矿区范围甚大，足见蕴藏甚多。

5. 耿马锰铁矿：此矿曾请建厅化验，内含锰质，适合于铸造机械用。10余年前已有人开采，因办法不良终于停止。

以上均系详细调查，可以着手办理开采者，其他如盐矿、宝石、自然铜、辉盐矿、云母等均有蕴藏。

五、镇康的教育概况

解放前有小学98所，现在只有19所，内有完小3所。共有教职员61人，高中程度的5

人，其余均为初中程度。本人族的教员有3个，外来的3个。小学生人数共为1309人，其中女生只占5%。全县有90%的儿童未受教育。

教职员的待遇：在伪政权时代（解放前不久时期），小学校长每月32元（半开），主任每月28元，教员每月24元，相当于300多斤米（按当时米价为半开3元买40斤米，则可合312斤米）。

解放后在1950年度，校长教员均为每月100斤米，因米价贱，油盐昂贵，有两个月（去年10月至11月）只够27天的吃用。学校办公费少，设备差，书籍没有，报纸订不起，学生买不起书和纸。在北区有个初小，教员、学生在去年9月间用南瓜叶写字。

原有1所镇康中学，“共革盟”来把桌椅文具抢劫一空。现在正修校舍，请教员，已有了7个教员，还须向专署要1个校长、两个教员（缺地理与政治教员），估计学生可到100人至150人，今年3月可开学。

教育行政：区政府在规定上有文教助理员，现在一个也没有。县文教科现有3个人。今年增加1个科员。

漆锐夫

1951年1月

六、镇康卫生情况

（因工作时间短促，故未下乡，亦未做家庭访问，故材料不够深入。）

（一）气候

镇康坝气候冬夏相差不多，德党县城区夏季中午90°F左右，冬季中午60°F。孟汞区距县城25里，夏季中午95°F左右，冬季中午65°F左右。明朗夏季80°F左右，冬季30°F左右。镇康坝夏季中午100°F左右，冬季中午70°F左右。

（二）环境卫生

（1）水源：镇康县城多用竹筒组成水管，把山上泉水引至街上使用，街道上可见。

（2）房屋：草房，用木或竹作柱梁，草盖顶，无窗或窗极小，在室内生火，无通烟处。

（3）街道：城内街道尚算清洁。

（4）厕所：公共厕所、家中厕所均无。

（三）个人卫生

县城居住之人，个人卫生常识还懂得一点，衣服看来也还整洁。不过自各地所来代表看，山区居住的少数民族，因生活困难，习惯颇不讲求清洁，而以摆彝最爱清洁。汉人、老伉、崩竜有整年都不洗脚的。

（四）营养

住于坝子上的民族生活较好，山上居住者则生活困难，主食以苞谷、荞子、洋芋为多，白米有钱者食之。菜蔬有青白菜、萝卜、洋芋等。盐巴居于平坝的机会较多，容易买，住山上者时常无盐可食。嗜好中亦是喜吃辣椒、喝酒、吸烟。妇女有吃槟榔染齿的习俗。信基督教的人都不吃烟酒。

（五）疾病情形

（1）多发病：疟疾占60%，寄生虫病20%，痢疾10%，其他有急性胃肠炎、性病等。

（2）地方病：甲状腺肿不少。

（3）妇婴卫生情况：结婚年龄多在20岁左右。妇女疾病以月经不调者为多，多由劳累过度，当地无法医疗。早产及流产者亦有，亦因劳动过累所致。产前无休息及营养，产后休息期及营养因家庭贫富及所需劳动力而定，两三天至一个月不等。生产蹲生、坐生均有，全由自己处理。剪脐带用剪子，不懂消毒，故患脐风者颇多。凡患者均不能治愈。产母生后所患疾病不多，遇有病时吃草药。患奶疮的不少。

（4）发病原因：气候较热，喜吃生冷食物，同时生活困苦无营养补助，身体抵抗较差，故易于发病。

（六）医药情形

（1）医务人员：有西医两家在城内开业，中医数目不详。

（2）药品来源：原由昆明供给，现由缅甸运入。

（3）对医药之信仰，一般百姓多数还是信神鬼。有病时有的吃草药。解放后由于我军之宣传，加以治疗之效果，使百姓逐渐信仰起来，由很多代表争着找服务组看病的情形即可看出。

李　株

1951年1月

保山区材料之十二

——耿马情况调查

中央访问团第二分团

1951年2月出版

保山区材料之十二

——耿马情况调查

编者声明

这些材料是我们从1950年8月29日至1951年1月31日（其中大部时间是在行动中），先后在圭山、丽江、保山、大理、武定、楚雄等地区进行兄弟民族访问工作中，通过当地干部、民族代表及熟悉当地情况的人士所了解的一些情况。为应各有关机关之急需，仅将原材料加以整理，尽量避免主观分析与结论，在文字上仅要求念得通、看得懂。但由于是短期的访问与了解及仓促整理，情况难免不真实或不深入，观点难免错误，文字烦琐或不通顺。故仅能供各有关机关进行民族工作的参考或进一步考察的线索，并望于今后的调查研究，加以校正。

1951年2月　日

耿马全区民族分布及民族概况

据当地人传说，最早耿马为老亢、倮黑居住地区，后为摆彝土司侵占，老亢族被迫西迁于未定界之南亢，倮黑族则分散于耿马周围的高山上去。自明万历起，耿马便成为摆彝土司的领地，摆彝族占有了中心肥沃的平坝子。环绕在耿马四周的是连续不断的深山峻岭，便在这荒山丛林中间，散布着历史上被征服了的及被荒灾兵祸所逼迫迁徙而来的其他民族。他们领种着土司的土地，便成为土司的庶民和奴隶，成年累辈子地在极端贫困卑屈的生活中度过。

民族的种类按地方上的习惯称呼有11种：（1）摆彝（旱摆彝、水摆彝）、（2）汉人、（3）卡瓦（神卡瓦、黄卡瓦）、（4）倮黑、（5）蒙化子、（6）傈僳、（7）老亢、（8）崩竜、（9）回族、（10）蒲蛮、（11）哩咪。

分布地区及数目统计如下。（1）摆彝：南定河沿岸2000人、猛勇1000人、猛撒1000人、耿马镇5000人，共计9000人。（2）汉人：分布于全境山上12000人。（3）卡瓦：分布于木寨、大寨、双江、沧源交界处，3000人。（4）蒙化子：多与汉人、傈黑杂居，400人。（5）老亢：沧源边上，500人。（6）崩竜：居于南定河、南樟河，700人。（7）回族：散居于耿马镇、昆鹏、猛撒等地，4000人。（8）傈僳、蒲蛮、倮黑、哩咪共约400人。总合以上各民族共计30000人。

各民族的生活情况系根据两天时间内与个别新爷（俸秀斋）谈话所得，分述如下：

（一）摆彝族

1. 旱摆彝

大部分聚居于南定河东岸耿马坝、猛撒坝、猛勇坝、猛建坝、猛止坝。在耿马镇居住的大部分为土司贵族（新爷、太爷）及一些靠市集做小贩的坐商。分布于周围坝子里村寨的则全靠耕种水田。土地肥沃，数年一轮种，从不施肥，收获谷米大部分够全年食用，平时经常有余粮输出，生活较其他民族优厚，每餐皆为极净之白米，常有肉、蔬下饭，衣装亦普遍整洁。

一般百姓主要靠水田外，兼在街子上做些小买卖，出外营商的则甚少。土司贵族、新爷、太爷的子弟倒常有出外读书、跑生意的，到缅境的腊戍、滚弄及国境内的猛撒、猛勇、双江、缅宁，以至昆明、保山。出口货如牛皮、梓梗、茶叶、鸦片，入口货如布匹、洋纱、火油、棉花、日用杂货。土司及掌太爷在缅甸设有两家商栈，专门办出入口的贸易。

土司贵族属官（兴爷[①]、太爷）火头以至亲兵，大部分是旱摆彝，凡此大小官员大部分免除劳役粮税，而且领有田地、俸禄。

2. 水摆彝

人数较少，居住在折哈坝、猛英坝，生活较勤俭刻苦，故一般较旱摆彝富裕。由于居住偏僻，风俗较保守。

男女婚姻自由，但结婚后妇女对男子之礼敬屈从为其他民族少见。进餐时不能男女同席，就寝时妇女在榻前跪接男人的衣服，男人将出远门则妇女跪于男子面前，男以双足置妇女头顶，叮嘱家事。

两种摆彝皆信奉佛教，青年以进缅寺做僧人为荣。每年必“做摆”（耿马叫“供挡”），为摆彝族最大“善事”。

（二）汉人

为耿马人数最多的民族，大部居住河外（南定河西岸）木厂镇、小猛撒、乾塘乡、里

① 兴爷，应即新爷。——编者

仁镇、龙潭乡、富祥乡等地。多数人靠种山地，如荞子、苞谷、鸦片等。有少数做小生意或烧酒的。

汉人的来历据说有3种：最早来的是明代随沐国公（沐英）南征时流落下来的；较晚一些的是明末清初时由湖南、四川迁来办矿场、做矿工、做小生意落籍的；最迟的便是抗日战争时期的国民党部队流落下来的退伍军人，大部分为四川人，少数山东、河南人，现多经营小生意，为土司当“缅兵”。

种山地，粮食产量甚少，烟课奇重，税款、兵役多派给汉人，一般生活都很困苦，七八个月间多以草根、树叶充饥，有些人便出外抢劫。

汉族与其他族生活相近，居住一地，关系还很和睦，常有“搭亲家”来往。主要土司对汉人较苛，兵役、烟、粮负担特重，故对土司甚为不满。

（三）卡瓦

1.神卡瓦（熟卡瓦）

分布于耿马东南山上即密果、弄八、东坡、新寨、老寨以至离城三五十里、十余里处。山地种玉麦、棉花、鸦片、旱谷，自织花棉毯，牧畜牛、羊、猪。生活必需物大部分靠自己生产，一般粮食刚够自给。

对土司的负担：门户粮、租粮，多数人是按月出烧柴或按时轮流至土司府做杂役，劈柴、担水、扫院子，劳役性的负担共5个寨子，由“夫头”按甲乙丙丁戊指派出差，月轮1次（摆彝也有这种差役寨子，专司招待客人、打扫住室，卡瓦则多司重劳役）。

与其他民族尚无多大隔阂，只是平时汉人、摆彝多轻视他们，认为他们生活习惯较脏，衣着褴褛。

2.黄卡瓦

住西牛大寨，因当地出产黄色棉花，男女皆着黄色棉布得名。文化风俗多为摆彝同化，用摆彝字（拼卡瓦语），信奉缅寺，每年亦“供挡”。生活亦较清洁，不愿别人称呼他们“卡瓦”，认为耻辱，自称“本教”。多通汉话，男女皆常常出外做小生意。耕种土地多在山脚接近坝子的地方，离寨子甚远，每日天不明起身下地，深夜始归，睡眠仅四五个小时。妇女尤苦，除白天在地里劳作外，晚间仍需绩麻织布。秋季更苦，气候较寒冷，多数没有被褥，偎火而寝，刚刚入睡，天就亮啦。

所种之土地寒燥，主要农产物如旱谷、玉米，较高地方种少数鸦片，人手多一些的人家种一些茶叶（云南著名的天然龙井即为大寨特产）。食粮出产不丰，不足半年食用，缺粮时则掺吃一些山药、野菜。

婚姻自由，也有孕后请人说媒办酒成亲。

（四）倮黑

居住于耿马城西、猛撒、猛勇，有10余寨子，居山头上，脸型近似汉人，多通汉话。

据说原居缅宁地方，后为缅宁土司驱逐迁此。皆种山地，出产荞子、玉麦、旱谷、洋芋、麻、鸦片。耕种方式与汉人同，但地土薄瘦，虽常年施肥，收获亦甚差。坝子如1碗种子可收5碗，则山上仅收两碗，仅够半年食用，半数靠砍柴、下坝卖零工、做泥水活补助，生活极为贫困。对土司负担：门户粮、租粮、烟课。其中有1寨专给土司跑邮、送信以代替门户粮。

其性情淳厚，勇敢能吃苦。男人喜戴红帽，女人衣襟镶红边。居室多楼房，爱清洁。信奉天主教，英人创有倮黑文字。英牧师已离境，由一倮黑青年代理。除教徒外，一般人最嗜烟酒。婚姻自由。

（五）蒙化子

散布于耿马西南，与汉人、倮黑、卡瓦杂居。汉人称其为倮倮，语言与傈傈相近似，大多通汉话，风习亦接近汉人。据传说皆为蒙化迁此者，故俗称蒙化子，可能亦为彝族的一小分支。不与他族通婚。

（六）傈傈

与倮黑居住甚近，生活风习与倮黑大致相同；男人喜戴红帽；女穿蓝色半长衫，红缠腿。信天主教。

（七）老亢

聚居于折哈坝及城西南一带，即山头族，又称开钦族，据说皆于咸丰年杜文秀起义攻占镇康危及耿马时，老土司自未定界南亢地方召来的一部分人（因其强悍善战，用以抵御杜军）。现仍为长太爷之私庄百姓，平时不加以粮税负担，临时有事支派差役。

其装束很特异，妇女皆截短发，着马褂、自织深红色花布裙，腰间套很多黑漆细篾圈，衣服缀很多圆形银片；男人打套头，短衫裤，黑色套腿，黑套头。

（八）崩竜

杂居于乾塘、大寨、火石厂，装束近似老亢族，信缅寺佛教，每年亦“供挡”。居于山头，种旱谷、荞麦，生活亦极穷困，收获不够半年食用，经常下山至汉人地方帮工以补助生活。

（九）回族

耿马街上有几户，昆鹏、猛撒、西牛大寨散居户很多。有的是杜文秀时代迁来耿马的，有的是原居沧源，后为镇康恶霸李文焕挑拨卡瓦族大肆屠杀，千余户回民四散逃亡，部分便流落在耿马各地。另有一小部分是原居滚弄地方，抗日战争中逃至耿马的，多半靠租种小块土地、做小生意糊口，生活亦甚贫困。

（十）蒲蛮

多聚居于横定坝边缘地区，半山半田，生活与摆彝相近，言语与卡瓦大同小异，不信佛教，敬奉天地祖先。自称为“本教”，大多数与汉人通婚，俗为“随母变教”。多半父亲为汉人，母亲为卡瓦、蒲蛮或摆彝族，大部分男女皆会两种以上言语，通汉话。生活亦甚苦，除个别地区外，大部为雇贫农。

（十一）哩咪

多居于马岩、班望之间大梁山中，与其他民族杂居。话语与傈僳近似，穿麻布衣，服装近似水苗，无宗教信仰，不信鬼神，生活亦甚贫困。

范景宇

耿马城区初步调查

（一）市区概况

1. 耿马镇

耿马城在耿马坝的中部，在一隆起的大土丘的斜坡上。沿着山坡圈起一道长方形的土墙，中间一条较大的街道，两边筑起草或瓦盖（较少）的铺面，大街两侧有几条曲折的小巷。城寨共有5道门，土司署在城内的西北角，迎门有一道大照壁。

2. 民族及人口

城内居民有360多户（一说450户），泰族占全城人口的90%。汉人有五六十户，约占9%，多经营小商。回族有十几户，约占1%，去年“共革盟”匪暴乱时，半数回民逃到卡瓦山去了，现只有四五户，开小食店（回民馆）的有3家。

3. 市民与市场

大街上有八九家摆彝小摊贩，汉人绝大多数是租摆彝贵族的房子来经商，有50余家小生意。有3家理发铺、1家中西药铺［土司的新爷杨显之（汉人）经营］及几家缝衣店（据说“共革盟”来时抢走了十几部缝纫机，只剩下几部了），全城无一家铁匠木匠，大部分日用品须自外运来，布匹自保山、滚弄（缅甸）来，锅盐自内地来，沙盐自缅甸来。

市集在东门外，5天一次，叫作“赶街”。在民国三十六七年间，赶街多时在千人以上。因当时大烟、盐巴、布匹的生意都好做，一街约可销售布百匹，大烟内地远销。到三十八年时烟价不好，客商少了，更因“共革盟”匪患后客商断绝，一切生意都冷落了。在今年10月解放之后，外商日渐增多起来，每街人数亦在增加，现在一街约有六七百人，可销米千升、盐500余斤、布五六件；肉类——猪三四条、牛五六条。其他日用品也比过去好卖了。

4.市民负担

在旧统治时代，有买卖税、屠宰税、营业税等。（1）买卖税，买卖1匹马，每1元上2%的税，牛1条上1元5角，每街可收30多元（半开）。（2）屠宰税，每条3元，一头猪2元，每街可收30多元。（3）营业税，未详。（4）卖柴卖菜的受士兵的敲取（多少无定），叫作柴菜税。在各乡镇都分配有屠宰税，年共收12000元。在解放之后，乡区停收屠宰税，只收城区的，由设治局人员征收，买卖税、营业税则停收了。

（二）摆彝社会

1.土地关系与阶层

（1）官家（百姓对罕家的称谓）：土地所有者。全耿马土地（少数汉人区如木厂例外）均属土司所有，土司亲属（罕家）1个掌太爷、6个太爷各有食俸田10倬（1倬等于10担，等于20Bown），并各有几个寨的私庄（罕土司自家亦有专供食用的“庄田”）。太爷们的田给与百姓耕种，百姓的产量1/3（？）交与太爷，太爷的食俸田及私庄均不另与土司公粮税。

（2）辛爷[①]：太爷之下为辛爷，有大辛爷5个、小辛爷27个。小辛爷各管1个地区，如遮哈（乡）即有一个小辛爷管理，5个辛爷分管全耿。大小辛爷均各有5担种子的食俸田（自种或老百姓种，均不上粮），种烟区的百姓每两烟要给辛爷上1钱烟课，每寨百姓一年共要给辛爷各上20元（大辛爷50元）的“门户钱”（即土司规定的薪俸）。

（3）兰爷：辛爷之下为兰爷，共有5个兰爷，各兰爷亦有5担种的食俸田，自种或给百姓种，均不上粮，亦另有每寨（所管的寨）年上20元的门户钱（薪俸）。

（4）圈官（相当于辛爷与兰爷之间的地位）：各乡有圈官（如保长），亦有5担种的田及每年20元的薪俸。

（5）火头：圈官以下的火头，大小火头亦有几担种的田，只免粮，无薪俸，大火头地位相当于甲长。

（6）什长与亲兵：土司的武装，大小什长及亲兵均分受若干食俸田，亦不上粮。

（7）缅寺：城内共有5个缅寺，共有长老、佛爷、和尚80余人（原有100多人，受“共革盟”患后还俗了一些人，故现只有几十人），均无田，不事生产，由各家百姓每日轮流分送菜饭给他们吃，他们的地位则很高，见土司只行相互礼（辛爷以下至百姓见土司的均行跪拜礼）。

（8）百姓：是土司制度一切的负担者，百姓种土司的田，每年以1/4（？）的产量（米）交官粮，上门户钱（至穷苦之户年上门户钱亦有10元左右）或与“官家”“爷们”送礼，土司年入田税共有2万元，种烟地区的百姓，以1/3的烟产交土司署是为烟课（土司年入烟课10万多两）。还有些村寨的百姓专供土司的劳役或柴草等。

---

① 辛爷，本文又作“新爷”。——编者

2. 生产与生活

市区摆彝均种河内的田，早田二月种，迟田三月种，男的犁田，女的多参加插秧、耘田、割谷等劳动。农具与内地相似，只少施肥，出产只有稻及玉米。田无亩数，以种子多少计算，1Bown谷子（30斤）可出20Bown至25Bown的稻。全城区（河内）的粮产可以自给，但因“种点吃点”“够吃了事”的生产和土司制度的重重剥削，多数百姓生活均苦，有一部分百姓要缺3个月的粮食，这些不够吃的，以卖工、卖柴草或借贷维生，借粮1担，年还1担5至2担，虽没有乞丐，但在这种土司制度的桎梏下，生产永远不能发达，也无从进步。

第五小组

漆锐夫

耿马土司调查之一

万历十一年（1583年），摆彝族人罕闷坎因随明朝军队侵略缅甸有功，神宗朱翊钧封做世袭耿马宣抚使司，至今已365年。耿马地当东经98°35′至100°10′、北纬23°20′至24°之间，原来辖地分作9猛13圈：9猛是猛果、猛董、猛省、猛断、猛猛、猛定、猛撒、猛永、耿马；前6猛加上峨德、控皮、蛮莫、猛只、猛颇、大寨、捐乃等7地，合称13圈。后猛董、猛果、猛断、猛省划归沧源，猛猛划归镇康。在名义上，耿马设治局是这个地方的最高政权机关，实际一切大权还是操在司官衙门里。1935年以来，几个设治局长没有一个不是司官的附庸，也没有一个和司官不发生矛盾。1949年罕裕卿做了设治局长以后，才算把这两个并存的政权矛盾统一起来了。就组织系统上看，今天司官衙门和设治局的关系是扭在一起的：

土司署 ——— 太爷 ——— 新爷 ——— 圈官 ——— 伙头

设治局 ——— 乡镇长 ——— 保长 ——— 甲长

耿马所有的土地都是罕家的，土地不能买卖和转让，罕姓的父辈、同辈或子辈，罕裕卿按其“功绩”“资望”给以一定的“爵位”，并且“赐予”相当采邑的私庄。大凡罕姓不是“封”作太爷就是新爷，南、宋两家以及几个异姓汉人则“封”为新爷，“替土司管理百姓”。（就组织系统来说）司官下面有一位专理全耿事务的太爷，叫作掌太爷。掌太爷下辖有9个太爷、32个新爷。太爷下面亦辖有新爷，但其地位远在那32个新爷之下，即如直属掌太爷的32个新爷，因其对于司官的效力和资望而有五老新爷的区别。五老新爷一般是没有辖地，因而多兼做别个地方的新爷。不论是新爷或者老新爷，都有他一定的辖地，一定的食俸田（亦叫新爷田），一定的管租。就那个辖地来说，他们又是那个地区里的“小诸侯”。凡是新爷辖区里的人民，除了按照司官衙门里的规定缴纳门户钱、烟课、官粮以及该管新爷的吃份外，一切向土司的请求、诉讼等，全都由新爷初步决定和引见。就是进城赶街、看亲戚，也都要住在自己的新爷家里。新爷是常住在城里的，一年巡视辖地一二次。辖区里的一切事务，全都委诸圈官。圈官相当于乡镇长，圈官下有大小火头，和保甲长地位相同，是最基层的头目。圈官一般的职务是：①传达新爷交来的命令与决定；②征收门户钱、烟课、官粮、管租、吃份等，解交新爷；③调解纠纷、诉讼，或送交新爷处理；④指派夫役，采办司官衙门内需要的东西。

现在把耿马土司的组织系统以及辖地列在下面：

司官罕裕卿

太爷：

掌理全耿事务太爷罕华文[①]（罕华文系土司叔父）

（1）海涛太爷罕裕纶（土司六弟）——辖蛮桂、蛮梗、蛮弄、蛮那、蛮弟、洛阳、南掌、安民村、石房、弄康、贺令等寨。

（2）班猛太爷罕裕宁（土司四兄）——辖猛撒及小猛撒等寨。

昆那新爷——俸世俊

班那新爷——俸世昌

坝达新爷——罕富毅

海弄新爷——罕富明

（3）猛勇太爷罕富有（土司九弟）——辖猛永、猛涧、彩靠、小猛永等寨。

蛮喜新爷——南文兴

南炮新爷——宋国英

蛮农新爷——南文明

弄窄新爷——南文俊

（4）刑右太爷罕富刚——辖元石。

（5）猛英太爷罕贵德——辖里仁镇。

（6）保猛太爷罕富宁——辖木厂、甘塘等寨。

（7）蛮那太爷罕富霖
（8）火猛太爷罕富琛
（9）邦猛太爷罕富春
——无辖地

新爷：

（1）掌猛新爷——南文敏
（2）楞猛新爷——宋国保
（3）邦猛新爷——宋国印
（4）拉猛新爷——宋文兴
（5）乌猛新爷——南玉新
——五老新爷，无辖地。

① 罕华文，本文又作“罕化文”。——编者

（6）蛮茂新爷——南文敏（兼）
（7）捐糯新爷——陈学海
（8）捐乃新爷——杨选芝（汉人）
（9）捐老新爷——南玉和
（10）蛮新爷——南文星
（11）猛颇新爷——宋国印（兼）
（12）邦办新爷——南玉新（兼）
（13）猛只新爷——宋德光
（14）党外新爷——宋国华
（15）班旺新爷——宋国庆
（16）峨德新爷——罕华文（兼）
（17）大寨新爷——罕富福
（18）轩干新爷——南宗兴
（19）肩肯新爷——俸秀斋（汉人）
（20）班控新爷——江学正（汉人）
（21）昆批新爷——南文斗
（22）翁大新爷——俸××
（23）安雅新爷——陶××
（24）南柬新爷——张万廷
（25）科圈新爷——南天佑
（26）郎牙新爷——南正明
（27）遮哈新爷——俸宝臣
（28）弄板新爷——吴季文
（29）景信新爷——宋海清
（30）邦令新爷——宋文俊
（31）宗糯新爷——×××
（32）南炮新爷——宋国荣

9个太爷中，以土司的四兄罕裕宁、六弟罕裕纶、九弟罕富有的权力大，有权指挥任何新爷，尤以罕裕纶为最。太爷们私庄的大小，我们不晓得。每个新爷的管地有大有小、有好有坏，罕、南、宋3家的管地要大些、好些，其他异姓或者汉人的管地就差些。新爷的食俸田一般的在5石种子左右，据捐糯新爷陈学海说：他的“新爷田”的租子够七八人吃用1年。不论私庄或者新爷田都是司官的“恩惠”，不向衙门里交租，捐乃新爷杨选芝所管地中的一个叫作军楞的村子，每年给杨“管银”半开15元、大烟50两。新爷的职位是世袭的，但他的管地并不是父子一线继承管理的。一个新爷死了，他的儿子可以袭承“爵位”，但不能仍替司官管理他父亲管理过的百姓和土地，必须从最小的新爷做起，其次新爷也就依次递升。

土司的剥削制度可以分作两种：一种是劳役剥削，一种是经济剥削。劳役剥削的内容非常复杂，并且是完全配合着司官衙门里的奢侈的生活：石房寨的老百姓给衙门送柴，南掌、安民村的人替土司跑信，蛮地、蛮那、蛮弄等寨的人在衙门里干月伙。在衙门里烧茶的是召募寨（衙门右侧），搓敬神用的蜡条，制火药的是干东寨（小西门外），煮饭的是很乃寨，采买东西的是刑募寨（官缅寺后），看守禁闭室的是德党寨（小街右），服杂役的是罕元寨（小街右）。

耿马司官对人民的经济剥削主要的有3种：一种是门户钱，一种是烟课，一种是官粮。门户钱是衙门里的主要收入，以一定量的白银两数为底银，逐年视衙门里的消费，定出比例，折合半开征收的。据说每年冬月，司官衙门召集各新爷开会，报告衙门里来年的消费数字，并决定各寨的负担比例数。初次公布的各寨负担的数字往往是超过原预算，经过人民再三请求，司官才豁免到他的预算限度，对此则视为是无上的"恩典"。耿马各乡人民负担的门户款的底银，据不完全的调查是：

镇名	寨名	门户款底银（两）
耿马镇	科圈	70
	东坡	100
	南柬	60
	蛮闷	70
	安牙	120
	捐列	80
	蛮弄	50
	军养	100
	翁达	100
	昆批	55
	滥坝	50
宣化镇	昔尼大寨	500
	猛涧	520
	班望	20
	满片厂	23
	黑山	20
	老厂	20
	营门寨	39
	山水地	40
	捐糯	50
里仁镇		720
木厂镇		560
顺德乡		400
裕臻乡		450

续表

<table>
<tr><th>镇名</th><th>寨名</th><th>门户款底银（两）</th></tr>
<tr><td rowspan="6">富祥乡</td><td>猛颇</td><td>360</td></tr>
<tr><td>猛只</td><td>160</td></tr>
<tr><td>党外</td><td rowspan="3">150</td></tr>
<tr><td>白石头</td></tr>
<tr><td>蛮来</td></tr>
<tr><td>戛那</td><td>80</td></tr>
<tr><td rowspan="6">龙潭乡</td><td>大潭</td><td>120</td></tr>
<tr><td>蛮蚌</td><td>90</td></tr>
<tr><td>乃弄</td><td>230</td></tr>
<tr><td>捐老</td><td>60</td></tr>
<tr><td>邦胁</td><td>5</td></tr>
<tr><td>邦办</td><td>120</td></tr>
<tr><td rowspan="4">宁河乡</td><td>蛮茂</td><td>500</td></tr>
<tr><td>香竹林</td><td>180</td></tr>
<tr><td>郎牙圈</td><td>60</td></tr>
<tr><td>郎令</td><td>40</td></tr>
<tr><td rowspan="2">永平镇</td><td>猛勇</td><td>360</td></tr>
<tr><td>邦控</td><td>29</td></tr>
<tr><td>华兴乡</td><td></td><td>820</td></tr>
<tr><td>景信乡</td><td></td><td>560</td></tr>
<tr><td>合计</td><td></td><td>8141</td></tr>
</table>

底银折合半开的比例每年不同。1948年，每两底银折合半开8元。根据这个不完全的数字，这一年司官衙门的收入有65184元，全县人口以30000计（最高的估计），平均每年每人向司官衙门缴纳门户款约2元2角。1949年每两底银折合半开10元，每个人的负担增加了半开5角，若以1951年1月2日耿马的米价计算（每市斤合人民币300元，半开每元合人民币6000元），每年每人须向衙门缴米44斤。

至于官粮，也是以门户底银为征收标准，1949年每两底银折合谷子3单，每单64市斤，全年收谷子1466380市斤，每人每年的负担量是48市斤多。较远的乡镇，因为运输困难，往往按耿马的米价折合现金送到衙门，耿马米价是高于其他乡镇的，对人民又加重了一层负担。1950年，司官把猛涧、猛勇、猛撒、耿马的门户款都改收谷子，其折合的方法是先按底银每两折合半开10元，再按耿马谷价缴送谷子。

司官对于人民的第三种经济剥削是烟课，全耿马除开景信乡不种鸦片不征外，其余种鸦片地区都征烟课。在反动统治时期，每年收烟以前，专员总要来一套“等因奉此”的禁烟、铲烟的法令；有时专员还亲自跑一趟，假做威严地唬一通，结果司官出来“为民请命”，给专员送两三万元了事。

据不完全的材料，耿马部分地区烟课税的负担是这样的：

寨名	烟课两数	寨名	烟课两数
猛颇	1600	昆批	150
蛮来	400	张听	300
干浪	400	蛮蚌	1600
猛只	2200	刀弄	2200
党外	2200	龙潭	1600
白石头	2200	班办	1600
懒皮寨	600	湖广寨	600
班套	200	东坡	400
拨刀山	1200	安牙	400
五寨	600	蛮茂	80000
猛撒	1200	香竹林	1600
猛打	400	猛永	1200
斜靠	20000		

注：即令、郎牙二地在内。

据说司官每年征收到的大烟土在12万两至15万两之间，之外掌太爷罕文华收到烟礼有2万两之多，每个新爷所得到的是管地烟课的1/10，例如蛮茂新爷抽取烟课有8000两，猛只新爷宋德光有220两，猛颇新爷宋国印有120两。这样算来，全耿马每年鸦片的产量最低在30万两以上。

司官衙门经常性的武装组织是亲兵。担任亲兵的都是摆彝族人，是几个固定的寨子，人数不详，每5天一换。亲兵种的地一般的不出官粮和门户钱。他们经常的职务是看守土司衙门和替罕华文、罕裕宁、罕裕纶、罕富有等人看家。猛永、猛撒、猛涧等寨各有亲兵1排，辖4个什长，每什亲兵10名。耿马有亲兵60名，由大什长率领。

宋伯胤

1951年2月6日

耿马土司调查之二

耿马曾划为顺宁县的一个区，民国二十四年（龙云任云南省主席），罕裕卿来昆明请求民政厅将耿马改设治局，以耿马的南汀河为界，划为耿马、河外两个区。

（一）土司简历

土司：罕裕卿，年45岁，摆彝族。祖上由缅甸南坎迁来，信佛教。幼时曾读汉书，能写读摆彝文，兄弟共9人，本人居五。民国二十二年承袭土司，现已结婚，岳父刀金版。

土司治草，万历十一年（1583）“受封”，迄今已传18代，官职宣抚使。

（二）军事设施

1.编制、人数

编制：一个大队，分4个中队，每中队编制是150人，但实际有的够150人，有的仅100多人，有的80人。共计有500多武装，可以召集民枪800多支。

2.枪支数目及来源

数目：小炮8门、重机枪15挺、轻机枪200挺、步枪加上能召集之民枪共有2000多支。

来源：自己买的一部分，过去国民党在猛勇、大寨设有火药仓库，搬走时送的一部分，抗日时美国猛沙[①]航空站可能送有一少部分，有收缴老百姓的。

附注：步枪数目据几个材料对照有出入，不可靠，仅供参考。

3.主要头目（姓名）及士兵的来源

大队长，罕裕纶，土司的弟弟。

大队副，南文敏，兼蛮茂新爷，为土司主要头目之一。

大队参谋，任金前，四川人，旧军官，任职于土司衙门有二三年。

中队长，赵金旗。

中队长，□荣光，云南人，与土司是朋友关系，粗通文字。

中队长，张有铭，四川人，高小文化程度，旧军官。

中队长，朱亦陈，云南人，原云南省府派去的防卫大队长，和土司相处很好。

士兵是由耿马各镇派的壮丁。

4.薪饷规定、被服补给、被服式样、运输工具

（1）中队队长以上每月30元半开，衣服伙食由土司供给，按月向民户摊派。

（2）士兵：薪水和衣服都是由出丁的各镇供给，各镇供给都不相同，大约一个人每月可拿到十几块半开。

（3）军装式样：上身是“夏威夷”衣，下身是“跑裤”。

（4）运输工具：重武器和物资行军时临时派民夫，土司自有25匹牲口。

（三）解放后的动态

（1）耿马解放前，镇康县长罗绍文，土匪头子李玉文、李太兴、李四、张国柱、罗开孔、杨彪、李希哲及当地反动乡长张朝廷邀约罕裕卿及罕富有、罕化文组织云南西南联防军政委员会准备与我军对抗。计划子弹由汉裕纶负责，后来由曾任龙云部下的一个军需

---

① 猛沙，疑与本文“猛撒”为同一地名。——编者

王子义供给一部分子弹。罕裕卿令大队副南文敏到处收缴民枪，下令各乡长要壮丁，扩充武装编为3个大队，每大队3个中队，每中队100人，罕裕卿任司令官，国民党残匪李弥派去一部参谋电台。

（2）我军到达耿马前3个月，罕裕卿即把家眷送往缅甸宪威土司家（宪威土司是他老婆的舅父）。我军进至耿马，土司武装很快地被打溃散，罕裕纶、罕富有、罕化文带着残部跑去缅甸，其余残部分散在南定坝、热水塘、双河、惠定坝、滚弄一带流落为匪。又据说罕裕卿不在宪威，可能在缅甸的腊戍，腊戍有他的生意（裕华棉纱商号）。传闻李弥曾经派人找他联系，要他到暹罗去成立西南反共委员会，委他作副主任委员，并给他装备一个师武器，由蒋匪从台湾飞机输送。

元月四号的下午我团在耿马听到罕裕纶、罕富勇回来谈："罕化文他们跑到缅甸去的军队被扣，枪被没收，罕裕卿去向不明。"

与各土司之关系及矛盾：

（1）干崖土司是罕的岳父（来往较多）。

（2）南甸土司是罕的表叔。

（3）芒市土司的女儿是罕富勇的未婚妻。

（4）沧源土司老婆是罕的妹妹。

（5）镇康孟定土司是罕的外甥。

沧源土司过去曾和罕的父亲打过三四年仗，当中互有矛盾。

与滇西各土司联系的方法：

（1）过去有要事互相派亲信来往商量。

（2）最近两年和芒市等土司用电台联系（每天日落时联系1次）。

王树村

1951年元月3日整理于昆明

耿马土司署兰爷南天亮家庭访问

出宣抚司门10多步，左边一道小巷，在巷左的第二家，即南天亮的住宅，约半亩长方形的一所家屋。正面是瓦盖的平房，堂中供有瓷佛像。堂屋两边为住室，右侧为厨房，左侧有一个小仓库，家屋的左右下3面是围墙，左边为大门，右下角有草顶的马槽与牛栏，围墙左侧外边是一个1/3亩的长方形的菜园，园内种有油菜、丝瓜、蒜苗及豌豆等。

住室比较洁净，但牛栏周围都非常脏，现喂有马2匹、黄牛1头（均用以驮东西）、1头水牛（用以耕田），畜小猪1头、鸡5只。他原有3匹马，在去年7月"共革盟"来时，他把衣服行李载上逃入山中，全被"共革盟"抢去；现蚊帐被子均无，一家7口人，只有美货毛毯1床及卡瓦布单和线毯各1床。

南天亮现（1950年）37岁，妻亦30多岁，有子3人（大的17岁，可以劳动；二子10岁；三子2岁，还在吃奶）、女2人（大的12岁、小的9岁）。

他是耿马土司署的一个兰爷，管理蛮蚌山的3个寨子，约有180户的百姓，多为卡瓦人。土司分封5石（1石等于60斤）种的食俸田给他，年可收20倬（每倬等于20石，每石等于2Bown，每Bown等于30斤，Bown是以一个煤油桶计算），全部自耕，本人也参加劳动，女的十二三岁以上均参加田里的劳动——耘秧、割谷或放牛马，比男子劳动尤多。劳动力不够请雇工，每工供3餐饭，月给工资10元至15元（劳动好的才给15元）。

他只在缅寺念过两个月的经书，识摆彝文也少，汉话比较说得清楚。他管的蛮蚌3个寨子，每寨每年给他20元，即是土司署规定的薪俸。他在土司署的任务为派夫役、派差，土司需要什么差役，他即到蛮蚌各寨去找大伙头分派（蛮蚌只有1个大伙头、3个小伙头）。

一家衣食住用仍很简单：

衣：他和他的儿子均为短衣汉装；妻头缠大黑布巾，着圆领短衣，穿黑布裙；两个女孩亦着黑布裙。

食：现在每日吃两餐，春季及农忙时才吃3顿。菜蔬大部自种，街上买的食盐是从内地及缅甸两边运来，本地不出菜油，吃牛油及猪油，买肉吃时少。在他管理下的百姓“赶街”或有事来耿马均要到他家开一顿饭，故他的收入除生活与人情开支以外，难于存积财富（每人每年生活需米约为600斤，小孩少点）。

过年节时（清明后10日是为摆彝族的年节，汉人年节也过）有猪即杀猪，无则买肉，把佛爷搬到缅寺里去祭祀，祭的猪牛肉菜，均送给和尚吃，自己留下吃的少些。

他的家庭状况，生活很简朴，约似内地的一个中农之家。据设治局人员讲，一般兰爷的生活状况也与南天亮差不多。

第五小组漆锐夫
1950年12月

耿马摆彝的宗教

（一）概况

耿马摆彝都信仰小乘佛教[①]。据佛寺长老讲，佛教输入耿马已有300年左右历史，从缅甸传进来，故佛寺都称作缅寺。佛教在耿马很普遍。不单摆彝信仰，卡瓦、本人等民族亦多信仰佛教。因此，缅寺非常多，差不多每个乡镇都有，小者有一个，大者两个三个不等。在耿马城中，虽然只有300多户人家，就有5个大缅寺。

① 为“南传上座部佛教”的俗称。——编者

（二）缅寺的生活

缅寺的建筑很简单，有大殿1间，内供释迦牟尼塑像；经房1间，专门念经之用（闲人及一般妇女不能进里面），此外有几间住房。缅寺僧人，一共分3等7级。最高为长老，分大长老、二长老、三长老、四长老4级；次之为佛爷，分大佛爷、二佛爷、三佛爷3级；最低为和尚。和尚都是十二三岁就由父母送进缅寺，先学习摆彝文字，然后再学习经典，到了20岁左右即可升为佛爷。当了佛爷后如“佛法”好，则可顺等级向上升，做了和尚、佛爷后，如家里需要回去，经大长老允许，可以还俗。

长老、佛爷的生活都很清闲，除每天念3次经外，就没有其他事，偶尔替人写写经（5角半开一本）。缅寺没有庙产，他们的生活全靠人民供给，早饭是由人民送给，晚饭出来化，故一般长老、佛爷都不像内地“吃素”。据长老言，他们因靠人民供饭，故送来什么就吃什么。实际上，缅寺虽无庙产，但他们收入是很多的，除了伙食由人民负担外，如做挡、替人念经、看卦等收入很多。土司有什么事都要找长老商量或看卦，一般人民平常对他们都很尊敬。

（三）人民在宗教上的负担和耗费

宗教活动在摆彝生活中是一个主要的部分，不但信仰普遍，烧香拜佛，而且是关联生活中的许多活动。摆彝在宗教上的负担和耗费很多，兹列述于后：

（1）缅寺内长老、佛爷和和尚的经常生活负担：每一个缅寺，都有它固定的供饭寨。供饭寨信仰缅寺的人家，每天早晨必须以菜饭到缅寺大佛面前供献，献后就作为缅寺长老、佛爷、和尚的早餐，晚饭则由缅寺自行出来化柴、化米，平均起来，每家每日经常要负担一个人的伙食费用。下面是耿马城区的缅寺及供饭寨：

寺名	人数			供饭寨名
	长老	佛爷	和尚	
睡佛缅寺	3	9	10	法党寨、伙茨寨、刑募寨
小街缅寺	5	9	9	罕允寨
官缅寺	4	12	10	班弄寨、抬伙寨
甘东缅寺	4	12	9	甘东寨、法弄寨
观音阁缅寺	1	1	1	召募寨
总计	17	43	39	9

以上僧人数字为解放后的统计。据长老言，在解放前，佛爷、和尚很多，因土匪特务造谣说“解放军来了以后，要烧缅寺、杀和尚”，故解放时，许多佛爷、和尚都还了俗。

（2）供挡：供挡是摆彝在宗教上最大的一项耗费，差不多每个摆彝的积蓄，大部分花费在供挡上面，他们认为今世做了挡后下世可以再用。做一次挡的用费不一，大挡一次有的要四五万元半开（去年耿马掌太爷花了4万多元半开）；小挡三四千元半开，只要有钱就做挡。做挡时，所用的东西，如兽像、亭台、灯笼、铺盖等等，都是归于佛寺和尚收了又拿出来卖给别人做挡用。

（3）“考河线”（摆彝语）：即“吃一餐饭”。请和尚来家念一天经，请许多亲友吃一顿晚饭（任何人都可以来吃，不一定要请到才来）。这种“考河线”做一次最低限度要花1000元半开。

（4）其他零碎的宗教活动费用：六月十五开门节，要到缅寺念经；滴水节，每家都要备办酒席到缅寺去供祖先，就相当于汉人在家“献饭”一样，多者七八席、少者一二席，献后归缅寺；七月十五念大经，共需半开120元，由各家分担；六月初一堆沙节，①也要办酒席到缅寺去献祖先。此外，还有许多不固定的消费，如请长老念经、送鬼等。

（四）年节

摆彝的一切生活活动、年节都与宗教有关。其年节大约有下列几种：

（1）过年：阴历正月过年，但不如汉人隆重，官家贴对联，初一放爆竹。一般民家只是穿穿新衣，青年男女有“秋千”“丢包”的游戏。“丢包”是男女青年社交的一个好机会。男女青年集团互以丢包，接不着包的以为输，输者请客，然后赢者又还席。

（2）堆沙节：堆沙节是摆彝的一个大节日，清明后10日举行。各家年轻姑娘都装扮起来，大家都要到东门外去拿一杯沙，回到缅寺堆起来。这一日，每家都要杀猪宰牛，做酒席到缅寺去献祖先，多者数桌，少者一桌。

（3）朝大小白塔：堆沙节后5日朝大白塔，六月十一朝小白塔。每家都要备办一些米花糖饼及饭菜，各村寨都打着锣鼓跳着摆去朝白塔。有时为了竞争表演技术，上下坝常常发生冲突。

（4）六月十五开门节：这一天在缅寺念经，40岁以上较老的人，都要到缅寺“坐禁”。一共住两日，和尚念经，一般人在旁边听。

（5）滴水节：六月十五及九月十五是滴水节，每家都要预备酒席到缅寺去献祖，一二桌、七八桌不等。

（6）七月十五念大经：所有和尚都集官缅寺念经，所有人都得到缅寺去听经两日。

（7）八月十五提灯会：各寺小和尚提着灯，从自己寺内提到别的寺内。

（8）九月十五开门节②：与“关门”一样。

尹寿民③

① 后文说摆彝堆沙节在“清明后10日举行”。原文如此。——编者
② 本文六月十五和九月十五皆写为“开门节”，而傣族的“关门节”是在傣历九月十五，“开门节”则是在傣历十二月十五。——编者
③ 尹寿民，本文又作“尹寿铭”。——编者

耿马摆彝的婚姻

（一）结婚的过程

（1）恋爱：男女婚姻结合的第一个阶段是恋爱。在摆彝社会中，男女社交非常自由，男子可以自由选择对象。假如男子喜欢哪个姑娘，就可以到她的家里去玩（叫作“串门子”），而父母不加干涉。男女社交的机会很多，如过年时的“丢包”等节日，都是促成青年男女恋爱的机会。

（2）下定：男女恋爱成熟后，则由男方通知父母，送女方一些首饰衣装之类的礼物，算作订婚手续，叫作下定。

（3）结婚：下定后，经过一个时期（长短不一，有钱者较短）即可择日成婚。仪式比较简单，在结婚前一日，男方必须花钱请人到女家唱戏说古，然后迎亲，由一些傧相陪着新郎步行到女家，拜过新娘父母（傧相一齐拜），然后一齐回到男家，举行结婚典礼，新郎新妇一齐跪着，由一位长者（类似证婚人）讲一些吉利话及训言，然后再拜过父母，即算完成婚礼。

（二）另外的两种婚姻形式

（1）入赘：入赘在摆彝社会中非常普遍。有一个汉人谈，他在耿马住了几年，还没有见过男人讨女人。可能言之过重，但可以说明入赘之多。他们招婿主要的是为了帮助家务，但不像汉人一样要无子才招婿，有儿子的也招女婿，甚至于看得比自己的儿子还重要。有的儿子很小时，以女儿招婿，儿子长大了若不成器，则送出去上别家的门，而留女婿在家。

（2）抢亲：又称“偷姑娘”。男女恋爱发展到互订终身时，男家无钱，或女家父母不允，男方事先与情人约好在一定地点等候，伴着一些朋友去抢。女方亲友发觉即约人追赶，路远的追至半路即回，近者追至男家，由男方亲邻出面劝解，女方追的人才回家（若是女家不愿，强迫偷走者，则女方定要打入家门把女抢回）。3天后，由男方请亲友拿糖或茶一包往女家认亲赔礼，然后成婚。

（三）摆彝婚姻的两个特点

（1）阶级婚姻：在摆彝社会中，分官家与平民，之间划分甚严，官家女子不能与平民结婚，假如违反的话，则家庭与女儿立即脱离关系，但官家可以娶民家女为妾。

（2）血缘婚：在耿马由于官家不与平民结婚，而官家仅是罕姓一家，故其婚姻是在家族中进行（有的也与别地官家结亲），堂兄堂妹可以结婚，如耿马土司罕裕卿的第一个太太就是他的亲堂妹。除兄妹结婚外，侄儿子也可以娶姑母，总而言之，除嫡系血亲如亲兄妹外，皆可以结婚。

（四）在不严肃的男女关系下所产生的问题

（1）堕胎：由于男女关系的自由及不严肃，常常发生堕胎的事。未婚女子有了孕后即吃药堕胎，在下房有个叫阿花的妇人，专门制造堕胎药替人堕胎。摆彝无所谓贞操观念，女子未结婚有了孕堕胎后，甚至产下私生子，一样地可以和别人结婚而不受到歧视。在男子方面（已婚或未婚），与人恋爱，对方怀了孕也不负什么责任（假若不与之结婚的话），仅只拿出钱请和尚念念经（他们叫打扫寨子）和给女家一点钱即算完事。打扫费新爷家姑娘是300元左右，老百姓家姑娘是几十元。

（2）由于男女关系的随便，因此产生性病的流传。在耿马不单一般未婚男女恋爱，已婚男女有的也常常与别人私通，甚至于缅寺长老、佛爷也有到民间乱嫖者。据设治局徐晓矣谈：缅寺内有一个长老就害花柳病。在耿马城有少数妇女做类似私娼的营生，但她们照样在家生产，以后一样可以嫁人。

（3）离婚：由于男女社交自由随便恋爱，因此引起离婚的事件很多。在摆彝社会中，离婚视为常事。有一个姓陈的宣爷，才30多岁，就娶过好几个太太，他们离婚的原因多为对方与别人发生恋爱。离婚以后，虽然男女均可再嫁，但基本上还是妇女吃亏。男人与别的女人发生恋爱后，可以向妻子提出离婚，假若不允许，他可以自由再娶而不管原来妻子；如已婚妇女与别人私通，被丈夫发现，同样可以被离弃。他们离婚的手续非常简单，由妻子拿一个盘子装着两支蜡烛，跪在丈夫的面前请求，如丈夫允许，接受蜡烛即算离婚，他们叫作“丢蜡”；但当妇女向丈夫提出离婚时，男子不愿时，可不取盘内的蜡条，离婚便不成立，女的便不得改嫁，否则便是一场官司，女方被认为无理。在这种不稳定的婚姻下，引起家庭关系的不安定。据言，在摆彝家庭内，还未有孩子前，夫妇的经济是不敢合作的，各人找进来的钱，各人保存，丈夫不敢把钱给妻子，怕他的妻子拿给别的情人，妻子也不敢把钱交给丈夫，怕她的丈夫有了情人后与她离婚。

尹寿铭

耿马卫生情况

因时间限制，故了解之情况均限于城区，了解亦不深入，而主要为摆彝族的情况。

（一）气候

耿马气候热的时间较长，每年5月至10月均为雨季，且每晨雾气甚重，到11时方散，夏季更甚，因此一般均起床很晚。他们自称雾气有带色彩者，谓之瘴气，遇之即生重病。

（二）环境卫生

（1）水源：耿马吃水需于每晨出城约1里之河中去担，有的城外有井。城内之水极不洁，不能食用，谓吃后会生病，未至水源处观察，亦不知不洁程度和造成不洁的原因。

（2）房屋：主要柱梁均用竹，墙壁用树枝或竹劈篾编成，表面糊以草和泥，极薄。屋顶用草盖起，房屋大多无窗，有也极小，屋顶与墙壁不相接，可从此处通气。有钱者住屋三四间相连，中央进门处为火塘，招待客人均在火塘周围，左或右为卧室，另一侧为厨房，其中可积存谷物。贫穷者有2间或1间不等，每年屋顶要重新铺草修理以免漏雨。

住屋人与牲畜分居于上下层。

百姓之家无论贫富收拾得均清洁，院中屋中用具均很干净，此为摆彝族之特点。

（3）街道：街道似无人管理，故粪土污物堆积很多。

（4）厕所：公共厕所、家中厕所均无，只于偏僻处解便。

（三）个人卫生

每日洗脸与否不定，亦无面盆、手巾，洗后只用衣襟揩干。无刷牙习惯。洗澡比较勤，即用河水，或沟中之水，或山水，以桶泼洗。洗头大部均于赶街前一天洗之，此成为百姓之一种风习。衣服均不太脏，衣服除有钱者外，四季均是单衣，穿两条裙，赤足或穿草鞋，有钱者始穿袜及布鞋。

山上居住之少数民族生活贫苦，衣服褴褛，更难谈到清洁卫生。

（四）营养

（1）主食：住于坝子上之摆彝族大部均吃糯米，且以此为贵。种田者多一半种糯米、一半种白米，每日早饭时蒸饭盛于饭盒中，用手抓饭吃，用筷吃菜。中午或晚饭则冷吃，如不够吃再蒸。居于山上的其他民族始种吃杂粮，一般摆彝均够吃，生活不算很贫困。

（2）副食：青菜、萝卜、洋芋、瓜等均可吃到，不过因自己不种，多是山上其他民族种后背来卖，故吃菜蔬之家少，多喜吃牛肉干巴，做法即将牛肉挂于火塘或厨房之屋顶，垂于火上，烤之，干后即食，除年节外不常吃油。

盐巴多自缅甸运来，现亦有从内地运到者。甲状腺肿在城内较少，据说距耿马城20里有一村甲状腺肿者极多，原因不明。

（3）嗜好：酒、烟、辣椒为一般嗜好。妇女饮酒者少，但有其特殊嗜好，即吃槟榔，乃4种植物混合嚼之（野生甘果、烟叶、叶胶、石灰）。另外染齿亦为其爱好之一，凡妇女14岁以上，均用一种树藤内皮敷于齿上，约两小时取下，每星期两次，一两个月后牙齿即变黑；年老者即不再染，可以渐渐脱色变白。

（五）疾病情况

（1）所患疾病：

A.多发病：疟疾（以恶性疟疾为多）、痢疾、中暑、胃肠炎等。

B.地方病：甲状腺肿（多在山地）。

C.妇婴卫生情况：产前产后均不重视妇婴健康问题，更无清洁处理办法，故婴儿死于脐风者甚多，占50%至60%，凡患者均不能治愈。

母亲亦有因难产、产后出血及产褥热而死者，患乳腺炎者亦不少。

（2）发病原因：气候炎热，环境卫生又不讲究，故蚊虫苍蝇（12月时仍有）等传染之媒介物易于繁殖，又加以习惯吃生冷水及食物致成发病原因。

（六）医药治疗情形

（1）医务人员：西医原有黄鹤林等2人、中医城内1人，乡村亦有。

（2）药品来源：1946年前有卫生院的设备，该年底撤销，原卫生院的药品由昆明供给。自卫生院解散后，医生个人到缅甸购买。

（3）治疗情况：黄鹤林是原卫生院的医生，卫生院解散后自己行医，药品器械多是卫生院的，他的器材药品全部放在土司家，他的治疗对象也是土司及土司以下的官家亲属，一般群众均不得治疗（有土司的私医之称）。当我军到耿马时，该医生随土司跑掉，后经我军宣传影响现已回耿。一般群众均相信黄药片（阿的平），一般发热病都自己买来吃。

（4）对医药之信仰：由修滇缅铁路的外来人影响，大部群众对医药有些认识，有些中医自己生病也都吃西药，找西医治病。也有群众信仰中医，找中医治病者。

城内中医杨选芝，为一新爷。大部分老百姓仍是以念经送鬼治病。

李　株

耿马刚东村访问

（1）土地：可分为公田和私田两种（私田只是在河外汉人地区的个别现象）。私田即农民自己购买的，不上租。公田即领种土司或新爷的，须每年上租，租额没有一定，有的是对分，有的三七分（佃三主七），另外还有火头田（每个火头的田每年可收入10撮谷，亲兵也有几斗田，以上土司给予新爷以至亲兵的田都不向土司上租，收入即作为薪俸的一部分）。

（2）劳动：男女同样地劳动，实际女的比男的还要重一些，除种田外如收谷、砍柴、挑担子都是女的做。

二三月播种，五月插秧，八九月收稻，冬腊月上山砍柴，每年所烧的柴，需在这两月中砍齐（买柴烧的仅是在街面上做小生意的）。

（3）生活：当地的摆彝一般食糯米，穷苦的吃杂粮及大米，家庭贫苦的没有田的都是靠卖工维持，每天两顿饭。

（4）住：草顶竹屋，内部很清洁，穿自己织的土布，用土靛染蓝或黑色，衣服是自己做，细布都是从外地来的。

（5）嗜好：妇女普遍喜食槟榔（以草烟、槟榔、白石灰、树叶、野生的甘果随时混合食用），染得满嘴血红。常用来招待本族客人。

（6）果实：有榛子、多依（酸味，黄皮，状似柿子），摆彝族最嗜酸味，所以一般常讲“酸摆彝，臭老缅，热汉人”。

（7）全村大都有牛。中等家庭以至有三四头牛。

（8）用具：多数的家庭没有灶，用铁三脚架。装水用当地出产的土瓦盆，蒸饭用竹编的竹甑子（筒状，安放在锅上应用）。

（9）亲兵：分3种，按土司给予的薪俸田产量的数额称呼为“六斗亲兵”“四斗亲兵”“五斗亲兵”，其职务平时到土司家里去做工、打杂。全村有20多个亲兵，每20天换一次。亲兵家里除靠自己薪俸田收入一部分粮食外，另外还要租入一部分。1斗谷种的地，可收36斗，上1/3的租额。家庭的衣食零用全靠收获的谷子。

（10）寡妇：全村共有32户人家，其中3户寡妇生活较苦。田都是租的，上租外都不够吃，租额占产量的1/3，有的平分，缺吃的期间全靠卖工，不得已向新爷去借，借1斗谷子，来年本利要还两斗。

（11）手工业：主要的是织布，普遍都有织布机。妇女闲时每天能织5尺到1丈（质较差），1块银币六七尺。

（12）习俗：土司罕裕卿讨干崖刀家的姑娘时，陪嫁100床被子、30多只箱子、200匹马驮子。

土司官家讨媳妇、嫁姑娘都赚钱，百姓除供给土司喜事一切费用外，每家还要出银币1块至5块打一个金碗（20两重）送给印太，表示祝贺。

百姓家的女子不能戴金银首饰，只准官家佩戴，否则会被官家骂为“奴欺主”。

百姓见了官家的人都要跪拜，五六十岁的老头见到官家八九岁的娃娃都要叩头。司官家里，坐位子都要分等级，一级比一级矮，百姓就只有蹲在地面上了。

（13）百姓的婚姻：一般的家庭不喜男孩喜女娃，因为男子成年后要出门去招亲。女的在家里招个女婿，又多了一份劳动力。

结婚很容易，离婚也很容易，女的用盘子托两根蜡条跪在丈夫的面前，男的收下两支蜡条，就各自嫁娶，两不相干。

（14）埋葬：如痨病或产妇死了，火葬；平常病死的土葬，用棺木，念经；穷人以草席掩埋。

小组会木场镇汉族代表提出的两点要求：

①要求政府许可我们再种3年大烟，因为地土不好，只种得些大烟。

②土司年年要我们当兵，不去便要出钱（一天3角）。钱又出不起，只好去人，去了耿马因为气候不好，天天站在外面，得了病，没有药可吃，这样病死的青年人很多，请求毛主席叫土司免征我们的兵。

李　凯

保山区材料之十二[①]

——耿马情况调查

中央访问团第二分团

1951年2月出版

保山区材料之十二
——耿马情况调查

编者声明

这些材料是我们从1950年8月29日至1951年1月31日（其中大部时间是在行动中），先后在圭山、丽江、保山、大理、武定、楚雄等地区进行兄弟民族访问工作中，通过当地干部、民族代表及熟悉当地情况的人士所了解的一些情况。为应各有关机关之急需，仅将原材料加以整理，尽量避免主观分析与结论，在文字上仅要求念得通、看得懂。但由于是短期的访问与了解及仓促整理，情况难免不真实或不深入，观点难免错误，文字烦琐或不通顺。故仅能供各有关机关进行民族工作的参考或进一步考察的线索，并望于今后的调查研究，加以校正。

1951年2月　日

耿马调查

一、帝国主义活动情况

（一）军事活动

乾隆年代曾有云南石屏人吴尚贤在班洪开采茂恒银矿，开采不久，英帝发现就来考

①在我们收集到的《云南民族情况汇集草稿》中，有两本“保山区材料之十二”，封面相同，皆为《耿马情况调查》，但内容完全不同，前一本是耿马各方面的情况汇集，后一本则包含耿马、碧江、泸水、福贡、贡山、武定等地的宗教情况，可以说是一本云南西部有关地区对外宗教关系的专集。——编者

察，结果该矿产银比缅英产品为好，也就派兵争夺，将我国开矿人打跑，他们即霸占起来（未开采）。直到现在还有缅军看守，不叫中国人开采。

民国二十四年春，英帝进攻班洪（班洪事件），理由是说班洪本属缅甸，应当驻兵，而不是对中国的侵略。当时班洪土司胡仲华（卡瓦）和李世哲、杨开、何赠等领导土司所属队伍，一面抵抗，一面向伪中央要求援兵和向英缅政府提出抗议。但是伪中央对此问题并不十分关心，一兵一卒也没派去，仅在外交上发生争执。由于土司的兵力小（约700人），敌人兵力大（1个师，万人左右），所以失败了。但是，当地的兄弟民族并不降于英帝国主义，总是在暗处反抗，见到敌人三个两个的就杀了。英帝就在这种情况下侵占了3年之久。后来英帝因征服不了当地兄弟民族，就改为政治进攻。当时进攻路线是由滚弄经哈撒、南湖、户板、怕冷、金场坝（大营）到炉房，驻在金场坝200名左右、怕冷（户板南丁河上流）300名左右、户算100余名、南丘（跨南丁河两岸）100余名、户板七八十名。

民国三十六年至三十七年间，英缅军队共同攻打未定界猛列卡瓦民族，但是本民族总是想到孔明人（中国人），不管怎么打，决心不降服于他们，一直到去年才撤退。

民国三十三年，美帝曾在耿马北部——猛撒建立飞机场（天然机场），设立了航空联络站，驻10余个美军。那时主要是运输军火和军用物资供给二军暂编三十三师。同时驻场美军也经常到附近和耿马探访照相。那时罕裕卿和他们的关系很好，美军经常到他家吃饭吃酒。日本投降后过两个星期，美军撤走，此后飞机场没用过。

现在美帝又在缅甸的腊戍扩大缅甸的飞机场。去年11月耿马解放后，缅政府派出了一部分军队，分布驻在滚弄、户板、班弄3处，每处约30人至40人。武器大部是大十响（美制三〇三步枪），也有自动武器，但不多。军队的民族成分为老缅、老亢、水摆彝、印度人等，在缅未独立前，他们的教官全为英国人，到独立后没有了。

（二）政治活动

在军事上镇压不住边地少数民族，就改为政治进攻。民国二十年，缅军向未定区域进攻，说你们（指卡瓦民族）是缅甸人，我们来部队是保护你们的。少数民族不听并开枪打，有一次他们死伤100多人，但是缅方也不还枪，还是用说服的欺骗手段来迷惑。但是该地少数民族仍不听他们的欺骗，认为自己是孔明的人，不是缅甸人，并说："我们的头掉了，头飞了，也不叫缅甸来管我们。"

民国二十年至二十一年间，经常有英国人和美国人到耿马来找罕土司，谈些什么没人知道，但经常见他们在耿马附近照相。

"民国二十四年，缅甸受英帝之指使，欲侵占耿马，他首先是将罕土司拉拢收买了。所以罕土司也就同情缅甸侵略，当时由于广大群众的反对，特别是学生。后来李根源进行交涉，缅甸没有侵略到此。"（？）

据说罕土司过去经常到缅甸的木邦，和该地常联系，民国三十六年至三十七年间，罕家设有电台，常和方克光及木邦联络。

再者，是利用教会。民国七年有瑞典人来传教（基督教），首先是在卡瓦山的卡瓦族，最初是找贫苦的送给一点盐、苞谷、线或一些日用品，并给他们治病，以宣传宗教。民国三十一年瑞典传教士回去，到民国三十四年又回到猛汞（最早开源地，也是有基础的地方），现在该村附近约有30个教堂。基督教虽然在该地区时间很长，但是范围并不太大，到现在仅是活动于卡瓦山的卡瓦民族及一部分傈僳族中间，而耿马附近只有一个教堂，民国二十二年成立了一个福音堂（情况不了解）。另外还有耶稣教。

现在缅政府已开始修由滚弄到麻栗坝（果敢）的公路。该路全长约需步行两日，计划用40万卢比。去年（1950年）10月内开工，约今年3月内通车。民国三十七年曾有印度人来测量过，这次修即由印度工程师来计划。

（三）经济侵略

由于地理环境和反动政府对边地的不关心，使得边地少数民族在经济上和内地隔绝，反而和缅甸关系密切，便于英帝对我边地之经济侵略。耿马及其附近的市场上所见到的商品，除了当地土产品外，大部工业品为英、缅、印货物。缅甸独立前，一切关口和关税全由英国来掌握，就有意识地将他的过剩品大量投入中国市场来，如牙刷、肥皂、香皂等日用品及棉纱、布、汽油、机器、零件、咔叽布、织贡呢、袜子等。就耿马街子上而言，每街要上纱100多包（每包200斤）、咔叽布20匹至30匹、织贡呢20匹至30匹、白洋布20匹至30匹，日用品很多，无法可计（民国二十三年至二十四年间）。

不但是商品侵入，而且货币也侵入耿马及其附近，扰乱内地市场。民国二十九年法币与缅币的比值由15：1贬到25：1。所以该地人民使用半开而不用法币，商人要缅币亦不要法币。

日本帝国主义侵占缅甸后，更是厉害了。缅甸所产大烟，全利用投机商人打入我国（原来是我国烟土走向缅甸。目前也是如此）。

缅甸在宪威设有税关和检查站，独立前由英人来收税和检查，独立后由缅甸收税检查。因宪威是滇缅铁路及公路之要道，又是由耿马到缅甸的必经处，所以在此设有总站。另外在滚弄设有卡子。那时税额最大的为毛织品，是30.5%，但日用品（牙刷、肥皂）等只上5%的税。

解放后在经济斗争上更加厉害了。九谷的华侨说：现在缅甸在手续上比过去严多了。据保山贸易公司1950年11月调查，九谷客商减少了60%，我国出口货减少了40%。主要是缅方限制严格，高税收进和减少批发，出入口手续困难（中缅贸易多在九谷交易）。但是缅甸出口并不减少。据贸易公司统计资料（两个月），入口约在140亿，但出口仅1.4（？）亿左右（全保山区）。入超内主要是出去烟土、黄金所换来的，因有走私出去，所以具体数字不清楚。再者入超内有省贸易公司直接建立合同购入，海关不详。不但在手续上来限制，就是交通上限制亦很严格。现在由九谷到瓦城的汽车全是一个星期开一次，主要是防止他们的违禁品出入口和华侨的混入。真正商人查明放进，华侨无登记者禁止入境，所以现在华侨无通行证者就只在九谷交易。九谷成了中缅贸易的集散地区。目前出入口商品（包括滚弄、畹町两个出入口）：

A. 出口货：

a. 金属类——黄金、水银、神砂、钨砂。

b. 丝织类——川丝、各种丝织品（如被面、大绸等）。

c. 棉织品——背心、毛巾、汗衣、袜子、保山产土布。

d. 粮食类——面粉、粉丝。

e. 山货类——茶叶、羊皮、猪鬃。

f. 食品类——核桃、香菌、木耳、大蒜、鸡蛋、鸭蛋。

g. 化妆品——梳子、篦子。

h. 毛织品——呢帽。

B. 入口货：棉花、细纱、轮胎、石油、汽油、洋毛、毛呢、马钉、象牙、鹿角、颜料、烧碱和日用品。

［材料来源：①商人秦开荣；②《滇缅南段调查报告》[①]（周光倬）；③新参加解放军战士杨范（耿马人，系罕土司叔父罕化文的干儿子，因反对土司，要杀他，而逃至卡瓦山数年）口述整理而成。赵锡庆］

二、未定界的问题（南段）

未定界包括班洪卡瓦山一带的猛方、班洪、猛烈、塔停等地方。历史上缅甸对该地是经常侵占的。民国三十四至三十五年，国民党曾在猛矛驻过军队。罕裕卿任司令。因和副司令（姓名不详）夺利，将副司令杀死，并跑回耿马，再没有去过。

耿马解放后，我军因剿匪曾到班洪，不久奉命撤退回到耿马。现在并没有中缅军队和政权，只有班洪土司胡仲华住该处。

该地少数民族有卡瓦（多数）、崩竜、卡拉。据他们自己谈，老人曾和孔明定过约，即是杀一个鸡将肉完全吃光，将骨头分为两半，各拿一半，意思是咱们成了一家人了，也属你管了，再不愿受别人来管。民国三十六年，耿马有人到该地去想看一看订约的东西，但他们说今天的日子不好，不能拿出来，所以也没有见到。据说现在还好好地保存着。

传说该地少数民族还保存着孔明时代留下来的印，共6颗，即扫信、扫怕、滚别、永拜、邦老、班洪6颗。民国二十四年中缅勘界的时候，伪中央派去24个考察委员，这些东西还被拿出来作证。该地也曾有班洪所启用“世袭班洪王”铜印1颗。

① 该报告的全称为《滇缅南段未定界调查报告书》。——编者

卡瓦民族坚决反对缅甸侵犯，不让缅军进驻该地，经常反抗，就是因为自己是孔明人。现在谈起孔明来，他们还称为“阿汞”（老爷的意思）。缅甸同日本曾以政治和经济手段来争取他们，但未成功，他们非属中国不可。

他们还保存着王子制度，知道的有猛烈王、塔停王、干赛王、板老王。去年我军去到该处剿匪，少数民族非常欢迎我军，烧水跳舞。

班洪土司——胡仲华，卡瓦族，任土司很久，现有一部分武装（详情不了解），据说过去和政府关系不错。自民国三十七年和孟定罕万新打仗，国民党的镇康中队长李文焕帮助罕打胡，由此胡仲华对李文焕和伪军就抱仇视态度，总想打李文焕一下。去年李匪弥逃跑时，经过此地是秘密跑过去的，怕他抵抗。

他一贯反对帝国主义，民国二十四年反抗英缅军队，主要是他的兵力。对我们的态度很好，去年我军到班洪时，他曾召集他的人出来欢迎我们，就是我军奉命撤退后，他还来过几封信，要求我大军到该地去（我们去了，他绝对欢迎，他向来没有走过差路——杨范谈。）

（材料来源：杨范谈）

赵锡庆

1951年1月

三、麻栗坝土司情况

该地是英帝侵略划入缅甸的辖地，但该地人民大部分是顺宁县人及崩竜、水摆彝。是由耿马到缅甸的要道。

土司杨正财，顺宁人，世袭土司（土司已百年之久），倾向英帝，现任缅甸卓邦省财政厅长。有武装1000至2000左右、步枪1000多支、机枪40多挺。兵的来源是他辖区的人民按年龄实行轮兵制，即所有青年按期（半年）入伍，按期返乡。在战争时全部号召来打仗。到期所有部队换1/2、留1/2，班长以上的不换。过去装备全由英帝供给，教官亦为英人。现他主要是驻守此地，缅“独立”后由缅甸来供给150个名额，其他由土司自己供给。

（一）士兵待遇

大队长——月薪80元（卢比），呢子衣服4套。

中队长——月薪60元，呢服3套、布制服1套。

分队长——月薪40元，呢服2套、布服2套。

班长——月薪20元，呢服2套、布服2套。

（以上鞋子供给不明）

士兵——月薪15元，呢服1套、布服3套、皮鞋1双、胶鞋1双，草鞋自备。

（二）最近活动

去年我军解放耿马后，他见罕裕卿跑了，对我们的政策又不了解，想躲一躲，于是将家内一切事情交给参谋长杨正生（其弟），自己到美国去，其目的据说是看一看情形。共产党不打缅甸就再回来，要打就留住美国。但是由于他接近中国的边境，美帝对他很注意，据说停在菲律宾不叫他到美国去。现在他又想回来，但那边又不叫他回来。

四、缅甸华侨思想情况

久居缅甸的华侨，多数是做生意，经营有办法，尤其是广东人和福建人，都是开的大酒楼和咖啡馆。目前华侨同胞中一般来讲有以下的思想和顾虑：

（1）因自己在缅甸受缅甸政府的限制，在生活上和生意上全不自由，想到中国在共产党和毛主席领导下，一定会很快地强盛起来，能够很快地获到祖国的有力保障，使自己生意不受限制并得自由发展。

（2）有些华侨，受了反动宣传的欺骗，认为自己的财产很大，现在共产党革命成功，将来定与自己不利。自己的生意呀、财产呀究竟如何处理呢，还是以外交将我搞回祖国斗争清算呢，抱着无限忧虑。

（3）有一种华侨，由于过去中国的出入口贸易全为资本比较大的侨商经营，现在听说中国的物资一切由国营贸易来统一掌握，完全由贸易公司来支配，将市场生意一揽子包办，把他们的出入完全阻塞，感觉到自己的前途危险，所以对祖国不满，不如外国自由。

（4）另有一种人，对国民党也好、共产党也好，不管哪一个来领导，都是无所谓，反正与自己没有什么，我还是打我的算盘，怎么多赚钱怎么办，吃好一点穿好一点就对啦。

碧江县宗教情况

一、绪言

整个怒江区（包括贡山、福贡、碧江、泸水）人民的思想行为都受宗教的束缚。贡山有天主教、喇嘛教、基督教（内地会）。福贡有基督教（神召会）。碧江、泸水又为内地会。不信以上这些教的，多信鬼神。喇嘛教及鬼神对这4县人民生活的影响，其程度不及天主教及基督教之深。大多数外国传教士借传教为名，而实际上却是代他们的主子做着特务工作，以宗教麻醉我们这些地区的兄弟民族。

天主教和基督教（神召会、内地会）各有其一定的活动领域，不能互相侵犯。碧江与泸水同属内地会的系统，而以泸水老窝地方的称戛教堂为领导中心。泸水现有外国教士杨志英和富牧师二人，杨志英亦是滇西内地会的负责人。他在傈僳教徒中威信很高，他们称他作“阿务打马”（大大人之意）。

杨志英也负责碧江的教会工作，国民党时代常来往于保山、腾冲、碧江、泸水、昆明以及密支那、上海等地。解放后我政府对其行动已严加限制和注视，但其号召力及威信都未变，可以傈僳文写信，通知教徒，教徒就会切实地实行。

目前，碧江县没有外国牧师，教务工作由教徒们自己负责，而杨志英却暗中在指挥，随时都有傈僳文的信给碧江的教徒。

二、基督教到碧江的历史及传教情况

民国十年有美籍牧师白文化，据说从龙陵到碧江第一区住了二三日就回去了。之后，即有龙陵木库坡村傈僳人名他他唔的，经泸水来到碧江第一区的大老村传教，第一个信教的是傈僳人名叫伯杂。据说伯杂很穷，连盐都没有吃的，他他唔给伯杂一块盐，建立了感情，又宣传信教的死后可以“上天”，有病不用吃药，只消祷告上帝就好了，这样就使伯杂信了教。

民国十三年，传到了第二区的托鸡村，首先信教的是欧别（此人现因讨小老婆犯了教规而被开除）。民国十六年，白牧师又来碧江理悟地村。该村第一个信教的名秋伯家（傈僳）。秋伯家信教是因为在未信教前常生病，每病就杀鸡杀牛祭鬼，把家中的财产完全卖光了，病还是没有好，后来没法只好把棺材买了，准备着死后用。这时白牧师来了，就向他宣传信教病就会好，并且给他药吃，后来病好了，秋伯家也就信了教。以后白牧师又带他到下关去，他看到外面比碧江好，更增加他对宗教的信仰。

在碧江信教的人一天天增多，民国十七至十八年，发展最快，最盛行。目前除了第四区及部分第一区的人民不信教外，其他第二、第三区大部傈僳族人及部分怒族人都信教。在第三区理悟地村信教的特别多，现在只有5个人不信，但他们的妻子儿女都信教，他们因喜吃烟酒，故不信教。

全县中傈僳族信教的最多，勒墨及部分的怒族不信教，他们说：“信教就不许吃酒。我们去做客，名叫吃喜酒，不吃酒是不成的；叫我们不吸烟，烟不吸蚊子会叮我们，会生疮的。”并且他们还说：“外国人都是长胡子蓝眼睛，与他们不相像，所以他们不信教。”

自民国十年白牧师到碧江直到解放前，来过碧江的外国牧师共有5人，即白牧师、杨志英、杨思惠、阿德妈妈及另一不知名的女牧师。他们都自称是美国人。杨志英实是加拿大人，民国二十一年，由第一区到第二区理悟地共住了八九日，又回到泸水，来碧江主要是调查教会情况。

杨思惠是民国二十二年去的，直住到1949年解放时才回美国去。民国二十二年去时住在理悟地，住了11年又搬到四区的色德村（怒子村），在该村住了1年又搬到三区古村住了4年，解放前回了美国。回去的原因据教徒说是他妻子有病，保山、密支那都医不好，所以要回国去医。但据杨德骏老师（我们的干部）说：他主要是在内地做特务活动，看着快要解放了，有些害怕才回去的。又据教徒窦桂生谈：今年来信说他在缅甸良关检验，并且说还要回碧江来。阿德妈妈和另外一个女牧师来的时间和活动情况不详，阿德妈妈由福贡来到理悟地不到3年就死了，葬在该地。

传教的方法，据窦桂生讲：最初带去一些基督教的图画及人民生活必需的用品，如针线、布匹、医药等。到理悟地，信教的就可以得到一些东西，同时帮助他们治病接生，利用物质的引诱及精神的帮助，吸引了碧江人民信教。但这仅是开始，到怒子族信教的时候，连一本《圣经》都要买（半开2元）。窦桂生说他信教已16年，教会并没有送他什么东西，医药也要钱买。他说他们的教会是属于内地会的组织，经费来源很困难。福贡的教会是属神召会，经费很充足，所以时常有东西送给教徒。

教会中也吸收了一些聪明能干读书的人，给他们比较高的位置，叫小先生（傈僳话叫“马爬”），在教会里担任传教工作，每月给津贴一二斗苞谷，使他们变为教会的忠实教徒。

三、解放前后基督教在碧江活动情况

解放前在碧江活动得最厉害的是杨志英和杨思惠二人。杨志英是西南区内地会的负责人，住在泸水称戛教堂，经常来往上海、昆明、保山、腾龙、碧江等地去察视教会情况。能说流利的傈僳话，在教徒中威信很高，教徒们称之为“阿务打马”（大大人）。其次是杨思惠，在碧江住了16年，常给人治病施药，最主要是他带去了傈僳文的书籍，教给当地人民，现在谈起来，教徒们对他还是很崇拜。如教徒富义说：“杨牧师人好啦，真难得，他还要回来的，他的房子东西全烧了，很难过……”他在碧江曾经迁移了3个地方，先在理悟地，后搬到色德村，又搬到古村，解放前才走。（见前）

理悟地在教会未传到那里时，经常杀人抢人，人民生活困苦，又是吃烟酒最多的地方，所以教会钻了这个空子，利用群众生活困难及互不团结的条件来进行教会工作。并且理悟地在碧江县是一个很大的村落，再往北是福贡，属于神召会的地区，离碧江县府所在地的知子罗又远，可以不受官府的干涉。

解放后，1950年1月间，杨志英由上海回来在泸水称戛召集了一个怒江教徒训练班。2月间训练毕，各教徒仍回原地，在传教方面表现得更积极紧张，并且还组织宣传组到处宣传入教的好处。经宣传的结果：全县增加了20多个教徒。理悟地村增加了1个教堂。此外在碧江的二、三区出了谣言，比如：美苏大战、共产主义不好等；未定界又传来美国的原子弹专炸怒江的共产党，教徒们赶快避开；等等。

目前负责教会的是彼得（傈僳）及提母提顺（怒子），均是教会的忠实信徒。人民政府曾派他们做代表到外面开会，他们都推故不去。此二人仍受泸水杨志英的领导，杨亦随时给他们信，每年调教徒去泸水受训，亦由这二人负责。另外还定于1951年3月仍要去泸水受训，人数要比前更多。

四、基督教对当地人民生活的影响

基督教自传到碧江后，对当地人民的生活有了很大的影响。

（一）对人民日常生活的影响

基督教的教规有10项，即（1）不饮酒；（2）不吸烟；（3）不赌钱；（4）不杀人；（5）不买卖婚姻；（6）不骗人；（7）不偷人；（8）不信鬼；（9）讲究清洁卫生；（10）实行一夫一妻制。这10项教规教徒们必须遵守，违犯了的，即被开除教籍。这是最严重的处罚。不信教的傈僳族及怒子都嗜酒如命，把全年出产还不够一年吃的粮食多耗费了煮酒，使得粮食更不够吃。酒醉后吵闹滋事。信教的因为粮食不耗费在煮酒上面，所以粮食比较充足，生活比较好过。此外，傈僳及怒子都喜吸烟，教徒不吸烟，亦可节省一笔花费。

此外教会给他们创造了拉丁化的拼音文字。有字母40个，很容易学。傈僳人都认为是杨思惠给他们创造的，很感激他。但据杨德骏同志说：在基督教到碧江之先，腾龙边区的傈僳区“孟其甫”已有了傈僳文。基督教传到孟其甫也早于碧江，且两地的语言相同，不但杨思惠懂得傈僳语言，就是到碧江去传教的其他外国牧师都知道傈僳语。由此看来，傈僳文不一定是杨思惠个人创造的，而是教会有其一定的机构专门研究这些边区民族语言，也如在苗族区域传教的给他们创造了苗文一样。

（二）对人民风俗习惯的影响

对碧江县人民风俗习惯影响最大莫过于婚姻。非教徒结婚，男方需要给女方若干头牛。有的因为无牛，欠着女方或向旁人借来交给女方，等到后来却无力赔还或留下叫子孙赔还，有的为此而十分贫穷。教徒们只要男的在20岁、女的18岁即可结婚，并由教士做介绍人，双方愿意，在教堂举行婚礼。男方不须付女方财物。

非教徒结婚后，如果双方感情不好，可以离婚。若是男方提出要求离婚，则结婚时男方所给女方的财物可不退还。若是女方提出要求男方离婚，则女方必须加倍（？）退还。在赔还彩礼时，往往就发生许多争执。信教的结了婚，就不许离婚，不能互相抛弃。只有结婚的自由，而无离婚的自由。由于信教的关系，改变了买卖式的婚姻，以及离婚或讨妾等行为。

非教徒生了病，就只是杀鸡杀牛祭鬼，有时把家产卖光，病仍不好。教徒主要是祈祷上帝或者再吃一点药，免除了祭鬼的浪费。又加信教的比较讲究卫生，可使疾病减少。

理悟地未信教时，由于人民穷苦，随时都有抢人或杀人的事。信教后由于教规不许杀人、抢人和饮酒，而使该地的经济情况及不良习惯得以改善。

泸水宗教情况

泸水教徒4000余人。教堂设在老窝的称戛及麻栗坪（老窝是傈僳聚居区，人数也最多），外国牧师有杨志英（在称戛）及毕牧师（在麻栗坪），都自称是美国籍。但据泸水设治局杨庆云（六库段承经土司的侄女婿）说：杨并非美国人，而是加拿大人。第二次世界大战的时候，有一次他进入杨的寝室，见墙上有丘吉尔的照片。杨的太太从前也在泸水，毕牧师是杨的内弟，所以这两人大概都是加拿大人。其所以要说他们是美国人的意思，大概一般人民从前只知道英国是帝国主义，美国是中国的朋友，英国没有美国吃香，所以假冒美国籍。

解放后，我政府已对杨的行动特加注意。他要到什么地方必须经政府批准，并发给通行证，否则就不能通行。据说他已把妻子及小孩送回美国，自己又经密支那转回称戛。

内地会到泸水最少已25年（福贡是民国十九年去的，至今已20年，碧江比福贡早，泸水又比碧江早）。有傈僳文字，有《新约全书》的译本及《赞美诗》289首、《福音问答》1本。最近又有《福音精华》及《卫生课本》和《傈僳文拼音》等3种出版。《旧约全书》在印刷中，傈僳语的留声机唱片也有四五十种，最受少数民族的欢迎。留声机开后唱出了傈僳声音，传教士就哄骗教徒们说：“这是上帝在讲话。”

杨的威信很高，他所在的称戛教堂成为附近各县内地会的领导机构。每年圣诞节，附近各县的教徒到该地去做礼拜的不下三五百人。据说与土司段承躬不和。

怒江访问小组调查

1950年11月

福贡县宗教情况

一、教别与来历

福贡有基督教神召会，受未定界教会的领导，与昆明神召会也有联系，经费由未定界教会供给。

神召会何时传到福贡，一般教徒都记不真确了。据霜耐冬（傈僳族，非教徒，现任副县长）说："大概是民国十九年传入。"又据傅阿白（傈僳族，教徒，现任县府财政科长）说："在民国二十年或二十一年传入。首先是马导民来，在福贡传教5年，遇福贡人民杀设治局长史国英事件，他就回美国去。以后又再来的。"史国英是在马导民来福贡后5年即民国二十四年被杀，这样算起来，应该是在民国十九年来到福贡的。

马导民是从维西来，先到第二区，不久又搬到第一区的腊乌，当时设治局长保维德接到报告说马导民带了一些箱子，里面装了武器、弹药，图谋暴动。保维德就去检查马导民的箱子，结果只检查出一些傈僳文的《圣经》。马导民也就正式请求准许在福贡传教。

二、教士、教徒及教堂

除马导民及与他同来的杨玉楼（昆明人）之外，先后尚有富牧师、阿德妈妈、阿杜妈妈（后至碧江理悟地传教一二年就死了，葬在理悟地）、阿难妈妈、王牧师、王师母（名王阳美丽），这些人来的时间，教徒们都记不得了。王牧师夫妇曾回国1次。在王牧师死后，王师母又来福贡。马导民与王师母系于1949年7月离福贡去到俅江。其他几人何时离开福贡，教徒们也记不清了。这些传教士为了与傈僳同胞深入一步，并避免让人知道他们的真名，都起了傈僳姓名。

全县教徒数，据1949年调查有3070人，1950年7月调查有3437人。福贡全县人口有18000余人，教徒占人口总数的20%以上。信教的人以小孩、青年最多，老人最少，在全县又以第一区信教的最多。

1950年7月调查，全县共有教堂37个。县府所在地的第一区即有12个、第二区4个、第三区6个、第四区7个，其中有的是解放后增加的。增加的原因，据说是马导民在俅江（恩梅开江）所指示，他想把教堂增多，做礼拜的次数增多，信教的人数才就可能增多。

在教徒比较多及适当的村落中，就设有教堂，并没有特别建筑，与傈僳同胞所住的无大差异，陈设简单，有的稍有几张桌椅，有的连桌椅和讲经台都没有。教堂由所在地的小先生（傈僳语称为"马爬"）主持教务、祈祷等。无教堂的村子，教徒们即在比较近的教堂或教徒家中举行礼拜和祈祷。

信教原因，主要是在烟酒、疾病、婚姻等方面节省耗费，生活因而得以改善。此外，尚可读书识字（傈僳文），这些均与碧江情况雷同。加以传教士如马导民等常施小恩小惠，如散发破旧衣服、给儿童玩具或用一件破旧衣服换老百姓几个鸡蛋，故信教者日增。教规亦有10条，均与碧江内地会教规相同。

教会对教徒无甚剥削，教徒只有少量捐助，或钱或米，或多或少，看各人经济情况好坏，各尽所能地捐助一点。教会有时借给教徒少量钱财，只收轻微利息，只是售卖经诗价稍贵，一部赞美诗要半开4元5角。

三、教徒与非教徒之关系

解放前，教徒与非教徒各不相扰。解放后，一般人民不知道我政府对宗教信仰的态度，认为不准人民信教，故非教徒又有点歧视教徒，甚至有时侮辱教徒，公开否认耶稣复活，并劝教徒饮酒吸烟。教徒在不了解实际情况下，只有敢怒而不敢言，尽力不与非教徒往来。

教徒与非教徒在小问题上亦时有争执。教徒认为非教徒成天饮酒吸烟，浪费钱财，把粮食煮酒，因而饭不够吃。非教徒则认为教徒虽不饮酒，但也没有省下钱，饭也仍然不够吃，而且喝茶也是一种浪费，双方各有理由。

这次到丽江开代表会议，福贡来教徒16人、非教徒30余人，在生活上不很融洽，主要是饮酒吸烟习惯不同。开会时教徒与非教徒各坐在一处。住在招待所中，教徒们讨厌非教徒饮酒后吵闹，非教徒又取笑教徒们不吸烟不饮酒。住的地方原本是每一区来的代表住在一起，有一区代表中教徒只有1人，另外一区的教徒又很多。这两区非教徒代表每天饮酒后吵吵闹闹，使得教徒们不得宁静，教徒们每晚唱赞美诗又妨碍了非教徒，为了避免冲突，教徒与非教徒只好搬开各住一处。

四、教会即“学校”

傈僳文是教会搞出来的，《圣经》及赞美诗都有译本，一般都会读。教徒常整日在教堂内读经唱诗，教会在福贡虽未设有学校，实际是教会代替学校。非教徒也有很多人懂傈僳文字。

五、解放后教徒情况

解放后，传教士未离开福贡时，曾对教徒说共产党不准人民信仰宗教，强迫人民吸烟饮酒，甚至要杀教徒，所以教徒都很恐惧，有些教徒跑到未定界。去年七月间，贡山县长和桂芳去贡山，路经福贡，在县府吃饭，教徒用傈僳话祈祷说：“感谢上帝叫我吃饭后，肚子不痛，肠子不痛。”祈祷后，和桂芳以开玩笑的口吻说：“我不感谢上帝，看我吃完饭后肠子和肚子痛不痛。”饭后教徒又讲耶稣复活故事。和桂芳说：“复活的事，根本不可能，看我把你头割下来，能不能复活？”结果许多教徒害怕。王阳美丽和杨玉楼带领十几个教徒跑到未定界，之后陆续跑去的不少。后来碧江教徒窦桂生奉命去兰坪县喇井见张旭（碧江县长），带回约法八章，内有尊重宗教信仰一条，译成傈僳文，贴在福贡，教徒才稍安心。

自中央访问团来丽江后，教徒代表听到关于民族政策的报告，知道了中央人民政府对宗教的政策，已不怀疑并表示决不拥护美帝国主义，中国人应当自己起来办教会的事业，希望政府在各方面帮助他们。霜耐冬说是他写信把杨玉楼唤回。福贡县现已吸收大批教徒参加政府工作，叫他们在实际中体验政府的民族政策。来开会的教徒都一致表示相信政府，并决定回去向教徒们传达政府对宗教的政策。

六、基督教与帝国主义

解放后，时有教徒在未定界与福贡间来往，也就带了一些谣言到福贡来。如：“第三次世界大战即将爆发，美国必胜。美国人将用原子弹炸怒江区，专炸非教徒。外国兵最近将来怒江区，保护教徒。七月间（阳历8月1日）的地震是美国人在未定界拉地筋，故意试探教徒是否诚心，如不诚心，下次再拉地筋，将教徒陷入地缝中。”

解放后，教徒曾在未定界开会，并开训练班，加紧训练教徒，加强教会组织及工作。并定于过年二月间再开一次会，希望教徒与未定界教会随时保持联系。

有些教徒说，美国传教士临走时曾说，共产党是好的，和基督教一样，都是解放全世界，叫教徒信赖共产党，并遵守政府一切法令（？），教徒公开认为信教是信上帝，不是信美国人。他们也否认教会与帝国主义有关。

七、反教

教徒中也有中途不信教的，其原因有如下数种：

（1）信教时对教规未曾多加考虑，以后对烟酒又不能禁绝而反教。

（2）夫妻感情恶化，想另行嫁娶的。

（3）年老无子女，想讨妾。

（4）不能解决实际问题，如疾病、贫穷、死亡，并非祈祷所能解决问题。

也有反教后又信教，其原因是生病无力祭鬼或祭鬼无效，再信教希望病好。在教徒中也有暗中吸烟饮酒及不守教规的。也有信教后又反教，反教后又信教，几反几复的。但这种教徒不多。

八、目前教会主持人及其对杨玉楼的态度

自解放后，王师母、杨玉楼及其他教徒逃到俅江，散播了一些谣言。最近对帝国主义利用传教士作侵略工具的事实，傈僳同胞也知道了些。而教会又是他们精神之所依托，教务又不能任其松懈下去，所以他们选出了平素有威信、对教会热心的两人负责教务。一是拿他理，负教经责任；一是约加，负责会务。教规以及教会工作仍照旧进行，只是每年复活节、感恩节、圣诞节日教徒所捐钱粮，用作教会小先生（马爬）的津贴，因小先生是义务职，要帮教徒学傈僳文，还要代生病教徒祈祷等。

杨玉楼，昆明人，跟马导民来此传教已20多年。但教徒对他印象不佳，因他曾调戏过信教的妇女，犯了教规，被开除了，后经忏悔，才恢复教籍。他也是放高利贷者，私自贷款给贫穷教徒，积蓄了一些钱（和桂芳到福贡县府中因言语不慎，引起教徒的误会。杨玉楼同几个教徒跑到未定界，中途曾被土匪抢劫，传说被劫去黄金80多两，但杨本人不承认有这样多损失）。他借出的钱，本利都很把稳，一文不少地可以收回来。回福贡后又在催收旧账，傅阿伯（现任财政科长）曾批评过他："既为教士，又高利盘剥，是为教规所不容。"以前曾告到设治局长，控告过杨的高利盘剥的行为。

因他有上述二缺点，故教徒对他都不满意。此次霜耐冬把他叫回，为的是使他不再在未定界与帝国主义勾结，散播谣言。回来后，教徒已选出拿他理、约加二人负责教务，杨玉楼的工作尚未予以考虑，很可能不给任何工作。

教会对当地人民生活的影响也是很大的，但与碧江大致相同。

怒江访问小组

1950年11月

贡山帝国主义活动与宗教情况

贡山有3个宗教，即喇嘛教（红教）、天主教、基督教（内地会）。今分别叙述于后：

一、喇嘛教

已有150年至200年的历史（根据乾隆年间的匾额）。只有一个普化寺，位于菖蒲桶，以往经常有喇嘛30多人，信徒以藏族人为主，别族不多。光绪以前整个贡山均为其管辖，以后慢慢被土司势力所取代。光绪二十八年教案发生后赔款甚巨，损失严重，从此就一蹶不振。现在的活佛腊错年50多岁，1949年贡山第一次解放时，因干部政策掌握不稳，清算

了喇嘛寺，腊错连写18封信到德钦求救，藏兵百多人下来占据了三四个月。1950年第二次解放后，七支队曾将他带到碧江教育后又放回贡山，不久他又到维西地界某地居住着。因在寺里生活难以维持，喇嘛多已回家，普化寺已成为一片破落景象。

二、天主教

（一）简史和概况

光绪二十四年，法国任师铎开始到贡山传布天主教。在百哈罗建立教堂，起初信教的不多，而且常遭到喇嘛寺的排斥。光绪二十八年，有30多个法国天主教士到了德钦，打算进西康、西藏，德钦和贡山一带的喇嘛寺即乘机联合起来，杀了6个教士，其余一概逃到昆明，遂演成国际纠纷。清政府随即派兵去镇压剿办，德钦和贡山一带喇嘛寺赔偿巨款，损失很大，单贡山普化寺和老百姓一共赔了9000两银子。天主教既有政府撑腰，又得到巨款，势力突然增大了，先后在贡山修建了许多漂亮的教堂。1924年前后信教人数竟达600多户，并且能够左右贡山设治局。第二次世界大战后，法帝大受损伤，对贡山天主教的支持也似乎无能为力了。不过截至目前，它的潜势力还是很大。

目前6个教堂的活动金约有半开4000元，房屋6所，田地240余亩，共值10万余元半开。这些大多数是清末教案时赔偿的（一部分割地、一部分赔款）。

（二）教徒、教堂和分配地区

全县天主教徒共189户，男女共896人，约占总人口8%，多半是怒族，其他民族很少。分布于昌达和茨开两区，其中：一区占160户，男女765人，占全区人口24%；二区有19户，男女99人，占全区人口3%。全县6个教堂分布在茨开、捧当、茶腊、觉丁、白哈罗、青拉桶6地。

（三）神父及其活动情形

现有神父4个，即安德勒、艾神父、沙伯雷和李文增。

安德勒，法籍，今年（1950年）58岁，住白哈罗。在此地工作了30多年（1921年前后即来），是天主教最重要的角色。喜欢修路，现在贡山路很宽很平，都是由他领导修出来的。人民出力他出钱（赔款项下支出一小笔就够了），所以老百姓对他印象很深。

艾神父，瑞士人，36岁，住觉丁，1949年到贡山，比较规矩。

沙伯雷，瑞士人，44岁，到贡山已20多年。解放战争时期曾随蒋介石军队在河南作过战，有工程技术，又兼做生意，形迹可疑。

李文增，康定人，63岁，住青拉桶，到贡山已20多年，最坏，常常向教徒反宣传说“共产党不长远”，说人民政府不好，叫大家不要拥护人民政府。

天主教到贡山初期，给人民施药、医病，不要钱，以后开始要钱，现在连药也不卖、病也不治了（据说是没有钱）。此外还有如修路、贷款等活动，主要是小恩小惠收买人心，又利用经济势力购买土地房产做长久打算。

三、基督教（内地会）

（一）简史和概况

1924年美籍莫尔士始到贡山传基督教，1932年至1933年前后才修建了两个教堂，1937年至1938年开始送书籍、施药。抗战时期曾设电台与美军取得联络，当时贡山设治局的权力也赶不上他。解放后跑到未定界去了，电台设备亦已带走。有土地10余亩，其他财产多被1949年藏兵下来时焚毁。

（二）教徒、教堂和分布地区

全县基督教徒共341户，男女共1489人，占全县人口10%左右，多为傈僳族。其中：第一区51户，男女219人，占全区人口6%强；第二区200户，男女885人，占全区人口22%；第三区90户，男女385人，占全区人口15%左右。教堂7个，分布于党打、当求、司哥、叶名、力头地、普文楼、永拉，其中以普文楼教堂（已被藏兵烧毁）为最重要。

（三）牧师及其活动

牧师重要的有莫尔士及其子莫约精、莫约伯、莫约瑟和润牧师、史德勒（女）等人，均系美国籍，其中以莫尔士来得最早，约在1924年。

开始时送书施药，引诱人民信教，有群众基础之后，又高价售卖《圣经》，并以圣诞节献给上帝礼物为名攫括钱财，每次可得500元现金。抗战时期利用机会做生意赚了不少钱。1942年莫尔士之子与美军取得联系之后，即在贡山架设电台报道情况，自称是报道气候并负责保护航空员的，一直到解放前才撤销。

1949年滇西北解放战争时期，莫尔士告诉教徒："《圣经》上也说到共产党，但上帝说：'他们的天下只有24个月。'又说：'上帝来到，共产党就完了。'"又煽动老百姓们一道往未定界——葡萄、江心坡一带迁移。并宣传共产党会杀人放火烧教堂，又宣传第三次世界大战起来了，美国人拿原子弹来炸贡山。并指定了逃跑的两条路线（都是到未定界的），并说："走这两条路可得到面包吃。"已经有242户基督徒受骗搬到未定界去了。这些牧师虽然住在未定界，但还时常用书信和贡山教徒取得联系。告诉教徒要"坚定，不能动摇"，从中挑拨教徒与人民政府的关系。

四、信教或不信教的原因（天主教或基督教）

一般信教之原因，均为在烟酒、疾病方面减少耗费，或受所谓"上帝爱世人……信仰他的人不致灭亡反得永生”等等美丽名词以及留声机、照相机等科学工具之引诱和哄骗，因而信教的不少。其不信教的原因是：

（1）经济上比较好，不太需要帮助的。

（2）不愿放弃烟酒嗜好的。

（3）已经有了朴素的唯物思想，不相信天堂地狱、死去复活的道理。如节马登说1944年他当乡长的时候，某妇人死了女儿哭得很悲伤，教徒去劝她：“你的女儿会复活的，不要哭了。”当时那个妇人因死了女儿心情不好，再碰上这事就告到节马登处说：“教徒不让她哭。”节马登乘机教训他们说：“人死了，骨头皮肉都烂掉了，还会复活，全是骗人！”每个教徒罚款3块钱了事。

［宗教对当地人民生活的影响（略）——参看福贡、碧江宗教情况。］

联络四组

于1950年10月访问丽江各族代表会贡山代表

武定军分区司令部关于基督教活动报告

武定分区基督教会有3个系统，即基督教内地会、中华基督教会、基督复临安息日会（又名真理布道教、三育研究社）。兹将各个教会情况分述如下：

一、基督教内地会

该会在武定区已近60年，大半教堂分布在兄弟民族地区，在兄弟民族中有潜在作用和深厚基础。

（一）分布地区及组织情况

总的领导机构设在武定县洒普山，直辖武定、禄劝、富民、昆明、寻甸、嵩明、禄丰、盐兴、罗次等9县的教堂。曾用“六族教会”的名义活动，6族即苗族、黑彝、傈僳、老干、果樊、汉族，后又改“基督教滇北联合会”，以武定滔谷之杞目权为会长（傈僳族），实际为英牧师司明庆控制。该会直属上海基督教内地会总会，与昆明三一圣堂为平行机构，所有一切重大问题均由上海总会决定。经费除由教徒于感恩节（11月24日）捐献外，其余不敷者由总会供给。

教堂分布地区系按武定区兄弟民族分布地区划分，并指定一牧师专做该种民族工作。

A.苗族：由英国牧师司明庆负责。武定区苗族9/10以上均参加该会。苗族总的教堂设在洒普山。各县设支堂，全区教堂18个。

B.黑彝族：由美籍教士格拉士负责，6/10以上的黑彝族均参加该会，总的教堂设在禄劝撒营盘的撒拉乌。禄劝一县的支堂达40余个，这些教堂专做黑彝的工作。

C.傈僳族：由英人牧师王怀仁负责（已离武定）。总教堂设在武定滔谷，傈僳族8/10参加该会。

D.果樊人：由赫牧师负责，总堂设在寻甸新哨，支堂有10多个，专做果樊族工作。

E.老干族：由英籍郭牧师负责。总堂设在武定阿谷迷，专做老干族的工作。

F.汉族：各县城中都有福音堂，专做汉族工作。其中，以安宁县组织比较完备，教堂在城内官相街，传教士共有7人，其中有两个是外国人。全县教徒100余人，半数以上是兄弟民族。

总教堂由外国牧师直接掌握，设在各民族较集中地区。分堂由总堂领导，内设长老、执事各1人，传道员1人，由各地区兄弟民族中的“忠实”教徒担任。几乎全部都是由神学院或圣经班毕业后，经洒普山统一分配工作。总堂内设有传道员及布道团（由教徒报名参加），经常到各地巡回传教，外国牧师亦常往各支堂检查工作。洒普山领导机构每3个月或半年召开1次长老会，布置和检查工作。各支堂的长老执事均参加，与会的百多人。

（二）活动概况

A.改良风俗习惯，制订法律代替政权：苗族同胞中有一种风俗，每村有1所“花房”，男女青年每晚到那里歌舞、谈情。教会来后就把花房改为教堂，并订出“同村男女不通婚”的条例，避免男女间“不正常”的关系，苗族青年为此吊死的不少。3年前在洒普山又发生吊死的事：一个姓陆的青年爱上姓潘的女子，不能结婚，双双吊死在树上。发现男女通奸，女的剪光头游村，男的“放大牛”（即抄没家产和驱逐出境）。类似的事情外国牧师在洒普山处理了很多。

教会传道员以“调解”名义，接受教徒（即武定区7/10以上的兄弟民族）间的民刑诉讼，外国牧师及传道员、长老等均可处以罚金或宣布罪状等。教会或外国人均可通知国民党政府按教会处理执行（五六年前县长曾按期和外国人碰头）。如果教徒间诉讼事件不先报教会处理，则认为轻视教会，重者以违反教会论罪。

解放后，教会代替政权的事，虽不明显，但对兄弟民族曾有很大影响。

B.借口“提高民族文化”进行文化侵略：在黑彝中心区的教堂（即禄劝撒营盘附近）办1所小学、1所神学院，傈僳族中心区的教堂（武定滔谷）办有1所中学、1所神学院，苗族的中心教堂洒普山办有圣经研究班（现有20余年青女子准备去做传道员）、1所高级小学（学生民族成分有13种）。这些学校专门培养长老、执事、传道员等。此外，各地支堂均办有初级小学，解放前凡初小毕业的学生（兄弟民族）都送其至洒普山进高小，每届洒普高小学生毕业时，均举办运动会。教会的中小学生及学生家长都来参加，运动会规模曾至1万余人。

负责何种民族的外国人，就专门研究该族的言语、风俗习惯，并将各民族的言语用拉丁文译出。已译成文字者有苗、黑彝、傈僳3种。现苗族同胞9/10能写能看，黑彝与傈僳凡参加基督教者都懂。外国人对兄弟民族常以“帮助提高文化”自誉，实际上则非常恐惧兄弟民族有文化。3年前洒普山上的郭牧师曾公开谈过：“读完高小能看《圣经》就行，有知识就会作怪。”这可以说明帝国主义在中国的爪牙们的嘴脸。

C.制造谣言，挑拨离间，鼓吹民族“自治”：解放后，内地会控制的地区曾流传这样的谣言：“与解放军来往不得救。”“唱解放军的歌是唱鬼歌。”美帝侵略朝鲜后又谣传“美苏打仗了，美国已打到黄河边”，“土改不好，将来分到田的人都要去当兵”。类似这样的谣言，绝大部分是从武定洒普山传出来的（但无有力证据）。

关于挑拨离间及鼓吹兄弟民族“自治”，据禄劝县公安局报：“近来基督教活动较厉害，屏山镇茂竜村有一基督教堂，于本月（即12月）10日有王名传教士传教，发现有违反政府政策的言论，激起农会公愤，即将该王名逮捕送局。”（禄劝公安局11月份工作总结报告）又称：“最近有从武定洒普山下来外国人基督教徒到兄弟民族地区潜伏活动，挑拨政府与兄弟民族的关系，屏山镇的苗族向政府要求‘自治’。”（禄劝公安局11月份工作总结报告）

D.借口违反“教规”，实行教会第一：10多年前武定洒普曾开除一个为基督教工作10余年的小学教员，其罪状是他在“举行毕业典礼”时向孙中山的遗像行三鞠躬礼。内地会中并宣传不与政府来往，教会高于一切。

二、中华基督教会

武定区中华基督教会的负责人是苗族领袖王有道、王洪道，其领导机构是在寻甸的茨花箐。武定区没有外国人，据说是“自立、自传、自养”的。该会历史比内地会短，直辖昆明、武定、禄劝、嵩明、寻甸5县的教堂，共有10余个，都在苗族地区。

内地会说中华基督教是鬼教，两教的教徒不通婚，甚至认教不认亲，年来两个系统的矛盾甚深。

又王有道、王洪道现均参加人民政府工作，对我党我军表示均好。

三、安息日会

在武定区有两系，一系的领导机构在富民，辖武定、禄劝。负责人姓韩（富民人）。过去为外国人掌握，现在外国人已走，教会势力亦逐步衰弱。另一系在安宁，又名真理布道教或三育研究社。该会活动地区据称：“遍及全国，本省以墨江、玉溪、安宁为主。”

（安宁公安报简报）

三育研究社是专门训练传教士的学校。在安宁设有“真理布道会”1所（城内）、教徒训练学校1所、三育研究社1所（始甸），以前在温泉有红卐慈小学校1所，安宁的负责人是庚永麟、能大德（均系牧师）。该教曾于今年八月间在安宁城布道，大谈“人生时事预言”。教徒训练学校，现在滇缅公路21公里处，前二十一兵工厂旧址。现该校有学生50多人，其中有40余人是兄弟民族，男女都有。宗教课程占一半以上。个别学生也提出意见，要求政府接收学校，就现有经费开办。

以上是武定区基督教活动概况，俟以后再搜集材料，作详细报告。

大理区材料之一

——民族关系、群众要求及执行民族政策中发生的问题[①]

中央访问团第二分团

1951年2月出版

大理区材料之一

——大理专区的民族关系、群众要求及执行民族政策中发生的问题

编者声明

这些材料是我们从 1950 年 8 月 29 日至 1951 年 1 月 31 日（其中大部时间是在行动中），先后在圭山、丽江、保山、大理、武定、楚雄等地区进行兄弟民族访问工作中，通过当地干部、民族代表及熟悉当地情况的人士所了解的一些情况。为应各有关机关之急需，仅将原材料加以整理，尽量避免主观分析与结论，在文字上仅要求念得通、看得懂。但由于是短期的访问与了解及仓促整理，情况难免不真实或不深入，观点难免错误，文字烦琐或不通顺。故仅能供各有关机关进行民族工作的参考或进一步考察的线索，并望于今后的调查研究，加以校正。

1951 年 2 月　日

一、民族关系

大理专区共14个县，我们到过的是6个县，但重点访问的只永平、蒙化两个县。访过的民族有土家、苗族、民家、回族、傈僳、倮武[②]等7种，但较深入的又只是土家和回族，所以这个材料也多是根据两个重点县，和土家、回族两个民族情况写的，难免片面。

这个地区历史上的民族压迫严重，民族隔阂很深，尤以回、土、汉之间问题较多，大体可分以下几个方面：

① 本材料内页名称为“大理专区的民族关系、群众要求及执行民族政策中发生的问题”，与封面标题并不一致。——编者

② 倮武，本文又作“罗武”。——编者

（一）清政府时期的压迫

（略）

（二）近几十年来的情况

从民国以来，虽没发生像清代那样大的民族仇杀事件，但从各方面看，各少数民族仍是受着国民党大汉族主义的重重压迫，而民族关系仍然很坏。如：永平县民国二十三年前，县府本住曲硐（回民村），当时回民生意也较好，在县府任科长者也有数人。因之，新街汉人绅士杨福亭等就发嫉妒心，积极运动官方，将县府迁于新街，而当任县长在他们（汉绅）的金钱收买下已想搬走，但因回民群众阻止未得搬成。到民国二十五年时，终于在国民党一营兵的镇压下迁至新街，而几个回族科长也逐渐被撤换。在抓兵派粮时，故意加重回、土、苗等少数民族的负担。……所有这些群众则敢怒而不敢言。阴阱村土家族50户中，从民国二十七年开始，被抓兵者就有40人。（村干谈）傈傈族也是被追得东逃西散。据熊代表讲：“因怕抓兵分居后或开小差回来时，连个人的父母兄弟都不敢认。”他们（指国民党）说：“山上的僳僳跑得快，还不想家。”回辉登村抬门户捐则负担着10个保的2/3（朱区长谈）；匪帮们更借剿匪为名，烧杀回民。永平县民国二十二年，汉人恶霸张获仁勾结大理独立营，借剿黄安周为名，到曲硐村杀死李相永、马吉安等无辜良民，并捆去数十人进行敲诈，仅马荣恰一人就被敲去大洋400元，苦存数十年刚买的2亩田又被张获仁之弟退去（因系买他的）；民国二十四年，张获仁又因与回民上层罗荣贵私斗，又勾结土匪张“癞疤”（外号）来曲硐杀死300余人，烧毁数十家，使很多回胞家败人亡；解放前土匪“共革盟”又拉去曲硐马100余匹，杀吃耕牛80条。

其次，这几县的少数民族农民还受着汉人地主的地租和高利贷剥削，在永平有50余户苗族（也称白家）、30余户傈傈和蒙化县阴阱村70%以上的土家族，都是租种汉人地主的土地，租额一般的占产量的70%到100%。（根据家庭调查）因交不上租被拉去牛羊猪者甚多，如仅阴阱村土家被蒙化城汉人地主李济堂拉去牛猪者即有10余户。（村干谈）高利贷在永平三区一般是借1斗还两斗、借10元还15元（另有材料），因还不上利被夺去土地者也甚多，如李济堂（汉）出租的大部土地，都是用高利贷盘剥土家族的。地主和狗腿子到山上收租时，吃鸡、拿东西，甚至奸淫妇女是普遍存在。（土、苗、傈傈等代表和当地干部均谈）

但近10年来在少数民族地区住的少数汉人，也受着少数民族中地主恶霸的不少压迫和剥削，尤其回族从民国十年后，人口陆续增加，经济文化上升。在漾濞、蒙化、永平等地，有不少人参加了政府工作，如漾濞县过去县府科长只有一个不是回民，并曾出过两任中学校长。（县人民政府马秘书谈）在蒙化、永平也出过几个匪军的团长、营长，还有个别当过县长等。（朱区长谈）这里的恶霸官僚们，借口为了“回族地位”，对汉族人民实行压迫，如漾濞城汉人群众说："他们回族有势，我们汉人不得种公田，公田都叫回子占了。"曲硐原有汉人百余户，但由于回民人口陆续增加，当权者又都是回民中之上层人物（如罗荣桂等），在负担兵役上都要加重汉人一点，因而汉人为怕受气大部搬走，现在只剩27户。尤其在民国二十年之后，回族中的个别人因做大烟生意发展成为地主的人们，土地多是租给土家、傈僳种。据不完全统计，租种回族地主土地者，仅蒙化三区就有33个小村庄（朱区长谈），漾濞李、马两姓的土地亦多在山区，为傈僳等族租种，租额和其他剥削情况与汉人地主无异。如忽朝龙、马炳仁等到山上收租时随便奸淫土家姑娘（土、回群众都谈）；个别流氓回汉商人在经过山区时，让牲口随便吃土、苗等族的庄稼，当人家提出要求禁止时还进行无理的恐吓（土、民家代表谈）。也有个别投机商人专做山区生意，这个街头赊出下个街头还账，就得加利。（阴阱村干谈）这种情况在永平三区最严重，土家、苗族代表讲："我们受保山人生意剥削，粮食都叫他们弄去了。"

另外，亦有极少数的罗武、土家族的地主恶霸压迫剥削靠近和杂居在他们住区的回、汉、苗族群众。如永平三区苗族杨老二的父亲，借土家地主张振海（张百万）20元钱，过3年就滚利120元，因还不起，杨老二弟兄二人就给他做工19年，至解放后方得回家，但据张百万讲："还得还他本钱！"土家恶霸侯茂祺、子德文故意加重三区回民的负担，因交不起，被侯、子两匪压去不少土地，只稻田一村，据不完全统计就20余户。如回民马佳全共11亩田，经3次派款，就被拿去7亩（马连申之子谈），在解放前无辜杀死马连申（据说因解放军到，未给侯匪送信）。罗武族地主杨洪中、杨济中也出租给汉人不少土地，如苏屯、老屯、庞屯、关山、迤北等村汉人群众，都是他的佃户（罗武族代表谈），长期受其剥削。

（三）经常引起纠纷的原因

据了解，近10年来在这几个县中发生械斗、诉讼事件最多的是回、汉、土之间，起源主要是争水，尤以蒙化、永平最甚。如蒙化大仓街（汉人）和马米厂（回民）从1939年至1950年的12年中，曾发生械斗3次，每次双方都有数十人参加，每次也都有伤人，仅最后（1950年）这次双方共伤7人（汉3回4）。甸中街（回汉杂居）也因此打过官司。在永平曲硐（回）和新街（汉）历史上也曾打过数次（县府和曲硐回民谈），东连花[①]等村均为此发生过回汉纠纷。至于因此（水）而争吵者，年年皆有。

其次在蒙化白山冲等村亦有因争积谷闹纠纷的，但不严重。（白山冲回族代表说）在凤仪县芝华村，回、汉、土家3族因争柴山历史上亦曾有过数次斗争，解放后，还打到县府去，至今尚未解决［据汉、回说：县长有偏心眼，因县长是土（民）家族］。永平三区和蒙化一区，因柴山争吵者亦有。

由于清政府、国民党及其在各族中的爪牙——地主恶霸，对于各族人民长期剥削压

① 东连花，本文又作"东连华"。——编者

迫、挑拨离间的结果，造成各民族之间隔阂严重，互相仇视。因此，在学校中、赶街时，就经常引起吵架，大家都存有戒备、怀疑心情。在永平城，少数汉人则不敢到曲硐洗澡（温泉），曲硐回民人少了则又不敢到城内赶街，解放前部分土家、苗家等则不敢下山（代表谈），漾濞中学土家、苗族学生为了避免汉人同学骂他们“倮倮”，则不承认自己是土家、苗家。（我们亲自访问）据阴阱村的土家说：“只要和汉人共事，首先准备吃亏。”回民说“汉人狡猾”，汉人又说“回族狡猾”，土家、苗族等说“汉人、回族都狡猾”，不愿意和回、汉共事。在回辉登一带流传着很多回、汉不共事的民谣，漾濞回民小儿常偷着去挖汉人庙的红墙（因过去是被没收的回民清真寺）。总之，由于以上种种情形，造成民族关系的极度恶化。

（四）解放后的变化

这几个县中，解放后都已培养了一批少数民族干部，如蒙化、永平都有回、土民族的副区长，漾濞县府中有回民秘书、科员、税务局长等（内中有留用的），永平、凤仪的县长也均系少数民族（民家、土家）。各少数兄弟民族都受到了人民政府的照顾，如蒙化贸易公司，曾为了帮助土家推销土产，就收购其麻布袋数千对。卫生队也曾到阴阱村等地进行过防疫注射，并进行过农贷和救济（永平三区等）。然而，各族人民都已初步感到今天是平等了，如永平三区一位苗族老人说：“今天晴开天了，穿麻布的也可以开会了，亦能当公事了。”回、土等族的主要的地主恶霸（如忽亮先、侯茂祺等）已受到人民政府的惩罚，因此使各族人民对于过去不团结也已有了初步认识，如曲硐的回民讲：“从前认为是汉人压迫我们，到今天才知道不全是汉人压迫回族，像张获仁、寇子成（回）他们还不是回教、汉教一齐压迫。”傈僳族也说：“从前被汉人地主逼得逃难，那时是汉人统治（指蒋匪帮）得不好，今天蒋介石打倒了，我们得翻身了。从前的仇我们都不说了。”永平汉族农协代表在数次会议上都代表汉人做了检讨，他说：“我们汉人是霸道，对不起少数兄弟们，我们汉人从前拿刀子赶回民，在三区将人家摆彝赶走了，这些都对不起人家，没良心，今天大汉族蒋介石被打倒了，咱兄弟们就应该团结起来。”苗族李老二说：“谁还不是父母所生，白家、汉家、回家还不都是人，可是我们从前就受压迫，汉人老是欺负我们，那是蒋介石要不得，现在毛主席领导，大家谁也别说谁了。”尤其经过农代会诉苦教育，各族人民觉悟有很大提高（各县负责人都讲），如蒙化一位土家代表经过诉苦后说：“从前回民马炳仁、忽朝龙压迫我们，我们就说回子都不好，这是不好，以后得团结。”回族代表在大会上也表示：“一定和土家等兄弟团结起来，打倒地主恶霸。”永平城少数汉人也敢去曲硐洗澡了，蒙化土家下山卖柴经过回民村，回民就主动照顾他们喝水，让他们休息。（杨乡长讲）因之，大大地加强了民族之间的感情。

但由于历史影响和宣传民族团结的工作还不够深入，所以在民族之间的关系上亦还有不少问题。

在蒙化农代会上，一位回民代表提起了杜文秀事件时，一位汉人代表立即表示反对，他说：“你还提那个，你不提还好，你要提起那个，咱们就不是一家。”而回民群众虽然觉悟已有不少提高，但不少人对于本族地主恶霸还有些袒护表现，如马如意逃亡和忽亮先被扣时，回民群众都替他们讲情，对于他们（地主）的罪恶还不愿意向外族讲。一般回民常说：“咱们的牙，不能叫外人数，胳膊折到袖子里，不能让外人看出来。”（当然这是反映了上层利益）在宾川之滨居街，汉人农协会员到清真寺翻经说：“解放了，还讲迷信。”在政府的开荒号召之下，开了回民十几亩老坟地（区干和村干都承认），引起回民很大不满。蒙化县××村回民有一水池，汉人今年则要求合用，理由是“人解放了，水也得解放”。蒙化城汉人也去土家族山上打柴，他们对土家族说：“解放了是一家人了，还分你我做哪样呢？”在个别民族杂居村，亦有明合暗不合的现象，如蒙化野祺场村，回汉明在一起开会，分开后再各开各的。回汉双方反映是：“现在表面是合作了，暗里还不合。”回民说：“你有你的文昌宫，我有我的清真寺。”互相怀疑的心情还没有完全消除。蒙化三区，因有回民当了副区长，部分汉人则不满意，和我们的干部说：“解放了哪样都好，就是叫回子当区长不好。”（朱区长谈）漾濞城内少数汉人对县里回民干部也不相信（可能不好）。所有这些都还影响着民族之间更好地团结。

二、群众要求

根据几次座谈会和个别访问所得，几个民族共同要求，综合起来，大体有如下几点：

（1）培养他们的干部和实行区域自治。苗、土、傈等民族都感到他们今天在政府的人少，如永平三区的土家代表说：“三区我们土家占全区人口的70%以上，可是只有3个干部（还不是主要负责人）。”蒙化的苗族代表说：“从前我们够不上当官，今天在乡公所里还没有人，今天当家是当家了，可是还没有做主。”曲硐回民（尤其上层和知识分子）也提出来要求县府吸收回民干部，并要实行区域自治。蒙化和宾川等地的回民提出：“请政府注意在各机关部门中吸收回民参加，尤其今后开办各种训练班时，要求政府保送一部回民青年，并希降低条件录取之。”这次访问团回来时，蒙化就有两个学生要随我们进民族学院，宾川3位青年也要跟我们来参加工作。

（2）发展和恢复学校。在永平、蒙化的土家、苗族、傈僳都说：“过去我们口不读书，眼不识字，被人压迫，今天解放了，希望政府给办个学校。”回族凡过去有清真寺的地方，多有一所小学，经费由寺产开支，但在解放后因寺产税收加重和收不进租来，以致影响了学校的维持，目前很多已形成半停顿状态。据说永平三十几个回民村小学，经常上课者，只有曲硐、龙街等几处（回民反映的可能片面扩大），因而要求补助经费。尤其曲硐师范和蒙化大围埂的兴建中学（两处均系回民）的问题，是很值得研究的。曲硐师范已办过6期，解放后因经费问题县府主持将该校合并至永平中学，很多回民学生因生活习惯和供给等关系失学，仅曲硐一村就70余人，故目前他们迫切要求将该校恢复或设一分校；蒙化兴建中学已开办8年，现有140余学生，过去完全依靠寺产和几个上层来支持经费，目前上层（马如意等）已被封门和被扣，寺产又收不进租来，因而经费就发生严重困难，所以他们（尤其学校教职员）希将该校变为完全公费，或公家补助一部，以便使其不致垮台。

（3）举办卫生贸易事业，特别土、苗、傈傈族要求最迫切。在卫生方面来讲，他们疾病死亡率很高，在民国三十年仅阴阱一村（土家）就死30个人（村干谈）。大脖症普遍存在，到永平来开会的14位苗族代表都长大脖子。蒙化县麻风病也很多，在维西乡土族中，平均每村一个人（乡干谈），因此，他们的一致反映是："请政府给想个办法。"在永平三区和蒙化土家族中，亦纷纷要求在他们地区设贸易公司，尤其希望供给盐巴和棉花，收购他们的土产品。

（4）要求调整土地和减轻负担。对于土地要求，苗族与土家表现得特别积极，因他们多租种汉人、回族地主的土地，所以他们对减租退押及土改情绪非常高。如阴阱村一位老大爹问我们同志："什么时候土改？"他说："同志，现在可以先分给我一点种着吗？"回族群众也要求将清政府没收他们的土地发还他们，曲硐的回民谈："希望将公田发还我们，现在不发还，将来土改时也应先分给我们。"并有个别人要求马上就分点公田种，现在已种着公田的，则要求不再给政府拿租。他们说："田本来是我们祖宗的，还得给人家拿租，这是我们最伤心的事了，希望政府别再收我们的租了。"

其次就是调整和减轻负担，尤以回民最迫切。如曲硐村打油的10余户，过去不纳税，解放后要纳实利80%的税（可能扩大）（马永富谈），他们感到太重。赶马过去也不上税，现在已上税。据回辉登村调查，赶两匹马一个月要上3万元的税，要求减轻和取消。关于公粮、公债等负担数，亦希望今后有所调整。

另外，回民还有一种普遍要求是：减轻清真寺公粮负担，并希望准许清真寺收租，以便维持清真寺和阿汉文学校，发展他们的"民族文化"。

（5）要求取消历史上对于他们的一切侮辱称呼，土家代表说："希望政府告诉他们（指汉人），不要再叫我们倮倮了。"蒙化回民也提出："希望教育汉人不要再骂我们是回子和半个猪头了。"并要政府明令公布取消杨玉科在大理等地的庙宇中石碑上对于回民侮辱的一切字样，如"回匪"等，和布告保护清真寺。

（6）兴修水利。这点是靠近河住的回、汉群众和在山上住的土、苗等族迫切要求，如永平部分回族要政府帮助修筑永平河，三区土家则说："我们住的是山区，水很稀罕，望政府帮助我们修个水塘。"蒙化部分回、汉群众要修大西河，他们说："这个河，每年都得用一二百工，还修不好，都是冲坏了，白费工夫，望政府帮助我们一部分（指经费），将它一下修好，免得大家老是受害。"

除以上几种外也还有些个别问题，如宾川少数回民和阴阱村部分土家要求改变成分，亦有个别积极分子提出习俗改革，还有回民之卖牛肉的，要求政府准许宰牛等，但这些还不是普遍情况。

三、执行民族政策中发生的问题

这个地区因靠近工委领导机关，又为滇西之中心区，故目前民族问题一般讲不大。根据我们在几个县的了解，各县负责机关对于执行民族政策都很注意，但也普遍反映：缺乏经验，其他工作繁忙，对这一工作尚没有做过专门研究，也没有来得及正式地学习和讨论过一次民族政策，因而工作上多是一般对待，所以虽然有很大成绩，但也出了一些毛病，和现存着一些值得研究的问题：

（1）有些下面同志，因对少数民族的习俗信仰不了解，故还有违犯的地方，如永平县曾有一工作队同志到曲硐（回民）村征收公粮时，发现回民每天礼拜数次，他觉得这太"迷信了"，"耽误生产"，于是想进行改革，限制回民礼拜次数，结果遭到广大回民的严重反对，后反映到县府方得解决；蒙化三区东连花村清真寺之小学内，我派去一汉人教员，则经常领导学生扰乱礼拜，亦引起回民的反感，部分人并怀疑政府故意和他们为难。如有一位回民老者偷对访问团同志讲："这都是区上的事，咱回教人才不多了吗？为哪样单派个'咔啡雷'来呢？这还不明白吗？"现在已向政府请求调走该教员，并要求准许聘请回民教师。在祥云、蒙化等地，借用回民清真寺开会者甚多，在蒙化之东连华村和祥云城、回回营等处开农代会时，借宿清真寺，代表们因不懂寺内规矩，则随便吸烟喝酒，甚而个别的耍狮子、闹玩意儿；回回营有500年历史的清真寺，在开农代会后，失火烧毁，据回辉登村回民反映：他们非常痛心，对政府和代表都有埋怨；凤仪县我解放军某部在1950年11月间也曾借红崖清真寺借宿，也引起群众不满。祥云回联理事长说："像借寺里开会驻军的事，国民党时也没有。"宾川县三区政府则想借清真寺作粮库，后被拒绝，有几个同志几个村干去寺内交涉借房问题时，不脱鞋就跑到大殿上去，并随便翻弄《可兰经》，且有一个汉人村干拿起回民礼拜站圣时的竹竿说："这是给猪拌食用的。"因而，回民不仅对区政府干部抱有成见，同时也加深了回汉隔阂。据邓川县一位代表讲：邓川清真寺已被盛了公粮，现在无处礼拜；永平解放初期到该县三区之剿匪部队中之个别同志，随便开枪打土家所信仰的石佛；蒙化县维西乡和漾濞等地在解放不久时在少数民族地区也曾组织过"风俗改革委员会"。

（2）在公粮及其他负担上，也发生了一些偏向和有些值得研究的问题。据永平县委李德玉同志谈：该县二区之金光寺的老和尚，因负担24万斤公粮无法交纳，又在工作队的迫逼下，以致自杀，影响很坏；宾川之鸡山寺据说亦因公粮负担过重及怕斗等原因，和尚大部逃跑，但据说该寺对西康藏胞影响很大，每年均有不少藏胞来该寺烧香，并痛哭流涕地说："他们祖先在此。"所以这也是一个很值得注意的问题。

蒙化三区之回民村，一般人都反映他们负担重（可能片面），如回辉登村共3000余亩田地（3个工为1亩），共333户，租入公田者共124户。1950年公粮负担数为310万斤，占全区负担1/5（朱区长和村干谈），负担公债700份，占全县的1/5，但据说和该村条件相似的汉人村大仓街则只负担300份（？）。全县支藏马匹任务为600匹，而永济乡3个回民村就负担了300匹。三区永和乡之东半乡共14个自然村，今划成5个行政村，其中有一回民自然村（东连华）61户，也就为一行政村。据该村村干反映，“一切负担他们都是负担着14个自然村的1/3（？）”，故也表不满，如马友良说：“总看着我们回教砖房好，其实就那么几家（指地富），我们希望政府实际调查调查，要能和汉人一样对待我们。”亦有的群众说“王区长人倒好，就是不明白咱们地方情况”，“光听大仓街人们的一面话”（朱副区长讲，确实有点）。据朱副区长谈：“去年地主的公粮负担一般的都超过100%，如马如意负担8万斤，只交了5万斤，因无法再交而逃掉，就回辉登村，逃亡者共有6户，永平县也有同样情形。”

山区的土家、苗族、傈僳等，因多种山地，在征收公粮时则无稻可交，政府又不收杂粮，死逼得用杂粮与汉人交换；而部分汉人则乘机取巧，多用坏谷，但到入仓时，粮库又将坏谷用扇车打出，这样，就使山地的少数民族同胞吃亏很大。因而，他们在这点上对政府也有意见。如来永平开会的土、苗等族十几位代表说：“解放后拿的摊派，比从前真少多了，就是政府不收杂粮不好，我们下坝子换，老实吃亏了。”亦有的说：“我们愿意多给政府交点，亦不愿下坝子换。”蒙化阴阱村土家族富农茶文科，共有92工田地，1950年负担1240万斤（米），据该村村干给他计算，已超过他全年产量的100%。

（3）在文化教育方面，解放后一般的都有提高，在蒙化县三区之维西乡、永平三区等少数民族地区都发展了不少小学，并办有不少识字班。但亦还有些问题应该研究，如凤仪县城区回民之明德小学，今已经政府合并于中心小学，按目的是好的，为了统一管理，减少经费开支，也同时解决回民子弟入学问题。但结果相反，回民多不赞成，因此，已有不少儿童失学。永平曲硐村回民师范被合并后，广大回民亦皆不满，批评“政府不遵守约法八章”，“不执行共同纲领中发展少数民族文化之规定”等。更由于历史影响，有的群众还误认为这是想“同化”他们，甚而牢骚。如曲硐失学青年在座谈会上讲：“解放了我们可是失学了，国民党时也不这不那（这当然不正确），现在政府为什么怀疑我们呢？”也有的说：“这都是曹县长听了新街的话，汉人想叫我们落后，好压迫我们。”凤仪一位代表则表示：“孩子们到中心小学读书，不方便，不能礼拜了。”蒙化兴中的教职员对于某些同志对他们的批评也表不满，他们说：“政府别光说我们落后、封建，得帮助我们慢慢地改造，有些人还想将我们这个学校给搞垮了，这更是不对。”也有些人表示对当地政府不够信任，如宴祺厂村两位青年和一位阿訇向访问团的一位回民同志暗地讲：“上边是好的，下边不行，咱回教到哪时也比人家（汉）低一头，都给杀怕了，负担比人家重，受照顾比人家轻。”

（4）对于少数民族的政治权利，个别地区还不够注意，据漾濞县回民干部谈：该县在几次人代会中，都没有回民参加（？）；亦有的因区划问题引起对政府不满，如蒙化三区，共有十几个回民村，一般说相当集中，但在划乡时，有的将一个回民村（东连华）划到多是汉人村的乡去，使回民不必要地怀疑政府“是分而治之”，现在已积极要求重划；在个别地区也有乱打、乱扣的现象，如永平县在解放初期，我解放军某部到沙羊一带剿匪时，在沙羊村抓回来一差犯（回民，说是特务），路中因不肯走，就给枪毙，到1950年12月间，县委对该事还尚未弄清（李德玉谈）；宾川县近来各行政村扣人现象也很严重（李区长谈），仅盘营街一行政村就扣有六七人（民家族）。据说有的因不上粮，有的因是地富藏枪，亦有的为了所谓“管制地富”就扣起来的，每天单给吃饭，不让出去，扣的日子多的，已有20余天；在个别回民村也有的，事实是划错了成分，但还有扣起来不给吃饱的事情，如宾川县三区之小东庄，共11户回民，被封门的就有9户。据说：有两户地富、两户所谓“二道地主”，后两户之其中一户为马凤鸣家，共3口人，一个是40余岁的老太太，带着15岁和8岁的两个姑娘，自己有8工田，还有在凤鸣活着时租来的12亩4分公田，因无劳动力，则出租一部，因而被封，并要扣到猪厩里去，待取得4个保人后，方幸免。在被封门以后，不让吃饱，每天只让煮两碗饭，菜盐不给。另外几户，据说是因当过保长和吸大烟的，不管封扣得对否。但因该村干部都为汉人，而回民11户中又大部被封被扣，就不仅是一个一般政策问题，且成了民族问题。这次访问团到达后，不少回民（上下层均有）都泣不成声地说：“我们回教不能过了。”请帮助他们想办法。在滨居街共19户回民，目前参加农协会的只有3户，回民对此也有意见。据宾川回民传说：祥云已发生将一个回民（不晓得成分）扣到猪厩的事情，并说被猪咬了以后才放出来（估计也可能是谣言）。蒙化县阴阱村之土家对划成分也有意见。据该村村干说：某同志给他们划成分时规定“凡有1架牛者就为中农，有两个劳动力者亦为中农，或虽无劳动力和牛但有地，亦得为中农”，结果中农十分多。

另外，在该县三区也曾收了一部分回族的枪支。据该区长谈：“全区回民计有枪800余支（上下层都有）。现在已收了近300支，其余500多支目前还弄不出来，现在已收来的枪多是地富的，而又多数交给回民群众使用了。”但又据朱区长（回）和部分回族群众谈：“枪已多数收到区里，并有部分已交汉人民兵使用，因而部分回民亦很不痛快。”但回族上层人物表面上则一般反映：“收了收了吧！放着也无用。”根据以上情况，显然看出，这又是一个很值得研究的问题。

（5）因为多数下级干部对这一工作还不熟悉，所以对某些问题的了解和处理上亦尚欠妥当，如蒙化三区曾派汉人干部自称是回民，到回民村去进行工作，被回民看出，内心里对该同志怀有很多不满。如一位老“五时召”说：“那个姓×‘咔啡雷’（汉人之意）还来装回教欺骗我们呢？”然而，这在客观上更加深了回族的狭隘保守意识和对政府的不相信。也有个别同志对民族问题的了解上还带着不少旧影响，如蒙化三区的一位同志和我们介绍情况时说：“这个区回民最不好办，封建、落后，宗教统治深，不和咱汉人说实话，土匪最多，有一个村全是土匪（事实不可能），现在咱们就是利用他回族干部去工作，这个区的回民干部，虽说是回族，还不坏。”漾濞县一位负责同志也常和回民干部讲：“你们回教迷信，到社会主义你们一定被汉人同化了。”因之，也影响了干部团结。（马秘书谈）

其次也有的地区在处理问题上，因对民族间的历史隔阂注意不够，也发生了些问题。

如蒙化三区在征收公粮时，发动了大仓街一部分汉人群众去东连花回民村地主家里收粮，回民当时虽无反对之表现，但内心很不服气，有的向访问团同志讲："马如意家的东西都叫大仓汉人弄去了（确实个别人是偷了一点去），谁敢说？"永平县白沙村回族镇长马恩科被扣后，当地干部就发动了群众将其财产暂时全部封起，但所发动之群众多为汉人，尤其领导成分都是汉人，故给回民中之上层人物找到了借口机会，将此事歪曲为"汉人压迫回教"。广大回民群众在尚未觉悟的情况下亦易于接受这样的歪曲宣传，如来永平城开会的不少回民代表说："马恩科好是不好，不过他们（指汉人）也真有点乘机压迫我们回教。"对这点，在今后发动减租退押的斗争中更是一个值得注意的问题。

刘树生

大理区材料之二

——蒙化·永平县调查

中央访问团第二分团

1951年2月出版

大理区材料之二

——蒙化·永平县调查

编者声明

这些材料是我们从1950年8月29日至1951年1月31日（其中大部时间是在行动中），先后在圭山、丽江、保山、大理、武定、楚雄等地区进行兄弟民族访问工作中，通过当地干部、民族代表及熟悉当地情况的人士所了解的一些情况。为应各有关机关之急需，仅将原材料加以整理，尽量避免主观分析与结论，在文字上仅要求念得通、看得懂。但由于是短期的访问与了解及仓促整理，情况难免不真实或不深入，观点难免错误，文字烦琐或不通顺。故仅能供各有关机关进行民族工作的参考或进一步考察的线，并望于今后的调查研究，加以校正。

1951年2月 日

蒙化县调查材料

（一）一般情况

（1）全县划分为6个区，共有31290户185000人，共有汉、土（家）、回（族）、苗（族）、民家、傈僳等6种民族，各少数民族约占全县人口的50%。（县委会谈）回、土、民家、苗族分布情况如下：

村名	户数	人口	其他民族	户数	其他
马米厂	180		汉族	10	
三家村	90		汉族	1	
大围埂	80		汉族	1	
晏旗厂①	110		汉族	73	

① 晏旗厂，本文又作“晏其场”。——编者

续表

村名	户数	人口	其他民族	户数	其他
小围埂	90		汉族	10	
小乌茂林	30				
大乌茂林	60				
白沙村	280		土家	50%[①]	
升和村	40				
甸中街	200		汉族	170	
河底街	30		汉族	20	
东莲花	40				
西莲花	50				
云尾村	50				
回泽村	360				回辉登村也有的说333户
菁门口	50				
树龙村	70				
新村	30				
城内双桥村	22				户数在内
总计	1297			385	

民家分布：

行政村	村名	户数	人口	备考
第一	陈新村	35	150	
第七	龙群村	65	300	
第五	五凤村	28	200	
第十	福新村	52	320	
第十一	小猪街	11	40	
	落武自波	8	29	
	落马处	17	65	
第九	新村	39	172	
	飞利平	21	80	
总计	9	276	1315	

苗族分布：

区	村名	户数	人口	备考
二	龙街	11	64	
三	歪国河	6	42	
	爬村	7	54	
	三和乡	8	34	
四	西约毛街	21	105	
五	瓦武	12	64	
六	公郎一带	13	220	
总计	7	107	540	

① 原文如此。——编者

而土家族分布最广也最多，如一区20个行政村中5村为土家，三区30个行政村中，就有13村亦均系。土家在其他区中甚多，据说：南区全区都是土家族，傈僳则很少，仅在第三区维西乡有5户20多人。汉人多居坝子和城街内，山区则很少。

（2）蒙化全县有375处小学，共有19683个学生（私立9所不在内），共有638个班（高级75班、初级有563班）。

高级班男生有1409人、女生202人，共1621人；初级班男生13335人、女生4737人，共18072人。

县中一处共有学生495名（女同学72名），共分为9班，其中有土家9人、回族14人（女的4人），民家、回族有阿、汉文小学，据统计共22处（？）。

在三区大围埂另有兴建回中一处，共140余学生，分为两班，每星期上4小时阿文，其他少数民族学校解放后也有增加，如维西乡，据说较过去增加一半学生。

全县有男教员540名、女教员122名，共662名；职员男的122名、女的9名，共131名；工友共45名。

（3）在少数民族地区的卫生工作很差，苗、土家族病了就只知请神，顶好的是用本地的土药（草根）医治。

汉族、回族的地方还可以请到医生，部分的人吃得起药，其他少数民族地区则很差，土家中最厉害的病是麻风，山区最多，如鸡马庄有30多个。这几年来坝子鼠疫亦常流行，每次都死很多人，今年死二十几个（是下关、大理到这边做生意传过来的）。

又如阴阱村的土家族20年死了40户，马克村死绝了16户。疟疾也常有之。

全县仅1个卫生院，设备亦很不好。据省防疫队医生谈：这个县，因北靠下关鼠疫区，南接宁洱疟疫区，今后卫生工作如不加强，流行病还会发展。

赵省吾

（二）回、土等族的经济生活

1.回族

（1）生活情况：由于过去大汉族主义的压迫，回族土地很少。杜文秀起义失败后，就被没收了3800担租子的田，所以至今广大回胞除盘田外，多数还要赶马做小生意来维持生活；并有不少户因做生意赚钱较多，将仅有的少数土地也出租出去，或请帮工，以便替出自己的工夫，多做几趟生意。如回辉登村在民国二十八年至三十二年的时间，300户中，共赶马就2000余匹，因劳力去做生意而雇长工的有200多家，农忙时，经常在该村住的短工不下200个。因当时生意好做，赚利甚大，到现在已有的户已发展成地富（如马如意、忽亮先等），但后来因滇缅公路的通车与国民党的抓兵要马，所以赶马的逐渐减少了，至今全村只还有马300多匹，虽有减少，但赶马生意在回民中仍算普遍，贩盐者甚多。据说：去剑川的桥后井驮盐到昌宁、耿马、双江一带去卖，每次三四日，除人马盘费外，尚可剩利两三万元；也有的到山区贩粮，每次三四天亦可得利万元左右。回民的生活程度一般说和汉族相似，比之其他少数民族（土、苗等）的生活，是好得多，很多户有瓦房，吃的多是大米。

（2）生产情况：租佃关系大概有下列5种：

①租入公田：回民盘公田的最多，在蒙化县约70%，如宴其场40户全部租种公田，甸中街25户租公田的就有20家，马米场175户租公田160户，租公田最少的三家村80户中尚有20户。其多的原因，主要是因杜败后，失去了土地，当时逃出后又回来的人仍住原村，为了生活，只好租公田。其他村汉人因田远，耕作不便，亦不来种。

公田的租额本来很轻，每亩田产1担的，顶多收租4斗，如产五六斗，只收1斗多。但后来，国民党官员们为了发财，便屡次加租，如西莲华村，马清良种20个工，民国二十六年前上租4斗，后加到1担4斗，民国三十年又加到1担8斗；甸中街张国恒种9工田，1940年前上租6斗，以后加到8斗，1942年又加到1石。不仅县府里加，到各村后管仓人亦随便加，从中揩油，故形成畸轻畸重的现象。凡当公事的人，租额都轻。愈是穷人愈重，但最重的，亦不超过产量的60%。

②回族租入汉家地主的田：这种村极少数，如蒙化18个回民村，只5个村有，且户数很少，最多的村亦不过占户数的20%，如回辉登村330余户只有30户；清明口村30户中仅6户。这种田，剥削比较重，1亩田年上租3斗左右，如杜厚奄（汉）租给忽彦廷6亩田，年租两石米；租给朱德昌1亩田，年租6斗米。李开租给马兴城3亩3分田，年上租1石多，据说占他总产量的75%左右。

③回族租给回族：这样的租佃关系有两种情况，一种是地主出租的，这种很少，如回辉登村最大地主忽亮先，但租他地种的回民仅5家。全村租回族地主田的共20家，这种租额更重一些，差不多占产量的75%至100%，如朱明富租忽亮先3亩田，一般年成收2石5斗至3石谷，每年上租1石2斗米，秋收往往全部上租，只能收点小春。另一种就是穷人和没有劳动力的或者因自己劳动力出去做生意的户，出租小块土地，这种多是亲朋和邻舍，带有很大的帮忙性质，租额一般是对分，如寡妇马坪家的3亩田，邻居马印贵租种，不只粮食对分，连谷秆都平均一份，个别的还有田主占便宜的。这样的户全村共16家，新村据说5家，大概各村都有。

④回族地主出租给汉人及土家：这种出租形式占回族地主出租土地的90%以上，如马如意有500亩田，就有430亩租给汉族人民。忽亮先的11个村子，都是租给汉民和土家。马开城、马耀堂等亦都是如此。据说，汉民和土家等租种回族田地者，共达33个庄子，只回辉登村统计，租该村地主田的汉人佃户就有80户，租额一般都在75%至100%。如树龙村赵新（汉人）租马如意两亩田，年产2石2斗谷，上租4斗5升米。灵干村土家查振平租忽亮先5架牛地，好年产谷1石9斗，坏年只产6斗，年上租5斗米，收租人去了，还得吃“新鸡”吃饭，若无马驮时，还要替他背回家。

回族地主的田多租给外族人种的原因，据当地人讲是这样：a.租给回民若收不上租来，不好说话；b.回民村多公田，买不动，只好到远处买，这样回民就够不上盘，只好就得租给汉人、土家种；c.公田租子比私田租子轻，回民就是够得上也不愿租私田。据在回辉登村调查的情况是这样的：

全村330户2434丁口（男1159、女1275），全村自有土地3000亩左右。租该村地的为117户，租给汉人的86户、租给回族的31户。其中，地主出租的20余户，无劳动力或因劳力出去做生意出租的16户，二者共出租土地1500多亩。

全村总租入户数为204户。其中，租公田的为114户，191亩；租清真寺的26户，共95亩5分；租私人的（回、汉）64户，共249亩6分。

（3）回族地主的发展——这个问题根据与回胞共同研究，一般情况是：

①在杜文秀失败时，一部分人因投降清廷而获得了大批的土地，成了大地主，如马子龙是马双栓的后代，从杜败投降发家后，虽陆续卖了不少土地，但迄今仍还算得上富户，到现在还有五六十亩田、20多亩地。

②因当公事和走私大烟发家，如忽亮先在民国二十九年，一年就发家。他在早些年时只七八亩田，靠赶马吃饭。民国二十九年宋嘉晋来蒙化任县长，因和忽有私人关系，于是就互相勾结起来，在县自卫大队的保送下，大批走私大烟，由耿马、昌宁一带买去下关、昆明卖。他和昌宁的黄商会长、耿马的张师长、昆明的永昌祥等也都拉上了关系，越干越大，从百驮左右一直发展到用几辆汽车运输。

由于他大批获利的影响，不少回民亦出宅子、卖地基地想托他的面子做几趟大烟生意，尤其县府的狗腿们来吃大头（请县府人员吃饭，他们表示自己的骄傲，就把筷倒过来用大头吃饭）的时候，想托他帮忙做生意的人们更慌了神，都争先恐后地往他家送款入股。但忽问良，每三四次中，他故意叫政府查住一次，名为“充公”，而背后，他再与政府共同分赃，就这样坑了不少人家。据说因与他同时做大烟生意而被他坑得至今一亩地还未有的就有50多户，因而他在很短期间内成了大地主，亦成了大恶霸，用钱买了一任乡长，拉兵要税、贪污等坏事无一不做，对于人民的高利贷剥削也甚重。如灵干村罗嘉兴借他5斗谷当时合成钱，到秋收时再要谷，但到粮食贵了时又合成30块大洋，这样滚了几次，就把罗嘉兴的30多架牛的田都给滚了来。这就是他发家的全部过程。如马如意、马开城等，亦都如此，人称他们发家为“三部曲”：一贩大烟，二当公事，三放高利贷。

（4）公田的两种变化：

①“公田贩子”：因公田租额轻，于是一些有权的公事人便多多租来，再转租出去，中间取利，如马水彪，曾当过乡长，租入公田8亩，又全部租给别人，年取利1石米。

②转卖：因公田有永佃权，而租子轻，故有的户必须用钱而又想不出别个办法时，就将公田卖了出去，而再由新佃户照旧上租。

2.土家族

（1）生活情况：土家因多住山上，只能盘些干火山地，出产是玉米、荞子、洋芋，即便有些水田，因水利缺乏，山上气候冷，谷穗不能低头。以阴阱村来讲，全村有74户（包括下阴阱、河北、石埃、河山），够吃10个月的只有5家，吃5个月的有20来户，其他的多是粮食收完了也就吃完了。全村没有裤穿的占人口的1/3。我们同志亲自访问一家名阿八的，他有个19岁的姑娘，全身上下只挂了一块遮羞布。一个近50岁的老大妈讲：从结婚到现在就是这一身衣服，现在全身就只挂着几个破布条。中农成分的查二松，有15工田，因土地太瘦，每年都是收完了亦就吃光了，到十一月（阴历）间就靠卖柴过生活。两个大人全都瞎了眼，就靠大女儿每天卖1背柴换回半升苞谷面，放上些野菜，熬一顿稀粥吃，饱不饱都是一天。阴阱村一年能吃5个月盐的是最好户，一般一年只能吃一二个月的盐巴，一年到头吃不到盐的还很多。代表们出去开会时都是满村跑来跑去地借衣服，芝麻克村的代表罗文堂说："他6年没见过新布了。"我们请了代表们一顿8个碗的席，他们都高兴地说："从来没有吃过的。"有个跳起来讲："毛主席要像弥勒佛一样，活着千千万万年才好。"土家兄弟们生活之苦，真难想象。

土家兄弟们都不会做生意，养牛马牲畜也很少，就是靠盘田、卖柴。阴阱一个村阴历年前每天要下坝子卖柴百余背，过年后，因粮更少了，就需200背。卖工的人很少，因卖工更吃亏，照顾不了家人生活。

（2）生产情况：

①生产关系：土家内部也有地主、富农，如阴阱村的查文科，维西乡的毕圣亭、楚文太等，但是比较少，主要的还是受汉人和回族地主的剥削。如阴阱村土地以前均是土家族的，但后来汉人李继堂去放高利贷，三搞两搞的，现在已被他霸占了全村60%以上的土地，每年收40多担租谷。其他村情况亦如此，如勤牌村在3年当中让回族地主忽亮先用高利贷卷去整个庄子。其本民族中也有些坏分子和汉人地主乡长勾结起来，用狡猾的手段压迫本族人民。有的在赌钱时以酒灌醉，抢人家的钱；有的勾通汉人当权派买乡长，拉兵抽丁，对广大群众进行敲诈，反过来又拿群众的钱对群众进行高利贷剥削，如毕圣亭、楚文才等，都是这样发家。

②生产力：土家兄弟劳动力不分男女，16岁以上一直到50岁左右，都是个坚强的劳动力。女人和男人一样能下田劳动，砍柴、背粪甚至比男人还强，除下地外还要照料家务、看孩子、做饭、缝衣等，所以他们有一句话"男子汉大丈夫靠老婆吃饭"，这可见妇女劳动生产的地位。

他们的生产工具和坝子中没有很大的区别，耕田都用水牛，山地多用单牛犁，其他工具有板锄、条锄、镰刀、砍柴刀（女人用）、斧头、钉耙（挖粪用的）、连杆等等，凡木制的都是由自己做，铁打的都是从坝子中汉人地区买来。因经济力量的限制，一把镰刀、锄头，要用10多年，到实在不能用时，亦不肯扔掉。

③生产技术和劳动力分工：土地每年犁两次，秋收后犁1次，二月初再翻1次，二月底到三月初就撒秧，培植秧苗，四月种苞谷，四五月插秧，六月间女人拔头秧，男人锄苞谷，七月拔二道秧，七月底八月初男的去锄两遍、点种豆子，女人拔3道秧，八月底九月

初收苞谷，九月后半月男人割、女人往家背，十月中收完，堆起来，十一月打谷，后半月搞松毛作肥料，十二月搞松毛、砍柴（明年8个月烧的全部砍好），往田背粪，到正月间仍和往年一样干。

④互助形式：

A.以前的互助情况：造肥互助。因养牛的较少，而肥料困难，在这样情况下产生一种互助的形式，即无牛的户可以割草、抓松毛往有牛户家去踏粪。每年挖4次，一月、二月、五月、六月。在每次挖粪时，有几家搞草就有几家均分，牛主也只得1份。其次是换工。哪家活路忙时就去帮他，以后再照数还工。牛工是1个人工即换1牛力。

B.解放后：在人民政府领导下，一般村，农会都组织了变工队。一般反映，变工组很好，以阴阱村为例，一组中有5条牛，小组每3天开会1次，必需时临时召集，田中的工作全部互助。犁田时1架牛换1个人工，从一定的方向开始，顺序犁完。插秧、拔秧、收割时也是如此，全组动员从一定方向的次序，一家家收完。帮工时，中农以上的，如他有粮食时吃他一顿饭，一般穷人是各回各家吃饭。一段结束之后算总账，谁家用了几个工、出了几个工，用工多的拿出米来给出工多的人，1个工按1升米计算。

他们反映是有4点好处：

a.彼此督促做得快了，以前都是说天气热了啊！睡了就耽误了，现在大家监督，不能偷懒了，所以做得就快了；

b.没有劳动力的可以讨得着活路了；

c.组织起来可以开荒了，1949年就开了40多亩生荒；

d.不用再费心去找牛了。但亦有一个坏情况，是养牛的要卖牛。因为人工换牛力，牛主吃亏太大；牛要吃草吃料，“麻闷”着喂，往年时可以卖牛工，利很大，现在则不能卖了。

3.白家、民家族

白家、民家多住在更高的山梁子上，自己多没田土，都是租火山地来盘，生活比土家更苦一些，一年的收成能吃3个月的是好户。主要生活来源是依靠卖柴、卖炭，除受地租、高利贷剥削外，更残酷的是受土匪的敲诈、拉牛等压迫。至于他们的生产情况，大致与土家相似。

（三）几个家庭概况调查

（1）第三区陈新村民家族杨煌，22岁，全家共有5口人（3男2女），父亲71岁、母亲67岁、妻子22岁、小孩1岁半。劳动力只有其夫妻二人。自己有两亩两分地，6个工的田，又租苏华（民家）4个工的田，年收1石5斗谷、1斗5升苞谷，每年上租5斗，因自己没有耕牛，故用人工与苏华换牛力，帮3个工换1个牛工，帮工时每天只给1顿饭吃。因自己的粮食不够吃，夫妻二人多给苏华家去帮工割草、耕田、放牛、背石头、修盖房子，每天仍只吃1顿饭，12个工才换1升苞谷，每年还得给苏华送礼品1斤茶、1盒糖（过年礼）。民国三十六年，因无雨，租的雷响田一点也没有收成，交不起租，被苏华算去房子1间。

民国三十六年借苏华的伪币1万元，当时折成核桃，借钱时照核桃市价1万元只可以买300个，但还账时就要去25000个核桃，因还不起又把30棵核桃树顶债给苏华。全家都没有新衣服，杨煌来开会穿的衣服还是借的，父母亲的1套衣服已穿了3年多了，都烂得露着肉，也没有换的。平常吃不起油，每月只能吃2斤盐巴，没钱时几个月也吃不上1斤，过年时七八家杀1个小猪，或是买1斤至2斤肉吃。

（2）苗族李成光，住蒙化第三区龙街，全家共9人（4男5女），母亲45岁、成光30岁、妻28岁、弟14岁（哑巴）、二弟10岁、三弟8岁、姐姐38岁，两个妹妹一个4岁、一个1岁。自己一点田也没有，租翼开才家3架牛的地、翼市顺家4架牛的地，每年收入最好是4石多一点，最坏时仅收3石5斗，给翼开才上租5斗，给翼市顺上租7斗（苞谷）。因粮不够吃，给地主帮工（4个人），每帮4个工给1升苞谷。民国三十三年，借茶国泰（土家）8斗豆子，还了他1条耕牛、5斗苞谷，另外还给他做了41个工，茶还说没有清账，还欠他3石2斗。但解放后他再也不敢要了。

借闭天顺5斗大麦，还了他3斗5升苞谷，又帮他做了40个工，还给他2个百多斤的猪，到民国三十七年还说欠他7斗，现在他也不敢再要了。

借杨保寿4斗豆子，还了他1条耕牛、4个大羊，此账则还清。自己现在还有2条牛、3个羊，犁耙、农具自己都有，平均每年每人一套麻布衣服，自己种麻，年产约13斤，自己纺自己织，有时不够穿，亦还要买一点。盐巴每月吃4斤左右，吃油很少，有时因过年杀个猪，自己分点肉就着炼出点油来就吃1年了，不杀猪时，就买上三四斤肉来过年，就着炼油。

成光是上门的女婿，8岁时父亲就死了，就给赵小科（汉）家中放牛。因成光年小，牛多管不过来放不好，经常被打，有一次还被赵小科砍了一刀，还说要抽他的筋。给赵放牛一直到16岁，就跑出去当了兵。但因成光父亲活着时借了赵10元半开，在成光跑了后，赵就逼迫成光母亲还账，因无钱还他，赵就把成光母亲打了一顿，因此成光的母亲病了十几天后就死了。

（3）川东汉人赵天元①，全家共5口人（3男2女），住落武自波，父亲50岁、天元22岁、妻22岁。两个小孩，女的7岁、男的3岁。自己没有一点田地，只养1条牛、1个猪，现租银头村小学（杨分相当校长）的5亩3分地，最好收入1石2斗苞谷，最坏只收7斗左右，上租7斗（规定的死数每年都是7斗）。民国十九年租该校地15亩，租额荞子1石。到民国二十年，加到4石苞谷，到了民国二十六年方玉春当校长加到4石5斗，到民国二十八年加到6石（是张凤舒与张万轩）。因不断加租，生活不能维持，租也上不起，就又租一小山烧木炭窑来补助生活的一部分，每两天可以出100斤木炭，到下关去卖，100斤卖15000元（在窑前卖100斤只7000元），来回需两天时间。在民国二十七年、二十八年，因上不起租卖了3条牛。到民国三十七年又因上不起租，就被捆起来拉到银头村小学里去打了一顿，后来大家都来讲情，才把天元保回去，又卖2条牛、1个猪，顶上了租子还说不够，到

① 赵天元，本文又作“杨天元”。——编者

解放后不敢说了。

杨天元历史上被抢过数次。民国十九年被杨开成（汉人）到他家抢走大烟250两，衣服被子也都被抢光。民国三十六年二月到下关去卖木炭回来又被朱玉良（回）、李德伟（汉）等抢去了2匹马、5万元钱。到同年三月被李德伟（汉）、杨枝芳（汉）带了30多个人抢去1匹马、2条耕牛、衣服被子及一切用具。到同年十二月又从下关卖炭回半路中又被马应其、马双全（回）带了19个人抢去2匹马、94万元（伪币），还有张喜合的4000元。过去有钱时每年每人都穿一套新衣服，每月还吃四五斤盐巴、二三斤油，现在每人2年至3年才穿一套衣服，每月5个人才吃2斤至2斤半的盐巴，吃油亦很少。

（4）土家富户茶国泰，共9个人（3男6女），种14亩田、8亩地，有154条牛（大小都有）、12匹马、430个羊、8个猪，雇4个长工，自己只是附带劳动。4个长工的工资是：一个年资8斗苞谷、一个5斗、一个4斗、一个3斗，每个人1年1套破衣服，别的就没有了。

共放出8石谷子，1斗还2斗；2000元伪币，借1万元还5斗谷子；苞谷2石，借1斗还2斗；荞子5斗，借1斗还2斗。放给二区苗家的最多。据苗族代表谈，到解放前苗家还共欠他约50石苞谷（以上放出之钱、粮均半年一算）。

（5）汉人地主杨芝芳，全家共7个人（4男3女），过去很穷，从民国三十五六年开始当了保长，家中就一天富裕一天，到不当保长时，已置田108亩、地57亩、牛35条、马17匹、羊70个、猪30个（包括大小在内）。

到民国三十七年计算：共放出票子3000万元；谷子23石，放1斗还4斗；核桃30万个，借100个还400个；苞谷3石，借2斗还1000个核桃；荞子5斗，借1斗还3斗，还要1石糠；豆1石2斗，借1斗还3斗，还要1石糠；麦种1石5斗，借1斗还5斗。

借账户因还不上利被霸房占地者很多，如是年杨林借他30万元伪币，当时只可买1石5斗谷子，到还账时仅利息要去7石，后来因还不起，就把自己的7亩田、3间房都顶了账，还给他干了一年的苦工。

又如民国三十四年，杨自发借他3万元票子，当时买谷子6斗，半年后，只利息就要去9斗。

陈应泰借他30斤香油，合谷子150斤，6个月之后就把房子霸去了6间，家中全部财产亦被占去，因此应泰就搬到外庄（鹤庆）住了。

民国三十八年，桑美借他6斗谷子，到1950年亦因还不上利就被霸了3间房子。

民国三十六年，债户段胡亦因没有办法还账被逼得上吊死了。

胡鸿章

永平县调查材料

（一）一般情况

永平县为大理专区所辖最西的一个县，西及西南部接保山，东南接顺宁，东接漾濞，滇缅公路由东至西贯通其境。

全县共7万余人，解放后划为3区，有汉、民家、回、土家、白家、傈僳、洛武等7种民族，大体分布情况是：

（1）回族：分布于第一区之曲硐、桃园、昆仑山、一坝田、山底，第二区之沙阳、白沙冲、长马寨、查龙、桥梁，第三区之大田、道田、鸭口、上寨、下寨、龙街、田石等村。

（2）民家：分布于第一区之甫登、瓦草河、察又广、巴南厂、力子松厂、大登坡，共约150户。

（3）傈僳族：分布于第一区之金小塘、毛草山、羊底、大麦地、羊塘，共8户；第三区之祁眉口、大栗树、半粮口等，共15户。

（4）洛武族：分布于第一区之绿河密、白允坡、水力厂、花椒树、少洛、青菜塘、栗树坡、大麦地、河木山、黑猫达、赶占，共计百余户，以赶占较聚集，约25户。

（5）白家人：分布于第三区之第三、四行政村，第三行政村40余户，第四行政村30余户。

（6）土家族：聚居于第三区，为第三区之多数民族，1600余户，以第二、三行政村最多，第二行政村约300户（土家代表讲）。

（7）汉族：各区皆有，在第一、二区占大多数，仅第三区较少，占全区人口10%（土族讲）。

白家（自称为“蒙”），据代表说，他们是从贵州搬来的，到现在已有八九代人了。他们现在与贵州苗族尚有亲戚关系。

洛武族说他们是从南京搬来的。傈僳族一位代表谈，他们是七八十年前自丽江维西县搬来的。

（二）教育概况

该县在永平城中有初中1处，共3班，学生137名（男生129名、女生8名，有回族8名）。教职员7人，工友2人。

全县有中心学校14个，共有教职员工107人，共63班，学生1883人。有村街小学77校，103班，教职员工82人，学生1752人。

少数民族地区教育一般落后，但回族和第三区土家尚好。第三区受过高级中学教育者只有两人，其中有1个土家族（已死）。受过初级中学教育者4人，土家族就有3人。现在永平中学读书的还有4人。解放后更有发展，在中心小学中据说都设有识字班，参加学习的人很多，如这次到永平县城来开会的22个代表中除原有读过中学的2人、读过5年的2人、读过3年的4人外，其余14个代表中就有9个代表参加识字班学习。

回族：凡有清真寺的地方多有小学，第三区7个清真寺就办有3个阿文汉文小学校。在曲硐村过去并办有简易师范，知识分子较多，仅曲硐村现在就有中学程度的青年百余人，现仍读中学的还有8人，受大学教育的2人，现在在中心小学读书的回族学生有208人，在明德读书的有200余，上识字班的也有很多。

白家族及傈僳族正式读过书的一人也没有，解放后白家族有两人已学会能识自己的名字。据说过去曾有一白家族能写书信，即被土家族乡长张正海害死。

少数民族地区疾病很多，据说有鼠疫、痢疾、疟疾、天花、烧热病……天花流行较厉害。一般的在病时都祭鬼，鬼有正鬼（即神，多为一块石头或一棵树）、死鬼（把牛羊杀了丢出去）。一位土家族区级干部尚表示“鬼很灵”。他们中亦有草药医生，但甚少，如三区第三行政村中仅有土家族草药医生1个、白家族草药医生1个。每医一次约收费半开5元，每服药半开3元5角，因而人病了就很少请医吃药。

（三）土、白、回族经济情况

1. 土家族

（1）生产情况：土家人大部分住在山窝窝里，盘瘦薄的山地，只有少部分住在山脚，盘点雷响田，如第三区仅龙街有2里长宽的小坝子，还要依靠山沟水来灌溉（即雷响田），收成很差，多是种苞谷、荞子，其次是麦子、豌豆、蚕豆，稻子很少。香菌、鸡纵菌为最多。因山区猴子、野猪、熊很多，每年要糟蹋粮食30%，为害很大。（第三区土家代表谈）

土家族的铁器大部是向外购买，如板锄、斧头、镰刀等。本族仅能制一些木器，如犁、耙等。工具的式样和当地的汉族无异。

男女均从事劳动，据说妇女劳动比男子更多些，她们除犁田地、盘田、除草、施肥与男子一样外，还得管整茶、做饭等家务事，农闲时还要织麻布、背柴到坝子去卖。

土家族除会织麻布外，没有什么手工业。他们的麻布大部是自己穿，只有少部分做成口袋出卖。

（2）生产关系：根据龙马区调查，土家族佃户很多，土地一般还是集中。如张正海（号称张百万），他自己有好几个庄子，单就永平江边来说，就有300亩至400亩的良田。据一位土家代表说：“张百万的田地无法统计，山区到处都有他的田地，现已知数目就有400多元税银。”第三区第三保的土地大部分是张百万的，据说农民几乎每家都借过他的债了。他过去养100多条牛放给农民耕地（要是他的佃户，才放给牛）。他在蒙化还有3个仓房，在昌宁也有庄田。解放前雇20多个长工，做长工的都是欠租抵债的（解放后这些帮工全回家了）。（土家代表谈）

租额一般是对分租，看来不算重，但因山区广种薄收，农民在土地上付出的代价大，实际上并不轻，佃农上不清地租就须用短工向地主顶租，每斛苞谷折7个工。还有一种是农民给地主做工，苞谷贱时不合价，到粮食贵时才算工资。

（3）生活情况：土家族的生活比较苦，好户年收粮食够吃七八个月，一般仅吃上半年或两三个月，其他几个月就全靠背柴、打兽、采野菜来吃。一般农民在过节时卖了柴才能买点白米吃，据说有个别的人一辈子见不到一升白米。睡觉时一般均没有东西盖，最好的也只有个破毯子。再加国民党的派税要粮则更苦。如张正有村长，全家4口人，每年收150斛苞谷，仅够吃8个月（还需吃洋芋），但一年还要负担约四五十元（半开）。解放后因侯匪作乱，1949年公粮没有征收，而且还放了一部分农贷，因而他们生活已有点改善，故对政府很满意。对1950年公粮都准备踊跃交纳，如代表们都说："今年的公粮是爱国粮，将来还是用在人民头上，出公粮是应该的。"

（4）贸易情况：土家区的出产只有毛菇、香菌，最主要的是砍柴烧炭卖，还有极少数的麻布。他们所需要的棉布、盐、糖、生产工具，都要从外地来。在城里盐每筒19000元，而商人搬到山区就要24000元到30000元，每筒盐就要赚到5000元到11000元左右。青布在蒙化城每件合人民币40000元，而在山区每件是60000元。可是苞谷在山区每斛是800元到1000元，而在坝区每斛是2000元到3000元，他们所需要的外来日用品价高，而出去的土产又贱，吃亏就很大。如买一件青布需粮食60斛，买盐一筒也需24斛到30斛苞谷。故到山区做生意的外来商人，很多土家人都说保山的商人剥削他们。他们很迫切要求到山区办贸易公司。

2. 白家族

白家人自己没有土地，为躲避过去国民党抽兵纳税，常迁徙不定，每到一处至多住不上两三年。全向汉族、土家族地主租地，租额多为定租制，最低的是占全年正产物70%到100%。如王老六租汉人地主3架牛地，年产5斗至6斗，每年交租6斗，仅剩点小春，如租交不清时，就要给地主去做短工，帮5天到7天方顶1斛苞谷。每至收割两季，白家必先帮地主做完后才能做自己的。

白家生活比土家还苦，如来永平开会的14位代表中，全都是穿借来的麻布衣裳，14人家中有麻布毯的只有2家，有破毯子的才有3家。如代表中陶老六家，全家6口人，仅有2条破短裤、3张羊皮。马老妹家，全家13个人只有两个吃饭碗。由于没有盐吃，缺乏碘质，14位代表全都是大脖子。粮食不够，常年要找野菜来吃。如姚老六家6口人，二弟兄已出姓上门。租4架牛地，年产3斗至5斗苞谷，上租4斗。全部财产有石磨1盘、竹箩1个、破锅1口、木槽1个、犁耙1套、锄头3把、镰刀1把、猪2口、鸡3只，全家共有羊皮褂3张、短裤2条，其余皆无。

14位代表，据我们统计仅有5400元钱，见过手表的只有1个人（因开过农代会），而且还叫不上名字来。据他们讲："长五六十岁的人也没有吃过一顿好饭。"

3. 回族

（1）回族主要是盘田赶马、做小本经营（如开食馆），回族土地因杜公革命失败后，大部被清政府没收。故今回民租种公田者很多。如曲硐全村700多户（其中汉族占24户，全靠卖柴过活的有10多户），有地主10户、富农15户（汉族富农1户）、中农71户、小贩3户、贫雇农共330户、赤贫3户。除地富外，多数公田租额一般的比私田轻，但经过"管公田"（二道地主）以后，就加重了租额。"管公田"的人多是过去的劣绅，如马先仁、寇子城（回）、罗荣贵（回）、杨玉青（汉）等，他们把公田包来再租给农民赚利。如杨玉青包租公田12工，又租出6工，5年中共赚粮食1000（斛？）。（回民谈）

全村共种教育公田395.9亩、财政公田59.6亩，其中盘教育公田者92户、盘财政公田者11户（盘财政公田有汉族6户）。公田最初租额很轻，经过"管库"则逐次加重。如省农协杨代表（回）租公田7亩，年产35担，民国三十三年前租额每年8.5担，到民国三十四年加成20担（本应加成10担，但交租没有条子，又上了10担）。到民国三十五年2亩田被水冲无收益，但租额仍没有减，把其他5亩又加上10担租，但比地主出租的土地还要轻点。如杨××租地主田1份，年产130斛谷子，每年要交租120斛，一般比较轻的也要上租50%左右。（村长谈）

（2）回族因多为赶马做小生意，故生活较好，过去最多的有马七八匹，一般的都养一两匹。但自公路通了以后，因生意不好做，骡马也卖了些。1949年"共革盟"乱时抢去了很多（数字不详）。现在到桥后井去驮盐，每次可赚30000元左右。

据说一般回民赶马或做生意的收入占其生活来源的重要地位。如马子明家，全家5口人，劳动力3人，母、妻、弟、妹各1人；租田4亩，年产粮食8担，上租120斛；今年公粮负担410斤，剩粮仅够吃10个月，其余两个月和其他开支全靠卖豆腐、医马来补助。据说一般回民收成粮食仅够吃半年，多数全靠赶马等副业维持生活。

宋文治、叶永镇

楚雄区材料

——楚雄区几个县的调查

中央访问团第二分团

1951年2月出版

楚雄区材料

——楚雄区几个县的调查

编者声明

这些材料是我们从1950年8月29日至1951年1月31日（其中大部时间是在行动中），先后在圭山、丽江、保山、大理、武定、楚雄等地区进行兄弟民族访问工作中，通过当地干部、民族代表及熟悉当地情况的人士所了解的一些情况。为应各有关机关之急需，仅将原材料加以整理，尽量避免主观分析与结论，在文字上仅要求念得通、看得懂。但由于是短期的访问与了解及仓促整理，情况难免不真实或不深入，观点难免错误，文字烦琐或不通顺。故仅能供各有关机关进行民族工作的参考或进一步考察的线索，并望于今后的调查研究，加以校正。

1951年2月　日

一、大姚县五区中和乡①发动群众的过程

大姚居住的大部分为少数民族，主要为彝族。就全区来说，大姚县发动得比较好，民族关系问题解决得也比较好，一般群众觉悟提得很快，培养了一批少数民族的积极分子和地方干部。工作当中曾经过一段曲折复杂的斗争。这篇材料主要根据中和乡乡主席李义敏同志（彝族）的谈话整理而成。

1949年12月全县解放。翌年初边纵八支队派何游任、林保善到中和乡做群众工作，建立政权。“特派员”何游任本身为地主，父为恶霸。林保善一来便住到当地一家大恶霸地主的家中，找地主姑娘跳舞耍，和地主们搞得火热。地主们便乘机混入乡政权中，大肆活动。夏兰（地主）做了调解委员和教育委员，夏佩芬（地主姑娘）做了妇女会主任。学校

① 中和乡，本文又作“中和区”。——编者

有5个教员都是地主家的人。乡主席谢天慈，曾任营长，也是地主狗腿。

中和乡最大的一家地主姓夏，在地方上把持“官府”，无恶不作。老大夏鼎曾任中和乡乡民代表会会长、国防大队长，民国十五年任县参议会长、民众自卫支队副，堂弟夏森任区长、乡长。夏犹曾任昆明市宪兵队长、团长。以上二人解放后组织暴动，已被杀掉。夏诰曾任小学校长、区乡长，乡上的积谷180石本谷、500多石息谷、全部被其吞食；解放后畏罪逃昆明，群众要求追回算账。夏英曾任乡干事、教员、仓库委员、保长、民工队长，吃私舞弊，强奸妇女。夏兰曾任乡长、乡民代表会主席。解放后夏犹组织暴动时，夏兰也参加活动，已被捉住，现仍押在县上。夏琨任区长、县参议员，曾为强奸妇女在他的可村杀死人，拖到马坝田村边，致引起两村的误会纠纷；现亦关在县里。现尚在乡的夏谟，放高利贷，苛剥穷人，仍在暗地组织，秘密开会，造谣，正布置逮捕。除此之外，地主的儿子们在乡上随意强奸妇女，欺压穷人，无所不为，群众恨入骨髓。1950年4月以前，由于干部成分不纯，汉人地主钻空子，群众情绪被压抑，整个工作呈现一种混乱现象。

1950年4月，南下工作团李荣村同志到中和乡之后，情况便改变了。当时的中心工作是征粮工作。召集了农代会，向群众细心地解释政策。同时发现了一些少数民族的积极分子（当时还有些顾虑），组织农抗会（解放初为地主把持的“翻身会”）。

李义新同志当时便是积极分子之一。参加大姚召开的第一次农代，了解了政策（5月间召开的农代），接着6月间召开人代会。之后干部撤换，区主席调走，派指导员下来帮助工作。这中间县府邀了一些少数民族的积极分子，经常个别谈话，了解区上存在的问题。同时也提高了这些积极分子的觉悟，组织起农会。接着通过贸易公司收购各地主要产物，即个旧锡厂急需的麻袋。过去因为销路狭小，价钱很低，当时是把价钱提高了1倍以上。中和乡有些地区的少数民族便是全靠每日赶织麻布以解决生活问题的。同时选拔了25个学生（少数民族）到县中学习。群众体会到今天政府与过去显然不同，由此觉悟大大提高一步。之后提拔了彝族的一位初小教员李忠担任五区的工作员。李忠同志在中和区受到广大群众的拥戴，以至影响到邻区请李同志去帮他们翻身。又提拔另一位彝族李义敏同志（初任农会主席）任区主席。群众感到这是有史以来的新事情，彝族的农民当了干部。

发动群众进行清算斗争，初期下层领导上缺乏经验，没掌握住政策，犯了急性病，干部代替包办，以致发生打人。看有个别群众在表决减地主的租时未举手，主持会的干部拿出手枪来强迫举手。侵犯贫雇农，主要是领导干部不相信贫雇农，误用中农二流子，被投机分子钻了空子。

6月间夏家组织暴动，绑了我两个村干，被我独立营围剿击溃（人数很少），匪首夏犹、夏鼎被捉。过去夏家对群众的压榨太残酷，如今一般群众觉悟提高了，在暴动中地主虽各方威胁、利诱群众参加，但结果无一个附和的。

四乡六左200多户居民，彝汉杂居。当地有两三家彝族地主（鲁仲文、马志静），都是很早迁居本地的占山户。大部分土地皆属这些家所有。彝族佃户之外，另部分是从四川迁到六左的逃荒户，租种山地。租额极高，最低为平分，高到倒三七为多。地主还可以随意收回土地。这些地主过去皆与夏家勾结，充任保长、中队长，压榨农民很厉害。曾有些汉族农民反抗被杀害，解放后汉人曾起来斗争，地主便向彝胞进行挑拨说："汉人团结了，我们也要团结。"彝族农民被其鼓惑几乎发生械斗。国民党时代当地乡村干部都是彝族担任，对汉人特别苛刻。出兵派款多加在汉人身上，因而彝汉多存在相互歧视和隔阂。

解放后最初乡主席是谢天慈（地主狗腿）。地主控告农民组织武装，准备暴动抢仓库。农民到乡上控告地主压迫时，便被谢天慈训斥一顿。群众情绪被压抑得很厉害。

工作队下乡之后，撤换了乡主席。区长李义敏同志（彝族）根据过去汉族受压迫的情况，村政权中提拔了几个汉族任村干。首先是从彝族干部中把关系搞好，然后通过干部搞好了群众关系。经过诉苦运动，彝族农民觉悟到过去与汉人的仇视，皆为了地主的挑拨。而地主对自己也同样压迫，并不比汉人轻，占便宜的还是那些地主上层。之后逐渐对汉族消除了隔阂，现已团结得很好。

斗争彝族地主主要采取说理方式，打下其威风，然后使地主向群众认错，承认减租，取消高利贷的利息，而对他过去所做的罪恶（鲁仲文曾为追租吊死过3个农民）暂不追究。这样做，主要根据上级指示，照顾少数民族的原则。

现在存在需要解决的问题：

（1）首先是土产出路问题：最急迫的是麻布的销路。中和区二乡小知左村和普者地村两地，一共有六七十户人家，全靠织麻布来度生活。其他一些区域也有近似情况。虽然去年曾由贸易公司代个旧锡矿厂大量收购一次，但因下面乡村干部对此事未重视，甚而少数人贪污吃私，未能达到原定数字，亦未满足群众的要求。此外山上很多地区出产一些草药，像黄连、茯苓等，现因销路断绝，亦要求政府设法解决销路问题。

（2）要求调整土地：山地一般都很瘦瘠、狭小，即使土改平分后，同样不能提高产量。因而在土改中，要求打破乡区界限调整分配。

（3）教育问题：过去因识字人常被拉去当兵，不敢上学。现要求普遍设乡村小学识字班，因大部分农民要求学汉文，提高知识。

（4）普遍要求镇压当地地主恶霸和加速处理在押的恶霸。

范景宇

1951年1月

二、永仁县民族情况

1.民族人口及分布

永仁有彝族、白彝（又称倮倮）、摆彝、傈僳、汉族5种民族。据最近统计全县共有95000多人，而其中少数民族占1/2以上。少数民族大部分布在龙华乡。龙华乡为永仁最大的一个乡，面积占全县1/2，山势很大。在上面居住的少数民族占98%以上。山头气候最冷，为彝族居住。傈僳、摆彝、白彝居住山腰或山脚接近汉人地区。全县少数民族当中，白彝较多，汉化亦较深。一般风俗习惯多与汉族相同。

2. 民族关系

除彝族的关系比较复杂外，其他的关系是一个汉人地主压迫剥削少数民族的租佃关系。在小组讨论会上，一般代表的反映都是减租退押，希望土改的事。尤其是白彝族，他们住的地方多靠近汉人或与汉人杂居，种的也是汉人的田地。过去受了汉人地主的许多压迫和剥削，故现在要求清算地主恶霸，分给他们土地。彝族都是由西康凉山搬来的。永仁与西康仅隔着一条金沙江，故永仁的彝族与凉山有着密切关系，他们多是亲戚，常常来往。据说西康会理的彝族常过江来帮助永仁的彝族打冤家。在这一次彝族代表会中发现下列几个问题：

A. 土匪问题：永仁的彝族常常抢劫其他民族。过去在龙山坪有一个叫李守林的彝人，纠集四五十个人，专门以抢劫财物为主，不事生产。在四五年前已被国民党枪毙。李死后，抢劫案仍然继续发生，但不如过去规模大。解放以后，抢人的事仍然发生，但没有过去多。据一个彝族代表说，在大庭区下马鹿场，有一个叫何国贞的彝人，暗地里指使彝族抢人，坐地分赃。彝人的抢劫与一般土匪不大相同，除一部分专门以抢劫为生外，有的也照样生产，有机会就抢。白彝代表尹某说，他们去向彝人买牛，就不敢带着钱去，要把钱放在村子中。牛买成后，约来交钱。假若带着钱去的话，他们就会把牛价说得很高，假使交易做不成，回来路上便抢你。由于彝族的抢劫，故与其他民族的关系都不十分好。白彝代表尹某曾说，他家就被彝族抢过，而且他还剿过彝族。彝族在永仁一般都被称为蛮子，常受汉人轻视。

B. 少数民族内部的阶级问题：在小组讨论会上，有一个姓陈的彝族娃子提出要求解放，他说他家世世代代卖给黑彝做娃子，身子得不到自由。

3. 生活概况

永仁各少数民族中，以白彝族的生活较高。他们居住的地方，有的是坝子，有的是接近坝子的山地，故一般生活习惯都与汉人差不多，大多从事农业，农产品有米、苞谷等。除少数有田地外，一般都是向汉人租种土地，基本上都受汉人地主的压迫和剥削。傈僳、摆彝多居住在山腰或山脚，人数很少。生活除少部分能吃米外，大多数是种山地，吃苞谷、荞麦。彝族居住在山顶，气候较寒，开山地，种苞谷、苦荞、洋芋，生活较苦。其风俗习惯、社会制度与凉山一样。

4. 群众要求

A. 设立学校让少数民族子弟有读书的机会。在小组讨论会上，有许多代表都发言，希望政府能帮助提高他们的文化。在过去很多子弟都没有读书的机会，偶然有几个下山读书，但在学校中又要受汉人的气，说他们是蛮子、倮倮，没有资格读书。

B. 要求土改，分给他们土地。山上的民族要求下坝子来住。他们说即使分得山地，也不能提高生活。

C.要求开辟交通，修复原来公路，免得交粮要走路。由永仁到大姚过去曾有公路，但现在已坏。希望政府能修复桥梁。至于路基，他们愿意担负修理，不要工钱，只要政府供给伙食。

尹寿铭

三、广通县调查材料

该县民族有回族、彝族、苗族、傈僳、汉族。人口最多的为彝、回两民族。回族人口5300多人，住居在城区和12个自然村里。彝族人口5800多人。

该县民族关系是汉族和各民族之间的关系。少数民族和少数民族之间问题不大。这里了解的是回汉关系。

回汉纠纷是早在咸丰六年（1856）杜文秀起义时开始，一直留传到现在，并未消除。当时由广通县的汉族地主王枫芝的上代（在那时也是官）领导汉族人民反抗杜文秀，双方对杀。那时广通回族居住村庄共9个半，由此开始了互相残杀的局面。那时汉族在政治上是有力的，所以回族是被压迫的民族。

在光绪年间，回族将自己本族公田38个多工（约合180亩左右）当给尹树生（汉族）。一直到民国十七年，王枫芝看这笔财产不少，就想夺过去，利用武力就将当据抢到手里，硬说田是他的。因为他有权有势，回族也没办法争辩，就这样将田霸占去了。

回族同胞在广通买了好些大木头，准备盖一个很大的清真寺，但王枫芝知道后说，你们不能盖这么大，一定盖得要比我的房子小，不然就盖不成。回族无奈也只好盖小的。

还有王枫芝带着兵去挖回族的老坟，不但将墓内藏的东西拿走，而且将坟墓上的砖拿回盖房用了。

解放后两族在关系上还是不太好，如在入农会上也表现出来。有的汉族人（少数的）说："你们回族穿得这样好，入农会干什么呢？"据回族同胞解释："吃得再不好，再没有，穿的也得好一点、干净一点。就是破的也要缝补得好好的，不要露体，这是我们回教《可兰经》上规定的。露体是不行的。"以后有回族土匪抢我区政府，杀了几个汉族干部，但是没有杀回族干部。汉人土匪知道了，这又是回族的不对，所以他们又将回族干部杀掉。

王枫芝在该县是地主，又是官。他曾任过政府的参议长、保安队队长，又是最大的所谓"元老"，所有到广通去的县长，要先去拜访他，不然县长会当不成，所以他在该地是"天人不欺"。不但是回族，而且其他少数民族也是同样受压迫的。如彝族代表说："过去汉家看见外面穿得破，他们就说我们带着疟（有病的意思），不见我们。我们穿得好一些，他们才见我们。过去要兵抬杠，也是全叫我们少数民族，不叫大汉家的。过去我们彝家在街子上卖柴卖菜，若有汉人地主来买，他们给我们的价钱很小。我们不愿卖给他，他们就说看不起他们，还用脚踢我们。”

由以上的反映来看，全是对汉人地主的诉苦。在小组讨论“苦由何处来”时，也全追到汉人地主身上去。但是各民族人民之间的隔阂是不太大的，如回族代表说：“我们要认清敌人，大汉族地主压迫我们，可是汉族老百姓还是和我们好。”代表们全说：“合啦，合啦。”

今后工作中，将注意的是回族，其次是苗族。因为回族一般来讲是做生意的比较多，又是做大烟生意和贩卖枪支，做大烟生意，也需有自卫武器，所以在回族人民中武器相当多。在解放前后，有回族土匪，去年我们剿了一下，镇压了一下，比较好了一点。但是最近（1950年12月）听说有几十支枪又要暴动了，基本也是回汉关系问题。再者是他们文化水平一般讲来是要比其他少数民族高一些。他们在这次代表会上提出下面两个要求：

（1）减租问题：我们土地改革法上规定了“本法不适于少数民族地区”，所以他们强调这一条说，他们清真寺的公田不应减租，但是县政府没批准。他们又提出汉人地主富农不减、中农减1.5斗、贫农减2.5斗。经过3次商讨（最后决定还是照减），他们有困难，我们供给他们一个教员（？）。

（2）我们民族政策53条规定：“……人民政府应帮助各少数民族……发展其政治经济文化建设事业。”他们提出办学校的要求，如一区三村说办一个学校（共40个学生）需要米22.25石，他们自己可出5石，需要政府帮助17.25石。

再者是苗族问题：过去反动统治者对少数民族压迫和欺诈，苗族同胞多居住在山上，很少下山，对政府很不信任。由于我们解放时间短和我们的工作还没有深入到深山地带，所以该地民族对我政府认识较差，这次代表会他们只来了1个代表。最后在小组会上，他要求我们政府同志多到他们那里去。他说：“我们那里人才怪哩，第一次开代表会不来，他们说开哪样会，反正是和我们要吃的、要喝的。”所以从省农代、专区农代和人代会、县人代会，一直到我们这次各民族代表会，全是他一个人参加，再也没有别个。

赵锡庆

四、牟定县一般民族情况

1. 民族

彝族（倮倮）、汉族、苗族、回族。

2. 人口

人口总数20000人。汉人占80%。苗族15户，回族3户，少数民族共约占全人口的20%。

3. 分布情况

全县共分4个区：东区叫第一区，南区为第二区，西区为第三区，北区为第四区。

以第四区少数民族最多，彝族有200多户（分布在距城30华里以外），苗族在该区也有几户。第一区，汉人占一半，少数民族较少，彝族、苗族有几家，回族在城里有1户（6人），其余两户在乡下。

4.生产情况

农业为主，手工业为副。农业出产有荞子、洋芋、稗子。一般的可以吃3个月。苗族女的在家织麻布，“自己种的有麻”。男的除打猎而外，背柴卖。女的有时也砍柴。彝族主要靠卖柴、砍柴、烧炭卖来补足。回族生活较好一些，他们都会做生意，大半是运贩皮货。铁是产在牟定东第一区（锅铁），人民的一个副业就是打铁器。第四区没有租种地主的地。汉人有几家地主，都是雇两个人自己来种。请人帮助，供吃饭不给工钱。少数民族中最多有15亩田，中农只有5亩田，贫农一二亩地。除自己的田外，租学田的很多（公田）。自己开荒，种点洋芋等类的。这个区内缺水，一年经常闹水的恐慌。

少数民族中也有几家地主当权派的，住在城里边，他们的田也是请工自己来看种。除这几户外，多半是被汉人压迫。

彝族多养牛、羊、猪，马养得较少。羊皮多半自披。牛除耕种外，也有杀吃的。他们自己都不知道制羊牛奶饼。

5.负担情况

在反动统治时代，负担有下面几种：

A.门户税、房基税，一年交4次。一间房交1公斗（合7斤），全年交7公斗。这些税是管事人平分，抽大烟用。另外还要摊派（保、甲、乡丁的粮米）。

B.地税，每一次收两年的。民国三十六年、三十七年三保保长郭学堂把这两年的地税都收来存在自己家里面。后来我们的武工队去解放时，他连夜把所存的粮搬跑。

C.老百姓租的学田，收1石交6斗或6斗5升，还有交7斗的。

D.借贷是借1斗还2斗（乡保长，征来又向外放），借几个月也是借1还2。

E.宪兵、壮丁代金。民国三十四年时，本区是72个兵代金，每一兵代金是法币30万元。乡长杨子和自用掉。

6.民族关系

彝族与汉族有些隔阂，彝族过去多受汉人的欺压。

A.1947年时，汉人曾上山砍彝胞的柴（带着人、牲口、枪驮），打伤彝族同胞几十个，重伤的有1个。同年该区的一个彝胞到城里面去卖柴，被城北门外两个汉人抢去打死（被打死一个人的侄儿这次来参加开会）。

B.赶街子时，彝族同胞卖柴，汉人都不买，让冻饿到晚上，看不见了，他们才出来买。

C.汉人见他叫：“转来转去，死倮倮。”汉人有了婚丧事情派他们男的去抬滑竿，女的去洗碗、看孩子。汉人官到什么地方去开会，就派他们去抬滑竿。有一次派他们去抬，去得晚了点，他说我们回都回来了，要他们出钱，不叫抬啦。

7. 风俗习惯、宗教信仰

A. 彝族俭朴诚实。喜吃酒、跳舞、唱山歌。婚姻自由。夜间男女青年到山地跳舞唱曲。男女老幼一般的都会说汉话。信鬼神，病则跳神、打卦、送鬼。

B. 苗族风俗习惯同彝族差不多。迷信鬼神。婚姻自由，男女关系乱。结婚时，男家陪亲的同男拜堂，女家送亲的陪女拜堂。人死了，如果是说这个人死得干净，才能入坟；不干净就用火烧。

C. 回族讲究卫生。团结互助性好。没有乞丐。

8. 群众要求

A. 评银产。过去国民党时，汉人有钱的会送礼，评银时，汉人10分评6分或7分，少数民族有6分银就给评成10分。这样公粮负担时我们还是多，请政府彻底评银。

B. 要求种子。过去种大烟的地现在不种大烟了，普遍的没有种子下种。

C. 请求政府帮忙办学校。都感到自己民族的文化太落后，只有念过小学的，上中学的都没有。

D. 救济医药。过去牛瘟、什么打预防针都不知道，有了病等着死。

E. 修水利。这个县几区都缺乏水，如果水不发生困难的话，产量就能提高。

王树村

五、盐丰县民族概况

1. 民族分布

全县6乡1镇，共有21034人，汉人占60%，少数民族占40%（强）。有彝族、苗族、回族、格蒲。6个乡的乡长均为少数民族干部。民族分布情形是：

A. 彝族：三台乡人口有900户，彝族有800户，约占90%；潭华乡人口有900户，彝族有600多户，占70%（强）；罗村（陆春）乡有700户人，彝人300多户、汉人400户；安奉乡有30%为彝人、70%为汉人；石古乡汉人有90%，彝族只占5%；清风乡彝族占20%，汉人占80%；石羊镇（即盐丰城）全为汉人。

B. 傈僳：罗村乡有60多户。

C. 苗族：共有10多户。

D. 回族：全县有18户。

E. 格蒲：罗村乡有30多户，三台乡有10多户（又叫大兰保，也叫白彝。格蒲是他们自称）。

2. 经济情况

A. 彝人：自耕农（中农）约有20%，贫农（佃农）70%，雇农9%，另有极少数富农。地主多为汉人。

彝人有90%种山地、10%种水田。甲等田1亩可产3公担（1担等于100斤，1斤等于13两8钱），至丁等田，1亩只可产7斗至8斗或1公石的谷子。

山地好的1亩可出2石苞谷。最坏的种苦荞。年成好时1亩出1公担，不好时（如雨水多、地冷及旱灾等）只可收种子或种子也收不起来。最坏的是轮种地，种1年后，要等草木长起来，烧在地里才能再种。故5年至6年或7年至8年才能轮种1次。

山坡上的平地才能用牛犁，1个人驾牛，有的用两条牛驾1个犁。过去国民党剥削多，能养牛的人家少。只有1/3的人家能够喂得起牛。

山地除去苞谷、荞子外，只产麻，沿金沙江边一带多出麻线、麻布及核桃、桂皮。另外山区一般兄弟民族多牧羊。

B.生活：富农的生产够食用外，一年还可剩一点（少民），中农一年只有七八个月够吃，贫农够吃半年左右，雇农一年只够吃三四个月。不够吃是靠卖麻线、麻布与卖工来维持，有的是背柴及把麻子打成油来卖。

山高地冷的生产更少，生活更苦。如三台白草岭，在山的低处才出核桃、板栗，要把核桃拿来榨油。

去年受水灾及国民党抓丁上税等压榨，一般少数民族生活都很苦。今年（1950年）解放后，免了门户钱及国民党时代的杂款，又没有兵役，大家安心生产了，生活比去年好些了。

C.公粮：1949年公粮负担很合理，田多的多出，田少的少出，没有的不出。今年更合理，产量多的多出，少的少出，无产量的不出。

三台乡彝族代表李开文说：“毛主席是新太阳，是我们贫雇农的父母，没有他减不到租，没有他退不到押。”

漆锐夫

1951年2月9日整理

六、盐兴县的民族问题

1.历史上的民族关系与纠纷

盐兴县三道河在咸丰年间杜文秀起义时，本村的汉族地主土豪劣绅们，思想上就认为回族“反了”，所以汉族的土豪劣绅就联合起来，由丁仁领导“屠杀”回族。回族由杨新之领导，故意请丁仁来吃饭，在吃饭时就将丁仁杀了，将他的头拿到城市里示众，恐吓汉族。回汉间互相屠杀和仇恨，几十年来逐渐地销蚀。尤其是解放后，听了民族政策的宣传，思想上认识了各民族团结的好处。

彝族的生活是很苦的。多数的是没有田种，仅是靠背烧柴卖。在盐兴干海子这一带地方，有些山是私人的，山多的柴多，每个人最多只能背100斤，卖得人民币2500元。所以彝族同胞们就认为山上的柴就是他们每年生活中离不开的东西，一向看得很贵重。

彝回关系：在1947年，盐兴县干海子的彝族同相离一天路的回族同胞曾做过残酷的斗争。彝族是靠背柴为生，但是回族同胞却来彝族的山上砍柴，彝族不让他们砍，就互相打起来。回族被打败，有的打得头破血流，没有大的死伤。后来回族又来打，将彝族同胞打死两个，告到政府里。政府判决回族同胞3年的徒刑。

2. 群众要求

A. 贷款问题：现在少数民族地区，没有钱买生产工具的很多。如贫雇农多半的没有镰刀、锄头，耕牛都是向中农、富农、地主老财们借用。所以少数民族同胞们很热情地响应政府的号召，要加紧生产，但又没有生产工具，因此希望政府贷款购买生产工具。又希望把县里市上的柴价提高，柴值钱了，工具也多少可买一两样。

B. 开办合作社：乡村离城市很远，买点盐也要走几天路，所以要求开办合作社。

C. 少数民族的妇女们，她们认识到我们妇女在旧社会里，父母是不准姑娘读书的。今天解放了，我们要求提高我们的文化水平，最好能举办妇女认字班。

D. 妇女们说："我们不单是要学识字，在新民主主义的国家建设中，我们要做点手工业如织布等事，希望政府帮助。"

李　凯

七、楚雄专区卫生概况

1. 地方病

A. 甲状腺肿：虽无统计数字，由所来代表及沿途所见，知甲状腺肿患者不少，尤以双柏、盐丰最多。此区山地面积很大，故吃盐者极少。水源是山水、泉水、井水不定，其中含矿物质多少不知。据老百姓讲，此病乃因喝着大树底下之水而得。

B. 麻风：各县均有麻风病人，数目不详。有的县解放前集中，解放后因无经费，房屋倒塌，故亦未加修建，形成自流，故患者仍与健康人杂处。不过一般老百姓均知此病厉害，故不与其来往。打水交接之事，均与其家中健康者相接触，或有人代劳。且每县中均有肢体坏死不能做事者。据最近书面报告，知道8县麻风病人数：

楚雄：69人，其中有9人肢体坏死，不能做事。距楚雄县城7里有荷花塘，可作聚居处。

姚安：43人。原来地点可能作收容之地，但需加修理。

盐丰：42人。

盐兴：9人。

永仁：78人。

禄丰：166人。

大姚：63人。

其他3县尚未报来。虽各县均请示对患者之处理办法，但因口粮房屋均是问题，又未得到上级指示，故尚摆着未处理。

2. 流行病

A. 天花：每年均流行，患者与死亡数均不少。解放后召集了一批人学习种痘，讲解种痘之一般常识。例如禄丰、姚安、大姚等县调出教员、学生及青年干部等出来学习，自进行宣传及普遍种痘后，患者已大大减少。在种痘前，每月均有死亡者约八九个，患者中二三个死亡。

B. 痢疾：流行甚厉，有六城村全村2/3患病，死亡16人。

C. 疟疾：恶性疟疾较多。有痉挛之现象，老百姓会自己用金鸡纳霜树皮蒸水吃，或用树籽晒后蒸吃。

D. 其他：沙眼很多，几占100%。

3. 妇婴卫生情况

城内有一助产士（昆华医校毕业），大家都认为好，故请她接生者很多。她接生后拜访一星期。此外还有三四人，但大家请者少，不过此数人均不挂牌。

乡间生产时多坐生、站生，请老太婆帮助，不论城内外，对产前检查均不重视。

剪脐带用剪子、瓦片、玉米骨。

婴儿死亡率，以脐风为最多，有60%至70%。产妇以产褥热患者较多。

4. 各县卫生机构情形

各县现在所有人员均为留用者，且每县不超过5人。以前均是进行治疗工作，对预防不够重视，自去年10月开卫生工作会议后，开始重视预防工作。

5. 宣传工作方面

卫生宣传工作之进行，乃配合每时期之主要工作同时并进。下乡宣传，也由于百姓之觉悟程度提高，例如农协会即自行宣传，再加卫生人员在配合工作中之宣传及诊疗之效果，使不少百姓破除迷信，同时开始诊病，种痘、注射预防针等均不花钱，故在少数民族中亦取得信任。现在一般诊病花钱，贫雇农无钱者由区证明可免费，月终与县政府算账，自救济粮中支出。

6. 中药

楚雄出产有薄荷，大姚有茯苓。

7. 在培养干部方面

除经济方面、教学人员困难外，对象颇不乏人。

李　珠

1951年2月

八、楚雄妇女代表谈妇女生活

未解放前，彝族妇女们的一生仅是种庄稼、背柴卖，大了就嫁人。彝族妇女们劳动力很强，有的9个月的小孩子就能走路。到了三四岁时候，就跟着母亲到山上拾柴，还背少数的柴。姑娘们在十八九岁时就能背柴卖了。她们穿的衣服、戴的首饰，母亲就不能供了，而要靠自己背柴卖了买。她们无论干什么活路，都是同男的一齐去干。

在婚姻方面：父母怎么说就怎么样的，父母叫女儿嫁谁就要跟谁去，一点也不敢强调自己的自由。如大姚县有一个妇女现年25岁，他们村里办有妇女识字班，读的是初小国、常，还有《三字经》。工作同志有时也讲些政治教育，主要是妇女翻身的故事。一天天，她的觉悟程度提高了，她痛恨旧社会给她的束缚。她5岁时就订婚了，啥也不懂，她自己是彝族，她的丈夫是汉族。现在她要同她丈夫离婚，她嫌她丈夫在开会时不能上台去讲话，她经常回她娘家去，但村里的民兵又把她叫回来。接着回族妇女代表说："彝族姊妹们比我们受的压迫还痛苦得多，我们回族妇女还好些，因为我们信伊斯兰教，经典上告诉我们男的20岁、女的要18岁才结婚，所以就不像彝族姊妹们受这样的痛苦。"

她们又说："在国民党时像白崇禧也是我们回族，他就没有像毛主席这样派访问团来看我们。毛主席是汉族，对我们各民族有这样好，真感谢不了。"

她们要求设立纺织工厂，使她们的手工业大规模地发展起来。

李　凯

武定区材料之一

——武定县生产、卫生情况及第二区民族关系的材料[①]

中央访问团第二分团

1951年2月出版

武定区材料之一
——武定县生产、卫生情况及第二区减租退押的材料

编者声明

这些材料是我们从1950年8月29日至1951年1月31日（其中大部分时间是在行动中），先后在圭山、丽江、保山、大理、武定、楚雄等地区进行兄弟民族访问工作中，通过当地干部、民族代表及熟悉当地情况的人士所了解的一些情况。为应各有关机关之急需，仅将原材料加以整理，尽量避免主观分析与结论，在文字上仅要求念得通、看得懂。但由于是短期的访问与了解及仓促整理，情况难免不真实或不深入，观点难免错误，文字烦琐或不通顺。故仅能供各有关机关进行民族工作的参考或进一步考察的线索，并望于今后的调查研究，加以校正。

1951年2月 日

第一部分 武定县北部生产情况

（一）一般情况

谷子占15%，荞麦、黄豆、洋芋、四季豆占35%，苞谷占50%。蛮族分布在山上，以种荞为主，洋芋、燕麦为辅，萝卜是蔬菜中的大宗。傈僳族多住在半山，水田很少，以种苞谷为主，洋芋为辅，种麻是副业。摆彝多住在沿河平地，以种稻为主。苗族散居山中，种地以外，以打猎为副业的很多。各民族都因水稻田的缺少，一年大部依新粮度日。同时因地形高，水源少，土地多瘦薄，几乎没有一处所收获的能维持一年吃的，不足的时候靠到城里去做苦工，做小买卖，甚而抢劫来求生活。

① 本材料内页名称为“武定县生产、卫生情况及第二区减租退押的材料”，与封面标题并不一致。——编者

（二）森林情况

武定北部二、三、五3个区因离城较远，有很多森林，由麽莺到糯谷长得最繁茂，将到糯谷有一处连绵3华里左右遮蔽天日的森林。沿糯谷、他贞到滔谷、东坡的一路树林较小，最多是飞松。东坡至田止河谷地带有桐树分布，但两岸山上的森林已破坏无余了，由田止到插甸70多里地带内森林也很多。但各地的林木都有成片砍伐烧毁的情况，在田止到插甸的途中时时可以听到叮叮的伐木声。关于保护森林的政府法令尚未传达下去。

（三）耕牛情形

滔谷村28家中，没有牛的占1/3，插甸差不多有1/3缺牛，田止150多户只有30多条耕牛，东坡30多户人家有10多条牛，他贞平均三四家有1条牛，蛮得凉子3家有1条牛。在耕牛缺乏的情况下，有些不到适龄的耕牛有时也勉强充抵一部分；同时山地宜于畜牧，繁殖较快，目前插甸每街成交的牛在30条左右，10万元至40万元可买到1条。

（四）种子问题

1950年麦种贷放发动太迟，未能及时，第五区民族兄弟很多地方未进行贷放工作，二、三区贷了少数，而且有很大偏差，如三区有二流子何白才等套借花用、二区插甸乡有干部套借的情形，而且大部贷给了中农、二流子，基本群众未贷到。目前群众急需洋芋、燕麦贷种。查得需要种子量：洋芋20担，荞麦30担，燕麦10担。新民乡需要洋芋10担、荞麦3担、燕麦1担。插甸需贷洋芋72担（插甸洋芋每担32元，数目很大）。此问题不迅速解决，则影响明年（1951年）的春荒。

（五）肥料问题

二、三、五区各乡村大部不使用人粪，只有插甸苞谷地用一些，原因是习惯上以为大粪脏。村子里找不到一处厕所，也很少人积人粪做肥料。滔谷普村长的苞谷地因施人粪收获较好，但未能影响普及全村。插甸区不能多种小春作物，不能深耕，也是因为不施肥，缺乏有机物。当地人以为天气冷，种了小春收得迟，影响种谷，事实上插甸再冷也比北方暖得多。

（六）大烟问题

沿大路没有种烟的，据说糯谷山上有一部分尚未铲掉，主要是插甸茂莲乡，竟有2/3的田种烟。烟有两种：

1. “三月黄”

现在有的已二搞，有的才出苗。插甸区的生产助理员朱飞洪同志到茂莲去铲烟，已限期铲除，有些地要暂时荒掉，有些地还可以种洋芋。

2."秋烟"

五六月下种，现在已可以收浆，或将要收浆的，面积较"三月黄"种得少，已完全割去。

两种烟其中"三月黄"多半是夹种在麦子、扁豆当中的，不能以犁翻掉，要一棵棵地拔，群众要求限期缓一些。一般兄弟民族种得少，汉人种得多，贫雇农种得少，地富种得多，铲烟时地富常常指使一些种烟很少的贫苦老妇叩头求情，企图以此阻止铲烟。

（七）副业

除了养蜂、卖工外都种麻、经麻织布，像他贞、滔谷等地的少数民族家家种麻，自两碗籽至二三升不等，且妇女都会织麻布，每亩可收五六百斤麻，可织成500页布（一页2尺长、5寸宽）。每人一天可织20多页，由麻到织成布的过程非常复杂，要"剥"，"结成线"，以杨木灰"漂白"，放在清水里"洗净""捶软"，再以鸡蛋、牛油"上浆"后才能"织"。他们织的有两种：一种是自己穿的，比较白也细致；另一种是专为出卖的，比较粗，发黑黄色。织布用的木机很简单，方法很原始，需待改进。

（八）各村粮食生产情况

1.他贞

主要是傈僳族，90户中有15户汉人。全村487人。全村有山田20石，地也有20石左右（以下种数计算面积）。苞谷为主要粮食，四月种八月收，只能吃到第二年正月至二月。豌豆、大麦、小春作物很少，因缺乏种小春的田。四月种小春，仅够四五个月吃。洋芋十二月、一月下种，五六月收，每一升籽可收1斗，最少8升半。每亩种子收2斗左右，可吃到八月苞谷下来。荞麦三月种七月收，多开生荒种植，因而耕地面积不固定，每亩用籽5升，每升可收2斗，至少收1斗。燕麦十一月到十二月种，来年六七月收，每升可收4升至6升。油菜多与麦子混种，做蔬菜吃，待麦子生长起来时油菜已经吃完了。

最困难的是二月到五月，青黄不接，大半人家以冬瓜、树叶、水芹菜、棠梨花、野菜掺杂粮吃，另方面到元谋去卖柴、抬轿、卖工糊口。

2.蛮得梁子

120多户蛮胞，一年收获只够吃四五个月，至多半年。多数人靠砍木头、烧木炭维持生活，过去有一些以抢劫为生的。主要作物有下面几种。洋芋：地约有50担左右，冬腊月下种，1升种可收1斗，占耕地30%；目前要求贷给种子20担。荞麦：地有50担左右，二月种，六七月收，占耕地50%；要求贷给种子30担。燕麦：地有30担，冬腊月种，七月收，占耕地20%；要求贷给种子10担。其次是萝卜：每年种两季——三月至五月、六月至冬月，可充作粮食。苞谷种得较少。一般不够吃的便到元谋去谋生。砍木料1丈2尺可买半升到1升米，50斤木炭可卖4000元左右，有2/3的人靠卖苦力来维持半年的生活。去年歉收，今年缺种子，要解决抢劫问题，就必须帮助他们解决生计问题。

3. 滔谷

28户中有5户全靠卖工吃饭，全靠种地生活的人家很少。作物以苞谷、洋芋、麻为主。够吃的人家不到一半，靠到元谋去抬轿子、做吹鼓手，尤其黑谷村做吹鼓手的最多。十分之二三的人家都养羊。本地产一种白马齿苞谷，每穗竟有一斤二三两重。

4. 东坡、田止

自然环境较其他地方为优，有种谷的小田，苞谷及稻占50%，而且可种小春。另外可种以下几种作物。

（1）甘蔗：种1年可收3年，然后休耕，施一二年火种（以树枝、草在田里焚灰），又可继续种甘蔗。每亩可榨糖500多斤，比种别的合算，但很费人工，要壅肥、拔草、疏苗，长到2尺时又要壅肥、拔草，并需注意灌溉。

（2）花生：每年四月下种，十月收获，每工可收3斗花生果，可剥1斗米，重50斤，可卖15000元。

（3）芝麻、绿豆：多为山上的老干民族种植，1斗芝麻可换5斗米。山上又可种苞谷、高粱。

5. 插甸

一般与武定城郊相似，平坝很大，但很少种小春的。耕地犁得很浅，又不施肥，土质薄，收获因此很少。产量每亩2斗到8斗。不种小春据说因天寒、缺水，有1/5的田种稗子，夏至种、冬月中旬收，每工可收4担，人吃、喂猪、做酒用。

武定地委会

第二部分　武定兄弟民族的卫生情况

武定县三、五两区的兄弟民族团结大会，专署和访问团医务组在以他贞为中心的地区进行了一些不全面的访问，在那里完全健康的人很难见到。主要有以下疾病。①眼病：沙眼、结膜炎几乎是普遍有的病，十分之六七是比较严重的。②肠胃病：胃酸过多、胃溃疡、胃扩张、胃神经痛、赤痢、肠炎、肠寄生虫等病，有一半以上的人患，尤其是五六月间最多。

这些病的发生流行，与他们的生活条件太苦分不开，住的房子是平顶，矮小，甚而没有房子。衣单被少，房子很少开窗洞，不通风。晚上大家围着火塘睡，烟雾满室，熏得眼睛都睁不开，直流泪，如何能不害眼病？山高地薄，一般人家只够半年吃，至多够七八个月，10顿倒有9顿饥，四五月间拾野菜、野菌吃，平时舍不得烧柴炭，都是吃生水。土里含有芒硝，山洪来了，人吃了水个个闹肚子，这样自然容易害肠胃病。山区缺棉、缺布，很少人能穿上棉衣，18岁的姑娘光着下身。山上气候经常变化，尤其冬季，很容易伤风感冒，患气管炎。更谈不上有蚊帐，防避疟蚊，因而害疟疾的也较多。水里缺碘，又吃不上盐巴，故大脖子病也就多了。无力盖房子，大都是人畜同室，村子里到处是腐草烂叶，热天苍蝇很多，很难免掉病的传染流行。村中又没医生，病了就请神送鬼，因而造成健康日渐下降。另方面便是死亡率的增加。

武定专署

第三部分　武定县第二区的民族关系

（根据傈僳族毕兴华等24人向中央访问团呈递的控诉状及口谈整理而成。）

（一）黑彝族地主对傈僳族佃农的压迫与剥削

（1）茂连乡米系村的“八块麻地”是傈僳族祖辈用8两银子买的，从前还向官家上8斤麻，傈僳族不敢进城，就请满德平村的那新贡爷（黑彝）家代他们到县上去上粮税。贡爷捣鬼，把“8块麻地”骗为己有，每年要全村16户傈僳族上他10石米租。民国元年那新贡爷家盖“官房”，召米系村的傈僳族去做苦工。“官房”盖成又要每户送1只鸡、1斤酒、1斤烟叶，已“成古”（成为定例）了。

民国元年，法土窠土司李贡爷把长女嫁给那新贡爷（均为黑彝），将本村傈僳族耕种的15份田作陪嫁。当初李家说，他姑娘老了，这15份田和别的23村一同“放”（仍放还原主）。但结果也成了“古”，每年都上24石正租。民国二十九年加10石，三十年又加10石、三十三年定为51石，约收3石交2石，剩下的不足吃3月，靠帮工、挖野菜、挖蕨根过活。15份田都加上押头，每份3斗米。

腊月过旧年每户送田主糯米粑粑1升，正月初二带猪头去拜年，到田主家不准进正堂，不准坐板凳。田主或庄头到村上来，要到半路去接，他们在马上，倒酒喝了才下马，全村轮着办饭，不杀牲不肯吃，不上10斤的猪不吃，5斤以下的猪说有臭气。而且打人骂人，招待不好田主生了气，就不准在他的地面住了。有红白事故照例要去“效劳”。

那新贡爷死后，他的儿子那正中更恶。1949年2月，那正中带领十七八个弟兄（警卫）来收租，10石米、51石谷全收清了仍不肯走，要户户都招待他。村里没有米，把积谷都吃掉3石，不敢向他要，算白吃了。后来他大舅金丽尧叫他去“打仗”（当匪去行抢）才离开，临走时还说以后不听话，要带他大舅的“兵”来剿，吓得大家躲在山上好久不敢回来。

（2）插甸镇米占丹村18份田是傈僳族花自明的祖祖向大法块村张撒宰家买来的。当时一片荒草，经开垦出来，在此定居，因人少怕受欺负，寄托在法土窠土司李贡爷的下面。李家恫吓说去城里的道上有大麻蛇咬人，因困难重重，于是请李贡爷到城里代上税粮，每年拿4吊560文钱、5斤酒、15个糯粑（年礼）作酬劳，结果18份田被李家占为己有。李贡爷的二女嫁茂连乡赖木贡村那荣盛（黑彝）后，那将他岳母接到家里，田又被他霸去，每年上他27石6斗谷的正租，每份田上他18块钢洋的押头。逢年过节，婚丧事故，叫去戴尖尖帽、吹喇叭，从早吹到晚不准歇，“官家”人进去都要吹，不吹就打，吹得不好也挨打。平时派夫役，派鸡、酒、马料，虐待不堪。

民国二十四年，全村傈僳族到武定县府提出控告。民国二十六年宣判，准以10600元滇票将18份田赎回，其中2550元是向本镇沾良村朱朝锡（黑彝）借的，每千元4石谷的息。因收成不好交不上，有1份半田被朱朝锡用利滚利滚去啦。但仍给原佃租种，每年交租4石3斗2升。又虎自勇向那家赎田时借朱朝锡300元，有12工田同样被朱家利滚利滚去了。田仍交虎自勇种，年交租8斗。又虎自和、虎自约、李富春（均傈僳族）等家的田都同样被滚去。

米占丹村傈僳族姑成王家从前亦寄托法土窠土司下面，以后同样被那荣盛霸占了土地。根据武定县判决可以赎回，没有钱，向朱朝宗（黑彝）借了4164元滇票，同样每千元4石谷息，因连年旱灾交了3年还欠两石多，被算去耕牛1头、100斤左右的猪两头，田也被他算去，年给他上租1石6斗5升。同样情形，姑荣义被霸去5升种的1份田，年交租7斗5升。姑少明年给他租子2石3斗1升。

（3）永兴乡民岩子脚村，傈僳族李文兴租杨有旱（黑彝）5份半田，每年交租10担，解放前每年另负担钱粮折谷2石、门户钱1石。民国三十二年代杨有旱交地税2石2斗7升半，三十三年又交2石2斗，三十二、三十三年政府发下的征购款杨也不给他们，自己吞了。每年不管天灾歉收，租子都少不得一颗，租子不足就拉猪拉牛、吊打人。一年租子不清就拨佃。

正月初二拜年要送40块糯粑、7斤半酒。二月初一过小年，送蚕豆角1斗。讨媳妇要去抬轿、挑水、煮饭，30、50地派钱。死了人送1条牛，又是背柴、挑水、煮饭，还要烧纸，向死人磕头。生孩子送1壶酒、1只鸡。田主有5个儿、5个女，讨5次、嫁5次都要送礼、“帮忙”。田主家出门还要抬滑竿、背娃娃，他儿子上昆明去念书，叫去背米，还吃自己的。到他家不准坐板凳，说：“你是个老百姓，和我一样高了咯，你都坐板凳？”就用脚踢。租子收得狠，“秧苗刚刚栽在田里就来收租，市上分明值8块一石，他要折9块”。是收租的月份了，租收好要给背着去送到家里。常常叫给他到远处去买硝、买盐巴背回来，没人动过偏怪斤两不够，怪人偷了，逼着赔钱。每年除收租外，还要来家串三四回，一来就带好些弟兄，不杀牲、没有酒不吃饭。骑两匹马，1匹吃荞子、1匹吃糯米，没有，买的也要供它吃。

（二）他们的希望和意见

（1）他们都说田主压迫得太狠了，租的田地上了正租，逢年按节送鸡送酒不说，还要代地主上地税。问政府“以前代田主上的地税该有办法拿回来”，最渴望的是把被重利盘剥去的土地收回来。

（2）毕兴华的状子上写着：他村16户人，1950年的公粮人民政府派3万斤，粮在1949

年就被田主收租拿去一大半，剩得不多点全吃了，出不起，请求政府减轻一些。另外他村土地亩积税银执照都叫地主拿跑了，请政府把执照追回来，他们就好完粮纳税，有个“谱气”（有数目）。

（3）从谈话中可听出来，他们很想知道减租退押的消息。希望算剥削账，完全取消过去受田主的种种压迫，自己没有主意，把希望寄托于政府。因此诉苦多，坚决、积极，总结具体的要求和意见较少，如像他们在诉了很多苦之后，吞吞吐吐地说出上面的一些要求之后又这样说：“田主老实恶了，我们倮倮族老实苦，请你家报告毛主席，我们说的该能办得到？”用着乞助、渴望但又似乎缺少信心的眼光望着人。一个叫钟应祥的倮倮族甚而怕“得罪”了田主，田主会在他家茅草房上点火，把他全家烧死。他说：“解放军住得远，有十几里，就怕有事接不上！”

卢　军

武定区材料之二

——武定县第三、四区访问材料

中央访问团第二分团

1951年2月出版

武定区材料之二

——武定县第三、四区访问材料

编者声明

这些材料是我们从1950年8月29日至1951年1月31日（其中大部时间是在行动中），先后在圭山、丽江、保山、大理、武定、楚雄等地区进行兄弟民族访问工作中，通过当地干部、民族代表及熟悉当地情况的人士所了解的一些情况。为应各有关机关之急需，仅将原材料加以整理，尽量避免主观分析与结论，在文字上仅要求念得通、看得懂。但由于是短期的访问与了解及仓促整理，情况难免不真实或不深入，观点难免错误，文字烦琐或不通顺。故仅能供各有关机关进行民族工作的参考或进一步考察的线索，并望于今后的调查研究，加以校正。

1951年2月　日

武定县第三区访问材料

（一）民族及民族分布

第三区在武定中心。全区分为3个镇：高桥镇、树己镇、枳旧镇。

本区民族有黑彝、白彝、红彝、罗缅、密岔、泰族、傈僳、蛮族、干彝、花苗、白苗、汉族，以黑彝最多。据县委会不甚完全的统计，全区共2072户，人口5万余。各族户口数如下：

黑彝1099户，白彝153户，干彝150户，密岔149户，明朗5户，蛮族21户，傈僳255户，花苗232户，白苗8户。

此外未列入者：

（1）罗缅族：据高桥镇普楼下村罗缅族代表马天祯谈，在普楼下村有罗缅族30户，阿则米有20多户。

（2）泰族：据黑彝族代表李盛谈，泰族住在河边，约五六十户。

（3）汉族：据三区副区长徐方谈，汉族在全区中约占25%。

依上面统计的户数2072户计算，汉族在此区应有500余户。

分布情况如下。高桥镇的民族有12种：花苗最多，连同部分白苗约占15%，黑彝占12%、红彝占10%、白彝占10%、密岔占10%、罗缅占5%，其余5个民族占35%。树己镇黑彝最多，占80%，泰族占7%、苗族占5%，其余杂居各族占8%。积旧镇黑彝最多，占75%，傈僳占10%、汉族占10%、花苗占5%，蛮族只几家。在积旧二分会的汉族、傈僳、白彝、黑彝比较杂居。在三、四、五、六分会全为黑彝，约600户。上下井全为汉人居住。

（二）土地占有及租佃关系

1.土地占有及公粮负担

三区土地约6万亩。全年产谷1600多万斤（地产苞谷，折合谷数）。黑彝族占有全区的土地约4/10，汉族占有1/10至2/10，黑彝自耕的中贫农占有土地2/10至3/10，住山区的其他各族自有土地占1/10至2/10。而黑彝与汉族租出的土地占他们所有的土地8/10。

1949年全区征收公粮谷子213万斤。从担负分配数字上，也可看出各族占有土地的多少：负担4万斤至5万斤公粮的5家——宋惠莲（汉）、张耀忠（汉）、杨又兴（黑彝）、杨泽生（黑彝）、胡文斌（黑彝），共计负担20余万斤。

负担1万斤至3万斤公粮的积旧有李发盛（黑彝）、张自和（黑彝）、李锡光（汉，在元谋的部分多，负担14000多斤。在武定的部分少，只负担5000多斤），高桥的阎寿鹏、阎寿文、阎寿宇（汉）、杨春荣（汉）、朱级三（汉）、贺永玺（汉）、贺再鹏、白家昌、张立忠、张致忠、张锡昌、张秉忠（汉）、杨世连、杨棕、李乡长（黑彝）、钱永丰、钱少文、杨保光、钱李仁、白如尧、白家兴、富为相、唐世俊、唐××、富××、左世荣、王爱民、赵自忠（汉），树己镇的凤增云（黑彝）、李树堂、李春普、艾汗清（黑彝）。以上共计负担50余万斤，但其中有一部分是富农而不是地主。

负担10000斤以下至1000斤的，都是富裕中农。中农及贫农约共负担100万斤。经调整后，中农及兄弟民族中确实不能交的已免交。

由上可以看出，汉族及黑彝族占有的土地最多，其他兄弟民族的土地都很少。

2.租额及租佃关系

三区的租额情形有以下3种：

（1）交正产物产额的8/10，即收10石交地主8石。租额10石有的要交三四石的押头，佃户家养有骡马的，就拉去折钱作押（有押头的很少）。

（2）分租：田地中所出产的产物，不论什么，都由地主佃户各分一半。

（3）较好的田，灌溉又方便，又能种小春的正产额10石，交租10石。佃户只得到小春的产物。普通1架牛的地，可以收苞谷1.5斗至3斗（米1斗重100斤），交租1斗至3斗。

或者田一工交租毛谷1斗至2斗。每工田约可收1.5斗至3斗（毛谷1斗重70斤）。田赋地税都由地主负担。

在三区的枳旧，租田地不仅很少有押，并且地主要给佃户牲畜。有以下3种情形：

A.给佃户畜力。

B.佃户与地主合养牲畜，若干时后，佃户与地主各得牲畜的一半。

C.佃户代地主养牲畜，佃户只得粪草，牲畜乃归地主所有。在枳旧因为土地瘠薄，若无肥料，农作物生长得不好，产量也不会好，一般的佃户都是很贫穷，养不起牲畜，所以地主在租田地给佃户时，也就要附带着给或租出牲畜给佃户。若无牲畜，田地就不容易租出。至于给或租牲畜的数目，就要看地主的经济力量以及双方的条件如何而决定。牲畜一般都是牛或羊。

佃户对地主，除交正额的租外，有的在过年时还要送年礼，或者在地主有什么事时也要送礼物或送鸡。

地主对于佃户，不管是本族或他族，租额都看土地的大小、肥瘠而定，也不会优待本族佃户，对他族佃户租特别重。

三区的地主多半是汉族或黑彝族。他族自有土地，自己耕种的很少。我们可以由下面几个自然村看出地主、自耕农、佃户所占的比例数及生活情况。

（1）枳旧小村：全村30户，都是傈僳族。李得忠一家自耕，全年收入可以够吃。妻1，有3子，媳2人，孙2人，全家共9口。种田6亩，可收谷3石（1石450斤）；地3亩，山荒8亩（山荒就是在有树的山上，把树砍了，晒干，树枝捆成“扎把”，埋在土中烧后即可种1次荞，次年再种1次洋芋，第三年再种1次燕麦，土地的养分一年比一年少，产量也一年比一年减低。到第三年种燕麦后，即不能再种。又要休耕几年，待地力恢复后，才能再耕种），共可收苞谷4石（1石重500斤）。1949年负担公粮谷子900斤。

另外25户也是自耕农，一年收得够吃7个月的有15家，够吃5个月的10家。不够吃的这几个月，就靠到山上砍柴卖了买粮食吃。

没有田地的4家，不论天阴下雨，都要到山上砍柴卖了买粮食来过活。

（2）枳旧五麻大村：全村20户。全年够吃的有两家。第一家李益忠（傈僳族），全家5人，种田4亩，收谷1.5石。种地6亩，收苞谷2石。有山荒10亩，租出，一年收得苞谷租7斗，田地是自己的。第二家张开禄（汉族），全家11人。种田五六亩，可收谷2石，种地9亩，收苞谷2石。田自有，地自己有5亩，余4亩是租的下井徐文富（汉）的，一年交苞谷租4斗。

够吃8个月的9家，一家是白家抄（傈僳），田地都是自己的，种田8亩，收谷3石（1石700斤）。地10亩，收苞谷2石。另有地1块，可种燕麦或荞，可收1石。家中大小15人吃饭。另外8家，5家汉族、3家傈僳，田地向下井李文显（汉）、徐文富（汉）、张自忠（汉）租得。这8家交李文显租谷2石、交徐文富8斗、交张自忠1石。

够吃三四个月的9家：汉族6家、傈僳3家，都是佃户。田地向下井宋再言（汉）、宋春茂（汉）租得。交宋再言苞谷租8斗，交宋春茂苞谷租1石，不够吃的这几个月，靠背柴卖给下井煮盐。

（3）枳旧大罗摊：全村9户，都是花苗族。都无田地，一齐租种下井李锡光（汉）地，共交租苞谷3石5斗。交租后，每家仅剩得二三斗，遇收成不好时就一粒不剩。收成好，只够吃5个月。不够吃的几个月，都靠砍柴卖，或找山芋、野菜、蕨粉充饥。

（4）枳旧法禄箐：全村6户（此6户都是从禄劝搬来的），全是傈傈族。5户种上井张崇义（汉）的田，交租谷3石后一粒不剩，只能在田的附近偏坡开垦，种点苞谷自己吃。另外的一户租五麻大村李益忠（傈傈）的地，交租苞谷3斗，自剩1石2斗，收成好够吃6个月，收成不好只够吃4个月。

（5）上法禄箐：4户傈傈族。一齐租张家村杨茂兴（黑彝）5升谷种的田及开垦有两年的地1块，要1斗苞谷种。交谷或苞谷或小麦3石。田地一共只能收得3石五六斗。两家因养有牛、羊、马够吃七八个月，不够吃的几个月，出卖小羊、牛等来帮助。两家只够吃三四个月，一家靠背柴，一家会铸犁头。

（6）枳旧水田梁子：11户，全是汉族。7户租下井宋再赓（汉）地，交苞谷租1石1斗。租李锡光（汉）地，交苞谷租2石。租上井孙继成（汉）地，交苞谷租2石1斗。交租后每家只剩得一半，够吃五六个月，不够吃的几个月背柴卖。自己有地的一家名李发旺，每年收的够吃。另外3家，自己有地一部分，向下井徐学富（汉）租地一部分，交苞谷租2石（另有押头2斗米）。一年收的也够吃。

（7）枳旧一尺兰蒿枝坝：全村8户，都是汉族。自耕的1家够吃。7户租小井徐文才（汉）地，交苞谷租8斗；租宋李氏（汉）地，交苞谷租8斗；租张登贵（汉）地，交苞谷租1石；租杨少山（黑彝）地，交苞谷租1石；高国陆租宋李氏的地，交苞谷租8斗，可收苞谷2石，种小春可收得豌豆或小麦等1石；王得高租杨少山的地，交租1石外，自剩1石，种小春可得1石；张老四租张登贵地，交租1斗5升，自剩5升至1斗，种小春可得1斗。这7户除交租外都只够吃6个月。

（8）枳旧别租村：8户，全是傈傈族，都无田地。6户租张自和（黑彝）地，交租谷6石（租谷1石只算8斗，1斗重30斤），交租后只剩1石（每石300斤），种小春可得五六斗。其余两户租李希藩（蛮得梁子的蛮族）田，交租谷7石，交租后连种小春可得六七石，够吃10个月。

在以上几个自然村中，除枳旧小村全是自耕农外，其余的7个村，自耕农4户、半自耕农4户，佃户共计59户，汉族地主13人、黑彝地主3人、傈傈族地主1人、蛮族地主1人。这7村户口共计67户，自耕农与半自耕农各占6%，佃户占88%。在这18个地主中，有押头的1人。租额都超过了正产物的一半，有的超过80%。

（三）解放后，兄弟民族参加政府工作情况

解放后，各兄弟民族已有不少参加我政府工作。武定区兄弟民族的干部有71人。武定县长陆介福就是彝族。除此之外，三区各乡村政府的干部以及农会，都是由各兄弟民族担任。3个分会共有工作人员54人，其中汉族25人、傈僳18人、黑彝11人。

杨树谷

（四）各族人民对政府的要求

（1）第三区的租佃关系上有一个特点，就是除极少数外，都没有押头，所以对退押的兴趣并不浓厚。傈僳族代表李廷忠说："如果只对汉人实行减租退押，他们还是翻不了身。"另一位代表说："如果只对汉族地主实行减租退押，兄弟民族地主例外，民族之间还是有隔阂存在，还是不能团结得好。"所以要求一齐减租退押。

（2）对医药的要求：三区一些兄弟民族日常生活就已经很苦，一年的农产品够吃的没有几家。生了病，信教的求上帝，不信教的杀鸡牛祭鬼，没有钱的就只有等死。就是有钱的要想买点药也没地方去买，所以请求政府赶快设立医院，解决医药问题。

（3）设立合作社：三区最感缺乏的是布，以及一些生活必需品，要请政府最近设立合作社。

（4）设立学校：兄弟民族文化落后，就连在此地区的汉族子弟也很少能读书。希望政府多办几个学校，使大家都能读书识字，才能把文化水准提高。

（5）对农会的意见：宋再赓（汉族，地主兼营煮盐）反映说：农会同志评产时对自己或亲友有偏袒情事，所以有的评得不公平、不实际，希望能纠正。

武定县第四区访问材料

（一）一般概况

1. 民族分布

全区兄弟民族中，彝族593户、苗族255户、回族24户，此外还有少数傈僳族。总起来兄弟民族共占全区人口70%左右。

全区分为草溪、勒品、龙庆、螳螂4个乡。汉人多集中在勒品中央和草溪乡公所附近，人烟比较稠密。苗族和彝族以及少数傈僳多住坝子边缘和山上，一般说，兄弟民族住的地方，自然条件比较差些。譬如，在勒品乡，坝子居住的彝族，他们的水源就比不上汉族的好。

2. 生活情况

在山上住的，无论哪个民族，大多种山地。秋后把树砍倒，次年春天将土翻起，放在树上烧过，再将土挖松，种上荞麦。七八月才收，整整要忙1年才得吃。1斗种子顶好可以

收五六石，一般收二三石，坏的收一二石或几斗，有时连种子也收不起。火山地只能种1季，顶多再撒1季荞子就要休耕，一直要等到地上又长起树来才能开荒。所以平的山坡经过多年垦荒施肥，年年能够种玉蜀黍就算是好地了。种稻子的不多，而且多是雷响田，雨季来了才能下种。收获时间也很晚。

“靠山吃山，靠水吃水。”由于自然条件的限制，他们种的多是荞子、洋芋和玉蜀黍。七八月当玉蜀黍“打浆”时就开始吃起，等到成熟，所剩无几了，能够到过年的就算不错，以后只有靠砍柴编竹箩到街上卖了买粮食。三四月洋芋长得有小指头大就吃起，等到成熟又快完了，然后再吃荞子。有时什么都吃得光光的，只好吃山茅野菜，如蕨粉、野山药、棠梨花。一个苗族青年说：“只要不会闹（毒）人，什么都吃。”一个彝族中年人说：“我们居山的，什么没吃过？”吃树皮草根还要做庄稼，所以“常常觉得没力气，肚子饿”。没有东西吃，只得忍耐着，“那是最难过的时候”。

山上气候相当冷，一年四季他们只穿一两件单衣，有的是蓝布，有的是自织的白麻布。在解放前，连一两件破单衣都穿不起。有一个早上我们去访问时，一位彝族同胞约我们到外面去谈话，我们问他：“外面气候冷，你受得住吗？”他说：“现在有衣服穿了算得了什么冷？以前国民党时才冷呢！”

（二）民族关系与民族自治问题

彝族代表毕如相说：“彝人老实，汉人狡猾，汉彝在一起，彝人吃亏。”草溪乡，一、二分会是汉人，三、四分会彝人多。1950年评产时，区上规定按税银分配，但回到乡里（汉人干部）都不按上方规定，给四分会多分了1400斤。4月6日盐兴地主武装夜袭草溪乡公所，打死8个、打伤1个，都是彝族和两个外来汉族干部，草溪汉族一个也没有受伤。这一夜汉人没有在乡公所睡觉。“我们受了几千年的压迫，现在该是翻身的时候了，还不得翻身。”他来开会时，全村彝族叫他到武定请求将“四分会”划归勒品乡（188户中彝族占86户、汉人84户、苗族18户）。因勒品乡接近他们，彝人很多，如果不划，单独成立一乡也好。

小组讨论会上，反映彝汉一起，彝人吃亏的不少。例如，龙庆乡某代表说，农会主席是汉人，又是中农，很不照顾少数民族，汉人的土地种两季，少数民族的土地只能种1季。但评产时都不分好坏等第，一律平等计产，所以少数民族很吃亏。

又一个彝族代表说，国民党时征兵派夫，大都推到彝族头上，出款出捐彝族担着大头，有钱的出钱，没钱的也得“硬抵着”（无论如何也得出）。

草溪、龙庆两乡代表一致说，彝人不得当公，所有办事的都是汉人。代表们又说彝人穷，读不起书，即使有少数读得起，在学校里也受欺侮和侮辱。有一个代表名李永道，他曾读过武定师范，起初大家不知道他是彝族，所以和同学的关系搞得很好，不幸有一次和同学们一道出街散步，遇着村里同族的熟人用彝话和他打招呼，虽然他用汉话回答，免得别人看出他是彝人，但无论如何也逃不出这一关。回到学校之后，他们就说：“你原来是倮倮！”从此之后大家就轻视他，他在学校里感到很痛苦。

有一个代表在会上明确提出：“彝族住处分散在各乡区，所以团结不起来，最好是把彝族住区划成一块成立个自治机关，由政府领导。这样事情就好办了。”

一分会的汉族和彝族一样吃苦，但汉人往往看不起彝族，汉彝不能同桌吃饭。汉人婚丧大事各族人民来做客，汉人都在桌子上，彝人只得在地上（搞上松毛）吃，彝人家办婚丧大事也一样要招待汉人在桌子上吃，彝人也只能在地上。稍有地位的或是读书识字的人，又可同汉人得到平等待遇，但为数不多。汉人开口侮辱彝族“你们倮倮苗子”！彝人不敢反抗。发生什么纠纷，明明彝人有理也不敢抗争，因为“讲理讲不通”。彼此不通婚，汉人的女儿无论多穷也不嫁给彝人，不过如果汉人的男子看上了彝族姑娘，就非嫁给他不可。

三分会汉族王洁家，人多势众，是地主和放高利贷者，虽然他也欺汉人，但对少数民族特别厉害。放债给少数民族差一点都不行，拿得出要拿，拿不出也要拿。少数民族放给汉人债款，往往收不回来，或者不能全部收回。

（三）剥削情况与减租退押问题

从勒品乡一分会的材料中，我们知道无论汉人地区与彝人地区，对劳苦大众的剥削都是很残酷的。地租经常是50%，有的高到80%，甚至于全部产品给了还不够。欠债的人在70%以上。利息是“对本对利”，借1斗还1斗，还不出来还要利上加利。

龙庆乡汉人地主欧阳家（有4弟兄，老三当过国民党的县长，解放后参加暴动，现在不知在何处）的剥削方式，除地租之外，还有高利贷剥削、度量衡剥削和强力勒索。地租采取对分制，正产副产一概平分，连蔬菜、草木都要平分。出租的田有百多亩，佃户多为彝族，汉族也有几家。欠他家债的有数百家，直到螳螂、草溪均有他的债户。借钱1元，每月债利3角，粮食借1斗还2斗。他家还有个巧妙的办法，借出钱粮之后，不一定按期要债，等估计什么时候对他最有利，再和你要债，利上加利，一算就是一大笔，纳不出来，有土地就卖给他，有牛马就赶到他家厩里。借钱时，他事前盘算一下债户有什么东西，譬如他爱上了你哪块土地，借给你钱，等到利上加利足够买它时，就和你算，拿不出钱来，他自动向你建议：“把某块田写给我。”文约契纸一概由他包办，除画押、盖章之外，债户不必操心。当他阴谋盘算某人田产的时候，如果某人向别人借钱，他就会不高兴。如果打量你什么也没有，那么再给他高额利润，也不会借给一文钱。

欧阳家的大哥当过乡民代表主席，在职期间利用职权卖保长。

龙庆乡彝族周恩芝在龙庆和草溪都当过乡长，他主要的剥削手段就是利用职权勒索人民。曾假运军粮，中饱积谷750石。1944年借采购军粮，纳不出来就得坐牢，花了赎金才放出来。一个汉人张继和说，他被迫去当兵，受伤回来，说他是逃兵，罚款使他卖了土地、耕畜和农具，弄得倾家荡产。至于私卖兵役，那就不知搞了多少钱。苗族代表张文先说，有一件婚姻纠纷，他敲磕了人家120万钱、1只羊、1坛酒。一位彝族青年李如科说，他经常派米，每次几升几斗不一定，不知作何用途；又说解放后他强迫百姓参加“太平军”（土匪军），不去要罚，但没有人去。另一个彝族代表毕如相说，1945年在草溪当村长时，曾串通土匪杀人。张文华（彝族贫农）说：“他盖房子强迫老百姓给他抬木头，当时因为怕他，不得不去。”“现在毛主席领导之下，我们不再怕他了。”

当代表们在大会上听了访问团和地方首长的报告之后，小组会上展开讨论，发言相当踊跃，内容多半是诉苦，控告地主恶霸的罪行和减租退押的要求。

龙庆乡某分会的代表说，农会主席与民兵队长被欧阳家请去吃饭收买了，所以他不替老百姓办事。欧阳炎勋抓不着的原因，与他们有关。

一位彝族代表要求：“减租退押一定要做，不做我们就翻不了身。”他又继续说：“第一要团结，不和地富、恶霸混在一起，我们不分民族地团结在一起，100家里有90家穷人团结起来，力量就大了，事情就做得好了。”杨应周（彝族）代表说：“两人一条心，黄铜变成金。两人两条心，扯断斗梁筋。”他要求大家团结起来，要像一个人一样。

他们一致反映，1950年农代会成立，初期搞减租退押斗争，正搞得热烘烘的，忽然来命令“扭转工作”，大家就头上泼了一盆冷水，100个心有99个不满意，这时地主就反攻了：“瞧吧，现在怎么样？”有些佃户惧怕，就自动地交了，有些地主亲自到田地里催交。“大家不仅希望减租退押搞得好，而且希望很快地土地改革。”

螳螂乡地租一概未交，等候政府的指示，收得的粮食都放在佃户家里。“现在大家都希望减租退押。”地主向他们催租，他们借口：“你把1949年的公粮任务完成后，再给你们交租。”草溪乡有几家地主向佃户催租，话说得很可怜：“我们不是来收租，而是向你们讨吃。”不过其中有一部分人顾虑：“减了租，解放军走了怎么办呢？”

同时大家一致表示要政府“下公事明令实行减租退押”。一位彝族代表说：“有公事，什么困难都没有，就是写写挂挂不会。”

附录

一个行政村的调查

勒品乡一分会（农协分会，因村政权尚未成立，由农会管公事，一个分会相当于一个行政村），包括有得勒卡、羊街、毕咀、奴子赫、大毕马、小毕马、大村等7个自然村。共110户570多人，其中彝族占73户、傈傈3户，其余为汉族。奴子赫全为彝族；大村、羊街多为汉人；得勒卡、大毕马、小毕马3村彝族占80%；毕咀共24户，彝人、汉人和傈傈各占8户（这8户彝族来得较晚，“汉化”较浅，所以称他们为蛮族）。

汉族以坝中羊街为中心，愈向外愈少。彝族则居坝边山脚和山上。全村皆种水田，但下雨才有水。汉、彝田地土质好坏一样，但彝区水源赶不上汉人区。有一半土地能种1季稻子和1季小春。种小春的面积顶多只达到70%。

大村只有1家地主，原为土司，但自老土司李国钧死后（1945年）已日渐衰落，土地卖了80%；现在占有土地只180亩左右，而且其中还有部分荒田，自耕30多亩，其余出租。现是李亚森当家。他在昆明读过金江中学，1949年国民党“整肃”后，回到家参加革命，现在专署工作。“他对老百姓很好！”“他家原是彝族，但解放前，他们自称汉人，解放后又称彝人了。”有一位彝族同胞说：“彝人认汉人是家道不顺，解放前怕人家笑，所以不说自己是彝人，现在大家平等了，所以又认彝人。”他家佃户多为彝族和汉族。

富农4家，李国相、李树森、李天九、李天禄，都是“彝族变成的汉人”。每家占有土地约三四十亩，其中李天九家的地荒了不少。土地多租给彝族。中农10家，其中彝族3家、汉族7家。贫农60多家，汉彝各占一半。专靠卖工吃饭的雇农30家左右，汉彝各占一半。贫农全部为佃户，中农有一半是佃租。佃主除本村人外，又向安龙寺租了一部分（前为庙产，现为学产）。小毕马30%的土地是向三分会王家（汉族）租种的。

大都实行定额租制，租额言定之后，不论收成好坏都得如数交给。租额一般占50%左右，好的年景可以自己留35%（？），歉收年所余无几，甚至还要贴补。小毕马租额特别高，丰收年租子占总产量80%，中平年刚够上租，收成不好还要倒贴几斗。“如不是图点小春，谁愿意种？”因为小春是不收租的。

此外还要受二、三分会汉人的债利剥削，穷人多不够吃，肚子饿了就只得忍受重利盘剥向外拉债。借1斗1年后还2斗。多是四五月借，八九月还，有的这个月借，下月就还，到时还不起则利上加利。1年2斗，2年4斗。大毕马和小毕马差不多是家家欠债。尤其是大毕马因土司强迫将地卖给他们，所以欠债更多，负担更重。整个一分会百多户人欠债的达70%左右。

“地方寒苦”租子重，再加上高利盘剥，绝大多数人不够生活。怎么办呢？只有上山烧炭、砍柴卖，有些每隔五六天到山上去砍些竹子回来，利用夜间编篮子弥补生活。

一分会彝族100人中识字的不到二三人，乡农协主席段同专、乡长杨发兴以及所有乡干部都是汉人。农协分会负责人李国祯虽然“原为彝人，现已变成了汉人”。

1950年9月农会成立，一分会100多家里面已有70多户参加，成分比较纯，都是贫雇中农，其中彝人占60%。

解放后满意的有3点：

（1）单出公粮不纳门户钱（解放前每月每户平均要出1斗粮食的门户），生活改好了点，可以买几件新衣裳穿了。

（2）大家平等了，谁也不敢欺侮谁了。

（3）大家有一个新的希望——以后各方面都会愈搞愈好。

不满意的是：还有少数人带着大民族主义作风，看不起少数民族，不尊重少数民族，开会时少数民族发表的意见不大生效。

要求和意见：

（1）协助发展水利，增加生产。

（2）发展教育，办训练班培养干部。

（3）帮忙解决医药卫生问题。

施泽旱

武定区材料之三
——武定县第五区民族关系及租佃关系的初步调查
中央访问团第二分团
1951年2月出版

武定区材料之三
——武定县第五区民族关系及租佃关系的初步调查

编者声明

这些材料是我们从1950年8月29日至1951年1月31日（其中大部时间是在行动中），先后在圭山、丽江、保山、大理、武定、楚雄等地区进行兄弟民族访问工作中，通过当地干部、民族代表及熟悉当地情况的人士所了解的一些情况。为应各有关机关之急需，仅将原材料加以整理，尽量避免主观分析与结论，在文字上仅要求念得通、看得懂。但由于是短期的访问与了解及仓促整理，情况难免不真实或不深入，观点难免错误，文字烦琐或不通顺。故仅能供各有关机关进行民族工作的参考或进一步考察的线索，并望于今后的调查研究，加以校正。

1951年2月　日

第一部分　民族关系

武定五区的民族种类很多，民族关系也很复杂。

（一）倮倮族与土妇那兰芳的斗争

倮倮族是五区内的多数民族，分布的地区比较广大，因此与其他民族发生关系也很多。历史上倮倮族与其他族最大而主要的事件是五区四十一村倮倮族与环州[①]（属五区）土司李自孔的妻子那兰芳的斗争。那兰芳为了对付倮倮族，凡在她所辖的土地上的少数民族如蛮族、苗族、彝族、老干等族，都被其利用去打杀倮倮，因而引起倮倮族对五区其他民族的普遍仇视。四十一村倮倮与土妇那兰芳的斗争，正面看去是佃户反对封建地主的斗

① 环州，本文又作“环洲”。——编者

争，但实质是汉族（土司）压迫兄弟民族的斗争。现将斗争经过情形叙述于下：

1.斗争起因

环洲设置土司开始于明崇祯三年，五品官，为武定区各土司中官品最高者。辖地包括五区四十一村傈僳族和二区以及元谋县东部。土司对傈僳族人的压迫剥削太重，他们就上告。理由有3点：（1）土司压迫不准人民穿棉衣、盖瓦房、骑马、读书、出远门等。（2）土司的门户捐多而重，如阉鸡、蜜糖、麻布、羊、辣子、草鞋等。又有什么明加2钱，暗加2钱，天灾火耗2钱。1两门户捐，实际要出2两5钱。（3）土司的狗腿子横行霸道，见到12岁甚至不满12岁（？）的姑娘媳妇（已婚或未婚），有机会就拉去奸污，不管女的父母或丈夫在场与否。

民国元年冬月十一日上呈文至武定州，要求“政府”免除土司的苛捐杂税。当时的州长是刘宗泽，接到四十一村控告土司的文件后，于同年腊月二十六日传原告、被告至州府对审，但惧于土司势力不敢判决。民国三年武定县议事会议长王子清（？）送了两支步枪给四十一村的傈僳族，要他们在东坡村设立保分局。这事引起那兰芳不满，即勾结唐继尧派驻环州的侦缉队长张自鸣，贿赂他大洋3600元，要他将保分局的带头人一齐杀掉。三月二十六日张自鸣带兵围住东坡团保分局，缉拿了六七人到环州。正要枪杀时，武定州的公文到了，叫他们不要乱杀，将这7个人押解到武定州办理。但张自鸣不理这个公文，把7个人送到督军处，说他们私藏武器，阴谋叛乱。由蔡锷、唐继尧会审，谓此案不属军法处。又将7人送在高等法院，结果分别定了徒刑，发回武定州执行。到了武定州后再被提审，知道这7人并非私谋叛乱，而是为了整个四十一村与土司发生纠纷，于是连在一起重审民国元年四十一村控告土司的案子。第一审判决，取消土司对四十一村的苛捐杂税、佃谷（即司署佃长向人民收的税），收七让三。傈僳人不服，向云南省高等审判厅上诉，四年八月十八日判决，取消佃谷、馔佃（隔年1次，如小雪坡村有17户，出15两4钱；波碧里村12户，出60两），人民与土司保留主佃关系。土司不服，又上诉北京大理院，大理院又发回云南高等法院再审，判决四十一村还须出馔佃费。傈僳族当然不满，又控告到北京大理院。时正当“南北分裂”，四十一村与土司的诉讼就陷于停滞状态。

2.武装斗争

自东坡街成立团保分局以后，土妇那兰芳就十分不服，决心要消灭这支担任金沙江江防的武装，从民国四年起到二十六年间，土司与四十一村就不断发生械斗，其中纠纷较大的有：

民国八年，那兰芳勾结土匪杨天福，烧杀四十一村，要四十一村投降土司。后被省城大军围剿，抓住了杨天福，杀死了200多名土匪（内有苗蛮各族），前后历两年之久。

民国十二年，土司李自孔之妾李李氏，勾结四川土匪杨级三来抢掠四十一村，结果被四十一村人民打跑。

民国十四年，土妇李李氏又勾结西康会理土匪郎德润（汉人）企图抢杀四十一村，但未入该村地界即被人民打垮。

民国十四年七月，李李氏又亲自抽调其所辖地内佃民（蛮得梁子），蛮苗二族200多人及其他各族八九百人，大肆进攻四十一村，强迫投降。正危急时武定州派人令两边停战，听候政府审判。结果将土司师爷蒋秉成监禁。李李氏不服，又勾结四川匪李凤美，有2000多人来抢杀四十一村。不仅四十一村受害，且整个滇北各县，如姚安、永仁、元谋等都受匪徒骚扰，达四五年（民国十四年至十七年）之久。后因李凤美捆走外国牧师，引起外交关系，省政府才派兵来围剿。

民国十九年十二月十一日晚，政府催交烟亩捐，四十一村及花苗地区如租里、二台枝、石膏洞等信仰基督教，不栽种大烟。波碧里村傈僳团头（等于保长）李自发于夜间带人到租里村（属李自发管，为苗族居住村），强捆苗族马姓兄弟二人至卜海村，勒索要烟亩捐（按：似为借隙报复）。租里村苗族急报土妇那兰芳，连夜派苗团队长张有福、杨正太，带领苗蛮41人，连夜赶至卜海，将捆去之苗族马姓兄弟抢回，且将李自发、李太华（收支员）等7人捆去环洲，同时抢走第二届产地罚金半开1420元。因此引起土司与四十一村的大斗争，延长了两年多。四十一村受土司的烧杀抢掠，损失巨大。现将当时双方呈与武定州的文件摘录于后："……据报告那兰芳指纵苗团队长张有福等，率带蛮匪，40余人抄抢卜海李甲长、郎洪顺等两家，并抢去收支员所带二届产地罚金1420元及枪支、行李，捆去村长、甲长等7人，请设法处理由……民国十九年十二月十七日指令。"

民国二十三年冬月，五区清丈土地，四十一村不给土司租子，理由是土司烧杀抢掠四十一村，损失巨大，以租作赔偿费，土司也无可奈何。

民国二十四年三月，朱总司令带领红军过武定。傈僳族趁红军过五区慕连时，乘机杀了慕连两家姓那的土司。红军走后，那土司家硬说是杞崇善（即与本人说傈僳族与土司斗争情况者）带人去杀的。当时追赶红军至慕连的旅长安恩溥，听了环州一带土司控告傈僳族杀害那土司的消息，认为环州慕连必有共产党活动，企图"赤化"五区。故打电上省府请示龙云主席。龙主席复电："我叫你追赶红军，不是叫你去剿老百姓，速撤师回昆。"安恩溥遂由武定回昆。但武定区的土司不甘心，跟着上省城哭诉，要政府保障他们的安全，且谓四十一村于民国二十三年起就不缴租定是共产党指使。当时政府觉得共产党在四十一村活动的情形有可疑之处，即派人到四十一村抓了3个人，并且枪毙了。正当此时土妇那兰芳病死了，土司的狗腿子李凤祥也死了。小土司李鸿缨尚年幼，于是土司与四十一村斗争至此暂停。

民国二十六年，省财政厅派杨祖镛至武定环州慕连二乡，卖测量田地的执照。土司李鸿缨无力购买，杨祖镛想了个方法，叫四十一村的人和土司谈判。他叫四十一村的人民对民国十九年土司抢杀四十一村的损失赔偿不必追问，但土司必须放弃四十一村土地所有权。人民给土司1万元滇币，作为出卖土地的"划押费"，土地执照改写四十一村人民的姓名。经过20多年的明争暗斗，土司弄得精疲力竭，卖去了元谋县的18个田庄，也就将计就计，接受了这个建议，结果除波碧里、连窝、他真3村的土地权外，其他8村土地权完全归还人民。但四十一村傈僳族要求减轻他真、连窝、波碧里3村土地的田租，土司只得接受了（注：连窝村本来上给土司101石租，后减为70石；他真原上给土司8石租，后减为5石6斗；波碧里原上4石，后减为1石9斗）。

至此土司与四十一村傈僳族26年的斗争才告结束，基本上是人民获得了胜利。但在26年的斗争中，四十一村中直接受土司杀害的有六七人，间接死于土司之手的有100多人。

（二）李土司残杀蛮族事件

土司李建安与李鸿缨争环州土司印，李建安杀死了李鸿缨之母李李氏，代办李凤祥调蛮得梁子蛮族去打李建安。战争继续了五六年，结果把李建安打垮了。但代办李凤祥掉回枪头来残杀蛮族，原因是彝族头人在战争中抢到了几支枪及一些物件，李凤祥眼红，于是在民国十九年亲自带领120多人，上蛮得梁子来杀死了和士衣、曹排长（谈者系曹银富之侄子），后又买通拉乌村傈僳族兄弟4人［伍义保、膑义张（？）张尼仪、张久属］，去诱蛮族曹有福及和秀儿下山，欲暗杀之。结果杀死了和秀儿，曹有福逃了。李凤祥还不满足，于民国二十三年三月十八日，又带人将曹家村（曹有福住处）抢光，抢走了27条牛、羊约300只。抢曹家村的原因是曹有福帮土司打四十一村傈僳族时，得了很多枪支与物件。李凤祥要曹有福缴给土司，曹不缴，故带兵来抢曹家村。

民国二十三年七月初一，土司狗腿队长高春芳（汉族），借口曹家村加入四十一村“叛乱”，遂围剿，烧了五六家房子，杀死了何有禄及另外1人。

（三）蛮族与其他民族关系

一般说来，武定五区各兄弟民族对蛮族都有一些不好的印象，认为他们喜下山抢劫，故称他们为“蛮匪”。相反地蛮族认为其他的民族看不起他们，侮辱他们，故他们对其他民族都抱有畏惧及憎恨的心理，不喜同他族联欢交谈。如这一次开会蛮族代表来了4个，当我们开始访问他们，而又当着其他各民族在场时，他们都不说话，趁机就溜走了。后来我们单独去与蛮族接触，他们就减少了顾虑，同我们谈了很多意见。

1. 蛮族与苗民关系

民国三十一年至三十二年，苗族怕国民党抓兵派粮，有很多人逃到蛮得梁子上躲避。蛮族怕连累自己，不许苗族躲藏，苗族因此痛恨蛮族。

苗族在旧政府时代，是负有“守山剿匪”的责任，个别的蛮族下山抢劫，常被苗族追究，因而引起两族间的仇恨。如：上甲曹有福（现在还是蛮得梁子上最有势力的人）是国民党“剿匪”队长，他手下有二三十个人（都是蛮族），但此二三十人常下山抢劫。在民国二十六年七月，他的手下在三区地界树杞乡抢了乡丁（黑彝族）的款子，并杀死了他，将尸丢在河中。乡政府派人追问曹有福，是否是他手下的弟兄干的，曹不承认，结果乡政府派苗族去打曹，打死了1个人，赶来曹家2条牛、7只羊、2头驴子。一星期后，曹差人送公事来认领他的牲口，叫山下的人上山来与他商议解决的方法。山下就派了4人上山（3个苗族、1个傈僳），结果，曹把他们困在他家中，先把他们的牛羊赶回才放他们，否则叫他们就不得回去。4个人见势不妙，只好骗他回去后决将牛送回，曹就释放了他们，但始终没有将牛羊送上山来，从此他们再不敢上山去。

又民国三十七年，苏莫拉（即火把梁子）蛮族6人在三区地界抢劫了来往的商人，政府抽了傈僳族、苗族、黑彝族160多名去打苏莫拉，烧了1所房子，打死了两个人。蛮族还抢，打死了傈僳族1人。之后蛮族不敢下山来，并且痛恨来打他们的各族弟兄。

蛮族喜叫苗族为“长尾巴”（因苗族穿长布衫），苗族称蛮族为“蛮子”。

2. 蛮族与元谋汉族的关系

蛮得梁子距元谋较近，蛮族常背柴下山卖，但元谋汉人非常看不起他们，常说他们是强盗。蛮族男的一下山就被汉族注意：怕他们手脚不干净，并有诬赖的事情。民国三十六年，元谋莫打村一姓吴的，赶街被贼抢杀，一般人都说是蛮族干的，提议不准他们下山来。

民国三十四年，曹家村曹丕贵等二人下山到元谋武桶河收租，夜宿武桶河，是晚离武桶河10里路的谢花村一家失盗，当地保长武希发一口咬定是曹丕贵二人干的事，将二人捆去县府关了1年，后来花了70多万（卖了30多只羊、2条牛、1口猪）（法币）才放出来。蛮族在解放以前，只要被抓到元谋县府，要出来就得倾家荡产。

1950年腊月十四日，住于曹家村的禄密山下山赶街，被汉人李有芝妻抓住，说他是杀死她丈夫的凶手（因李有芝常去蛮得梁子附近做生意，被杀死），送到县府监禁，至今尚未放出来。

再者，元谋汉人常上蛮得梁子来砍柴。柴山是土司给与蛮族抵挡门户捐的，汉人上山强硬砍柴，不给钱。蛮族向他们要钱，他们说到元谋去拿。但蛮族下山向他们要钱时，他们就恐吓说他们是贼。蛮族对他们没有办法。

解放后蛮族下山，元谋工作人员常摸索他们身上，怕他们带大烟，有时把他们身上带的午饭收掉了。这件事，他们非常痛恨。（曹银富谈）

3. 曹有福不敢下山的原因

曹有福是蛮得梁子最有势的人，人都称为曹队长，手下有二三十个弟兄，常下山来抢商人及拉牲口。民国三十六年，曹弟兄6人在三区高桥镇不拉他村，拉去汉族施家3条牛（苗族代表张孔文谈），他们拉着牛走，27个汉人尾随在后，追逐到曹家，但曹不承认。追来的人威胁他，曹才赔出30万法币。由于抢劫的缘故，解放后曹有福不敢下山来，怕山下的人算他的旧账。今年9月25日五区请曹下山开联欢大会，他不来。这次武定区的民族代表大会，他也不来。蛮族代表晏正和说：“他以前做坏事太多了不敢下山来。下山就要带枪，带他的手下人。”

4. 蛮族内部的关系

蛮得梁子分上下二甲，上甲约有65户，下甲有55户左右。上甲是曹有福的势力范围，下甲是晏正和的活动区域。但上下甲是有矛盾、有仇恨的。原因是民国二十四年上甲曹有福与李老么图财害命，抢下甲何局厅（？）、何局新、晏知布3人家中的牛15条、羊100多只、马1匹、枪3支、猪五六口，杀死3人。是时晏正和尚年幼，下甲没有人力，一直到现在都不敢过问，晏正和对此事是敢怒而不敢言。解放后他曾暗地向马英团长说过，要他帮忙解决这件事。这次他也要求访问团帮他处理。他又说："曹有福是土匪，造谣，怕共产党。"

（四）其他民族的关系

五区其他各民族中自卑心最重的是老干。我们问老干代表白英："你们是哪一族？"他们自卑地说："我是低人一等的那一族。解放前大家都看不起我们老干族的。"

泰族也是五区少数民族中被其他族视为会变鬼的民族，都不与他们通婚。过去还怕与他们来往。他们对于传说他们会变鬼的事是非常生气的。

联络第四组

第二部分　租佃关系

（现就各民族所居的几个村落的具体情况来说明五区的租佃关系。）

（一）蛮得梁子

（1）户口：蛮得梁子是彝族聚居地。分上下二甲，上甲约有65户，下甲约有55户，共120户（其中上甲有8户汉族、下甲有2户汉族）。

（2）土地出产及人民经济生活：蛮得梁子的地，因气候寒冷，出产洋芋、燕麦、苦荞、萝卜及少数的玉蜀黍。腊月种洋芋，到第二年的五六月才收。燕麦是冬腊月下种，第二年的八九月收。荞是三月下种，九月收。但因耕种的土地少，肥料缺乏，气候寒冷，种下去的农作物大半是"三年两不收"。人民生活非常困难，一般说粮食只够吃六七个月。开1次荒地只能种1次荞或1次燕麦就不能再种了。

（3）土地占有及阶级分划：

A.地主：上、下甲只有两家地主，一为曹有福，有100多石（每石600多斤）的田地。自耕五六石，出租90多石。他的土地不完全在蛮得梁子，大部分在山下。佃户有3家汉族，共种13石租的田地（地占1/4）；10家傈僳族种50石地；2家蛮族种6石田、8石地（玉蜀黍）。另一个地主是李春荣，有土地八九十石。

B.自耕农：下甲12户，地多田少（田完全在山下），每户最多有田八九亩。

C.佃农：有100多户，完全租种环洲土司李鸿缨的土地。

（4）地租及押头：蛮族种土司的地，地租是50%。傈僳、汉族、蛮族等租种蛮族曹有福及李春荣的土地，地租是60%。解放后，土司李鸿缨不敢到蛮得梁子来收租，故租种土司土地的佃户等于完全免租了。至于种曹有福土地的佃户余老五（蛮族），种曹2石2斗田，今年只上1石5斗，减少7斗，但曹要余上粮。

种土司李鸿缨土地的没有押头。下甲只有1户种曹有福及李春荣地的，其余完全种土司的地。现在李鸿缨已被人民政府枪毙，因此，减租退押在蛮得梁子的下甲来说是一点问题没有的。

（二）新民乡（花苗住地，第五行政村）

（1）户口：37户。

（2）土地出产：大部分是玉蜀黍及少数苦荞，稻子不能种。

（3）土地占有及阶级划分：

地主：无。

自耕农：29户，每户占有土地平均6亩。一般说来，土地不够种。如张孔文家，8口人，3个劳动力，只种4亩地，29户中有24户是自耕兼佃农，土地不够种，系向傈僳、汉族地主租来（2户汉族地主，约有3石出产的土地）。

佃农：5户。

（4）地租及押头：一般说来地租是产量的50%至60%，并随地的出产量的增加而增加，如一块地出产5斗，租是3斗。三五年后，土地深耕，肥料加多，出产量增加，那么地租也跟着加高，出产1石就收7斗租。因此，农民不愿对土地多下劳力与资本，土地出产多了，对地主有利，对佃农没有多大好处。

押头是租地时就写明于纸上的，如花苗族租种两家汉族的土地，出产1石5斗苞谷的土地，押头是20元半开。出产8斗玉蜀黍的土地，押头是15元半开。但除了白押之外，还有“黑押”，即是地主对佃户的额外剥削。如潘英学（新民乡第五行政村村长）等3家共同租种一地主出产1石5斗的土地，地租是6斗，押头是1两5钱银子（合5斗米），20年后加上3只羊。且每年秋收后还要替地主做两三天工。过年时3家须送地主1斤蜜糖、1只公鸡、1篮松毛（松树叶，给地主过年铺地用）。每年旧历六月二十四日火把节，3家还须送地主1篮洋芋。除此之外，地主来收租时还须招待饭。

花苗族迫切希望政府实行减租退押。

（三）干彝族住地

（1）法窝村：全村有26户（全为老干）。一半租种李为汉（黑彝）地主的地，一半租种李为生（黑彝）地主的地。全村都是佃农。每年全部出产30多石（每石1100斤）。地租在民国十四年是10石，民国十七年后加为22石。除了土地剥削外，地主对佃户还有很多额外剥削：当地主婚丧喜事时，佃户必须送礼、做劳役。如李为汉讨媳妇，全村送他2石6斗米、3只羊、50罐酒、16亿元（民国三十七年），此外每家还去1人帮做杂务、抬轿子；又李姓的父母死时，佃户每家去1人做杂务、抬死人。

解放后农民还上给地主1949年的租。1950年的租农会扣下不给地主了。法窝村的农会是1950年（？）月成立的，每户都参加，尚没有清算地主。国民党时代全村负担是15石（每石1100斤），解放后1949年的公粮数为3700斤，据干彝代表杨自英（法窝村长）说：解放后全村的公粮负担虽较国民党时轻，但以全村的出产比较还是重的。

（2）新村：全村有24户（全是老干），都是自耕农，没其佃农。原因是参加四十一村（傈僳）斗争了环州土司，获得了土地权，但每户占有土地最多是10亩，最少三四亩。出产为高粱、苞谷、荞子、小米，一般只够吃八九个月，全年够吃的只1家。补足的办法是织麻布去卖。

（3）丙弄村：全村26户，全为干彝，只有两家是雇农，其他都是自耕农。原因也是参加四十一村斗争土司获得了土地权。每户占有土地数相差不多，平均每户有16亩至20亩，最多的有60亩。但因土地干燥，缺乏水利，虫害很大，收成很少。出产为苞谷、小麦、蒜（特别多）、高粱、荞、小米、花生、木棉。解放后全村负担的公粮数为12000斤。

（4）面前村：全村22户，全为老干族，都是自耕农。情形与前两村同。

（5）洛海古村：全村12户，全为干彝族，都是佃农。地主是李为汉、李为生、李为贤3人。全村种他们的土地，约有八九石出产，租子是2石，粮是自己上4石或5石（这是明轻暗重的租子）。

新年初三，家家须送1只鸡、三四斤酒给地主。地主来收租时，家家都须请他吃饭，招待费有时超过租子数。地主办喜事时，家家都须帮助钱。如李为汉在民国三十七年讨媳妇，全村送给他1亿6000万元（折合当时米价1石7斗）、20罐酒。洛海古村同法窝村都是他的佃户，二村送给他的钱等于帮他讨了媳妇。若不送给，他就要调佃。（以上材料根据老干族代表杨自英谈）

（四）泰族住地——必峰甸

必峰甸属五区太平乡，有25户，其中十七八户是佃农。地主是环州土司李凤云，约有36石租的田在必峰甸。慕连街宴建新地主也有1石2斗的租子田在这里，雇农兼小贩的有7户（小贩专卖席草与草鞋）。租2石田须上8斗租（但粮是佃户上）。地主来收租时家家须杀小猪（约8斤重）招待吃饭。

押头：是黑押头。当土地转卖时，买卖主都须给钱与土司。当他将土地卖与别的地主，原来种这块地的佃户就倒霉，新的地主会勒索佃户要押头，若不给就以调佃威吓。如李凤云将田一块卖与宴建新，约出产1石2斗米，原种此田的梁李氏等7家，当李凤云卖田时，曾与宴建新说：卖田不调佃。但宴建新买后定要李氏等7家每家出半开11元才继续能种下去，否则要调佃。李氏等无奈，每家都给他11元半开。民国三十六年，因武定二区三分会红彝族李文明、李富真、李富寿等3人贿赂宴建新，请他吃饭，送了2只羊、3只鸡、30多斤酒，结果宴建新就把李氏等7家所种1石2斗田拨出来给李文明等3人种。李氏等7家交给他的押头77元半开他也不退，李氏等7家只好罢了。解放后李氏等7家向李文明等3家交涉要回这1石2斗的田，李文明等3家不给，双方曾告至人民法院，尚未解决。

（五）黑彝族住地——吝村

吝村有22户，全为黑彝族。全村自耕农2户、地主1户（有租十二三石苞谷，但自己种一半、租出一半），他的土地完全租与2家汉人耕种。佃农十七八户，其中除3户外，都是自己有点土地兼耕土司李鸿缨、李凤云两家的土地。

没有押头，租子是"分种"，即粮食成熟时土司派人在田里分租。佃户与地主各分一半。"分种"还是有永久性的，但若佃户在苞谷成熟时私偷，土司知道就要调佃了。

土司来收租时，佃户须杀鸡打酒款待。过年须送土司猪头、猪脚、鸡、饵块等礼物，名曰"拜年"。每年三四月间，家家佃户还须送煮蛋、火腿、肉去朝拜土司。旧历八月十五日（中秋节），每家佃户也须送土司石榴等水果。除此，每逢土司有婚丧喜事，佃户都须替土司做杂役、挑水、砍柴等事。

解放后，各村农民一颗租子也不交给李鸿缨，虽然他的妻子来催收1次，但大家因李鸿缨不上1949年的公粮，人民扣了租子去替他上公粮。（以上材料根据黑彝代表李瑜生谈）

（六）傈僳族住地

（1）杂窝村：80户，全是傈僳。自耕农70余户，其中中农30多户（最多的有8亩地）。雇农7户、佃农2户（地主是傈僳族李光林），租种土地十一二亩。每种出产五六石的地，上租800页麻布（合200斤米）。

（2）下哈莫村：40余户，全是傈僳。佃农两户，其他都是自耕农（每户最多土地8亩）。两户佃农是自己有的地不够种，再租种土司李凤云的一部分土地（约2石），没有押头。本村1949年的公粮负担为37000多斤。（以上材料根据傈僳族代表杞崇善等谈）

（七）租佃关系及减租退押的一般情况

以上6种民族（傈僳、干彝、花苗、蛮族、泰族、黑彝）所住的11个村落土地分配的情况，列表如下：

（1）地主占有土地情况：

地主族别	蛮	花苗	汉	土司	黑彝	傈僳	泰族
户数	2		3	2	4	2	
占有土地面积	190石		3石2斗	48石	43石	3石	

注：（1）每石以1100斤计。

（2）以上出产物多少，作占有土地面积多少。

（2）地主、佃农、自耕农、自耕农兼佃农、雇农户数：

	蛮	苗	汉	土司	黑彝	老干	泰族	傈僳	合计	百分比（%）
地主	2		3	2	4			2	13	4.38
佃农		5	5		3	38	18	2	71	23.91
自耕农	12	5			2	28		110	157	52.86
自耕农／佃农		24			14			2	40	13.47
雇农						2	7	7	16	5.38

（3）地主对佃户的剥削——租与押头：租有“分种”（即50%）、定额租两种（定额租为40%至60%）。泰族租种土司李凤云的田，田出产2石，只上8斗租，表面看来很轻，实则粮是由佃户上给政府。不定租额，多数是地租，而不是田租，因为地的出产量没有田的出产量固定。故地租是随着地的出产量增加而增加的，但不随着土地的出产量的减少而减少。不定租额一般说来并不低于定额租，也在60%以上，甚至超过70%。如花苗住地三合村一家佃户（张孔文，苗族代表说）租种一地主土地，开始时是出产5斗，租3斗。后来加肥深耕，土地产量是1石，交租7斗。

押头分白押、黑押两种。白押是佃户向地主租地时，明明白白地写在纸上的。再者，白押有时是全村性的，如五区东坡、安茂里两村种李鸿缨土司及王殿基2人的田，约有60石（1石600斤）的出产，上租40石，押头是4000两银子（合当时米价60石）。由此可看出押头和土地出产的比例是100%。黑押是佃户向地主租土地时，地主虽不明文规定要押头，但零星地剥削佃户，是属于额外的剥削，比白押还要厉害。

（4）五区农会情况：五区所辖的每一个行政村都有农会的组织。最早成立农会的是必峰甸，时间在1950年2月，最迟的是1950年8月。前面说的11个村农会，斗争过地主的只有必峰甸农会。他们在1950年9月底斗了11个人，这11人并非全是地主，是地主的只有李鸿缨的妻子（李鸿缨叛变为匪去了）、王殿裔（？）（黑彝，有75石租）、李凤云妻子（李凤云跑了）。除此如普家成（保长）、杨贵才（保长）、黄师夫（狗腿）、李自成、李自强（仓库管理员），都不是地主。农会斗争他们的方法是开群众大会、公审，鞭打了他们。这次斗争主要是农会会长王连青（汉族）、副会长王荣发（汉族）发动的。斗争后被武定县政府批评了，说他们不分对象，随便乱斗。

（5）五区兄弟民族对减租退押的意见：一般说来，五区各民族对减租退押没有迫切的要求。主要的原因是大部分都是自耕农，如傈僳族所居住的四十一村，90%以上农民都有土地，且每户占有土地的亩数相差不多。每户耕种土地面积又是按劳动力的多寡而决定的。

再者，佃农耕种的土地多半是土司李鸿缨及李凤云的，李鸿缨已被武定县人民政府枪毙（主要是叛变为匪）。基本上五区的大地主已垮了，剩下来的是几个小地主。

（八）群众的要求

归纳起来，五区——苗族、泰族、汉族、黑彝、蛮族、傈僳等族的要求与希望是：

（1）共同的：

A.要求政府办学校，提高他们的文化水平。

B.希望政府在各民族地区设立医院，减少人民的疾病和死亡。

C.希望政府在各民族地区设立贸易公司，供给他们生活必需品，免使商人从中剥削，同时可以收购他们的土产。

（2）个别的：

A.要求政府协助促成本民族内部的团结。（蛮族代表宴正和）

B.要求实行减租退押。（宴正和与苗族代表张孔文）

C.要求政府设立少数民族干部训练学校，使他们有学习的机会，能在政府机关工作（五区新民乡第五行政村花苗代表张孔文代表全族提出），并且说该村可以进干部学校学习的人有：张孔文（28岁，昭通明诚初中修业）、潘志清（24岁，武定初中毕业）、张有意（22岁，高级[①]毕业）。

D.要求政府征收公粮应按土地出产物的种类征收，出什么就征什么。（江南镇第四行政村干彝族代表杨自英代表干彝族提出）原因是他们住地多产高粱、苞谷等杂粮，但政府征收公粮时是按耕地面积征收，且以大米为征收标准。

E.简化学校里的文字，以便少数民族学习。［滔谷乡杞崇善（傈僳族）提出］

F.要求政府在各兄弟民族区域设立兽医治疗所，俾使医治及减少每年因瘟疫而死的牲畜。（太平乡傈僳族代表谈）

G.迫切要求政府修理波碧里河，以减少河水泛滥造成水灾。波碧里河是金沙江支流，发源于武定境内，流经波碧里、千则谷、必峰甸等村，至白马口与金沙江汇合。江水湍急，每年雨水时节，往往将两岸耕田冲走大半。故人民栽种稻米和赌钱一样，对收成没有把握，经常都是三年两不收，影响人民生活巨大。（波碧里村傈僳族代表75岁普照宽谈）

H.希望贸易公司提高麻布价格，收买傈僳织出的麻布，以便刺激麻布的出产和改善人民生活。（滔谷乡傈僳族谈）

（九）江南镇要求划乡问题

要求政府将江南镇第一分会划归元谋县，其理由是：

（1）第一分会地近元谋县界，往元谋县府所在地路程只1天，往武定县府路程需4日。故武定县府政令传达至第一分会要较传达至其他各地为远。村乡政府工作人员至县人民政府报告工作或开会议，花费时间及精力太多。

（2）人民的风俗习惯与元谋相同。亲戚朋友也多在元谋。

（3）第一分会佃农多耕元谋地主土地，且土地在元谋县界内，如雷弄、杞线、湾子3村，都是地连元谋。且此3村全是佃农，他们的地主及耕种土地都在元谋。

（4）江南镇的青年都喜欢往元谋读书。原因是地近元谋，来往方便，且元谋有高小

① 高级，疑为“高小”之误。——编者

及初中设立。

（5）历史原因：解放前武定县派款比元谋多，原因是武定县接近省城。

以上5点原因据第一分会两位代表［罗太华（傈僳）、张泽时（汉人）］谈：他们未来开代表会以前，开了第一分会群众大会，由全体群众提出的。他们说不单是第一分会群众有这样要求，且整个江南镇及五区群众都有同样意见。

据调查第一分会包括7个自然村：

江边村——40户，汉族。崖干村——20户，汉族。湾子村——20户，汉族。雷弄村——25户，其中傈僳族21户，汉族4户。龙街村——50户，汉族。打拉村——汉族5户，傈僳族4户。杞线村：40户，傈僳族。

此外他们还要求：

（1）第一分会出产的是高粱、苞谷、小米等杂粮，这些杂粮若运至武定上公粮，运费太贵（如100斤苞谷就要五六十斤运费），要求政府收第一分会公粮时，以当地杂粮市价折为人民币缴纳，免使人民负担太重。

（2）要求政府减轻屠宰税，第一分会人民习惯及受经济力的束缚只能养一二十斤的小猪，拿小猪到街上去卖或宰，政府的屠宰税规定，60斤以下的猪，每宰一口，须上8斤肉的屠宰税，且每斤猪肉以武定各地肉价作一平均数折为人民币3500元收。而第一分会肉价只卖2000元，政府收税每斤按3500元收，每斤猪肉就须多上1500元税。故人民要求在20斤以下的猪免去屠宰税，肉价亦应按当地肉价计算。

联络第四组

第三部分　政权形式及兄弟民族参加政府工作情况

五区未解放前，只有环州镇、滔谷乡、江北镇等3乡镇，解放后划为2乡2镇，即江北镇、江南镇、新民乡、太平乡。

解放后五区的政权形式有两度变化：

1. 行政委员会的设立

早在1949年八月（旧历），独二团团长马英在五区一带打游击时，在五区成立了两个行政委员会：一个设于江边龙街，一个设于滔谷乡。行政委员会的组织有主任委员1人、文书1人、财经1人、民兵30多人（有枪支，枪是马团长给的），当时行政委员会权力等于乡政府。负责人是由地方绅士地主推举出来的，如滔谷行政委员会主任委员普师孔，过去是滔谷乡乡长，又是小地主，约有租七八十石（做乡长时剥削人民很厉害），当时由余海平及土司李鸿缨等拥护他做主任，因出身阶级不好，后来叛变了。

2. 区政府的成立

行政委员会成立了9个多月，至1950年6月20日，五区环州区区政府成立，组织如下：

正副区长各1人，正区长田义（汉族）、副区长赵章（汉族）。

民政股长1人，康喜春（汉族）。

文书1人，康锐已（汉族）。

财经1人，张庆喜（汉族）。

会计1人，李华凤（傈僳族）。

仓库员1人，李如松（傈僳族）。

生产干事1人，李瑜生（黑彝）。

公安干事1人，刘××（汉族）。

公安员1人，刘小常（汉族）。

区政府共有50人，其中有公安员约40人（6人为汉族，其他皆为兄弟民族）。

区政府的正副区长由县人民政府指定，其他皆由间接民选产生（由每村选出候选人，然后再由候选人中选出）。

区政府下设2乡2镇，乡镇政府的组织情况如下：

有正副乡长各1人，下设财经1人、文书1人、通信员1人、民兵2人、仓库员1人，共8人（皆由区政府指定）。现将2乡2镇负责人姓名及族别列后：

江北镇：镇长——李志和（傈僳族）、副镇长——杨济春（汉族）、财经——李春全（汉族）、文书——梁稀真（汉族）、通信员——张照员（黑彝）、2个民兵（黑彝）。

江南镇：镇长——周义荣（汉族）、副镇长——陈国泰（黑彝）、财经——毛光亮（汉族）、文书——镇长代理、通信员（傈僳）、3个民兵（汉族）。

太平乡：正乡长——陈提燕（汉族）、副乡长——郭自卫（黑彝）、文书——王殿成（黑彝）、财经——人选未定、通信员（傈僳）、民兵——未有。

新民乡：正乡长——李济苍（傈僳）、副乡长——陈自民（蛮族）、财经——张自成（傈僳）、文书——朱文光（苗族）、通信员（傈僳）、民兵——未有。

总计区政府和2镇2乡政府各民族工作干部所占人数比例：

族别	傈僳	汉	苗	黑彝	蛮
人数	8	16	1	78	1
百分比（%）	24.24	48.49	3.03	21.21	3.03

由上表看来，老干、泰族没有一人参加政府工作。

乡镇政府下设行政村。每行政村有村长1人。农协小组正副组长各1人。下有居民小组，10家为1组，设小组长1人。

联络第四组

第四部分　贸易情况

（一）主要出产品

全区大米产量仅占粮食产量的15%，荞子、燕麦、洋芋占35%，苞谷占50%。每年收的粮食是不够维持生活的，主要还是靠他们的土产及手工副业来过活，如织麻布、打猎、熬火硝、挖茯苓、养蜂、砍柴等。织麻布成了他们的主要副业，单以他贞一村来说，在全村90户人口当中，种麻织麻布的占95%，每家每年都要撒1升（7市斤）以上的麻种，每家都有织麻布的木机子，所产麻布除30%留作自己穿用外，70%出售，然后再换回他们的生活必需品，麻布出售时价很低，往往在生产成本以下。所需要购买的东西（如土布、盐巴、针线、医药等）价格又特别贵，弄得兄弟民族日益穷困。在反动统治时期，他们每年织成的麻布仅够缴纳苛捐杂税。

（二）产销情况

（1）本区生产以麻为大宗，分大麻与小麻两种，均产于秋季，全区今年出产生麻15万斤，滔谷乡占30%、环江镇占20%、江北镇占30%。每斤麻价1600元至2000元，麻布年产9万余丈，30%自己消耗，多用做衣服穿，70%外销。每斤生麻可织5寸宽麻布5尺，每人每日织麻布7丈（？）。江北镇织麻布的最多，除织本镇所产生麻外，还到滔谷、环江两处买生麻来织，但麻布质量较差。东山、环江两地织麻布者较少，所织麻布质量较好，东山麻布每100丈43万元。江北麻布每100丈38万元。

（2）火硝全区年产3万斤（制火药用），每斤毛硝价2400元至2600元。2斤毛硝提炼后可得提硝1斤。毛硝与大米的比率为3斤米换1斤毛硝、6斤米换1斤提硝。

（3）茯苓年产1万斤以上（生茯苓），产于雨季，出于深山中。由兄弟民族挖出来卖，经制后即成熟茯苓。运销省外各地。过去曾大量出口，近年来因无销路，生产比较减少，与大米比率为1斤大米换2斤生茯苓。

（4）蜂蜜年产4万斤，产于冬春两季，是兄弟民族每年换盐巴的主要货品。1斤蜜换1斤盐。

（5）黄蜡年产16000斤。

（6）防风（药材）年产12万斤，情况与茯苓同。

（7）红糖年产3万斤（白子口）。

（8）花生年产3万斤。

需要品以土布、盐、针线为大宗。全区年需土布15000件，大半是昆明宝华祥、宝茂祥的粗木机布，颜色为黑、蓝两种。食盐年需50万斤，多系白盐和本县出产的小井盐。针线年需200万元以上。药品因人民相信鬼神很少吃药，每年约需1000万元。耕牛去年甚缺，平均每七八户才有1头牛。农具也很需要。

（三）贸易公司对兄弟民族的帮助

自贸易公司成立之后，扶持与发展了他们的手工副业，以合理的价格大量地收购了他们的土产，如麻布、麻线、火硝、箐鸡皮（？）等。并抽出干部组织了兄弟民族地区推销采购小组，配备了兄弟民族干部3人参加工作，又经上级批准了1000万元固定资金，向昆明买来一批兄弟民族需要的货品，如土布、针线、普通医药、文具等。抱薄利推销原则，照武定牌价卖给他们。这个推采小组经常在兄弟民族地区赶街，一方面推销货品，一方面收购他们的土产，使他们免除了一些中间剥削，人民购买力已慢慢增加。根据第五区新民乡他贞村彝族同胞反映说："在往年每百页麻布只能换取土机土布2件，今年已换到3件半。"

第五区江北杂窝村的98家傈僳同胞，在反动统治时期每年生产的麻布只够纳苛捐杂税。今年有贸易公司大量收购，麻布价合理地提高，全村今年购入3000余件土布，平均每家存有3件至4件。

在他贞举行兄弟民族会议时，贸易公司以最低价钱售出105件土布、文具103300元、百货77000余元，价格比市面低。土布每件较市价低3500元。一个50来岁的彝族同胞用最诚恳的态度说："今天人民政府搭（和）我们兄弟民族真是一家人啰，我们扎实（深深）相信你们。同志，你实在好啰！"

武定地委会

武定区材料之四

——武定区民族情况

中央访问团第二分团

1951年2月出版

武定区材料之四

——武定区民族情况

编者声明

这些材料是我们从1950年8月29日至1951年1月31日（其中大部时间是在行动中），先后在圭山、丽江、保山、大理、武定、楚雄等地区进行兄弟民族访问工作中，通过当地干部、民族代表及熟悉当地情况的人士所了解的一些情况。为应各有关机关之急需，仅将原材料加以整理，尽量避免主观分析与结论，在文字上仅要求念得通、看得懂。但由于是短期的访问与了解及仓促整理，情况难免不真实或不深入，观点难免错误，文字烦琐或不通顺。故仅能供各有关机关进行民族工作的参考或进一步考察的线索。并望于今后的调查研究，加以校正。

1951年2月　日

一、历史概况

武定区的历史在古代是很模糊的，古史称“南交昧之交”，称之为“荒脉”之地。有一个古历史传说：“黄帝时，长子昌意，德劣不足承大统，降居若水为诸侯，娶蜀山氏之女，谓之昌濮氏。产颛顼于若水之阳。”若水即武定北边的金沙江，周称百濮之国，战国时楚襄王使将军庄蹻进云南，称滇国。汉武帝开西南夷，武定地区开始建郡县（如三绛县、会无县、秦藏县）。三国时，诸葛亮五月渡泸，泸水即今之金沙江，现禄劝北部金沙江边有兄弟民族说：“金沙江中有两根石柱，是诸葛亮镇压我们的。”唐以后在“大理国”“后理国”等统治时，分云南为37部，武定区是属罗部（即今罗次地）、罗婺部（武定、禄劝）、掌究法块部、洪农禄劝部（以上均武定、禄劝）、竹华部（今元谋地）等，建立了兄弟民族的封建统治，前后有3年多。元宪宗时建立了武定路，开始有武定之名，统辖和曲州及禄劝州（包括现在的元谋、武定、禄劝等县）。明代改为武定军民府，由土官凤氏统辖。嘉靖以后凤氏发生内争，朱家朝廷平之（明代的滇国公沐氏及吕光询）。于隆庆元年，改土归流，因此为官（即朝廷命官，一般是汉官）统治，但在金沙江边仍然由土官统治着。民国以后，曾设武定直隶州，以后就改称县，划区乡行政，在形式上土司制度没有了。然而如武、禄北部的环州、慕莲、勒品、镇康等土司至今残迹尚存。

这里的人民被历史上的反动统治者称为“西南夷”“南蛮”“乌蛮”（禄劝东部有乌蒙山之故），甚至称为“猡猡”，任意侮辱，如在吕光询等平凤氏内争时，即有“朝廷尽剿武定蛮众”的历史记载。尤其在清代咸丰同治之间，此间的回族同胞受了当时反动统治者所称的“红革之乱”，即太平革命的影响而举事，受到极度残酷的镇压杀戮……

解放前国民党的统治在这里的作为较之清政府更有过之无不及，即以近年的征兵征税而言，在各民族中极为痛恨。从我们最近召开的农代会、兄弟民族代表会议中的诉苦来看，很大部分就是诉的国民党征兵之苦，尤其是兄弟民族，往往为征兵之故弄得家破人亡，逼入高山丛林中，过着苦难的生活。同时帝国主义的基督教在兄弟民族中起着很大的影响，他们在此已有四五十年的历史，并已用拉丁文拼音字的方法为苗族同胞创造了苗文，给傈傈同胞创造了傈傈文。在未解放前教会中还有财经组、文教组等，甚至给人民处理民刑官司。

武定地委会

二、民族种类

概括起来说，全区的民族除汉族外，共有19种，但总合之则为四大系统。其中以彝族种类最多，人口比例也较高。兹分别叙述于后：

（1）回族。

（2）泰族（又称摆彝，俗称土里）包括两种：A.旱摆彝；B.水摆彝。

（3）苗族亦分为3种：A.花苗；B.白苗；C.仲家苗。

（4）彝族是武定区人口最多、种类最复杂的民族，其中包括：A.黑彝；B.白彝；C.红彝；D.干彝；E.明朗；F.密岔；G.蛮族；H.花公鸡；I.傈傈。但傈傈又分3种：a.白傈傈；b.黑傈傈；c.山傈傈。

此外，还有两种：

（1）民家：大体上与汉人相同，不过他们有着一种民家语，与滇西北剑川一带的民家是相同的。

（2）白子。

三、民族分布

（1）回族：多聚居城市和汉人区域。

A.元谋：元马镇张二村有150户。

B.武定：一区西华乡大西村有60户，近城镇有7户；二区插甸有3户；四区汤郎有40户。

C.富民：聚居城区附近的有40户。

D.安宁：有50户。

E.禄劝：河外转龙有30户。

全区共有回族380户。

（2）泰族：多聚居于金沙江和普渡河沿岸。

A.禄劝：聚居于镇康区金沙江沿岸和永山区普渡河沿岸。

B.武定：

a.水摆彝：二区莲溪有70户，三区树己有40户，五区环江有20户。

b.旱摆彝：二区茂莲有80户。

全区共有200多户。

（3）苗族：多聚居于各县山谷中。

A.武定：一区九厂有40户，凌云有80户，启明有21户，近城有5户；二区西华有150户，插甸有72户（花苗），外有白苗10户，永兴有100户，莲溪有40户，茂莲有100户；三区积旧有24户，树己有30户，高桥有142户；四区汤郎有150户，勒品有8户，草溪有50户，隆庆有40户；五区滔谷有6户，环江有45户。

B.禄劝：共有500户，分布在卓干、中屏、丽山、云竜等山区地带。

C.罗次：接近五区的草溪地带有1500户。

全区共有1700余户。

（4）彝族：

A.黑彝：

a.禄劝：一区较少，其他各区很多，但又以中屏、永安、永山、镇康、云竜、卓干、丽山为最多，占全县人口50%以上。

b.武定：一区凌云约有120户；二区插甸、后山、茂莲、莲溪，占全区人口60%；三区永兴、树己全是，积旧占3/4；四区勒品有300户、汤郎有100户；五区环江有6个村（环州、戛莫、拉卓、拿直、芭市则、松树林）全是。

c.罗次三区蓑朗乡有700人。

d.富民二区核桃箐也有一部分。

e.元谋与武定交界地区有30户。

B.白彝：

a.禄劝：卓干、丽山较多。

b. 武定：一区启明（白山、黎家坡、铺溪）、凌云、石板沟、麻地、冷饭桥、杨柳河、麦地冲等村占80%，九厂有200户；二区插甸、茂莲、永兴、西华共有350户；三区高桥有300户；四区汤郎有500户，隆庆、勒品有100户；五区环江有500户。

c. 富民：三区大罗勉和小罗勉有。

C. 红彝：

a. 禄劝：分布在镇康、汤郎江和普渡河沿岸。

b. 武定：三区高桥有100户，积旧有200户；四区隆庆有200户，汤郎有400户，勒品有300户。

D. 干彝：

a. 禄劝：分布在镇康沿金沙江半山一带及河外区。

b. 武定：二区莲溪有500户，茂莲有250户，插甸、六器、叠汗勒斗斗、以都支全是；五区环江有50户，滔谷有50户。

E. 明朗：

a. 禄劝：分布在丽山。

b. 武定：一区九厂南村有20户，凌云麻地冲有20户，启明马德报有20户；二区罗美村有33户。

c. 富民：二区核桃箐。

F. 密岔：

武定：一区凌云有20户，二区插甸有70户，三区高桥有50户。

G. 蛮族：

a. 禄劝：镇康戴家村。

b. 武定：二区茂莲有50户，三区积旧有21户，四区勒品大火山有20户，五区曹家村有20户。

c. 元谋：蛮得梁子有180户。

H. 花公鸡：

武定：四区勒品沙衣箐有100户。

I. 傈僳：

a. 禄劝：卓干、丽山、云竜。

b. 武定：二区永兴有200户，茂莲有180户，插甸有100户；三区高桥有20户，树己有50户；四区汤郎勒品有70户；五区环江有200户，滔谷很多。

但山傈僳在武定二区茂莲有14户，四区汤郎有15户。

c. 元谋：与武定交界处有20户。

J. 民家：

a. 富民：与昆明交界的李子坪一带有100多户。

b. 罗次：三区蓑朗乡有少数几家，不详。

K.白子：全区仅安宁与昆明交界处有一部分（实有数不详）。

总之，在全区中仅禄劝、武定两县兄弟民族占65%以上，其中彝族占了40%以上，所以在全区来说，以彝族最多，分布最广。

武定军分区司令部

四、民族关系

1.汉族与兄弟民族间的矛盾

实际上这些矛盾是汉族的反动统治者压迫兄弟民族造成的。而现在模糊地成为汉族人民压迫少数民族，在人们的意识中反映出来，如去年腊月二十八日禄劝河外的狗街一个彝族同胞与一个汉人为买卖争执造成了彝人与汉人的一场械斗。自解放以后兄弟民族常说：“那些坝子原是我们的，是给汉人抢去的，土地改革我们要下坝子。”（坝子地名多彝名）而汉人就说：“他们不会种水田，只会种旱地，下坝子不会生产。”又如汉人常称兄弟民族为“倮㑩”“苗子”，瞧不起兄弟民族同胞。而兄弟民族最初原是称汉人为“拖尼普”，是比较客气的称呼，以后改称为“杀普”“阿彩普”（有骂人之意）。汉人到兄弟民族中去，只要有人说一声“杀普”来了，大家就会关好门，上山顶去不再理睬。禄劝兄弟民族中流行一句话：“老鸦无树桩，花苗倮倮没地方。”所种的地都是别人的。

2.各兄弟民族之间也存在着矛盾

如武定的蛮族同胞是几百年前由西康迁到凉山来的，因为生活困难有“飘劫”行为，于是其他民族就称之为“蛮匪”。尤其与彝族之间矛盾很大。又如黑彝族一般的较有文化，有些上层人物就瞧不起其他少数民族，如对摆彝族一般均瞧不起他们，说他们会放毒，会变狗、猴来咬人，称他们为“摆彝鬼”。

又如武定北部的江北镇，常常因为选举农会主席、农代、乡保长，而引起民族间的不满。哪个民族的人当选就高兴，不当选就难过。有一个民族骂另一个民族说他们全是恶霸……甚至在一个民族之间也有宗派矛盾，如蛮族住的凉山，就有上甲与下甲之分，这两甲之间常常发生纠纷，很不团结。

3.阶级矛盾亦甚尖锐

禄劝河外三乡是兄弟民族与汉族的杂居区。据我们不完全的统计，九龙乡有200工以上的地主14家，其中5家为黑彝族。转龙乡有税银30元至180元以上的地主有15家，其中黑彝地主有3家。林泉有田地60亩至200亩以上的地主21家，其中黑彝地主有7家。在武定北部，在黑彝、红彝、白彝……4族中，均有地主。而地主的封建剥削相当重，因而引起了农民大众的不满。因为地主的佃户不完全是本族的，汉人地主的佃户固然有兄弟民族，兄弟民族的地主亦同样有汉人佃户及其他民族的佃户。这里问题就较复杂了。

五、经济情况

据不完全的统计，在兄弟民族中地主、富农、土司占23%至24%（？），拥有大量土地。大半是彝族中的黑彝（以少数民族中的贵族自称），这些统治剥削阶级不事生产，专赖佃农（主要是白彝，俗称黑彝的奴隶）养活，并且还掌握有政治、经济、军事大权。土司经济制度的特点，是地租轻、额外剥削重（劳役、摊派、年节送礼……），所以在生活方面，土司、地主、富农（尤其是土司）的生活极为富裕，除生活费用外，所有的剥削所得都用以购买枪支、金银等。然而70%以上的佃农在交了土司、地主的租子负担、额外负担以及蒋匪军的剥削后，生活是极为困苦的。如蛮族由于生活困难，每年有4个月的生活来源依赖抢劫。

苗族较为勤苦朴实，生活上的困难多依赖自己利用工作业余季节捕鸟打猎、自织麻布弥补不足。

武定军分区司令部

贸易情况：本区市场有江边龙街、白马口、滔谷、东坡、四心、插甸等几个较大的交易市场。每个街集均为6天赶场一次，如不逢街期，市上即无交易。这样形成了纯是行商摊贩无坐商的状态。每街赶集人数都在2000人至5000人以上，兄弟民族占95%。近来由于革命秩序的建立，赶集人数已增加1倍以上。

交易物资以麻布、粮食、土产为大宗，东坡街每街上市麻布约3500丈，江北镇来货约50%，东山、环江两乡约占50%。江边龙街每街上市麻布2500丈，江北镇麻布约占70%，环江、东山约占30%。东山麻布每百丈（5寸宽）卖430000元，江北镇麻布每百丈卖380000元。白马口市场每街亦上市2500丈至3000丈。粮食以苞谷为最多，约占50%，大米占15%，荞子、黄豆、大麦、燕麦、洋芋等约占35%。苞谷每市斤价400元至450元，大米每市斤630元至650元。火硝江边龙街每街上市毛硝1400斤、东坡街上市200余斤、白马口上市400余斤。采硝量极少，价每斤2400元至2600元。生麻每市斤3000元。人民在市场上把自己的土产及手工业产品卖出后，再换回土布、盐巴、针线等生活必需品。土布每件35000元，盐巴每斤2700元。土布多由元谋来，食盐除本区积旧乡所产小井盐外，尚由元谋转运一部分白盐。

市场上，过去缺乏小钱，尚流通一部分毫子、铜圆、伪币，但在人民银行下乡发行小票与贸易公司收购土产的配合下，目前伪币已经绝迹，人民币正式占领了市场。但人民由于习惯使用半开，在交易时仍以半开喊价，然后再以400元折半开1角付钱。预料这种现象在不久之后即可纠正。

武定专署

要求：

（1）改进织麻布的生产技术。

（2）苗族要求开办打毛线班——用羊毛打。

（3）要求贷种。

（4）贸易公司去做生产，开辟市场收购麻布。

武定专署

六、政治情况

（1）兄弟民族一般对于人民政府的认识是不够的。但在汉族杂居的兄弟民族则较有基础，觉悟程度和组织性也较强。如河外区的兄弟民族地主在匪患时期表现比较好，其他一般土司地主阶级（如金丽尧、李洪缨、那如松、毕光华、朱有林）解放后则勾结匪特制造叛乱，影响地方治安。

佃农中由于几千年的封建统治，土司、地富剥削和大汉族主义的压迫根深蒂固，使之唯命是从，一切痛苦皆归之于命运，缺少斗争性。人民政府建立后，兄弟民族在党和政权的领导下，觉悟提高了，认识深入了，如苗族同胞要减租退押，这便是一个明显的例证。但彝族中的干彝觉悟较差。

（2）基督教传入我国后，深入兄弟民族区，苗族和傈僳族深受其害，信仰的很多，彝族和泰族次之。据不完全的统计，仅禄劝、武定在1945年信仰基督教的就有3000户。

基督教在全区中以禄劝、武定、安宁为活动范围，其中又以禄劝永山撒拉乌，武定洒菩山、滔谷、安宁长坡附近为活动中心。撒拉乌设有西南神学院，现有学生30余人，来自云南、西康各地。洒菩山有滇北神学院、教会中学。在滇缅公路21公里二十一兵工厂旧地设有教会学校一所，有学生50余人，直接由外籍教士主持。教堂很多，在兄弟民族地区有5家教徒以上的村落就有一个小教堂（教会有两个派系：基督教内地会、中华基督教会，之间存在矛盾）。

总之，基督徒在少数民族地区的活动是值得我们注意的。如最近挑拨禄劝屏山区苗族要求“民族自治”，安宁教士讲课说：“毛主席很懦弱，小时和他父亲斗争后要去跳河，现在领导中央人民政府共产党不长久。”

武定军分区司令部

附录

（一）反动教门情况

反动教门自北方传入云南，远在1939年前后。到云南后组织复杂，派系繁多，有一贯道、白洋教（洪洋教）、白莲教、小雀康书、神童子、化元老道、神法取牙等。其中，以一贯道、白洋教传播最广，教徒众多，在农村群众中比较有基础。

白洋教又名洪洋教，初到云南时称为天道，据称从天津传来而得名。一贯道因普传一贯而得名。所谓一贯是以儒、道、佛三教合一脉。自称孔子传曾子，曾子传子思，子思传孟子，与老子、释迦牟尼合而为一。

现在武定分区流传的就是一贯道和白洋教。一贯道以安宁为主，分别流传于二区的白邑村、邵官屯、草铺，三区的耳目村、鸣矣河、礼义村。白洋教在富民、禄劝、武定等县。罗次又称洪洋教，其传播地区上的特点是只能在汉区流传，其中以富民的者北、河东村，罗次城区董邑村，禄劝的小仓、法古等地为中心。教徒众多，仅富民河东村即达2000余人。

一贯道、白洋教，不但组织庞大而且严密。一贯道的等级分为商、财、政、他（疑为“地”字误）、天等6级。商以下为教徒，普通教徒以7人至12人为一组，是道内的基层组织。白洋教内的等级是堂主、典传师、前人、天人等级。其中：以堂主最低，负责召集村乡秘密集会和个别吸收教徒；典传师负责巡回布道；前人职位较高，权力亦大，二三县始有1人。

一贯道、白洋教内外森严，虽亲如母子、密如夫妇也不能将“情况”泄漏。每当布道或集会都在晚上更深夜半，层层警戒，极端秘密。典传师或前人来布道讲经时，辄蓬头垢面，不露真容，如堂主、典传师或普通教徒万一被政府逮捕，百般审讯亦应守口如瓶，不得泄露天机。这样在教（道）中认为是鬼魔缠身，经得住考验，算是修道1次，教内就要提升1级，并因此引以为荣。

入教（道）手续：入白洋教须经教徒介绍，堂主许可，准许后缴白米3升、1块大头、香油1斤，作为引荐费或进教之礼；并在教堂内进行360个叩首，直到头昏眼花、四肢软弱始罢。入一贯道时须缴纳功德米1升半、半开2元，教徒见杀不吃，忌肉类。

一贯道、白洋教发展的对象是妇女，其中又以地富妇女为主。入教后必须听“教义”，守“教规”，学“真言”“密语”。

安宁一贯道讲的教义是“大学”“中庸”“修身”“论理”“五常五伦”“四维八德”“七出八则”“十不可”“妇女修行歌”等。

禄劝白洋教流传的密语是“一串素珠两头空，一股丝线穿当中，不是红线来引路，然何落在佛门中”。

一贯道、白洋教属农村落后群众的迷信组织之一。但在阶级斗争尖锐化的今天，它完全起了反动作用，成了谣言的温床和匪特的隐避所。半年武定区反动教门活动的情形，完全证明反动教门的上层领导人是国民党残余特务和地主阶级的当权人物，也完全证明反动教门的活动是与匪特分不开的。

活动方式：

（1）散布谣言恐吓群众，借以发展组织，如安宁、罗次流传“大劫大难要来了”“毁灭大关已到，万物一切毁灭”“入教的可以避免，大家快来入教”。另方面针对时局发展和我党某一阶段中心任务而散布谣言，借以破坏政府法令，如：“国民党共产党都不好，第三党才真正好”“一个原子弹就把昆明炸光”“东北已炸了几省”“朝鲜打败了”“苏美已开战，苏联要来中国征兵”“今年农业税只留120斤，其余征光”。

（2）通过入教的妇女用言语说服其丈夫、儿子，以扩大发展组织。如安宁部官村除民兵股长1人外，全村加入（包括村干），并企图取消农会，以一贯道为合法团体。

（3）放毒药，开秘密会，勾结匪特，企图暗杀农民积极分子，等等。安宁部队被集体中毒；罗次阴谋杀害农代未遂。

安宁一贯道已发展到永字120余班，每班12人。富民白洋教由于逮捕了3个负责人（典传师1人、堂主2人），后即改名为洪洋教（密名青年党），继续活动。而禄劝的白洋教活动则受富民领导，主要负责人在富民。

总之，武定区的教门活动是活跃的，并且随匪特的气焰升降，匪势凶，其活动厉害，反之其活动亦随之消沉。这明显地说明了反动教门与匪特是有勾结的。

武定军分区司令部

（二）土司制度及其剥削方法

武定区自明代改土归流以后，在武定、禄劝北部仍然有土司存在，如武定的慕莲土司（那安和家，现已垮）、环州土知州（李洪缨，已垮）、勒品土判官（李亚森，已参加革命）、禄劝的金洪兆家等。这些土司官管辖区均有大小，均受明、清皇帝册封，有印绶和衙门。慕莲土司衙门尚存。土司之下设村头和佃长，辖境人民全是佃民。村头、佃长相当于国民党的保长。土司对农民实行管租管佃、不管粮。所谓管租是要佃民每年向土司缴地租及送年礼、节礼、鸡猪牛羊等。所谓管佃就是管人，土司家有事，可以随便叫佃民出劳役、当兵、做勤杂、抬轿，女的去当丫头、妈子、陪嫁等，剥削很重，土司对佃民有生杀予夺之权。佃户称土司谓“阿邑猪帽”，即“我们的王”之意。另外还有一种役田，种这种田的佃户不纳租，专门给土司吹撒啦、抬轿，以及做其他工作。佃长就是给土司管理佃民的。土司也给他一份田地，他自己不种，要佃民给他种，其权势亦很大。

土司制度在清末曾废止，改设“境”“马”的行政制度。汉区为“境”，设“境总”来统治。兄弟民族区称“马”，设“马头”来统治。如禄劝县被划为5“境”24“马”，“境”“马”实际等于国民党时候的乡。这里“马头”的统治与土司制度并无两样，是变相的土司制。直到辛亥革命时，人民受革命的影响，曾起来反对土司制，与土司火拼过。如武定北部的人民当初就与环州土司打过仗，因而也部分地削弱了土司制度。红军长征时带来了革命影响，近年来我云南地下党在此打过游击，才使当地的土司制度基本上垮台。

但土司制度的遗迹还可在地主身上找到，目前仍有许多地主管租、管佃，地主向佃民收地租、收水租、收门户、收柴租，要送礼品，要拉工（力役），每年要在佃民家中杀鸡宰牛羊吃几天……兄弟民族所受剥削很重，以致他们失去扩大再生产的能力。他们往往今年在这个山头，明年忽然搬到别的山头，以求逃避负担。兄弟民族说："我们种的地越到高山顶越好，地主不容易找到我们。""我们的田地不能好，种好了地主要加租，我们不可能努力生产，地主一年要拉我们100多个工。"蛮族中流传的歌子说："我们的祖先住在高山顶上，寒冬十月天气冷，扫开了雪，开出了地，种上了荞子、苞谷，养活我们。""我们的祖先住在高山顶上，一手挟柴，一手牵儿，用背来开门，他们的生活是很苦的。"这正是他们艰苦生活的写照。

兄弟民族生产落后，所产不够半年吃的很多。所以他们又养上牛、羊和鸡，还从事手工业，如明朗族专压制毛毡（披毡、毡帽等）及从事伐木生产。至于绩麻、织麻布、熬火硝、制碱等就很普遍。这些生产很原始，费工很大，但也是兄弟民族的主要生产，不能以副业视之。另外如凉山蛮族，因生活太苦，以"飘劫"为生，过去历年被"剿"，男子死亡很多，留下许多寡妇。据说过去那里的女的，有"不嫁不会抢劫的男人"的观念。

武定地委会

七、风俗习惯

（1）彝、苗族信祖宗、鬼神、基督教都有。青年男女相爱就抱一只大公鸡到村子附近山神树下叩头盟誓，表示永结同心。每逢星期礼拜，尤其是有月亮的晚上，彝族青年男女多到山上月下唱歌调情。彝、苗族生病很少吃药（也没有药），只求神祭祖，杀鸡祷告。

（2）红彝与黑彝言语风俗大同小异。

苗族多住高山，性强悍，服从性强，喜欢打猎，射击甚准。9/10信基督教，有用拉丁文拼成的苗文，因此文化水平比其他民族稍高。

（3）蛮族居大山上，个性强，贪小利，记小仇，疑心大，报复性强。主要劳动及上街买卖均由女子负担。男子多吸大烟、玩枪，很少务正业。据说在他们家中不能放屁、说鬼话。公公媳妇在一起，任何一方放了屁都要羞愧自杀，现有改变，不似从前严重。

（4）泰族多住山脚江边，性情温柔，男女关系较乱。群众传说"会下药变鬼吃人"，因此与他族很少来往。

武定专署

八、文化教育

（1）蛮族：无学校，蛮得梁子上识字者不上5人，有“公事”常跑10多里外找人看。

（2）苗族：如石膏洞有8户，共49人，初中程度3人、高小2人、初小14人（男女各半），其余能通苗文。

（3）傈僳：他真村共90户487人，能办一般公事者3人，能认自己名字的有17人。

（4）黑彝：识字的较多，自称文化比别族高。

武定地委会

附录

武定区兄弟民族对减租退押的反映

（1）1950年云南省农代会后，武定区经过县农代会的宣传布置，各少数民族区也普遍搞起减租退押来。干部鼓动一些积极分子，到处组织农会，开展减退斗争。（禄劝县委书记）

武定区的民族关系是极为复杂的。兄弟民族最多的武、禄两县，人口比例高达65%以上。当时全区10多种民族之间还存在着深厚的隔阂与不团结。这种隔阂与不团结影响或表现于“政权关系上、租佃关系上（以至各种剥削关系）、不同的宗教信仰，以及风俗习惯、心理感情上”。又少数民族之间（如滔谷四十一村的傈僳对环州黑彝与苗族，蛮得梁子的蛮族对黑彝与元谋的汉族等）还充满着民族敌视。全区10多种民族之间的这种复杂错综的民族关系，表现了相当严重的民族矛盾。

当时大家没有考虑到“民族问题”，不分情况地“依样画葫芦”（禄劝县委书记），终于“搞出问题来了”，“引起民族纠纷”了（宿专员）。后来得到省委指示，少数民族区的减退运动方告中止。这是很必要的。但它产生了一些不良的作用：当时兄弟民族中的积极分子（群众中的少数）和我们的干部思想都打不通，前者甚至感到不满，认为政府说的话不算；干部思想本来不通，却怕犯错，因而已经组织起来的农会，便任其“自生自灭”，不敢再过问。（禄劝县委书记）但这时有些地方租已减掉，有的斗了地主，农民和地主在减退问题上因而起了争辩。开过农代会的农民说：“县长说的要减租退押。”地主们说：“专员向我们说过了，兄弟民族不减租退押。”（禄劝）武定二区的地主乘机造谣：“时局不稳了，共产党不减租退押了！”禄劝汤郎乡自立村地主恐吓农民说：“你们妻反夫，奴反主，将来要还古的，你们保得住？！哪一天蒋介石回来，要宰你们脑壳！”又说：“蒋介石回来你们全家活不成，减租退押将来算回来，你们一根筷子都不留！”（该村土族代表肖兴元）武定二区大龙潭村的汉族地主也吓唬农民：“解放军得力，你们穷人靠得住他们，日后共产党不得力，国民党回来，你们一个个都不好要！”（该村傈僳钟自清）地主听说少数民族不减退了，即刻骑马下乡收租。“政府松了劲，农民受气又吃苦头。”（武定干部汇报）

（2）各民族代表会议上，代表们迫切要求减租退押：武定区占绝对多数的各少数民族农民，都是汉族与黑彝地主的佃户（或佃奴）。当代表们知道：按照政府规定，汉族地主减退是肯定的了，他们就普遍表示对黑彝地主也要减退，他们说："少数民族也一样要减租退押。"许多苗族和傈僳代表控诉黑彝地主压迫和剥削他们，比汉族地主还要厉害。禄劝三区的代表说："汉族减租退押，我们兄弟民族不减租退押，还是不得翻身。"武定四区代表说："汉族地主放高利贷，兄弟民族那些地主也是放高利贷。"（意思说还不是一样地吃人）禄劝二区代表说："现在不减租退押，地主积得钱克（去）买枪，将来土改就难了，这阵减租退押，就把地主削弱了，将来土改才容易。"又说："再不减租退押，地主又要造谣，说穷人翻身是翻跟头。"关于退押保本保值，有的代表提出，连过去被乡保长敲磕的门户摊派都要保本保值追回来（武定四区）。禄劝部分土族、傈僳村子已将粮食收起不肯交租，有的将粮食送到乡公所"代地主交了公粮"，并派人来专署探消息，看政府怎么办，代表们有向访问团口头要求的，有的写了呈文上毛主席。

禄劝二区的苗族，除要求减租退押外，更提出要下坝分田，说让他们在山上受苦，还是不平等。

要求减退，各族贫雇农成分的代表，态度是一致的。禄劝河外三乡黑彝代表张德鸿说："我们黑彝地主张汉阳，他过去压迫农民，不光是吃本族农民，而且吃别族的农民……和汉族地主打交道……"今年他们把张汉阳斗了，但中农成分的代表（主要是黑彝自耕农）则表现观望、消极。如禄劝二区万井东村的张子依（解放后做过农会主席）还说他们黑彝地主都很好。

特邀出席的少数民族士绅代表则特别强调各民族"团结"，强调"合理合法"，害怕在减退中被斗争清算。如金洪兆的老婆，她表示赞成减退，但很顾虑农民斗争打人，并顾虑"老几辈"拿了的东西，现在退不出来（按：金是禄劝镇康土司、大地主，已参加革命，现为中共党员）。有的士绅代表发牢骚："毛主席是太阳，但是太阳照得不全面。"（武定干部汇报）

（3）武定专署关于兄弟民族减租退押的重点说明：因大多数的代表都渴望减退，有的还激烈地说："地主还不清押头，把他拉来替我们帮工、抬轿，把他当马骑，叫他也尝尝我们穷人尝过的味道。"士绅座谈会上，个别贫雇农代表主张坚决斗争恶霸地主。专署根据这些情况——不同的成分不同的反映，而且，最主要的还是大多数代表的渴望减退，并不等于他们有决心和信心去搞减退。譬如，代表们都说："政府出了命令就好照着办。""我们回去减租退押，地主说没有公事怎办！"他们对自己的力量还缺乏认识，一般还表现为片面地"依靠政府"。军分区李政委说："要大家自觉自动，组织起来，主动去搞，单靠政府撑腰，腰杆撑断了也撑不起来。"减退问题是紧密关联着民族团结问题的。宿专员向代表们一再强调：必须而且只能在民族团结和不妨碍团结的基础上进行减退。他说去年中途停止，是因为团结出了问题；现在还是这样，哪里出问题，哪里就停止。并教育士绅们说："我们说的是两句话，来开会的地主回去要主动减，主动减也有面子。不要这样说：'专员说的少数民族不减。’你这样说农民就会说：‘专员说的大家要减就要减。’大家要减你不减，农民就要斗你，面子也没了。回去劝你们的亲戚朋友，自动减，免得麻烦……”李政委做大会总结报告说：“大家愿意减几家就减几家，不愿减哪些家，就不减。”

经过访问团几次专题报告，专署又反复解释，代表们以极大的热情集中精神来讨论、研究。大会结束，一般都认识到过去各族不团结的原因，并知道今后“只有团结得好，才能做好工作”。如禄劝三区的代表说：“要搞减租退押，一定要先把团结搞好。团结不好以前，不搞减租退押。”

卢　军

1951年1月27日

武定区材料之四[①]

——元谋、罗次、富民3县访问材料

中央访问团第二分团

1951年2月出版

武定区材料之四

——元谋、罗次、富民3县访问材料

编者声明

这些材料是我们从1950年8月29日至1951年1月31日（其中大部时间是在行动中），先后在圭山、丽江、保山、大理、武定、楚雄等地区进行兄弟民族访问工作中，通过当地干部、民族代表及熟悉当地情况的人士所了解的一些情况。为应各有关机关之急需，仅将原材料加以整理，尽量避免主观分析与结论，在文字上仅要求念得通、看得懂。但由于是短期的访问与了解及仓促整理，情况难免不真实或不深入，观点难免错误，文字烦琐或不通顺。故仅能供各有关机关进行民族工作的参考或进一步考察的线索，并望于今后的调查研究，加以校正。

1951年2月　日

第一部分　元谋访问材料

（一）一般情况

元谋全县人口21万余人，兄弟民族占4%，包括白彝、红彝、回族、傈僳等4种民族。其中，以白彝最多，据估计有八九百户，分布于第一、二、三区，以第二区最多，第三区次之，第一区较少；回族仅城边张二村有90多户；红彝仅第二区的老者格、波支二村有65户；傈僳仅把渡有5户。张二村的回族有2/3是做皮革生意及开牛肉馆的，生活比较好些。白彝有部分村落接近坝子与汉人杂居，大部分白彝及全部分傈僳、红彝都住在山区。

在文化上讲，回族在张二村办有中学、小学各1个，“解放后因负担公粮，经费困

①《云南民族情况汇集草稿》有两册“武定区材料之四”，内容不同。——编者

难，已停办”。其他兄弟民族有机会读书的很少。

（二）民族关系

兄弟民族一般都受汉人地主恶霸的压迫，回族尤受城内汉族的压迫。此外，元谋各兄弟民族与武定蛮得梁子的彝族间的隔阂较深。

（1）据代表谈，解放前元谋兄弟民族中当乡长的没有1人，当保长的只有一二人。普遍受蒋介石反动派爪牙及汉人地主恶霸的“三征”、苛捐、杂税、加租、加押等重重剥削、敲诈，以致人民穷困破产和逃亡。这情况可以从下面几件事情说明：

A.路古磨苗开松（白彝）兄弟二人，出给汉人保长孟承荣骡马贷金高粱4石（每石700斤），后来又把其弟抓去当兵，至今仍无音信。第一区西至村22户人家，解放前一年内就出了枪款半开120元。茂山天龙乡罗志顺代表说：“他们村原上地主（汉人）的租只是60多石，不断加租的结果，现有160石。家中养得个好牲口，地主就要想法来拉去当押头。”

B.麻柳保长起云昌，解放前在村中每晚派10多个青年替他守卫，穿得薄不得烤火（说怕烟把房子熏黑了），他发觉打瞌睡就要受打。有一次村中死了一个人（据说是患传染病死的），从他门前巷头抬过，他就不答应，要叫“取土3尺、填土3尺、做斋念经”，后来请了3桌客才算完事。他收租的前一天就准备好了30多根绳子，不交就捆起来。

C.丙南乡东店村代表李忠福说：“我家因上不起租，出不起门户钱，被迫从武定江外石头村搬到汤谷乡第三保，又搬到冷茂里。9岁时家里因上不起耕地税，父亲逃跑，他被抓去关了7天，出来后才逃到元谋做帮工。”

（2）回汉关系：城郊张二村有回族90余户，解放前元谋大恶霸朱怀的哥哥朱荣对回族妇女要奸哪个就奸哪个，毫无顾忌。回族同胞就团结起来把他杀了，封起十四五年未埋，后来朱怀当了元谋县长，回胞怕他报复，就承认做斋念经埋葬了事。但朱怀不答应，想伺机报复。当地主武装丁自品在元谋活动时，因城郊只有张二村可作隐蔽，故丁从张二村来攻城。后来以朱怀为首的城中恶霸劣绅就提出“破产保产”“拼命保命”的口号，签名决定拆张二村的房子，一共拆了7所，加深回族的仇恨。解放后公审朱怀时，回胞斗争他很激烈，特别是被拆房子的几家。

（3）蛮族与其他民族之关系：元谋本无蛮族，然武定蛮得梁子上的蛮族因距元谋城较近，故常与元谋居民发生经济上的关系。蛮族因被反动统治者驱逐到深山大岭、气候严寒、土地贫瘠的山地，生活穷困，故部分蛮族同胞常被迫抢劫，因而使元谋境人民受害，故产生了对蛮族的仇视。蛮族男的不敢下坝，一下来就被当土匪打（彝族对他们也一样），妇女下来赶街常被骂“蛮婆”，甚至被视为“土匪谍探”。解放后有一次关庄能道被抢，后来有一天农会抓到一个16岁的蛮族青年男子，就吊打一顿，打得快要死了，送到公安局，发觉是蛮族后就放了他，而把农会主席抓来关起，关了两天。该村农会、妇女会200余人来请愿要求释放，政府说明农会不该打人，结果由农会负责把蛮族青年医好，并且政府还给他一点钱，才算解决。

（4）解放后民族关系：由于政府正确执行民族政策的结果，对处理兄弟民族问题十分慎重，如张二村回族内部少壮派要斗争绅老派首领纳福生（教主）的瞒报学校账款，政府采取调解方式。对农会打蛮胞事件的处理上，没有引起大的问题。回汉之间的关系，由于斗争并枪毙了朱怀，对被拆了房子的几家回民，政府给予救济，并要签名拆房子的几个劣绅负责赔偿损失；而且由于回族一般的文化水平较高，对政策了解得快；在屠宰税上也减轻了负担（原政府时杀一头牛有4种税），故张二村与二保汉人同组织了农会；回族妇女会与关庄汉族妇女会联合聚餐，关系还很好，但和城里的妇女会就打不拢。他们说城里妇女会都是些太太。（林同志谈）蛮族与其他民族的关系，解放后虽没有演成大的冲突，但是还存在着很深的隔阂，尚需长期的宣传与帮助。

（三）斗争地霸的情形

元谋少数民族中的地主很少（据说回族有小地主两人，白彝中也有两三个），征粮期间的斗争对象差不多全为汉人地主恶霸。在催粮中，农会妇女会都很积极，还有个别的拿地主“跪刺”（这当然不对），白彝代表李大嫫说：“过去你们（地主）整我们，现在该让你们试试了。”在搜枪支时，有些农会带着会员去搜缴恶霸枪支。

小雷宰罗国玉说：“他们村子全是白彝，有70余户。解放初期只有几户参加农会，多数都倒向地主（白彝，此地主有田地200余亩，租给本村100多亩，胆小不大恶）。后来由于宣传政策及枪毙了几个大恶霸，打垮了地主恶霸威风，农民就有50多户参加了农会。”

一般说元谋解放以来，在清匪反霸征粮斗争中，是提高了基本群众（兄弟民族在内）的觉悟，初步感到翻身后当家做主，把地主恶霸过去压迫的锁链取消了，并且在负担上大大减轻。陈光荣代表说：“以前政府时每月我被派门户二三次，每次要9斤米（还有其他摊派不在内），解放后1949年公粮只出了43斤米，其他无摊派。”（这当然不能作为典型例子）。

（四）群众的要求（主要是白彝、红彝）

（1）他们地区不出米，要卖掉高粱去买米。平时1升3高粱换1升米，但缴公粮时要2升换1升，很吃亏，请政府想办法。

（2）要求办学校（回族也要求政府帮助恢复他们的学校）。

（3）希望在乡设贸易公司。

（4）兴修水利（代表们谈：若元谋修好水利还能增加1倍人口）。

（5）希望政府帮助改良种子，使山区增加收入。

（6）希望政府发给民兵枪弹。

对减租退押，白彝要求比较强烈，但他们存在着依赖政府的思想。当然这里也有几分是想请政府宣布减租退押的命令，有了根据才好做。

谭　森

第二部分　罗次访问材料

（一）一般情况

罗次兄弟民族有花苗、密岔、傈僳、黑彝等4种。苗族有338户1651人，分布于县境边沿山区，住得很散，最大的村子只有20余户（如白石岩、后石洞、红土山等）。密岔族有154户，分布于9个村，大部住坝子区，接近汉人村寨，汉化程度很深。傈僳族有24户116人，住于麦子箐。

基督教（系中华基督教会）传入罗次花苗地区已有10余年的历史。苗胞几全部信仰基督教（有的信仰很深，有的却是跟着别人跑）。有5个教堂，从前有美国教士传教。抗日战争期间，该教士回国当兵，现已死。（苗族代表杨秀林谈）目前是苗族教士“自传”“自养”“自立”。每教堂内办有初小，学汉文，同时也学苗文。星期天做礼拜，大人小孩都去，分开做，小孩唱歌多一些。目前苗胞初小毕业的有一两百个。现在天生洞学校有学生35人，大风口有19人，红土山有40人，白石岩有20人，后石洞有52人。一般苗胞会读、会写苗文的很普遍。

密岔族有学校的村子为杨溪冲、五朵朵、冷水塘。

（二）经济情况

苗族同胞所在地方都属贫瘠山地，生活主要靠种地，出产苞谷、荞、洋芋，平均只够吃半年。今年歉收，半年都不够吃。靠织麻、卖柴、打猎、养畜等副业补助。

密岔族中尚有少数小地主、富农出租土地给花苗，花苗全为佃农。傈僳族大部分是自耕农。

（三）汉人地主恶霸对苗胞的压迫

花苗族大部分租种汉人地主及坝区汉人村寨公有土地，地租约在40%至60%，歉收年也不减免。租地要押头，收1石要1石5斗的押头。欠租不但来年要补，而且还要付利50%。地主看到有个好牲口，不是拉去抵租，就是拉去作加押头，值10块的只算作8块。附近汉人地主或管公田的管事，每年来收烧山吃水钱，如大德庄每年收每户1斗（40斤）。1949年全村出8斗，1950年还未收。甚至放牛的草场也要出税（如冷水沟出1斗5、羊厩村出1斗5）。地主来驮苗胞砍好的柴不给钱。

民国二十七年出布告：公家的地归佃户。后石洞地主就把地卖给苗胞。过几天又说

“公地仍归公”，地主又把地收回，把钱作为押头，这样又把卖给苗胞的地一文不出地收了回去。

苗胞杨秀林带着6户人家搬到罗次、富民交界地区山中开垦，砍山中的树烧炭，结果就被富民××乡长李耀西（汉人）敲去半开3000元（当时卖了2匹马、4只羊、6头牛、8口猪才付清）及两个狐狸皮，全部家财被敲一空，不得已又搬回去。

（四）民族关系

苗胞下去卖洋芋，称得少一点，就被汉人把他们的秤折断，还骂“烂苗子”；下去赶街，汉人小孩围着叫“长尾巴苗疙瘩”；衣裳烂一点就说“让开点，你整哪样？你买得起么？”；卖鸡1斤只算作12两的钱。不但受这样的压迫剥削和歧视，有时还受迫害。杨秀林说：“过去苗族有到昭通读师范的，在那里有人看到他聪明一点，就把他毒死，所以后来就没有人敢去了。”

苗胞受尽地主恶霸的一切压迫剥削和歧视，苗汉民族之间是存在着很深的隔阂。同时，苗族与密岔族地主也存在着一些隔阂，但主要是对汉人地主乡保长的仇恨。解放后，反动统治被推翻了，地主恶霸的压迫剥削也大大地减轻了。而且，苗胞在政治上已得到了平等。县人民政府有苗胞干部两人，每次代表会都有代表参加，并在人民政府领导下，绝大部分地区建立了农会、妇女会、民兵。苗胞也初步感到解放后的好处，反动统治所留下来的民族隔阂是在逐步消灭着。

（五）苗胞的要求

（1）希望政府帮助办武定专区少数民族公费中学和罗次少数民族公费高小。

（2）帮助改良织麻布的技术。

（3）提拔少数民族干部。

（4）要求减租退押反霸。

他们受地主的压迫剥削很深，对减租退押要求也很迫切。远在民国三十三年国民党出布告实行减租时，他们就天真地送金水乡乡长白自信30元（当时可买米1斗5升），请求帮助减租，但结果也没有减。去年人民政府又出布告减租，后来又停止，反而有地主钻空加租，打击了他们的情绪。目前对减租退押，他们的要求很迫切，他们在讨论会上说：“少数民族地区不减，少数民族就翻不了身，那不公平！”这可看出他们对减租退押要求的迫切，但他们还存在着依赖政府出布告的思想，还没有把群众发动起来斗争，还不相信自己的力量。

（注：这次开会来的罗次代表，只有苗族代表，因而没有收集到其他兄弟民族的什么材料。）

谭　森

第三部分　富民访问材料

（一）民族分布

富民距昆明90里。全县的兄弟民族共有6种：花苗、回族、民家、黄彝、白彝、黑彝。分布地区是：

1. 一区

北邑乡：

上村：白彝，17户。

庄子村：白彝，15户。

清水村：白彝，16户。

石窝铺：白彝，8户。

以上56户有男171人、女162人，共333人。

中村：黑彝，14户，女30人、男26人，共56人。

陷坑村：苗族，1户，女4人、男3人，共7人。

玉屏乡：

车完村：白彝，69户，女107人、男190人，共360人（聚居）。

石坝村：黑彝，18户。

逢源乡：

烂泥田：白彝，14户，女36人、男20人，共56人。

小石坝：黑彝，6户，女16人、男14人，共30人。

西邑乡：

东瓜林：苗族，8户，女33人、男20人，共53人（聚居）。

马拉村：白彝，8户，女17人、男15人，共32人。

2. 二区

永安乡：

谷律箐：民家，36户，女225人、男221人，共446人。

奎南乡：

毛衣甸：黑彝，18户，女50人、男37人，共87人。

蒙笼阱：黑彝，13户，女40人、男50人，共90人。

3. 三区

东山乡：

干枯勒：黑彝，38户，女116人、男105人，共221人（聚居）。

核桃箐：黑彝，21户，女58人、男47人，共105人。

普黑尼：黑彝，14户，女33人、男35人，共68人。

罗冕乡：

大糯支：黑彝，50户，女70人、男60人，共130人。

小糯支：黑彝，16户，女25人、男20人，共45人（聚居）。

西核桃阱：黑彝，10户，女24人、男20人，共44人。

石板沟：黑彝，16户，女31人、男35人，共66人。

马房村：苗族，21户，女66人、男57人，共123人。

龙潭村：苗族，6户26人（聚居）。

马房阱：15户110人。

共568户2887人，即黑彝1032人、白彝781人、黄彝123人、苗族343人、民家76人。

（二）民族来源

民族来源不详。据说黄彝原来住在四川，30年前因受蛮族的抢劫才搬到云南来，人数多少也不详。在马房的只有二十五六户，连小孩男女总计不过百人。现与苗族同胞杂居一处。

（三）生活情况

解放以前，由于大汉族主义的压迫，走路行动都受鄙视，说山间人汗臭，骂“汗毡帽”“倮倮”“苗子”。国民党要门户费、征兵、派夫役，负担重，被地主们弄得妻离子散，保长村长贪污肥己，把该当兵的免了，不该当兵的就抓、抢、打，追得兄弟民族不敢回家，天不亮就逃出，到半夜还不敢回来，有时还要在山上露宿。军人常常到山间强奸妇女、抢卖猪羊、破坏林木。

解放后一般生活日渐好转，并组织了农会，大家都得参加，但大半的山场仍被汉族地主霸占。

一般生活情况大半穷苦。例如石板沟一带，地势太高，又面对禄劝雪山，随时有北风吹来，以致影响生产。每年正、二月间下种，到九、十月甚至十一月方有收成。兄弟民族完全居住在高山上，出产的是杂粮；同时因为山地瘠薄，开了一块荒地，种一两年以后就无法再种。生活很成问题，尤其在五黄六月、青黄不接时，有的穷得小猪都不能养一个，靠找柴烧炭、挑炭卖工过活。苗族还纺线织麻布。一般都吃苞谷、荞子、树叶、草根、野菜，穿蓑衣，披羊皮，穿麻鞋、短裤。

苗族全是贫雇农。彝族、回族各阶层都有，以中农为多。回族中有地主杨文波，汉族地主最著名的有刘汉武、古梅百等，朱家彦已被枪毙。

西邑乡花苗毛正明说：“我们的远祖从威宁搬来，贼盗多，生活苦，保长们派夫役杂款，辗转迁移了几个村子，（民国）二十七年保长为山林剥削盘利，将山场无形霸去，至今未还。我们本族无地主，生活困难。庄稼在山顶，二月动手种，十月才得收。一年差3个月的粮，下发不好。过去汉族贫雇农都瞧不起我们，现在他们已向我们低头，不骂汗毡帽了。”

东山乡黑彝李长流说：“我家5口人，两个小孩害眼疾，不能做活。眼看要过年了，还要盘缠，借1升米要帮七八个工。我种公家田，彝族何正清等常来叫我们做工，骚扰门前沟水，不要我们放，就被下边的坝堵去了。山上的树林也被汉族刘桂杰占了，还强拉我们的猪不给钱。”

（四）民族关系与团结问题

过去回汉间有些隔阂，而回汉族对苗彝族又有许多歧视。解放后虽有大的改变，但还没有完全好转。如第二区永安庄松林的农会尚有吊打土官山、刘家山彝族同胞的事发生。此外还有为灌溉水利而引起的纠纷。有些是受地富操纵或受其他挑拨而发生的。造成不团结的原因是：

（1）过去受蒋匪帮之剥削，弄得大家穿吃顾不上，又被赶上了高山。

（2）假若大家团结了，地富们就不能发财。

（3）富人看不起穷人。

（4）苗彝两族当初很合作，后来彝族某某偷了苗族张某的苞谷地被枪打死，两族即起了隔阂。

（5）彝汉两族时为水沟事争执，争山林、争水源甚至引起械斗。

（6）瞒田瞒产的怀疑态度。

（7）学校有彝汉同学的，汉族老师经常打骂彝族学生，有一学校彝族就不敢去上学，可是不论上学与否都要缴学费。

（五）文化教育与宗教信仰

每区有中心小学1个，县城有中学1个（初中4班学生约百人，教员8人）。第一区小学生较多，300多人，汉族占多数，彝族次之。解放后冬学即开始，每年十二月至次年二月份，政治教员（农协干部担任）、文化教员（民选）在每晚天黑后上课，有时群众开会就利用冬学时间。彝族都会讲汉话（？），生活大都汉化。在彝族聚居区，每村都设有小学1所，教员尽他们本村人委用。普黑尼村小学本学期开学后，学生只有10多个，故并入附近平地村。车完村有学生31名，干枯勒有学生23名。总计全县共有：中心小学3校，计35班，教职员51人，学生共有3396人；初级小学55校，计102班，教职员89人，其中：兄弟民族小学3校，计4班，有学生94人；冬学有冬学委员会，全县约50班，学生2000多人。

学校经费是由地方公学款和地方粮内拨出，还有乐捐等。

兄弟民族干部：

学校干部：彝族2人，苗族3人，回族3人（小学）；中学回族4人，彝族1人。

行政干部：回族8人，彝族3人，汉族200余人，苗族无。

全县以基督教活动较强，活动地区主要在第三区大龙潭（地当富民、罗次、武定交界处），创设小学1个，分为高、初两班共40人，全是苗族学生。经费以前靠教会供给，今后拟靠耕种公地的收成来维持。他们的教育主旨是以文化学习和传教并重。校长韩兴德，也就是该地的传教士。学校与教堂合一，每星期六做安息会。附近10多里路的男女教徒都来听经。教内组织有"基督复临安息日会""全滇中区儿童生活团和基督复临安息日会""小乐泉教会"，传教很认真。"儿童生活团"后又更名为时雨小学，高级部学生多系来自寻甸、武定、罗次，目前该两校每星期六举行安息1次。地方人民无论大小都信奉基督，每到安息日群众大半不做活，街子也不赶，近来教师与昆明安宁小乐泉等教会往来颇繁，故学校经常停课，人民对此很不满。一般学生好读新教科书，怕读《圣经》，因《圣经》一旦读不懂就被骂或打手心。新教科书容易懂，有时不懂也不会被处罚。

学生班级数目统计：

校址：马房村，高级一班，学生9人；

初级一班，学生31人（复式）。

马厂村，初级一班，学生21人。

信仰基督教者以苗族为最多。马房村有21家苗族全信教。全县苗族信仰的占80%，彝族其次。

白洋教以汉族妇女信的多，是秘密组织，为一贯道之化身。第一区麻挎村35家人有30家信仰，城区附近亦有多半数信仰，佛坛有5个。

佛教较普遍，汉族信仰较多，其次是彝族。

（六）个别访问

张德英：男，32岁，花苗。住马房村，贫雇农，5口人，妻1人，子女3人，均幼。有牛1、猪1、房子1间，各种工具都有。苞谷地2亩、荞子地燕麦地3亩，每年收成够5个月吃。一年有7个月靠帮工、背柴、挖地、犁地。1背柴可卖2000元人民币，来回50里，故1天只能背1次。经常开会处理村中事务。他说以前常被汉人压迫和鄙视敲诈。如汉人杨正仙的坟被苗族王某的猪拱了一个小窟窿，就被敲了15元一只的羊、7元半开、3斤重的1只鸡、4斤酒。如今解放了，与前大不相同。

（七）减租退押问题

减租退押的问题相当复杂，如干枯勒之彝族杨绍培是恶霸地主，各兄弟民族一致主张不管他是少数民族，都应该斗，因为他是违反人民的。他对本族他族都十分恶霸，就减了也够他吃。他有2斗地租、100多亩田，曾任乡保长，一年到头吃不完，拉人的牛羊，种他地的人约十数家，都靠拢他，不敢惹他。又如谷律箐毕文程是民家族，富农成分，租出70工田。解放初，即将大小牲口卖掉，全家8口人都不劳动（有劳动能力），自耕30工田，都靠年工长工雇佣使唤、盘剥放债、开酒房等。

根据富民全县情况，兄弟民族一致的要求和希望是：

（1）山里少数民族的土地瘦瘠，贫雇农又多，缺乏洋芋种，想请政府救荒借种。

（2）刘乾过去任松林村仓库负责人，请算算这笔仓库账。

（3）兄弟民族地区文化落后，行政干部占数极少（苗族无一人），希望政府帮助成立小学，提拔和培养干部。

（4）今年公粮是照评产而收，但很困难，希望政府减少1/3。

（5）水利希望平均分配。

（6）希望准许烧炭砍柴。

（7）请减免农业税、屠宰税。

（8）希望共同享受政治上的一切权利。

惠国芳

武定区材料之五

——禄劝县访问材料

中央访问团第二分团

1951年2月出版

武定区材料之五

——禄劝县访问材料

编者声明

这些材料是我们从 1950 年 8 月 29 日至 1951 年 1 月 31 日（其中大部时间是在行动中），先后在圭山、丽江、保山、大理、武定、楚雄等地区进行兄弟民族访问工作中，通过当地干部、民族代表及熟悉当地情况的人士所了解的一些情况。为应各有关机关之急需，仅将原材料加以整理，尽量避免主观分析与结论，在文字上仅要求念得通、看得懂。但由于是短期的访问与了解及仓促整理，情况难免不真实或不深入，观点难免错误，文字烦琐或不通顺。故仅能供各有关机关进行民族工作的参考或进一步考察的线索，并望于今后的调查研究，加以校正。

1951 年 2 月　日

一、民族分布

禄劝县的面积狭长，约大于富民县7倍，面积有12292平方公里，南北长300里、东西阔约200里。地广人稀，往往两村间的距离有达七八十华里的。全县有5个区39个乡（相当于行政村）。第一区9乡115个自然村，二区9乡665个自然村，三区7乡76个自然村，四区5乡229个自然村，五区9乡253个自然村，共有1338个自然村。旧政府时代的统计，全县有90000人口。解放后在评产工作中，初步估计有156711人。汉族84009人，占总人口53.6%；各兄弟民族有72702人，占总人口的46.40%。有11种兄弟民族，即回族、黑彝、干彝、傈僳、密岔、密朗、苗、仲家、罗缅、巴族（自称凉山族）、泰族（自己喜欢称为土俚）。各兄弟民族在全县各区中所占总人口的比例：

一区占20%，二区占53.2%，三区占66%，四区占70%，五区占37%。其分布情形如下：

（1）彝（黑、干）在各兄弟民族人口中所占的比例是：一区9%，二区58.1%，三区64%，四区45%，五区28.6%。（较其他族人数多）

（2）苗族：一区284户，二区200户，三区21户，四区4户，五区46户，共375户。

（3）回族：一区2户，二区21户，五区30户，共53户。

（4）傈僳族（黑、白傈僳）：一区90户，二区150户，三区170户，四区300户，五区50户，共760户。

（5）仲家：二区20户，三区40户，四区50户，五区54户，共164户。

（6）罗缅：一区50户，五区31户，共81户。

（7）泰族：二区80户，三区35户，四区250户，五区16户，共381户。

（8）凉山族：二区9户，三区20户，四区60户，共89户。

（9）密岔族：一区92户，二区140户，共232户。

（10）密朗族：二区110户，共110户。

（11）土俚族：二、三、四区合计有90多户。（沿江一带不愿称摆彝族）

（注：以旧县府的材料为主要根据，及村同志一般估计，与事实可能有出入。）

二、民族关系

（一）黑彝与汉族在政权上的争执与纠纷

禄劝二区丽山乡人口约1600户，汉族与黑彝杂居。过去分为里半乡、外半乡，里半乡黑彝多，外半乡汉族多。双方争当乡长，乡长被黑彝争着，有贪污舞弊的事，黑彝族的人不讲话，汉族群起攻击。反之，如汉族当乡长，贪污舞弊，起来攻击的又是彝族了。而且谁当乡长，便将乡公所搬到本族的住区去。1932年团街赶街，两族在街上大打起来。1945年汉族罗印友与黑彝李祖贻冲突，两族各自帮忙，又是一场大打（听说民国以前打架的事更多，经常打死人）。以后乡公所派人在街上武装巡逻，见打架即抓住罚钱（借此搞钱），打架的事才较减少。解放后黑彝当乡长，全乡组织农会，两族的人都是农会会员，关系才比以前好转。

二区卓干乡，1600户人，彝族占60%、汉族占40%。过去彝族张清文、张清顺等当乡长，汉人不服，但又没权、没势、没“人才”，只能当小职员。后来汉人赵国藩当乡长，因他太“老火”，彝族便和汉人联合告他。赵是恶霸，有钱贿赂，几次都告不垮，还是张清文拿出更多的钱来行贿，才告垮的。彝族李云勃就做了正乡长，张清文做副乡长。

（二）在土地上的纠纷与隔阂

卓干乡祭鲁村傈僳族贫农杞国富说，他的祖宗到这里来打猎，撒些谷子在地上，后来长得很好，就搬来住家。姓鲁的黑彝先来与他打“亲家”，并且恐吓说：“汉人要抢你的土地，写个纸给我就没关系。”鲁家就这样把地骗去了。清朝时候打过官司，因鲁家有钱，他家打输了。直到现在还做着鲁家的佃户，解放前受鲁家剥削和各种蹂躏。类似这种情形，禄劝和武定都不少。

二区的苗族提出下坝分田的要求，他们说从前住在坝子里，被汉人赶上山去受苦，现在要汉人上山去尝尝味道。

第三区永山乡5000多户人口中，彝族占80%，汉人很少，向来当权的都是彝族地主。汉人在这里多半是受压迫的佃户，成了这里的少数民族，解放后要求清算彝族地主。

禄劝的傈僳族、苗族、土族、仲家等大多受着别族地主的压迫与剥削。武定区第一届各民族代表会上，普遍要求减租退押，一般都认识到非本族的封建地主的压迫与剥削是影响民族不团结的重要原因之一。要求土地一般是迫切的，许多代表担心不能减租退押，就这样说：“不减租退押，明年怎样土地改革？”（大意如此。禄劝县委书记）二区的苗族说：“不让他们下坝分田，仍在山上受苦，还是不平等。”又说坝里的汉人说他们是“长尾巴”“苗疙瘩”“老箐”，“像山鸡一样不敢挨人”，就是因为他们住在山上，生活苦，受气，被人看不起。

永山乡坎顿村彝族和傈僳族杂居，彝族较多，经济上占优势，地主都是彝族。现在的农会主席也是彝族。有天一个傈僳族去砍树烧炭卖，农会主席来干涉，说要保护森林。傈僳族抗议说，不烧炭卖没饭吃，农会主席就把他们捆起来送乡公所，村里的傈僳族都不满，说农会主席偏袒地主，因为树是地主家的。

（三）民族干部的问题

1950年永山乡选省农代，初选上彝族的陈发科，汉人不满意，便自选一个汉人代表。双方争执，结果都去不成。

四区镇康乡彝族地主（土司）金丽尧、金丽怀、金洪兆、金鉴州等因争当土司，互相矛盾，彼此利用彝族佃户械斗。解放前金鉴州反对金丽尧（金鉴州是金丽尧的祖辈），去年6月金丽尧带领八九十人包围了金鉴州一派的金丽元。当时解放不久，金丽元是镇康乡行政委员会的主席，我们工作同志即出面调解，金丽尧不听，当地驻军认为是金丽尧攻打人民政府及政府干部（金丽元），派一连人将金击溃，还打死10多个人。金丽尧带领一二十人逃掉，我军直追到武定老黑山。以后镇康乡行政委员会改组，没给金丽元当主席。又因为他是恶霸地主，群众要斗争他。他就企图逃去与金丽尧会合（金丽尧已正式组织土匪反对人民政府），结果不知去向。

二区的苗族代表不信任本村的汉族农会主席，说政府的好政策，农会主席不告诉他们。他们有事远远地跑去问别村的苗族农会主席。

武定区各民族代表会议中，各民族普遍要求多容纳他们本族干部到政府机关工作和更多的本族代表参加各种会议，并要求多培养本族干部。

（四）教徒与刘光荣的冲突

禄劝撒落乌黑彝总教堂会长李发现[1]口诉："夏历冬月初二（1950年12月），汉人劳动英雄刘光荣（曾到北京开会）带领农会（全是汉人）民兵包围法乌支堂下的茂洛小支堂。法乌支堂教友杨富贵与刘光荣有宿怨，因杨说刘光荣从北京回来说毛主席信主。刘光荣不承认，说是他们造谣，就包围教堂，打了四五十枪。当时有教徒四五十人做礼拜，听得枪声，又听要烧房子，齐向门外逃跑，门口的民兵用脚踢、用枪杆打他们。黑彝传道员张道宣、普得新，执事杨富贵、张占魁，教徒王宗文（汉人）都被吊打。张道宣被打成重伤。打后并把教堂门封了，拿走教堂伙食米两斗，行李被拿走，《圣经》《圣歌》被搜去，挂像被撕毁。……张道宣等被打之后又被送到禄劝公安局关了20多天才放了。有两个汉族妇女为被吊打的人祷告，也挨吊了。"（李发现语）

据禄劝县委书记谈，教会造谣是事实（宿专员报告也是这样说），但刘光荣他们不应该打人。刘光荣和农会都是汉人，教徒都是彝族，这件事情颇引起黑彝教徒的不满。教徒挨打之后，特务就乘机造谣，说共产党要灭教。

（五）黑彝与傈傈之间的纠纷

禄劝黑彝恶霸金丽尧（惯匪，已被我击毙）利用山傈傈族、凉山族抢人，因此使他们与附近的彝族有隔阂。去年11月22日第四区开民族代表会，彝族代表说："抢人的不是别人，是山傈傈族与凉山族。"凉山族的代表即刻攻击说："你们彝族有没有抢人的？"

卢　军

三、土地占有情况

兄弟民族分布较多的几个区，土质都不好，山地多而水田少。傈傈族所聚居的三区美益乡坎豆新村，全村80%的耕地为山地，秋后犁过的土块几天之后就会被大风吹跑，土质既松且瘦。有20%的雷响田，雨水下得早可以种稻谷，但谷苗要插二三批，若种七八批则无收成（这种情形称碗底秧，每撮秧苗间相距3寸多）。这一带的山坡田种稻谷不能用牛马粪，否则谷穗成为扁壳，谷秆会烂。同区的安成乡、火衣村以至四区汤朗乡沿普渡河一带的土质也是如此。

全县兄弟民族中，除较多的黑彝族的地主外，各族有一部分自耕农和少数的小地主，绝大多数是佃中农与贫雇农。傈傈族一般的没有土地，或缺少土地。苗族普遍的没有土地。黑彝族地主在几个区内比汉族地主还多。根据评产工作后的了解，地主数目在一区汉族15户，二区黑彝11户、汉族8户，三区黑彝9户、汉族3户，四区黑彝8户、汉族3户，五

① 李发现，本文又作"李发献"。——编者

区黑彝15户、汉族25户。

土地的生产力是十分薄弱，每年普遍只有秋收1季，而1季的总收成贫雇农只能够吃三四个月。据傈僳族代表花显明谈：挖1工的水田，最好的可收8升稻谷，1穗稻谷仅结七八十粒。在火衣村，普通每份田（2亩半）收获稻谷1石，山地3亩（两架牛工）可收到苞谷4斗5升。但是新开生荒地，第一年收成约增加四五升。各村副产品很少，种冰麻子果，榨油1斤可换苞谷2升。撒云麻织麻布，每工可织10排（约1丈），30排可换棉布1个（1丈2尺）。每4个工可烧出木炭100斤，卖后可买回苞谷2升。

坎豆村为傈僳族聚居地，共有30户人口，共有耕牛4条（水牛）、黄牛25条（可供耕田的五六条）。火衣村为仲家人聚居地，全村34户，也只有耕牛6条。以水田数量较多的汤朗乡智力村言，汉、彝、土俚杂居，土俚族占全村人口的35%，而没有一条耕牛。每年所需要的种子也十分困难。

据干部正伦同志谈：苗族地区的地主多为汉族。在开荒后即纳租，每纳一二年就拨佃，所以一般都说："老鸦无树桩，苗家无地方。"傈僳、仲家、密岔、密朗等族的地主多为黑彝。

占有土地的方式，据三区安成乡火衣村仲家族代表谈：他在1939年卖了1条牛、1口猪，借钱给他的地主办丧事（汉族刘汉兴），议定第二年再给伪法币500元就将所租的田卖给他。不料被黑彝地主杨玉林知道了，将田价加到2000元买去。买后仍然租给他，但地租已由2石5斗加为5石（稻谷、苞谷各一半），并不允许照过去办法以草鞋、草席、麻布等抵租。其次即用高利贷的办法，借吃1斗苞谷，对年还两斗。本利不还，利上加利。五区转龙乡呢鸡涧回族代表马仁高说，他家祖遗的一块山地，为借家地主家3斗苞谷，3年未还，本利一算就抵还给地主了。

四、地主的剥削情况

地主对各兄弟民族的剥削方式很多，归纳起来分为下列3类：

（一）地租剥削

在各区内都同时有定租制与不定租制。定租制普通收占总产量的65%。每年的租谷都是扬净量足，佃户背去上纳。不定租制是因"年时不好"，佃民没有种子，请地主借给种子时，秋收后主佃平分总产量（无小春）。地主则亲自到田中分谷。普通新辟荒地，佃户自备种子的，则佃户分2/3、地主分1/3，3年以后再议租额。有时将租谷折价。若遇地主家建造新屋，则以租谷折工。一切瓦木、灰砂、砖石等由一部分佃户供应，一部分背运。在四区除对地主（土司）的负担外，还有一项佃租（交佃长），每年随地租之后缴1次。在火衣村自1943年起地主用1个篾箩代替升斗，几乎是收入稻谷1石，纳租至8斗之多。有些佃中农种了黄果、橘子之类，每年腊月亦须纳租。肖兴源说："地上生长什么，就要纳什么，我种点甘蔗、糯谷，八月十五送糍粑10个，九十月间送甘蔗八九棵，不送不得，就有点好的小菜，也要送给地主点。”

（二）劳役剥削

据傈僳族代表花显民、仲家族代表王小玖、土俚族代表肖兴源谈：佃民们每年在过年前七八天就被叫去舂米磨面，到地主家须为老老小小抬洗脸水、洗脚水。正月十五以后，去为地主做活路，地主坐在屋内高桌上吃饭，有酒有肉；佃户们只蹲在院子地上吃苞谷饭，盐巴也没有。每一季的活路都是先把地主家的做好了才做自己的。由犁田、耙地、插秧、薅秧、收割到运回他家中碾成米、煮成饭，都是佃民做的。一年之内，各季有不同的活路，冬月间砍柴、修水槽（即将饮水用的竹管由很远的山涧中一直接到厨房内水缸里）。当地主家发生丧事时，每户须搓草索一根送去，互相系在腰上；背起大刀，挑水煮饭，煮得不好，还有被吊打的情形。有嫁娶的事，去背米背酒，担肉担行李，甚至为新娘子牵马。一走便是三四天路途。

坎豆村的佃民老祖宗手上就被地主指定吹撒啦（当行），火衣村的佃民则指定吹箫，智力村的佃民负责抬轿子。随派随到，父吹子学，世代相传，不得改行。去吹时，晚上是睡在大门外，没有垫盖的东西，吃的是宾客剩下的剩菜剩饭。吃完后还须洗很多碗筷，擦好桌凳。地主要上昆明去玩，土俚族派去抬滑竿。去慢一点，口里就骂“死轿脚”，一天抬到晚还不得吃饱。

（三）其他剥削

据肖兴源代表说，智力村的一个大地主是土司属官金伟光，每年七月底下乡收租，各佃民除预备20多人吃3天的酒席、马草马料之外，还要准备酒1瓶、鸡1只，远出迎送、磕头相见。他在村上有50多份田，每份田年要出鸡1只、草烟2斤、麻布3块、垫谷2斗、租饭1斗、起床酒1斤、睡床酒1斤。正月初一每户须向他拜年，去时携酒1斤、猪头1个。送水果、送小菜、送柴炭。土司若高兴减租，就把所减的数目加在押金上。折押金时以佃户所养牲畜数目为计算标准。某家生了一口小猪，要收牲税，杀猪的固然须缴屠宰税，即不杀的也须每年要出三四次。猪鬃捐则为固定，鬃多鬃好，收货不收钱。另外，在小街上有鸡捐、烟捐、落地捐等。据白傈族代表毕中田说：在四区托家法村还有认押不认租。就是田地的租佃，甲出了押金1万元租入的田，种了1年，纳产量1/3的租谷后，若乙愿出押金2万，则地主便将田拨租给乙，但是原来甲出的押金1万元则不退还。同样可以转租给丙、丁。

五、土司情况

据干部钟世华同志谈：过去各族的统治者多为黑彝族，土司也是黑彝族。土司之下设有佃长，佃长以下便是佃民。每户佃民除为土司担负地租、劳役、送礼外，每年须贡佃长大米5升（约重5斤），以及负责照土司次一等的实物与劳役等。土司有无上权威，视佃民均为娃子。在各族代表会上，一个黑彝族的特邀代表杨汉森（地主）说："密岔、密朗、罗缅等族，都是同我们黑彝一家。我们老祖宗把他们由江外找来做活路，他们忠实肯做，才分给他们田地。"这话中所谓"找来"，实际是"抢来偷来做娃子的"（？）。以第四区汤朗乡的金土司（黑彝族）来说，他家在民国初年还养娃子二三十个。在解放前，很有实力，为争位争产，家内经几十年的仇杀。前年秋天，土司金洪兆被时势所迫自行取消名位，邀约部分佃民与黑彝上层分子组织游击大队（此次武定区各族代表会上自动交出土司印信），现在武定军分区参加工作。

这个地区土司没落的原因，据分析是：

（1）前辈死后，子孙无能经营产业，乱吃乱用，抽大烟、赌博。加上保守封建礼俗，如土司张正和每年年节与祭祀，用羊达百余只以上。

（2）在辛亥革命之后，有同族人出外读了几年书，勾结反动统治阶级，回家任地方官（如乡镇保长），因而篡夺了土司的权位，另成一个宗派。如第二区的张庆文、张庆先等，他们鱼肉人民的手段自然更进一步。

（3）一方面固因自身腐化，耗费过多，经济的需要就更大，由劳役而地租而押头，最后把土地抵当给农民。另一方面由于群众对土司的剥削反抗力甚大（在武定县曾有反佃暴动），渐渐由无限的剥削转为有限的交租。

（4）土司因外来挑拨，彼此间矛盾冲突，削弱了力量。如撒罗乌土司常培汉、者乌土司张正和等。有的则于解放后怙恶不悛，继续与人民为敌，组织暴乱。如金鹰尧与其叔祖金巨真的变成股匪，均已被我大军消灭。现在所残存的土司，田地产业多已卖光，生活感到困难。

六、经济生活

在三区傈僳、仲家两族所聚居的村庄，平均有35%的佃中农，有65%是贫雇农。据花显民代表谈，坎豆村的贫雇农夫妇，一年内有8个月到地主家或邻村去卖工。一般的副业则是烧木炭或代行商背货等。全村每年自十一月起，家家四出挖结根及老龙皮来掺饭吃。尽吃结根，三四天后大便就不通；吃了树皮，皮肤色渐渐变黑，肚内烦躁，孩子们在大便解不出时便放声哭叫。穿的是麻布，没有垫的和盖的。

火衣村的佃民为了收入不够吃，几代人学会了打草鞋、草席、搓麻索、织麻布、打麻油、卖柴。纳租时，租额1斗的地主派1人来催，四五斗的派四五个人。差人一到，照样酒肉招待。还有吊打的事情，甚至经常有打死佃民的事。地主的牲口可以任意践踏佃民的庄稼，牲口跑远了，就认为是佃民偷劫。

在四区智力村，佃民到土司家不得坐板凳，不得吃酒肉。即使八九十岁的佃民，也要向土司及其小孩磕头。他的租子若缴不清两升，没有去磕头，就会被拨佃。有的村上，彝汉佃民虽然也同样受着剥削，但是没有“当行”（吹撒啦、抬轿），精神上要少受痛苦一点。下面是两个代表的家庭情况：

（1）花显民（坎豆村，傈僳族），30岁，妻28岁，有1个寄养儿子，2岁。一家3口，夫妻二人劳动，租山地2份（地主杨振清，为黑彝族）、水田1份。每年可收入苞谷4斗、稻谷7斗。山地除苞谷租3斗，水田所产稻谷则与地主平分（3斗5升）。所余仅够食3个月，每年十一月至次年二月烧炭千余斤，五至七月代商人背货卖工、砍柴、割草。家中养黄牛2条（地主寄养1条），有小猪1口、鸡5只、草房2间。解放前，每年对地主的地租、劳役、摊派、年贡、招待以及差人应酬，平均为半开40多元，约占全部收入的70%以上。

（2）肖兴源（智力村，土俚族），34岁，未婚。母70岁，嫂40岁，弟26岁。一家4口，3人劳动，无土地。1943年肖兴源被国民党抓壮丁，拉去当兵；两年后开小差回家，因反动派捉逃兵的关系，和兄弟躲在四乡卖工度日，解放后回家。原租水田1份（地主土司属官金伟光，黑彝族），被恶霸杨振兴占去，自己又另开了生荒地1份。去年共收稻谷9斗。地主定租额为7斗，经减租之后，纳5斗2升米。另出佃谷1斗（交佃长）。所余2斗7升半，仅够4人吃1个月。弟兄二人和大嫂每月约卖工20天，每工工资得苞谷半升。家中有房两间，没有牲畜。主要副业：每月可打草席十三四床，每床可换高粱半升。全家人无一件棉衣，无一顶帽子，每个月所打出的草鞋卖不掉，便是生活上一大威胁。

解放后各地群众在我部队剿匪肃特中，以及在我工作同志的征粮评产，种种教育之下，政治觉悟已逐步提高。去年当政府宣布了减租退押之后，各村的佃民都一律抗租，用很快的行动把租谷都背进了乡公所，听候处理。如土司金洪兆之妻去收租，全体佃民竟以棍棒追击。汤朗土司的妹妹金丽凤去智力村收租收不到，她说：“妻反夫，奴反主，恶佃反好主，将来要还古。你们在不住，快快搬走，我们是世世代代在这点看管。”又说：“你们3年半的江山，狂什么？蒋介石回来，要割草不留根……”群众又追打她，是我工作同志劝阻的。群众在愤恨的情绪下纷纷表示：“政府对土司地主太过宽大，以后怎么办？”花显民说：“坎石村有几家不明白政策，宣布了减租以后，地主亲自来背租谷，就轻轻易易地让他把租谷背去了。地主来到我们家中，连开水都不喝一口，很是客气。”毕中田（白傈族）说：“解放后不久，镇康乡一个地主还派佃民抬滑竿，中途遇着解放军，滑竿就被一砍4截。一年来地主已不敢再派各村吹撒啦、吹箫、抬轿子了。对各家并无一点点派款，所以有些还可以把麻布换成了棉布。生活是一天比一天好过了，但是我们还要请求继续减租退押。”王小九代表（仲家族）说：“如果不彻底搞减租退押，那就不是帮忙穷人翻身了。”第五区绿那古回族代表马仁高也说：“若在我们少数民族地方，缓搞减租退押，明年我们就不能得到土改了。这不是不要少数民族翻身吗？”

联络第三组同志访问
马守先执笔
1951年1月

七、宗教信仰

（1）佛教——信教者多为汉人。本县土俚及摆彝不像腾龙边区及思普边区泰族的崇信佛教，他们只供奉天地及祖宗牌位。

（2）回教——信教者尽为回族。唯本县回族不多，全县只54户。

（3）基督教——教徒较多。信教者有汉族、彝族、苗族、傈僳族等。其派别有二：

A.中华基督教会——领导人为苗族王友道、王洪道。总堂设于寻甸茨花箐，专对苗族进行宗教活动。直辖昆明、武定、禄劝、嵩明、寻甸等5县的10多个教堂。

B.基督教内地会——领导人为黑彝族李发现。总教堂设于禄劝第三区之撒老乌（此村有140户，彝、汉杂居，各占一半）。

据李发现谈：禄劝基督教已有36年历史。1915年澳洲人张尔昌（1941年死于禄劝）夫妇来禄劝传教，设总堂于撒老乌。那时，叫基督教内地会，经费由外国供给。到民国十七年，经费由信徒自由捐献，民国三十二年改为中华基督教会。

彝族同胞因生活穷苦，环境不卫生，致生病者很多，澳洲人张尔昌夫妇以施药医治为“钓饵”进行传教，劝人入教。信教以后的戒条是：不吹烟、不赌钱、不喝酒、不种烟、不算命、不送鬼、不拜菩萨、不跳神、不择日子、不娶二妻等。

澳洲人张尔昌夫妇在撒老乌建设了总教堂后，又在禄劝之三蒙、得干、则黑、格精、云洛等处建立了5个支堂，对彝族展开了宣传工作。并在总堂内附设两级小学，支堂内附设初小，招收彝族学生入校读书，共有学生四五百人。学校卖给学生纸张、笔墨、书本、药品。每年一个学生须出半开四五元，米一二升、盐1斤、肉1斤、油1斤。总堂每年发给支堂1桶火油，作为办学灯油。从民国七年到十四年，总堂停止供给，由地方筹款自办，后因经费困难，即停办了。

现在撒老乌还有一个西南神学院（已办了4年，毕业学生两班），共有38个学生（汉1人、傈僳2人、苗23人、彝12人），3年毕业。毕业后分发各支堂做传教工作。院内有6个老师，院长为辽宁人甄开源，每月得米3斗5升。教员陆崇汉（罗次苗族），每月得粗粮2石，除此都是义务职。其中，外籍教员有美国人郭伟俊夫妇，在此活动多年，现已离开禄劝10多天。此外，云洛还有一个教会小学，有彝族学生20多人。老师是当地的一个彝族青年，课本已用解放后出版的新书。现在中华基督教会在禄劝有10个大分堂、26个小分堂，其系统列表于后：

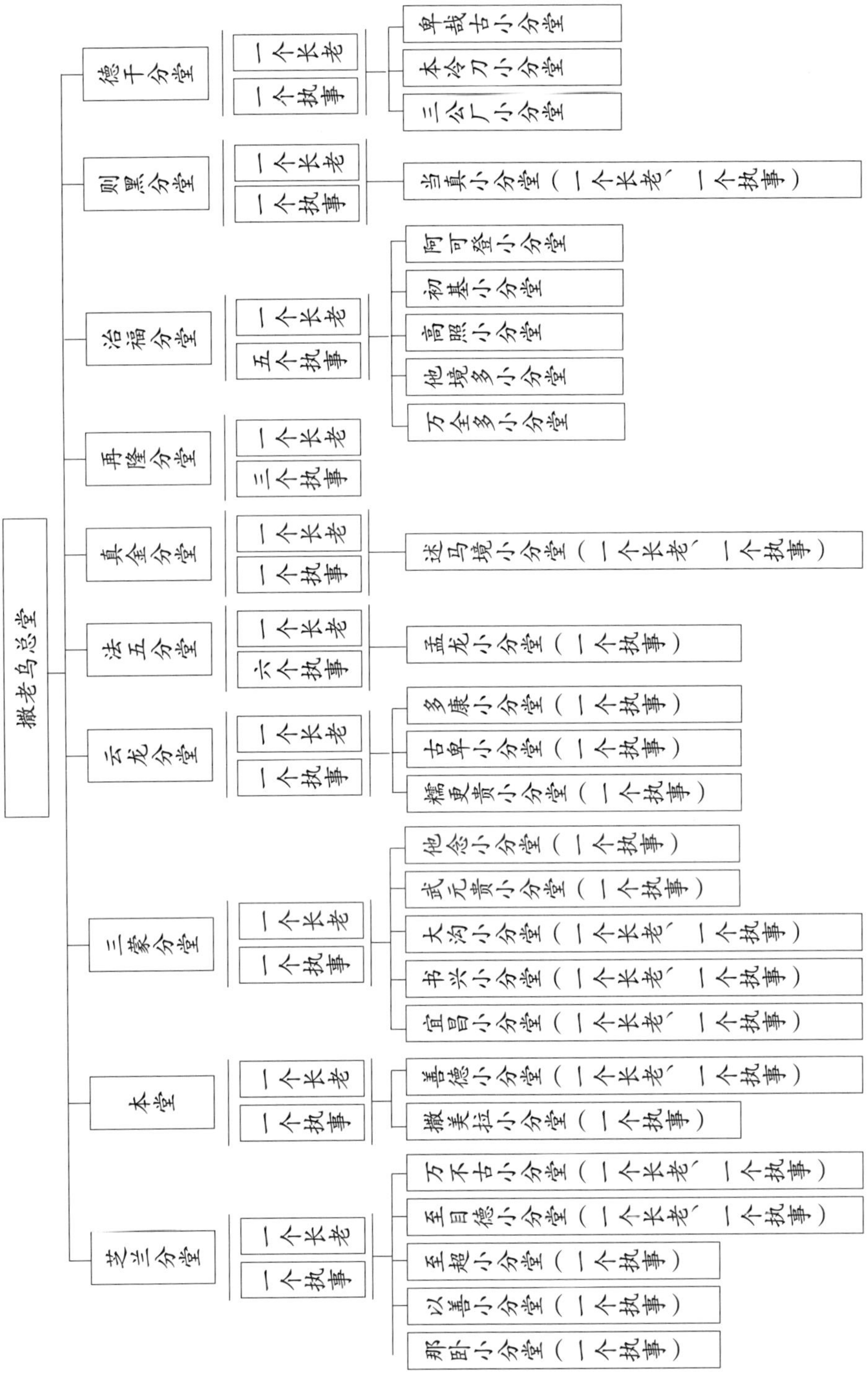

总堂内主持人为教长，分堂主持人为长老，小分堂主持人为长老或执事。总计：长老19人、执事45人，都是彝族。[①]

① 长老、执事人数与上图有出入。原文如此。——编者

教徒有1400户至1500户，共有8000多人，内有汉族教徒100多户，除此尽是彝族（？），占彝总人口（14529人）的60%左右。

李　乔

[另有禄劝县委会关于宗教活动的材料，在内容上和李乔同志访问的略有出入，特附录于此，可合并参考。（编者识）]

禄劝县宗教活动情况——节自禄劝县情况

第五区有3个教堂（支会）：施基块、母其尼、小麦冲。过去同撒老乌总会联系，现在很少来撒老乌，教徒有70人。

第一区有1个分会、两个支会，属武定撒普山[①]总会，有两个基督福领安息日会，属昆明领导。分会——施涡塘，支会——茂龙、小尖山、马鞍桥，共有教徒932人。[②]

第二区有1个分会、1个支会，属武定洒普山，即波那箐分会、毫租租支会。有1个基督福领安息日会，属昆明北门街7号。总会会址在七彩堂。共有教徒366人。

永山区撒老乌总会（西南神学院）所属分会支会：

（1）西南神学院教员：

牧师：葛维骏，男，36岁，美国人。

院长：甄开源，男，47岁，辽宁省盖平县人。

会长：李发献，男，42岁，禄劝撒老乌人。

教员：沙王廉，男，33岁，禄劝县镇康乡人。

教员：陆约翰，男，27岁，武定撒普山人。

（2）普施卡教会学校校长：张福光。

治福分会教会学校校长：张仲康。

分会数目：撒德、民安、德干、则黑、治福、更隆、真金、法乌、普施卡、三蒙、芝兰。

（3）撒德分会所属支会：升发村、多赞前村、多赞后村。

德干分会：卑哉古、撒锅厂、本冷刀、普福、撒马基。

则黑分会：当车、桂成。

治福分会：府基、高照、他境、万金多、毕记、乐务、更隆。

真金分会：发叶卧。

---

① 撒普山，本文又作“洒普山”。——编者

② 此段中的“支会”数量，前后不一。原文如此。——编者

法乌分会：茂隆。

普施分会：基多、古碑、糯更、遭拉。

三学分会：德模、至目德、万不古、南红隆、至超、以善、南卧。

本会所属教徒共1500余户。

活动情况：

（1）在今年开始征粮时，撒普山传教士说进教的可以不上公粮。

（2）说共产党的政策完全和基督教一样。

（3）毛主席、朱总司令都信基督教，说刘光荣也信基督教。

（4）有一日，有一个教徒对人说信教的上帝会送衣服给他穿，送饭给他吃，等到夜里就把布塞在那人的门缝里。

（5）圣耶路撒冷在天上的门已经开了，信教的都得进去。等到世界末日别人都会死，信教的不会死。

（6）《圣经》上说等到天上有了长蛇世界末日就到了。

（7）海里跑出来一只兽，头上有10只角，后来长出一个更大的角，有鼻有眼有嘴，会叫，比那只兽叫的声音还大。这只角后来被拔除了，这只角就是罗马。罗马压迫信教的所以灭亡了，以后哪个国家再压迫信教的也要自取灭亡。

禄劝县委会

武定区材料之六

——武定区回族的一般情况

中央访问团第二分团

1951年2月出版

武定区材料之六

——武定区回族的一般情况

编者声明

这些材料是我们从1950年8月29日至1951年1月31日（其中大部时间是在行动中），先后在圭山、丽江、保山、大理、武定、楚雄等地区进行兄弟民族访问工作中，通过当地干部、民族代表及熟悉当地情况的人士所了解的一些情况。为应各有关机关之急需，仅将原材料加以整理，尽量避免主观分析与结论，在文字上仅要求念得通、看得懂。但由于是短期的访问与了解及仓促整理，情况难免不真实或不深入，观点难免错误，文字烦琐或不通顺。故仅能供各有关机关进行民族工作的参考或进一步考察的线索，并望于今后的调查研究，加以校正。

1951年2月　日

一、一般概况

武定专区包括武定、禄劝、元谋、富民、安宁、罗次等6县。所辖6县之内，除罗次县外，其他5县均有回族。据武定县回族中几个上层分子和一般老太婆谈：安宁、富民的回族是由昆明迁去的；元谋、禄劝的回族又是由武定迁去的。传说在前清咸丰年间，武定城内共有回族300余户，大西村①300余户，另有插甸、卯街、高家营、白石鼓等大小10村，全县约2000户。每村均有礼拜寺1所。至同治十二年杜文秀起义失败，马荣率部坚守武定州，清兵屡攻不克，相持1年，后经岑毓英利用回族的共同信仰关系，派背叛人民的公敌马如龙三路围攻。清兵进城以后，遂大力洗杀城内回族……一部分回族即逃亡禄劝、元谋。许多劫余的孑遗（因平时回族与四方的彝、傈僳、苗各族关系很好，彼此经常在生意

① 大西村，本文又作“西大村”。——编者

上交往，互相信任，有感情，互称“老本家”）在各族间隐藏了不少，事后几年才回来。现在武定城东飞机场附近有“七大堆”，那便是回族被反动统治阶级集体杀害后的坟冢。每年的清明时节，还有不少的回汉群众到那里“上坟”。汉族群众去上坟的，一部分是因为祖宗加入了以回族为首的反封建压迫的队伍而同遭惨死；一部分则是因被清兵胁迫，叛离了回族的一切风俗习惯与信仰，不敢承认自己是回族的。例如武定一区的陈家村便是全村集体改变的，至今村内礼拜寺旧址还存在。（马英、马良佐谈）

二、人口分布

武定城内11户，共61人。第一区大西村58户，共303人；第四区插甸乡卯街28户，共155人。

禄劝县城内2户，共9人。第一区托替村21户，共112人；第五区双龙乡绿那古村22户124人，呢鸡箐4户共21人，贵全乡小营盘村4户共23人。

元谋县第一区张二村97户，共507人。

富民县城内12户，共68人。第三区枳旧村34户，共181人。

安宁城内11户，共63人。第一区下村47户，共244人。

（以上为武定区第一届各族代表会上各村代表口述。安宁县回民户口为富民县代表麻茂林所谈，麻半年前曾住安宁。）

综计全武定区共有回族351户2211人。全部与汉、彝等族杂居。

三、文教概况

回族共同信仰回教。凡杂居一地10户以上均有礼拜寺，其中有教长1人，专掌习俗教规。有阿訇二三人作辅助（系懂阿拉伯文与回教历史文化的人）。各县礼拜寺以元谋张二村的规模最大，武定大西村的次之，以禄劝五区绿那古村最为衰落。据该村代表马仁高说：“礼拜寺内被教长桂龙里堆积些粮食柴草，养些鸡鸭，好几年没有人进去做礼拜（聚礼），只是每年的‘开斋节’才进去一次。清真寺破漏没有人管，寺产水田2份也被族内恶霸马崇俊占种，有山地七八亩也被一个汉族地主霸去不还。”

回族每年有很大的3个节日，即圣诞节（包括圣姑太诞辰纪念大会）、开斋节和亡人节。

元谋县张二村，在1946年用寺产租谷和回族同胞的捐募筹办了一个伊斯兰中学，有学生百余人（现已合并县中）。据该村代表马德芬说：“到现在中学都办垮啰，县人民政府里还是没有一个穆斯林（回民）。”目前元谋回族中有大学毕业生2人，中学生约四五十人。富民有大学生5人，中学生10余人。武定、禄劝、安宁各有中学生七八人，比例上以富民为高。现张二村与大西村各办有两级小学，学生各200多人。学生之中有40%为汉族。

教员中1/4为汉族（教员多为旧人员，未经改造学习），教材则已用新华教本。经费即靠寺产收租与群众的捐集。据代表马良佐谈："若果寺产实行减租及征粮后，这两个学校都可能停办。"

四、民族关系

回族与彝、傈僳、苗、土力等各族的关系都很好。历史上共同是被压迫与歧视的兄弟民族，并且相互杂居而人口不多。仅只元谋回族与凉山族有过几次冲突，回族看不起凉山族，骂他们为"蛮匪""老独"（贼的意思）。据张二村代表谈："凉山族每次下坝抢劫，只要到张二村，都会被打死几个。如今各家的小孩哭起来，只要家长一说'蛮子来啰'，小孩就会害怕得立刻不哭了。"回族与汉族的关系就更坏些，对汉族的乡长等不服气，对彝、傈僳、苗等族则同样称"老本家"。据一个傈僳族代表说："前年马大队成立（回族马英领导的禄武游击大队），我们傈僳家和苗亲一齐参加他百十个。金大队上一个也不去（土司金洪兆的游击大队）。我们同回族处得来，相信得下，彝家土司不是好人。"由此也可看到一斑。

五、生活概况

据武定区各回族代表马汝亮、马辅臣、张永宁（武定）、马崇仁、马仁高、马贵瑞（禄劝）、麻茂林、马品富（富民）、马德芬（元谋）等的综合口述：全区5县的回族351户中，300户是佃农与贫雇农，约各一半。有50多户是富农，即元谋有20多家，禄劝、富民、安宁各七八家。仅富民县有地主1户。土质以元谋、富民为最好，出产多。元谋的稻谷每年可收两季，山地中所产甘蔗、花生、西瓜、辣椒、黄豆等供应会理、昆明两地。一般佃中农均养骡马一二匹，代商人驮运。贫雇农的主要副业为硝牛皮，穿皮索，做牛马缰绳、套口等物。一部分为卖工度日。

以西大村来说，全村84户，回族58户、汉族26户。据村长马良佐谈："村内有汉族地主4户（其中2户破落）、富农3户、回族富农2户（已逃元谋）。回族中所租的田多为小西村何姓地主的（何为汉族，于去年八月被回、汉佃民斗垮）。过去在反动派统治之下，何做区长达4年之久。他有儿子四五个，从来不出兵，就是其他有钱的几家地主、富农也未出过。甚至连派款都很少。种种派款如募兵款、送兵款、草料款、草鞋费、服装费、伙食费、办公费、航空费、救国捐、牲口税、房头税等等，记也记不清。特别令人痛心的是反动派的一个征兵委员来到村上，持枪在村口强奸妇女，借故捆绑吊打。每年过年之前，租田种的家家向地主送礼，1只鸡、1瓶蜂蜜是免不了的。逢地主的婚丧事、盖房子当然更要备礼道贺，服役几天。日子实在过不下去。现在解放了，得毛主席领导，穷人大翻身，一年来一文派款都没有。"

大西村内四族[①]中除富农2户之外，一般佃中农每年生产的总收量可够吃8至10个月，主要副业为做皮货。贫雇农每年的收入则只够吃4至5个月，经常卖工，每工工资米半升（约重2斤半）；其次即打草席、草鞋卖，以维持生活。全村的耕地水田（梯田）占70%，能种两季（稻谷与豆麦）；山地占30%，只能种1季（苞谷、黄豆）；有耕牛27条（回族占12条），骡马各10多匹，羊20多只，鸡、鸭、鹅大大小小各三四十只（汉族占1/3）。

例如佃中农马辅臣54岁，妻50岁，长子、媳妇、次子、女2、孙1，全家共计8口。全劳动力两个，半劳动力两个。有耕牛1、马1、羊2、鸡7只、鹅1对。租地自盖瓦房1间、草房1间，押头银1两，每年地租10元。租水田（梯田）3亩、山地2亩，年收稻谷二石七八，收苞谷9斗四五。出租稻谷1石3斗、苞谷4斗。所余之数掺杂吃，可供全家食9个月。不敷的几个月，由长子赶马代商人驮货、代别家驮粪。次子、小女已送入小学。家中副业是硝牛皮、穿皮索等。解放后副业的收入添买了新棉衣3套，并买进母羊2只。

贫雇农冯大才，年42岁，妻36岁、子9岁、女4岁，一家4口。夫妇二人劳动，家中无地无耕牛，仅有雄鸡1只。租地盖茅草屋一小间，年出地租稻谷3斗，租山地1份，每年可收苞谷五斗七八。儿子去年八月间代村上张姓放牛羊，一年供衣裳1套，供吃，全年给工价谷子5斗。租的山地，上纳苞谷租2斗。所有生产交租后够吃4个月，不够吃的几个月，便是卖工。冯大才为别家做长工，一个月得稻谷4斗，供吃。妻则参加变工队，一个月的收入亦可买谷3斗，但是不能月月有活路做。“天天总是和别家借来吃，有活路再去做”，“经常为工价上受气”。解放后大才“当了农协小组长，卖活路不受气了”。

六、群众的一般要求

（1）请求中央人民政府明令各部队地方机关照顾到参加部队及地方工作的回族男女青年的习俗信仰，在饮食起居上给以种种方便（按：共同纲领民族政策已明确规定）。过去许多武定区的回族子弟参加游击队，因负责领导的是回族马英同志，人数多，条件许可，生活上方便。但去年改编游击队后，各回族子弟分散，在各单位有“喝酒”的事件发生，因而“闹情绪”。回族战士有30余人请求回家种田。大会主席马英谈，现在尚有17人在部队中，5人已改变生活习惯。又据在军分区卫生处女同志二人谈，因不愿改变习俗，被认为政治觉悟过低，不许入青年团，并常常被讥笑，表示十分不满（这只是个别现象）。

（2）请求政府彻底贯彻减租退押实行土改。“不搞减租退押，就是不要回族彻底翻身过日子”，是全区广大回族人民共同的迫切要求。

（3）元谋自办的伊斯兰中学，因为经费困难并入县中。现仅办1个小学，仍感到无法维持。校中设备一切完好。回族学生有120多人，汉、彝学生百余人。已办12年，若使其

① 根据本文前述，此处当为“回族”。——编者。

停办，则太可惜。请政府照民族政策规定多方支持。又武定、富民两县的两个清真寺内亦设有小学，情况一样，“若寺产再减租后，收入有限，就无法支持”。

（4）请求明令准许组织回族联合会，以选出族内公正人士负责管理寺产，并加强族内团结。目前，武定区即元谋、富民回族内部上层分子与群众中积极分子意见不一致，互相暗分派别，以致影响族内一切事业。

（5）请政府办训练班，吸收回族干部。解放后地方行政机关内，各县仅有两个回族干部，部队中有10多个。

马守先

普洱区资料之一
——普洱区兄弟民族概况及普洱区第二次民族代表会议总结
中央访问团第二分团
1951年7月出版

普洱区资料之一
——普洱区兄弟民族概况及普洱区第二次民族代表会议总结

编者声明①

这些材料是我们从1951年2月22日至1951年5月底（其中大部时间是在行动中），先后在蒙自、普洱、文山等地区进行兄弟民族访问工作中，通过当地干部、民族代表及熟悉当地情况的人士所了解的一些情况。为应各有关机关之急需，仅将原材料加以初步整理，尽量避免主观分析与结论，在文字上仅要求看得懂。但由于短期访问及仓促整理，情况难免不真实或不深入，观点难免错误。故仅能供各有关机关进行民族工作的参考或进一步考察的线索，并望于今后的调查研究，加以校正。

1951年6月　日

（甲）普洱区少数民族情况

（一）沿革

本区少数民族以外8县分布较多。旧十二版纳土司地，1917年改设县治，设立车里、佛海、南峤、思茅、江城、六顺等6县，镇边厅则设澜沧、宁江、沧源等3县。唐时为蒙舍诏一度统一，元代分为南北两大部落，以南丁河为界。明代分封土司，设募乃土司、孟连宣抚司及葫芦王猛角、猛董两土司，另有若干小土司分别归上述各大土司统辖。1917年始

① 在《云南民族情况汇集草稿》中，普洱、蒙自两区的材料，与前一阶段各区调查材料的整理时间不同，每册封面上皆印有“1951年7月出版”字样。每册前面都有“编者声明”，内容基本一致，签署的日期为“1951年6月　日”。——编者

改设县治，自新政权建立后，一般称澜沧、宁江、沧源、江城、镇越、车里、佛海、南峤等8县为外8县，景谷、宁洱、思茅、六顺、墨江、镇沅、景东等7县为内7县。

（二）分布情况

一般地说来，各县的兄弟民族与汉族是杂居的，唯汉族多居县治所在地区。僰族多居平坝水源地区，佧佤、阿卡、倮黑等多山居。车、佛、南以僰族占大多数，澜、宁、源地区以佧佤、倮黑占最大数，内7县地区则以碧约、阿卡、濮满较多，居住地区多分散。据不完全的统计，全区民族计有僰族、倮黑、佧佤、阿卡、倮倮、濮满、老品、老亢、回族、傈僳、香潭、碧约、阿尼、卡隋、傜人、西摩罗、切地、苦聪、腊米、布都、洛米、布孔、老缅、沙人、本人、补角、苗族、攸乐、三达等32种，共有人数约62万人，占全人口总数75%（附分布图1份、统计表1份）。至确切数字因部分地区政权工作尚未完全建立，调查亦尚未普遍深入，如佧佤山中之佧佤族即无精确统计，故总数字尚不可能精确。

（三）经济生活

（1）自给自足——本区兄弟民族之经济有一部分能自给自足。佧佤族尚保有原始社会中之纯朴风气，土地公有，集体耕种，唯收获各人所种归各人所有。车、佛、南等地，居民迁移到新区时都分配得土地，每一年开始按各户人口的多寡重另分配土地。

（2）食盐需要迫切——我区除宁洱、景谷、镇沅3县盐产丰富，足够供应附近一般人民所需外，其他地方因交通不便、运输困难、本地又无盐矿，故对食盐需要特别迫切，其中以澜、宁、源及车、佛、南地区为最。澜沧之佧佤地区尚需糖类，帝国主义者即多以盐、糖二项对之诱惑，并大量走私海盐。

（3）种烟——解放前以澜、宁、源及车、佛、南等地区产烟最多，一般兄弟民族生活日用品几全赖鸦片换来。地主、恶霸也就利用禁种等名义，向他们进行剥削。解放后经人民政府大力宣传，并在生产上以贷种及指导等方式帮助他们解决生产问题，多数地区烟已没有下种。

（4）工业品仰赖外国——我区交通不便，山川梗阻，一切工业俱甚落后，而边境又与越、老、缅接界，故兄弟民族日用品多由老、缅等地以走私方式输入，利权外溢，并减少国家收入，现已成立海关予以防止。

（5）农产丰富，矿产蕴藏亦丰——我区多数地方土地肥沃，农产品极为丰富，茶叶、樟脑等产量亦多，惜交通不便，运输困难，致往往不能利用。各种矿产蕴藏极富，唯尚待开采。

（四）民族关系

过去由于大汉族主义之地主恶霸对少数民族进行极残酷的剥削，造成民族间极深的仇恨与隔阂。许多地区汉人虽与他们同在一区域之内，但彼此互不往来，佧佤还存在着杀人头来祭谷的风气，汉人多不敢到他们的区域中去。

解放后，人民对政府的信仰——经过了各代会、民族协商会及全区农民代表会的召开，各少数民族已增强了对人民政府及共产党的信心，只要听到是毛主席的号召，他们就很热烈地响应。如这次劝募寒衣，起先一般都认为在兄弟民族地区劝募工作很难开展，但结果却超过任务完成，足证他们对政府的信心是很强的。

（五）文化生活

本区兄弟民族有文字的只有僰族，其教育方式是：僰族男孩到了10多岁都要入缅寺做8个月的小和尚，在此期内由缅寺的大佛爷教授佛经及一些神话传说。镇越一带傜人，每于黄昏，年青人集合在火炉边由老人讲诵一些神话传说及经典。信教的倮黑、佧佤等人有外国传教士代编的拉丁化新文字，用以学习。兄弟民族子弟进汉人学校读书的很少。

解放后，为兄弟民族设立之小学，计江城有8校，人数约200人；南峤有3校，人数约230人；佛海有1校，人数约60人；墨江有9校，人数约8000人；镇越有6校，约120人；车里有3校，人数约300人；镇沅有9校，约350人；六顺有1校，约30人；景谷有6校，约1100人；宁江有1校，约70人；思茅有2校，约89人。全区兄弟民族入小学读书的总共10639人，至于在缅寺读书的尚无精确统计。

经过各种会议的召开及人民政府文教政策的宣传，一般兄弟民族已了解教育的重要，他们希望本族入学子弟能受免费优待，并望政府编辑适合他们用的教材，代他们培养师资以应需要。

（六）卫生情况

车、佛、南等县僰族住于江边，饮水、洗涤、沐浴均在一条河中，且喜于河畔解便，加之雨季腐朽植物流入水中，水源极不清洁，村寨四周堆积牲畜粪便，雨季到来，寸步难行。当地风俗不愿清除，认为有伤风水。住屋上面住人，下面关牲畜，且卧处、吃处、烹调处均在一家，不合卫生。草木丛生，适于蚊蝇滋长，故多疟疾。有病多不相信医药，仰赖求佛祭鬼，故卫生问题实为兄弟民族重要工作之一。

（七）风俗习惯

（1）宗教——车、佛、南等地，各寨多有佛寺，男孩到10多岁都须入缅寺做小和尚8个月。僰族信佛教，阿卡、佧佤等族信鬼，一部分倮黑、佧佤信基督教。

（2）婚姻——少数民族婚姻多自由，很少买卖式的婚姻。僰族男女每到黄昏多在一起歌唱，名为“摇哨”。此外尚有一种丢包游戏，亦为恋爱之一种方式。

（3）团结互助对人和气——少数民族招待客人，不论认识与否，只要到了他们家里，都一律热诚招待。一家人有了婚丧嫁娶，其他的人家都来帮忙。经济上有了困难，也是互相帮助，不要利息，有时还不起也无所谓。

（4）嗜好——佧佤族最喜糖食，招待客人时，若以糖品相待，则是善意的表示，若用鸡蛋、辣子则多含有恶意。

普洱区文教科

1950年12月

（乙）普洱区第二次民族代表会议总结

一

普洱区第二次民族代表会，自3月17日起至24日止，共历时8天，到会15县代表1461人（另列席215人、旁听24人），包括41种民族（全区有51种民族），基本群众约90%强，民族上层人士（土司及大小头人）约占10%弱。

这次会议开得很仓促，2月中旬才对各县发出通知，且地委初对组织联合政府一事思想上无准备，召集开会是为迎接中央访问团，扩大政治影响，致若干县代表的产生不甚认真，如思茅、六顺一部分代表是轮派或调来的，镇沅代表中并有个别恶霸分子混入，许多有代表性的民族人物到开会前数日才通知赶来，如召纯信、刀承宗等是会将结束才赶来的。代表只知为欢迎中访团而来。会前曾在中央访问团王连芳副团长及张冲副主席指导下，地委研究了我区实际情况，认为成立专区联合政府条件已基本具备，13日才决定此次会议以组织专区联合政府为中心，临时在王副团长及张冲副主席直接帮助下，对干部作动员报告，通过干部在代表中广泛深入宣传、酝酿，地委并集中力量赶拟民族联合政府组织条例与政府委员名单，因上级无具体指示，又无明文依据，而专署又非一级政府，故对政府名称、政府组成及政府职权等问题，均感难下定论，只着重在事实上对各民族照顾，委员名额原则上按各族人口比例分配。

会议开幕后，王副团长、张副主席传达了毛主席及中央人民政府的关怀，同时即对代表作了有关民族团结与成立联合政府的报告，通过小组反复认真地讨论，获得了各族代表热烈的拥护，又以由代表提名与筹委会协商研究上下相结合的方式，酝酿政府委员名单。在小组上反复讨论了普洱区人民政府组织条例、工作任务、团结爱国公约等。最后以举手方式选举了84个政府委员（另保留25人）、专员及副专员，24日闭幕后召开了欢迎中访团及普洱区人民政府成立的群众大会。

二

这次成立专区联合政府，筹备得虽极仓促，但成就并不小。代表们初对成立联合政府都感到突然，经报告讨论之后，都一致喜出望外，情绪热烈，用不同的语言表现了同一的感情：“这是有史以来第一次。”“从此不论哪个民族都真正翻身了。”激动之情溢于言表："没有什么可说的了，只有感激毛主席！"代表们认为，成立了联合政府：（1）各族"以后更可以说话了！""一个民族当家，其他民族就在不住"的情形可以没有了，政治上完全得到平等。（2）消除民族间的不团结的因素，"不成立联合政府，一个一条心，成立了就成一个心"，"有意见不再会记在心里了"。（3）代表们比喻说："没有组织联合政府，好像一根链子差着一扣，成立联合政府这根链子就扣拢了，扣得更紧了。""共产党本来好了，但有一个缺点，就是对民族情况不了解，现在成立联合政府，这缺点补起来了。"代表们把成立联合政府当作党和政府联系各民族人民的重要环节。（4）代表们更明确地认为"成立联合政府，就更好办事了"，生动地比喻说："联合政府好像一只船，共产党好像舵，各族人民就是桨，大家来推动，前进就更快了。"一致希望"越快越好"，如一个代表甚至说："不把联合政府成立起来不愿回去。"许多生动的比喻和反映，说明组织联合政府不仅为各族人民所热烈拥护，而且是各族人民的迫切要求，连汉族也不例外，如汉族农民代表说："以前兄弟民族不够积极，成立联合政府就更积极了。"

正因为如此，所以各族代表们对于组成政府的许多具体问题，表现了异常重视和认真。

（一）很关心自己民族应有代表参加政府委员，在宣读选举结果时，读落了海尼族的委员，当场即遭到该族代表严正地质问："我们海尼族艰苦又劳动，为什么念落了我们的委员，格（是不）是瞧不起我们！"

（二）对于选举委员又是非常慎重认真的，一点也不草率随便，表现了高度的责任感。如佧佤族头人田兴文，在小组上酝酿名单说，对于他自己，首先表示要得沧源佧佤族人民的同意，怕回去说是"活动来的"，继则表示要与澜沧佧佤族商量，"单沧源决定怕澜沧不拥护"。外8县代表提出委员条件"能帮老百姓办事的"，"要口心一致，能把毛主席政策传达下来的"，"要选不同帝国主义勾结的"。在僰族中，上层人士召存智为了想选上委员，对该族代表特别殷勤，破格地为代表打水扫地，但不为群众所拥护，终未选上。又车里宣慰司大头人都竜稿（顽固，极端保守），僰族代表始终未提名，经我反复劝说，始勉强接受。在其他民族中竞选更热烈，自行提出比立场、比工作、比"刀枪里出来的"（革命斗争历史），内地各县代表更明确提出要敢"斗争恶霸地主"的，但比落了的并不灰心丧气，或者嫉妒，如倮黑族代表李双竞选不上，表示说："自己材料工作不如人，以后更努力为人民服务，争取当委员。"

（三）在竞选当中也表现了谦让，如景谷的倮黑族代表，认为澜沧倮黑人数多，一定要把倮黑族的全部委员名额（8人）让给澜沧，澜沧又一定要分配给景谷一半，反复谦让，澜沧几经让步，最后要求景谷至少接受1名，经说服方才接受。

三

这次会议收到若干显著的效果，主要是：

（一）促进了民族更进一步地团结，民族间的感情更融洽了。大会中各族代表亲如兄弟，混杂歌舞，毫无界限，僰族表示以后不再要阿卡喊“老爷”，也不再称汉人为“召竜”（大官），佧佤田兴文表示“以后边界上不再仇杀了”，提高了各民族的自尊互尊和自信心。最初恐本民族落后或自己不识字，当选了委员不能办事，后来认为“不识字心会想，仍能办事”，热烈地参加竞选，看到了团结力量的伟大，认为“不仅可以打垮蒋匪帮，美帝国主义也可打倒”，热烈要求进步，要求学习，田兴文听了专署工作报告，自觉澜沧工作做得不如人，要努力。

（二）党和人民政府进一步取得了各族人民的信任，各族中一方面要求有自己的委员和工作人员，一方面又要求派人领导帮助，深怕联合政府成立或实行区域自治后，我们撤走干部，选举中提出“共产党最好，要选共产党”。对毛主席的各种生动歌唱赞颂不绝于耳，中访团赠送的毛主席像，当珍宝一样收藏起来，有的在电影上看到毛主席说：“死也值得了。”

（三）各族代表的觉悟显著地提高，自动提出的选举条件都很高。僰族上层也认为过去受其统治的各山头民族要参加政府才能办好事，祖国观念也加强了；对帝国主义的侵略，表示无限仇恨，要坚决“抗美援朝”，“保卫边疆”。

这次会议取得成绩的原因：

（一）首先是中央民族政策完全符合各族人民的利益和要求，这些政策过去比较正确地贯彻到各民族间，尤其是联合政府和区域自治的实现，使各族获得政治上的完全平等，这印象和感受对各民族是强烈而突出的。

（二）中访团的直接指导，不仅端正了我们的政策执行，更将中央政策直接深入贯彻，首先是有王副团长、张副主席帮助地委从思想上解决了建立联合政府和实行区域自治的问题，并在会议的进程中几次帮助做干部动员，全团团员直接参加了大会各项工作，使仓促的筹备达成了圆满的结果。

（三）过去我区各级党政军较好地执行了上级“慎重稳进”的民族工作方针，奠下了与各族人民一定的联系和工作基础，创造了一些条件。

四

从这次会议，我们有下列几点主要的体会：

（一）我们体会“慎重稳进”的民族工作方针，是完全正确的。“慎重稳进”总的精神是首先搞好民族团结，民族不团结现象的产生，是大民族反动统治阶级对民族施行压迫的结果，民族问题实质上是阶级问题。民族压迫的事实，虽由于中国革命的胜利而根本不存在了，但历史影响和思想意识上的残余还没有扫除，仍为前进中的主要障碍。这障碍是首当其冲的，故必须揭开这个盖子，搞好团结，才能前进。团结工作就是揭盖子，这是经常的，在一切工作中都是首先。

“慎重稳进”也不是迟滞不进，盖子揭开，少数民族群众有觉悟，就必然要前进。

“稳进”不是领导和干部主观的代群众慢步前进，而是依据群众觉悟的程度，领导群众，由群众自己前进，群众觉悟是有过程的，不是跳跃的，所以是“稳”的。如果领导不注视群众的觉悟，落在群众觉悟后面，对上层只有迁就的团结，而不依靠群众的觉悟程度进行原则性的斗争（团结中的斗争），这不是稳重，是右倾，盲目主观前进，则是左倾。过去，我们对团结上层上，一方面是事事防止，一方面又单纯迁就和一味依靠，工作停止在头人，有不进的倾向。如在实行区域自治问题上，主要是顾虑上层头人借尸还魂，而忽视少数民族人民的觉悟和要求，特别是他们的力量和作用。又如外8县我们机械执行上级不在少数民族中进行反霸的指示，而根本阻止少数民族反对、上下层都深恶痛绝并要求反对的汉族恶霸，客观上成为大汉族主义的保护者。我们体会“慎重”和“稳”就是依照历史和现实决定问题，是领导掌握的，“进”是在少数民族群众的觉悟程度上领导他们自己前进，是群众的事。

（二）民族联合政府或区域自治是团结各民族的最好组织形式。

1.成立民族联合政府或实行区域自治后，不仅不会民族分裂或闹独立，相反，只会团结得更好更紧，因为造成民族不团结和分裂现象的根本原因，从这上面已根绝了，此次会议中各族上下层都一致要求领导、要求帮助可以证明。一个代表说：“我们好像初蜕壳的知了（蝉），希望共产党好好帮助。”这和以往“接受领导”及伸手要东西，有积极与消极、主动与被动的不同。民族内部也因之更团结，佧佤族头人有“不仇杀了”“回去要召开会议”等表示就是证明。

2.同时，联合政府或区域自治，也是促进民族进步和进行改革的先决条件。这次会议中，大家要求学习，要求办学校，自感“不如人，要努力”。在九十几件提案中，90%以上的提案是有关建设和土改的。在实行区域自治问题上，就是僰族上层也认为宣慰和议事庭是封建的，有的主张干脆取消，经他们自己协商研究后，一致的意见是议事庭变作有关专管祭祀和风俗习惯的机关，这虽还有依依不舍之情（主要是宣慰司大头人），但已前进一大步了。这情况在实行了区域自治以后，还要继续变化的。

3.联合政府或区域自治实行后，对国防只会更巩固，不会削弱。各族代表爱国观念的提高，及在提案中几乎一致要求组织民兵、发给枪支，要清匪肃特、保卫边疆，就是有力的证明。

（三）在成立民族联合政府或实行区域自治的许多具体问题上，必须周到考虑、细致研究和充分准备：

1.各民族都很重视在政府中的地位和本民族的利益，这次事先我们为了照顾这点，就“按照民族人口比例”分配名额，各族都有至少1个委员，但产生了两个缺点。一即政府委员太多（连保留的共109人），这就使委员会不易开成，有流于形式的弊病，应该还是建立协商委员会，减少政府委员名额。其次，按全区一个民族为一个单位单独进行选举，而不以区域（县）为单位实行该区域内各民族的共同选举，这易助长民族本位主义的狭隘思想。省委指示的“在民族区域和民族人口、民族种类3者兼顾，占多数的民族人口选出较多的委员或代表。他们不只代表地区，且代表该地区的各个民族，同时在兼顾较少的民族，尽可能从该族中选出委员或代表，但是要从该民族所处地位的重要性、民族特征以及该民族代表人物和干部情况等来拟定，因此不能机械地每一民族必须平均选出”是正确的，但已来不及纠正了，已在组织条例中做适当修正。对于各族利益的特别照顾，在民主集中制的原则下，一方面是少数服从多数，同时多数也要照顾少数，在组织条例上我们这样规定：“有关某一民族的问题，须与该族代表或委员进行充分协商，然后做出决议。”这获得了各族一致的赞许，我们认为这并不与民主集中制抵触，并能发挥民主集中制的效能。

2. 各族代表很重视委员的名单，这要与各族代表反复酝酿，充分协商，根据各民族不同的情况，做具体的照顾。如外8县情况较特殊，我们更多地照顾了上层，内7县已展开激烈的阶级斗争，群众有了更多觉悟，地主成分的就根本不提了，与代表协商酝酿的经验证明，这是对的，是符合实际的。能够做到反复酝酿，充分协商，结果就很圆满，在其他问题上也是如此。

3. 在准备工作中基本的是群众条件和干部条件的创造，这次成立专区联合政府可说是毫无具体准备的，虽因有过去的某一些基础，还未出问题，但美中不足的地方很多，今后自县以下各级，就必须充分准备，在群众中扩大宣传酝酿，造成群众性运动。同时，要训练一定数量的民族干部（即使短期的训练也非常必要）作为骨干，这样建立起来的联合政府或区域自治才会更坚强，有各族人民雄厚的力量予以支持和推进，也才可以避免可能发生的反动分子钻空子。这越到基层越重要。

（四）联合政府或区域自治建立后，首先要注视并解决各族人民的要求，因为这是实际的，各族人民都将先从这上面来做实际的测验和信托。第一是政治上的：

1. 代表参加了政府就必须有职有权，召纯信担任副专员后，一方面有不愿离开车里县长一职的表示，同时提出专员分工的问题，就是其例。这要求是正当的，联合政府本来就是一个共同掌握（有领导）的问题。

2. 县以下各级的民族联合政府或区域自治，更为各族代表们所关切重视，要认真地有计划有纲领地依靠群众逐步去实现。

第二是经济建设与卫生文化方面的，在各族代表的94件提案中，90%以上是这类提案，其中关于农业生产和工商交通建设的，占50%以上。这反映出，这些问题是联合政府建立后各民族人民的主要要求，也强烈地反映了各族人民迫切要求进步与发展，注视和解决各民族人民的要求，特别是经济、文化、卫生要求，是联合政府成立后的重要工作。

中国共产党宁洱地委会

普洱区资料之二

——澜沧县情况

中央访问团第二分团

1951年7月出版

普洱区资料之二

——澜沧县情况

编者声明

这些材料是我们从1951年2月22日至1951年5月底（其中大部时间是在行动中），先后在蒙自、普洱、文山等地区进行兄弟民族访问工作中，通过当地干部、民族代表及熟悉当地情况的人士所了解的一些情况。为应各有关机关之急需，仅将原材料加以初步整理，尽量避免主观分析与结论，在文字上仅要求看得懂。但由于短期访问及仓促整理，情况难免不真实或不深入，观点难免错误。故仅能供各有关机关进行民族工作的参考或进一步考察的线索，并望于今后的调查研究，加以校正。

1951年6月　日

一、澜沧县沿革

明朝初年，沐英率兵打大勐卯僰族土司，土司被打败，他的十太子领着千多人，顺怒江而下，到了佧佤山，与佧佤山马尚王结盟，互不侵犯，十太子并娶了马尚王女儿为妻，马尚王就让他住在现在的孟连。

十太子住孟连后，逐渐开垦经营。又因为僰族在当地的文化水平比较高，10多年后力量变得很强大，统治了附近的其他民族。

明永乐二年，派人到北京进贡，并请求归附。永乐四年，受封世袭孟连宣慰[①]，赐姓刀名派汉［其后代土司的名也就都叫“派×”，如现在的土司名派洪（已逃亡）］，属顺宁府管，为澜沧最早的土司。

① 宣慰，本文又作“宣抚”。根据历史文献，应为“宣抚”，但原文如此，不做改动。——编者

孟连土司当时所辖地有9闾、13猛、12朗，就是现今的澜沧、沧源全部，宁江县的丫口、双江县的一部分。孟连土司强盛的时候，遇到景谷的“白旗之乱”（杜文秀革命），他还派兵去打。现在景谷的勐班，那时也属于孟连宣慰管辖，后因内部发生争执，以及倮黑族的反抗，势力渐衰（解放前辖地只孟连一区，且在逃到缅甸境之先，曾向当地人民宣布，从今以后放弃了土司的一切权利）。

倮黑族来到了澜沧，以佛教力量统治了好些地区，孟连宣抚的一些头人也渐强大而不服从宣抚管辖，各自为政，形成了好些部落互相争夺抢杀，孟连宣抚势力大衰，不能管辖。清光绪十三年时，派兵镇压那里的少数民族，打了两年，才平服了各地方的反抗。但现今岩帅（沧源）的佧佤族及募乃、董丁、木戛等地的倮黑族始终不服，曾发生多次的反抗，经好多次的战争才征服。光绪十七年，募乃、董竹、木戛一带的佧佤、倮黑族联合反抗，将清廷带兵官杀死，清廷又派兵来打，经半年才平服。光绪十七年，清政府认为孟连宣抚已无力量，而设镇边厅于猛朗，改由普洱府管辖。另分封随军征有功者，以后分封的人逐渐增多，遂有澜沧18土司及若干粮目、闾目等头人。

光绪二十年时倮黑还不断地随时有小反抗，镇边厅移至谦糯。民国二年改为澜沧县（因有澜沧江而得名），民国十三年设澜沧殖边总办，缪尔绰任总办兼县长，认为县府设于谦糯不适中，并想开垦勐朗坝，而将县府改设于佛房。民国十四年，将所附上改心县佐所辖地改名为双江县。民国十八年，澜沧殖边总办取消（因有普洱殖边督办），将一个区的（勐角、勐董等地）地方划出，改名沧源县，澜沧改属顺宁专区。

1949年1月10日至2月15日，澜沧发动反恶霸斗争。胜利后，2月20日组织澜沧军政管理委员会，负责人有卓孟晋、廖子敬、王天祥、傅晓楼、李晓村、尹溯涛，宣布全境解放，并废除保甲制。后因少数民族人民不习惯于没有县长，提出要求，才于1949年4月20日将澜沧划为4县及宁江县共设一个专区（那时普洱还未解放），专员公署设于佛房，邱炳钧任专员，卓孟晋负责政治领导，傅晓楼负责军事。同年11月，普洱成立行政委员会，专员公署取消，除将原澜沧的丫口划归宁江外，前所划的4县仍并为1县，县府设佛房。

去年6月1日，澜沧县人民政府正式成立，由傅晓楼任县长，现属普洱专区，为宁江、沧源、澜沧的中心县。

过去澜沧全为18土司、若干粮目、闾目把持，1933年后才划分为自治区、组织区、乡、闾、邻，以后又改为保甲制。有的土司没落了，有的全家死亡了，土司制也渐渐衰亡。解放后，有的土司自动放弃，或与反动派匪帮勾结，被我赶走了，现全县已没有土司、闾目和粮目。

澜沧过去的18土司是：

（1）孟连宣抚刀派洪，于明永乐四年受封，澜沧、沧源两县及双江、宁江的一部分过去都属他所管辖，为最大的一个土司。

（2）宁江丫口土司李小泉，光绪末年受封，现仍在。

（3）大山土守备石炳忠，因反动，已逃跑。

（4）谦糯土千总李家声，土司职权已自动放弃。

（5）蛮海土守备石兆昌，因反动，现已逃跑。

（6）蛮蚌土千总李应禄，土司职权已自动放弃。

（7）东河土千总张镇康，因反动，现已逃跑。

（8）上允土千总刀世泽，现仍在，人民已不信任他。

（9）下允土把总刀富全，现仍在，人民已不信任他。

（10）西盟土目李通明，已死绝，现由几个女婿分管。

（11）班中土把总杨玉柱，现仍在，但人民已不信任他。

（12）募乃土把总石炳钧（弟石炳麟），曾由景谷搬来，与清兵打倮黑有功受封，祖父石庭子，父石玉清，到石炳钧时只4代，澜沧发动反石斗争时逃到昆明。

其他土司在很早时即不存在。这些土司除孟连宣抚明永乐四年受封及石炳钧家受封已有4代外，其他土司都在光绪末年前后受封。此外，还有一些粮目，如酒房的杨德明，闾目如富庸的肖成康、肖成亮等。除孟连上下允是僰族外，其余都是汉族。这些人在内地犯了法或无法立足，光绪末年打倮黑，这些人便跟了来，立了功，受封土司。

附

解放战争简史

1947年9月，罗正明（现普洱专署副专员）、傅晓楼（现澜沧县长）暗地组织景谷、澜沧、六顺军政委员会，傅晓楼在澜沧做地下活动，罗正明在景谷、六顺活动，那时主要工作是建立武装、发动群众、组织农会、减租减息（主要在减息），提出口号是反贪污、反恶霸、反土匪、反高利贷。

1948年，当地以石炳麟为首的恶霸土司，有丫口高家宝，上允李守中，酒房杨德民，大山石炳富，石安五（石炳忠子），来戛毛洪成、白佩衡，富庸肖成康、肖成亮，勾结反动政府残酷地剥削人民，人民非常痛恨。同时这几家恶霸，每家都养有几十土匪流氓，常抢人及行商，人民不得安宁。因此傅等所提口号甚为人民拥护，参加的很多，情绪很高，组织起来武装自卫，反动政府和石炳麟勾结起来，便加以扑灭。

石炳麟等在募乃开会，印发传单，说有“奸匪”活动，决定“清党剿匪”；联络驻普洱的保三团进澜沧，想实行内外夹攻，消灭人民力量。为了情势逼迫，争取主动，先发制人，提出反石反霸口号。全县各阶层对土司、粮目、闾目都很痛恨，于是都联络起来，先打垮了其他的恶霸，再来打石炳麟；于1949年1月14日开始，至2月15日止，将全境恶霸都打垮，驱逐出境。

反动政府当时所依赖的这几家恶霸被打垮后，即接收县政府。2月24日组织澜沧军政管理委员会，4月20日将澜沧划为4个县，把丫口划归宁江县，成立了专员公署。军事上在反石斗争胜利后，正式编队伍为“迤南边区人民自卫军第一支队”。

石炳麟、石炳忠逃到双江与伪顺宁专员罗展密谋，想集中缅宁、双江、沧源力量向澜沧进攻。当时在政治上争取田兴文、田兴武，即乘石炳麟等立脚未定，还未集合起来时，向双江进攻，打垮了石炳麟等，解放了双江。以后又继续向缅宁追击李守中、毛洪成、白佩衡等3人，追到缅宁的博尚，将此3人歼灭，解放了缅宁。

余卫民的二纵队由墨江进普洱时，罗正明部解放了六顺，到达思普附近，傅晓楼与卓孟晋领了一部分部队到普洱，一齐把伪普洱专员余建勋、保三团团长尹吉生赶走。1949年5月1日，傅晓楼的部队才正式接受党的领导，改编为“云南人民自卫军第二纵队第十一支队”。以后大部分部队到缅宁、澜沧整训，到缅宁整训的曾一度解放耿马失败。

在缅宁整训了很短的时间后，反动政府组织双江、缅宁、耿马、云州、顺宁等几县的反动力量，以双江的彭季谦（彭四）、彭硕才（彭五）为首向我进攻。当时反动力量又以耿马罕裕卿的最大，敌共2000多人。我力量很弱，8月10日自动退出缅宁，部队分两路：一路退普洱，一路退澜沧。

以后双江、缅宁、耿马反动力量向我进攻，我部队经过沧源（因前已被我解放了），与沧源的力量合并坚决抵抗，经两次猛烈战斗，打垮了耿马敌人。

10月24日，敌有计划组织全思普区的反动力量暴动，澜沧以石炳麟、石炳忠、永文生（美国人，在澜沧的传教士），宁江以周尚达、戈朝贺为领导，煽动中课、班箐的部分佧佤、倮黑及教徒，联络部分地主武装，及双江的彭四、彭五匪部，在澜沧、宁江一带暴动。经4个月的战斗，才将这些反动力量全部消灭。

少数民族参加解放战争的很多，有孟连、上允的僰族、倮黑族、阿卡、佧佤族，其中以倮黑、阿卡族较多。

（以上材料是根据傅晓楼县长所谈整理而成。）

二、地理情况

澜沧北界双江，东界六顺、景谷，南面是宁江与南峤、西南面与缅甸的大猛养（属景栋）、南坎接壤，西北是佧佤聚居的佧佤山，与沧源交界，东西宽约450华里（七八个马站），南北长约390华里（六七个马站）。

全境地势东北高、西南低，山岭错综复杂，平地坝子很少，而且多偏于西南（如孟连、上允、猛朗、猛宾、猛满、猛梭几个坝子除上允之外，均在西南）。河流除澜沧江为最大，次为黑河、猛宾河、南各江、南昔河、会连卡河、蛮帕河、南昭河，均水流湍急，很少灌溉之利，有些河当山洪暴发时，反而泛滥成灾。

澜沧全境均在北纬线之南，为热带，但因地势影响，气候不一，高山寒凉，山腰温和，坝子较热。山地最高温度平均为80华氏度，最低为40度，猛朗、孟连、上允、猛阿等坝子，最高温度达95华氏度，海拔2500公尺以上的高山最低温度约30华氏度，黑河南雨量最多，降雨时间也较早。

这些地区已发现的矿苗甚多，铁矿有12处（上允、文东、西盟、东河、东朗、孟连、酒井、谦六、镇边等），铜矿有大山、东回、南岭、谦六等共5处，铅矿有竹塘区，矽矿有南岭区，银矿有上允、永安、东朗、南卡、谦六几区，煤矿有上允、竹塘、东河、东朗、孟连、酒井、镇边等7区，盐矿有南卡、谦六二区。此外还有金、硝、石膏、石英、泥金和不知名的七八种矿物（均有标本带回）。

三、行政区划与民族分布

（一）区划与分布

澜沧全县分为16个区，即酒井、大山、谦六、东河、东朗、东回、镇边、孟连、竹塘、永安、富邦、上允、南岭、南卡、文东、西盟。在这16个区中，分布着倮黑、佧佤、阿卡、汉人、蒲满、回族、傈傈、老缅、蒙化（彝族）、老亢等12个民族。各民族在各区分布情形如下（大都为约数）：

东朗区	户数	人口	百分比
阿卡	500	2500	37%
倮黑	300	1500	22%
汉族	245		18%
僰族	120		9%
佧佤	80		共14%
老缅	80		
回族	40		
老亢	15		
总数	1360	6800	100%

文东区	户数	人口	百分比
倮黑	900	4500	40%
佧佤	700	3500	29%
汉族	700	3500	29%
蒲满	100	500	20%
总数	2400	12000	100%

镇边区	户数	人口	百分比
倮黑	1200	6200	60%
汉族	300	1500	15%
阿卡	300	1500	15%
佧佤			6%
蒲满			2%
僰族			1%
回族			1%
总计	2000	9800	100%

南卡区	户数	人口	百分比
僰族	250	1250	25%
倮黑	240	1200	24%
佧佤	150	750	15%
老亢			13%
傈僳			11%
崩竜			3.3%
汉族			3.7%
总数	1000	5000	100%

南岭区	户数	人口	百分比
倮黑	1200	6200	60%
阿卡	440	2200	22%
汉族	320	1600	16%
回族	25	125	1%
老缅	25	125	1%
总数	2000	10000	100%

富邦区	户数	人口	百分比
倮黑	900	4500	70%
汉族	400	2000	30%
总数	1300	6500	100%

<table>
<tr><th>上允区</th><th>户数</th><th>人口</th><th>百分比</th></tr>
<tr><td>汉族</td><td>5000</td><td>25000</td><td>60%</td></tr>
<tr><td>佧佤</td><td>2000</td><td>10000</td><td>24%</td></tr>
<tr><td>僰族</td><td>1000</td><td>5000</td><td>12%</td></tr>
<tr><td>倮黑</td><td>300</td><td>1500</td><td rowspan="3">共4%</td></tr>
<tr><td>阿卡</td><td>70</td><td>350</td></tr>
<tr><td>崩竜</td><td>50</td><td>250</td></tr>
<tr><td>总计</td><td>8470</td><td>42000</td><td>100%</td></tr>
</table>

酒井区	户数	人口	百分比
阿卡	1600	8000	80%
倮黑	200	1000	10%
汉族	100	500	5%
僰族	100	500	5%
总数	2000	10000	100%

永安区	户数	人口	百分比
倮黑	1200	6000	92%
汉族	100	500	8%
佧佤	2		
总数	1300	6500	100%

孟连区	户数	人口	百分比
僰族	1400	7000	75%
佧佤	200	1000	11%
倮黑	190	950	10%
阿卡			3%
老亢			0.5%
汉族			0.5%
总数	1900	6940	100%

东回区	户数	人口	百分比
倮黑	818	4020	47%
汉族	310	1550	18%
阿卡	327	1635	19%
佧佤	254	762	16%
总数	1719	8595	100%

竹塘区倮黑占90%，余为佧佤、汉人、回族，但数字不详。

谦六区共3320户19958人，其中以汉族与倮黑族最多，阿佧、蒲满次之，僰族又次之，佧佤、回族最少。

大山区有倮黑、汉族、蒙化、僰族、倮倮、回族6族，人数与比例均不详。

东河区情况不详。

据估计，以上15个区人口约在150000到200000之间，其中估计倮黑占50%，其次为阿卡、汉族和佧佤，其他民族均为少数。

西盟区包括一部分佧佤山，情况更不详。据估计，佧佤族占90%，倮黑占8%，此外有少数汉人（190户）、老缅（60户）、回族（6户）、傈僳（20户），共占2%。总人口约20000户100000人。若将未定界内外有的佧佤山的佧佤族一起计算，估计约在600000到800000人之间。在界外的倮黑估计约数万人。

（二）民族简史

据说以前佧佤族也有住于坝子的，如孟连坝就是原佧佤族的住地，自僰族迁入后，他们即陆续迁居山里，一部分与僰族保持友好关系，往来亲密，而且吸收了僰族文化，但大部分还保持着他们落后状态，时常抢掠和砍杀其他民族。他们可能是最先居住在澜沧的民族。

阿卡、老缅据说都是由元江、新平一带搬来的。阿卡族张老三说："我们阿卡族是从元江螳螂坝搬来的，而今已有48代了。"在普洱区第二次民族代表会议期间，翻译股的股长李宣民（元江堕塔族）说："我们的话和阿卡族的一样。"阿卡、堕塔都是彝族的支派，老缅、倮黑、蒙化也是彝族的支派，迁移路线可肯定由景谷、六顺、缅宁一带来的。

澜、宁、源3县民族代表在募乃开会时，访问倮黑族，他们都说：他们的祖先原来住在顺宁、缅宁一带，后来被汉人赶到澜沧（一部分继续迁入缅境，估计已有数万人）。

老亢族赵老四说：老亢是从龙陵、勐卯搬来的。

顺宁在元、明以前是蒲满族聚居区，顺宁古名蒲门（蒲满音转），可是现住那边的蒲满已很少，有的完全汉化，澜沧蒲满可能是从顺宁一带迁来的。

傈僳族由金沙江迁于澜沧江、怒江的年代并不很远，到怒江后，一部分顺江北上到贡山，碰上藏族，又越高黎贡山往西，一部分顺江南下到龙陵、镇康一带。澜沧的傈僳族无疑是从龙陵、镇康一带下来的，而且时间不会很远。

汉人和回族都是由内地迁去的，而且大多数是商人的子孙，绝大多数都居住在交通要道和街子上。汉人里面又多半是从石屏和湖南迁来的。

澜沧的僰族和车、佛、南的僰族同一个来源。据徐松石考证，他们的迁移路线是经广东、广西，然后经云南的元江到达普洱区的。

四、民族关系

（一）历史上的民族纠纷

历史上的民族纠纷，清朝中叶以前的情况已不太清楚，传说也不详。最早而记载比较清楚的是嘉庆十七年，南棚倮黑武装占据孟连、耿马和猛麻三司边界，声势浩大，孟连宣抚司刀派商约耿马、猛麻土司禀报云南总督，总督勒令澜沧附近各土司出兵"剿办"，将首领张始甫逮捕，解到缅宁斩首。

光绪初年，孟连土司因争立发生纠纷，无力控制各地领目，佧佤、倮黑各民族互相争杀不已。光绪十二、十四、十五这几年，谦控、木戛、南棚、卡朗倮黑接连有反抗斗争，时间长达15年。南掌、倮黑又与孟连起兵，当时云南省派尉迟参将去"招降"倮黑。光绪十七年，尉迟春甫被佧佤、倮黑联合武装，杀于老厂附近的石门坎。接着澜沧黑河以南各地倮黑纷纷起来，"仇杀汉人"，省督又派周保林为参将，到澜沧镇压，事情才告平息。光绪二十九年，岩帅、南棚、糯波、南黑弄佧佤族焚毁猛角、猛董。光绪三十一年，扎发、扎戛为首的倮黑，于音同、蛮糯、富邦又起来，但不久被参将王伯诚率兵千余镇压下去。

1917年春，政府禁烟，开兵一营到佧佤山中课，营长沈某被击毙，部队溃败，几乎全军覆灭。同年仙顶营传“仙人”出现，各地倮黑都相信。1918年，仙顶营倮黑在“仙人”的号召之下首先动起来，将丫口（现宁江县府所在地）烧杀一空，汉人被杀的不少，并以灭汉为号召，鼓动各地倮黑杀汉人。当时澜沧县府（在谦糯）也一度被包围，直到1919年，普洱军赶到，倮黑才被镇压下去。1943年，音同、南列倮黑民族以扎戛头人领导，准备暴动，事未起，即被政府知悉，即派石炳麟去镇压，并将音同、南列的牲畜完全抢去。

佧佤族寨与寨之间的仇杀抢掠，及附近民族的抢掠和砍头，是历史上一直遗留下来的老问题，直到现在还没有得到根本解决（详见《佧佤族情况》），比如翁戛科[①]（1000多户）与马散（2000多户）打了20多年还没有解决。据马散佧佤族说：“20年前后，马散人到孟连赶街回来，过翁戛科时，被砍去两个人头，马散人即记在心，常常去砍翁戛科人的头。”1936年大打了一次，马散伤了几十人。1950年又打了一次。

又如蛮达一带的佧佤族（他们与左堵、富鹅、蛮开、安蕊均有仇），常到附近抢掠砍人头，5年前血林砍了蛮达一个头，从此两地仇恨遂愈来愈深。

上述不过是两个例子，其实佧佤山各寨之间的仇杀抢掠是说不完的。

佧佤与倮黑族的关系一贯不好（见《佧佤族情况》），如永安区佧佤族与倮黑族经常相打（详见《永安区情况》）。倮黑族一位代表说：“永安区佧佤人常来倮黑寨子要粮食、要鸡、要猪……有时见什么就拿什么。佧佤人认为倮黑是他们的百姓，应该向我们要东西，若不给便用死人头丢在我们家里威胁我们，或放火烧房子。后来我们忍无可忍，李扎伯遂领导我们和佧佤族打，把他们打败了。以后每次来都被我们打败，慢慢地就不敢来了。”部分倮黑（与佧佤族接近的）实行火葬，据一倮黑人说：“因为佧佤人杀人头祭谷，若拿不到活人头，就砍死人头去，我们怕佧佤割死人头，所以便把它烧成灰，再去埋。”

僰族和佧佤、倮黑、汉人之间，历史上的民族关系也不好。僰族住的坝子，据说曾是佧佤族生活的地方，当然佧佤族抢掠和杀人头对僰族也是个威胁，虽然一部分佧佤已吸收了僰族文化，和僰族接近，但僰族还是看不起佧佤族，很轻视他们。

在倮黑族里面流传这样一个故事说：“从前管天下的大皇帝召集各族人民开会，把管天下的大印交给倮黑人，叫倮黑管天下，不巧散会之后，大家从小门挤出去，带大印的倮黑不小心撞着了摆彝（僰族）姑娘的奶，摆彝姑娘不答应，叩头道歉也不行，最后把大印给她才算了事，从此之后，做官的全是摆彝，倮黑人没有。”清末以前，澜沧是僰族孟连宣抚司管辖的地方，自然头人大都是僰族人，倮黑被僰族和僰族的土司管辖，没有政治权利，故有“所有做官的都是摆彝人”的反映。

① 翁戛科，本文又作“爱甲可”。——编者

（二）民族关系不好的原因

（1）反动统治者用武力镇压和汉人地主商人的残酷剥削是民族关系搞不好的主要原因。比如汉族反动统治者把倮黑族从顺宁、缅宁赶下来，从嘉庆时代起，连续不断地派兵镇压，不知杀了多少人，而这些“叛乱”的原因主要又是受汉商及汉人地主的残酷剥削所引起的。借一团茶，可以剥削到一大块土地，一个烟斗也可剥削人家一大块土地；澜沧倮黑族普遍都负债，这些债主绝大多数是汉人（详见《倮黑族情况》）。

（2）帝国主义利用传教为名挑拨离间：美帝国主义在澜沧的间谍永氏父子在倮黑族中传教，经常挑拨倮黑族仇视汉人，据说他们编的教科书中有一课文是：“汉人来了，我怕。”固然历次倮黑武装暴动，主要是受不住反动统治的压迫和汉族商人地主的剥削，但帝国主义的恶意宣传和挑拨离间也是一个因素，比如1950年倮黑、佧佤的联合暴动与人民政府对抗，其主谋便是美国牧师永文生（见《澜沧帝国主义活动与宗教问题》）。

（3）佧佤族的抢掠和杀人头：佧佤族抢掠和杀人头，他们已习以为常，不觉得什么（最近对这些事的认识已不同了），但对附近居住的民族却是一个相当大的威胁，是造成佧佤族与其他民族隔阂的主要原因，也是佧佤族彼此之间仇杀不团结的主要原因（详见《佧佤族情况》）。

（三）民族关系的新局面

解放了，反动政权垮台了，人民政权已建立起来了，在毛主席、中央人民政府正确的民族政策指导下，澜沧的民族关系已开始走上团结互爱的大道，这是几千年来民族关系的转折点，这是一个历史的转折点。

1950年到1951年春，澜沧开过两次民族代表会议，这些会议中大张旗鼓宣传民族团结，教育了代表，也教育了工作同志，使大家明了团结的重要和好处，再加到北京去庆祝国庆代表们回去宣传，和解放军优良作风的影响，使他们觉得“不同了”。他们认得毛主席、共产党对他们是好的，佧佤人称解放军为“民主军”，称男同志为“民主家”，称女同志为“民主婆”。凡称为民主的人，他们都不杀。有一部分佧佤表示，以后不砍人头了。他们说：“砍人头是上人家的当了。”拉猛从北京回来后说：“以后不杀人头了（只杀坏人的头）。”的确，中课、班箐杀人头的事已经很少了。只要佧佤不杀人头，不抢人，他们和其他民族的关系慢慢地就可以改善了。

由于石炳麟被赶跑，倮黑对人民政府的印象很好，对毛主席和共产党非常拥护（教徒比较落后），代表们都表示，要和其他民族好好地团结，其他各少数民族亦复如是。

有个别阿卡村寨（比如南京洼）已经觉悟起来准备斗争他们本族的地主了。

大家都知道要团结起来事情才搞得好，无论佧佤、倮黑、汉人、阿卡，对团结都有清楚的认识，不过要使团结再进一步，必须解决几个具体问题。比如盐巴，解放前由于鸦片烟值钱，他们买得起，现在不行了，盐太贵，大家都说：“共产党样样都好，就是盐太贵了。”另一个佧佤族同胞说：“你们天天讲那几句话，我们已不想听了。”另一个佧佤族表示，如果再不解决盐巴问题，要动起来了。除了盐巴外，如粗布、粮食等都要解决。此外如民族干部的缺乏，也是一大阻碍，解决干部问题，是进一步做好澜沧民族工作的关键。

五、经济生活

（一）土地占有和使用情况

澜沧山多，坝子少，僰族多半居住坝子里，其他民族大多居住在山上，其中除倮黑、阿卡（汉人也有一部分）的一小部分占有少许梯田之外，都以种山地为生。兹将几个民族的土地情况简述于后：

僰族：住在坝子里，种水稻，如孟连、孟猛、上允、下允等处。水田绝大多数都是僰族的，其中大部分又为头人所有。因为土地好，出产丰富，所以饥荒年其他民族都要向僰族买粮食。

佧佤族：都是种山地，以寨为单位，每年选择一处荒山种植，第二年又另选一处。开荒时是集体干，下种时各家搞各家的，收获也是各归各有。但杂居在澜沧境内的佧佤，也有各自选择地方种植的情形。在一起集体开荒的好处：第一是集体防卫，免得被人砍头；第二是相互守望，可减少野兽践踏。

倮黑也以种植火山地为主，选一块地开荒，种上二三年又另换一块。不过已开过的生荒，若原主不声明放弃，或不得原主许可，别人不得随便利用。如特别好的土地，也有买卖或霸占的情形。租佃关系很少。

其他少数民族的土地情况与倮黑族的相似。

（二）生产力

（1）工具：生产工具以农具为主，一般都使用锄、砍刀、铲子（下种用），犁头也有，但为数不多。种火山地的只有两种工具，就是刀子和铲子，刀子用来砍树，铲子用来下种。僰族和一部分倮黑、阿佧的生产工具比较多，也比较精致，与内地汉人的差不多。

（2）生产技术：生产技术一般的粗陋，原始“刀耕火种”的农业生产技术依然占优势，秋后将森林砍伐，树木枝叶倒在地上，让日光晒干，次年雨季来临时，放火将枝叶烧了，用铲子插些孔，将种子放进去，出苗后拔一两次草，即等待着收获。种水田和熟地的办法虽然与内地一样，但比较粗糙、马虎，一般不知施肥、选种、换种，只是每年换新地（僰族和少数倮黑、阿卡例外）。有的可以挖沟灌溉的也不挖，只等待雨水，没有雨水就只得不种，或是改种耐干的作物，因此产量有限，粮食不够吃。汉人与内地差不多。

少数民族普遍都有互助的习惯，谁家忙，帮谁家，不取工钱，有时还自己带饭去帮别人工作。

（三）出产

（1）农产品：坝子里以产稻为主，稻谷分糯谷、饭谷两种。糯谷多产于僰族地区，是僰族的主粮。以产地分又有水稻和旱谷两种，水稻产于水田，旱谷产于旱地，澜沧除僰族外均以旱谷为主食。总之，谷子是澜沧各族人民最重要的粮食，也是出产最多的农作物。

杂粮以苞谷和荞子最多，此外有高粱、小麦、小米、马铃薯等。

工业作物有甘蔗（品种不好，有酸味）、桐子（孟连产得很多，可惜未被利用）、油菜籽、茶叶、紫梗、棉花。

鸦片一度曾为澜沧一带的重要输出品，大部分人民的经济生活直接间接或多或少都受鸦片价格的影响，特别是食盐与布匹几乎全部是靠鸦片的输出换进去的，一部分粮食和几乎全部工业品也是靠鸦片烟换取的。最近因内地禁烟，烟价下跌5倍到10倍，①也就是说当地购买力跌了5倍到10倍，②许多人买不起盐，买不起布匹，都说“共产党样样都好，就是盐太贵”。

药用植物，除鸦片外有厚朴、土当归、六麻子、蔓菁、黄连、野桂。水果有芭蕉、菠萝、桃、梨等。

澜沧县政府工商科估计，每年全县产粮约60万公石，以全县人口计算，约需100万公石（佧佤山不在内），每年从南峤输入大批粮食，其次宁江和缅甸也输入一部分，估计每年输入3000驮以上。由于粮食不够，所以有不少人以山茅野菜充饥。

（2）工业产品：少数民族多自纺自织，但多系自用，很少出售，有名的佧佤族产品如佧佤被、僰族的牛肚子被、倮黑的口袋，但产量不多。

金属制品方面：猛猛的刀年产13000把，上允、猛猛能自制农具，佧佤山也有能打铁的，如班箐赴京代表拉猛就是铁匠（铁多从缅甸来）。

谦六产陶器，如罐子、土碗等，销路遍及澜沧各区。

上允、猛阿两地年产纸约10万张。

勐满制糖，但产量不详。

澜沧矿藏丰富，但蕴藏量和开采价值尚不知道。明永乐年间曾在老厂开银矿，因故屡停屡开，清以后即停止开发了。近一二年有人利用矿渣炼铅，月可产75000斤以上，因滞销，目前还有存货200万斤。

据说华侨胡文虎在解放前曾派人到澜沧调查过，对此地矿产甚表满意，后又有两个居泰华侨看过，并打算来开采，当时因残匪扰乱，交通阻塞，没有开成。

---

①“下跌5倍到10倍”的表述有误。原文如此。——编者

②“购买力跌了5倍到10倍”的表述有误。原文如此。——编者

六、区志

（一）永安区

（1）永安区（与未定界）民族关系（注：永安又名木戛）：永安区13000多户，92%为倮黑族，其余全为汉人，佧佤地区政权尚未到达。约在40年前，木戛的佧佤族统治该区，倮黑是佧佤的百姓，每年都要向倮黑人收牛、马、猪。1912年（民国初年）前后，汉人进入木戛，赶走佧佤，倮黑与汉人一道反对佧佤。现只有接近未定界的大小拉叭、哈虎、班茅寨仍受佧佤剥削，每年有许多佧佤头人来收东西（佧佤无统一的头人，因头人死后，其子孙都是头人，代代相法，头人越来越多，收税的也就越来越多），与班府、血林临近的每年每人固定地收3斗米，此外剽牛时还得收点东西，倮黑同胞说："把我们当韭菜割。"不交则以砍人头相威胁。

同时倮黑最大的头人（威信最高，现为木戛区长）李扎拍[1]对左都、南胖、博哨、血林（均未定界）佧佤人民又有剥削，左都两个寨子每年要给李交纳200多块半开。1949年佧佤进攻木戛后，已不收，现只有南胖还交一些。孟罗（李扎拍家）农民代表张治中（倮黑）开农代会回去向左都等地宣传：谁也不能剥削谁。当地佧佤民族很拥护，李拍扎知道了大骂张治中，并且带200余倮黑武装去示威，大吃大喝后收了350元半开回来。

佧佤族一直仇视汉人，说汉人抢了他们的土地和百姓（不得收倮黑东西），要与汉人换班，各管一二年。1942年，大小蛮海、血林、博哨佧佤千余人曾来攻击永安。解放后，保长赵有宣去佧佤山做生意，与下困马萨拉（头人，小时到缅甸读书，后回到下困马传基督教，能掌握当地群众）造谣挑拨离间说："共产党来了要田分地，要来打你们。"1949年某月佧佤又进攻永安区，赵布置其爪牙张小双、陈春支（乡长白某的爪牙）等为内应，想联络倮黑，欺骗他们说："打汉人，不打倮黑。"后来我们团结人民打败他们，佧佤死10余人，倮黑族人民说："你们说是打汉人，结果是来抢牛、抢马、杀人。"倮黑对我们干部说："我们是一条心，不怕他们（佧佤）。"

事后，我们放回赵的爪牙范臣良（保长），使赵放心，写信叫赵出来，教育并责成他去佧佤山宣传中央的政策，规定10天一汇报，赵去了。佧佤人说："说共产党好、共产党坏都是你！"再因前次打败仗，对赵很不满，要他赔偿，后来我们通过了赵，请佧佤出来和我们会面剽牛，此后佧佤族对我们稍有认识，有事可直接写信找他们。此次开会（澜、宁、源民族代表会），动员了17人，因一下子开不成，有的又因孩子死了，所以回去了，下困马萨拉阻挡不准来，并与我工作同志争吵说："美国好。"有些人不同意萨拉的意见，说："美国好不好，我没见到，我只晓得盐巴、米要到木戛去驮。"结果派了几个代表（未定界来了13人），但对我们还有怀疑，有事情还得通过范臣良等和他们接头。

下困马有两派：一派是萨拉，此派势力较大；一派以头人老鲍为首，钱多势力小。两

[1] 李扎拍，本文又作"李拍扎"。——编者

派之间有矛盾，老鲍与我们较接近。

（2）永安区外（与我交界处）未定界区佧佤主要寨子人数及头人调查（列表于后）：

寨名	户数	距木戛里程	头人姓名
扎务	30余户	30里	小水
南胖	100户	西北25里	砍
博哨	100户	西北40里	
大小蛮海	500户	正北60里	大头人（王子）名内室，下有甩艾南等，小蛮海头人为帅
上困马	200户	正北30里	本水
下困马	400户	正北60里	主要头人扎古罕（与萨拉勾结），另一派头人为老鲍
扎黑乃	100户	正北30里	头人大扎戛，新寨头人老王
蛮东	450户	正北60里	三戛
血林	100户	正北30里	矮扎尼（分上下寨，28户），除3户较好外，常来木戛抢牛马
洋广	100户	正北20里	主要头人懒克，其下管的小寨有几百户
搬徐	1100户	正北15里	分4小寨
永斌	60户	正北90里	

（二）南卡区

（1）猛阿内外民族关系：猛阿与国外班散只隔一条江，5里地，两边民族都以僰族为主（山上有其他民族），彼此关系很密切，政治制度（相当完整的土司制。国外的土司制更完整，基础更巩固）、风俗习惯、语言文字、宗教信仰完全相同。上层之间与人民群众之间往来都很密切，国界观念淡薄，往来也无手续，一日有往来几次者，年节做“摆”、婚姻喜庆都互相送礼、请客，参加庆祝。牛马遗失，若彼此找到都自动送还。

（2）猛阿僰族的政治情况：土司势力原封未动，土司召侬猛任区长，威信甚高。副区长是九十三师军官（脱离很久，表面尚好）。土司之下有各寨头（与车、佛、南大致相同，有老叭、老线、老鲊），当地政权仍操土司头人手里。僰族人民由于过去受国民党压迫，以及惯匪江八长期抢劫、骚扰，我军去后把江八打垮，因此对政府印象很好，他们说：“这下好啰，可以安安静静地过日子了。”并欢迎解放军。

（三）镇边区

（1）镇边分景迈、南北、南段、糯佛4个村。

国内南段靠近竹蓬、班角、孩板、糯马等地，以倮黑、阿卡、汉人为主，另有蒲满、佧佤和少数的回族、僰族。倮黑占60%，最多。

国外邦扎寨、南膜、磨扎、南地邦、隔巴拉、包麦，靠此地有倮黑、僰族、阿卡、蒲满等。

（2）界内外关系：商业往来很多，界内人民需要的盐、布、酒、牛、粮、棉、日用品都从缅甸进来，输出去的有铅、土产、茶叶等，与内地往来很少。勐养设有“牛公司”，买卖我国猪、牛。

剿匪时国内外人民都协助我军剿匪，两边人民来往甚密。

（四）西盟区

（1）分布：西盟区共有民族8种，即汉、回、傈僳、老缅、阿卡、僰族、佧佤等。共有户口20000户，其中佧佤占90%以上。其分布情形如下图：

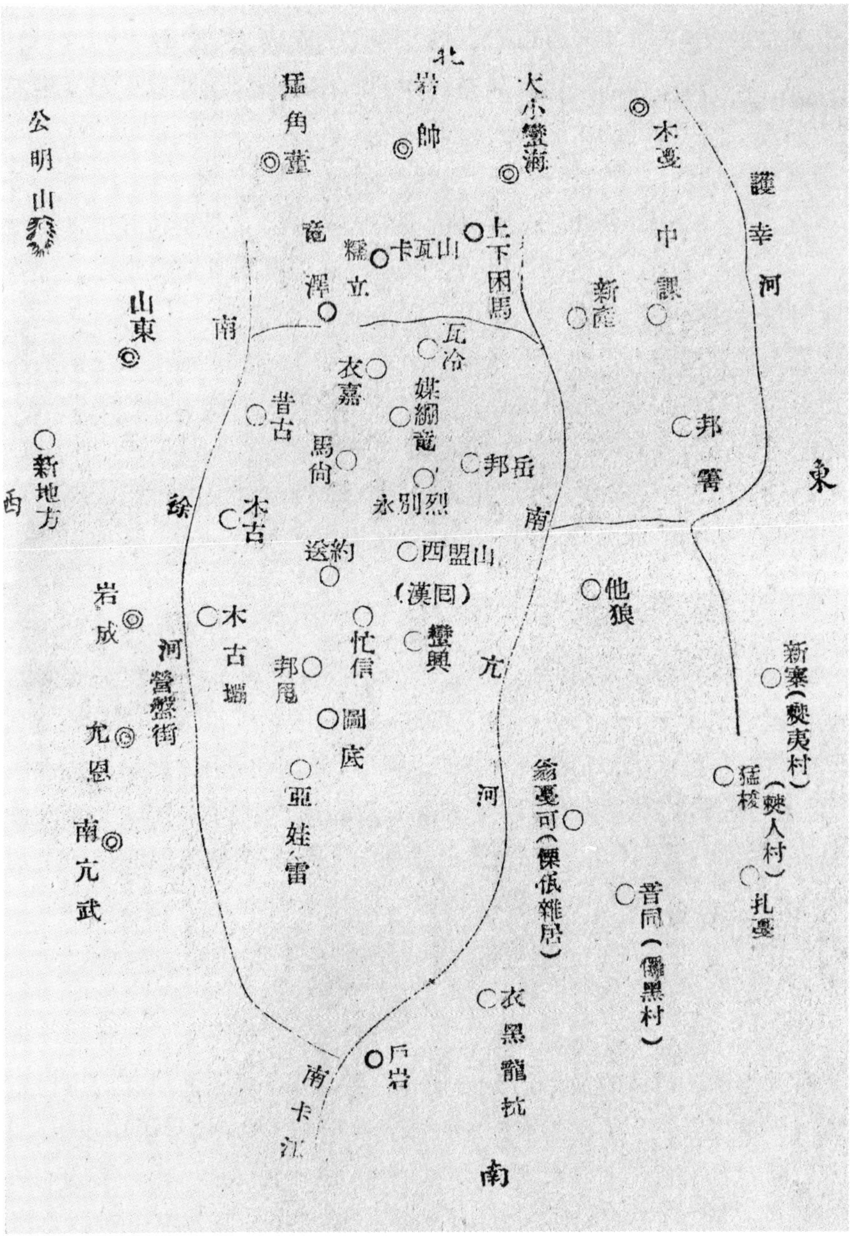

注：不全属西盟管，但都是佧佤居住地。

除注明之倮黑及僰族村外，其他各地均为佧佤村庄，西盟佧佤族19000多户。佧佤村庄有一特点，每村最少是20户，有的多至1200户。他们不敢几户住在一起，怕外族尤其是自己本族的人来攻击，故他们常搬家，这寨人少了，搬到多的一寨去。

西盟区现分5个行政区，即音同、老营盘、蛮东（译音）、西盟、太平长村。

（2）经济生活：西盟佧佤地区主要的出产是大烟，其次是旱谷（种在山上的稻子）、玉米、稗子、荞、小米、棉花、高粱，秋季种麦子（但佧佤不懂吃麦子的方法）。凡可以种大烟之地都可以种麦子、蚕豆及豌豆，棉花在南亢河附近两岸出产很好，且有木棉。佧佤能自轧棉籽、纺棉纱及织布。佧佤族自己织的布在西盟区比倮黑族多（织布机简单，系原始的，用手织，不用脚踏的机子）。

佧佤将树砍倒，放火烧地，不用肥料，也不用犁犁地，只用铲铲一小洞，将谷种放下。新开辟之地，最多种一二年（普通是一年）就不能再种了，又要重新开辟。土地是公有的，任人去开辟，人家开辟过的土地，自己要去栽种，必须得到原主的允许。

有些佧佤地区粮食是够吃的，且有少数的汉人向佧佤买粮食吃。

目前佧佤生活最感困难的是盐及布，并不是没有盐、布卖，而是他们缺乏购买力，因他们的主要出产物是大烟，现大烟没有销路，烟价降低，就等于降低了他们的购买力。邦泽头人埃赖说："以前一二两大烟可以买一件布，现在不行了，买不着了。"

（3）民族关系：佧佤与各兄弟民族的关系——有的佧佤走过倮黑村庄，见到猪、鸡就捉走，倮黑若说他们，他们就抽出身上的大刀来，吓得倮黑不敢说话，让他们拿走。佧佤常集体到倮黑村，无理地要倮黑出多少钱，若不出便要带人来打杀。如去年佧佤龙哥榄向倮黑村付倮、南卡要1条牛和200两银子，倮黑不给，双方要打，经别的村子劝阻，没有打成。佧佤还要来砍倮黑和汉人的头和抢走各民族的小孩，引起了各民族对他们的愤恨（如去年他们来西盟抢走了20多个小孩）。过去汉族对佧佤的剥削很厉害，常放高利贷给佧佤。在大烟还没有收时，就赊给佧佤盐，如一两大烟一斤盐（但用大烟来西盟山买盐，一两大烟可买一斤半或两斤），到大烟收时用大烟来还盐债。汉商常驮盐至佧佤村寨，100斤盐在西盟值60两大烟，驮到佧佤村就会卖80多两。各族都不与佧佤通婚，个别的有讨佧佤为妻的，但不愿将自己本族的女人嫁与佧佤。

佧佤与佧佤的仇杀：

仇杀的原因不外：①债务；②偷窃；③砍头。

佧佤有这样一种风俗，本村的人欠别村的债，全村的人有为这个人偿还债务的责任，而这个人的亲戚更有为他偿还债务的义务。有一事可说明因债务关系而引起两个村子的仇杀，如木古村的岩好借永邦岩偿、岩仅二人的牛两条、半开200元，已借了10多年，3年前岩偿、岩仅到木古去问岩好要债，岩好没有钱还，于是岩偿、岩仅拉了木古寨的一条牛跑了，木古全寨追至半路，将他二人杀死，砍下了头，同年永邦又砍了木古岩散、岩坎的头，因此两寨有了仇恨。此次澜、宁、源开各族代表会，木古与永邦的头人都来了，木古的头人叫岩我，不敢见永邦的头人岩起里，怕永邦头人报复他，后经西盟区长舒郁生劝他们和好，开始谈判，永邦要两条牛、200元半开，舒区长及埃赖（邦泽头人，佧佤）劝永邦：现在是大家团结的时候，你要这样多钱，他们出不起，就团结不起来了。于是永邦把条件降到16两银子，木古接受了，双方喝“水酒”（佧佤族议和不喝水酒不算话，喝了酒之后算是说定了），银子留到回西盟山“洗手”时再给（“洗手”是解仇和好的仪式，请“阿朗”来念经，由“阿朗”冲水两个仇人“洗手”，有理的先洗，无理的后洗），“洗手”让永邦在先（因永邦有理），木古在后，木古回去要剽一条牛来祭鬼，顺便请永邦的头人去吃牛肉。木古与永邦的仇恨，至此消除了。

又如亚娃雷，原属永恩管治，向永恩借了五六百人来打邦泽，打死了50多人，原因是为了统治邦泽，后来邦泽去砍亚娃雷的头，砍了两次，每次3个人。今年2月，亚娃雷出了1条牛、48块钱（半开）、1套衣服和邦泽和好。牛当时杀吃，钱除36元给3家木鼓房外，其余分给大家。

去年（1950年）石炳麟（澜沧的大恶霸）来打募乃，翁戞拉等15个村跟石来抢掠（受石的煽动），抢到很多东西，其中以中课抢得的东西为最多。翁戞拉请中课分给些东西，中课说：“这是我们自己打来的，你有本事自己去打。”翁戞拉听了之后就赌气说：“我打给你看。”于是邀约了莫美、哥龙、哥榄等3寨一齐去打扒戞（佧佤村，比较富裕，且过去与翁戞拉有仇杀，翁戞拉借此机会，去打扒戞），抢了扒戞95匹牛马，烧光了寨子，但被扒戞打死4个人，3个是翁戞拉的（其中一个是翁戞拉的头人叫埃当管事）、1个是莫美的。去年，西盟山开团结大会（政府发动），双方也曾谈和，但翁戞拉讲和条件太高，要扒戞给他们10条大水牛、4块半开（仇杀的开始据说是翁戞拉有一家人搬到扒戞去住，扒戞有一家很有钱，叫作米，诬赖搬去的这家人偷了他100斤银子，要这家人赔，这家人赔不起就偷跑，跑时还放火烧了寨子。扒戞去追，在路上杀光了一家8口人，从此两个寨子就有了仇恨。扒戞杀死人不对，所以议和评理时，扒戞算是无理的一方），扒戞不答应，最多只能出1条牛，且这条牛是送给劝他们和好的拉猛（拉猛是班箐的头人，刚从北京开会回来，劝两寨和好），结果讲和不成。此次澜、宁、源各民族代表会上，翁戞拉的代理头人也来了，舒区长及邦泽头人埃赖劝他们重新与扒戞和好，他说他不能做主，因为现在寨中还有两个头人（因埃当管事被打死之后，新头人还未正式产生，由3个人代理），他答应了，他们两人不答应也不成，后来他看到了木古与永邦议和，他说尽力去劝寨中的两个头人，若他们不听他也不住在翁戞拉了，要搬去邦泽与埃赖住。

又如班约偷猛省的辣子，猛省又到班约偷牛、砍头烧寨。佧佤与佧佤的仇杀是司空见惯的事，寨与寨之间的战争也不断发生，所以佧佤时时要戒备敌人的偷袭，单独或人数少他们就不敢出远门，出门必带刀，且手握刀把，刀出鞘一二寸，时时在准备厮杀。

（4）风俗习惯：佧佤每年有3次大节，四月（公历2月）供人头，五月给人头吃饭，冬月盖房子，砍牛尾巴做大鬼。现分别叙述每年节日于下：

在供人头之先还有一个节日，不过这一个节日是3年过一次或五六年过一次，名叫“拉木鼓”，即木鼓房（供人头处，是佧佤敬神、敬鬼的地方，也等于汉人一家族的宗庙）中有一对木鼓，一个是阳的，一个是阴的，每年要换一次（或五六年换一次），将旧的木鼓送出寨外，送出时还由“阿朗”祭师念咒“送鬼”，然后修理或重建木鼓房，同时再在山上做新的木鼓。做木鼓的人住在山上3天，全寨的人送给他们饭、鸡及酒。木鼓做好之后，全寨的男女青年都去拉，男女分边拉，男的朝村内拉，女的朝村外拉，故一日只能拉一小段路，就搁下来了，第二日又去拉，甚至有拉了几十日的。拉木鼓也是青年男女娱乐的机会，借拉木鼓互相跳舞歌唱。木鼓拉回之后要剽牛，这条牛谁家愿出谁家出，普通都是争着出，认为出牛是光荣的事。木鼓拉回之后，就要去找人头来祭木鼓，木鼓神就是人头神（木鼓房除了木鼓1对之外，还有人头，其他什么都没有）。

四月供人头：要去“拿人头”之先，由“阿朗”祭师卜鸡卦，某日好就去拿。去拿人头的那日，全寨的青年男女都去，但走了一半路女的和一部分男的可以回来，让几个勇敢的人去。到什么地方去拿呢？据说以前拿人头的地点有一定的范围，名叫“坐坛”，在这个固定的地方守着，若有人到“坐坛”的范围来都要砍他的头，即使是自己的亲戚、父母、姊妹、兄弟走到“坐坛”的范围里来也一样被砍头，因此在“坐坛”的范围外，有一定的符号表示此地是“坐坛”，懂得符号的人见到就止步不前了，不懂得的人进去就被砍头。这些符号有的是茶或米撒在“坐坛”的范围，但现在佧佤用“坐坛”方法砍头的很少了，都是随便出来砍，见着自己不认识的人或仇人就砍头，若遇到自己的熟人或认为不能砍头的人（砍了就出大乱子），他们就会对遇着的熟人说：“啊！你冒失了，我们不砍你的头，你快走。”并问他要“礼性”（礼物），这时这人就要将他身上的钱或物件送一些给他们。有的拿人头会走到离家三四天的路上去，若拿不着回来再卜鸡卦，卦好了又再出去，去时若听到鸟在路边叫，认为不吉祥又回来，又再卜鸡卦，再去拿。他们会想尽一切方法去拿，普通他们用的方法是夜间跑到人家的门外，颈上系一牛铃铛，不停地摇动，引狗吠，房子里的人认为贼来偷牛，开门出来就被佧佤把头砍下。

据说这是孔明教他们的，若不拿人头祭谷庄稼便不好。

他们不要牙齿未出的孩子头，不要嘴缺或四肢不全的人头，他们喜欢要的是满脸胡须的，或者头人的头（尤其仇人头人的头），若是仇人头人的头，他们会将头砍为很多小块，用戥子称平，分给各寨拿回去祭。

砍到了人头的英雄回来全村都去欢迎他，男女围着他跳舞，还给他一个猪（其实是大家吃）。砍过人头的刀，就不能用来割东西吃（认为牙齿会掉）。人头拿来不一定马上拿进木鼓房，要看日子才拿进去，同时找村中会哭诉的老女人去哭：“可怜你，你家里的人多难过，你为什么不逃走，让他们把你的头砍下来，你是该死了……”人头拿来之后，要轮流给12家供，或者两家供一夜，3家供一夜，才放到木鼓房中去。供人头将家中鸡猪都杀了全村的人大家吃，头天用鸡蛋、酒、小米喂人头，第二日“剽牛”，最后剽鬼牛，由“么八”来祭（比阿朗小的祭师），全寨人围着跳舞。

人头放在一个竹编好的圆形箩中，拿进木鼓房，放在木鼓上面一个竹台上，头下面放着谷子，让人头的血滴在谷子上，到播种时每家分一些拿去与自己的谷种拌在一起撒在田里。人头到五月还要祭一次，这次是新旧头都祭，以前拿来的头在拿新头进来之先已送到村外去了（村外有一固定放旧头的地方）。

活头若拿不着，就拿死头来代替。拿死头事先要卜鸡卦，且祭仪式与活头一样，如玩果寨已二三十年不用活头祭了，死头一年找一个或三四年找一个（看庄稼的好坏而定），有的完全不祭，如爱甲可寨，据其头人埃可说："他们已10多年不供头了，他们的庄稼还是一样好。"而且爱甲可寨还学汉人过旧历年。由供活头到供死头，甚至到不供头，这是一个很大的进步。

冬月"剽牛"：佧佤人的房子是3年修盖一次，有钱的人家房子盖好后一定要剽牛。剽牛时把牛系在一株木桩上，"阿朗"口中念咒，然后用剽子朝牛肋间剽进去。若一刺就死是吉利，牛死时倒向伤口这面是不吉利，倒向没有伤口这面是吉利。"剽牛"的牛，一般的以青牛好，但也看各处的习惯，他的祖辈用什么毛色的牛来祭神，他们就沿用什么颜色的牛，有时同自己种的土地颜色一样。牛角、耳上及脊椎有旋不要，不要白毛的牛，有时选着一条合自己条件的牛，不惜出大价钱去买。牛剽死后，立刻全寨的人都去抢牛肉，你一刀、我一刀往牛身上割，往往因抢牛肉而伤了身体。如邦泽的埃偿抢牛肉伤了大腿，现在脚上还有一个大疤，他对我们说："是我不小心，被别人刺着了，但牛肉还是抢着了。"假若是受伤又抢不着牛肉，那是一件很丢脸的事。剽牛的主人，一点牛肉也得不着。牛头是规定了不准人拿，牛角被主人保留下来，陈列在家里，谁家的牛角最多，谁就光荣，有势力。如两家吵架，把牛角抬出来比，看哪家牛角多，哪家就有理。

头人盖房子祭鬼有的会剽到四五十头猪，几十条水牛和黄牛的。猪肉、鸡肉大家吃，牛肉由主人分送给自己的亲戚或朋友。分肉有一定规矩，阿舅吃颈子，姐夫吃前腿，岳父送牛脚，后腿送给妹夫……接到牛肉的亲戚要记住，得了某家的几次牛肉，以后自己剽牛时也要送还，若不送还等于欠"牛肉债"，到了子孙手上都要还。"剽牛"是佧佤的最大浪费，平日积得的财产都花在剽牛上。他们除了盖房子剽牛外，还有为求全家清吉平安、两寨解仇和好、婚丧、祭人头及拉木鼓而剽牛的。每年西盟区的佧佤在解放前约需三四千条牛，汉商为了获利，不远千里，贩牛至西盟区去卖。

西盟佧佤的婚姻是自由的，一般都是一夫一妻制，但也有一夫多妻制（头人常有的事）的。婚前须请"阿朗"卜鸡卦，选定日子结婚。结婚时请客，若没有钱亲戚可帮助出钱请客，但须赔还，这辈子赔不起，让子孙来还。不分长辈或晚辈，舅父可以娶外甥女为妻，但忌同姓结婚，若有违犯，全村一家出一把柴将他烧死。夫妻不和，可以离婚，但若男的提出来离婚，女的必须赔还男的结婚时所花的用费，若女的提出离婚，男的就不赔还什么。丈夫死，妻可改嫁，但须赔还夫家结婚时的用费。

人病了，没有医生看病，也不吃药，大病"做鬼""剽牛"，小病请"么八"巫师送鬼，生什么病就用什么颜色的鸡送鬼。

人死了即刻到山上去砍一根大树来，将树挖空，把尸体放进去，上面再盖一块木板或竹篱，装好后拿去埋葬，地点是村内和家门附近，不敢远埋，怕别寨来砍死人头。有的因死了自己的独子，非常伤心，往往将一根中空的竹子插在死人嘴里，竹子露在地面，早晚吃饭时拿些酒菜倒入竹中给死人吃，直到竹烂为止。

佧佤家里不能放戥子，不准带葱姜及绿叶进家，假若进家遇到女人蒸酒米饭，须立刻抓一团出来丢在地上，以后酒做不好，不会怪你，否则酒不好，其罪完全在你身上。一般有两个火塘，一个给活人烤火，一个给鬼烤火，客人不能到鬼火塘边去。佧佤给你东西吃，若不吃他们认为看不起他。

佧佤喜欢养别人的小孩子。小孩子的来源有三：①是小孩的父母欠他债，拿小孩来抵偿；②战争俘虏来的；③抢来的。有的因为自己没有儿子，拿来当儿子养，有的因为缺乏劳动力，拿来养大了可以帮助自己耕种，孩子不听话可把他转卖给别家。孩子长大了，佧佤还是给他们婚嫁。若是女孩子买来时花多少钱，嫁时也要取回多少钱；男孩子讨媳妇花了多少钱，等他脱离主人家时也要照数偿还主人。普通一个孩子约卖四五十块半开或者1条牛。

（5）社会组织：

①头人的称呼：

佧佤头人大致有3种称呼：

A.“召法”[①]：如山东、岩城[②]的头人，称为“召法”。

B.“新爷”或“掌爷”：如马尚的埃扁里新爷、永必烈的岩坎掌爷。

C.“阿朗”：如马尚的大头人叫“阿朗柳”。

②名称的来源：

A.“召法”：是僰语，意即“大官长”，据说受僰族土司管治的佧佤地方，其头人称为“召法”。“召法”为世袭，据澜沧少数民族调查材料上说：“在没有土司制前，此地佧佤，受西盟佛堂管，设土司制后，归土司管。这寨的佧佤属驯佧佤，人称为大佧佤，都会说僰话，生活也将被僰族所同化……”

B.“新爷”或“掌爷”：是汉人封给佧佤头人的官名，新爷比掌爷大，如马尚所属村寨大过永必烈，所以马尚的头人叫埃扁里新爷；永必烈属地小则称为“掌爷”（他是西盟土司委派的，与汉人的联系很密切，除了马尚头人阿朗柳外，在西盟一带要算他威信最高）。

C.“阿朗”：是管木鼓人之意，即一部落之领袖。

③头人的产生：

A.“阿朗”是来开辟寨子的第一家，同时也是那寨的头人。“阿朗”是世袭的，一般都是长子继承，若长子无能，或长子不愿做，或他父亲不给他做，才由他的弟弟继承。若“阿朗”无子，在“阿朗”未死之前由本族人中选出。

新“阿朗”接位要卜卦，普通是杀一个猪看猪胆，或杀一只鸡看鸡卦。

---

① 召法，本文又作“昭法”。——编者
② 岩城，本文又作“岩成”。——编者

“阿朗”只能娶一妻，妻死可再娶，但继室一定要处女，不能同寡妇结婚。“昭法”和“新爷”“掌爷”可同时娶几个妻子，且妻子不一定要处女，这是他们不同的地方。

B.“昭法”是世袭制，由长子继承，有钱有势的头人也可以变为“昭法”，如永恩“昭法”困衣，他原是非烈“昭法”下的一个寨子头人，后因势力大，属地多，也变为“昭法”了。“昭法”还有副的，如埃城“昭法”叫埃古，副的叫埃剩，他们是同族的兄弟。

“昭法”死后，他的儿子或他的继承人将他的所有武器拿出来，摆给众人看，表示他继承了他父亲的位置。同时还剽牛，有的剽到一二十条牛。新“昭法”或新“阿朗”接位，老百姓或别寨的头人都去给他们手上拴白线（表示吉祥，如藏族送“哈达”一样）。他们戴一两个月，才把它藏于篾箱中。

C.“新爷”或“掌爷”，是世袭制，如马尚新爷埃扁里家做了23代新爷，且都是长子做（埃扁里说）。但据爱甲可头人说：有些“新爷”或“掌爷”是百姓选举出来的。

④头人所属的村寨：西盟的佧佤村寨大都由山东、岩成、马尚三地迁来，岩成与马尚属地较山东为大。马尚所属的村寨数（只能叫属，不能叫管治，因马尚与其他村寨的关系并没有什么严密的行政系统与明确的组织）如下：

寨名	户数	寨名	户数
邦泽	约200户	永哈拉	约50户
莫饿	约250户	永不龙	约40户
永邦	约300户	永垒	约100户
阿莫	约300户	打阿永	约300户
中课	约200户	公龙少	约400户
班箐	约200户	拉石侬	约100户
永烈	约180户	阿浪葸	约50户
悠应	约40户	侬妹	约50户
阿龙	约100户	永勒	约80户
翁戛拉	约200户		

注：以上地名全系译音。

总计约3240户，约一二万人。

据说山东从前都是岩成属地，山东直接管辖有4个大寨子，约二三千户，巴戛迭、约查、班甩、蛮臭、永迭、扒戛、爱甲可，有10000以上的人口。

⑤头人的权利：头人（“昭法”“新爷”“掌爷”“阿朗”）在村中负替人解决纠纷（只请吃一顿水酒，没有其他礼物相送）及寨与寨之间来往等责任。

⑥人民对头人的义务：人民对头人应尽的义务各地不同。如岩成的老百姓打到野味，须分一腿或一膀肉给头人，百姓剽牛也须送一腿肉给他。头人至百姓家，百姓泡酒款待。头人3年或6年盖房子一次，每家须去1人或数人帮盖。如岩成“昭法”盖房子，每家送他1棵大树，且带米、酒或鸡、猪去送他（多有多送，数目没有规定），头人也杀鸡、猪款待他们。

⑦头人与头人的关系：西盟区附近的马尚、山东、岩成，传说是同一个祖宗分下来的，祖宗在的地方叫巴戛点（现有佧佤800户）（山东头人埃古鲁说），祖宗不穿衣，吃生食。岩成是弟，马尚是兄，所以每年岩成要送马尚100元半开、米2斗及剽牛的肉，不送来马尚便要去要。

从"昭法"分出来的村寨，对"昭法"的关系是一种友好的关系，但又是各自为政，服管不服调，如扒戛是由岩成分出来的村寨，虽然很多年了，但对岩成还很尊敬。爱甲可从岩成分出来18代了，岩成有什么婚丧大事还要来通知埃可（爱甲可头人）。如去年岩成头人办喜事，送1根牛肋骨给埃可（送牛肋骨表示送通知或下请帖），埃可接到牛肋骨又送岩成3两银子，还招待了来人酒饭。埃可说："'昭法'死时，凡从他分出来的寨子每寨要送一只鸡，'昭法'盖房子每寨要送给他两块半开、两斤盐。'昭法'生儿子每寨送给他一根白线（表示很吉利）、一碗米、一个鸡蛋或一块半开。又如亚娃雷第六代以前是属永恩的（亚娃雷现属西盟，永恩是未定界），每年亚娃雷要送给永恩1512两大烟（现在已不送了）。'昭法'分出来的寨子（因'昭法'寨人口多，土地耕种面积小，不能不移民），也一定与'昭法'是友善的关系，或隶属于'昭法'，这要看势力的大小来决定，若分出来的村寨势力大，'昭法'也只好听命于他，他们之间常订立联盟，彼此来往。"

同一寨子的"昭法"与"阿朗"的关系："召法"管政治，"阿朗"管宗教，他们中间关系很密切。如"阿朗"要盖房子时，则请"昭法"来商量，替他传达给百姓，让百姓来帮忙；"阿朗"要盖木鼓房、剽牛或祭人头，请头人同百姓商量，哪家出牛或出钱。

⑧头人的生活情况：头人的生活与百姓没有多大分别，如山东"昭法"果龙（约40岁，眼痛），身穿旧蓝粗布衣，背上还补了3个大补丁，穿一条旧黑布裤子，赤足，自带长刀1把（同普通人一样的刀），头上戴1顶黑毛线帽（旧的）。又邦泽头人埃赖，头包黑色大头巾，身穿黑呢中山装（买旧货）、黑布裤子1条，也是赤脚（约三十五六岁，高高的身材）。又马尚的埃扁里新爷，中等身材，约三十六七岁，右眼不太好，身穿黑粗布衣裤，赤足，不戴帽子。由这些人的身上看不出他们与人民有什么区别，头人也参加生产劳动，同普通老百姓的子女结婚，但有些头人与汉人或摆彝接近，也染了汉人或摆彝的多妻习俗。

⑨村寨组织：村寨的大小是自然形成的，由于大小不同，村寨头人名称也有不同，由于头人名称之不同，村寨组织也稍异：

A."昭法"的村子以莫刘为例，"昭法"下有"波朗"（秘书）、"庆幸"、"庆格"，还有"阿朗"管宗教。

B.最小的村寨也有"阿朗"（世袭）、"么八"巫师（非世袭）。

由上可看出，"阿朗"是每一寨绝不可少的人物，"么八"也是每寨必有的，至于"新爷"和"昭法"，不一定每寨都有，且一寨不一定只有一个"阿朗"和"么八"，有的有几个"阿朗"和"么八"。普通一个寨子有几姓人，就有几个木鼓房（等于一个氏族的宗庙），有一个木鼓房必有一个"阿朗"，一寨中有几个木鼓房就有几个"阿朗"，而这几个“阿朗”之中，又以最先来开辟寨子的“阿朗”为最大，全寨性的送鬼、剽牛都由他主持。若同寨中的某姓因人少盖不起木鼓房，可同他姓共用一个木鼓房，参加祭人头。下面举几个具体例子：

永邦头人埃起里，管300多户，共分5小寨，以每寨头人名代替寨名，如：埃必脸、埃可使、埃倮、埃脑、埃桶（埃的意思即汉人的老大、老二的老）。这5个寨子有9个“阿朗”（即有9姓人、9所木鼓房）。

又如邦泽总头人埃赖，管5寨，大寨有2个“阿朗”、10个“么八”，新寨（埃块头人）有2个“阿朗”、10个“么八”，埃卖寨有1个“阿朗”、1个“么八”，其他2寨有2个“阿朗”。

（西盟区的材料系同西盟副区长舒郁生及佧佤族头人邦泽的埃赖、马尚的埃扁里新爷、爱甲可的埃可、永邦的埃起里等访问来的。）

1951年4月

普洱区资料之三
——沧源、宁江情况
中央访问团第二分团
1951年7月出版

普洱区资料之三
——沧源、宁江情况

编者声明

这些材料是我们从1951年2月22日至1951年5月底（其中大部时间是在行动中），先后在蒙自、普洱、文山等地区进行兄弟民族访问工作中，通过当地干部、民族代表及熟悉当地情况的人士所了解的一些情况。为应各有关机关之急需，仅将原材料加以初步整理，尽量避免主观分析与结论，在文字上仅要求看得懂。但由于短期访问及仓促整理，情况难免不真实或不深入，观点难免错误。故仅能供各有关机关进行民族工作的参考或进一步考察的线索，并望于今后的调查研究，加以校正。

1951年6月　日

甲、沧源情况

（一）一般情况

1. 人口分布及行政区划

沧源和缅甸接壤，东西宽103里，南北长90里。东南接澜沧，南与占兴、绍帕、佧佤地区相连，西接未定界，北接耿马，东北和双江相连，并以小黑江为天然界线。

全县除班洪、永和两地未建立区政权外，勐董、勐省、岩帅3地已建立区政府。

全县人口约5800户，约21350人，其中佧佤族约有4500户，僰族约300户，倮黑族约有200户，汉族约80户，蒙化族约20户。

佧佤族分布较广，全县各区皆有，其中以勐董区最多，约1540户，勐省区约1240户，岩帅约1240户，永和700多户，班洪1000多户。

僰族仅分布于勐董、勐省两区，分布勐董区的约有240户，勐省约60户。

倮黑族仅集中岩帅区，约200户。

汉族多集中在岩帅及各区的市集上，约80户。

蒙化族杂居于勐董区，约20户。

2.民族移居简史

佧佤族从什么地方搬来，还没有一个可靠的说法，但据田兴文说："我们（指佧佤族）是从山东岩城搬来的，初搬到列干糯，再由列干糯搬到沧源。"

沧源僰族和耿马的僰族关系甚为密切，据说可能从耿马搬到沧源，但不知何时搬来。

汉族多从缅宁、双江、石屏等地移来，此外还有一些旧军官及流浪分子，移居时间参差不一。

蒙化、倮黑未知何时移居，但据说倮黑族在佧佤之先到沧源，现在岩帅这个地方就是从前倮黑的聚居地，自佧佤到了以后，就把倮黑赶走或杀死。

（二）政治情况

1.解放初期的历史

1948年末，澜沧展开了反对石炳麟的斗争，这时普洱区已展开了革命游击战。当时岩帅头人田子昌，因与国民党设治局有矛盾，同时为了浑水摸鱼，扩大势力，就乘机率领一部分佧佤同胞和汉族中的一些流氓分子赶走了设治局长雷××；同时又因与勐董有仇恨，所以又把勐董土司罕富民弟兄赶走，并抢了勐董、勐角僰族同胞的很多财物。罕氏兄弟因此逃入耿马与罕裕卿及彭四等匪勾结，造成了耿马匪来攻沧源的因素之一。

当时澜沧的革命势力已扩大到双江、缅宁，并接受了边纵（即二纵队）的领导，正式改编为云南人民自卫军第二纵队第十一支队，在建设工作上，并负责领导双、缅、澜、宁、耿5县。领导上为了调和岩帅头人之间的矛盾，所以委田兴武为沧源县长、田兴文为十一支队大队长、田子昌为岩帅警备大队长。1949年5月，田兴文曾率领十一支队一个中队到缅宁参加整训工作。

1949年7月末，彭四、彭五被反动派委为"第九区行政督察专员"之后，即勾结双、缅、耿、云一带的地主恶霸及土匪的反动武装向缅宁第十一支队进犯，当时领导上为了应付国民党匪军对普洱中心区的全面进攻，决定将第十一支队主动撤出双江、缅宁，于是彭匪更拟通过沧源进攻澜沧，并向整个普洱区进攻，首先引诱岩帅头人未果，继而利用耿马进攻沧源，岩帅在田兴武兄弟领导下与匪两次战斗，击退耿马彭匪等千余人的进攻。耿匪溃退时，烧毁寨子22个，杀害佧佤同胞80多人，抢去耕牛200头到300头，佧佤同胞受到很重的损失。

正当这个时候，普洱中心区地主恶霸到处叛乱（新平李润之、景东梁兴楼、景谷李希哲、思茅杨元芳、澜沧石炳麟、张安华等）。同时，田子昌为彭匪利诱亲自到坟山（双江）与彭匪密谈，决定配合耿马土匪进攻南栅，会师上允，进攻澜沧。田子昌即回岩帅积极准备阴谋叛变，事为田兴武弟兄所悉，即先下手将田子昌杀死，并收编了他的武装（即普洱在报纸上所载“大义灭亲”的革命史话），因而粉碎了彭匪的阴谋。但彭匪仍不甘心，挑拨上下困马等地的佧佤进攻岩帅，给佧佤粮食弹药之助，并派特务进入沧源造谣，不断引诱岩帅头人田兴武兄弟说，“打回景东赠给几万斤盐巴”，并向岩帅头人借粮，但田兴武弟兄始终没有被匪利诱。

1950年元月，美帝特务永文生利用宗教，挑拨其他地区的佧佤教徒1000多人进攻岩帅，当时我们即派一个营去调解与镇压，并应岩帅田兴武弟兄之请求，给予弹药4000多发，食盐万多斤，这样才安定了社会秩序，同时这些弹药、盐巴对他们的鼓舞是很大的。

2.人民政府的组织及佧佤族内部组织

自岩帅头人把设治局长雷××赶走以后，国民党的重要人员都跟着走了，但有一些平时不引人注目的人却有计划地暗藏起来。当时地委派李培伦同志任沧源副县长、田兴武为县长，当李培伦同志去找头人联系的时候，国民党潜伏的人员也去找头人联系感情，并同田氏弟兄合股做生意。同时，这个地方坏人很多，都是过去的伪军及地痞流氓，什么都干，情况复杂。有一次李培伦同志曾为匪特布置暗杀未遂（直到现在仍未查出），恰遇李培伦有病，于是就转回普洱医病，在这中间，沧源曾形成空白地区4个月之久，到1950年8月才派吴任同志等去工作。

现在沧源县政府已经建立，但由于干部缺乏，尚未健全，区乡政权目前还没有我们的干部。

现在该县县长田兴武（佧佤族，也是普洱区副专员），副县长吴任同志。秘书兼财政科长魏文才（汉族），现已调云南民族学院学习。粮库主任夏自恭（汉族）。武装科长田兴文，兼沧源联合自卫大队大队长（也是普洱区人民政府委员）。

全县已建立3个区政权。岩帅区长李正荣（佧佤族），副区长赵国安（汉族）。勐省区长赵大城（佧佤族），副区长肖岩戛（汉族）。勐董区长撒拉赛（佧佤族），副区长李安培（僰族）。

在佧佤族内部有一种“盟”的组织，在岩帅以田、赵、李、肖、鲍、袁6姓组成联盟，其中又以田、李、袁3姓为一系统，以田氏为盟长。赵、鲍、肖3姓为一系统，以赵姓为盟长。目前在这两盟中又以田系为主，军政实权都掌握在田系手中。各氏族中有疾病、残废、不能劳动、无法谋生者，由各氏族内部供给生活，各氏族中若有为非作歹违反大众利益者，除该犯负责外，其氏族内部及联盟也要负责，所以各寨头人随时督促该村人民努力劳动，并在生产劳动中给以一些帮助，有什么事情，盟长召集各氏族头人商量以后，大家都同意了，然后氏族的头人又召集各村的头人商量，各村头人都同意了，再找人民商量，直到所有人都同意，才能举行。如果有人对这件事情不同意，就得重新商量，盟长头人也不敢独自决定，如这一次普洱区选举人民政府委员及正副专员时，田兴文就说：“委员要人民选举出来才好，像我们这次出来的当了委员回去，不是我们佧佤族人民选出来的，他们会说我们是活动得来的，他们不服。”从这里我们就可以看出他们内部的民主制度。

3. 几个头人对我们的态度

岩帅——田兴武弟兄基本上是靠拢我们的。在普洱区游击战争时，当环境最复杂、地主恶霸到处叛乱的时候，田氏弟兄曾阻击彭四、李希哲等匪的进攻，当时李匪曾以数万斤盐巴引诱田氏弟兄，但岩帅在田氏弟兄领导下，始终没有动摇过，并抵抗了耿马土匪及被骗佧佤族千余人的进攻，这事实说明了他们是愿意接受共产党的领导和跟着毛主席的；同时，从他们的日常谈话中亦可以看出这个问题，如1950年2月，暂十三军一个团配合我边纵四十三团阻击残匪进入澜沧，未到沧源，即转回普洱，岩帅头人曾经说："解放军家是不要我们岩帅家，为哪样到澜沧而不到我们岩帅？"这证明他们是欢迎我军到岩帅去的。他们经常骄傲地对我同志说"共产党不晓得格认得"（意思就是说他们一向靠拢共产党，并曾同耿匪进行过数次的斗争），并坚决向我们表示说："岩帅佧佤只有一根肠子，不会变心。"岩帅不但在口头上这样说，而且在实际行动上也是如此的，如1949年田子昌勾结耿马土司罕裕卿企图杀害我派到沧源去的干部，这事匪徒先和田氏弟兄商量，田氏弟兄认为"共产党派来的干部是好人，杀了对不起共产党，并且共产党报起仇来也打不过共产党"，就这样粉碎了敌人的阴谋。当时田氏弟兄除将田子昌杀死外，并星夜跑到澜沧上允区告诉我们的部队。匪徒们引诱不上田氏弟兄，但不甘心，在1950年以前，耿马土司罕裕卿及李希哲还经常写信给田氏弟兄说："只要反对共产党，要钱要枪都有。"但结果都被谢绝了。

经过北京代表回来及几次民族代表会议以后，田氏弟兄对我们是更进一步地靠拢了，这次田兴文和李正荣为了到普洱参加民族会议，不顾佧佤族同胞所禁忌的"属蛇"日子赶来开会（"属蛇"日子是佧佤族的忌日，这天不论任何重大事情均不出门，如果去了就要认为不利），并将田兴文之子田子富送猛主读书。到普洱后，田兴文和李正荣均坚决表示："这次开会我们团结在一处，以后永远团结在一处了。"……第一次普洱区民族代表会议时，田兴文就要求派几个小学教员去帮助他们教书，并经常向吴任同志要求派一个指导员到联合大队去教战士们唱歌读书。

以上这些都说明了他们对共产党、人民政府和解放军的信任和爱戴，但由于他们的周围目前还有一些坏分子在中间挑拨破坏，使得我们工作不易展开，如北京代表肖子文（佧佤）这个人比较进步，县府决定调他到民族学院学习，他说：一个人不去，要田兴文的儿子一齐去。当时田氏弟兄没有意见，但当与谢郁文（设治局科长）商量后，谢即说："五黄六月病多。"于是不但田的儿子不去，连肖子文也不去了。又如缅宁县政府到沧源去捕恶霸傅起忠，因傅起忠是谢郁文的亲戚，于是谢就叫田兴武对我们说"不能让傅起忠去"，并叫我们写信给傅晓楼说：缅宁县政府要杀他，并且想保释傅起忠恶霸。另外谣言很多，如第三次世界大战要爆发了，蒋介石几时几时要登陆了等。

由于这些人的关系，使我们的干部对田氏弟兄的接近不够密切，如××同志说："我们有事才和他们商量，平时不大接近，所以对他们的思想情况不能掌握。"

据了解和田氏弟兄关系密切的人除了谢郁文外，还有下列几人：

高三——是佧佤与汉族的混血种，妻子是佧佤族，本人每日吸大烟5钱，佧佤族同胞也承认他是佧佤族。田氏有事常去和他商量“这个事做得做不得”，他常常从侧面说一些破坏的话。

张云高（又名蛮榷老三）——也是佧佤与汉人混血（父是汉人，母是佧佤），是蛮榷的民兵大队长，有好些寨子的民兵都是他负责，过去帮助岩帅打了些胜战，身上有许多枪疤，因而岩帅很器重他，每天吸大烟8钱左右。他说：“我离不开田县长。”田的参谋也是他，他自己也承认“我就是田县长的秘书”。今年（1951年）田兴武到勐省坝去种田开荒，县政府的事情就是他办理。

李克忠——通海人，曾当过军官，后到佧佤山当过中队长。家里有照相机、望远镜，有特务嫌疑。经常到景栋去做生意，带些药材、洋布回来，回来后尽说些永文生谈什么啰！此人很厉害，经常不离开县政府，包围田氏兄弟和田氏兄弟合伙做生意。除上述几人外，还有谢尚贤、谢尚德、魏文城、罕小发等，都是汉人。

班洪——班洪王胡忠华表面上靠拢我们，但实际上是脚踏两头船，他在另外一方面又靠近山东（据说他与缅甸蛮小官是亲戚），对我们还存在着相当大的顾虑，主要的原因是对我们政策不了解，并且他对自己过去的一些坏的行为也有些害怕。如他对老百姓剥削很重，据说在一个村子里专收鸦片烟一项就要40砣（每砣40两），同时他也有一些苛刻的规定，如不能骑马过他的家门口。他有一把交椅，除了他自己而外，任何人都不能坐（解放军可以坐），思想比较顽固。高少康（汉族，替班洪王做事，比较进步，但掌握不着大权）说：“我们这里的工作好做，就是我三叔（高耀新是班洪的侄姑爷）和班洪王太顽固了，只要教育了他们二人，工作就好做了。”同时又因耿马土司罕裕卿逃跑时经过班洪，罕裕卿送了他些金银，班洪王就把罕土司放走了，这个事情虽然我们没有提出来，但他心里有愧，因而对我们有顾虑。同时又由于他对人民剥削过重，老百姓也对他不满，当我解放军进到班洪后，人民要求说：“解放军不要走，驻在这里，让他（指胡忠华）好好改造。”对于上面这些事情，他心里存着相当大的顾虑和怀疑，如他说：“共产党到那里分田分地建立新政权，到这里是否也分田分地建立新政权？”我们在沧源、澜沧、普洱每次开民族代表会议，请他都没有来，在沧源开民族代表会议时，派其弟胡忠英来代理，当时胡忠英向吴任同志说：“委员（指民族事务委员会委员）委不委？”吴任同志说：“只要上级批准就可以委了。”因为他知道田兴武已经委了。但吴任报告专署后，领导上考虑不委，对这个事情他是不满意的。另外一个原因，是在1935年龙云曾给予他为“总管”的官印，在他的大门上也写着“总管官署”和“封印大吉”的对联，在抗日战争时，国民党曾委他为“游击司令”，由于这些国民党的“官印”和岩帅与班洪是两个系统，他认为田兴武过去只是岩帅的区长，现在当县长，认为：“我的官比你（岩帅田兴武）大，你如何配来管我？”

在抗战时，他还有一颗“自卫军印”，他把这颗印盖给来往做生意人作通行证。耿马解放后，他派了两个人带着两支短枪和通行证（即自卫军印）到耿马去做生意，因为部队不了解是什么人，就把这两个人和枪扣起来，胡忠华为了这个事情曾对我们的同志说：“我们对这些东西（印、证）不懂，要怎样做，你们就告诉我们。”同时在这件事情发生的前后，我们部队到班洪向他借了120斤大米，没有及时给他钱（但不久就赔了），这一连串的事引起他对我们的怀疑和顾虑。同时还有蒋美匪特在包围他（没有具体材料），所以这次普洱区民族代表会议选举他为普洱区人民政府副专员，他“不但不喜欢，反而怀疑”（吴任同志谈）。

永和——永和王子死了，有3个儿子，就像3个头人，各自为政。现在老百姓推找二（永和王之第二个儿子）为王子，没有什么实权，大权掌握在大头人岩桑手里。岩桑曾对我们同志要求说：“我们在边地怕李希哲来，望送给些子弹。”吴任同志向他们讲了民族政策后，岩桑表示：“你（指吴任）说这些话，我们都带给老百姓去，以后不变心了。”并坚决向我们保证：“决不受坏人利用，岩帅怎样我们怎样。”1950年困马、当甲附近的佧佤族来攻岩帅时，他们保持中立（因为力量小，不敢得罪哪一边），又同年勐董土司罕富民逃到绍兴召集各头人商议阴谋叛变，永和和班洪都没有参加。我们部队进驻永和时，和他们修了一条马路，表现很好。从这些事实和反映看来，对我们怀疑不大，但由于永和佧佤同胞全部信基督教，特务利用宗教挑拨、造谣和破坏，同时我们没有工作同志去，工作还没有展开。

绍兴、少帕——这两个地区据说归永和王管辖，绍兴对我们没有表示，少帕头人曾对我们同志说：“部队不能进去，我们地方都是野人，吃酒后乱杀人。”从这句话可以看出，他们对我们还有相当大的怀疑。

其他地区的王子，因工作还未深入，根本还不晓得共产党是什么。

4.少数民族的武装

A.岩帅掌握的武装。联合自卫大队，大队长田兴文（佧佤族），大队副胡荣耀（汉族），下设两个中队，中队长赵太（佧佤族）、肖自生（佧佤族）。

全部共90人，成分复杂，有汉人的流氓分子、旧军人，佧佤族仅占少数。有20%的人带有不良嗜好，纪律很坏，人民不满意，公差时随便派老百姓的鸡和米。

不论干部战士，每月发给半开10元（主副食在外），每日每人菜金半开2角（所有用费全向人民摊派，每月每户不论贫富一律5角）。基本上还是一种雇佣性质。

该队现有重机枪1挺、轻机枪12挺、步枪86到88支、六〇炮1门。

另外没有组织的武装还很多，可以随调随到的有1000多人，有步枪1000多支，均分散在各村寨保存，据说在勐董以东地区均可调动。

B.班洪王所掌握的武装。经常在班洪王身边的有20支武装，即所谓的机动部队，每人每月给薪金10元，每街给5角零用钱（伙食在外），他可以号召的力量有800人至1000人左右。据了解有八二炮1门（但无炮架）、六〇炮2门、重机枪3挺、轻机枪10挺，步枪在他手里的不到20支，其余全散布在人民手中，无法统计。

C.永和王所掌握的武装。据了解有步枪400多支，有事可以召集的有800人至1000人。其他绍兴、少帕、当甲、困马及大小蛮海亦有武装，数字不详。

（三）经济情况

1.生产概况

沧源各少数民族以农业为主，仅有佧佤少部分人兼做小生意。汉族多以商业为主，仅少数人有田地。农产以稻谷为最多，蚕豆、豌豆、苞谷、荞子较少。

稻谷以勐董区为主，勐省、岩帅多产旱谷，勐董区尚产少许棉花。据了解勐省坝边可种草棉。目前各民族中所种粮食除僰族能自足外，其余各族一般仅够半年的粮食。在过去该县输出主要是鸦片，估计全年出产量是5万两左右。

佧佤、倮黑族土地除寨子附近的周围及水田为私有外，其余山地全为公有，任何人都可以去开垦种植，收获全归耕者所有。各族头人一般都参加劳动，如岩帅田兴武、李正荣，1951年曾到勐省坝去开荒，但有钱的也可以雇工栽种。僰族土地表面看来，好像为耕者所有，但实际所有权仍属上层土司。

不论男女都从事劳动，男人做挖地、犁田等事，妇女多做拔草、插秧等事，但佧佤、倮黑妇女在劳动中仍与男子占同样地位。

生产工具有大刀、锄头、甩刀、犁耙、铲子，耕畜有黄牛、水牛。

2.目前的困难

A.鸦片问题——鸦片在国民党反动统治时期，表面上也曾禁止过，但每次派出去的“禁烟委员”和“铲烟委员”回来都是满载而归，因而沧源的鸦片始终没有禁绝，在过去鸦片烟价最高时，沧源卖过10元半开一两，因此就鼓励了大部分的少数民族种鸦片。解放后这种情况改变了，因为内地已禁绝鸦片，断绝了它的销路和市场，现在仅能运到缅甸、暹罗等地去卖，因而鸦片烟价下跌，现每两9角，与过去最高价相比降低了9倍[①]左右，也就是说他们的购买力降低了9倍左右（因为他们唯一的输出品就依靠鸦片烟），因此他们说：“共产党来了样样都好，就是盐、布太贵了。”

B.贸易问题——在过去沧源唯一用来换取粮食、盐巴、布匹、茶、辣椒和其他日用必需品的就是鸦片烟，解放后，鸦片烟没有出路，市价降低，所以驮盐、布到沧源去换鸦片的人也没有了，盐巴、日用品因而缺乏，一些汉商坏分子都借此机会高价出卖盐巴、布匹等。同时，又由于交通不便，故从内地运到沧源去的盐巴、布匹运费高，而从外国运进来的货物，因无海关限制，路途又近，故价钱比由内地去者还低，因而使我们的盐卖不出去，影响财政工作，所以现在沧源的人民币还不能在市场通行。同时内地的半开全被汉商坏分子运到少数民族地区去，使少数民族将来吃亏很大。

C.生产问题——目前沧源的粮食估计不够吃1个月到4个月（过去从耿马运去一部分补充），要弥补这个空缺就需要发展生产才能解决这个问题。但老百姓说：“你们叫我们发展生产好好种田地，比父母还好，可是就没有田地种。”据吴任同志谈：勐省坝尚有一荒坝子（面积不详），但需要开一条沟，从前曾经开过，但不能完全灌溉。这条沟从南别河

①“降低了9倍”的表述有误。原文如此。后同。——编者

引到勐省坝，仅中间有一段石山比较费力，如有2000多元半开和500多斤弹药[①]即可把此沟修通，这样沧源粮食生产基本上就没有问题了。

另外还有一个耕畜缺乏的问题，佧佤同胞每年因为祭鬼大量宰杀耕牛，所以耕牛甚为缺乏。他们要求赶牛到他们的地方去。

3. 负担

佧佤族不论头人百姓，每年每户出米1亩（23市斤），每月半开5角，用以购买枪支弹药自卫或开会剽牛时之用。

（四）文化及宗教信仰概况

（1）沧源仅勐董及岩帅两区各有1所小学校，勐董小学有学生100多人，岩帅小学有40多人，两校均教汉文。

（2）僰族有自己的语言文字，佧佤族有语言无文字，倮黑、蒙化也是有语言无文字。据说从前佧佤族有一种文字，但晓得这种文字的，现在仅有田兴武1人。

（3）沧源没有医院，僰族患疟疾和佧佤患淋病的很多，如这次来开会的5个代表中就有3个代表患淋病。

（4）佧佤族嗜好酒，粮食多数消耗在煮酒上，因而影响粮食不够吃。

（5）禁忌——家里的三脚架不能动，要送鬼时才动一次。供神处不能摸。

（五）民族关系

沧源各民族间是不协调的，存在着很大隔阂，主要的是表现在佧佤与僰族之间、佧佤与倮黑之间、各少数民族与汉族之间以及佧佤族内部的仇杀上。

（1）僰族与佧佤在历史上就不断地发生械斗仇杀的事件，在30年前岩帅和勐董土司斗争，佧佤曾提出“灭僰”的口号，当时勐省坝有1000多户僰族同胞，但自械斗后，就只剩下100多户，减少了90%的人口；同时又因国民党反动统治者利用辅助岩帅削弱土司力量，造成勐董土司对岩帅的仇恨，因而也引起僰族人民对岩帅佧佤人的仇恨。勐董土司罕富民说：“有你（指岩帅）无我了。”在解放前耿马和岩帅是互不来往的，耿马的人到岩帅，不管何人，一律杀死。又如解放初期，岩帅头人把勐董土司赶走，至今尚未敢回来（当然还有其他原因）。而僰族同胞则有被征服民族之感，一切唯命是从，如普洱第一次民族代表会议，有两个沧源僰族代表，什么也不敢说，问他即说：“一切要问岩帅田兴武、田兴文才晓得。”而岩帅佧佤则有大民族思想，认为团结应该团结到他们那里，服从他们，因而僰族（沧源县的）怕岩帅佧佤是怕他们的军事力量大，内心是仇视的。

（2）倮黑与佧佤——倮黑族由于人少，在经济政治上受压迫最深，在沧源近年来虽同佧佤没有发生械斗，但据说在历史上曾同佧佤交战过，后来被佧佤打得东逃西散，现在

① 弹药，当为“炸药”。——编者

的岩帅寨子就是从前倮黑族聚居的村子。何南也有倮黑寨，但现在都被佧佤赶走了。

（3）各少数民族与汉族——历代反动统治者对少数民族实行大汉族主义的高压和剥削，过去失意汉人常跑到少数民族地区欺压敲磕，如在岩帅“摆赌抽头”，放高利贷，抬高酒、盐价。前几天因盐巴缺乏，商人就把盐价提高，藏起来卖，因而造成了少数民族对汉族的仇视，而汉族又因佧佤同胞之砍人头，心里惧怕，因而造成了民族间的极深的隔阂。

（4）佧佤内部的仇杀——佧佤内部没有一个统一的组织，形成各自独立的局面，再加上帝国主义匪特的挑拨离间，造成彼此仇杀事件。如1950年美特永文生（传教士）利用宗教关系，挑拨当甲、困马附近一带的佧佤，发动了1000人进攻岩帅。又如过去中课、班箐的人不敢到岩帅去，而岩帅的人也不敢到中课、班箐来。岩帅李正荣说：“野佧现在还杀人头，太野蛮了，我们汉、佧佤很怕他们，并且永不会同他们和好，我们须要时时防备他们。”

由此可知沧源的民族关系是复杂的，但自解放以后，民族压迫和仇杀已经少了，同时由于地方同志执行民族政策的结果和部队进去的实际教育，特别是经过几次民族代表会议以后，这种关系基本上已转变了。开会以后，听了民族政策的报告，大家都愿意团结，不愿再仇杀了，要往来了。尤其表现在对我们的干部的态度上，如李正荣说：“不怕（对我们的同志说），我们不会丢掉（杀掉）你。”又如当甲、困马等地附近的佧佤与岩帅的佧佤有杀人之仇，但经过在木戛合同五十几个寨子的头人剽牛吃酒后，当甲等地头人表示要与岩帅和好，其他地区有仇恨的也希望和好，这是一个好的变化。

当然并不是说目前的民族关系就没有问题了，相反地我们应该很耐心地注意它，特别在边地，特务土匪挑拨离间，利用历史仇恨，挑起民族内部的械斗来，如最近山东与允嗯就是一个例子。

叶永镇

乙、宁江县民族简况

（一）民族

本县有僰族、阿卡、倮黑、濮满、僾僾、汉族、八甲、阿痴卡等8种。

（二）分布

僰族聚居勐往坝、安康区。

阿卡杂居勐往区、新营盘区。

倮黑杂居安康区、勐往区。

濮满杂居勐往区。

僾僾杂居勐往区。

汉族聚居丫口区、勐往区、新营盘区。

八甲与僰族同居于勐往坝。

阿痴卡住丫口区。南现村有25户。

（三）人口

据旧政府统计，全县共有18000人。

据我工作同志估计：约有2864户。

安康区约有454户（摆彝378户、倮黑6户、汉族8户）。

勐往区约有1110户（僰族500户，阿卡170户，濮满50户，倮黑、僳僳、汉族共300多户）。

新营盘区约有1300多户（倮黑占多数，阿卡、汉人次之）。

（四）民族关系

据工作同志谈：80年前，为反对大汉族主义反动统治的压迫，澜（沧）、临（江）、源（沧源）3县的兄弟民族曾联合起来暴动，新营盘、新丁盘、蛮蚌、大山、募乃等土司也参加这一暴动，号称为十八土司灭汉，一直打到澜沧县府所在地——谦糯。当时大汉族主义的反动统治者无力抵抗，就假装投降，请暴动的各头人吃饭，用酒灌醉，倒在地上，结果全被惨杀。后来普洱派兵来镇压，暴动便告失败。

解放前，汉族之反动统治者，一面压迫兄弟民族种鸦片，一面又向人民征收烟税。汉族地主除向兄弟民族农民剥削地租外，兼放高利贷，用放秋烟、秋谷等形式，重利盘剥兄弟民族。

汉族商人对兄弟民族用大斗量进、小斗量出，大秤称进、小秤称出，大施其狡诈手段。因此，兄弟民族对汉人印象极为不好，但自解放后，此类大汉族主义之汉人行动已严格取缔，民族关系已渐好转。

（五）土司

本县有3个土司：

（1）勐往土司——刀臣良（僰族），现年50多岁，现任勐往区长，解放后的表现是：①去年征粮时，他主动领导群众先交粮；②去年参加第一届民族代表会回去后，宣传很积极；③去年运粮时，有些小头目不愿用自己的牛，而派老百姓的牛去运，这时他就主动去说服那些小头目用自己的牛去运，在运粮工作上起了很大的作用；④去年剿匪时，他自动出来向匪属宣传我们的政策，劝土匪回家种田，结果有好些土匪纷纷回来缴械投诚；⑤他要求学习，有事便主动来找我工作同志商量，人民对他甚好。

（2）安康土司——刀灿（僰族），现任安康区副区长。解放后的表现是：①在区政府私派民款（数字不详）；②作风不好。

（3）新营盘土司——李发荣（倮黑），祖先是汉族。有步枪200多支、机枪5挺，能号召300多武装。对我政策存很怀疑，如他向我区政府说：“我还有几支枪，交给你们吧？”其意在试探我政府怎么办，结果我区政府同志没有要他的，只同他解释了一番。去年开第一次各族代表会时，请他来开会，他说有事不能来。今年开第二次各族代表会，又去请他来开会，他还是说：“有事不能来。”本区工作干部同他没有搞好团结。

（六）贫雇农要求

（1）要把任村、组长的地富撤换，由他们选出自己的村长、组长。

（2）组织民兵，肃清土匪。

（3）要求政府办学校、纺纱厂和织布厂。

（4）请政府帮助解决耕牛问题，现无耕牛者约占全人口的60%。

普洱区资料之四

——南峤情况

中央访问团第二分团

1951年7月出版

普洱区资料之四

——南峤情况

编者声明

这些材料是我们从1951年2月22日至1951年5月底（其中大部时间是在行动中），先后在蒙自、普洱、文山等地区进行兄弟民族访问工作中，通过当地干部、民族代表及熟悉当地情况的人士所了解的一些情况。为应各有关机关之急需，仅将原材料加以初步整理，尽量避免主观分析与结论，在文字上仅要求看得懂。但由于短期访问及仓促整理，情况难免不真实或不深入，观点难免错误。故仅能供各有关机关进行民族工作的参考或进一步考察的线索，并望于今后的调查研究，加以校正。

1951年6月　日

一、一般情况

沿革：民国以前，僰族称南峤为“细府那遮”，意即“四万稻田，水很好的地方”。汉人则称为勐遮。民国三年设区（普思沿边第二区勐遮行政分局），民国十六年秋改为五福县（因县府所在地叫乌竜山），民国二十年改为南峤。

地文概况：南峤南接缅甸，东邻佛海，西界澜沧，北靠六顺，面积约582000市亩。河流较大者有南榄河、南偕乃河、勐满河、流沙河等。干季白昼最高温度为94.5华氏度，夜间最高温度为89.5度，平均90.5度。雨季白昼最高温度86华氏度，夜间最高温度78.5度，平均82度。雨季白昼最低温度74.5华氏度，夜间最低68度，平均70度。干季白昼最低温度62.5华氏度，夜间最低45.5度，平均53.5度。

民族人口及分布情形：全县31000多人，其中僰族占全人口60%，濮满15%，阿卡11%，倮黑4%，卡瓦0.3%，老品0.3%，汉族4%，回族1.4%。全县共有民族8种。

各区人口分布情形如下表：

区别	户数	丁口数		
		男	女	合计
勐遮	1596	3167	3137	6304
曼燕	1665	3691	3618	7309
景真	850	2031	2010	4041
勐满	1413	2782	2948	5730
别旧	1214	2303	2455	4758
曼兑	699	1628	1531	3159
合计	7437	15604	15699	31303

各民族大都是聚居的，杂居情形较少，僰族在平坝子里，阿卡族在山上，山坡中是濮满居住的，回、汉两族住在街子上，多做小生意。

民族关系和执行政策情况：历史的民族压迫是很深的，过去少数民族最怕汉人官，汉人来往他们都很害怕，以前二十六军、九十三师残匪在车、佛、南时，对兄弟民族的妇女任意侮辱，使兄弟民族妇女不敢见当兵的。在兄弟民族中，一般认为民族地位是汉人在上，僰族次之，蒲满、阿卡更次之，其他民族都应该受汉人的管制。由于过去我们部分工作同志有大民族主义思想残余，看不起兄弟民族和兄弟民族的干部，认为他们软弱落后，进行工作用强迫命令。征收1949年公粮时，曾发生过胁迫头人的事，引起头人不满，对我征粮等工作拖拉应付，使征粮工作陷于僵局，后经检查和适当调整，采取同兄弟民族商量、说服教育、宣传政策，情况才扭转过来。经验证明，只有团结和通过头人群众，工作才可以展开。自去年7月召开各民族代表会议以后，一般干部都重视起民族工作，县、区、村政府，大量地吸收兄弟民族的干部头人参加工作（寨、村、保还是旧的组织）。培养民族干部，并送过一批（20余人）到普洱兄弟民族训练班学习，专区的各民族代表会议也有代表出席。代表和学员们回来以后，进步都很大，同时促进了各民族的团结，部分地消除了民族的成见，并展开了剿匪肃特等工作，收获成绩很大。

二、经济生活

全县90%以上的人是靠农业，也有做些小生意或手工业为副业的。商业的中心市场是新街、老街，回、汉族都是做些小生意过活。所有坝子里的田都是属于土司头人的，由土司头人统一来分配，各有一份，每户所得土地面积约可种三五担种子。

本县因地居边陲，交通不便，文化落后，生产工具也很简单，犁、耙、锄头都要靠外边来（缅甸来），只有很少的木制工具是自制的。犁田很浅，又不施肥，种山地的就是将山地砍下林木用火烧，取得灰肥。近来稍有人知道用牛马粪，但决不用大粪。

男女老幼均参加劳动，男都做田里活计，女除照料家庭事务外，并帮助做田里活计，小孩子放牛或帮助家里做轻的活计。富家老年人不劳动，土司、头人、佛爷等不事劳动者约占4%。

主要作物及产量概况表

项目	亩积（市亩）	产量（市斤）
水稻	140000	15000000
旱稻	60000	7500000
苞谷	6000	600000
大豆	1000	100000
薯类	1400	400000
马铃薯	500	15000
花生	1500	20000
茶	6000	50000
樟	4000	8000
甘蔗	1500	18000
合计	221900	23711000

全县粮食除自足外，每年销出澜沧、佛海两县一部分。

三、负担情形

过去老百姓除与国民党兵役、粮款、杂税外，土司头人的剥削也很重。土司结婚、离婚都要派钱，每年“赕佛”送车里宣慰使五六元（半开），“关门”、“开门”、过年、祭竜要派钱，头人升官要出钱。大佛爷不劳动，专靠老百姓送给他穿吃，大家也甘心自愿把自己舍不得吃的东西送给大佛爷，愈送得多愈光荣，“来生”生活愈幸福。僰族、阿卡、蒲满均受土司头人的不少剥削。

现在本县还有3个议事庭，有些头人有私田，老百姓给他当差、种田、砍柴，景真议事庭最大头人每年派谷1400挑，其余头人有派过500挑的。

四、政治、文教和干部情况

过去属于十二版纳“车里宣慰”，土司至叭以上的头人是世袭的，叭以下的头人由土司议事庭决定每年升迁一次，百姓也有当头人的。老百姓对土司头人还有一定的信仰，国民党统治时期实行保甲制，委派原有头人老叭、老鲊为保甲长，委派少数民族中有权威的头人为乡镇长。

本县感到学校缺乏，全县只有4所小学，学生183人、教职员16名，每年经费约合5000万元（人民币）。全县有103所缅寺1001个小和尚，但教师和资料无法解决。

全县85个干部，3个县级、9个区级，包括13名旧人员（9人抽大烟），旧人员现在是薪金制。少数民族干部中僰族有县级1个、区级5个、村级9个，共15名，濮满族有2个区级的。景真区长刀廷荣看到内7县实行减租退押、清匪反霸（他是头人，又当过乡镇长），有思想顾虑，怕斗到外8县来了。13个旧人员没有评薪水以前，生活散漫、拖拉，不按时办公，学习也不参加，和供给制干部互相看不起，认为供给制干部连个字都写不好，离了他们不行。评薪水以后，较过去好了，上早操学习都参加了。村干部普遍提出："我们也是替大家办事，要求发衣服和津贴。"现在办公没有笔、墨、纸。

兄弟民族的要求：

（1）办学校，办县卫生院。

（2）帮助改善生产工具，修公路打开交通，运日用品来。

王树春写

普洱区资料之五
——佛海县情况
中央访问团第二分团
1951年7月出版

普洱区资料之五
——佛海县情况

编者声明

这些材料是我们从1951年2月22日至1951年5月底（其中大部时间是在行动中），先后在蒙自、普洱、文山等地区进行兄弟民族访问工作中，通过当地干部、民族代表及熟悉当地情况的人士所了解的一些情况。为应各有关机关之急需，仅将原材料加以初步整理，尽量避免主观分析与结论，在文字上仅要求看得懂。但由于短期访问及仓促整理，情况难免不真实或不深入，观点难免错误。故仅能供各有关机关进行民族工作的参考或进一步考察的线索，并望于今后的调查研究，加以校正。

1951年6月　日

一、一般情况

（一）区划

佛海在车里宣慰使统治时期，所辖地域是十二版纳的3个勐，即勐海、勐混（勐混下有一小勐，名勐版）、打洛。民国五年，国民党政府在车里设行政总局，划十二版纳为8个区，佛海为一个区。民国十六七年，改设县治以后，全县分为4个区：勐海区、勐混区、版洛区（合并勐板与打洛二勐为一区）、象山区。解放后区划仍旧。

勐海区现有72寨，划为6个行政村；勐混区85寨、1条街，划为11个行政村；版洛区32寨，划为6个行政村；象山区包括全部城区范围，仅3条街。各区的寨子，大小各不相同，有四五户的，有七八十户的，一般是二三十户。

全县面积，勐混区占了70%。

（二）人口及各族比例

全县现有22308人，勐混区占了人口40%强。各族人口约占比例数字如下：僰族65%，阿卡族14%，濮满族9%，汉族6%，倮黑族4%，傈傈族、回族、阿克族、佧佤族共占2%。

（三）民族分布

住在坝子里的主要是僰族和汉族、回族，其他各族主要住在山头上。僰族（水摆彝、旱摆彝）分布在各区，汉族多分布在象山区，阿卡族、濮满族多分布在勐混区，倮黑族在勐海区、勐混区，阿卡族、佧佤族（1寨15户70余人）、傈傈族多在勐混区。

各民族分布表：

区别	民族
勐混区	僰族、阿卡族、回族、汉族、倮黑族、傈傈族、濮满族、佧佤族
象山区	汉族、回族、僰族（旱摆彝）
版洛区	僰族、阿卡族、濮满族
勐海区	僰族、阿卡族、回族、汉族、倮黑族、傈傈族

（四）各民族的风俗习惯

（1）阿卡族：勇敢，妇女劳动力较男子强。有自己的语言及几种特殊风俗习惯：

甲、信多神教，每年至少祭鬼12次。

乙、婚姻自由，但限于夜间来往，实行偷婚，男偷女可同宿住家旁小屋或住山上小屋。全家共住大屋。

丙、家有楼梯二，一个限于女人上下，男子及外人均不得用，必须由另一梯上下。

丁、妇女生双胎或婴儿六指缺嘴，认为有鬼，必须杀牛祭鬼，杀死小孩，全家出寨子。如一寨发生几种这类情形，全寨搬走。

戊、不肯把自己名字告诉别人，问其姓名非常害羞，故出外多为二人一道，互代答姓名。

己、“女人一世苦到老，男人儿大闲着吃”（40岁后）。

（2）僰族：谷种播下，不闻不问，只等收获。妇女勤于劳动，如挑水挑谷，但负荷重量不及其他山头上民族妇女之一半。食糯米，喜清洁。有自己的文字、语言，信佛教（缅寺）很深，男孩送寺做小和尚学僰文，三四年后即可还俗。妇女不能入寺，大多不识字。其风俗习惯有别于其他民族的：

甲、内房外人不能进去。

乙、在楼房中火塘上的三脚架不能移动，要两面烧柴，一面不能烧。

丙、内房门左边环、右边柱不能靠近。

丁、僰族家中送神，不能入其家，寨中送神则不能入其寨。

戊、“做僰”“赕佛”，人民尽力拿一些东西来贡献佛爷、土司及头人。

（3）濮满族：传为僰族之侍从封于山者，其风习全同僰族。

（4）阿克族：住山头，生活较原始。勐混区的阿克族，不知种地，多靠编竹筐、砍柴、帮工、抬木头来换生活。语言大体同于阿卡族，生活多同于濮满族。

（5）佧佤族在勐混区为“熟佧佤”，生活艰苦，系从澜沧等地移来。

二、经济生活

（一）土地情况及租佃关系

佛海的土地面积，现尚无正确的统计，约2200方公里，在坝子中可耕地面积约68250亩，已耕地面积约37500亩，山区土地尚无数字。耕地以种计算，1挑种地可收获15挑到80挑，一般收四五十挑（每挑44市斤谷子）。坝子中的土地，几全为僰族占有，但各区荒地仍多。就土司制度来解释土地是历史上沿袭下来，土地是公有的，但普天之下，莫非王土，土司是过去皇上封的，所以他就代表皇上掌握土地。各个寨子都有公田，各寨头人按户口调剂分配，假如寨子中搬来新户，又重新将原来公田调整分配。头人也有一份土地，面积比人民的多，头人种不了的，可以租给人民种或人民代种。搬入寨子早的人家，土地占有多，也可租给人种，这就形成一部分私田了。

租用头人的土地，用头人的牛、耕具、种子，收获一般是对分，或头人四成佃户六成。村寨中有土司的田，人民耕种，收获的17%到30%交到议事庭，称为“官租”，议事庭除留部分作为公家开支外，其余部分归土司私有。例如勐海区有四五个村寨种有土司的田，年租纳17%，土司全部租谷500多挑（另外宣慰使有一种“官租”，见“负担情况”）。土司中也有无土地出租的，如勐混土司。

搬入寨子早，土地占有多的人民，除租与别人种以外，还可以卖种一年或两年，不能完全出卖。

这些土地占有和租佃关系，实际也是承继的私有制，土地主权显而易见是属于上层统治阶级。

濮满族传为僰族侍从，有功受赏，得了山区的产权，所以他们有称为“山主”的。他们把山地租与阿卡族、倮黑族等耕种，如勐混区的土地多为濮满收租，租额是定租，较轻，每个村寨每年交给濮满山主10多元半开，或送一些芭蕉果物。靠坝子的山地，由僰族头人收租，山主是僰族。阿卡族、倮黑族等是没有土地的。

佛海的汉族、回族，全是靠做小生意、小手艺、赶马为生，不占有土地。

（二）生产情况

坝子里主要生产为稻谷，据1950年调查全年约产846万斤，其他有少数的豆类，因土地、气候、雨量的适宜，生产情形很好，每年只种1季（可以种两季）。稻谷多糯米，占90%以上，种粳米的少，1949年收公粮，粳米占20%，1950年占30%，现号召多种粳米上公粮，本年度可望收1/2以上的粳米。

由于运输困难，粮食无出路，即以运往南峤县来说，路程1天，1驮运费已超过1驮粮食价格，运往其他地区则更不合算。因此政府号召人民生产，都叫他们多种经济作物，如棉花、茶叶，而不敢叫他们多种粮食，因无法给人民解决市场销路问题。

山头上种玉米、旱谷、荞子、棉花、茶叶、靛、麻、樟脑，过去种洋烟极普遍，现在阿卡族也还在种洋烟。山头上粮食不够，买坝子里的吃。过去洋烟是山头上赚钱的东西，现在不种洋烟，他们感到有困难了。

经济作物，主要是茶叶、樟脑、棉花。

茶叶出产的全盛时期是民国二十六年，产到23000驮（300多万斤），其中包括车里县的1个乡、南峤县的小部分，主要在佛海产。在佛海城集散运销印度转入西藏，另一部分出缅甸转入香港。

茶叶分4种：最好的一种是二三月采的“春白尖”，卖价每驮（120斤）值50多元半开，这种茶叶多销昆明；二道采的是“黑条子”（亦春茶之一种），每驮40多元半开；第三次采的叫“二毛”，每驮10元至20元；最后采的是“老叶子”，5元至10元一驮。一般茶商都是把二、三、四种茶全买来合制，“黑条子”占30%，“二毛”占40%，老叶子占30%，平均价格每驮10元左右。现在贸易公司的牌价，每驮（也叫一秤，30筒，每筒装7个紧茶，共210个），价10万元。

民国二十六年以后，缅甸政府见过境的茶太多了，特别设立了茶的关税站，茶商的利都为缅政府剥去，有时还亏本。以后一再交涉，才减低了一些，同时为抢夺市场，将锡兰茶由印度运西藏，但印度和西藏都不惯吃锡兰茶，于是印度在境内设了茶税站，上了税，同时要取得许可证，才得运入印境。由于外国政府这样管制，同时利息也很小，商人就不愿经营茶叶，佛海茶叶滞销，每年产量逐渐降低，目前年产不过三四千驮。

樟脑年产约一千四五百驮，过去也是畅销国外，制炼用土法。用两口锅，中间隔以竹箩筐，下面锅盛水与樟脑叶（完全不用枝干），锅下加火烧煮，上面的锅内放冷水，随时舀换。当下面的蒸汽上升，遇冷后凝结于上面锅底，刮下来即樟脑，这种樟脑含水量4%。近来销路不好，产量也降低了。

佛海的粮食、茶叶、樟脑均因运销内地交通困难滞销，妨碍生产，茶叶去藏还要经过两个国家，西藏已经解放，目前应该解决如何经国内运藏的问题。

茶和樟脑树，大都间隔植于山上，平时不注意培植修剪，植法也极简单。

棉年产约1000担，生产者仅能自给。多产于打洛区的蛮撒村、勐混区的国界一带山上。

鸦片烟在山上极普遍，解放以后，由于努力宣传少种以至不种，同时也没有销路，跌价，人民不愿种了。但生产什么还找不到，政府号召种棉花，但种子和生产技术问题未获解决。

（三）负担情况

过去佛海人民的负担有几种：

（1）官租：从宣慰使派下的，各村寨头人负责收取，每户年纳5毫半开或一二挑谷子。

（2）公粮：种“公田”的得纳其收成的4%到10%与土司及头人，一部分归公开支。

（3）国民党统治时期的派粮派款或夫役（不定期的），由县府派下一个数字，各区各寨各户分摊。

佛海在政府统治之下，人民的负担较车里轻，尤以僰族负担较山头上的民族少，山头上的民族除交租纳粮而外，县府派款也多，一般的派款有门户款、壮丁费、大烟款、自卫捐等，每户至少一年要负担50元（半开）以上。

僰族人民为土司服劳役是普遍分派，不像车里各寨分工盖房、挑水、砍柴那样。

解放后一切苛捐杂税全没有了，布置公粮系根据当地土地情况，定户合理分担或数户负担一户的（叫“负担户”），人民认为公平合理，土司头人均自动出粮。例如1949年度征粮，全县总任务482000斤，计完成565000斤，超额17.2%；1950年度亦超额完成（“负担户”办法是沿袭旧办法，1951年度将有修正）。

解放后商人的负担也减轻了，除工商税、交易税、印花税外，其他无负担。商人最初不了解，认为项目多，现在一致认为公平合理。

（四）宗教剥削

缅寺对僰族人民的剥削很重的，缅寺里从大佛爷到小和尚都是不劳而食，连锅灶都没有，每晨打钟，百姓自动送饭去供养，或由小和尚持具沿户盛饭。最重的剥削是“做僰”、“赕佛”、每岁过年（僰族过年在旧历的三月）、“关门”、“开门”，做大僰3次，其他“赕佛”不可胜计。“做僰”时僰族百姓把一切值钱的衣服、物件、食物、首饰、金银甚至外国的杂货都送进缅寺去“赕佛”，一律归大佛爷享有，再分给二佛爷、小和尚。一般僰族人民每年收入30%以上都自动送到寺里去了，现仍牢不可破。此外人民也为缅寺服劳役，如修盖寺庙、挑水、砍柴等。

（五）生活情况

僰族吃食简单，每晨蒸一甑糯米饭，日食四五顿，饿了就去取食（凉的）。菜蔬可说没有，有时用一点酸青菜或辣椒、盐巴佐食，过年请客才吃肉。讲究穿着，每年至少要做新衣2套，妇女尤喜做新衣，贵族妇女每天都换一套彩色的衣裙。住房清洁简单，在坝子中，聚成一个村，一般是草房竹篱，分上下两层，下层放农具或关牲畜，楼上中央为火塘做饭之用，两方睡觉用，另有在住房后有如阳台的竹楼，为洗涤之地。上楼均得脱鞋。

山头上的民族生活简单，全靠劳动来讨生活。阿卡族妇女背柴、背草盖（盖房用）走数十里到城区换米10余斤。男人喜喝酒，抽大烟的多，10余岁小孩亦多瘾者。粮食虽贱，吃荞的很多。濮满生活较好，同于僰族，不如僰族清洁、好修饰。

三、政治情况

（一）解放前的土司制度及政权

佛海各勐直属车里宣慰司署统治已有760多年历史。近30年来，它的一个特点是：土司统治权远较车里、南峤各县为弱。佛海有勐海、勐混（下有勐版一小勐）、打洛3土司。

各勐在行政上一贯是秉承宣慰使之命，有很完整的一套制度。在车里宣慰司署下有议事庭（庭长称“召景哈”），有4大臣、若干头人组成。另外任命各勐土司（称“召勐”）。勐亦有议事庭（庭长称“召冠”），有事由“召冠”传达于叭（村寨头人，几个村或一个村有一个“叭”，掌民政，“老鲊”管财粮，“保勐”管文教，“占坑”管建设交通）。土司的命令经议事庭来执行，百姓有纠纷，也告到议事庭去解决。

勐与宣慰街（宣慰使及贵族所在地），需要互通声息，所以得在四大臣中找一个作为驻宣慰街代表，称为“波览”。勐海和打洛的“波览”是现任的“坯览中往”（官名，犹如文教大臣），勐混的“波览”为“杜竜稿”（官名，犹如首相，1951年4月病逝）。“波览”对于各勐的号召，有时比宣慰使大。

佛海3个勐的土司实权都不大，土司的威信也不如车里高。勐混的土司在解放前被百姓围打过几次，40年来连杀了5个土司及土司全家，这是各土司境所没有的事。土司刀栋材（五宣慰）亦压迫百姓很甚，人民要杀他，遂逃到缅甸，解放后人民坚决不要他回来。

勐海区的土司刀良臣死后，“召冠”代土司职，“召冠”死，小土司刀述仁曾继任，实权落“叭高”（即总叭）刀承宗之手。

打洛土司因地当国界，解放前被九十三师压迫逃缅甸去了。

各村寨的“叭”，在国民党反动统治时期，也就是当地的保甲长。

旧政府在当地设县、区、保、甲，显而易见是想“同化”僰族，削弱以至消灭土司的统治，在他们力量所能达到的城区街子上，拉拢地痞及一些落后分子加入国民党、三青团，极尽压榨的能事。九十三师屯驻车、佛、南，仗着枪杆，抢掠人民，奸淫妇女，以征服“落后民族”自居，侵入山区，估缴烟税，贩运鸦片，在佛海设立海关，敲磕小商，中饱私囊。只要与官兵勾结之处，什么毒物都能运，外国的奢侈化妆物品，应有尽有，人民恨之入骨，称他们为“广匪”（因该师多为广东人）。

解放前，匪军溃退，破坏焚毁了档案，布置了匪特及国民党、三青团的旧人员，潜伏活动。

（二）解放后的政权建设

佛海县人民政府是1950年2月28日在大军三十七、三十八两师进军车、佛、南，歼灭残匪后正式建立起来的。当时市面上为残匪劫掠一空，乡村中残匪藏匿，逃窜缅境的第八军、第二十六军残匪及原盘踞在车、佛、南的张伟成、蒙宝业、林泉、罗成等匪部，不时越界来抢劫。

游击时期，镇江、车佛南两个整训总队，由于素质不纯，曾经犯了许多严重的错误，使得群众普遍对这两支部队怀疑不满，感到对他们的供给任务过于频繁，因此要求这两支部队很快调到普洱去学习，希望大军进驻，肃清匪特，建立革命秩序。

建政之初，工作同志多为外来，本地干部仅10多人，语言隔阂，联系群众十分不够，造成若干困难，以后逐渐争取了兄弟民族中（僰族）一些积极分子及一些旧人员，建立县人民政府。3月以后工作得到开展，召开了车佛南军政干部会议，解决当地驻军边纵九支队的供给问题，争取了镇江、车佛南两个总队绝大部分指导员到普洱去整训学习，清理人民损失物资，赔还原主总值约人民币45000万元，使政府在群众中树立了威信，并建立了象山、勐海、勐混、版洛4个区政府及象山区3个街政府，组织了商会、妇联会及青联会3个群众团体，计有会员288人。

1950年底，召开县、区各族各界人民代表会议，使中央民族政策初步与群众见面，团结了各族人民投入抗美援朝，拥护世界和平运动签名（签名13342人，占全县人口59.76%）。发动群众依照地方旧有自卫组织形式，建立了防匪保家自卫队，共有队员1913人。初步调查全县民枪计1339支（多数是火药枪），训练了两期防匪保家自卫队的干部80人。

在财粮工作方面，1949年至1950年的公粮超额完成，工商建设方面协助财经部门建立机构，完成1950年税收、贸易及银行存储汇兑工作，协助思普垦殖场清理思普企业局及中国茶叶贸易公司佛海实验茶厂残存物资。

在文教卫生方面，筹办了人民小学1所，计有5班，共92人，举办缅寺教育3处，受教育的有大小和尚（僰族）160多人。配合一〇九师办理卫生干训班及象山区妇女卫生教育，治疗干部及群众轻重病3000多次，完成了干部保健工作（1950年全县干杂人员无死亡者），免费种痘（用痘苗30打）。

版洛、勐混两区成立了检查站，防匪防特，同时配合昆明海关打洛支关工作。海关建立以后，由国外输入的奢侈品、化妆品已告绝迹，进出口商人均不敢走私了。

（三）干部情况

佛海的干部在建政初期大多是外来干部，本地干部不过10余人，以后逐渐争取了僰族的一些积极分子和较进步的旧人员。外来干部除大军下去一部分外，多是边纵九支队同志经过学习调来的，一般干部水平比较差。

根据1951年春的调查，全县干部有177人（包括村长），其中少数民族干部62人（多为僰族），占全县干部34.4%。僰族有副县长1人、科长3人、区长及副区长5人。

提拔少数民族干部，是从少数民族中发现积极分子和有威望的头人，最初没有一定的标准，多凭印象、凭工作需要去提拔。

外来干部还有大汉族主义思想的残余，看不起少数民族干部，领导上对干部关心、照顾与培养教育不够，不能掌握干部思想情况，1950年工作总结后，基本上已纠正了这个缺点。

在1950年整风前，干部不安心工作，总想到内地去。交通站的工作同志因待遇问题要求回部队去（因部队发东西快，供应好）。

县委方面从1951年起，对兄弟民族干部做了一些了解并帮助他们进步，兄弟民族干部一方面自骄，一方面又感能力不好，进步大的往往就受到别人嫉妒，团结问题开始存在于外来干部与兄弟民族干部之间，现在的团结问题则存在于兄弟民族干部之间。

1951年4月，清洗各部门旧人员中反革命分子及嫌疑犯，占全县1/2以上，其中有汉人秘书、科长及勐混区长等。经清洗后，各部门工作多顺利展开。目前还存在着一个干部缺乏问题。

（四）土司头人情况

佛海的土司头人，在我大力争取之下，大多数认识了民族政策，打破了怀疑顾虑，积极参加了工作。由于刀承宗、刀卉芳等去北京参加1950年国庆典礼回来，鼓励了兄弟民族人民和头人。关于土司头人和一些现在工作的僰族干部的情况，略述如次：

（1）刀承宗：现年50余岁，原为勐海的“叭高”（即总叭），在勐海的土司刀良臣死后，议事庭“召冠”代土司职，“召冠”死后，刀承宗代之当权，因此与土司家属有矛盾。国民党委任的勐海区乡长是召永刚，刀承宗副之，并做县参议员。

解放前九十三师的残匪在佛海扰民太甚，刀承宗也很仇恨这些“广匪”，积极与我游击支队联络，匪首曾宪武部攻入城区，将召永刚和刀承宗捕去，杀召，刀“陪杀场”，劫走土司印信，后残匪被打跑，刀更积极参加游击活动，保卫佛海战时，刀拿了很多粮食来支援，为车、佛、南土司头人出力最大者。

县人民政府建立后，刀做副县长，实际上未负多大责任，去北京回来，思想上背了些包袱，表现得非常消极，据分析主要原因有几点：

甲、对车里召存信、南峤刀友良、佛海刀卉芳等不满。认为这些人年青无能，只会说会吹，召存信、刀友良都做了县长，自己对革命贡献很大，现在仅做了副县长，他对头人开会时说：“我从老百姓做到区长、副县长，再也不会升上去了。”要他搬进县府去住，他说：“搬进去了搬出来不好看。”他对于召存信在九十三师攻佛海时不来救援很生气，曾说：“召存信是共产党捧红的。”去北京时召存信一路上发表谈话，不让他讲，到昆明时将他的翻译罗泽光（中统特务）留下，很表不满，认为是召存信搞的鬼，“罗泽光不去，就耳朵也没有，嘴巴也没有”。又说：“若罗泽光是特务，召存信就是大特务。”召存信被任为西南民委会委员和普洱区副专员，他更不满，认为召无功。

对刀卉芳也不满，看不起她，来去北京路上，刀卉芳多与召存信商谈事而不与他商量。在北京时刀卉芳曾到民委会谈佛海情况及她与刀友良的矛盾，认为是告发他。这一些说明一个事实，刀承宗与车、佛、南土司是不团结的。主要有一个思想支配他，即自己有功，但去北京并没有出头。

乙、一方面看出自己也不行，能力差，汉话说不好，也不识汉文，年纪也很大了，据分析是很“悲观”的，他常对访问团同志说：“太对不起共产党了，什么事也做不好。”

丙、统治思想还存在很深，对其下头人或百姓谈话很严，谈出一句话，无敢违抗的。佛海筹组妇联会时，曾与他商得同意，后想选刀妻作主席，他压制其妻不许去当（因刀妻年轻，怕她出去变了）。在1950年征粮工作中，勐海区政府已做出决定，他也同意，以后有寨子找他请求减低，他又答应以建立个人威信。

从他去北京回来，对毛主席、共产党的信赖是很高的，也是积极宣传者之一。

（2）刀卉芳：现年30余岁，现任县人民政府文教科长，刀良臣的女儿，召永刚之妻。刀良臣死，其子刀述仁袭土司位，因年幼，正遭九十三师残匪之乱，劫走印信，召被杀，土司权后落刀承宗之手，因此刀卉芳及其家人对刀承宗不满，有成见，虽然表面调和。

刀系佛海县立师范毕业，能力弱，北京回来很自骄，但也自卑，县委会对她做了些帮助，工作情绪较高。

常说：“家里穷啰，没有饭吃。”有母、弟、妹各一，其弟刀述仁已在普洱学习。

（3）在县人民政府做科长的尚有刀永功（建设科长）、刀永松（民运科长）、刀永祥（公文秘书），都是僰族青年，工作热情，能力弱。版洛区副区长刀升明，原系打洛“召冠”，流氓，过去胡作非为，因债务及诱骗妇女逃往缅甸。解放后人民把他叫回来做副区长，表现还不坏。勐混区副区长召和怀（僰族）、唐老大（阿卡族），工作表现积极，为人民所爱戴。

（4）逃在国外的土司头人有刀栋宇（五宣慰，勐海区土司），在解放前，压迫人民过甚，被老百姓逐走，现在缅甸，人民坚决不要他回来。

勐版土司刀栋伯解放后还在南峤，后逃缅甸，全家都跑了。

打洛土司在解放前被“广匪”压迫跑缅甸大勐养，现剩一妻一子在家，不敢回家，原因是有三妻妾，一妾原为勐混土司之妾，被他勾跑了，勐混土司系宣慰使刀栋兴（现在昆明）之弟，势力大。打洛之小土司常骑马来回国内外。

这些逃窜在缅甸之土司头人及车里逃窜在外的刀栋庭（六宣慰）、刀栋兴（九宣慰）与残匪是有勾结的。

四、民族关系

佛海民族关系是和十二版纳分不开的，宣慰司统治700多年，僰族在经济、政治、文化上都居于统治地位。

各族均有自己的语言，都能说简单的僰话，僰族处处显得高人一等，看不起山头的民族。阿卡族最受压迫，僰族、汉族、濮满族均压迫之，阿卡族见僰族要称呼“波”（意即叔），见汉人称“召竜”（大官）。

汉族在佛海人数不多，集中于城区（象山区）做买卖，大多是近二三十年来国民党统治势力伸入车、佛、南后柯树勋、禄国藩等带来的。佛海成了进出口贸易的孔道。柯树勋走后留下一批广东人，有一部分在坝子里安家立业，入赘僰族；有了“摆彝婆”，承继了人家一部财产，搞起买卖。解放前二十六军、九十三师的一些广东籍官兵也流落在此，其中不少是潜伏的匪特。这些汉人对僰族是一副狰狞的面孔，欺压僰族人民，侮辱僰族妇女，经济剥削也很厉害。虽然他们也大多与僰族有了亲戚关系，但僰族是恨之入骨，呼为“广匪”。

解放后，由于解放大军军纪严明，帮助人民，渐渐使少数民族认识到过去那些压迫欺侮他们的都是汉族的败类，同时他们又看到人民政府把“广匪”送的送回籍了，该逮捕的逮捕了，很是满意，普遍有这样反映：“我们区域自治要成立了，工作同志不能走，解放军更走不得，汉人要多帮助我们才搞得好。”

僰族妇女除与汉人结婚外，不和其他民族结婚，看不起他们，嫌他们脏、落后。勐混区有一僰妇嫁了6次，最后嫁给一个濮满族，僰族皆不齿，作为笑柄。与汉人结婚的一方面是受压迫，另方面是僰族妇女瞧着汉人不劳动（反动统治时），结婚后可以得些享受，同时汉人是“召竜”（大官），高人一等。

僰族上层统治阶级有一套完整的制度来管制山头上的民族，用大僰族主义来分离僰族与其他民族的团结。佛海坝子的土地全为僰族占有，耕不完让它荒芜，其他民族种不着。在这里常听人说：“山头上人怕病，不敢下坝子。”还举出某次阿卡族下坝来，回去死了若干人作为例证。事实上也有很多山头上民族想下坝子来耕种，可是，一方面下来打不进僰族聚居的村寨，集体下来更“无地可容”；另一方面在反动统治时代，下坝子受不了更重的压迫和剥削。当然，近数十年疟疾猖獗流行，怕生病也是一个原因，但并非主要原因。

解放后山头的民族认识了民族政策，知道现在可以出头了，各族要团结了，不会再受压迫了；又确感到山头上粮食不够吃，洋烟种不得，不能解决生活，纷纷要求下坝子来。例如勐海区第七保（阿卡族、倮黑族、山头汉人杂居区）参加车、佛、南民族代表会议的代表们就提出要求，要僰族把坝子里的荒田让他们来种，很多代表这样说：“摆彝有田、有茶、有樟脑，让我们也下来种种吧。”

阿卡族在佛海山头上是人数较多的民族，最受压迫。濮满族统治山头，看不起阿卡族，压迫阿卡族，收阿卡的地租。

各少数民族之间小的纠纷是很多的，如僰族的牛放到山上吃了阿卡族的收成，告到头人处不获解决，但纠纷很少扩大，由此看出一个问题：受压迫的民族，多忍气吞声，息事宁人。他们对僰族的态度是“人在坝子，我住山头，各搞各的”，“土司的官租是历来皇上定下的，应该给的”。山头的民族除了买粮食下坝子而外，与僰族很少发生直接关系。

僰族内部关系却很复杂。佛海的僰族（尤其是上层分子）与车里是不团结的，上层互有意见，形成派系斗争，例如刀承宗看不起宣慰街召存信等人，随时提出来谈论。现在车里宣慰司的派款，勐海区从上而下都拒绝缴纳，答复是“老百姓已经给国民党匪乱抢伤了，出不起”。又如版洛区，勐版与打洛的僰族认为“本区是合并的，各有意见，搞不好，现在要求分区各搞各的”。后经我干部把团结问题在头人和老百姓中解说，才稍好一些。

解放后，各族之间小的纠纷很少了，也体会到民族团结的好处。僰族人民说：“解放以后，我们放出去的牛，许多天不去看它，也从来没有打失过一条。”（僰族过去常失牛，认为是其他民族偷的）1950年出公粮时，勐海区山头上的民族与坝子中的僰族特别表示团结，布置好的公粮，僰族说：“山头上民族生活苦，出产少，我们再多出一些。”山头上民族又表示要公平，不愿减少，结果超额完成了任务。

目前，由于普洱区各民族的联合政府已经成立，车、佛、南区域自治即将实现，在此工作基础上，又经过几次会议的宣传和教育，大家都懂得了团结的重要，从各方面的表现可看出各民族友好关系已大大跨进了一步。

五、匪特活动与镇压

佛海是车、佛、南的中心，也是通缅甸的一条要道、国民党残匪溃逃时的最后据点，所以匪特是相当猖獗的，其活动方式多端：

（1）利用九十三师的残余，混匿地方，做造谣、放火、放毒等破坏活动。

（2）利用逃亡在外国的土司与车、佛、南某些头人、大佛爷等做破坏活动，如打洛、勐混均发现大佛爷阻止开会，贴写标语。

（3）匪特在国外利用某些商人、华侨及马帮老板等刺探我们的军事、经济、粮食等情报。

因为佛海目标显著，目前驻军及公安团的边防力量很强，所以匪特活动虽极为隐蔽，但仍不断制造谣言及破坏。

六、各区的调查

（一）象山区

佛海城区，位于勐海坝子北面一小撮，面积很小，只包括3条街子，无城墙。县人民政府、车佛南中心县委会、军队、公安边防团均在本区。

全区有307户，共1112人，有汉、回、僰3种民族。

民族	户数	人口	附注
回族	34	125	
僰族	104	380	多为旱摆彝
汉族	169	607	
共计	307	1112	

僰族迁来较久，多从景谷县迁来，汉族、回族多从1920年后，先后来此定居。汉族从内地县份及川、黔、两广等省来，或为伪军流落官兵。回族由峨山、河西移来。

本区是车、佛、南商品集散地，也是佛海县的商业区，5天一个市集，平时街子上有商店卖杂货、日用品，佛海贸易公司出售有必需品等。

本区居民几全为商户，不占有土地，有少数汉族、回族种一小块菜园。大商家均为汉人，做茶叶、樟脑等出口贸易，换回日用品、颜料等外货。这些商家为数有限，主要是做茶生意来佛海的，过去13家茶商号（最大一家为洪记，销15000担茶），由于残匪等扰乱，解放后有12家合并组织茶叶厂，资金也不大了。跑缅甸景栋或到内地普洱、景东贩运货物的小商最多，资金每人约人民币四五十万至百万元，由缅甸贩回布匹、西药、日用百货等（解放前多贩奢侈化妆品类，现因打洛设了海关，检查严，奢侈品税重又无销路，故已无此类货），由内地贩来糖类及零星杂货等，在街子上设店铺，场期设地摊，其中跑国外的占2/3，跑内地占1/3。这类商人也以汉族为多，也有部分僰族、回族。另一种小商全靠在街子上卖小吃来维持生活的，本钱微小，僰汉均有，妇女居多。

除了商人外，本区也有部分做工的，制茶工、泥工、木工、五金工、帮工，工资较高，每月至少5万元、8万元至10余万元（粮食贱，白米每斤300元），生活易找，所以工人做一天休息二三天的多。

就负担来说，解放前是很重的，国民党一套款目，工商业畏之如虎，解放后商人还存在恐惧，认为今天负担会更重的，以后工商、交易印花税颁布时，完全不了解，征收后，才认识到这是合理负担，反动派的一切苛捐杂税，一样也没有了，一致认为现在负担轻，都很快完成税收任务。群众觉悟性提高了，在1950年佛海县劝募寒衣救灾，一经动员，本区工商业超额（多35套）完成。

本区有些汉、回族人民在过去兼放高利贷，剥削山头上民族，二三月开始借出，秋收后归还，利息有高达本钱3倍的。

1942年，日帝攻入我国界，将打洛对河占领，一般商人在此时贩运山头上栽种的洋烟，以后做烟生意的更多。解放后，本区18家烟馆经教育后令其转业，并广泛宣传烟毒，收效很大。

本区有大缅寺1所、清真寺1所。民国二十八年有董神父来宣传天主教，信者寥寥，民国三十四年走了，教徒现尚有三四人。

10年前，本区疾病较多，多为恶性疟疾，死亡率超过现在二三倍。本区人口寿命，僰族50岁到60岁的很普遍，汉族、回族活到50岁的就很少了。

（二）勐海区

佛海之东北角，环绕象山区。全区人口8000余人，妇女占60%、男子占40%；民族主要是僰族，有4000余人，阿卡族2500余人，山头、汉人、倮倮、倮黑共千余人。

僰族中包括水摆彝、旱摆彝及回教摆彝，回教摆彝系僰族与回族通婚，信奉伊斯兰教，生活习惯与回族同，风俗又同于僰族，种田极少，多靠做小生意维持生活。蛮西、蛮乱2寨，共有37户120人。汉、僰多由河西等移来，很早以前均住坝子中。

阿卡族包括“布里”“即座”，传很早从元江一带来到此坝子，后僰族来了被打败，迫上山头。另有土著的山头汉人、僇僇、倮黑（分黄、大、小倮黑），都很朴实，杂居山头。

本区有72寨，现在行政村划为4个，每个行政村（仍袭旧名为“保”）包括村寨10余个。村干部多兄弟民族，各村设保长，僰族多老叭（头人）当保长，杂居村多为汉人当保长。

区长刀文昌（僰族），也是勐海土司议事庭的“召冠”，人很软弱，做事无决断，一切听命“叭高”刀承宗。副区长魏同志（区委书记），系大军到地方工作的，人很干练。区干仅四五人，都是外来干部。

生产情况：僰族耕种的土地，有头人田、公有田、私有田。解放前，公有田的负担大，土司及县府、乡、保派下的一切负担，都平均分担。私田是来寨子里最早的占的多，租与别人种，或卖种一二年（全部买卖的没有），一般人民每户每年收有百余挑谷子，有剩余，卖给山头上的民族。有些僰族还兼做生意，种茶、樟脑等经济作物。

阿卡种旱谷、杂粮、洋烟，粮食历来不够吃。在旧政府统治时代，山头上民族都种洋烟，有专门到各村寨去贩运兼放高利贷的汉人，运烟到内地或偷运出国。种烟的利息大，解放后经广泛宣传禁烟，阿卡族要求再允许种1年，他们把烟拿到国外去卖，赚点钱来买牛买生产工具。阿卡族中抽洋烟的很多，10多岁的孩子也有抽的，他们希望政府能想法给他们药戒烟。

本区过去可出万余担茶叶、樟脑千余斤。现已逐渐恢复产量。

现在各族人民对政府都有相当认识，工作通过各民族的村干部都能顺利完成。僰族村寨的头人搞团结很有成绩，山头上杂居的第七保团结搞得最好。阿卡族与汉人在毛主席像前诚恳表示要团结。公粮自动缴纳，多的多出，少的少出，超额完成任务。

人民对土司制度还有信仰，认为是天定的，但也有很多不信任议事庭，认为不能解决问题，有纠纷都到区人民政府解决。也有不给土司头人纳官租的。

（三）勐混区

本区位于佛海之南，西北界南峤县，西南为版洛区，东接车里县之勐笼区，为佛海县最大的一个区，占全县面积70%。四周皆山，西南一带为濮满山，其面积占全区的80%强。国民党统治时代，划濮满山为1个乡，勐混坝子为1个乡，解放后本区共划为11个行政村，山区有

6个行政村，僰族住的坝子有5个行政村。村名是仇家、辛弄、曼莪、广岗、弄养、蛮果（以上山区）、奈景（区政府所在地）、蛮扫、蛮赛、蛮阁、蛮蚌（以上坝子）。

人口据1950年8月前的调查约9163人，详见下列各族人口统计表：

行政村 民族		奈景	蛮扫	蛮赛	蛮阁	蛮蚌	弄养	广岗	蛮果	蛮莪	辛弄	仇家	各族人口数字	总计	各族人口百分比
僰族	男	323	456	326	577	462							2145	4545	49.6%
	女	427	505	311	611	545							2400		
濮满族	男			36	?		96	43	135	91	332	372	1105	2280	24.9%
	女			58	?		93	56	155	123	385	309	1179		
阿卡族	男			118			92	140	115	79		20	564	1213	13.2%
	女			147			99	164	132	84		23	649		
傈僳族	男	73	15					39	7	60			194	412	4.5%
	女	82	13					52	9	62			218		
汉族	男	70	26	48					39				183	371	4.1%
	女	63	29	46					50				188		
阿克族	男								26				26	56	0.6%
	女								30				30		
佧佤族	男	?	39										39	78	0.8%
	女	?	39										39		
（旱）僰族	男	87		13									100	204	2.3%
	女	92		12									104		
各村总计	男	553	536	541	577	462	188	222	322	231	332	392	4356	9163	
	女	664	586	574	611	545	192	272	376	270	385	332	4807		

附注：有"？"系未调查，该村有其民族。

本区民族分布如下表：

民族		分布情况
僰族		在整个勐混坝子，共有大小寨子33个，最大寨子为勐混城子，有200余户，一般三四十户，小寨10余户
濮满族		多在濮满山中及四周山中较平坦的地带，共有19个寨子
阿卡族		分布于本区四周山中，共有寨子18个
傈僳族		在本区北部的山上，共4寨
汉族		本区汉人，兄弟民族分之为山头汉人和新汉人两种，山头汉人来本区有百余年历史，住山区与黄倮黑杂居，从事耕种，共有7寨，其中3寨汉人较多，4寨黄倮黑较多。新汉人多为九十三师遗留的残匪及旧政府的旧人员，一部经营小生意住街上，一部住在山上
倮黑族	黄倮黑	与汉人杂居山上
	大倮黑	散居于本区南部及西南部，有寨子5个
佧佤族		山上有2寨，一寨20户、一寨3户
阿克族		在本区东部山上有1寨25户

少数民族区干部，在本区仅4人、两个副区长，召和怀（僰族），唐老大（阿卡族），一为民政干事（六顺县人，旱摆彝），一为僰文翻译。

国民党统治时期，在山区办过一所汉文小学，但少数民族均不愿上学，怕强迫读书。

有的倮黑搬到国外去了。坝子中一省立小学，已于3年前停办。

公粮负担，全区负担户为652户（1950年度），一个负担户交谷子10挑，按贫富分，有数户负担1户，超额完成任务中，有自动交11挑的。本区僰族头人都不上公粮，其土地由百姓代耕，供伙食，人民对头人不上粮，仅于节日送一些果品食物给头人。解放前，坝子的粮与山区同，解放后山区一个负担户仅及坝子1/3。

解放前人民生活不安定，住房都不修理，怕匪军破坏，也无力盖房。解放后僰族住区普遍盖了新房屋，例如勐混城子200多户，现有一半以上盖了新屋，荷勐寨48户，1950年有11家盖了新屋，有许多正准备修建。

（四）版洛区

本区在佛海之西南，民族3种：僰族住坝子，阿卡族、濮满族住山上，阿卡寨子较散。全区分为6个行政村，选拔头人做村长，全区人口约4000人。

本区主要有两个坝子，亦即过去二土司境。打洛坝较长且大，气温较低，由打洛江过去，土壤肥沃，荒田约占可耕地的1/3，产稻谷、烟草。勐版坝较小，出稻谷及橘子等水果，荒田少，水困难，只靠小河灌溉。

僰族（全为水摆彝，住打洛有1户旱摆彝）每寨最多82户（勐版街），最少10多户，每寨至少有一缅寺。

土地均公有，以村寨为单位，头人分配，无买卖。

山上阿卡族、濮满族过去种洋烟多，最近多已改种棉花。阿卡、濮满均能纺织。

僰族、阿卡、濮满与国外的本民族均有姻亲关系，往来密。

本区之蛮卡寨与缅境的蛮会接壤，蛮卡有缅人的土地，蛮卡又用蛮会的水，目前人民反映希望保持原状。另有9个寨子与缅甸数村喝过咒水，互通消息。又本区蛮璋、蛮散等4寨，每年给缅境的蛮丙、蛮丁两个寨子34个卢比（每个合人民币3500元），可以到外国去砍柴、放牲口、割草。

打洛土司在解放前被九十三师压迫跑了，“召冠”刀升明过去逃在外，解放后做副区长。勐版土司刀栋伯全家逃缅，其下头人“叭高”亦做副区长。“叭高”过去受残匪压迫甚，很靠近我们。

区人民政府除副区长外，另有2个干事，过去是小头人（“老叭”“老鲊”，当过旧保长），其他6个干部均为外来，没有区委，勤杂人员2。

过去每户年上两挑谷子与土司，此外洋烟、棉花、菜、杀猪牛及打猎物，均得馈送土司头人，不分坝子山头均如此，土司跑后百姓已不负担。

李尧东

1951年4月

普洱区资料之六
——车里县情况
中央访问团第二分团
1951年7月出版

普洱区资料之六
——车里县情况

编者声明

这些材料是我们从1951年2月22日至1951年5月底（其中大部时间是在行动中），先后在蒙自、普洱、文山等地区进行兄弟民族访问工作中，通过当地干部、民族代表及熟悉当地情况的人士所了解的一些情况。为应各有关机关之急需，仅将原材料加以初步整理，尽量避免主观分析与结论，在文字上仅要求看得懂。但由于短期访问及仓促整理，情况难免不真实或不深入，观点难免错误。故仅能供各有关机关进行民族工作的参考或进一步考察的线索，并望于今后的调查研究，加以校正。

1951年6月　日

一、民族人口分布情况

表一　车里县民族人口的分布

民族	景洪			猛龙[1]			橄榄			猛养[2]			务本			全县合计		
	村寨数	人口数	百分比（%）	村寨数	人口数	百分比（%）	村寨数	人口数	百分比（%）	村寨数	人口数	百分比（%）	村寨数	人口数	百分比（%）	村寨数	人口数	百分比（%）
彝族	92	10909	76.8	63	约10500	70	60多	6000多	73.2	14	约1800	30	14	约4000	50	243多	33209	64.6
阿卡	30	1802	12.7	40多	约2250	15	30多	1500多	18.3				19	约2400	30	119多	约7952	15.5

① 猛龙，本文又作“猛竜”“勐笼”。——编者
② 猛养，本文又作“勐养”。——编者

续表

民族	景洪			猛龙			橄榄			猛养			务本			全县合计		
	村寨数	人口数	百分比（%）	村寨数	人口数	百分比（%）	村寨数	人口数	百分比（%）	村寨数	人口数	百分比（%）	村寨数	人口数	百分比（%）	村寨数	人口数	百分比（%）
攸乐										28	约3000	50				28	约3000	5.8
倮黑（模苏）	1	82	0.6	5	约300	2							17	约800	10	23	1182	2.3
汉人	散居	250	1.8	散居	约1000	7	散居	极少					10	约800	10	10	2050	2.3
三达（本人）	9	519	3.6							4	约300	5				13	819	1.6
困革										4	约300	5				4	300	0.6
濮满	6	418	2.9	4	800	5.3	5	500多	6.1	6	约550	9.1	1			22	2268	4.4
阿喀	2	224	1.6	3	300	2.0	2	200多	2.4	1	约50	0.9				8	774	1.5
补夏				7	700	4.7										7	700	1.3
濮散					约50	0.3											50	0.1
回族		极少																
总合	140	14204		122	约15900		97多	约8200		57	约6000		61	约8000		477	52304	

附注：橄榄坝僰族共60多寨，今年征收1950年度公粮时，仅就25寨的统计，即有649户，男1564人、女1696人，共计3260人，故60多寨绝不止6000人。

表二　景洪区民族人口分布

民族	村寨数	户数	男	女	共计	百分比	附注
僰族	92	1978	4641	4768	9409	76.7	僰族仅就77寨的统计数如上，另加15寨，以每寨20户，每户5口人计，有1500人，共10909人
阿卡	30	462	847	953	1800	12.6	
濮满	6	108	184	234	418	2.9	
三达	9	135	250	269	519	3.6	
阿喀	2	51	106	118	224	1.5	
倮黑	1	13	49	33	82	0.5	
汉族	杂居各街子	约50			约250		
回族	散居	极少无统计					
总计各族	140	2797	6077	6375	12702		加僰族15寨人数计14202

附注：由表一之附注、表二皆可看出，各民族一般都是女多于男，僰族尤甚。

表三　1938年政府车里县民族人口统计

民族	人口数	百分比
僰族	29634	71.2
阿卡	5353	12.8
攸乐	2881	7

续表

民族	人口数	百分比
倮黑（模苏）	1234	2.9
汉族	1234	2.9
困革	250	0.6
濮满	200	0.5
阿喀	200	0.5
回族	21（6户）	0.1
三达	614	1.5
合计	41621	

上列3表，表一为最近各区一些零碎的统计及估计，比较接近实际。目前一般估计车里全县户口1万户以上，5万至7万人之间。表二为今年2月征收1950年公粮时景洪区统计，最可靠。表三则是旧材料，很不可靠，仅供参考。

各民族的分布情况是：

（1）僰族聚居于各区的坝子，除小猛养[①]坝花腰、水、旱3种摆彝都有（以花腰最多）外，其余景洪坝、橄榄坝、大猛竜[②]坝及务本坝皆为水摆彝，共占全县人口的65%至70%。

（2）阿卡族分别聚居各区的各大山岭上，主要如务本区的南糯山（产茶驰名）、猛竜区、橄榄区国境边界及九龙江（即澜沧江下游）两岸的山岭、景洪区西南的龙乃山等地，仅猛养区无，人数共约占全县的13%至15%。

（3）攸乐族全部聚居猛养区的攸乐山上，方圆数百里，共有寨子28个至48个，人口3000人至5000人，山边缘有困革及本人各4寨。

（4）倮黑族主要聚居在务本区大蛮垒一带深山中，另外景洪区山上有1寨倮黑族系同族。

（5）汉人除在务本区山上有10寨聚居外，余皆散居于各坝子的各街子上，散居者多系流落旧军人及小商人，不务农商，均娶僰族少女为妻，生活悠闲，仅景洪区戛东街即有残匪流落军人36户，不务正业，且有若干潜藏特务。

（6）三达族聚居于景洪区的三达山上，与坝子少往来（攸乐山边的本人，与之同族）。

（7）困革族住攸乐山边缘半山坡上，此族在印度、缅甸很多，缅境三达有该族聚居区，车里原来很多，因无法维持生活搬到缅甸，现仅4寨。据说：全国就仅有这8寨了。肤色特别黑，与卡瓦、倮黑相似，语言有半同僰语。

（8）濮满族多居于近坝子的半山坡，少部住在各区坝子中，与僰族同文字，语言也相近，关系较密切。

（9）阿喀族人数很少，住山上，近似阿卡。

① 小猛养，本文又作“小勐养”。——编者
② 大猛竜，本文又作“大猛笼”“大勐笼”“大勐龙”。——编者

（10）回族很少，仅大猛笼和景洪有数户。

二、经济情况

（一）经济形态：生产力、生产技术及生活简况

僰族由于住坝子，土地肥美，物产丰富，故其经济生活完全建立在农业生产上，已脱离了狩猎与畜牧，并已进达锄耕及园艺阶段。一般家庭副业主要是纺织手工业，小商业及畜牧业都不发达，无纯粹的工人和商人，物品交易市场和速度很小，多系自耕自织，仍是封建的自给自足的自然经济。

家庭中男女均参加劳动，夫妇劳动相当，分工是男耕地锄田，女插秧纺织、上街卖菜粮、做园艺。生产工具大体同于内地农村，唯分量较轻便，规模小，耕畜使用亦同。

每年只种1季稻谷，不种小春，不种或极少种植经济作物，生产技术落后、保守，耕时不深耕细作，种后不中耕除草，收后不翻土，不施肥，不选种，不防治病虫害，不用稻秆，不打风箱。无舂米之臼、水碾，不谋水利，靠天吃饭。

两个阶级的生活情况是：土司、头人不劳动，由百姓来服役，养有奴婢或雇有长工，靠薪俸和租谷养活。住大红瓦房，穿着华贵（多洋货、西装等），生活悠闲舒适，有钱多埋藏地下，多妻妾，有些甚至奸污民家妇女。一般仅识僰文。一般百姓都下田耕作，住草房，穿土布衣，食糯米饭，少吃菜，生活很简单、清苦。“关门”期间（6月中至9月中旬），过缅寺生活，不外出，不做工，不郊游，不恋爱。“开门”期间，老人“赕佛”献食，年轻人谈情恋爱。天气热时洗澡，一般也很清闲。由于谋生容易，物产不能外销，刺激不起生产，所以一般养成懒惰习气，挑担最重四五十市斤。做工效率亦很低，不想出外发展，得过且过。

（二）景洪区（坝子）蛮卖村调查

1. 户口劳动力统计

<table>
<tr><th colspan="2">类别</th><th colspan="2">细目</th><th>数</th><th>百分比</th><th>说明</th></tr>
<tr><td colspan="2">户数</td><td colspan="2"></td><td>共84户</td><td></td><td></td></tr>
<tr><td rowspan="6">人口</td><td rowspan="4">男</td><td>老年（45岁以上）</td><td>40</td><td rowspan="4">共217人</td><td rowspan="4">50强</td><td rowspan="4">一般是女多于男，此村男多于女</td></tr>
<tr><td>壮年（15岁至45岁）</td><td>81</td></tr>
<tr><td>少年（12岁至15岁）</td><td>25</td></tr>
<tr><td>儿童及婴儿</td><td>71</td></tr>
<tr><td>女</td><td colspan="2"></td><td>213人</td><td>50</td><td></td></tr>
<tr><td>共计</td><td colspan="2"></td><td>430人</td><td></td><td></td></tr>
<tr><td rowspan="3">劳动力</td><td>全劳动</td><td colspan="2"></td><td>94人</td><td>21.9</td><td></td></tr>
<tr><td>半劳动</td><td colspan="2"></td><td>66人</td><td>15.3</td><td></td></tr>
<tr><td>不劳动</td><td colspan="2"></td><td>270人</td><td>62.8</td><td></td></tr>
</table>

男壮丁			
类别		人数	百分比
文化	识僰文	17人	20
	不识字	64人	80
阶级	小头人	5人	
	百姓	76人	94
	染不治病	7人	
	吹鸦片	3人	

2. 土地占有、耕畜及粮食棉花生产

土地占有表

户		土地占有		
户数	百分比	每户占有数	合计	百分比
2		（无）0		
1		25	25	
30	35	50	1500	20
3		60	180	
2		75	150	
36	43	100	3600	49
2	2.3	110	220	3
3	3.5	150	450	6
5		250	1250	17
共84			7375	

耕牛表

户数	每户占有数	合计
17	（无）0	
57	1	57
5	2	10
5	3	15
共84		82

棉花生产表

户数	每户生产量（斤）	合计（斤）
54	（不种）0	
1	2	2
4	6	24
2	10	20
4	12	48
5	14	70
13	20	260
1	40	40
共84		464

（1）土地占有情况：土地单位无名称，一般的就说“一百田”“半百田”。由上表可看出，土地占有极不平衡，占有土地最多，且系肥沃田的多系头人，如占有最多的，

5户即占有全村土地的17%，而最少的2户仅占各有10田（表内漏列）、25田，完全无田者2户。占有110田以上者仅有10户，即占去田总量的26%，这是上等户；占有100田者36户（总户数之43%），占有田总量的49%，这是中等户；仅占75田以下者36户，仅占有田总量的25%，无田地者尚有2户，这是下等户。平均每户占有87.8田，每人占有17.15田。

土地占有已成为不得买卖的私有状态，少土地者已不能再得到土地，而降为雇农（无土地的2户，1户为雇农，1户靠出租牛过活）。而占有多量土地者，已成地主富农阶级，可以出租土地收取地租，如占有250田的1户，仅自耕100田，而出租150田，年收租谷40挑。

（2）生产情况：每100田，下种约7.5挑谷，去年全村总产量为5766挑谷，平均每100田产78挑谷。年收70挑以上生活较富裕者约20户，年收40挑生活差不多可维持者约48户，年收40挑以下，生活不能自足者16户（每户约需借贷20挑始可生活）。

3.负担概况

目前的负担主要有3种：

（1）“土司租谷”，主要特点是租谷数额并非依照占有土地之多寡分配，而是历史沿袭下来不变的，负担数与土地数不成正比例，极不合理，如占有250田者和150田者都仅缴租谷3.5挑，而占有110田者，反缴50挑。仅有4户免征，无土地之2户、少地有10田者1户（表内漏列）、25田者1户，租谷总额占去年总产量的17%，平均每户负担11.8挑谷。

土司（租谷）负担表

户数	每户负担数（挑）	合计（挑）
4	（免征）0	
4	3	12
33	3.5	115.5
1	4.5	4.5
1	6.5	6.5
1	7.5	7.5
2	13.5	27
1	15.5	15.5
3	18	54
22	18.5	407
7	23.5	164.5
4	33.5	134
1	50	50
共84		总计998挑

（2）缅寺（佛寺）赕佛等费，平均每年每户出半开银币30元以上（每元市价折兑人民币5000元），即全村每年至少花费银币2520元（合人民币12600000元，在当地合米63000斤），这笔宗教剥削很重。

（3）公粮：1949年度平均摊派，每户出谷14挑，免征1户，全寨共出1172挑谷（约合米30081老斤），占总产量的20%。

4. 头人

本村共有头人10个，依次是：叭蛮卖、鲜竜、陶借、波那、鲊于曼、鲊满、鲊康郎仑、鲊岩先、豫蛮、线克，以蛮卖为“老叭”，相当于村长。

（三）生产关系

1. 土地制度及租佃关系

照旧的说法，十二版纳是宣慰使的封邑，全部土地属土司所有，“百姓是土司的子民，百姓只有使用权，任何头人或百姓不得买卖，无论坝子或山上的百姓皆须向土司缴纳定额的官租”，即“皇粮”，亦即土地税的性质，作为土司和头人的薪俸。土地的占有和分配使用又有3种不同的情况：

（1）宣慰使和各猛[①]土司均直接占有大量土地，作为其私田，不调整变动，世袭继承，但不自己经营耕种，指定某一贺西（数寨），或某一寨百姓代其义务耕种，收获全部归土司所有。如大猛竜土司在城子（即土司所在地）附近占有许多土地，自古沿袭，派距城很远的蛮非竜、贺西的蛮那寨代其耕种，规定年交谷千挑（年实际产量约千多挑，可自得少许补贴），蛮那因距田太远，仍租给城子百姓种，而城子百姓要平分粮食，年只交租谷500挑，故蛮那要补贴500挑。亦有个别土司养大批奴仆，自己经营耕种的，也有出租给百姓的，租率约在15%至30%之间。

（2）贵族的官员（宣慰使、议事庭头人及各猛的头人），也大都封有禄田，但不得世袭；官员撤换，其俸田也随之转移。宣慰议事庭的大头人，皆有多量之俸田［如橄榄坝景哈寨的田，即为召景哈（召存信之官名）受封的俸田，出租年收租谷600挑］。各勐头人则都比百姓多，一般均出租给百姓，或雇长工种，自己不劳动（指召贺西以上的头人），一般租率在15%至30%。此外，贵族亦占有鱼塘、水池等，且可买卖。

（3）村寨“公有”分配使用，除了若干村寨的田地，全部或大部为土司和官员俸禄田以外，其余村寨的田则属各村寨“公有”，由村寨的头人（召贺西大叭、老叭等小头人）掌握分配给本寨百姓使用。据说从前是按照劳动力、人口的多寡平均分配的，以后若有迁移、死亡等，都每年重新分配，或局部调整一次。但目前各猛各寨一般都是头人占有较多，且不调整，百姓使用部分必要时才局部调整，有些寨则根本不调整，实际已成不准买卖的私有状态了。据调查占有极不平衡，头人占有既多且肥，鳏、寡、孤、独则占有极少或无。各寨都有土地集中于少数头人而贫民完全丧失土地的情况。

各村寨所占有的土地面积也不平衡，有的很多耕种不完，有的很少不够耕种，于是就发生了村寨之间租佃及转佃的情况，一般租率约30%至50%之间，也有对分租的。如橄榄坝景哈寨，田多出租给蛮听寨，初租时送了一点礼，租额仅每4斗种粮的田，年纳半开5元5

---

① 猛，本文又作“勐”。——编者

角（每4斗种的田年收60挑至100挑谷），只值1挑谷，而蛮听转佃给蛮我柯，租额很重，每丘田（不分大小，不论种粮）年纳租谷1挑，约合产量之20%，解放后发生了租佃纠纷。

过去的分配使用制度虽不够合理，但对阶级矛盾确曾起了一定的缓冲作用，更主要是由于土地至今不得买卖，故使土地不致高度的集中，造成农民对土地要求不高，防止了新兴地主之兴起，而保障了土司统治阶级的利益。

但南峤县境有的地方土地又可买卖，每寨村中有一部分粮赋户口田名为“那增”，是为公田，皆为全村之上好田；按照人口多寡分配各户栽种，所产谷除交定额粮赋外，余归自己所有。此份“那增”，每年产量不下50挑谷，若有移民入村可以“那增”分其耕种。除“那增”外，其余各寨所有是私有财产，可自由买卖，出租不受限制。

2.耕牛租借关系

农民一般畜养耕牛，水牛者少；有1/3以上无耕牛，有耕牛者多为小头人或富农，中农亦少，平均每户无一牛，故有头人富户已不耕田者，靠养牛出租过活者，各寨皆有。租额相当重，一般在田地产量的约30%至50%，实际上成为一种剥削形式。

3.借贷关系

据说自抗日战争时九十三师进驻车、佛、南以后，一度造成粮荒，此后借贷关系才普遍，典当则在散兵游勇到处摆赌诱骗人民上当后才出现，相沿下来，至今则已减少。

借贷以谷米为主，大都在青黄不接时借，秋收后，半年内还，一般利加倍，逾年不还又加倍。借钱和典当金、银首饰一般月息10%，单利，最高也曾出过双日息10%，且复利计算的。

剥削最重的为高利贷，大都是土司、贵族及汉商地主在青黄不接时上山到产棉、鸦片地区贷放现款或粮食，以当时粮食之高价折算棉、鸦片之低价，并加利2倍以上，至棉、鸦片盛产时去收，获利在100%至300%以上。此种情况目前尚存，在山上各少数民族被剥削惨重。

（四）负担（可分3方面）

1.对土司的负担

全县除务本区土司早已没落无负担外，其余各勐人民均有负担，由百姓摊派，或沿旧规负担，村寨最小的头人都不出负担。大别可分为6类：

（1）最主要的是“租谷”即“土地税”，包括贵族、官员的俸禄谷，仅住宣慰街的宣慰使和宣慰议事庭的官员近40人，现年共可收谷12000挑至16000挑左右，合米320000老斤以上，每官数千挑、数百至数十不等（数额分配见后，宣慰议事庭官员执掌及薪俸表）。目前收入最多者为怀郎蛮凹（都竜稿），年收谷3000多挑，合米6万多老斤，宣慰使反不及他，原来从前宣慰使的最多，全十二版纳都要逐年解交。旧政府分而治之后，土司间不得公开往来，各勐土司渐不缴皇粮了；现只能在景洪、橄榄、大猛竜、小勐养4坝子收租，主要剥削集中于景洪坝。故宣慰之租谷收入顿减，而议事庭官员则因原分配封领即在此3坝内，故尚能维持其收入。据景洪坝蛮卖村调查（见前），全村84户，每年共交988挑谷，平均每户负担11.8挑，占产量之17%，由此可见对土司负担租谷之重，是僰族人民生活困苦的原因。解放战争时，人民开始觉醒，小勐养的群众曾自发地抗拒不交1949年度的租谷，说："宣慰使不保护我们，反勾结蒋匪来打我们，不交给他们吃。"召存信自京参观回去，宣传"自治"，宣慰、贵族等又向群众威逼，已收了1950年的租谷。

个别的头人，小勐养召猛哈——卫定国（区长）则已自动不收群众的租谷，受到了群众的拥护，但受到宣慰官员的攻击。

各勐土司及头人也有定额的租谷。如大猛笼一个勐内每年土司收千多挑，叭稿收120挑，四大叭各收70挑至80挑，波郎[①]收70挑，召贺西各收40挑至50挑，连老鲊、老线、老板（这类的小头人在别处不得俸禄，仅不出负担）也各可收10挑至20挑。各勐一般的规定每户百姓年须交1挑租谷，给本勐的土司和头人。小勐养的官租共1000挑，旧规定是400挑交宣慰使，其余交当地土司、头人1份，跑腿办事的勤务人员1份。

（2）宣慰使"赡养费"，全十二版纳境内，百姓对宣慰使、官员及各勐直属土司均须按年缴纳，一律不分贫富及人口多寡，按户负担。民元设行政区后，改向政府每年缴纳银币2角，后又陆续增加，民国十六年为银币1元，后又由宣慰议事庭自收，无统一规定，每户约在1元至3元，景洪勐是每户2元，大勐笼高至每负担户收9元，山上亦同样收。赡养费凡十二版纳全境皆须缴纳，外县各勐由土司收齐后上解，近年常有拖欠，至今住外县的各勐土司每年仍须派人送些钱来贡奉宣慰使，数百、数十元不等，一般每勐50元。

（3）各种捐税：土司均常用各种名目收捐税，最重的是在山上种鸦片、棉花地区收鸦片、棉税。如景洪区代区长召仁（召存信之兄、宣慰使之女婿）今年曾两次上笼乃山向阿卡族暗中收取，大勐笼土司每年在山上收鸦片税，每负担户10两，此外土司、头人外出或远行开会，均公开或暗中派款。各勐都还不断发生，解放后少数觉悟群众常到区政府报告，我干部也阻止不了（大勐笼、橄榄、景洪均发生过）。

（4）食物献纳：平时杀猪或牛，无论是"做赕"或出卖，均须将猪、牛的腰子（肾脏）、脊肉、心、肝、肠、胃、胸脯等献给土司、头人们分食享受，至今景洪的宣慰街、大勐笼、橄榄坝等都还如是（解放后一段时期群众都不愿献纳，但召存信由京回来后，又恢复了）。此外山上打猎所得野兽，各地特产、水果等，均须经常奉献。又过年过节时，百姓均须向土司、头人献酒肉。

（5）差役：即无偿劳役。土司署、住宅内的执事、跑腿、厨师、茶房使用及耕田等，都按照规定分别由各村人民前往当值，每5日或10日一班。如大勐笼土司辖11贺西，直接控制，一贺西6寨，分别为其当值耕田（蛮那寨）、抬轿、打大伞、饲养牲畜、厨师、吹大号6种差役，宣慰司署很多差役都派阿卡族当值。小勐养坝有6寨（僰族），分别为宣慰使、议事庭大官当值吹号等差役，故连6个寨名都定为"吹号寨"等，永远不变换。土司、头人盖房子更是全派百姓去做。

① 波郎，本文又作"叭郎"。——编者

（6）特殊杂费，名目最多的平常有：

甲、袭职费、升迁费：土司袭职或头人升官，一切用费向人民摊派。如橄榄区村寨的小头人升官，升官者须向大叭送3.6元或6.6元银币的礼钱，也派百姓。

乙、年节费：年节人民须送礼，土司可派款。

丙、修建费：土司衙所、住宅的修筑，必须派款。

丁、祝寿费：土司夫妇做寿，须送礼物或银钱。

戊、嫁娶费：土司子女嫁娶要向人民派款。

己、丧葬费：土司夫妇死亡要派款。

庚、生育费：土司生育子女，尤其是诞生嫡嗣须派款。

综上述可见人民负担之繁重，僰族人民的贫困，除生产落后外，主要原因是由于土司给人民的负担太重。

2.宗教剥削（僰族）

最主要是“赕佛”费，即是“关门”期进缅寺生活，过年过节及求神拜会时，经常做“赕”，每“赕”必要杀猪牛供献，故耗费很大。有全寨或一家做的，估计平均每户每年耗费的约达银币30元至50元。

此外因每寨至少有一缅寺，每一缅寺平均有大小和尚10人，大部生活费均由百姓供给。每户每餐须留出1碗饭，由小和尚轮值至各家收集回寺吃。平时若有水果、特产、肉食等，都必先到寺供奉主僧（大佛爷），甚至全数供奉，自己宁可不吃用。而缅寺大小僧皆不事生产，专靠百姓养活，经常寺里连火都不起，全由百姓煮熟送现成的来享受。

3.公粮

过去不论土司派捐税，政府要钱粮，皆照旧负担户平均摊派。负担户自古沿袭不变，一般坝子僰族约两户为一负担户（抬一个门户），山上各族约3户抬一负担户，负担户共4086户，而实际户则在1万户以上。

1949年公粮由县分配至区后，区即按负担平摊派下去，不分坝子（产米）、山头（只产杂粮），故极不公平，山头各族负担畸重，坝子负担也不平衡。据蛮卖村调查，全村84户，每户平均出14挑谷（合10挑米），负担数占全村总产量的20%（推测总产量不止此，故负担率不致如此高）。

1950全县总任务仅184万市斤，比1949年减少了一半。且因县区代会之召开，废除了按负担户摊派的旧规，打通了僰族的思想，减轻了山头各族的负担，实行“坝子多出，山头少出”的比较合理的政策，若干村寨在分配任务时也展开民主评议，因此不论坝子、山头各族都满意，任务完成很快。

土司、贵族、官员以至村寨的小头人，过去都不出任何负担，目前一般仍如是，但个别村寨则已有改变，如橄榄坝蛮远、蛮退两寨群众较有觉悟，今年分配公粮时，群众说：“头人的田多且肥，牛也多，粮食也多，他们也应该出才对！”结果头人也只好出，群众就更加踊跃地缴纳了。

负担户统计与1949年出粮表

区	负担户				合计	1949年度出粮负担	
	僰族	阿卡	濮满	倮黑		每户平均负担数	总数
景洪	?	?	?		1072		
勐笼	1047	154	40		1241		
橄榄	450	220			670		
务本	200	?	?	?	643		
勐养	?				460		
共计					4086	全县平均负担户28.3挑	115385挑
附注		与倮黑共计数				合737老斤	合3000000老斤

三、政治情况

（一）土司制度的统治

车里宣慰使及其所属各勐土司，自元明受封以来，世袭相传，世代一家。此种土司政权，由于历史相沿，形成很严密、很完整的封建统治系统，正如帝制朝廷的缩影，宣慰使司署形同宫廷，其所在地便是都城，宣慰使像皇帝，其亲贵就是亲王大臣，下属各勐土司就像诸侯，管理各地方村寨的头目犹如封疆大吏，小头目如地方官。非土司一家亲贵，不能当大官，百姓最高当到小头人。土司、官吏、头目之间的官阶等级极严，层次分明，所以土司统治的特色是统治者与被统治者，两个阶级都是世袭的，土司、贵族世代都为统治阶级，而百姓子孙则万代都是被统治者，这种统治类似初期封建社会（普洱地委结语）。

土司及其亲贵等统治阶级，对其百姓有生、杀、予、夺无上权威，百姓对其有服役、缴纳各种银粮、赋税等义务，见土司、贵族须跪拜，不得与土司、贵族通婚。土司称百姓为“呆派”，意即“下贱”“奴隶”，可任意打骂，甚至奸淫了百姓妇女都不得反抗，完全是封建专制的统治。

1. 车里宣慰使司署的组织系统

有完整的体系，官员繁多，组织严密，机构很庞大，详细组织如后表，兹先分述之：

（1）正印宣慰使1人，即正式袭位的车里宣慰使，僰名“召片领”，即国王之意，世袭统辖十二版纳各土司，是全境最高的行政领袖，相当于小土皇帝。司署除直接统治宣慰街、景洪勐及远方几个特别区外，十二版纳的广大地区皆由各勐土司治理，但有向宣慰司署缴纳负担及请示报告之义务，宣慰司有干预其行政、任免或批准任免其土司官员之权。

（2）亲贵：依宣慰使（各勐土司亦同）袭职惯例，宣慰使职位必须由嫡亲长子承袭，犹如太子登基，宣慰使之亲兄弟即依次称之为二宣慰、三宣慰……俨如亲王一样。亲王虽不能干预司署政权，但可受宣慰使派为司署的重要官员，封为某勐的土司或派为代办，如五宣慰刀栋材当过宣慰司署的首相（都竜稿），六宣慰刀栋庭当过橄榄坝土司，七宣慰刀栋宇当过勐混土司①。

（3）宣慰司署大臣，主要有3个，地位最高、职权最大的是怀郎蛮凹，又称都竜稿（“竜”是大臣；“稿”是第一；“都”是最大最高，即最高的第一个大臣之意），官在宣慰使一人之下、众头目百姓之上，犹如朝廷中的首相，执掌全区的行政、财政、征收等大权。其下有两个主要大臣，怀郎蛮坤执掌司法户籍，怀郎庄往掌粮政，犹如宰相。此外尚有召竜帕萨，执掌宣慰司署的财政及一切事务，如皇宫中的总监（总管家），那跨、那晒、珍喊为右榜正副大元帅及大将军，为宣慰侍从兼管全区军事，每一大臣之下又分设若干助理大臣、小官共计34人之多。

官员职级分明，各有专司，分工极细密，组织很繁，连宣慰使畜养的一头大象也专有一大叭管理，派一寨人民饲养（各官的官阶、职权、俸禄见后表），真是“麻雀虽小，肝胆俱全”。

（4）议事庭：是车里宣慰使司署中的特别组织，由宣慰司署中主要大臣（怀郎蛮凹、怀郎蛮坤及怀郎庄往）和各勐土司聘驻宣慰街代表“波郎”（可由司署官员或四大臣兼任，如都竜稿兼任勐混土司之波郎、怀郎庄往兼任勐海与勐混土司的波郎，故实际全权仍操于四大臣之手）共同组成推举召金哈为庭长。无固定会期，有事就召开，平时不办公。所议事项包括：（甲）有关十二版纳的重要事项；（乙）各勐土司不能自行解决或发生争执事件；（丙）关于十二版纳旧制度的变更或新制度的制定；（丁）宣慰使及各勐土司袭职及废立；（戊）宣慰使司署及宣慰府中之重大事项；（己）土司或人民提请解决事项；（庚）宣慰使交议事件。凡经议事庭议决事项，即提交宣慰使执行，唯宣慰使不同意，可交回重议或直接否决之。又宣慰使提交事项，议事庭不同意也可以否决，若遇类此事件则搁置之，但争执之事，实际少有。这种制度可以缓和宣慰使及各土司头人之间的矛盾。

附表一：车里宣慰使组织系统表

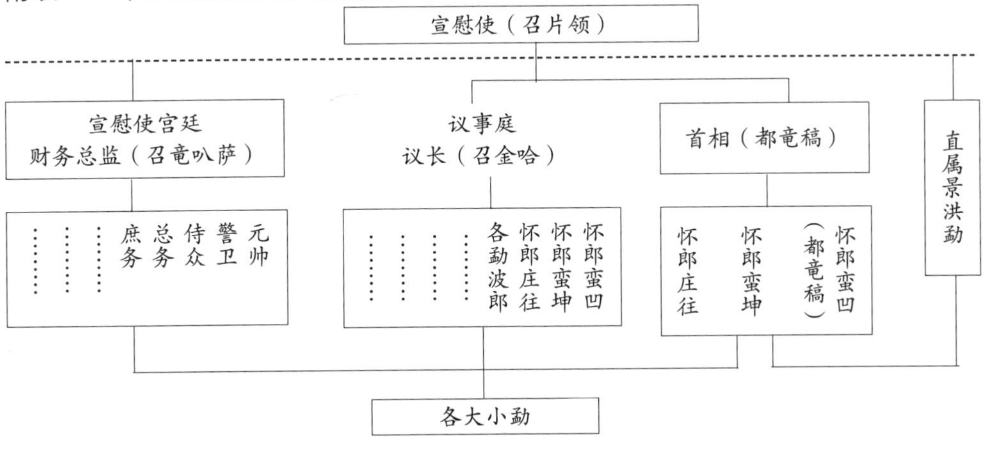

① 七宣慰刀栋宇当过勐混土司，《普洱区资料之五——佛海县情况》作“刀栋宇（五宣慰，勐海区土司）”。——编者

附表二：车里宣慰使司署的官阶、职务及俸禄概数表

官阶	官名	俸禄（挑谷）	职司	兼职	附注
召片领	（老）宣慰使（刀栋庭）	1100			早已死，无子，抱养子
（太子）	小宣慰（刀世勋）				刀世勋，未袭位，现在云大读书，人很浪荡
召五巴拉扎	二宣慰（刀孟刚）	250			
（亲王）	五宣慰（刀栋材）				附匪逃亡
	六宣慰（刀栋庭）				附匪全家逃亡缅甸
	七宣慰（刀栋宇）	620			
	九宣慰（刀栋新）	620			
四大卡贞	召景哈（刀存信）	1500	议事庭长兼各勐土司总代发言人	四大卡贞暨各勐土司的波朗组织议事庭	
	怀郎蛮凹（都龙稿）	3700	掌行政、财政、税收等		
	怀郎蛮坤（刀学林）	1870	掌司法、户籍等		
	怀郎庄往	530	掌粮米事务		
八卡贞	召龙帕萨	1200	掌宣慰使府总监（财政事务）	四人组织成“内议事庭”	
（那扫龙）	那跨（兼收特税）	800	宣慰使随从右榜大元帅		
	那干（兼收特别税）	230	宣慰使随从狩猎官		
	那扁（兼收特别税）	380	宣慰使随从参谋，保管朝板官		
	召戛	600	各市街主祭官，并协助财政	以下概属议事庭官员	
	那贺	370	矛枪官，并协助财政		
	那掌	800	管大象官，并协助财政		附匪全家逃亡缅境
	那敦	800	簿记官，兼府内招待并协助财政		
那扫乃	协养	300	管狱官，兼府内点灯火	协助怀郎庄往办粮秣	
	协婻	280	次管狱官，兼府内点灯火	同上	附匪全家大部逃亡国外
	乃马	120	管马官		
	那窝	230	轿官		
	康坎	240	宣慰府内布置招待茶水	兼助财政	
	那晒	290	左榜副元帅		
那袭	协往	220	最初管狱官兼点灯火事	助理怀郎庄往办粮秣	

续表

官阶	官名	俸禄（挑谷）	职司	兼职	附注
	那禄	80	车官	那袭官员兼管户籍	
	点坎乃里	100	船官		
	那广	300	祭祀鬼神官		
	那远	270	刽子手（监斩官）		
	钟扁	150	宣慰使府侍从兼招待		
	那控	100	鞭官		
	珍喊	240	大将军率武士上阵作战		
那哈	那乃	80			那哈以下官员办理司署一切琐碎事务
	那闹	50			
	那算	50以下	鸣炮官		
	那哇	50以下			
	那箭	50以下			
	那肥	50以下	船索管理官		
	般费	50以下	划船手		
	贺怀	50以下	宣慰使内听差指挥官		
	唤报	50以下	传达命令官		
	那攀	200	渔猎手		

2.各勐土司统治系统

各勐土司虽系统上直接受辖于车里宣慰使，但地方行政及经济大权则全由土司管理，且各有其特殊组织制度，除些须报知宣慰使署之事项外，各土司的政权、财权概不受干预。

宣慰使所辖十二版纳境，原系12大勐及若干小勐，共有20多个土司，当年皆各有完整的组织体系。自分县治后，组织也即残破不全，大部分则仍保持其统治权力，其组织也还完整。各勐土司组织虽有区别，但皆大同小异，且与宣慰使署的组织大体类似，仅规模较小，每勐地区相当于区乡，今之行政区划悉依之。

（1）土司1人，大勐名“召勐”，小勐名“召牙”，世袭全勐统治者，如小王侯封号有千总、把总、算，官阶及权势有大小之分。土司署所在地方曰城，唯宣慰使所辖景洪勐不设土司。过去土司每年“开门”和“关门”时，须亲至宣慰使署朝贡，并请示报告两次。后因旧政府不许其往来，只派官员或亲贵去朝贡。

代办：土司出缺或年幼不能理事时，由亲族中推1人代执掌职务，名为“代办”，其权位与正印土司同，相似帝制时代的摄政王。“代办”必须由宣慰议事庭通过，经宣慰使委派，故不一定是该勐土司之亲族，但必须是宣慰使领境内之贵族或宣慰使之近亲，一般常是土司之亲叔父、兄弟或舅父等。“代办”若无过失，可任职终身，但不得承袭。

过去旧政府时，皆依各勐领域分乡镇，凡土司尚存地区，皆以土司为乡镇长，两种政权并立。

（2）大臣：司署有三或四大叭，首要为“叭稿”（“叭”是大头人，“稿”是第一位，即第一个大头人之意），汉语呼为“总叭”，相当于宣慰司署的“都竜稿”，总理全勐大小政务；其次有大叭、二叭和三叭（名目各勐不统一），分别执掌行政、财政、总务等。在三或四大叭之下，又各设3个助理官员，“叭竜欠”司文书（或名“康郎”，须由缅寺中二佛爷还俗后任之），“接嘴”司传达命令、联络，“保母”司总务招待。每一大叭之下又各设两个副叭，名“叭扫”，每人分管若干村寨，或在四大叭之下将全勐划分为若干“贺西”或“脚马”各辖数寨，相当于保，设“召贺西”或“叭郎”分管之。

（3）议会：土司署也如宣慰使司议事庭之组织，设有“议会”，议长召贯，四大叭及各“贺西”或“脚马”之驻宣慰街代表参加组成，有的勐无召贯，即由叭稿任议长。有的勐则无议会制度。

（4）村寨的基层组织：土司统治系统最基层组织是村寨，村寨头目视其大小设1个至3个老叭、老线及老鲊，老叭为首，相当于“寨长”，老线、老鲊依次听命，出缺依次递补，这一级头目是由百姓中选出来的，“有官无禄”，但不纳负担。

较大的村寨且设有“板府”（或“召往”）、“波母”（伙头）、“佈郎”等头目分管水利、祭祀、总务、招领失物等职。一般村寨并设有“那昌”“那骚”分管青年男女，“这些属于群众头人，非官无禄”。

附表一：各勐土司政权组织系统表

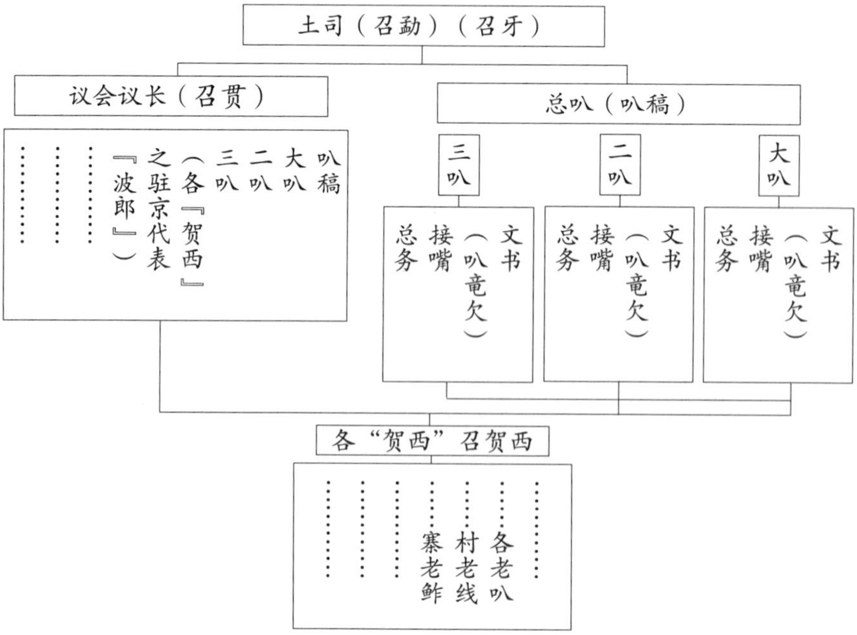

附表二：宣慰使直辖景洪勐组织

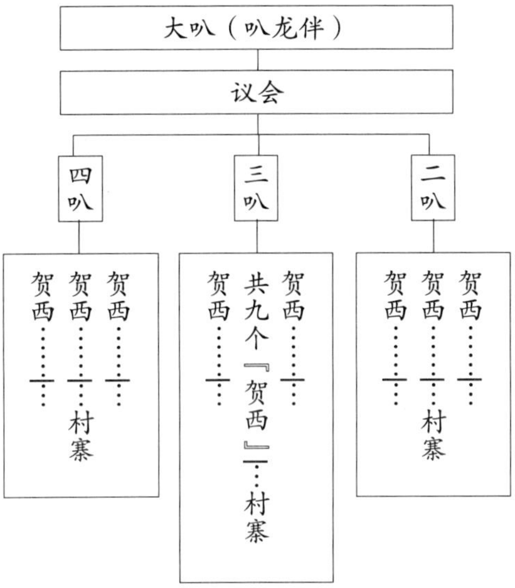

附表三：勐养土司组织表

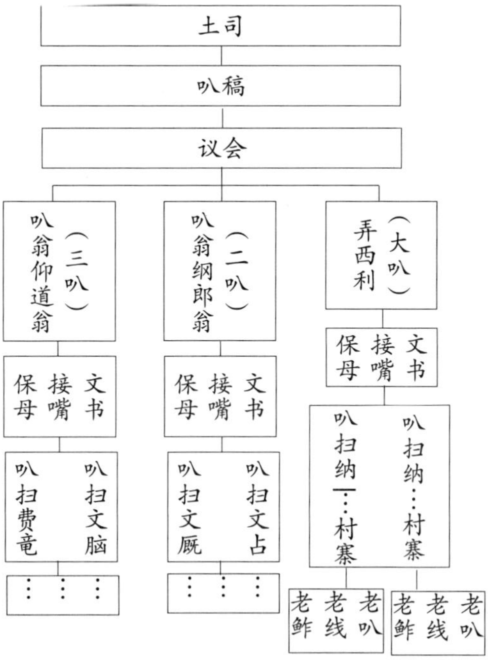

附表四：大勐龙土司组织表

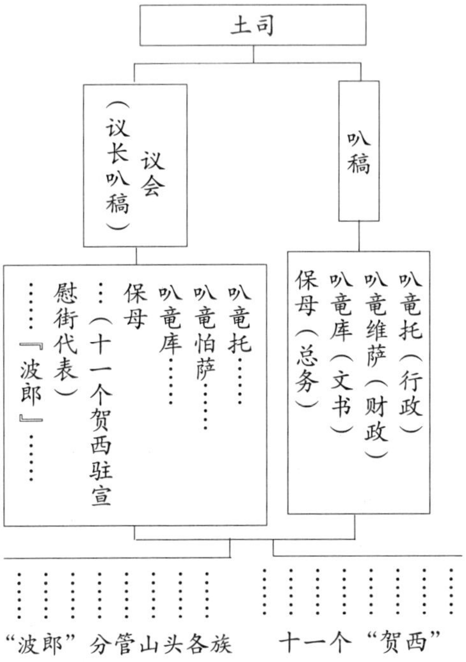

附表五：土司统治制度的村寨基层组织表

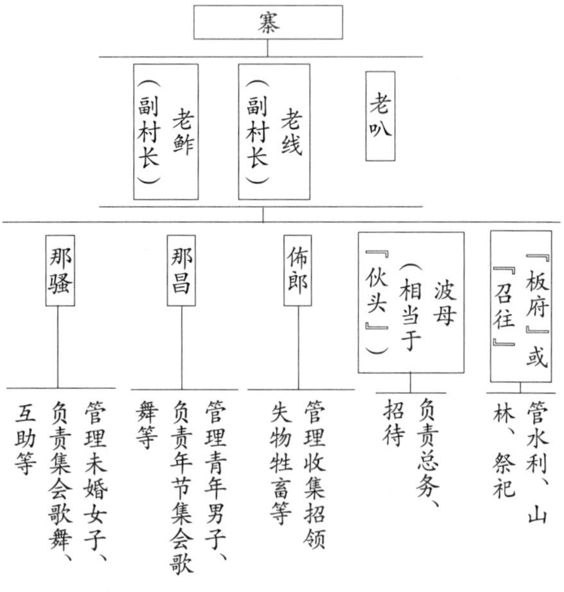

附表六：“南峤县境”猛遮土司组织

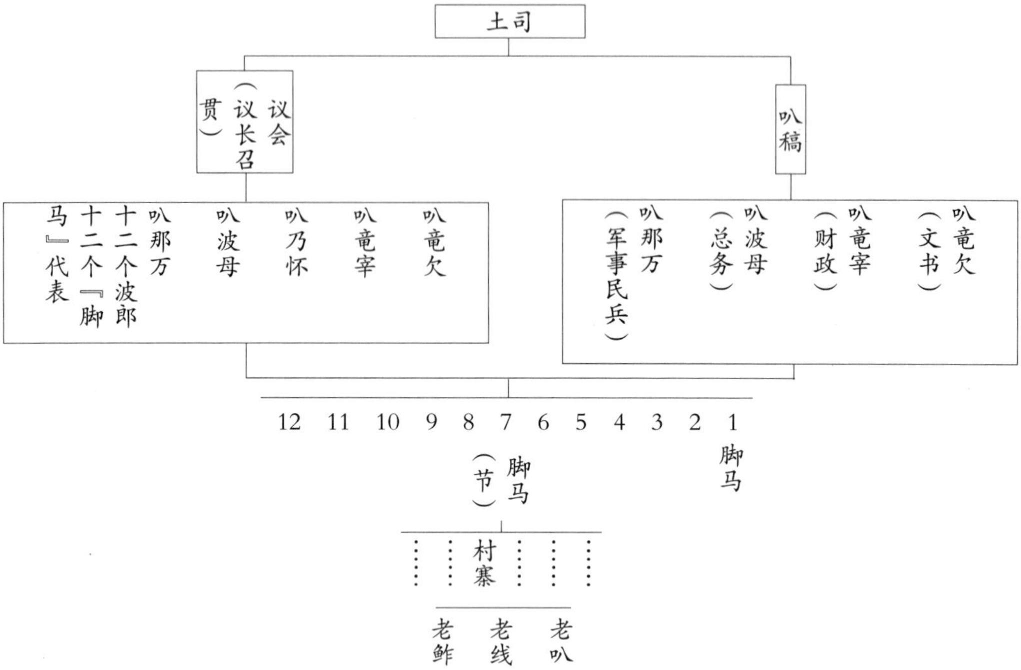

（二）解放前后土司统治之变化

自国民党分割十二版纳，设县分而治之，禁止各土司间之联系，压缩宣慰使之统治范围后，宣慰使之权势即已逐渐削弱，只能控制勐景洪、勐罕（橄榄坝）、勐笼、勐养等地，主要剥削则依靠景洪。自老宣慰使刀栋良死后，司署大权操在刀栋庭（实际是代宣慰使）和都竜稿之手，各勐土司之统治也逐渐下降。个别勐如务本区早已无土司，（车里）勐罕土司绝嗣，乃由宣慰使曾派其六弟刀栋庭做土司。（佛海）勐混人民过去曾先后杀死5个土司，后由宣慰使派其五弟、七弟去做土司，皆被人民赶跑。其余大部地区土司势力皆已没落，土司大都软弱无能，实权操在头人叭稿等手中。

人民革命期间，有投机武装侵据，后即有我游击队进入，但当时对民族政策不明确，蒋匪又反复攻入，车、佛、南一带陷于动荡混乱状态，整个土司统治制度起了急剧的变化。

首先是宣慰使议事庭由于无武装力量，表现得十分软弱，内部开始分崩离析，形成3派。反动派以刀栋庭为首，勾结蒋匪残余，造谣惑众，拉拢少数顽固头目，胁迫群众，附匪与我对抗。顽固派以议事署大头人都竜稿为首，包括其他年老顽固不化的头人，一面继续欺压群众，一面依靠残匪，如1949年残匪反攻佛海、车里游击区，就委任都竜稿为车里县长，欲以其挽回“民心”，但仅做了28天就被我军收复，宣慰使及大小头目随匪逃散、躲藏，经通过召存信宣传政策后，始陆续返回。进步派则以召存信为首，刀栋庭跑后掌握司署大权倾向革命，如在1949年即投向革命未被任用，后始终积极靠拢我方，而且年轻有为，能够做事，较得群众的拥护。解放后除刀栋庭、栋新、栋材附匪未回外，刀孟刚、刀栋宇及都竜稿等均已回来，继续剥削群众（暗中要粮派款）；一面积极筹划，修建司署，迎刀归，止式袭位，恢复宣慰使。召存信则掌握议事庭大权，不愿刀归，对旧制度主张“好的保留，坏的要改”。顽固派和进步派仍对立，明争暗斗不已，反动派在群众中已完全丧失威信，顽固派在群众中亦已基本丧失威信。

其次，各勐因蒋匪之扰害和群众的觉醒，给予土司统治以严重的打击，被匪迫害而权落头人手者，如佛海县境之勐海土司（已死），其女婿召永刚当权，残匪反攻时被杀，权落召贯——刀承宗之手（现任副县长），打洛土司被迫逃缅甸的大勐养，又因从前拐带刀栋材之妾，畏惧至今未归，乃由召贯——刀声明当权。群众或头人联合群众赶走土司者，如佛海县勐混人民在游击战争时，起来赶走了最后的一个土司刀栋材，而由召贯——召火怀当权；勐板土司刀栋柏被逐逃至南峤，解放后逃至缅甸，头人叭稿当权；南峤县勐遮土司被逐逃至车里。其余土司虽仍残存但大多软弱无能，在群众中的威望降低，而普遍被头人掌握实权。头人一般都靠拢我方，仅少部分土司（如南峤景真）力量尚强，对群众压力还大，对我敌视敷衍。而个别土司，如小猛养老土司匪乱时跑了，后又回来。头人不服他管，小土司无能，头人叭稿执权，死后乃由头人刀定国掌权。刀很进步，土司系靠收地租过活，但现在连官租都收不起。

群众对于土司统治的觉悟程度：在游击战争时期，靠近内地地区的群众，已开始觉悟，如小勐养受我党我军的影响较早较深，与宣慰使所在地景洪隔江，游击时宣慰使都跑了，两边不来往。解放后，宣慰司署头目及本勐土司回来要收官租，群众坚决抗交，说要有政府下条子才给，主要原因在愤恨宣慰使附匪，说：“宣慰、头人不但不保护我们，反勾结蒋匪来害我们，不给交租。”开征1949年度公粮时，群众说：“要拿土司官租来上。”经解释“各是各的”后，又说：“除了交公粮外，再把官租交给政府。”解放后宣慰回来收租、暗地派谷款，景洪区戛东街群众说：“宣慰议事庭在的人给他交租，不在的就不要交了。”又反映：“县政府和议事庭只要一个就行了，要这一个就不要那一个。”大勐笼勐共有18个头人（召贺西以上的），群众要求减少到8个以下。

对宣慰使弟兄普遍不希望其归来，对于个别剥削群众繁重、作风恶劣已完全丧失威信的头人，群众是痛恨而反对的。如都竜稿为整个宣慰司署最富有、剥削最重的，又投敌当过县长，为残匪勒索敲诈群众，已为群众所深恶痛绝，故此次普洱区代表会选政府委员时，领导上将其提出即遭代表反对，经3次解释，才勉强通过。务本区代表会上，代表和群众控告该区有恶霸作风的头人——蛮京（寨）老叭，要求政府枪毙等，以及各区到专、省开会归来的群众代表都宣传减租反霸，这说明群众觉悟已开始上升，但是多数群众对土司统治仍无觉悟，认土司制度为正统的观念还深，对于一般土司、头人不反对。

（三）干部情况

车里县干部统计表

（根据1951年4月21日材料）

干部	县级	区级	区以下	总计	百分比	附注
兄弟民族（僰）干部	1	7	12	20	22.2	
大军干部		2	5	7	7.8	37师4人，39师3人
边纵干部	2	2	14	18	20.0	
干校毕业干部		2	10	12	13.3	
地方参加干部		1	18	19	21.1	
旧人员		5	9	14	15.8	
全体干部共有	3	19	68	90		男82、女8人，已婚37，未婚53

干部家庭出身表

地主	土司	头人	富农	中农	贫农	雇农	小商	贫民	手工业	自由职业
16	8	6	3	10	13	1	23	1	1	8

干部个人成分表

商人	土司	头人	学生	职员	革命军人	自由职业	地主	农民	旧军人	教员	店员
4	9	6	33	9	3	7	1	7	3	4	4

干部文化水平统计表

大学	高中	初中	高小	初小	文盲	稍识字	识僰文
2	15	43	9	8	3	2	8

组织成分表

	县级	区级	区以下	合计	附注
党员	2	10	20	32	政治有问题，已拘捕1人
团员			25	25	
反动党团会门此次拘捕者		3	6	9	
准备拘捕者			5	5	
非党团干部	1	6	12	19	

附

召存信传

召存信，官名召景哈，现年28岁，江城县振东土司之五子，生长在江城，读过小学及两年中学，能通汉语、汉文，亦精通僰语叭文，曾进过缅寺当过二佛爷。后还俗回来，因振东土司已早被国民党取消失权，其父且被国民党政府压迫。召18岁时，因文化较高，聪明有能力，曾倚靠军某营长扶持，夺占镇越县境勐腊（又说是勐捧）土司。当了不久，被王少和策动原勐腊土司将他赶跑（勐腊土司从前曾兴兵攻入宣慰街焚烧过宣慰宫廷）。

召当勐腊土司时，即与车里二宣慰刀栋刚之抱养女结婚，故被勐腊土司赶走后乃逃至宣慰街，在议事庭当文书，依靠二宣慰，同时自己年少聪俊有能力，又系土司之子且当过土司，逐步由文书升任秘书、小爂，直至老召景哈（议事庭长）死后，以他代理。召为人活动力强，在地方上处得好，在国民党政府中也任过职，先当景洪乡公所民政干事，后升任景洪乡长（联合乡长），又因他自勐腊跑出时曾带回二三十个武装，故又兼任车里县自卫大队长，县府组织"参议会"，又当选县参议会议长，后参加竞选"国大"代表，亦当选，至昆明"国大"已开过，乃返。

革命游击战争在思普区爆发后，1949年春"边纵"九支队解放普墨等县，是时各地地主投机武装，风起云涌各据一方。有鲁文聪声称"解放"，占领车、佛、南一带。召首先响应武装起义，鲁收掉他一部武装欲不给他职位，旋鲁与召于5月间投奔普洱，表示坚决参加革命，求边纵收编其武装。边纵以其纪律太坏不允，复再三请求始准鲁与召入"普洱军政干部学校"学习，不久干部清洗地富异己分子时被清洗归，未做任何事，很苦闷，主张"摆夷治摆夷"（鲁文聪部后称"整训总队"，在车、佛、南一带作风太坏，大军入滇后调普洱整训，鲁调往墨江任副县长，此次镇压反革命时被捕入狱，撤职）。

1949年7月，普洱地方党派余松等干部下车、佛、南开展工作，"当时对民族政策不明确"（余松语），"没有啥民族政策"，先未用召。9月，残匪九十三师自国境边攻入，围佛海，勐海刀承忠组织自卫大队助守城，为防患后方乃争取召组织车里民兵大队，任召为大队长。召组织了四五十个爂族民兵防守车里、南糯山一带，未作战。年底佛海城陷，我军余松等退至车里，召协助筹粮带路等，工作积极。及1950年1月我军撤出车里，退守澜沧江右岸（车里叫九龙江），召率民兵队始终追随我军一致行动（当时爂族武装随我军过江者仅只有他），表现坚决靠拢我，为我军当向导。3月，我大军九十三师吴副师长①率部入车、佛、南追歼残匪，召率民兵为向导，自小猛养下橄榄坝渡江，进大勐龙直至包围佛海残匪。召与吴形影不离，当翻译向群众宣传，作用很大，工作十分卖力，并能吃苦耐劳，表现很好。4月初建立政权，召担任景洪区长，旋开征1949年公粮，召率工作人员下乡到处宣传，工作很好。5月，车里县人民政府成立，提升其为副县长，仍兼区长（当时县长由县委书记余松任）。此段时期中，受余松同志影响很大，倾向进步，10月动员去北京参加国庆时，议事庭头人及各勐土司都不敢或不愿去，召毫无疑惧地去了，归来即升任县长（由我党县委统战部长杨相才任副县长，杨曾任景谷县长），并任西南民族事务委员会委员。召持委任状到处传观，下乡参加各区开代表会，传达宣传政策，群众十分兴奋感动，在爂族中影响很大，召自己也说："从前做梦也想不到。"

①"九十三师"疑为"三十七师"之误。"吴副师长"应即中国人民解放军第十三军三十七师副师长吴效闵。——编者

1951年3月，中央访问团到普洱，召开了普洱区第二次各族代表会，会议开始才通知召，召由车里行4日即赶到（平常需走七八天），普洱区民族民主联合政府——普洱区人民政府委员会成立，召任第一副专员。访问团到车、佛、南又召开3县各族代表会，会后成立区域自治筹委会，召任主任委员。

过去召一直有夺取宣慰使之野心，实际上自革命后老宣慰使死了，其他亲王逃散或附匪，宣慰司署议事庭全权操在召的手中，在政府中最高只当过乡长、大队长，我党不断提升他任要职，固属喜欢，但也怕不长久，所以当副县长时，坚持要兼景洪区长以掌握实权，同时也竭力抓住议事庭，时常回宣慰街召集会议，稳住其旧统治权力，以防“两边垮”。在北京曾雕刻了一颗议事庭图章带回，说是中央批准的，图章圆形，橡皮制，上刻有狮子（各勐土司印则刻孔雀，所谓孔雀王国）、僰文、汉文“十二版纳宣慰司署议事庭”。召勐、都竜景哈（即召景哈官名），在议事庭召景哈为进步派，与顽固派都竜稿矛盾很深（都竜稿，正官名怀郎蛮四，议事庭第一大臣，曾被九十三师残匪扶持当过28天的车里县长，为宣慰街首富，人民和头人都反对他，他主张修复宣慰司署迎小宣慰回袭位。此次提名政府委员，4月19日死）。橄榄区头人曾向县政府保举都竜稿之子刀忠祥（现任县府僰文秘书）为区长，县委主张提拔一二个僰族干部来县府当科长，召说不要提拔得太快了，似有嫉妒之心，而另一方面则尽力培养私人系统，拉拢封建关系。如他升任县长后，县委意见拟提议议事庭第二大臣刀学林（官名怀郎蛮烘）当景洪区长，而召则以其兄赵仁（赵仁原名召存仁，召存信之大哥，出于同母，汉文程度较高，为人糊涂无能，生活堕落，有疾，各次开会均不出席）当区长，刀学林亦以自己“非土司子孙”，让赵仁为正、己为副。同时召又不满意刀承忠、刀有良当佛海、南峤县长，有强烈浓厚的地位观念，爱虚荣、讲面子，到处表扬自己，有事对下层意见不够采纳，从北京回来后略有脱离群众倾向。

召有相当文化水平，学习积极，进步也快，讲话写文章都很像样，能吃苦，能下乡接近群众，和百姓打成一片，与阿卡族同坐、拍肩，群众找他也能处理问题，作风转变得很好，一天能走百多里路，尊重我党领导，凡事都同余松同志商量办理，从一开始靠拢就表示死也跟着共产党走。

召景哈拥有封地很大，年收俸禄（官租）600多挑谷，为宣慰议事庭长，官在“一人之下万人之上”，实际上宣慰使不管事，召景哈执掌一切，相当于首相。

…………

召的江城老家为没落土司，现为地主，有其四兄赵存志在家，存志系出于庶母。

四、民族关系

（一）历史上的民族关系

1. 僰族对各少数民族的压迫

据说很久之前，十二版纳一带皆为倮黑、阿卡、濮满、攸乐、困格、三达等民族居住。自僰族由长江下游进入十二版纳后，征服了这些民族，这些民族才被压迫赶上山头，从此政治上受着僰族统治，经济上受其剥削支配，各民族逐渐衰落甚至没落。尤以自明以来僰族土司建立后，对各少数民族的统治和压迫更加深重，攸乐、阿卡等族也曾起过几次暴动，但终被镇压下去，所以至今有若干民族已全部或大部逃亡，或已绝种，如攸乐、困格族人原居住于橄榄坝、勐养坝一带，反被僰族赶上攸乐山；攸乐族原有自己的土司——千总，土司死绝了，乃归小猛养僰族土司统治。至今各族记忆犹新。

僰族对各少数民族经济上的剥削是很重的，如摊派苛捐杂税时，山头上的各民族与坝子的僰族一概平均负担，山头各民族虽不向土司交租谷，但须按时交土司交纳赡养税、门户捐、棉花以及烟捐等税。大勐笼土司特规定一种官——“叭朗”，分管山头各族，南糯山阿卡族则直接由宣慰使议事庭指定其头人当老叭。在僰族中水摆彝又是统治民族，仅其能当土司，如小猛养坝子以花腰摆彝为多，而土司为水摆彝，六寨花腰摆彝分别称“吹号寨”等名，要为宣慰使、议事庭头人服各种特别杂役。僰族歧视其他民族，水摆彝又歧视旱摆彝、花腰摆彝，这是自上层至群众、自古到今尚未改变的极普遍的现象，在日常生活中随处都可看到。如僰族至今仍在秋后随意放牲畜于山上，常践踏阿卡、困格、三达等族的庄稼，还说“这是我们的规矩”。

僰族所以能长期统治其他各少数民族而成为十二版纳之统治民族，其基本原因在于：

（1）僰族人口众多，集中于平原坝子，而其他各族则零散居住山头，人少不集中。

（2）生产方式较进步，生产技术较高，土地肥沃，物产丰富，掌握交通市场，有许多优越条件，使其他各族处于被支配的地位。

（3）僰族完全进入封建社会，有完整的社会组织，掌握全区的政权，其他各族则少有或全无社会组织，缺乏头人领袖。

（4）在文化、宗教上，僰族有文字、宗教教育，其他各族则无文字，信鬼。

由于几百年来僰族之统治、压迫和歧视，迫使其他各族迁居深山密林大箐中，生活困苦，生产落后，文化闭塞，造成了各少数民族愚昧、落后、无知的状态。倮黑、攸乐、困格、三达等族甚至从来不下坝子，与其他民族（特别是汉、僰两族）几乎与世隔绝，其中仅濮满、阿卡族与僰族较有往来，但均系被统治的关系所致，直到目前各族中仍少有自己的头人（仅南糯的阿卡族、攸乐族有几个，但权力也很小）或无权力（如困格、三达、倮黑等族完全无头人）。

2. 大汉族主义者的压迫及掠夺

远在皇帝时代，汉族统治者压迫僰族，将其逐步赶到边境上，并不断征服之。元、明以来土司年年须朝贡，但到清末土司很少朝贡，民初柯树勋设立思普沿边督办总署统治十二版纳，并采取分而治之的方法，把宣慰使的土地分为8个区，即车里、佛海、南峤、大勐龙、猛往（今宁江县）、普文（今属思茅县）、六顺、以板。柯树勋的统治主要的在削弱土司之统治势力，采取移居、屯兵等方法，打下了大汉族统治基础，但对各民族还采取一些怀柔政策，所谓恩威并施，获得了一些“德政”，也确有如攸乐族至今还怀念着“柯大人”的。及至民国十五年，国民党反动政府进一步采取“分而治之”的方式来削弱土司统治，把8个区划为车里、南峤、宁江、六顺等县，另一些地区分别划归江城、镇越、思茅等县，从此大汉族的统治更逐步加强与巩固起来。此分3个方面分述之：

在政治上，国民党政权分而治之后，不许各勐土司往来，把宣慰使、议事庭的权势压缩在车里一县境内，甚至只能统治景洪一个勐了，各县府内从不用僰族人，土司头人最多只能当到乡长或自卫大队长之类的小官，后虽设参议会，仍以汉官掌统治大权，土司、头人无实权，但土司仍行施其统治，因而就形成两重政权并立，各行其是了。

在经济上，汉官愈来愈凶地加紧榨取，除了征兵外（但收“代兵役捐”，并征地方自卫队），其他一切苛捐杂派较之汉人区尤凶，而最主要的是收鸦片税，弄得山上各族家破人亡者很多。历任县长及驻军特别着重敲磕土司头人，尽力搜刮人民财产，在此仅任8个月的县长江某，即搜刮3万元半开和400两金子之谱，余可想见，故土司、头人恨汉官入骨髓。此外，随着汉族统治势力之伸入，汉商及地主的势力也大为滋长，深入到坝子、山头的每一角落。坝子各街子市集上经商、开烟馆、酒馆、商店者大部皆汉人，并都讨僰族女子为妻，而汉女则不嫁僰族。山头上各族所种鸦片及棉花、茶叶等土产，全都经由汉商转销，汉商在各地普遍放高利贷盘剥各族人民，操纵了整个市场。如务本区倮黑族与汉人聚居，汉人中的地主恶霸在此贩卖鸦片，收买土地，放高利贷极普遍，倮黑族受剥削极重，生活十分穷苦，故倮黑族从不下山，十分仇视汉人。

在文化上，旧政府前在车里共设7所小学、1所师范，强迫僰族出学费，入学读汉文，引起很大的反感。

综上所述，造成了汉族与各族之间很深的隔阂和仇恨，特别是汉僰两族的仇恨，尤其自抗战胜利后，匪军九十三师进驻车、佛、南以来，压榨各族更凶残，敲诈、勒索、奸淫、抢掠无恶不作，人民畏惧如虎，呼为“广匪”，至今僰族仍呼汉人为“召”，即“官”的意思，见了官要下跪叩头，用“汉人来了”来吓哄小孩子等，这都可说明民族隔阂的深重。

旧政府对各族的压榨以阿卡、攸乐为最重。民国三十一年，县府“禁烟委员”上攸乐山派款征鸦片税在途中病死，旧政府即诬陷说“攸乐放毒”，派军队去“调查”。攸乐乃组织武装自卫，由蛮卡老四母子及白拿子等人领头，杀死匪军6人。后匪军一个营并由僰族土司武装配合三路进攻攸乐山，攸乐族据险阻击，守6天不敌，匪军入山；攸乐族忍痛交出6个头人以求和，被杀后匪军仍大肆烧杀抢掠，死者无数（约在1/3）。攸乐族从此贫困不堪，痛恨汉人，与坝子僰族隔绝。当攸乐起来反抗统治者的残酷屠杀时，阿卡曾自动组织武装协助，约定攻守同盟，“守住山头本土，汉人、摆彝进来就杀”！

3. 宝塔式的民族压迫

据上两节所述，僰族主要统治坝子中的僰族，并通过濮满族统治山头上的阿卡等族。据说从前濮满是僰族的统治者（宣慰使的侍从），濮满受封在山上乃自称山主，统治其他民族，在佛海山上土地权属濮满，阿卡等族须向其缴纳地租，车里现已无此情况，因濮满族较少了，但其与濮满族[①]关系较密，生活较好，是比其他民族要优越一等。

自大汉族势力伸入以来，主要是直接统治僰族，再通过僰族统治者统治其他各民族，故连僰族都说：“国民党时汉人压迫摆彝，摆彝又压迫阿卡、攸乐，看不起他们，对他们派款特别重。”而当攸乐族暴动时，汉僰统治者同时出兵镇压，所以在压榨其他民族时，汉僰两族的统治者往往是勾结在一起的，而受压迫最深的则是阿卡、攸乐等族。

所以归纳起来就形成了少数民族所说的“汉人吃摆彝，摆彝吃濮满，濮满吃阿卡……”，逐级而下的宝塔式的民族压迫状态，更确切地说是“摆彝统治坝子，濮满统治山头，汉人到处横行”。

（二）解放前后民族关系的转变

自1949年思普区展开革命游击战争后，车、佛、南搞起了一支地主投机武装，纪律甚坏，影响恶劣。旋我游击队进入，深得僰族及各族人民拥护支持，尤以勐养区靠近内地，曾大力供粮支援我军，后敌九十三师反扑，僰族以召存信为首的一些青年和民兵，始终支援我军，抗击匪军。此时僰族部分群众已开始认识汉人中也有好人，但大部尚无认识。

全境解放后，经1年来使用僰族干部，召开了县区各族代表会，派代表赴京、昆等地参观及征粮的工作，逐步扩大了我党我军的政治影响，广泛宣传了政策，已使民族关系开始好转。

1. 首先是改善了汉僰两族关系

大军初进时，大部群众都很怀疑害怕，甚至逃避，后见我军纪律严明，才算放心。各区政权初成立时，头人挂名而不负责，对我有疑虑，甚至开会也不到，我工作同志下乡买不到饭吃，但经过各族会、宣传之后都转变了，群众说“国民党汉人是坏人，共产党汉人、解放军汉人是好人”，敢接近我们了，边界各族甚至国外的僰族、阿卡族都要欢迎我军去住，去解放他们。务本区副区长刀承福（官名叭蛮卖，即蛮卖村的总叭）初时装耳聋不懂汉话，不做工作，对我怀疑大，去年征粮征不起，工作同志去连吃的也买不到。区代会后，消除了疑虑，积极起来，到县开会不骑马，还当翻译（汉话讲得不错），回去征粮任务原计划6天完成，结果蛮房1天完成，蛮卖两天就完成。又如橄榄坝“叭蛮廷”很顽

① 濮满族，疑为“僰族”之误。——编者

固，去年征粮蛮廷房最落伍，今年来开县、区代会回去后，群众“赕佛”他不去，连夜动员人缝麻袋、修仓房，仓墙上牛屎不干乃想法上石灰，一天早晨就完成入仓和折征任务，次日则把折征的人民币和棉花交到区政府，而其他村尚未动，县府一通报表扬，接着他村也在二三日内即完成任务。又如去年群众都交糯米，而今年自动交饭米，扬净。

特别是召存信升任县长，并当了西南民委会委员之后，群众见了中央人民政府颁发的委任状都很高兴，说：“共产党不说假话，区长、县长都是自己人了，真正当家了，毛主席看得起我们，给召景哈下公事了。”景哈叭稿说：“从前还有人对共产党不真心，现在要真心实意了。”召存信也说：“没有共产党就没有今天，我也不会当县长。”我干部已有相当威信了，他们与僰族干部和头人一般相处均好。

解放后汉人对僰族无理欺诈、超经济的榨取已基本停止，未有所闻，群众对残匪九十三师流落的闲散军人、造谣坏分子都敢于起来控诉，要求政府“将他们远远地送走”。县府街、戛董街等街集即因坏分子汉人多，从前毫无办法组织群众，此次镇压反革命后，群众却自动组织起来，修街、盖房子，情绪很热烈。但一般汉僰两族群众仍有隔阂，尚未完全消除（当然语言不通、风俗不同也有关系）。

2.其次是汉族与其他各族之间的关系也开始改变

如攸乐族自统治者大屠杀后，畏惧仇视汉人，不下山，怕汉人上山，仅与小猛养僰族接近。解放后我工作同志初上山，攸乐见了很怕就跑。去年动员去运粮，回去死了几个，影响不好。去年盛传蛮卡寨头人蛮卡老四要暴动，开会都不到。去年12月县各人代会召开时，攸乐下来说：“这是谣言，他是未得政府正式委任，故不来。他保证今后要生产，不种鸦片，不当盗匪，要用人民币，表现很好。”此次蛮卡老四之弟到普洱开会回去，蛮卡老四和白拿子都当选了普洱区政府委员，十分高兴，又动员了许多代表到佛海开会，蛮卡老四因病不能去，其母（为当年暴动时之领导人，曾亲上前线督阵，今年64岁，威望很高）又随后动员了一批代表带着衣物等礼品准备赶去开会“送给毛主席”，未赶上。蛮卡老四母子等的转变使各项工作都好展开，汉、攸两族关系正在转变。去年12月，有一汉妇搬到攸乐山右嘴住，某晚要到别寨去，攸乐劝她白日去，夜里怕中途上的弓弩会打死，汉妇不听，果在途中被打死。两方协商，攸乐因怕汉人告发，乃答应赔偿400元半开，只赔了310元，不愿再赔。后来就告到区政府去，这说明已开始信任政府能为他们做主，敢打官司了。

困格族过去与攸乐一样，去年其头人埃乾到专区开会回来后，信任政府，努力宣传，征粮他已准备好棉花折征，工作干部上去开了一次晚会，尽情唱跳欢笑，次日即派人马驮了棉花下山，送出10多里说：再“团结”一回，“再教唱一支团结歌”，才依依不舍而别。

务本区大蛮垒村一带的倮黑，过去也与上述两族一样，直到开县代会时，才来了一批代表，主动讲话，表示永远跟着共产党走。

但是汉族地主恶霸仍然勾结匪特继续欺压少数民族人民，如务本区汉人不多，与倮黑等族杂居，但山上第一、四、五保的3个保长及副区长冯某（旧乡长）皆为汉族地主恶霸，又是大鸦片鬼。一保长，即大蛮垒村长陈某，甲长罗某，及旧保长胡某，原宁江土匪，到山上放高利贷、贩大烟，剥削少数民族起家成大地主，两县都有家，两头住，胡、罗各有2妻，在本县的都是胡自思茅县抢来的青年女子。至今陈仍放高利贷，榨取倮黑等族，自己占有土地不劳动，派少数民族义务代耕，蚕食民兵的公款，派民兵为其盖房子，游击时曾杀害我4干部，作恶多端。胡保长解放后拖了七八人在宁江边界当土匪，陈、冯等与之有密切关系，登记武器时罗甲长有枪不登记，我干部潘同志查悉追问，陈保长指使罗甲长之妻用毒药毒害潘，未死。四保长李某亦恶霸，五保长地主作风都极坏，倮黑、阿卡等群众恨之已极。有一次民兵抓了几个土匪（汉人）送区政府，结果民兵未到家，而土匪已先回家，群众不满我政府之宽大政策，不相信能为他们做主，故仍不敢说话，依然受着汉族地主恶霸的深重压迫（此后镇压反革命活动，可能逮捕之），故汉族与其他民族之关系仍未根本改变。

3.僰族与其他族之间关系也在转变中

如橄榄坝区靠法越边界，阿卡族官果等4寨，过去受匪特挑拨，要划归镇越县，结果两边都不服管，两年不纳负担，不会面，县代会时来了代表说：以前不懂理，以后真心服车里管了，要县长盖个印才有凭据（委状）。县区开会，各族大都会面了，阿卡等各少数民族十分愉快的，尽情倾吐过去数百年来所受压迫的痛苦和今天的快乐，都说：“今天能和僰族站在平等地位，一起开会是有史以来的第一次。”代表会订立民族团结公约，喝了咒水、鸡血酒，并以讲理说法方式说服僰族头人打破了有史以来平均负担、按户摊派粮赋的不合理旧规，改为“坝子多出，山头少出”的合理办法，僰族有的说：“我们坝子谷子多，应多出，帮助山头民族，大家团结，抗美援朝。”

又如景洪区三达山，三达族一向不服僰族统治，过去常有匪盗出没，僰族就不分黑白称其地为匪巢。游击时期山上发生了一盗抢案，民兵大队（召存信为大队长）上山捕盗，捕错了人，并乱拿了一些东西，引起三达族不满，乃告到县府说受诬陷，要求赔偿损失，后始查出抢案系当时地主武装“整训总队”做的，三达族有数人参与但已逃逸（三达族也承认），但民兵已解散无法清偿失物，只好在征粮任务中予以照顾。解放后，一向不下山开会，直到去年该族头人杜安宁到专区开会回来，才消除隔阂，表现好转。

（三）僰族、阿卡与国外之关系

僰族外与缅甸之南掸北掸，暹罗北部之掸族，越南、老挝之老族、土人、侬人均属同种，语言、文字、风俗等都很近似，互相通婚，往来甚密，有着深厚的民族感情。经济上常互相来往经商，宗教相同，国内僰族常去缅京和暹京朝拜大佛，所以国内外界线不分，亲戚、朋友等关系很多，常彼此往来游居，而僰族往来国内外，不办出入境手续，缅、暹政府不登记，不收税（一般商人去须登记，纳人头税，手续很繁），在大勐龙、橄榄坝等边境上居住的僰族均如是。阿卡族也与国境外的阿卡族有同样情况，加以僰族、阿卡族无旧中国的国家观念，对新中国的国家观念也尚未建立，同一民族跨界而居的现象到处都是。

在过去反动统治时期，僰族、阿卡等族因不堪反动政府匪军苛扰，曾大批迁移出境，连年不断，若干地方就此搬空了，而缅甸如景栋等地常见数百户大村庄，均自我国迁去。游击战争时期，宣慰使之弟刀栋庭、刀栋材、刀栋新等曾先后率少数反动土司、头人逃往景栋一带，并不断乘机挑拨，唆使僰族继续迁出境，大勐龙僰族逃出参加残匪者约60人。去年5月征粮时，景洪区蛮景猛全寨7户深夜潜逃，勐笼区边境阿卡族也搬走了几家。阿卡族头人腊老二去年来县开会后还跑了去，其他区也有。

但解放后残匪逃缅、暹边境窜扰，而我国境内较安宁，于是僰族、阿卡族又有自国外搬回来的，如橄榄坝即已迁回来了6家，还可能有更多的迁回来。

国外因残匪窜扰，靠缅境之猛泻、猛艮，即靠橄榄坝、大勐龙等地之僰族、阿卡族都数次写信，派代表来见我军公安团，要求出境去“解放”他们，并说“我们要服从毛主席”。我军不去，他们说“若犯罪，毛主席处罚，先杀我们”；有的不如愿，竟不回去，痛哭流涕地要求参军。边地国外许多土司都准备粮草，盼望着我军进去。

刘　杰

普洱区资料之七

——江城县情况

中央访问团第二分团

1951年7月出版

普洱区资料之七

——江城县情况

编者声明

这些材料是我们从1951年2月22日至1951年5月底（其中大部时间是在行动中），先后在蒙自、普洱、文山等地区进行兄弟民族访问工作中，通过当地干部、民族代表及熟悉当地情况的人士所了解的一些情况。为应各有关机关之急需，仅将原材料加以初步整理，尽量避免主观分析与结论，在文字上仅要求看得懂。但由于短期访问及仓促整理，情况难免不真实或不深入，观点难免错误。故仅能供各有关机关进行民族工作的参考或进一步考察的线索，并望于今后的调查研究，加以校正。

1951年6月　日

一、一般情况

（一）区划及各族人口比例

江城县计分5区：惠民区在全县中心，为县城所在地；康平区在其西，接越南、镇越、思茅、宁洱；宝藏区在其北，接宁洱；加禾区在其东，接墨江及江外区（墨江坝溜区南与元江南部及红河县之一部）；曲水区在其南，接越南莱州（又称赖州），与越南[①]猛乌、乌德相对，并有部分接江外区。共有34个行政村，人口约2万，其中包括22种民族，泰族占18%，汉族占全县人口15%，卡堕、僾僾、碧约各占10%，切弟、香潭各占8%，西摩洛占6%，窝尼占4%，布都占3%，其他如阿梭（又名阿苏）、木化、苦葱、蒲满、民家、傜家、腊迷、白红（又名补孔）、卡别（又名白合或博壳），共约占8%。据旧有材料，本县还有里王、阿路、本人3族。

① 越南，应为“老挝”。——编者

（二）民族分布

本县为各族杂居区，除傜族、苦葱聚居山头，泰族聚住平坝，余皆杂居（僾僾住平坝的多）。

民族分布情况，则大致：

（1）惠民区：汉人约占全区人口50%，僾僾较少，其他为窝尼、切弟、碧约、卡堕等。

（2）康平区：汉人约占半数，泰族约占25%，布都10%左右，其他为傜家、苦葱、碧约。

（3）宝藏区：卡堕占40%以上，香潭、汉人合占50%，余为傜家、苦葱、碧约。

（4）加禾区：碧约、切弟各占1/3，西摩洛、僾僾合占1/3，还有白红、腊迷。

（5）曲水区：泰族占30%左右，西摩洛占20%左右，碧约、窝尼、汉族、卡堕各占10%左右，还有少数腊迷、白合。

（三）各民族的特点

本县各民族，除傜家和泰族外，都是因在外县被地主欺压得不能生活而迁来，故有一定的阶级觉悟。又因县境内有大路穿贯各区村，通越南及墨江、普洱、思茅、镇越、红河各县境，都能听汉话，除泰族妇女、曲水区窝尼和西摩洛人的妇女不会讲汉话外，其余都会讲。

本县各族，除泰族土司制（与车、佛、南土司制同），傜家有自己的头人外，无本族的政权组织。泰族仅有一个土司召国顺，他的威信还不及康平区第四村的村长赵忠材，群众已提出不愿意上官租（占产量的20%至40%）给他。

各族不分男女，都能吃苦耐劳，傜家、苦葱住山头，种山地和“暖火地”（即刀耕火种）。泰族种水田，其他各族耕种的是山地或是水田，也以住处情形而定，食粮也因住地不同而异。只有傜家不同，在耕种时，全寨人口一同去操作（生产工具私有），收获后按劳动力平分果实。

全县有57个地主，其中汉族地主43个，占75.4%；卡堕、碧约、僾僾、泰族（即召国顺，约收租谷400石至500石）的地主共12个，占21%，其中有两个不详。富农有80多户，半数以上是汉人。地主多半是山主。

经商者多为汉人，泰族不经商，其他各族也很少有经商的。

傜家住惯山头，不敢来平坝（怕生病），仅在冬春两季背土靛、棉花、洋烟、兽皮（有马鹿、麂子、野牛、狼、狐、熊等，但不多）下山，换取零用杂货和盐巴、布匹。他们出产的土靛多，除自用外可大量出卖。

傜家与苦葱不织布。据云：以前有一个人在织布时，因布机响声被豹子听见，就把这人衔去了，从此这两族人就不织布，也不舂脚臼。其他各族都会织布。男子服装全同汉人，妇女除苦葱是着泰族的衣服（换旧的多）外，余皆服饰各不相同。

在文化方面，因为各族人民生活苦，读书的很少。泰族因信佛教，男孩十四五岁就入缅寺（佛寺）学习念经，念2年到5年不等，故男子多识泰文。傜家也有自己的文字，但无学校，他们是在空闲的时候或晚上，围在火塘边，由识字的老人教，男孩子都学习，他们的文字像汉文，不过多一笔或少一画，而念音不同。倮倮族也有文字，但识字者少，只有老人略识一二。其他几族无文字。

各族都有自己的语言，但碧约、卡堕、苦葱、切第、西摩洛的话相近，布都与博壳话相同，阿卡与窝尼话相近。风俗习惯，各族不过是大同小异。在婚姻方面，仅傜家是男女双方自愿，别族则由父母做主，然而有几族在结婚前社交是自由的。各族互通婚姻的很多，仅㑩㑩和傜家的姑娘不嫁别族男子。

除泰族有些歧视傜族外，大体上无民族隔阂。以前各族是有些仇汉的，后因阶级觉悟提高，仇汉心理逐渐消除了。

二、解放前后敌我势力之消长

（一）恶霸张孟希部队进江城到江城解放的情况

在1948年阴历八月十八日，以贩毒、抢劫、强霸民产起家的张孟希（在云南解放后，仍组织匪特叛变）投革命的机，派其地恶武装200余人，称民主联军独立第一营，由大队长彭声扬率领，进入江城，杀县长裴存权。

一月后，张孟希将彭声扬部队撤回磨黑以自固，叫民主联军独立第二营张克义（即李依仁）部队（自称江越支队）约300人调守江城。宝藏区地霸谢朝英、加禾区地霸何瑞南（省参议员）与康平区地霸普灿（普光表）、李开权等，联合以打倒民主联军，活捉彭声扬、李济新（即潘明同志）为名，号召民兵四五百人，称人民自卫队，声言进攻县城，同时放出国民党的军队打来了的谣言，此时，江越支队只留40余人在江城，余皆去镇越打老广人（匪军二十六军九十三师的散兵），如是李部吓退。

谢、何等入江城后，继续向群众剥削压迫，民兵（以卡堕族为主）见之，就自动解散，谢、何等入城未一月，即退出。

此时国民党委张孟希之弟张友仁（又名张述周）为江城县长，于是江越支队一同入江城。

当时我四、七支队的一部分同志，由方仲伯（现普洱专区专员）同志率领，由龙潭街入江城，李依仁与我不能协调，我军遂退。

1949年我军入宁洱县建立人民政权后，组织一武工队共20多人由荀彬（现江城县县长）率领入宝藏区，首先组织三四个村的政权机构及农会、民兵等群众组织，张友仁逃越，李依仁急派人与我军商讨接受江城事宜，从此江城得到解放。

（二）解放后的情况

1. 解放初期

1949年8月，正式接收江城县政权，同时由村而区的组织人民政权与村的群众组织，收借地主枪支给民兵保管。人民见我军与民主联军完全不同，非常欢迎。此时我组织40多人的一基干队，连武工队共60多人，而枪支不好，当云南宣告解放后，残匪九十三师的二七七团与二七八团由江城逃窜，因我武力小，虽动员民兵一同阻击，民兵也很积极，但未给匪军歼灭性的打击。匪军所过之地，人民损失很大，因而怀疑我们是否打得赢国民党。

2.征收1949年公粮中的4次暴动

征收1949年公粮先后有3次，第一次是行委会（宁洱专署前身）征收，第二次是供给入滇大军，第三次是按照军政委员会公布的征粮办法开征。这3次是任务一次比一次重，加上正碰到匪扰以后青黄不接的时候，加上部分干部“抓粮”的作风（任务观点），于是匪特造谣说：“共产党只许每人每年留120斤大米、1套衣服，多的都要拿出来充公。”“有5个鸡蛋纳2个的税。”“国民党打来了，瓦匪（荀彬同志的绰号）带着他的人跑了。”同时蒙自县长刘东福逃到加禾区，勾结地霸（乡长）杨玉清，并联络谢朝英及曲水区地霸李其鹏（此次暗中支持暴动，在1951年1月抓着关起）、张贵清（乡长）等，同时在各区暴动，他们以“到仓库去背粮食”来利诱群众，并以“不去攻打县城，就杀他全家”来威胁群众，于是宝藏区一、二、五村，加禾区三、四、五、六、七村，曲水区除开一、五村的其他村的民兵，交出了枪支（以前向地霸借出的），并参加了暴动。

因匪群联系不好，暴动首先起于加禾，在1950年阴历五月十日，攻占加禾区政府，接着宝藏区暴动，曲水区先后暴动两次，每次皆攻占区政府。因暴动时间不在一起，彼伏此起，先后为我基干团一团一营部分民兵所击溃，毙杨玉清，捉刘东福，张贵清与谢朝英逃越南。

此次暴动总主持人为县司法科长谭世雄（统战干部），在暴动后抓着关起。

此次损失：宝藏区死7个干部，加禾区伤两个干部，曲水区损失仓谷300多石，宝藏、加禾也损失了一小部分仓谷（宝藏损失4石多谷子、60多斤香油）。1949年公粮完成96%。

（三）群众组织与群众觉悟状况

解放不久，在全县各村组织了农会、民兵，但群众觉悟不高。在暴动平息后，群众知道被地霸特务所利用，有了阶级觉悟，在1950年12月以前的县农代会、英模会、各族人民代表会及各区农代会以后，群众阶级觉悟普遍提高，尤以靠近县城之中心区为最，在县农代会上，提出了禁烟、减租的要求，并拥护禁用银圆。现在，除加禾区接近把边江的一带——四、五、六、七村，康平区的傜家及曲水边缘区以外，都禁种烟，已种的就将烟苗拔出，并宣传多种粮食，以度过五黄六月。

在县农代常委会上，决定今年暂不实行减租，先整顿自己的力量，在1950年12月底完成整顿农会，将以前吸收的一小部分地富的狗腿二流子清出农会。

在征收1950年公粮时，群众情绪很高，自己评，自己议，评议后群众都很满意。现在已在重点入仓。在还没有入仓的地方，群众要求快些入仓，他们恐怕粮食吃完了交不出来。

全县的民兵也经常整顿，现在每村约80名民兵，全县约有2000名至3000名，并组织民兵中的积极分子为“人民武装自卫队”，为民兵核心组织。

全县民兵情报网都组织好，在防匪肃特中，认真站岗放哨，盘查行人，递送情报，在近几月中抓到3个特务。发现谣言，立即追根，并向上反映，发现匪情也是这样。在曲水区把边江对面墨江地，有杨德高（土司）的匪部，曲水民兵组织巡逻队，每5天顺江巡逻一次。康平一、四村泰族民兵，一面修路，一面防匪，非常积极。

现在民兵最大的要求，是要求县政府发一些枪支给他们，惠民六村代表陶香亭说：“在张孟希来的时候，收民间枪支，我们贫雇农（碧约，贫农）都交出去了，地富的多，可能藏着有，他们要拿着害我们的。现在逃亡地主，像普光表、李开权等这些人的家属，把牛马牵到越南去，民兵没有枪，不敢追，看着他们拉着去。”他说：“我来的时候大家叫我说的就是这‘没有枪，就做不好清匪肃特，巩固国防’，将来又怎样能土改呢！”边境匪特活动较多，需要枪支防御抵抗，但因边境群众觉悟较低，县里不放心把枪支交给他们。

三、匪特与国防问题

（一）墨江县坝溜区及江外区土匪对本县之影响

目前本县境内无股匪，在加禾区隔坝溜江之墨江县坝溜区南，有小股惯匪，经常有10多人窜扰加禾区，抢牛马、劫商人，匪首为四川人小张、仓阿人仓桑及杨德高之走狗。今年2月初，小张等10余匪徒，抢了加禾区第五村坝第寨老王家的8条牛及一些布匹用物，去对江洛马第的百老寨，当时我驻加禾的一连军队，协同民兵追剿，打死仓桑，打伤两匪，追回5条牛（但我民兵杨阿乖因误伤而死）。此后，土匪不敢住在一个寨子里，常冒充墨江检查队在对江活动。

在曲水区江对岸，有小股土匪包顺成、李龙戛。

曲水区对岸与江外区，住民多为窝尼与腊迷，对汉人仇恨深，对共产党完全不认识，故土匪有群众基础，长期据此——在宁洱区解放前，此地即为土匪割据区，解放后一直没有澄清，国民党残匪溃散时，在此区即留下七八人，故土匪多少带些政治色彩。

江外匪首有杨德高及其妻子、普曾禄、曾德鑫、李时俭等19人，常定期集会，匪众武装传说不一，估计约百人。1950年底，匪众进攻红河县西南区，抢去国民党匪军缴出寄放在老百姓家里的好枪50多支，于是更为猖狂，据云要分三路进攻江城——一路由普曾禄带领攻曲水，一路由杨德高带领攻加禾，一路由曾德鑫带领通过加禾攻宝藏区猛野井抢盐巴，然后回去固守洒马（曲水、加禾东，属红河县）之四大寨。此说似乎可能，因此四大寨已经集中了一批牛马，而当地兄弟民族的人民缺乏粮食、盐巴，而匪部经济困难（先后向当地人民派了900元半开的款），但此说是在2月前我军全面进剿前的事。

2月初，边防司令部派一连人进剿，在到达与洒马接近之山头驻下时，匪众百余，主动来包围我军，我军伤1人，后奉命撤退。

在此以前，匪之特点为：我进剿他就分散，我去后他又集中，找我弱点游击、伏击。在一月中，我一连人进剿中伏，死连指导员及两战士，且在我进剿时，老百姓走光，弄得我们找不到吃的。

（二）国境上的匪特活动

在越南境无股匪，但有过去参加叛变的匪首及部分逃亡地主组织“安江革新委员会”的特务组织，大部分人物如谢朝英、陈春贵、杨遇春、何瑞南、张贵清、张美、陈国蕃等在边境活动，并派特务到江城探扰，在县府（四周筑有工事）和部队驻处，发现常有人来探视。陈春贵住在距我三四里路的马立头（属越南猛乌①），经常带七八个人来边境做生意，并偷跑一二人进来。何瑞南住大做厂（在惠民六村南，猛乌东，属越南蓬西里省），与普光表、李开权在老君河（猛乌北10多里处）一带活动。这是江城西南边境之情形。在江城东南边境，有张友仁、李菩萨、王四、杨遇春、陈国蕃、张美、张贵清等匪首在越南边界上小黑江（与曲水六村接界）、阿叽寨（与曲水三村接界）活动。前抓一特务罗恒益（去江城放毒）供称：匪众欲于2月中分两路——一路由张友仁率领由镇越攻江城，一路进攻猛野井。

（三）境内匪特活动的几件事

匪特在1950年10月以前，以造谣为主。我干部下乡，他就到城里来造谣，我们回城，他就在乡下造谣，如“天上蚂蚱两斤半，地下共产党两年半”，如劝世文上说“七八月要下黑风、黑雨，人要死八成半，要少跳些（指积极分子），否则口吐鲜血而死。每人见后，要抄写几份传出，否则被罚口吐鲜血而死”，等等。在10月以后，仅在边境有“第三次世界大战打来了”“胡志明被抓到了”等谣言。

今年2月初，基干一团查出一医务员李忠英，被特务杨××收买有1个月的时间（用金子、女色引诱），要他拉拢部队中的落后分子，查到时已经拉到两人，一人已参加他们工作，一个正在商谈。李又将一团一连的一个排的名册偷去，准备交给杨××，杨要他们杀指导员、营连长和县长，并且要他们在匪众进攻时拉拢部队中落后分子做内应。杨××为随张友仁逃越南者，在美帝所办之特训班第一期（去年7月）毕业后就来江城（据云：特训班已办了3期）。他带着水笔形的枪，有6粒无声子弹放在香烟盒里，以几个人打麻将的手帕作联络符号。

从去年7月起，发现城内大商人常到城外开会，街子天有人带着黑眼镜卖鸡蛋，对此发现正在侦察中。

今年2月初，在宝藏区，发现地主经常开会，组织武装。

① 猛乌，原属中国，后被法国割去，今属老挝。——编者

今年2月底3月初，在康、加、曲各有一自然村无故失火，无被害者，但有两个干部死因不明。

1950年10月中，加禾坡头寨发现一只鸽子，脚上系一有密码的胶筒，密码无从认识。

受匪特扰害不安的地区，是曲水、加禾和惠民六村，居民要求发给他们枪支，要求大军驻防。

（四）有关国防情况

县城距边界60里。

本县南部——曲水区南与惠民区第六村、康平区第一、四村泰族聚居地与越南之察北州接界，接界处住民，坝子是泰族和汉族，山上是窝尼、阿卡、傜家、西摩罗等族，还有少数白合、卡堕、碧约等族。察北州与我接界处居民，多从中国搬去者，有窝尼、泰族、傜家及少数切弟、香潭，在旧政权时，两边住民常互迁移——这边税款重，就迁去；那边不安定，就迁来。两边住民有姻亲关系，以前常来往，近因越境不安静，不去了，以前迁出者，解放后曲水迁回了10户，惠民迁回了30多户，征1949年公粮时，又迁去了10多户。在康平四村境对面，有一寨泰族，想迁过来，后因那寨附近驻了法国军队，不敢迁过来。在1950年11月，一越境替法帝送照会来之傜家说：“共产党好，希望能够帮忙我们解放。”1950年11月又迁回4户窝尼，他们说：“大朝地（中国）平静好过了。”

在以前，两边住民都有到境外种田的，两边租谷可以相抵。去年法帝禁止越民到这边来种田，这边住民在那边种田的，到谷子熟时，法帝要他们把租谷送交县府里去，未交就扣了两条耕牛，谷子被割了10多石。他们生气了，说以后不再去种田。

曲水三村大青树自然村，有一个以前迁去的汉人，在解放后要迁回来，当地行政人员（相当于保长）泰族扣了他的耕牛和农具。在去年10月时，他过江城来，被那个汉人见着，就将他私扣起来藏在山上，要他写信回去，叫他家里把相当于耕牛、农具的钱还来后再放他，他不允汉人就不放他回去。后越境泰族见人不回去，就在1950年12月19日，由猛邑州官（等于县长）的大儿子，带了30多人来村讨人，这边村长不知此事，就复说没有这件事情，后来村长知道了，也相应不理，来人生气，就抢走了14条牛、两匹马和一些农具，并拉走了两个人（在半路上逃回来）。事后政府组织了一个慰问团去慰问并了解情况，边民希望大军驻在那里。

今年2月6日，我民兵追一马帮，到越界后始追获。此马帮共14人，其中有两个元江叛乱地主——张增福、卢××（省参议员）是老板，有两个是江城逃亡地主李菩萨的儿子。

在去年10月前，江城与越境有正常的贸易关系（两边都发护照）。自10月以后，停止与法帝通商关系，但商人去越境，在县府报告一声即可，因日用百货和盐巴要从越境运来一部分。

在鲜西里[1]，有华侨反动组织——华侨班，约100人，班长为李海啸。在1950年11月，

① 鲜西里，即丰沙里。——编者

李请鲜西里省长出名，给我来一照会，要求恢复通商关系，继续发护照。我没有表示态度，考其要求通商之目的，无非：（1）混进匪特；（2）与江外土匪勾结。

1950年12月2日10时2分，法机侵入领空。以前国民党残匪逃窜时，法机也侵入3次。

1951年2月初，鲜西里有法国军官常来巡视边防，并派30余人来探视我方边防情况，先后被我民兵抓到3个。

孟义州官与谋叛地主李其鹏拜把兄弟，当去年征粮食时，曲水第一次叛乱，张贵清被我围剿逃孟义，孟义州官缴其械，后李其鹏去说情，我将枪支退给张贵清，致供张贵清第二次攻曲水。

江城人民普遍痛恨法帝，因边地无盐，人民去越境背盐或做小生意，被法军发觉，就被关进黑暗的地牢或水牢中（水至胸部，捉去第一天迫吃2两盐，第二天吃4两，第三天吃6两……口渴喝水，以致而死），或罚做苦工，所以非不得已不敢去。

越境法军的据点有五：

（1）猛乌——鲜西里省之一县，距江城1天路。

（2）乌得——鲜西里省之一县，距江城半天路。

（3）莱州省会。

（4）鲜西里省会。

（5）嫩继房——就在边界上。

法帝在这些地方驻有军队，或打算设兵营。

江城与越境接界处①，无险阻，而到处有小路可通，故加强边防是一问题。

四、教会情况

本县教会有两派：一为安息会（教徒不吃猪肉），传来有10多年，但信者不过七八十家，现其负责人为墨江县碧约族人白金荣。一为神召会，在此传教已20多年，首先来传教的是丹麦人正牧师捏约三，他后来回国一次，运了一些物资来，除自用外，作为做小惠利诱人民的本钱，他在1943年回国后未来。与正牧师同来的，有英国人副牧师，在第二次世界大战前回去。

现在负责者，有罗春荣（墨江碧约族）、罗克成（汉人）、白连望、杨德有（皆为碧约）、普光权（僾僾）、普德望（僾僾，他是被别人借名传教者）5人，主要负责的是罗春荣，他在江城负责教会事已8年，去年年底去昆明开基督教会议回来后，组织教徒中之积极分子十五六人成立“灵工团”，为传教的核心组织。在最近两三个月中，他们以“毛主席、斯大林都信教”为号召，说：“共产主义，是从教会道理中产生出来的。”在他们极力的发展中，教徒人数增加1倍，共3000多人。

---

① 江城同时与越南、老挝接壤，此“江城与越境接界处”，即包含了越南和老挝两国的地名。——编者

教会以惠民七村为中心，在惠民的七、一、五、九村及加禾三村、曲水撇毒村都有教堂（共8所教堂），信者以僾僾族为多。

教会学校共4所（学校即教堂）：加禾村1所，学生40多名，不信教者也可以入学，老师为罗克成；惠民太平村1所，学生50多名，老师墨先材（僾僾）；惠民麻栗树1所，学生10多名，老师杨金海（僾僾）；惠民三家村1所，学生20多名，老师罗春荣。课程以《圣经》为主。

老师之薪水，部分取之于教徒之乐捐——一年100多万人民币（其中一部分用作买祭品），可能一部分由总教会供给。

教徒大部分信之很深，虽遇大风雨，仍按期去教堂礼拜。虽在农忙时，安息日全不做活。教徒不吃酒烟，能帮助人。

教会在表面上看起来是与外人没有联系的，但据1950年11月干部反映，在教徒中传出“共产党是青草，过不了冬天”的谣言，在曲水，据云教徒中有“青年乱共自卫团”的组织，详情不知。教徒多半不信任政府，说共产党禁烟是向他们学的、“基督永在，共产党不长”等语，说“剿匪”是违反了基督博爱的精神。

另外，江城还有佛教的组织，会址、会员人数不知，去年发出吓人迷惑群众的劝世文，但未查出根来。

五、经济情况

（一）农业概况

本区地广人稀，土地肥沃，气候为温带与副热带气候，故农产品种类繁多。田有“粪口田”（在村寨附近，大雨时可将粪水冲到田里去）、“水田”和“雷响田”三等。一般不施肥，或将稻草留在田中当肥料。种时三犁三耙，很少除草。收成可达种子的100倍至200倍，顶好可达300倍，一年只种一季。旱地有“熟地”和“暖和地”（即刀耕火种地）两种，耕作也很马虎，不上肥（熟地，挖两次，耙一次，烧当地的草做肥料）。旱地的产量不一定，若雨水及时适中，而无虫、兽（刺猪、熊、猴）的损害，可收到种子的5倍到25倍。田地荒芜的很多，“暖和地”种1年就丢荒，熟地种两三年后就丢荒两三年，旱地多半是一年种两季。在去年领导上有意识地使大家种小春——豆、菜籽，但种者不普遍。

农产品：

（1）粮食——康平、惠民平坝多，出稻米，其余3区以产旱谷、玉麦、荞子、小米豆、胡豆、小红米等为主（曲水区平坝较多），全县粮食可自给，在康平、惠民可余一部分销宁洱。本县米价最高不过800元一斤。

（2）棉花——棉花主要产地为宝藏区，除本区自用外，余者销宁洱。康平、加禾、惠民3区也有出产，但不够自给，商人常到镇越县的易武运棉花来（收税标准：10斤净花等于两石谷）。

本县气候适于栽种木棉，随地可以播种生长，不用施肥，栽一次可以收获几年，以前因木棉花纤维长，手工不易弹纺，砍去了许多。去年农民代表开省农代会到纺织厂参观后，知道木棉利于用机器纺线，回来后大大宣传，但因木棉种子要从开远运去，而交通又不便，今年来不及种植了。

（3）茶——茶以惠民出产最多，其次为加禾。全县产茶最盛时，年达12000担（每担百斤），一般也在6000担左右，以手工焙制，销越南、香港等地。抗日战争两年以后，因越境战争频繁，交通阻塞，茶无销路，因此茶树砍除或茶山荒废的约占90%。解放后渐渐恢复，至去年约产500担，但因无销路，而政府又按茶产量的30%折合成粮食收税（收公粮），这样影响了人民的食粮，所以今年老百姓对修理茶山已不起劲了。

（4）糖——全县山地都可以种甘蔗，以惠民为最多，用土法制糖，除自给外，销镇越全县及越南江外之一部。据代表陶香亭等讲：因生活困难，地要种，粮食要吃，种甘蔗的一年比一年少，现在产量不及全盛时之2/10，又因政府要收45%的糖税，并要折合粮食缴纳，所以种的更少了。

（5）其他——其他农产品有芭蕉、菠萝，因销路不好，而自己又不会制成罐头，没有有意识地栽培它。另外，有部分的土靛、草烟销出，洋靛也可以栽培，但不知制法。油以麻油、菜油为最多。野生的藤篾竹亦很多，可编制用具。

（二）矿产

（1）盐——本县矿产中，主要者为盐巴，与人民生活关系密切者也是盐巴。出产以宝藏区猛野井（岩盐）为最多，年产约数万担（每担百斤），其次为康平区之整董井，年产约15000斤。这两个井在解放前是包给灶家或当地人民熬，解放后，猛野井仍包给灶家熬，整董井给当地人民（康平四村泰族）无代价地熬了1年，他们除自给外还出卖一部分。去年全国财经统一后，两井收归盐厂管理处管理，整董井完全没有熬，猛野井只熬了1/4（现在只有解放前一半的工人——100多人在厂，而且分两班轮换工作，等于只有50多人做工），故全县有“盐荒”的恐惧发生。

（2）其他矿产——康平区整董有煤油矿，泰族将矿泥搓成条点亮。把溜江边有金沙、硝矿，境内有铜矿、铁矿，因未勘查，不知藏量。江城街附近有煤层露出地面，取用无须采掘。

（三）其他物产

本县以前产紫梗很多，后因销路不好而减少。本县也有部分肥猪出口的。

（四）贸易情况

自去年10月后，对越南又无正式贸易关系，因日用百货有部分需从外输入，故商人可以在报告政府后去越经商，运去糖、盐和土货，带回布匹、洋靛和日用百货，但法人对我商人已有限制，如在猛乌，非他熟悉信任的商人不能去。去莱州较自由，对越贸易用的货币是法国票和半开，回来后多运货到墨江、宁洱等县去卖，在江城开店，不过是装门面，没有什么货物。

江城至今尚未成立贸易公司与人民银行，政府也没有组织过贸易工作（刚成立榨油与纺织两个合作社），因此农产品价贱，而相对的盐、布匹、日用百货、农具价高。

街子只有江城街一个，边远地方来赶街，一次要花3天时间。最近组织一工作队，打算武装下乡，进行贸易、医药、调研、情报等工作，并使人民币下乡，促进城乡物资交流。

六、干部情况

全县干部，由县级到村级，脱离生产者160多人，缺少骨干，如公安局，连班级干部共20多人，但无一工作作风正派起骨干作用的人。正局长黄灿东（党员），地富出身的知识分子，处理事情讲私人感情，与外界来往冒充上级，打击领导威信，并与华侨班班长李海啸勾结，李海啸叫他带着3把斧子去，说对他有好处，他就带去了。而副局长是由三十七师下地方的，作风是正派，但不能团结同志。

兄弟民族干部，在县府工作的有2人，一为科长，一为粮库副主任。区级干部9人中，有2人是傈僳族、2人是卡堕族、1人是回族。村干部多半是脱离生产的，故多是兄弟民族。在以前，未注意培养兄弟民族干部，仅在一、二、三期专区民族干训班中送来了三四十人来学习。兄弟民族干部，一般是工作热情高，群众关系好，但工作能力差。

160多名干部中，党团员约占1/2以上。党务工作干部差，县委共2人，一兼行政，一任组织工作。

农民出身的党员有30多人、团员6人（在惠民区），能在工作中起核心作用。

七、文教情况

（一）中小学情况

解放前有1所初高级小学、17所初级小学，并有一相当于中学程度的师训班（学生供给：90%是公费，免学杂费的约占10%），约办了1年。

在1950年，因教员待遇低，每月每人最多100斤米，不够维持一个人的生活，因此教师缺乏。又因征粮时的4次暴动中，群众不放心让自己的子弟入学，所以连两级小学在内，只恢复了9所。

今年群众觉悟提高，要求自己和自己的子弟都能得到学习（全县共1/3以上的村子中，无一人识字），有好些地方，要求政府派教师去，校舍桌椅都自己想办法，故今年恢复小学9所，各区文教助理员、区政府秘书都兼任了小学教师。现在群众要求每村都办1所小学。

小学学生现有300多人，其中绝大部分是贫苦的兄弟民族子弟。

去年下半年，办了1所省立初中，学生30多人，今年又增加了一些。

中小学的经费是由县里供给，教员待遇加到每月120斤大米。

（二）社教工作

去年11月开始，以城区为重点，试办时事座谈会，开始是由城区中较进步的商人和文教科的干部进行宣传组织。每家至少有1人参加，编成小组，每逢街子天（4天一街），敲锣集合在一起，听县府负责宣传工作的干部讲时事，讲的多半是当天看到的报纸上所载的消息、政令布告和重要报告。虽然有部分群众接受不了，但使群众晓得了“好多天下大事”，群众非常高兴，有个别的人，因听了时事，不再赌博、吃大烟了，来听的人渐渐多了，以后每逢街天，群众都自动地去听。

在今年2月，城区附近和康平区的三四个村子里，发动各村中学生和小学生（还有部分小学教员）办识字班，教认识人民币和数字。参加者约二三百人，妇女约占半数，年龄多在30岁以下。他们学习的情绪极高，随时身上带有粉笔，有空就在地上写自己认识的字。

在城区办了一黑板报，主要是宣传抗美援朝、保家卫国，但未结合当地情况进行宣传，又因识字者不多，故黑板报所起作用不大。

在春节时，结合拥军优属，抗美援朝、保家卫国，以演活报的形式，做种种宣传。而每一个工作干部，走到任何村寨，都要抓紧机会，做时事宣教工作。

在去年开农代会时，县里买了一些书报画刊给代表们看。代表们看了，要求政府多买一些，给他们带回村里给大家看。

八、疾病死亡情况

有摆子和痧症，痧症最厉害的有大黑痧、麻痧、哑痧，发时若不立即诊治，数小时后就会死的。现多用土法“刮痧”，或吃土药医治。因本县气候在普洱专区说来，还不算变化剧烈，故死亡率不大。

现在全县医药设备，仅县府有一卫生科，有些药品，但没有一个好医生。

九、群众提出的问题意见和要求

（1）食盐问题。猛野井盐厂管理处主任何英不积极想办法在雨季前多生产盐巴（到雨季不能熬盐），不顾群众吃不吃得起盐巴，将盐价提高，群众买不起就去偷矿，他捉到了就吊打，还要上软板凳，并枪毙了1人，县工会向他提出控诉。有一个工人被他将两只手臂吊烂生蛆了，也来告他。县里派财经检查组去，批评他他完全不接受，他说他是中央机关的人员，地方政府管不着。第二次检查组去时他不在，但他走前吩咐了不许检查。现在他留在专署（未放他回去），代理人恐耽误生产，叫灶家先熬着，后商量经营的办法，但灶家顾虑政府收回办理，所以不肯熬。盐贵人民买不起，在两次县府各代会上，都提出要求减低盐价，而且雨季前多生产盐巴（并在第一次会上批评了何英，第二次会上要求撤换他），但盐价减低不多。县府向专署提出建议，由盐厂贷盐给贫苦的群众，专署同意了，但盐厂不允。后县府拿办公费买了2000多斤盐，分贷给各区穷苦群众，但因为数过少，问题不能解决。群众多去越境买硝盐（便宜，1元半开10斤），但背盐被法军看到就抓了关起，这边看到又要没收，因此特务公开地说："你们同我们一起去磨黑，包你们有饭吃。"整董井泰族群众希望政府给他们自己熬，不多熬，够吃就可以了。

（2）贸易、禁银与税收问题。禁银以后，农民简直无力购买生产资料和生活的必需品，因为农民种出的棉、茶、糖……政府没有有计划地收购，价低，卖不出去，手中就没有人民币。在3月初，虽有意识地抛出5000万元人民币，但干部做生意的观点，将这些钱买了布匹等物，人民币绝大部分流入商人手中，所以农民买生活及生产必需品就非常困难，何况江城没有贸易公司，物价由商人所操纵，加上交通不便，致必需品价格高（一把鹤嘴锄要卖25000元），农民更买不起了。江城街子太少，使农民交换物品不便，也是一个问题。

棉花、茶、糖不仅销路不好，且政府对棉花、茶、糖的税收是要折合为大米缴纳（公粮收入的一部分），这样影响人民的粮食，致使人民对生产棉花、茶、糖的情绪不高，严重妨害3种农业产品的生产。

有些落后的群众反映说：共产党来了最恼火的是要盐巴、要粮食。

现在群众迫切要求政府解决的是：办贸易公司，收购土产，运来盐、布等物，尤其是农具。

（3）民兵迫切要求政府发给枪支，使他们真正能够负起肃清匪特、巩固国防的任务。

（4）希望政府每村办1所小学，办识字班。有许多积极分子，希望到干训班来学习，到外面来开会、参观。

（5）要求政府办1所医院，请1个好医生。

（以上材料是宁洱民族代表会议中的访问，江城县委书记纪庆明同志所谈。）

姜季贤

1951年3月20日

普洱区资料之八——镇越县情况
中央访问团第二分团
1951年7月出版

普洱区资料之八
——镇越县情况

编者声明

这些材料是我们从1951年2月22日至1951年5月底（其中大部时间是在行动中），先后在蒙自、普洱、文山等地区进行兄弟民族访问工作中，通过当地干部、民族代表及熟悉当地情况的人士所了解的一些情况。为应各有关机关之急需，仅将原材料加以初步整理，尽量避免主观分析与结论，在文字上仅要求看得懂。但由于短期访问及仓促整理，情况难免不真实或不深入，观点难免错误。故仅能供各有关机关进行民族工作的参考或进一步考察的线索，并望于今后的调查研究，加以校正。

1951年6月　日

一、概况

本县共有16种民族，总人口3万余。泰族（包括补角）占50%，阿卡（包括四甲、布里、鲁门、都必、他角）占18%，傜人占13%，汉人占6%，本人占4%，余如岔满、苗族、香堂、阿克、苦葱、补蚌、仆满、等角几族人口均很少。出产以糯米为主，其次为草烟、棉花、菜籽、甘蔗、鸦片（数量少）、茶叶。米产量8万石，消耗量6万石，余2万石。茶叶产量抗战前年产2000担，自解放战争开始，年产300担，今年只产200担。棉花可产1万斤，除此还有樟脑、树胶、玉麦、豆子。

矿产主要是盐巴，质很好，做成砖盐，过去曾销往越南。

生产工具：每年需要洋锄500把，从暹罗运来旧式牛犁，每年用1000把。山锄本地自做，每年1000把，砍刀每年要2000多把。铁从内地运来，钢从外边运来。

全县出口货为茶叶、盐巴，茶叶最高额可运出2000多担，可收入20万半开。入口货：蓝靛、布、铁、缝衣机、药品等。

二、民族分布地区及来源

泰族：分布于猛捧、猛远、猛奔、猛醒、猛仑、猛伴、猛运。

阿卡：

a. 四甲：住藤篾山旧龙、拱丙、叭龙、康儿打冷、慢甘、扎不宛、小仁、合板。

b. 布里：布里、猛满、猛起。

c. 他角：猛伴一带。

d. 都必：先朋寨。

e. 鲁门：猛伴、岔口寨、叭打丢、铁匠寨、新寨。

傜家：藤篾山、毛黄地、蛮卖山、厂洞、三棵庄、松山脚、新山、蓝靛河及大包包一带。

汉人分布于易乌区一带，本人在蛮乃、蛮腊，香堂住洒滞、高山、大竹林、老百寨、黄连山，等角住黄竹林、大梁子、摩等，苗族住萝陶寨，岔满住猛远、猛腊路边上、王四聋、磨歇，苦葱与泰族杂居，仆满住蛮腊山。

最先居住镇越的，据说是泰族，他们什么时候来，从什么地方来，没有一个人知道。傜族、阿卡本人、岔满等族来源略有些传说，分别列述于后：

傜族：据本族代表马二、周二谈，傜族是由广西迁到镇越的，他们迁来的路线是由广西西南迁至云南广南，住了一些时候，因生活困难，再迁至镇越。他们的传说是："因广南没有可耕的山地，时时在打听什么地方好，结果有一个商人告知他们，镇越有茶山好过活（本县易武产茶），傜族就要到镇越来，但不知路线，于是商人说，你若买了我的这匹骡子，它就会带路，这匹骡子是常到茶山去的，茶山有很好的草，骡子很喜欢去茶山，结果傜家买了这匹跛脚骡子，果然把他们带到镇越。"

阿卡：他们的传说是从元江迁来，迁来原因是与汉人争土地，双方赌嘴，各人拿一件东西放到元江里，看谁的东西漂得最远，土地就是谁的。汉人聪明，把字写在竹笋叶上，阿卡人把字写在铁锅上，两方同时把东西放到江里。阿卡的铁锅一放下就沉到江底，汉人的竹笋叶放下后却浮在江面随水流得很远，于是阿卡不得不从元江搬出来。据说搬来时他们还带有元江田地的契约，后来火烧房子烧掉了。

三、生活情况

1. 泰族

多靠水边居住，生活散漫自由，喜欢吃生冷的东西。吃饭时不用碗，左手抓饭，右手拿匙取汤。吃糯米为主，菜为野果、兽肉、鱼肉。平民住竹造草盖的房屋，土司住瓦屋，平民不准盖瓦屋。人住楼上，楼下关牛马；楼口有晒台，可晒食物，内房不准客人进去。吃饭不用桌，用竹席。男人衣服是对襟大裤、短衣，头上包白布，带长短刀，女人上身短衣，下身长裙，不穿内裤。土司及头人用银链做裤带，用金银做装饰品。泰族结婚不分上下辈，多早婚。丧事是人死以后向缅寺大佛爷做“赕”，不穿孝服。15岁以下死的人，在半个月内一定要抬出去，后半月死的不能超过第二月。一般人用土葬，头人用火葬。小和尚进佛寺时，叭龙在身上刺花纹，如蛇、虎、咒语、经文等，头人用赤色染，人民用黑色涂，身上不刺花纹的就会被轻视。男女都染牙齿。人病了就做“赕”。他们的姓名时常改。

2. 阿卡

大部分住山头上，生活很苦。多种山地，以谷子、苞谷为主食。住的是草屋，盖在半山坡，屋内黑暗，分为两半，一半男人住，一半女人住。衣蓝布短衣，四甲阿卡女人上身穿短衣，下面着裙。

3. 傜人

多住山头，吃野兽鱼肉，住草房。楼上堆粮食，下面住人，房子周围用竹笆围一圈。男人穿对襟衣服，用几丈长的布包头。女人穿长大衣，胸前带上1尺长的花线，耳带大银圈，赤足。婚姻自由，订婚时男女互相伤对方的手，若伤处化脓表示两人的相爱忠诚。结婚时是男人到女家，暗将女的抱到山上去同住10多天，搬回来家里。他们不喜欢离婚。他们的孩子10岁以上就拿弓上山学打猎，长大后，父母另给一支大枪。种棉供自纺、自织，雨季在家中学习。每逢生人到寨子来，就把门关起来。人死后火葬。

四、政治情况

泰族在各勐有土司（分大小），下有总叭——四大叭（接嘴）——老叭——老线。

统治情况：总叭及四大叭商量全区的摊派登记，老叭、老线直接负责一村的摊派收入，交总叭，又请四叭为证当面交二“占养”，大的管钱，小的管锁。坤乾记账、写公事等。总叭听土司的指挥。

傜人一个不服一个，没有总领导，有事一个找一个，每村有自己的火头一人，通过甲长来解决寨内的纠纷。

五、民族关系

民国三十一年正月，车里县攸乐民族有一个名叫曼卡（地名译音）老四，领导攸乐、傜家、阿卡等族起来反抗汉、泰二族的统治。起因是车里县牲屠税比往年征得重，按每户人口，不管宰不宰牲口都要上税，攸乐民族不能忍受县政府的剥削，由曼卡老四号召各兄弟民族起来反抗统治他们的泰、汉二族，得到了镇越、佛海、思茅、越南等地的阿卡、傜族的响应（因阿卡、傜族也是极受泰、汉人的压迫与歧视的），他们的口号是“杀汉不杀彝，吃鸡要剥皮”。于是各地纷纷打杀汉、泰人，车里县长吓得逃走，镇越易乌区区长许杨坤出去新厂洞一带安慰，就被傜族杀死，烧杀思明县（现已没有了，在思茅与镇越间）府所在地依邦，情形非常严重。又正当日本军队逼近镇越、车、佛、南边境，各县纷纷拍电向云南省政府请示，省府复电命令“抚剿”兼用政策，“以剿为主，抚为辅”，派九十三师至镇越围剿，但没有办法平息。民国三十二年四月，省府又委李文新为镇越县长。李到镇越用“安抚”政策，不准进剿，邀勐腊、猛拿、猛仑、易乌等4区之傜、阿卡、泰族、汉人开了个会议，吃鸡血盟誓（傜族代表马二也去了），议定此后互相不攻打。此事件中傜家死了很多人，攸乐也死了不少（详细数目不知），且各民族互相残杀很厉害，不管熟人亲戚都要杀。如易乌区汉人吴仕康，他的干爹是傜家陆大，吴仕康被县政府派去安抚傜族，傜族就杀他，他的干爹陆大对他说：“干儿子也要杀了，因为时候到了。”又镇越的杨安仁，到攸乐山（车里）做茶生意，讨了一个攸乐女为妻，因惧别的攸乐杀害，同其妻跑回镇越，被发觉，追赶至半路连其妻一同杀死。攸乐、阿卡、傜家不仅反抗国内的统战与压迫，法帝他们也反抗，法人曾用飞机来轰炸他们（详细情况谈者不知）。

当时领导傜族的是邓三、老大，将所有各县的傜族集中在镇越、旧龙、拱丙与汉人对抗，镇越的泰族见势不对，派人求和，出钱出大烟投降他们。

傜、卡之所以如此不顾一切起来反抗，当然是长期受汉族、泰族压迫的结果，当时有谣言说：“攸乐将要出仙人。”傜家说，他们将要出盘王仙人，盘王出来，他们的日子就好过了，不消种田种地也有得吃的了。又说，他们有神保佑，敌人不会将他们打死，因此他们大跳大舞不从事生产，在战争中因缺乏粮食饿死了很多人。傜族代表马二说：“那两年真怪呀！做哪样事都不顺，一点小事就与人冲突起来，傜家每人背一大把刀，自己的铁匠天天在打刀。傜家是走惯山路的人，看敌人在哪里支着大炮就去哪里，专要找那些猴头子（指敌人头人）打。”马二也知道那次民族仇杀是蒋介石引起的，他说：“老蒋什么都要，种辣子也要，草烟也要，气不得才打。”

经过了此次民族仇杀之后，直至解放后民族关系才稍有好转，但阿卡对泰族始终有成见，如此次开会，阿卡族代表喜同傜家、香堂坐在一起，他们很少有同泰族代表谈话的。泰族看不起阿卡和傜家，一个泰族代表要到傜家与阿卡的桌上来吃饭，他们说：“人够了，你到别桌去。”这个泰族代表就不客气地将他手上的饭碗往菜桌上一丢，还要用拳头打他身边的傜家代表王小米老大。这举动引起了全体傜、卡代表的愤怒，他们都要打这位泰族代表。后来其他泰族代表看到这种情形，都来骂本族的人不好，说他是最坏的人，吃饭是白吃了，又经别族代表来劝阻，双方才罢休。泰族个别代表的举动，虽然不足以代表现在的整个泰族，但这个别代表受了本族传统歧视和压迫傜、卡的思想影响，才有如此无理的举动。傜族周二说：“现在不像从前了，你还做梦，还想欺负我们傜家，我们做死你。”大多数泰族代表都向傜族道歉，这说明今天各族人民已经知道民族压迫是不对的，在共产党领导的社会里，不让任何民族压迫的情形存在。

六、解放前后镇越县武装斗争情况

1948年，镇越易乌区人王少和，因与当时县长杨瑞麟（巧家人）私人间有摩擦，杨假公报私，利用县长权威，将王少和监禁。王少和虽然是本县恶霸地主（现已监禁于宁洱），但当时伪装进步，言论积极（尤其攻击县长），迎合地方青年反对国民党反动统治的心理，故在当时王能获得他们的同情与拥护。他们借王少和监禁狱中为导火线，于6月30日夜间，带领30人攻入县府，同时县府自卫队30多人也及时响应，里应外合，当晚占领了县府，打死县长杨瑞麟、司法审判官孙本人（昆明人）、建设科长钱局三、警卫队队长杨斌，管狱员傅子文等5人。占据了县府20多日，被普洱保安三团一营人由营长黄福林带领，另外又派残匪及连长侯国锡带领一连人二路进攻镇越，于7月十几到达易乌进攻县府，此时地方青年约有60人，有机枪15挺、步枪二三百支，抵抗来攻敌人，打退敌人之后，急速扩大队伍。此时共产党地下组织曾派荀斌、周建民到易乌去掌握这支队伍，他们到后很快地将队伍扩充到二三百人。距第一次进攻18日后，敌军又做第二次进攻，双方相持一日，地方武装撤出易乌，原因是敌人势力较自己强大，又正当秋收之际，稻子熟在田里无人收刈，于是易乌区的士绅提议暂时解散一部分武装，回去秋收（因人民武装战士多半是来自乡间的农民），另一部分武装到思茅边地整训。到同年9月全部武装又集合反攻县府，连长侯国锡支持不住，撤出县城。此时潘明（现在宁洱地委工作）、周建民、荀斌进入县城，争取"老扳队伍"李依仁（石屏人，在江城有100支武装）参加了人民武装，一同清扫三乡（1948年1月开始至1949年1月止）、三猛区（即猛仑、猛拿、猛腊）的残匪。此时人民武装约300人，在1948年10月至1949年1月，镇越县人民武装编为江越支队。正当此时，云南省政府派张达希去镇越县任县长，他带领武装部队行至江城便不敢前进。1949年3月，镇越人民武装开至江城县，建立根据地。当江越支队离开镇越时，王少和争取了一部分武装到车、佛、南去靠拢"老扳武装"。江越支队中有少数民族20多人（本族），他们表现很好。

（以上情况根据镇越县人民政府干部余平谈。）

七、国防情况

本县位于宁洱专区最南边陲，为一长方形，一端突出于越南①境。全县2/3边界成为国防线，与越南接界之地如猛伴、猛允、猛买、磨聋、蛮庄（以上各地属本县猛腊、猛拿二区），及易乌区之漫洒村之一部分。居住在国防线上的兄弟民族以泰族、傜族、阿卡族为最多数，他们与居住在越南边境的同族人民有亲戚关系，时常你来我往，而且互相迁

① 越南，应为"老挝"。本文下同。——编者

居，如去年我们征收公粮猛拿区哥哈南村的阿卡族10多户搬去越南居住，两年前漫洒村的傜族搬去20户至越南（未解放区），今年在越南的傜家听说共产党领导好，搬回了一寨（20多户）来猛伴。他们的来往搬迁，完全是为了逃避两地政府的负担，解放前越南境内的摊派重就往中国境内搬，中国境内摊派重又往越南搬。除此就是为了耕地问题，中国境内没有耕地跑到越南开荒（傜家是刀耕火种，今年在此地将山上的树木砍倒，用火烧后就栽种，但明年之后，此块土地不能继续耕种，因无肥料，需要休耕，又到别的地方去开辟新的耕地，往往有到离家半天路的地方去开荒的），有时无意地就过国界去了。有的人家居中国而常有大烟地及稻子地在越南，故往往大烟、谷子两国都要他们上税。

傜家喜往越南（未解放区），原因是他们讨媳妇时，拿大烟去换银子回来（傜族风俗结婚时男家需送给女家若干银子），有时背甜酒去越南卖。泰族到越南多数是做生意，由中国带出竹器（煮饭用具）、糖、盐，换回红绿线、标准布、水笔、肥皂、牙膏之类日用品，利润是非常低的，只有那些内地的大商人（元江县衣萨地方的商人去的最多）才有力量运入汽油、洋靛（但现在法国已禁止出口）。进出中国境界要通行证，由县人民政府发给，去年旧历腊月，曾封锁几天，不准进出，但因兄弟民族要求，现在只许出境，不许入境，若有通行证往那边去的，回来经检查属实，仍许出境。

法帝在离镇越县猛拿区90华里的猛新筑有飞机场，常有飞机起飞在我国防线上侦察（1950年有3次），且怂恿其统治境内的泰族到中国境内为非作歹，如今年2月在越南住的泰族某人来镇越班角村拉走了1条牛，班角全村人追赶至越南地区（未解放）把牛夺回。同月越境泰族来漫沙糯村拉走了私人1匹马，据说是法帝指使。去年10月橄榄坝的一个泰族人来镇越猛板地杀了1个人（仍是泰族）1刀，就跑到越南去了，至今未回。

法帝武装其统治区内的兄弟民族（如岔满、泰族），替他打越南人民军，和侵略中国边境，但岔满与泰族觉悟渐渐地提高了，据说他们与越南人民军有默契，当没有法人在时，互相不开枪，若有法人在时则朝天开枪。与本县猛腊区接界的是越南解放区。

据说在越南某地（未解放）国民党反动派有特务训练机构，由李弥领导，训练九十三师及一部分台湾新来的军官，在数月前曾毕业1班，传已分发到中国内地活动。过去国民党匪特在镇越活动很厉害（多为九十三师残部），此外本县易乌区人王少和据说是外8县的总特务头子，他曾将镇越猛腊区的中国土地卖给法帝20华里（时间不详），将国界碑向国内搬移，因此法帝非常信任他，曾给他1块金质奖章和几十挺机枪。去年旧历冬月他阴谋暴动（解放前因他参加武装斗争，解放后还有很多枪支和一部分党羽，我政府曾委他为副县长），为我破获被捕。他被捕法帝尚不知，今年2月曾写给他一封信，内容是：“中国商人欲来越南地（未解放）经商，只要有王少和的介绍信就可以。”

（以上情况根据镇越县人民政府干部高力士谈。）

八、教育情况

本县系兄弟民族杂居地区，汉人很少，教育工作在旧政府时没有一点基础，故解放后工作不易展开。现将各民族聚居区之教育情况列述如后：

（一）汉人地区

汉人聚居易乌区（县府所在地），县人民政府成立后，即将本区前所办的小学先后恢复，计有易乌两级小学1所，漫落、麻里、漫洒、漫乃及漫腊等初级小学各1所。1950年下学期，因为经费得不到解决，师资成了问题，因此停办了漫落小学。为了补助师资缺乏，去年曾就当地青年中选择有志上进的黄国华等6人到宁洱师训班学习，现已回县。去年2月本县又办了一班小学教师进修班，调集过去在各地区服务的教师20人，施以短期训练。本学期师资虽不致感受困难，但经费无着，教师待遇过低。一般在学习中的学员充分表现情绪不安定，结束后除分配至各地恢复已办小学外，还拟增设肥溪河、漫秀两地小学各1所，易乌及小田坝等地也要普遍设立夜校及识字班，以后要多争取贫苦子弟入学。

（二）其他民族地区

1.泰族地区

泰族是镇越县占人口比例最多的一族，聚居于猛腊、猛捧及猛仑3区的平坝中。政府于民国二十一二年曾办了一班（摆）彝族小学，有学生28人，强迫头人送子弟入学，许多人不愿来，只好请人代读，每月10元半开。现在猛拿区筹委刀升平、猛腊刀龙总叭，都是当时头人雇来读书的，现在当了头人。民国二十四五年曾设立过省小，但是因语言不通，风俗习惯不同，教员只知拿钱而不知做事，对待兄弟民族态度不好，动辄打骂，引起学生反感，视读书为畏途。政府花了很多钱，结果一点效果没有，省款被校长贪污了，老师拿不到薪水就拿学校器物作抵押。民国二十二三年，县长李文新任内，在三乡的猛腊、猛伴、尚勇、蛮得、猛拿、猛满、猛仑及臼龙等地设立国民学校，以参谋团（此团的番号是暹罗挺进队，团长是卓献书，广东人。1948年他在暹罗大使馆当武官，任职期内，还到过南京见总统蒋介石，接受反动指示，后又回到曼谷。1948年、1949年在车、佛、南及镇越边境骚扰的九十三师，就是他指挥的）的人员为教员，挂羊头卖狗肉，干特务的勾当。他们都会说僰话，态度作风很坏，兄弟民族敢怒而不敢言。

由于过去政府的教育给兄弟民族印象太坏，现在很不易办，只有猛捧有初级小学1所；教员1人，名叫酆启荣（思茅人，经商越南失败后，流落于此。会讲僰话），有学生40人。其他各地都没有办。

缅寺（即佛寺）是小孩学习泰文的地方，普遍是公费，经费完全由当地人民负担，但就读的（做小和尚）小孩很少。现在拟办一批兄弟民族师资训练班，整顿和发展他们的缅寺教育，学习他们自己的文字，然后读汉书。

2. 傜人地区

大人都会说汉话，部分也有识字的。他们教育的方式是“炉边教育”，教师是寨中年高望重能识汉字者，自动教自己的子弟或亲戚，凡愿来学习都教，教学时间是农暇晚上，烧一个大火，一面烤火，一面教学。读的是一些佛教经典，学习后用以“打斋”时写表文。白日里全家去工作，家中留小孩看守，顺便学习写字。傜族的保守性与自尊心很重，书上虽有许多错字，但你不能替他们改正，改正后他们就认不得了，而且不高兴，下次就不再请你教。他们读的书，音不同汉人，但文字是汉字，将来条件许可，可印发小册给傜家小孩，通过他们的教师教他们，这是提高傜族文化的一种方式。

半戈蓝（傜族住地）有七八十户人家，在民国三十二年，成立过一所学校。教员是胡其彬（墨江人，县长带来之卫士，流落在此），他因和傜族教师黄大的关系搞不好，而且打骂学生、教书不负责，双方闹意见，不久就停办。

3. 阿卡地区

阿卡民族性极纯朴，组织性很强，能用木刻记事，读书怕耽搁庄稼，小孩子参加劳动（挑水、打柴、背小孩），故全县没有一个阿卡族识字。他们有一个传说，他们的祖先和汉人在一起读书，汉人老师教汉人学生写字在纸上，教阿卡学生写字在牛皮上，烧了吃掉。老师说：“你们阿卡生来就很聪明，牛皮上的字烧了吃掉后，就可以记在心里，以后不用读书了。”老师又说：“汉人的字写在纸上，不一定随时带在身边，也是会忘记的。”因此阿卡的阿皮、阿罢（意即祖先），吩咐下来不能读书，读书就不好，所以阿卡不敢读书。代表梭宗说：“摆彝说我们阿卡天生不会读书，多多地种庄稼好了，现在我们要读书了，看阿卡会不会读书。”的确，阿卡在解放后，觉悟程度提高了，普遍要求学习文化、读书。他们看到泰族有文字，而且会使用人民币，又见傜人也会看汉字，只有他们不知道，很着急。据说旧龙江的阿卡自动盖学校，要求政府派人去教书（注：旧龙江民国三十二三年曾办过小学一所，派卫万春去教书，但卫与阿卡头人张克关系弄不好，张克吃肉，给卫吃酸菜，卫在了几天就跑回来）。

镇越县教育目前存在的问题是经费及师资困难，尤其是师资，要有特别训练及能懂兄弟民族语言者；其次是教学的书籍文具，因交通不便，内地运去需很长时间，要求政府迅速解决。

（以上教育情况是根据镇越县干部冯碧金、高力士谈。）

九、各民族的要求与希望

（一）一般性的

（1）希望政府在各民族地区设立学校（尤其阿卡族要求最迫切，因全县阿卡无一人识字），使他们的子弟有受教育的机会。

（2）要求政府举办卫生事业，设立医院，帮他们医治疾病，而且要求办兽医医院，医治他们牲口的疾病。

（3）要求政府帮助他们解决生产工具及炊具的原料（如铁、铜）问题。他们以前用的锄、犁多半是法国制的"洋锄"，卖价是六七元半开一把，可用六七年。洋锄质料是钢夹铁，重一斤或斤半，各民族最喜用，但现在我县政府禁止入口，镇越县造的锄头，原料是铁，只锄口用少量钢，合三四元半开一把，重2斤，口子易卷，不耐用。犁是阿卡、傜家自己铸的，合价四五元半开一把，重七八斤，各兄弟民族都不喜欢用内地去的生产工具，喜欢用本县制造的，原料都由内地去，所以他们要求给他们原料。除此他们要求轧棉花锭子（因镇越是产棉区），锭子是铁条，有1尺2寸长，手指大，全用铁打，不能用钢，用钢轧棉就会滑。每条锭子在镇越价10000元至12000元。

（4）贫雇中农的生产种子希望政府贷给。

（5）要求成立县人民政府贸易公司，组织运输大队，供给他们生活日用品，如布、火柴、肥皂等，同时将他们的土产品棉、茶运输出来。

（6）要求政府拨款修补道路（由于代表亲身体会到，镇越至宁洱的路太难走，他们说挖汽车路政府一下做不到，但人行路要挖好些）。

（二）个别的

泰族的要求：

（1）自己制自己吃的糖，要求政府免税（糖税是5盒糖上人民币800元）。

（2）婚丧喜事屠宰的牲口要求政府免税（一个猪上4斤肉的税，杀卖的一个猪上8斤肉税，一条水牛上3元半开税，一条黄牛上5元半开税）。

阿卡族的要求：

要求减免土司、总叭及四大叭对他们的额外剥削。解放前阿卡在政治上是属泰族统治的，阿卡居住地多在山脚坝子边，靠近泰族，因此他们较镇越其他各民族更受压迫与剥削。傜族居住于深山大树林里，与泰族往来少。阿卡对泰族是有意见的，现将土司、总叭、四大叭对他们额外剥削具体例子叙述如后：

猛捧区：漫和南村有17户（全是阿卡），每年对统治他们的大叭负担：

A.砍柴20抱（每抱卖3元半开）。

B.一家去1个人替大叭家割稻，每年每人去六七天。

C.打得野味必须分一腿肉给大叭，若得鹿茸也需要分一半，若不分给，大叭会处罚（但从来没有不分给大叭的例子）。

D.栽种什么东西都要给大叭，如辣子、姜、豆子、葱等，送多少随来要的人。

E.门户款：解放前最大的门户每年是30元半开（但孤寡是三四家算一家门户），解放后门户款不出了，但全村1949年的公粮数还超过门户款，全村共出公粮355箩，合35公担（每石400斤），每担合半开10元（每元半开合5000人民币）。1950年公粮未知，据说数目大减。

猛拿区：嘴脸村有20户阿卡，每年全村对总叭的负担：

A.砍柴45抱（每抱价3元半开）。

B.每家出1人给总叭割稻七八天（除孤寡）。

C.给籽棉（未轧出籽的棉花）50斤（每斤2毫半开）。

D.藤50斤（每斤2毫半半开），给总叭穿牛鼻子用（梭堵谈）。

猛腊区：八楂村有阿卡30户，每年全村对大叭负担：

A.砍柴7抱半（要送柴上门，且不给饭吃。前面二村是大叭派人来担柴回去，若自己送柴去，大叭招待吃饭）。

B.栽种什么给什么。

C.给籽棉220斤（前年），去年是160斤，今年是80斤。解放后1949年公粮负担全村80担（5元半开一担），1950年全村只出7斗谷子（一担等于10斗）。

猛仑区：全区阿卡对土官没有什么负担，解放后一般感到负担轻，生活较前好过（者海谈）。

易乌区各民族要求：

易乌区也是宁洱专区著名产茶区之一，解放前此地的茶多销外国，运至内地又因交通不便，故易乌茶滞销，价大减，影响人民生活甚巨，产量也大减（解放前年产2000担，解放后年产300担，今年只可收200担）。茶价过去合四五千人民币一斤，现降至1元一斤，致使遍地茶山，任其荒芜，不加修整，故易乌区各兄弟民族代表要求政府收购他们的茶叶，帮助他们的茶叶销路。目前政府困难的地方，是交通不便，物资不易交流，贸易公司若收购镇越茶叶，在目前需花很多的运费。

高文英

普洱区资料之九
——思茅县情况
中央访问团二分团
1951年7月出版

普洱区资料之九
——思茅县情况

编者声明

这些材料是我们从1951年2月22日至1951年5月底（其中大部时间是在行动中），先后在蒙自、普洱、文山等地区进行兄弟民族访问工作中，通过当地干部、民族代表及熟悉当地情况的人士所了解的一些情况。为应各有关机关之急需，仅将原材料加以初步整理，尽量避免主观分析与结论，在文字上仅要求看得懂。但由于短期访问及仓促整理，情况难免不真实或不深入，观点难免错误。故仅能供各有关机关进行民族工作的参考或进一步考察的线索，并望于今后的调查研究，加以校正。

1951年6月　日

（甲）一般情况

（一）概况

1. 区划

本县为普洱区内7县之一，北与普洱、东与江城、南与镇越、西与六顺、西南与车里接界。分为5区，即南屏区（思茅坝子）、复兴区（城区）、倚象区、普文区和象明区。复兴区包括5条街子，南屏区有5个行政村，倚象、普文、象明各有6个行政村。

2. 人口户数

全县人口据不完全的统计，约有21843人。少数民族约占30%。本县人口过去最高曾达13万人，民国二十年以后疾病流行，以恶性疟疾最为猖獗，死亡率很大。现在人口不到以前的2/10，兹将各区人口户数列表如下：

区分	户数	人口数
南屏区	714	3215
复兴区	634	2052
倚象区	1108	5811
普文区	1679	7488
象明区	799	3277
全县总计	4932	21843

3. 民族分布

本县民族共有15种，汉族约占60%，僰族约占10%，本人族约占6%，攸乐族约占8%，傜家约占6%，回族、濮满族、蒙化族、苗族、西摸罗族、布都族、苦聪族、乡谈族共约占10%。汉族多居于城区（复兴区）及南屏区、倚象区的坝子中，另外有一部散居在普文区和象明区的小寨子内。僰族则聚居于普文区、象明区的坝子。回族住复兴区。本人族及其他民族则聚居或杂居于各山寨。据不完整调查，其分布为：

复兴区：汉族聚居，有回族17户54人。

倚象区：汉族多居于坝子，其他民族不详。

普文区：汉族占55%，僰族占30%，本人族占10%，傜族、西摸罗、乡谈、濮满、布都、苗族共占5%。

南屏区：汉族、彝族共65户，本人族、布都族共8户，僰族56户，海尼35户。

象明区：本人族占60%，汉族8%，攸乐10%，僰族、乡谈、傜族、濮满、蒙化共占22%。

（二）经济生活

1. 土地情况

本县耕地面积，现尚无统计，由于疾病死亡人口锐减，荒田较多，已耕地面积只占可耕地的20%至30%，尤其是靠近城区的坝子（复兴区及南屏区），荒地均在70%以上。倚象区土地集中，地好，无荒田，普文区的土地也好，僰族多集中于普腾、勐望两个坝子耕种，这2区疾病较少。象明区多为山地，为本人族等杂居。

普腾坝、勐望坝同车、佛、南土司区的村寨公有制度。象明区90%土地亦系村寨公有，10%为地主私有，其余3区土地大多为汉人地主所有。南屏、倚象、复兴3区的地主，聚居于复兴区，如地主郑瑞卿年收300多石[①]租，现居于复兴区。

2. 租佃关系

各区不同，复兴区和南屏区的租佃关系，多三（主）七（佃）成或二（主）八（佃）成，有些特殊到一（主）九（佃）成分。由于复兴与南屏疾病为害，荒地太多，农民可选土地栽种，随意给租，否则无人种。倚象区土地收成多为对分，四六成或六四成的也

① 石，本文又作“担”。——编者

有，因本区气候好，病少，农民集中本区。普文区的土司“官租”（每家过3年纳百多斤谷子），近两年人民已不纳。解放后在群众大会上，土司召映福（现任区长）提出：“一切官租都不收了。”民国二十七年，政府派人来普腾坝测量田地，被张孟希将田地霸去，要全区僰族每年纳租600石，后让为500石。勐望坝归省财厅收租，以70负担户计，每户5斗，年纳35石。1948年张孟希被枪决，两坝子的人民均不纳租了。弄猛坝（亦在普文区）的租佃关系同倚象区。象明区的租佃剥削较轻，一般的种1斗种的地，仅上1斗租（每一斗种子的地，可收2石5斗谷子）。

倚象区第一村阶级划分：

成分	地主	半地主式富农	富农	中农	贫农	雇农	贫民	高利贷者	小商	自由职业	共计
户数	14	1	4	46	87	68	9	1	4	3	237
实耕土地占有比例	65.69%		5.58%	15.78%	12.57%	0.38%					

3. 生产情况

各区农业以稻米为主，出产最多的为普腾坝。思茅每年粮食输到普洱和六顺的很多，但在解放前，农民在四五月即无米吃，以杂粮野菜充饥，原因是粮食被地主掌握，以高价卖到外县去了。

全县出产大米估计约7万石，合1200多万斤。

小春以种豌豆为主，豆类多做菜吃或榨油。山地多种旱谷，部分种荞、麦子，以前在复兴区及象明区均种过，收成不好，种的人少。山区附带种棉花，过去还种洋烟，现在已少了。生产工具有犁耙，部分自制，部分向外购买。男子工作主要为犁地、挖地、运粮等，女人工作为锄草、收割等。

象明区20年前人民以茶叶为主，后因茶叶销路日滞，茶园荒芜，解放后多把这些地开出来种粮食。

副业：编竹器、纺线织布、砍柴等。

4. 负担和剥削

人民负担可分作土司区域与汉人地区而言。

土司区域如普文区的普腾、勐望、弄猛坝等，居民主要是僰族，每户年纳百余斤谷子给土司，称为“送粮”，另外还要“送柴草”。过年、开门、关门、作摆等日期，要送礼。另外土司头人还有不定期的派款，临时有事，临时派。

汉人地主的土地，在旧政府时代是和内地一样收粮的，由于近10多年来，人口死亡逃散，土地荒芜，故收粮重点放在倚象区，因此倚象区人民负担很重，加之旧政府征粮派款名目繁多，逼得兄弟民族不能不起来反抗。

解放后，实行了合理负担，1950年征粮时完成任务9000多石，合大米140多万斤。土司自动宣布废除旧的负担，完纳公粮，故人民生活已告安定。

高利贷主要是汉族商人在缺粮食时（四五月）放给兄弟民族，1斗谷子秋收后共还本利2斗至3斗谷子。

5. 生活情况

僰族一般粮食够吃，生活较好，但水准不高，饮食简单。妇女纺线织布，住房清洁。汉人生活也大多不错，能勤于耕作。解放以后有许多小商人已投入开荒生产。

除僰族、汉族生活较好外，一般兄弟民族的生活是很苦的，粮食不够吃，多吃杂粮，城区附近村寨多背柴进城去卖。倚象区的人民秋收后，到普腾坝背粮进城卖，以所得维持生活。四五月杂粮吃完，找野菜吃，倚象、南屏区人民每年都要挖“黄金沙衣包”（野菜名）来当饭吃。

坝子内的荒田很多，山头上的民族想下坝子来开荒，但又怕生病。目前该区疟疾很厉害，死亡率很高，1950年县府工作干部亦有数人死亡。

（三）政治情况

1. 解放前后的情况

思茅解放较早，为边纵二支队的根据地，在解放前，县长贪污腐化，地主恶霸把持政权。1948年游击队先解放了思茅城区。1949年边纵二支队到普洱整训，7月28日才正式到思茅接管政权，成立“思茅接收委员会”。8月1日成立县人民政府，首先建立倚象区人民政府、农会及村政权，10月倚象区、普文区村政权成立，南屏区部分村政权也建立。这时发生“思（茅）六（顺）叛乱”，大规模的地主恶霸武装在各地进行暴动，在叛乱中，南屏区的地主恶霸特别猖獗，与普文张孟希及各地反革命分子联成一气，因之，政权工作的建立暂告停止，到年底叛乱大体被镇压下去，各乡政府才初步打下基础。象明区距城远，民族复杂，曾派人来请求组织，当时因无法照顾，没有建立政权。

2. 少数民族在解放前后的变化

由于历史上的民族压迫，民族之间的隔阂很深，如解放前象明区攸乐和傜族暴动，把附近汉人的房子烧掉，杀死汉人，国民党匪军来打攸乐时，汉人也去烧抢攸乐族的财物。又如傜家对国民党军队恨之入骨，有一次给他们做饭时下了毒药，毒死了三四十人。汉人叫攸乐为“死攸乐”，叫傜人为“死傜人”，反过来他们称汉人也叫“坏汉人”。

1949年，思茅解放了，但不了解民族政策，对少数民族不够重视，在少数民族地区工作搬了汉人地区的那一套，对他们照顾不够。如借粮征粮都以普腾的僰族为重点，由于任务的紧急，个别干部有强迫命令的作风，如普文区的干部拿枪威胁人民，象明区的干部拍桌子，辱骂人民。还有时对他们的风俗也不够尊重。

1950年3月，自解放大军到了思茅以后，本县工作有了正确领导，执行民族政策，工作干部才认识了少数民族工作的重要性，开始转变工作方针。解放军严明的纪律，活生生地给了各兄弟民族一个很大的教育，使他们认识到共产党的军队和“黄狗”（国民党部队）真不同了，不要夫、不吃鸡、不拉妇女，同时解放军还给他们挑水、扫地、种庄稼，给了他们莫大的感动，都一致反映“这是从来没有见过的军队”。本县召开人代会时，请他们派代表来开会，他们还是不敢来，经过一再的宣传动员，他们就让老年人硬着头皮，打着死的主意来。开会时，吃好的及经过政策报告后，于是对我们的怀疑和害怕才慢慢消除。到第二次农代会，年轻的小伙子们也都敢来了，对我们的干部讲：“以前不敢来是害怕，所以让老人来。”人代会上，一个在攸乐族暴动时受伤的汉族代表石得云说：“本来我还想向死攸乐们要点医药费，现在来开会，知道大家要团结，过去的仇恨一律打消了。”去年（1950年）征粮时，各少数民族都非常积极，象明区在3天之内就完成了任务。南屏区的僰族说：“共产党来了，我们的牛马放出去也不会打失了，不拉夫，不派款，一年就征这么一次粮给大军吃，我们一定要快点出。”在1951年3月间，象明区又开了区的各民族代表会议，成立了区的调解委员会。大家也都一致反映这个办法好，以后有事，大家好商量。人数最少的乡谈族代表说：“现在我们也够得上来开会了，我们乡谈也能说话了。”在普文区的僰族和汉族一起斗争一个汉族大恶霸时，僰族上台控诉的很多，一个叫火撒的说：“民国三十六年，我们家没得吃，你还向我们要20块花钱，拿不出来，你就把我50岁的老爹打死了，你承不承认？”情绪高涨，斗得很起劲。从以上的一些反映和实际行动，可证明解放后各民族之间的关系基本上已好转了。

在僰族当中，目前又产生了这样的情形。由于我们在汉人地区中减租退押、反霸等轰轰烈烈的斗争，他们的阶级觉悟有很大的提高。现在，人民对土司头人提出了很多的意见，如东联寨提出来：公粮分配不平均，头人出的钱少。还有的说：“共产党来了，不能像以前那样吃钱了。”还有在今年“中柴”（给土司头人送柴），很多人都不想挑给土司，有的挑给了1担，后来也不送了。勐望坝的本人族也这样反映：“现在共产党给我们解放，很好，听说土司还是存在，那我们还算什么解放？”

从上面的种种反映来看，可见各族人民都有了一些觉悟，对头人的额外剥削都提出了反抗。

3. 干部情况

全县脱离生产的干部共98人，党员干部有30人、团员有28人、非党团员有40人。其中，由外县和大军中来的干部有65人，本地的干部有33人。在县府工作的多是留用人员，成分很复杂，在群众运动中被清洗和回避的有22人，现在（1951年4月间）3个科的科长都没有，县府秘书和卫生院长都是新换上的。

少数民族出身的干部很少，仅普文区僰族有两个干部：一个是区长，以前是普腾的土司，名召映福，1950年吸收他参加工作；还有一个是区上的干事，名叫白汝山，也是僰族中的头人之一。其他村乡的村长、农协会主席等，都是少数民族的干部。

全县脱离生产干部统计表如下：

分类 单位	总数	党员	团员	非党团	党务		行政		
					党员	团员	党员	团员	非党团
县府	20	4	7	9			4	7	9
县委会	9	6	3		6	3			
公安局	12	7		5			7		5
粮库	5		2	3				2	3
税局	3			3					3
邮局	2		1	1				1	1
贸易组	2	1	1				1	1	
倚象区	9	3	4	2	1		2	4	2
复兴区	6	3	1	2	2		1	1	2
普文区	12	4	3	5	2		1	3	6
象明区	10	2		8	1		1		8
南屏区	8	1	6	1	1			6	1
总计	98	31	28	39	13	3	17	25	40

注：本表内被清洗回避之干部有22人。本表内少数民族干部有2人。本表内外来干部有65人，本地干部有33人。

僰族干部简要情况介绍：

召映福：现年47岁，曾读过高小，父亲死时他才22岁，接任土司。曾当过乡长，与汉人张孟希、张达希（恶霸）有亲属关系，张达希的女儿嫁给他做老婆，以前来往很密切。反霸斗争开始后，张氏兄弟先后被枪毙了，他的态度表面上不闻不问，但实际对我很顾虑，尤其是对人民政府还让他当区长很怀疑，不大表示意见。思想很狭隘，对僰族干部白汝山工作积极，表现好，就很嫉妒。家庭生活已不像以前那样充裕，参加开人代会和农代会以后，有些好的转变。对于中央人民政府民族政策有了些认识，他认为在普文区没有第二个人比他更好来搞工作，所以又表现得大胆些。

白汝山：家庭是富裕中农成分，读过僰文，学过银匠，在国民党时当过甲长，解放后当过村长，参加过全县的人代会，对我们党和政府有了初步的了解，曾在人代会的小组会上表示："以前曾做过些不好的事情，现在知道了，一定要积极交粮，跟着毛主席共产党走，才是出路。"现在工作上表现得很好，积极负责，但还有些向上爬、要地位的思想。

（四）希望和要求

根据普洱区第二次民族代表会议的代表和普文区的人民提出的希望和要求，有下列几点：

（1）要求加强民兵武装和民兵的训练。

（2）要求办学校，培养少数民族干部。

（3）要求成立合作社，用茶叶换日用必需品。

（4）要求农贷，发放种子。

胡鸿章、李尧东

（乙）群众运动

（一）全县工作概况

在评产挤黑后，进行公粮入仓工作，全县1950年公粮任务为1391500市斤，入仓（办了入仓手续的）1584199市斤，超过专署给的任务192699市斤，占任务的13.7%，还有已入仓而未报上来的，估计全县约超过任务30%。

南屏区超过去年公粮任务的35%，倚象区超过去年公粮任务的32%（1950年公粮任务没有1949年的多）。

全县在此次评挤中，普文二村挤出黑产（田与地）超过原产量（去年数目）的102%，其中中农占814石、贫农占301石、雇农占81石、富农12户占297石、地主3户占375石，共1868石。

倚象全区共1108户，挤出田地1441工，产量为2750石。

在减退废债中，全倚象区减租920石，内有地主的820石、富农的48石、庙产52石；受益雇农70户，谷子210石；受益贫农320户，谷子580石；中农受益者130户，谷子130石。

退息谷210石，其中地主的156石、高利贷的40石、富农的14石。废债30380元半开，其中地主的25000元、高利贷者4500元、富农的3800元。受益贫农280户，得半开1900元、谷子240石；中农受益者85户，得7500元半开、30石谷子。雇农及其他成分者共190户，得7500元半开、40石谷子。

在反霸中，全县扣押了287人，其中已杀者97人。

追出的底财：复兴区1个乡与倚象区的6个村子，共追出黄金281两、银子11737两、半开73458元、大板6939元、人民币12265050元、谷子60多石、大烟334两、单毫81元。

追出的政治材料：在倚象区破获以李庆甫、李江龙为首的阴谋活动。他们收枪招兵，企图攻区政府，杀害工作同志；在南屏区破获以副区长王直青为首的，与六顺、宁洱有关的谋叛事件，但材料尚未追出。

从4月7日起，开始反动党团及封建会门的登记，现仅城区即登记173人，其中有国民党、三青团、青年党、民社党、哥老会、老君会的人。他区尚未统计。

（二）发动群众的情况

全县共有23个村子，现除5个街子及8个兄弟民族聚居的村子未搞群众运动外，其余15村都进行了发动群众工作。发动群众可分4个类型：

（1）不断发动、不断提高者：有倚象区一村、五村，普文区二村。以倚象区一村为例说明于下：

（倚象一村之一般情况与减退镇反的详细情形见单独的材料。）

倚象一村，在征粮开始时，开群众会到者不过100人左右，经反霸，群众发动起来了，开会时除地富与老弱外，都来参加。在减退后，县委开扩干会，地主钱万钟乘一村干部都去开会，就召开反动分子的秘密会议，计划杀我干部。一雇农见其形迹可疑，报告农协，农协立即召开农协委员于小组会商量，决定先将钱等抓起，再报告区政府，又与地主订立规约：①早上太阳出前、晚上打更锣以后不许出门；②离开村子时要报告农协；③不许地主在一处。

接着第四次的整顿农协和民兵。农协整顿后，农协委员男的11人，中有3雇农、8贫农；女的4人，中有1中农、1贫农、1贫民，1个为工作同志。民兵整顿后，5个分队长有2雇农、3贫农。

村政权整顿以后，正村长为农协秘书兼是贫农，两个副村长也是贫农。

为了通过反霸把群众的觉悟提高一步，党委会决定进行“评立场”，从3月26号开始，农协委员会开始讨论，大家一致赞成。雇农王金材说：“评了立场后，我们才好进步。”贫农×××说：“评后才好晓得哪些才是立场稳。”

评的步骤是先评干部，再评农协委员，再评民兵与农协会员，最后评群众。评的办法，首先由群众在小组会上总结反霸：①哪些地方搞得好；②哪些地方搞得不好；③哪样搞才能搞得好，得出总结是立场稳才能搞得好。再教大家：①哪样是立场；②哪样是立场不稳；③哪些是缺点，哪些是错误。又定出立场稳不稳的标准。

评前结合批评与自我批评，结合了解被评者的历史，叫他诉苦，说：“诉出来了才是站到贫雇农的立场上。”问他们是否替地主隐瞒了东西，是否参加过反动党团，评时以小组为单位，首先找出被评者的优点，再定标准，然后大家下结论，哪点是立场不稳。因为大家都清楚评立场的标准，评时很容易判断，所以大家情绪很高，有56、53、64岁的3个老人也参加评，批评时根据事实下结论，都能够撕破脸皮讲真话，评了以后要被评者表示态度，大家的反映都很好。这次经过评论者38人（其中有农协委员8人），占全村人口65%（全村人口58人）。评后得出立场最稳者7人，立场稳、但没有特殊表现者25人，不稳和最不稳的各有3人。

评后吸收了11个农协委员——3个贫农、5个雇农、2个中农、1个自由职业者。民兵吸收了3个，1个是雇农、2个是贫农。

取得了经验后，全村展开评立场运动，开初几天，发现因办法交代不清，不知咋个做，思想上对此工作不重视，批评爱戴大帽子，有些只说缺点，不说优点，经纠正后，大家都认清了什么叫立场。一个贫农说：“立场有富人的立场，也有穷人的立场，为哪一边说话做事，就是立场站在哪边。”并定出立场不稳的5个标准：①替地主藏东西，替地主说话；②嘴说是一样，做的又是一样，表面积极向前，暗地通地主；③看到地主力量大，就倒向地主那边；④开农代会的话都说给地主听；⑤斗争恶霸不向前，不撕破脸皮。立场稳也定出4个标准：①不听地主的话，地主拿钱拿东西给我们不要，不能给地主买倒掉，不能把共产党的政策买倒掉；②国民党来了不投降，我们死也跟着共产党走；③不指望地主吃饭，地主说的话要耳朵听、心上记，赶紧报给农会；④做事要好好听农民们的话，不能听一两个人的话。

评立场后，展开时事学习，在半月内住民小组学习了22次，农委会小组学习了8次，开积极分子会2次、妇女座谈会2次，参加学习的人数约2000人。学习的内容：①和平阵营与反动阵营的力量对比；②镇反；③抗美援朝的意义；④美帝在朝鲜的兽行；⑤反对美帝武装日本。

学习以后，对美帝非常痛恨，爱国情绪增高。在4月8日，订立了8条爱国公约：①坚决打倒地主恶霸、反革命分子；②努力生产，多打粮食，1951年公粮保证3天入仓，做到谷干又净；③妇女做鞋54双（结果多做了60双），支援志愿军多打胜仗；④民兵努力巡查，家家盘问，以防匪特；⑤把斗争果实投入生产；⑥决心不抽洋烟；⑦团结一心，坚决跟着共产党走；⑧发现谣言追根到底，保护仓库不受损失。后来又讨论了如何执行爱国公约。

现在规定地主：①打水先要报告贫雇农一同去；②吃肉要报告农协小组；③地主外出30里要到农协开通行证。

（2）过去发动了一下，后因当地工作干部他调，致工作中断，后工作队去了以后又发动了起来。此类型包括南屏区五村、一村，倚象区二村、四村，普文区一村。兹以普文区一村为例说明如下：

普文一村共116户569人，地主3户、富农2户、中农25户、贫农56户、雇农30户。3月初工作队到村时，一村全为地主操纵，群众不敢动，评挤行不通，对反革命分子王直青（村长）的阴谋破坏不敢揭发，群众评村干部说："外面是黑幕，里面是炸药。"在上半村群众怕恶霸苏应德[①]（富农），在下半村群众怕村干部。

工作步骤：首先从雇农那里了解情形，一工作同志住在贫农张继恒家里，每天有空就找他谈话。他首先不敢反映真实情况，推说不知，叫工作同志找副村长谈。后工作同志打通其思想，他才将王直青和苏应德的情形告诉了一些。后来他又约了两个雇农来谈，因为有张继恒的关系，这两人很快就打通了思想。将此3人编为情况小组，专门收集王、苏的材料，后来一共串联了5个雇农、4个贫农，做斗争王、苏的准备工作。

先着手整顿民兵，在原有的基础上召开民兵大会，报告民兵应该具备的条件和民兵的重要性，并报告老解放区某些因民兵不纯而起的破坏作用。又将民兵33人编成3个小组，分别讨论，第一组是王、苏的狗腿及嫌疑分子，为了使他们坦白；第二组是成分好、觉悟低、有顾虑的，使他们认识民兵不纯，对我们翻身大事的破坏；第三组是积极分子，具体地讨论清除哪一些人。讨论结果，第一组检查不出什么东西来，第二组对于民兵不纯的害处有了初步认识，第三组则一致同意清除某些不纯分子。

① 苏应德，本文又作"苏应法"。——编者

接着将要清除的编成一个小组，其余混合编为两个小组，进行讨论要清除哪些人，强调大胆地提意见，结果清除了丁耀光（民兵队长，反革命分子）、平富易等3人，在大会上批评了两人。

民兵整顿后只剩28人，群众反映说："过去不站岗，不放哨，枪抬不到我们的身上，不出差，不派工，干部看不见我们。"意思是现在我们有地位了，枪抬到自己身上。通过整顿民兵，发现了成分好的积极分子，使他们推动群众，对干部进行检讨，检讨后群众敢大胆说话，向干部提意见了。于是开始整顿农协，在农协小组会上宣读农协章程，展开讨论，贫农××说："农协是一所房子，以前时间短，没有盖好，柱子上有刺，现在要将刺刮去。""现在将洗清身子，干净才能进农协会。"整顿时先由原会员本人自报，小组评论批准后才是候选人，然后由大会表决。小组通过候选委员95人，大会表决时通过66人，中有中农11人、贫农45人、雇农10人。

整顿农协后，就发动群众评挤，挤出黑产200石，公粮入仓的比去年公粮任务超过70%。

接着进行教育积极分子，由工作同志领导开了两次会，会上交任务给他们，让他们在农协中起核心作用，叫他们经常注意群众的要求，帮助新会员。在群众中培养了15个可以入会者，在第二次整顿农协时吸收了12个。在此时间公审了恶霸李昌，批评了立场不稳的农协会员吴天和。

农协主席苏应法，表面积极，暗中拉拢落后分子，打击工作同志，他说："共产党好，为什么要群众出粮！"于是第三次结合揭盖子整顿农会，群众要苏应法立功赎罪，但苏暗中不改；经过反霸后，贫雇农得了一些利益，积极了起来，提出要除掉苏应法。正在收集他的材料时，因民兵看守不严，苏逃跑掉（后来又偷回家来吊死）。

接着开了大会，整顿组织，清除10人，吸收了8人，改选了农协委员，现在农协委员17人（雇农7人、贫农10人）。

（3）镇反后开始动的有倚象六村、三村，南屏二村、七村、三村，普文四村，共6个村子。

（4）另一个村子现在正开始评挤工作。

1951年4月30日思茅县书汇报记录

（三）复兴区工作情况

1. 概况

复兴区是思茅城区，分五街，共有640户2066人。男938人，女1128人。雇农48户，占全区户数的4%；贫农61户，占10%；贫民316户，占50%弱；小资产阶级83户，占13%；小手工业者35户，占5%；商人25户，占4%；小土地出租者2户，占0.3%。以人口来看，全区雇农共55人、贫农66人、中农112人、富农24人、地主387人、贫民800人，小资产阶级291

人、小手工业者95人、商人130人、小土地出租者6人。

由以上的统计材料，可以看出复兴区具有如下的特点：

（1）阶级复杂，不似农村简单易划界线：贫民最多雇农少，地主多富农少，小资产、手工业者、商人多中农少，女人多。一般平民的男人品质较差，大部分吸烟，好吃懒做，靠其母亲或妻子劳动生活。

（2）复兴区的工作：在专区农代会前，一般的是浮在表面上的行政命令多于深入发动群众，群众团体、街政权大部被地主小资产阶级把持着，农民不被重视，贫民还没有发现。自专区县农代会后，一部分农民觉悟起来了，对党、对政府有了进一步的了解，相信党，相信人民政府，找工作同志说真心话，反映真实材料，与地主有联系的断绝往来，喜欢开会，积极热情地工作，在生产方面彼此互助，并合力帮助因工作不能照顾家中的，这时领导上也就抓着这一部分农民成为骨干，开展工作。

2.反霸斗争的进步过程

今年1月初，复兴区的工作进入评挤阶段（先征后评），一般地主多瞒产，农民因人数少，挤出地主的黑地黑产不多，全区只挤出黑产80多担，评挤工作陷入僵局。这时上级指示“大胆发动群众，进行反霸斗争”“反霸是发动群众、完成评挤的关键”等。区委会根据上级的指示，结合本区情况研究后，决定深入下层去找基本群众，充实自己力量，进行反霸，完成评挤，并分两头进行：一头从倚象、南屏两区佃户中去调查，通过佃户挤出本区黑产；另外一头深入本区下层去了解情况。结果在工作中获得了一些外区材料，在本区也发现了大批反映向来不被人重视的贫民，这些贫民反映：“过去政府对我们不管，现在我们希望和农民团结一起，请政府派工作同志来领导。”三街贫民张大妈说：“过去政府对贫民不关心、不管，我们一样组织也没有，只看见农民闹翻身，我们不知干啥，请政府派人来领导我们，把我们组织起来。”在这个要求下，即进行了登记贫民户口人数，全村只有316户800人（登记中对阶级的划分也认真仔细，对以后的工作影响很大）。一些小资产阶级被划分为贫民，组织贫民会，以三街为重点，开始酝酿诉苦。起初顾虑很大，一般不敢诉，“诉了有哪样好处，得罪了人，二日更要加害啦”！这是一般对诉苦的反应。工作同志针对这种情况，打破顾虑，先突破了苦最多、最穷的段刘氏，前后共去找她谈过5次，一再告诉她今天是穷人翻身的时候了，是诉苦申冤的时候了，并保证诉出苦来一定抵事，政府一定会做主代她申冤报仇，最后打通了她的思想。又通过她去突破傅许氏，经过段、傅两人的宣传，有七八人愿意诉苦了，三街第一次的诉苦会也就开成了，在这次会上诉苦的共有10多个。第一炮打响后，群众自愿要求诉苦，接连开了3天晚上的诉苦会，大都是诉说过去的街保长、大恶霸郑超凡的忠实走狗——朱根芬、李凤山的苦。诉苦快要完的时候，群众提出斗争朱、李狗腿，领导研究后同意斗争，即将二人逮捕，布置斗争，召开积极分子动员会，交代政策，组织苦主，于1月23日召开复兴区第一次的斗争恶霸狗腿大会，到会人数500多人。这次大会开得不好，主要缺点，便是以政策去套群众，把群众束缚得不敢动，结果情绪不高，只斗垮了李凤山，而朱根芬的威风尚在。次日又斗朱，结果斗垮了，朱、李都向群众认错，并愿尽力限期赔偿，由于朱是小资产阶级，李是贫民，斗倒后便放了。

通过五街这次诉苦，找出了五街群众共同的敌人张周氏①，在群众要求斗争下，也就布置开会，准备斗争，到会人数有600多人。因为接受上次经验，开得较好。诉苦的人敢大胆诉，听的人注意听，有口号的鼓动，情绪很高，但因为几个苦主太恨，打了恶霸几下。会议结束，即选出赔偿委员会委员调查张周氏恶霸财物，共得金银、器具、耕畜、药品、衣服等大小602件。除金银现存农协委员会处理外，余按：①受害最多最穷的分子及贫雇农与贫民中最穷者多分；②斗争中的积极分子给少许留作纪念；③照原财物赔偿。结果中农有10户得益，约合人民币305000元；雇农有7户得益，约合人民币251000元；贫民40户得益，约合人民币760000元。共计各阶层得益户为66户，得益数3826000元。对张周氏提请人民政府依法判决徒刑。

自从开了这两次斗争会，将张周氏财产赔偿人民后，复兴区发生了如下的反应：

（1）农民较前更加积极，有些过去没有动员起来的农民也来开会，参加民兵了。已诉苦的贫民热心积极地来工作，未诉过苦的贫民普遍要求诉苦，他们的反映——“过去诉苦不抵事”，“现在诉苦有好处了，共产党、人民政府是我们的救星，撑我们的腰”。因此各街都展开了诉苦，但其中一些人对部分恶霸如魏汉章等及尚在政府机构中工作的恶霸（现已逮捕）仍有顾虑。

（2）一般小资产阶级、小手工业者见农民、贫民势大，得政府支持，斗争恶霸，也抱着各式各样的动机，热心地来开会参加工作，短期内即出现了一批小资产阶级式的积极分子。

（3）地主动摇慌乱，有的拉拢贿赂街长，如武培之女人请了街长鼓秀之吃饭，送她好东西；有的变卖分散财物，如魏汉章；有的进行秘密活动，地主间彼此请客吃宵夜，大部分地主都来自报黑产、枪支子弹。斗周张氏母老虎的3天内，地主自报黑产的有170多担，连同贫民农民抵出的共210多石，地主与小资产阶级自动拿来交的大小枪支共45支、子弹约5000发。

复兴区这一阶段的反霸工作有些成绩，已如上述，但有些主要缺点：

（1）不彻底，如朱根芬、李凤山，斗争了就放了，周母老虎的浮财衣物没有彻底退出来。

（2）先反小霸，使大霸有时间准备活动，使群众只敢诉小霸的罪，不敢诉大霸的罪。

领导上根据这种情况，立即将有名的魏汉章、郑超凡、郑瑞卿、郑少清4个大恶霸逮捕起来，才打破了群众有些顾虑，而敢诉大恶霸的苦。

3. 现在的反应

（1）劲头不大，对恶霸的恨不深，喊口号不够坚决有力：枪决恶霸后，除受害较深

① 张周氏，本文又作“周张氏”。——编者

的几个苦主肯反映真心话几句外，一般贫民的反映都是“好啦”“要得了”，不肯多讲话。个别的还懊悔自己诉苦，有一个老奶（贫民）诉郑瑞卿霸她的田，吃了21年不还的苦，枪毙郑瑞卿后，她说：“我认不得要枪毙，不然我就不诉苦了。”

（2）各阶层都轰起来了：农民动，贫民动，小资产阶级、小手工业者都在动……过去靠拢地主的小资产阶级今天也投向到贫民、农民这边来了，其中有些很热情积极的工作，竟成了目前群众欢迎信任的对象。农协、民兵的领导中也有这些人混进来了。

（3）地主花样特别多：有的拉拢小资产阶级开秘密会（三街），有的讽刺干部、民兵，如唐其女人讽刺尹二姐：“你们倒是猴了，威风了！”有的拉拢落后贫民打击政府威信，如田张氏在二街对落后贫民说：“杀人，要东西，都是政府做的，不是你们的错。”有的装鬼吓人，有的拆房子烧（高杨照母），有的以死吓人，如张三元妻、朱炳寿妻。有的用“宽大政策”来打击党的威信，三街有人说：“又说共产党有宽大政策啦！咋个魏汉章这样老的年纪还要枪毙？”最近有一个全区农民花了250个工筑成的水坝竟被破坏。地主的花样太多了，今天复兴区的地主，威风还没有被打垮，如农民说的：“枪毙一人只打垮一个，别的威风还在。”

（4）一般贫民最痛恨的多是保长，也多诉保长加于贫民身上的苛派的苦。对大恶霸、大地主给他们的苦不多。

（5）贫雇农的干劲很大，也敢撕破脸皮地与地恶斗争，像抓人、追地恶都是他们做，可惜人数太少，对各个运动起的作用不大。

上面5点是复兴区反霸斗争发展到今天的主要概况，追究其原因为：

（1）由于复兴区是一个城区，农民少、贫民多，推动斗争的主力是贫民及为数甚少的农民，一般的贫民多为独立劳动或自由职业者，与土地的关系少，受地主经济上的剥削也较少。过去所受的苦也多为政治上受压迫的苦，因此对地主阶级的恨不够深，斗争性也不够强，加上复兴区的贫民又多为中年、老年、妇女，这些妇女在阶级觉悟没有提高以前多少总有些仁慈，参加诉诉苦、骂骂恶霸的会还可以，参加杀人公审会便有些“害怕”或“不忍”了。这是使反霸斗争劲头不大的一个主要原因。

（2）复兴区阶层复杂，什么人都有，小资产阶级中投机分子也较多。这些人叫开会就开会，做表面工作，混入革命阵营中来，在短期容易表现积极，也易蒙蔽阶级观点较模糊的干部，面对基本群众的进步则是一个阻力，对工作有好的影响，也有坏的影响。

（3）复兴区地霸多而集中，花样自然也多，势力较大。

（4）部分干部阶级观点模糊，信任小资产阶级的积极分子，对老实的贫雇农和贫民起了压抑作用，而且在划分阶级时，又把一些小资产阶级划为贫民，使界限不清，影响斗争的进步。

4. 今后的计划

（1）整顿组织：农协、民兵、街政权的成分不纯，急需加以整顿，才能应付当前的斗争，先以农协为重点，审查不合格者改选，在整顿组织中结合重划阶级，分清界限，这工作正在进行。

（2）发动倚象、南屏两区的苦主（受复兴区地主剥削重者）来诉苦，参加斗争，分享胜利果实。

（3）召开分类分地的诉苦会，搜集材料，如欺侮妇女较多的恶霸，召开妇女控诉会；过去迫害进步青年侵吞教育公款的恶霸，则召开教界控诉会，这样既省群众时间，又可多搜集材料。另外有些地霸在外区作恶很多的则交该区，发动群众来诉、斗、赔、审。

5.一个问题

城市的下层群众多为贫民，城市发动群众应以贫雇农及贫民为依靠对象。但农民人数少，贫民因多为独立劳动者，与土地的关系不密切，受地霸直接剥削的经验较少，对地霸的仇恨不深，斗争起来也就觉得软弱无力，如复兴区目前情况，若是不依靠贫民单依靠农民是无法取得胜利的，这问题应该如何解决？

（丙）思茅初中三月一日思行字第五三号报告

事由：为本学期投考我校贫雇农子女20余人照上级规定助学金名额不敷分配，拟请予学费项下补助请予指示：

奉钧署文校字第七二四号指示：转知人民政府规定1951年春季吸收工农子弟及少数民族学生入学，放宽标准，希即遵照办理。自奉令后，我校即在寒假期间，配合县府工作同志到各乡区参加反封建的农民运动，并在展开冬学中广泛宣传政府政策，尽量吸收贫雇农子女入学。经广泛发动后，一般贫雇农中子女具有初中同等学力报名投考我校者已达20人左右，查该生等家庭确系困难，已由各区村农协证明必须领取人民助学金，而我校领取人民助学金之贫雇中农及贫民成分学生占全校学生人数25%以上，超出规定名额10%。兹为贯彻政令做到学校真正为贫雇工农子弟开门，使一般贫雇中农子弟有入学机会，凡有同等学力之贫雇中农子女已尽量吸收入学。现已超出规定人民助学金名额，无法供给伙食，又不能摒除于学校以外，拟请予以照顾，准以1950年度我校学费项下补助该生等伙食。一面拟定生产计划加强生产教育，逐步实现生产助学以求自给，是否可行，请即予以指示，以便办理。

附录一：景东民族概况

1.傜族

分布于崇明区八村及太中区的四村，与苗、汉、倮倮等杂居，共320余户1500人左右。

传说：他们是从江西迁来的，原在坝子里，后因受汉人压迫，退到山头上，田地被汉人霸占去。到光绪年间，出了一个五五，带领大家打汉人，常去街上打架，打死也没有人管。后来设立了保甲，一打就关起罚钱，出不起钱就不敢打了。

该族干部仅有村级的1人。学校有高小学生30多人、初小学生70多人。

要求：分坝子中的田、耕牛及种子等。

2. 卜族

分布在保定、岩脚村、满红、叉口、边寨、下竜、艾里河等20余村寨，与蒙化、回、汉等族杂居，有250户1200人。

传说由江西迁来，无一定居住地，住在哪个村寨，都要帮那里的地主做白工，直到1949年止。在杜文秀起义时，他们先帮汉人，后被回族收买，帮助回族打败汉人，不料又遭回族杀害，被赶到各处，直到今天双方还互相仇视、打架，如争林产，双方告到县府，尚未解决。

卜族有村级干部14人，小学校有3所。

3. 蒙化族

分布在安定区、文龙区、保甸，多聚居，杂居的也有，共约2332户15389人，住在山顶上。传说他们是百多年前由江西搬来的，过去一直受地富压迫，生活多食面果、糊拉或山茅野菜。当地又不产棉麻，故多穿蓑衣。有语言无文字，民族间很团结，家庭观念强。蒙化族有区级干部9人、村级干部48人。

要求：

①缉拿逃亡之恶霸，补助农具、耕牛，发放农贷、盐米，办合作社，开山筑路，修理桥梁，发展棉麻纺织等。

②当地只产杂粮，征粮时以杂粮折米，数过高，要求折低点。

③设立学校，办民族训练班。

④要求改良风俗。

4. 卡堕族

分布在崇明、文景两区，各村均有，约1150户6000多人。杂居于汉、傜、傈傈、那乌、咪俐各族间，居住在半山中，种一半田一半地。田多是租来的，地多是开荒得的。租尚有牛租。住的是竹瓦房。多以帮工为生，做木匠、挑担、磨剪的也有。富农只有4家，住在坝子里。

据说卡堕族是本地人，老早就住在那儿了，咸丰年间才由坝子被逼赶上山头。

在崇明、文景两区，汉人有青红帮的组织，首领田怡齐、田中适。他们霸占平地，砍伐树木。梁兴楼反叛前，曾发动帮会“兴汉灭夷”，定过年动手。他们阴谋的信落在卡堕人手中，卡堕人便全部逃出躲避。

在1936年前，曾设有学校，后被封了，叫小孩到坝子里读中心小学，小孩不敢去就失学了。族中有中学生七八个，小学毕业生20多个。村级干部有10人。

5. 那乌族

共有18户114人，多数住在山上，怕坝子瘴气不敢下坝。受汉人地主的剥削，吃荞面及黄金毛菽，生活很苦。干部仅有村级1人。

要求：清匪反霸，减租减息，赶快土改。

6.僰族

居住景东民乐区，共有15个村寨，共计人口646户3129人，其中女1568人。居住坝子，生活很困难，一年只有半年粮食，有2/3的人口是景谷区地主的佃户。学校就是缅寺，景东民乐区有5寺。工作干部有60人左右。

附录二：景谷县民族情况

全县人口114000多人。僰族占35%，乡谈族占10%，倮黑占10%，汉人占30%，其他民族占15%（包括傈傈、布都、布孔、碧约、朴满、蒙化、海尼、回族等）。

分布：僰族分布在碧安区勐班坝、永平区猛戛、中山区温江、正兴区河边、凤山区的江河边，大部集中在坝子里。乡谈族在正兴、永平两区较多，大部住在半山或山顶。海尼族在凤山区第八村聚居，其他各民族多住在山上。

民族关系：汉族叫僰族为摆夷，他们不高兴，要叫本人，两族之间彼此有歧视。过去几年前泰国曾派人来煽动说："泰摆是一族，僰族要想独立就要靠拢泰国。"僰族的寨子常不准汉人入住，僰族对其他民族之间也有摩擦，别的民族常说："僰人懒惰，不想动，占据了坝子。"以前常有抢婚的事情发生。僰族有干部：县府科长1人，区长1人，助理员12人。

普洱区资料之十

——佧佤族情况

中央访问团第二分团

1951年7月出版

普洱区资料之十

——佧佤族情况

编者声明

这些材料是我们从1951年2月22日至1951年5月底（其中大部时间是在行动中），先后在蒙自、普洱、文山等地区进行兄弟民族访问工作中，通过当地干部、民族代表及熟悉当地情况的人士所了解的一些情况。为应各有关机关之急需，仅将原材料加以初步整理，尽量避免主观分析与结论，在文字上仅要求看得懂。但由于短期访问及仓促整理，情况难免不真实或不深入，观点难免错误。故仅能供各有关机关进行民族工作的参考或进一步考察的线索，并望于今后的调查研究，加以校正。

1951年6月　日

甲、佧佤族概况

（一）分布及类型

1. 分布

佧佤集中在滇缅南段未定界佧佤山区域，东由澜沧西盟区之翁戛可起，南自孟连区之富岩起直达北部耿马地区，又东北自募乃[①]之南本起西南到缅甸北掸部之邦养地区。

全区佧佤族人口，据普洱专署负责同志及当地老人估计有60万到80万人，我国境内的约有10万到15万人；分布于沧源县的16000多人（占全县人口80%以上），在澜沧县的西盟区最多（估计有10万人），其他分布在澜沧县与佧佤山接界各区，除极少数与汉族、倮黑杂居外，其他都是聚居。

① 募乃，本文又作“慕乃”。——编者

澜沧县内地各区佧佤族人口分布表（西盟区除外）

区名	文东	东回	上允	南卡	猛连	东朗	镇边	竹塘	永安	谦六
全区人口（人）	12000	8595	42000	5000	6900	6800	9800		6500	15958
佧佤族人口（人）	3480	1375	1008	750	759	612	588		2户	很少
百分比	29%	16%	24%	15%	11%	9%	6%			
居位	2	4	2	3	2	5	4	3		
各地各区佧佤族总人口：8500多人（竹塘、永安、谦六未计在内）										

2. 类型

（1）受汉人影响的地区风俗习惯相近于汉人，如大小蛮令、上下景章等地；吃饭摆在桌子上吃，使用筷子，婚嫁是男家请媒人到女家去说，结婚时新郎新妇都行叩头礼。

（2）受基督教影响的地区，如永和王、文东区的几个寨子、大蛮顿、李衣树、车啊、大省树蛮弄、上允的几个寨子，不拿头，不做鬼，不吃酒，不娶几个女人，读拉丁化的佧佤文。

（3）受僰族影响最深的在滇缅未定界，南卡武、班养以及猛连区佧佤亦受其影响；信佛教，与僰族一样过年，服饰有的同僰族。

（4）未受外面影响的如山东、岩成、马散三大王子地区所属的佧佤族比较落后。

（二）社会制度

1. 概况

佧佤族的社会发展不平衡，佧佤山中部大部地区如山东、岩成等地是以家族为单位的氏族社会，集体劳动。佧佤山周围地带，土地是“共有私营”，贫富现象开始产生，有的地区已进入土地私有，并可自由买卖（如班箐等地）。在佧佤山西北因受僰族封建社会的影响，初期的封建社会已萌芽，贵族僧侣的统治阶级以地租剥削人民，土地私有私营。

佧佤山中心地区，生产是以一个部落为单位，男女老少共同在一块地上一齐耕种，到收获时则按耕种时各家所出劳动力计算分配。近数年来才开始使用铁工具（外地运去），有些部落仍用木棍，在野火烧过的山林中，男子把土撬松，女子即放种子；或用竹筒把种子放在里面，边剁边种，种下去直到成熟才去收（较进步的部落也会除草一次，有很多部落至今还不会种菜，没有园圃）。土地属氏族或部落公有，只有生产工具及牲畜属家庭私有。在边缘地区因受汉族的影响，生产技术较为进步，会使用锄头和犁头，有的地区开种水田（这仅是近10多年来的事）。耕地各部落有各部落的范围，在寨子周围较肥沃的园圃及水田开始私有及土地交易。

2. 佧佤山中心地区社会制度

（1）部落联盟及部落会议：佧佤山内部地区的社会组织是一个部落由几个氏族联盟组成，或一个部落也就是一个氏族。氏族有自己的酋长，由人民共同选举出来，组织成氏族的会议领导。老人也受到尊敬，他们也是氏族内部的咨询者。部落会议是由各氏族的头人组成，再选出一个酋长来［他们选举头人时多喜欢选举有特别出众的水牛角（表示财富），勇敢、善战、公正、诚实，热心服务本部落，勤苦劳动的］。一个小部落的人口不下百余户，大多为千余户，最大的部落联盟会达万余户。部落会议是处理本部落一切问题的最高权力机关，对外可代表本部落结盟、宣战，对内一切重大问题在会上先商量然后召集全体人民开会讨论通过。人人有发言权、选举权（有些地区女子没有选举权），有不同意的也可保留意见，或退出会外不参加，会议不能强迫每一个人接受决议。若有对外战争是全体一致行动，人人都是守土有责，若有任何人不参加作战，便要被罚。佧佤规矩很严，对违反规矩屡诫不改者，即将其杀死，甚至把头卖给别寨，用这样严格的规矩来维持部落制度。他们对不劳动、不务正业的，不许存在，大小头人王子也一样参加劳动，甚至有的90多岁还要参加劳动。一般说来是没有剥削的。

（2）政治组织：最大的区域“江”，如永和王地区叫“许江”，即一个王子辖地；其次为“约坎”（相当于区）；再次为“约扪”（相当于乡）；再下为“班姆”（相当于村）。部落中最大的头人叫老布君（即部落或氏族中的酋长），次为伙头，下为白掌，再次为头人。

（3）各部落间的关系：每个部落是独立存在的。为了抵抗其他部落对他们的攻击，在自己寨子边缘地方建筑有土垣或有丈多宽的荆棘及壕沟等围绕着寨子的工事，出入的地方建筑有栅门深达一二丈，晚上紧闭。也常常投靠一些势力比较大的大部落而互相联盟，联盟的部落只有在对外战争中他们的行动才能统一，平时各自独立，经济上关系不密切，依附的部落也是如此。

部落间表示友好通常互送礼物，如黄豆、芭蕉、甘蔗等。表示中立时用半开5角、蜡烛1对，意即希望对方不要参加敌方；表示团结时送1块黄蜡或半开1块，用红布包好送去。各部落间订盟和好，双方的大头人便举行剽牛仪式来决定谁为盟主，也有订约时用“木刻”的。表示宣战时带辣椒、子弹和茶叶送给对方，若对方表示理输或力量不敌愿投降就收下茶叶；若应战则收下辣椒、子弹，然后积极准备，到时开战，青年男子各带枪、弩、刀、矛等前去参战。被征服了的部落初要到盟主部落投降认错，征服者要叫被征服者交一定武器和牛，才可接受为自己部落，也可不要参加进来。征服了别的部落后，就派自己的成员去管理，执行部落权力，这个人叫“朗家”。

［注：1、2两项是参照普洱地委会编《普洱民族问题》］

3. 沧源岩帅盟的组织

在沧源县除班洪、永和二王子外，其余佧佤族还有“盟”的组织。在岩帅以田、赵、肖、鲍、袁六大姓①组织成联盟。其中又以田、李、袁三姓为一系。以田系为主，军政实权掌握在田系手中。这种“盟”的组织相当民主，有什么事盟长召集各族头人商量，都同

① 六大姓应包括后文中所说的“李”姓在内。——编者

意了，氏族头人回去还要召集所有人民来商量，如果有人对这事情不同意就重商量，直到取得协议为止。如这次普洱选举联合政府委员，田兴文提出说："委员要人民选举出来才好，像我这次出来当了委员回去，因为我不是佧佤人民选的，会使他们说我活动来当的，他们不服。"各氏族中有残废不能劳动者，由各族内部供养；各族中若有为非作歹的人，违反大家利益者，除该罪人负责外，其氏族内部及联盟也要负责。所以各寨头人随时督促人民努力劳动，并在生产劳动中给予一些帮助。岩帅地区每户每年出米1亩[①]（23斤），每月半开5角给头人田兴武，用作买枪弹和剽牛。

4. 西盟区一带佧佤族社会制度

（1）头人的称呼：佧佤头人有3种不同称呼。

昭法：如山东岩成的头人被称为昭法，据说是受土司制度影响的地区，曾设土司制度。这些地区的头人僰族称为昭法，即世袭土司之意。佧佤也随之而称其头人为昭法，汉人又称王子。

新爷和掌爷：是汉人封给佧佤的官名，新爷比掌爷大些，如马散所属村寨大过永必烈，所以马散的头人埃乃柳被称为新爷，永必烈则称为掌爷。

阿朗[②]：是一般佧佤对自己头人的称呼，多半是没有受汉人及土司制度影响地区头人的称呼（多数是小村寨的头人）。

（2）头人的产生：

阿朗：来开辟寨子的第一家，他就可以当那个寨子的阿朗，若没有其他头人的寨子，阿朗就算那寨的头人。阿朗是世袭的，一般是长子继承，若长子无能或不愿做，又或其父不给他做，才轮到其弟。若阿朗无子，在阿朗未死前与本寨商量指定，则阿朗死后族中人和昭法或新爷、掌爷等头人商量，选出本族中最适当的人来做，外族不得当阿朗（因为是主持宗教祭祀者）。阿朗只能娶一妻，若妻子死可再娶（但一定要处女）。而昭法、新爷、掌爷等头人就可以讨几个妻子，且不一定限于处女。

昭法据说最先还是阿朗。他管的寨子很大，很有威望，僰族设土司制度于此，阿朗由宗教的头人一变而为政治上的头人。一般说昭法还是世袭的（世袭人的选定与阿朗同），但也有的不世袭，而有钱有势的人也可以变成昭法，如允恩昭法困衣，原是非列昭法下的一个头人，现他做了允恩昭法，势力比非列昭法还大。

新爷和掌爷的产生，据说是一寨中有钱有势的，或是原为阿朗，由汉人委给他们新爷、掌爷。老新爷或老掌爷死了，一般是世袭制。如马散新爷埃乃里做了23代新爷，而且都是大儿子做（埃乃里说）。据埃可说：新爷、掌爷是百姓选举的，当新爷或掌爷死了之后，子无能力或无子继承，在此情况下全寨商量选出。

（3）头人权利：昭法、新爷、掌爷在寨中的权利是替寨中人调解纠纷，战争或媾和由他们执行。在有些情况下可以不必征求全寨意见而代表全寨与外寨交涉（如这次在

① 一亩，疑为"一斗"。——编者
② 阿朗，本文又作"卧朗"。——编者

澜沧各民族代表大会木古与永邦的和好没有征求全寨意见），决定剽牛祭鬼祭人头每家应出款项。

阿朗专管木鼓房及祭人头、剽牛、送鬼等宗教仪式。若寨中没有昭法、新爷、掌爷的话，他也就是这寨中的头人，兼管政治宗教。寨中有事敲木鼓召集大家也由他做。

（4）人民对头人的义务：人民对头人的义务没有明确规定，各寨也不同。如岩城的头人埃柳，若老百姓打得野物分一膀或一腿肉给他，百姓剽牛还须送一腿肉（山东不要，只岩城、马散要）。头人到百姓家，百姓泡酒款待，头人3年或6年盖房子一次，每家去一人或数人帮头人盖房子，如岩成昭法盖房子，人民就送他一些树和一些米、酒、鸡或猪，多有多出，数目没有一定，岩成昭法也杀鸡、猪来款待。

（5）头人关系：

昭法与昭法的关系：西盟区附近佧佤的三大头人，马散、山东、岩成传说他们是一个祖宗分下来的（祖宗在甲板田——现有佧佤800多户），原山东、岩成、马散的头人是兄弟，马散头人是岩成头人的哥，所以每年岩成要给马散100元半开、米2斗，剽牛一定要送牛肉（如不送去，山东自己还来要）；山东与岩成有什么事都有来往，允恩与山东常打仗，岩成与马散去帮助山东。

昭法下边各村与昭法之关系，也是一种同盟友好的关系，服管不服调，如扒戛①是从岩成分出来的，管的寨子很多，但对岩成还很尊重；爱甲可②已从岩成分出来18代，岩成有事还来通知。去年岩成头人办喜事，送一根牛肋骨给埃可（送牛肋表示请帖），埃可接到后送岩成3两银子。昭法死时，凡从他分出来的寨子，每寨去1个人，送1只鸡（埃可寨）；昭法盖房子，每寨送给他2块钱、2斤盐（埃可寨）；昭法生儿子，每寨送给他1根白线（表示吉利）、1碗米、1个鸡或1块半开。又如亚娃雷六代前属允恩，每年出给允恩1512两鸦片烟（现已不出了）。

同一寨的昭法与阿朗的关系：昭法管政治，阿朗管宗教祭祀，互相间关系很密切，阿朗要盖木鼓房、剽牛、祭人头则请头人与百姓商量哪家出多少钱。

（6）使用奴隶情况：在战争中俘虏到的人，大的杀掉，而把没有出牙齿的小孩拉回当作自己的儿女养。也有因为差账而拉来的，或拿钱买来的小孩（不限于没有牙齿的），也拿到自己家来养。这些人同家里的人一样看待，同样劳动，在经济上也享有同样权利，可以继承家产，社会地位也不比别人低。

（三）风俗习惯及宗教信仰

1.宗教信仰

如岩帅、允恩等信佛教。班洪、猛董、猛省等信基督教，如中课、班箐、山东、岩城等都信鬼神、看鸡卦等迷信。常看鸡卦以测吉凶，家里会不会有事发生。会客会得会

① 扒戛，本文又作“叭戛”“八戛”。——编者

② 爱甲可，本文又作“阿戛可”。——编者

不得，都要看鸡卦。路上遇到雀在路边叫，也认为不吉利，生了病没有药吃就去找“么八”[①]来念咒或做鬼。

2. 风俗习惯

（1）婚姻：男女双方自由结合，父母不能干涉阻挠，一般是一夫一妻制，但有钱的也可讨几个女人。西盟佧佤同姓不婚，有些地方（如蛮达）除了同胞姊妹外都可以结婚，婚后不能与其他人恋爱，否则抄家。婚礼有的一条牛或几条牛，有的几百半开、几个猪不等。一般的均有一个特点，如结婚时出不起婚礼，可赊着以后给，不过一定要给，如这代给不起，子孙出来也要给，否则就拉人去帮工劳动。若夫妇不合也可提出离婚，但谁提离婚谁就要赔出结婚时的费用。

（2）剽牛：凡送鬼、丧葬、做喜事、盖房子、拉木鼓、过年节、讲道理、这寨与那寨和好（有仇媾和）或互相订立公约等，有钱的都要剽牛，不过送鬼时牛剽得多些。牛要讲究旋状、角样（角张开的为好），据说过去西盟区每年要剽牛三四千条。送鬼的排角牛最好的曾经卖过1200两鸦片烟（每两8元）一头。班箐大寨100多户，今年上半年就剽牛30条。中课头人四月准备剽牛17条。剽牛是他们经济上最大的浪费。

（3）砍头：在澜沧传说三国孔明南征时，发现佧佤很野蛮，又不易征服，于是孔明想了一个使他们自相残杀的办法，拿煮熟了的谷子给佧佤做谷种，种下后不长苗。佧佤奇怪去问孔明，孔明即以好谷种发给他们，并叫佧佤砍人头来祭，于是谷子就长出来了，而且丰收，自此以后佧佤每到栽种的时候就必须砍人头来祭。现在佧佤还说：“拿人头祭谷地是孔明老爹告诉我们的。”据说，最先佧佤是砍本族中的人头，孔明用此办法是想使佧佤民族内部自相残杀，消灭光，而后来佧佤慢慢地就到各处去偷砍各民族的人头，直到现在此种风俗仍存在。他们都喜欢砍长络腮胡的头，认为那种头祭一年会丰收几年。

旧历二三月间砍人头砍得最多。据说要去拿人头之先，由阿朗祭师卜鸡卦，某日日子好就去（全村青年男女都上）；走了一半路，女的和部分男的可以回来，让几个勇敢的去拿。以前拿人头的地点有一定的范围，名叫“坐坛”，谁入这坐坛内就砍他的头，即使是父母兄弟姊妹亲戚入坐坛之内也要砍。他们普通用茶或米撒在坐坛的周围作标志，若懂的到此即退开，不懂得的进入就会被砍。但现在佧佤用“坐坛”的很少了，都是随便出来砍头，若见到自己不认识的或是仇人就砍头，若遇到自己的熟人或认为不能砍的人（有势力砍了就会出乱子），他们就会对遇着的人说：“啊！你冒失了，我们不砍你的头，你快走。”于是就同过路的人要“礼性”，这时这人就要将身上的钱及物件送给他一些。有的拿人头会走到离家三四天路的地方去拿，若拿不着有时就去人家里砍，常在夜里用一牛铃系自己的颈上，摇动铃，让狗吠，房子里的人认为是贼来偷牛，开门出来就被砍掉头。他们砍头主要是砍仇人的，不像一些人所说的专砍汉人或其他少数民族的头，解放后砍头的很少了。他们不要牙齿未出的小孩的头，不要嘴缺或四肢不全的人头，也不要牙齿没有或

---

①“么八”，本文又作“磨拔”。——编者

生得难看的人头，他们喜欢要满脸络腮胡或是头人的头（尤其有仇的佧佤头人）。他们把人头拿回去后，全村的人都要欢迎，围着砍到人头的那个人跳舞，还给他1个猪。砍头的那把刀，以后就不能用来割东西吃。人头拿来不一定送进木鼓房（供人头的地方），要看好日子才拿进去，同时村中妇女都去哭诉说："你为什么不跑，会给他们将你拿来，你是该死的啊！你家里的人如何挂念你……"哭后拿牛来剽，表示祭这个人头，送鬼走。人头下面放一箩火炭，让人头的血滴落在炭上，然后将炭灰全寨平分拿去撒在谷地里。要是砍到官家的头，他们就要用戥子平分，分时各家还要拿很多牛来祭。10年前澜沧里目（官名）谭××的头被砍去后分了130多个寨子，还杀了100多头牛去祭。人头到五月还要再祭一次，这时新旧头都祭，以前拿来之头虽然在新头拿去之先已送了，便用一个石头代替，向石头敬酒。祭人头用牛尾巴、一二块肉、几把米、酒，由"么八"来祭。把酒淋在新旧人头上，全寨人围着跳舞，祭时还要剽牛吃。祭谷地是他们必要做的事，活头砍不着，死头也要，或到墓地上去偷，有时找不到就用其他牲畜的头去祭。

从前砍人头砍得很厉害，1948年南本新寨在山上窝铺中被砍9个头，去年哈谷妈[①]寨倮黑被砍4个头，今年没有砍了。有些个别的寨子祭谷地砍人头，已有了改良，或完全不存在了。如玩果寨已23年不用活人头祭谷地了，死人头是一年或三四年找一个，如爱甲可连死人头也不要了，据头人岩可说："我们已10多年不供人头了，我们的庄稼还是一样的好。"连年到南本附近砍的腰卵[②]，今年也没有来砍了。拉勐从北京回来向各寨头人讲话后，中课、班箐一带的头人都说："不砍好人头，只砍做贼的坏人头。"砍头的事的确比以前少了。

（4）吃水酒：每逢有客或开会调解纠纷、商议事情都要喝水酒，他们说："不喝酒说出来的话不算数。"

（5）禁忌：在佧佤族家里不能打开戥子或包着的半开。不准带葱姜或宽大的叶子（如芭蕉叶……）进屋内，房子旁的牛角丫不能弄，杀猪石也不能弄。住房楼下不能喂马草（客房下面例外），柱子上不能拴马。火塘靠墙那边不能去，不能到内房的火塘边去。火塘用三脚石不能动，煮东西最好在靠门的火塘边。对他们不能斜视，斜视他们最伤心。进村子要下马。不能和结过婚的妇女开玩笑。拿鸡蛋来不要吃，也不能以鸡蛋送人（拿鸡蛋送人表示要杀对方）。供神处不能放东西。喝酒时要倒一点在地上再喝，递酒给对方吃时手要前伸，手心向上以作递东西态（决不能手心向下，大指与其他指分开，因为这样他们就认为要捏死他）。假如妇女正在煮酒米饭，你遇到了的话，立即用手将酒米饭拿一团出来，丢在地上，那以后他们的酒坏了罪不在你，否则酒煮坏了就要怪你。

① 哈谷妈，本文又作"害谷妈"。——编者
② 腰卵，本文又作"腰累"。——编者

（四）经济情况

1.生产品

佧佤山以鸦片烟为主要输出品，粮食以旱谷为主，其次是苞谷、小米、稗子、红豆、荞、高粱等，有些地方可种蚕豆、豌豆。据说种鸦片烟的地也能种麦子，班箐及南亢河两岸都出棉花（南亢河两岸的棉花很好），很多地方种有染靛。

妇女会纺纱、织布、染布的都很普遍，并有的织通巴（背东西用的挎包）、垫单去卖，有少数人能编竹器。如班箐寨还有铁匠。普遍养鸡猪。

2.生产力

锄头、镰刀、斧头等一般能自己做，有木制轧花机，每天可轧2斤多。纺线用手捻，织布机很简单，每天只能织5尺到1丈（宽五六寸）。

耕地中比较平的就用牛犁，但使用耕牛的并不普遍，开生荒或山坡陡的地方都用锄头挖，一般不施肥，就靠烧荒地中的树枝、野草之灰作为肥料。耕地开一两年就要荒五六年，等地中小树长出来再开，每天每人可种2斡谷种，每斡可收3亢（1亢=6斗=30斡=约100斤），每年每人需吃5亢。小蛮令能精耕细作，普遍施肥和使用牛耕。

在生产中男的多砍树、烧地、犁地、挖地；女的纺线、织布、栽种、除草、舂碓（忌男人舂）；小孩放牛、砍柴等。

3.生产关系

（1）土地占有情况：以班箐为例，未经开垦过的土地归全寨共有，开过的所有权为开者所有，子孙有继承权。土地各寨有范围，若外寨来本寨开地要得本寨允许才行。少有人出租土地，只有极少数的没有土地种的人家（多属外寨新搬来的或是无垫扎开荒的）向地多的人家讨种，种子由田主负担，收获平分。也有新搬来的，寨中每家给他一点地，3年内不要租。

土地也可以买卖，价格不等，看土地面积大小、好坏而定，一块够三四个人口粮的地，只八九元半开就可买到。

（2）借贷和债务情况：佧佤向佧佤借一般是50%的利息，汉人也很少借给佧佤（因借出去不易收回），但是有些汉商也赊卖东西给佧佤。有些差佧佤账赔不起，佧佤就来拉人拉牛或拿东西，若差账的人跑了，就要那个寨子负责赔，不赔就拉那个寨子的牛或人，拉去后可以去赎，否则就拿去卖掉或杀掉（但对待被拉去的人很好，不虐待）。

4.生活情况

一般的生活水平都很低，但有个别地区个别的人（如允恩一带）吃穿都很讲究，连地毯都是英国来的。班箐自己种的蔬菜只有南瓜、冬瓜、豆类等，而且种的很少，多吃山茅野菜（菜与饭煮在一起）。比较富有的经常吃得上干饭，贫苦的常常只能吃稀饭。班箐全寨平均差3个月粮食，三四月间挖山药、毛鼠吃，五六月摘果子吃，平常吃不到肉类，只是做鬼或有什么事时才吃。男的穿裤子，女的穿裙子；衣服有的穿，有的不穿；很少有人洗澡，也不洗衣服；多数没有被盖，随便躺在火炉边就睡觉。生活中最缺的是盐巴，有些地区布也要靠外来。生活穷困的原因主要是由于生产技术落后，粮食不够吃，鸦片无销路，价格低，以及剽牛造成财富浪费的影响。

大小蛮令比较富足，全寨100多户有二三十家够吃，除了种地和织布外，每年冬腊月几十人或百余人一组去到景栋帮工（多为挖地、挖沟、挖路等劳动），每人每天1文缅币（半开9角），剩余二三十元或百余元带回来，有的买着洋锅、洋锄、洋铲回来（有带回来卖的，有带回来用的）。

（五）民族关系

1. 内部关系

由于佧佤族内部是各自为政的部落，债务纠纷、生活穷困而进行偷盗抢劫以及砍头的不良习俗，常引起互相间的仇杀，加之帝国主义传教士的挑拨（如1950年美帝传教士永文生挑拨千余佧佤进攻岩帅佧佤），常常由于少数人互相间之小的争执而形成部落与部落间大规模的仇杀，无法得过安居乐业的生活。纠纷情况有几种：

（1）因债务而引起的纠纷与仇杀：他们的规矩差账赔不起或是逃跑了就要全寨给他赔，不赔就乱拉这寨的人或牛。如10年前永拜的岩偿、岩仅借牛2头、银子200两给木古的岩好，3年前去要，岩好没有，就拉了木古的1头牛，木古寨人追至半路砍了要债的两个人头，同年永拜又杀了木古的岩砍，因此引起了两寨的仇杀。直到这次开澜、宁、源各民族代表会两寨头人都来了，起初木古的头人还不敢见永拜之头人（开会后双方和好）。

（2）抢劫和偷盗：生活的穷困而促成了他们的偷盗和抢劫，常引起互相冲突仇杀。如班约偷猛省的辣子，猛省又到班约偷牛、砍头、烧寨子，互相间就砍杀起来。去年石炳麟来打澜沧，佧佤之翁干拉等15村帮助石炳麟打，结果中课分得多，翁干拉向中课要东西，中课说："这是我们打来的，你们自己有本事自己去打。"翁干拉就赌气约了莫英、哥龙3寨去打叭戛（是比较富有而对翁干拉有仇的），拉来95匹牛马，被叭戛打死4人（3个是翁干拉的，1个是莫英的）。

（3）部落与部落间的争夺地方和财物：如亚娃雷原属允恩，想统治邦泽，就向允恩借五六百人来打邦泽，打死邦泽50余人。后来邦泽又去砍亚娃雷的头人，砍了两次，每次3个。今年二月亚娃雷出了1条牛、48元半开、1套衣服给邦泽才和好。

又如允恩与西盟从前打过仗，当初西盟败了，每年要给允恩鸦片40砣（每砣40两），但后来扎线姑老爷与李×的老爹打过两战后，允恩就不敢来收了。

有时为了很小的事情就互相打杀起来。如1942年马散打得一个马鹿，被果敢拿了，马散要果敢赔，果敢不赔；于是马散就集合了一二百人到果敢去报仇，果敢杀猪做饭招待马散，而马散的人动手把果敢寨中40多户人家杀得只剩10多户了。从前山东的一个女人到允恩卖酒药，允恩的人说她的酒药酸了，就把这个人的头砍了，从此引起了两边不断的仇杀。

2.佧佤与其他各民族间的关系

佧佤族人口很多，性格强悍，佧佤山内部地区各部落与其他各族极少来往，佧佤山边缘地区与其他各民族关系亦较复杂。一般地讲，倮黑、僰族、汉人是受佧佤族拉人砍头等的灾害形成对佧佤族的恐惧与仇恨，而汉人中的封建统治者对佧佤族之进攻封锁，和汉族商人中的投机分子对佧佤族的欺诈以不等价交易和部分地区高利贷的剥削，使得佧佤族对汉族疑惑和仇恨。但也有些地区（如岩帅）在政治、经济各方面佧佤居统治地位，僰族又不服（在佧佤山西北接缅境僰族地区与僰族关系较好些）。

（1）佧佤砍头拉人拉牛：佧佤砍头祭谷或借口差他账而到佧佤山边缘拉牛拉人的事使佧佤山边缘地区的倮黑、僰族、汉人产生了很深的恐惧和仇恨。如1948年南本附近新寨汉人在山上窝铺里被砍去9个头；1950年哈谷妈的倮黑上山挖山药被佧佤砍去4个头；同年新寨倮黑来帮工的被拉每的佧佤拉走2个（借口说老人差他账，实际没有差），西盟去年被佧佤抢走各族的小孩20多个。

（2）佧佤对倮黑的压迫和剥削：西盟、永安佧佤居统治地位，倮黑最受压迫。如永安区的佧佤自称为“官”，称倮黑为“民”，要倮黑叫佧佤头人为“阿爹”。过去佧佤头人出来时倮黑必须跪接，他们随便到倮黑寨中拿牛、拿猪鸡。1950年征粮时，岩子脚的佧佤不准爬窝顶的倮黑交粮，要纳一定之财物给他。南坑武对倮黑是每年一寨要1头牛、5砣银（一砣40两），不纳则烧寨子或砍头，他们来收时如果不能马上交出来就要罚（今年四月一天，佧佤去收钱1元，倮黑出去找钱，过了一阵回来，佧佤就罚他30元）。倮黑生孩子，若是男孩要向佧佤交纳2筒半米，如是女孩要交5筒（因为他们说女孩值钱“可以卖”）。倮黑说：“汉人来拿，佧佤来拿。”又说：“佧佤把我们当作韭菜，才长出来一点就来采。”

有些地区佧佤常常敲诈倮黑，无理硬派或借口说差他钱就拉走牛或人。如去年佧佤阿朗哥榄向倮黑的付倮南卡要牛1头、200两银子，倮黑不给就要打（后被劝阻未打成）。今年四月间有一个佧佤到倮黑寨来要牛，没有牛给他就抓走1个小孩，后倮黑又抓来1个佧佤，后互相交换，但佧佤说“倮黑是我们的百姓，百姓这样的做，我们不服”，要想打。倮黑知道就去约了与这个佧佤寨子有矛盾的佧佤来，一百五六十人去包围这佧佤寨子，回来请示区长，区长叫不打，才没有打成。

（3）佧佤与僰族之关系：与缅甸接界地区的佧佤受僰族的影响很深，相互关系密切，如班养官即与僰族的贵族通婚，妇女也改用僰族服饰。在澜沧岩帅的佧佤，又因势力强大而成为各民族之盟主，不仅猛角、猛董的僰族受佧佤管辖，部分汉人寨也受其管辖。在西盟佧佤山边缘居住的僰族受佧佤压迫亦很厉害。如孟梭寨的僰族养着的牛、鸡、猪，佧佤经常到这里来要，不给就要杀，煮着的饭佧佤到了要吃就吃。又去年拉勐的儿子借故到僰族寨子要牛、要猪，如拿不出来烧寨子，后来拿去了200元半开。佧佤抢去一南峤僰族人，要1000元半开、3驮盐、1头牛才给赎。

汉族中的反动统治者进入佧佤山边，夺取了佧佤对其他民族的统治权，对佧佤族封锁、镇压、剿办，这是造成民族隔阂和仇恨的原因之一。

如光绪十七年四月，佧佤、倮黑联合进攻澜沧募乃的驻军；近者如1941年岩帅杀死设治局长，双方引起战争。1945年3月，澜沧恶霸石炳麟组织垦殖团进攻佧佤山惨败。木戛原为佧佤统治，后来汉人打进去占据木戛，把佧佤赶进佧佤山去，佧佤不服曾几次来打，争夺对倮黑的统治权。汉族投机商人以欺骗手段进行不等价交换，高利盘剥，汉人带盐和布进佧佤山去卖，往往较原价高出一二倍，到五六月缺盐期间，甚至超出原价三四倍。有些汉商亦有借款给佧佤，等到鸦片成熟时以鸦片抵交，借1斤盐赔1两鸦片（市场上2斤盐换1两鸦片）。

历史上佧佤民族内部之仇杀和倮黑、僰族、汉族等族对佧佤的恐惧和仇恨，形成了极深的民族内部和民族间的隔阂。解放后我党政军正确地执行民族政策，在各次的民族代表会和少数民族到外面参观（特别是到北京），使少数民族亲身体验到人民政府是真正为人民做事的，与过去反动政府完全不同，因此各兄弟民族对政府的态度以及各民族内部及各民族间的关系都有了改善。佧佤族内部互相间有仇恨的已互相和好了。如永拜和古木之间存在着很深的仇恨，在澜沧各族代表会议上互相不愿见面，可是会后双方和好了，翁干拉与扒戛曾打过仗，拉勐从北京回来以后给他们调解，翁干拉要扒戛给他10头大水牛、4元半开，别人说："要这样多的东西怎样能团结呢？"结果只给1头水牛就和好了。拉勐从北京回来后在西盟等地开会，宣传他到北京的见闻及人民政府、共产党毛主席对少数民族的好处，并且说："我们以后要多生产、多种粮食，不准偷人、抢人、砍人头，不砍好人的头，只砍坏人的头、做贼的头。"佧佤山西盟区一带佧佤说："不杀民主军（解放军），不杀民主家（地方工作同志），不杀民主婆（女同志）。"而事实上也表现了杀人头祭谷地的事已经好转，南本附近今年佧佤没有来砍过头了。过去动员他们出来开会他们不敢来，要我们去人作质抵押他们才勉强出来几个，而这次开会（在澜沧）很多头人都争着来，群众也来了不少。有很多佧佤族青年都想着出来开会、参观和学习。在岩帅田兴文还自动提出要求我们派指导员到他部队去教政治课，并派3个教员到他们岩帅。我工作同志曾深入阿戛可工作了4个月，在西盟曾组织了"各族团结保家卫国委员会"，有各村头人参加了这个组织。

但是，由于反动统治者长期地实行大民族主义，对佧佤民族进攻、封锁、镇压，形成了佧佤与汉族间的仇恨。再之，帝国主义之挑拨，很多佧佤对人民政府还不了解，还存在着怀疑与顾虑，如班洪王子几次叫他来开会都没有来（只是派代表来）。中课头人对我们说："解放军来我们这里倒很好，就是要先通知我们，每次来四五个，来多了我们惊慌。"今年在南本附近虽然砍头的事没有了，但是拉人拉牛的事仍然继续发生，如南本的汉商到腰卵卖盐，要的太贵（60两鸦片100斤，外面只需40多两），腰卵佧佤想把这几个汉商杀掉（拉勐知道便阻止了）。佧佤都说："毛主席的话我们都听了，就是盐巴太贵。"（实际上是由于鸦片跌价半开贬值而显得盐巴价高）

要根本地改善民族关系，首先要想办法帮助他们改善生产，解决盐巴与布匹问题（特别是盐巴）；设法使他们内部各部落互相和好团结，并大力培养佧佤民族干部，以逐步促进其改良习俗，帮助发展文化、经济等事业。

（六）佧佤民族对祖国的态度

自光绪十一年英帝侵占缅甸后，帝国主义曾用各种卑鄙手段和宣传宗教等方式欺骗引诱，企图达到侵略中国的目的，但佧佤族同胞始终坚定不移地要做中国人。如西盟区住孟马江边的人民，国民党卖国政府承认是缅甸界，但当地的老百姓不承认。又如西盟八戛有1000多户佧佤族，一定要归西盟管，不愿归允恩（未定界附近），他们说："我们不愿归'戛拉'（指洋人），早早归中国西盟，同汉人一样，相貌和戛拉不同，心也一定不同。"在允恩东北南溪河，有几个寨每年都来向西盟上粮，有些人说"佧佤没有一点祖国观念"，是不对的。但帝国主义仍然不甘心。在民国二十年前，英国有一妇女到西盟，送给佧佤妇女一些东西，佧佤妇女也送给她通巴（口袋）；英帝并把西盟佛寺的香炉偷去，企图以此为证据骗取我国领土，在勘界时带英兵300多人，想侵占我领土，但到班洪后，被班洪佧佤打死100多人（即所谓班洪事件）。又如允恩、山东打仗，缅甸政府写一信给山东，他们回答说："到缅甸做生意倒好，归你们管不可能。"这次西盟张致中（汉族，去年曾到北京参加国庆）到南坑武去，南坑武就问张，最近外面情形如何？当张把新中国的事情告诉他，并把新中国的观感及新中国地图给他，他很喜欢，张约他到北京开会，他表示同意。这些事实说明了国民党反动派虽不管他们，但佧佤同胞是没有忘记祖国的。

佧佤同胞目前对我们还不够了解，其中对我们政策有些认识的只是少数人，如拉勐、岩可、岩汞从北京开会回来表现很积极，到处宣传。又如岩来、扎线都很积极，如这次山东与允恩打仗，岩汞等亲自到允恩调解。但由于过去反动统治对佧佤族的压迫，以及过去到佧佤山的汉人的坏分子对佧佤欺骗、剥削，同时我们干部少，有些地区不能深入，有一些特务就乘机造谣说："共产党把人拉去，埋在地下就埋死了，送饭也送不到。"有些地区对我们政策根本不知道，甚至疑惑很深，如张致中的侄子到允恩去，允恩头人问他："你大伯、你阿叔到北京去是国民党叫去，还是共产党叫去？"也有的人说："共产党不管如何，不有我们就干不成！"又班箐头人拉勐宣传时，有些佧佤说："共产党人民政府如何好，给你金子、银子你去听，我们不能听。"我们的同志去发动他们来开会，有的则说："又不差你们哪样，天天来叫！"有的说："共产党好倒好啰！还要看看。"所有这些都证明他们对共产党的政策还不了解，同时由于他们生产落后，生活极贫困，要求很迫切，特别是对于盐巴和耕牛，因而他们对我们同志说："你们天天讲那几句话，我们不想听了。"有的说："共产党好，但什么也贵了，牛也不送来，再过两个月看看，牛不送来我们就要动起来了。"同时又由于特务、土匪的挑拨，更引起了他们对我们怀疑。如我们派人到困马去发动代表来开会，有一个佧佤教徒就说我派去的是特务，结果他们两个一个骂一个特务。我们派去的佧佤说："美国如何好我不知道，我只晓得买盐巴要到木戛（汉人住区）去。"结果这个教徒送给他牛角，他也不收。有一次西盟区政府叫佧佤带一封信去，到路上遇着另一个佧佤把这封信撕破了说："这是汉人的信，不要带。"又如对鸦片烟的反应是："你们叫不要种鸦片烟，过去晓不得，今年已种了，你们帮我们卖。"他们看待盐巴是很珍贵的，见了盐巴就吃，一家有十几个人，仅主事的人才得吃。

谭　森

1951年5月

乙、佧佤山班箐中课调查

（一）概况

班箐在慕乃（澜沧县府所在地）西北130多华里，与中课同为佧佤山边缘上接近慕乃区南本村一带的两个佧佤聚居区。据说是佧佤山区不算落后也不算进步的区域。

班箐包括袜麦（30余户）、腰黑勒（20余户）、腰通（30余户）、腰衰（40余户）、腰田（又称班箐大寨，百余户）等5寨。

（二）社会制度

班箐的头人是拉勐（住班箐大寨），据他讲他们是从马散迁来的，已有17代，都当头人。头人中最大的叫大卧朗，次为卡修，即各寨头人。拉勐说，他是听埃坎掌爷的话（因为他是从马散搬来的，就归马散管）。

班箐5寨都归拉勐管，拉勐住的腰田共有100户，分3组，寨头一部分有35户，寨尾有35户，各有一小头人；寨中有30户由他自管，没有什么组织和分工。拉勐因为年长，做事公正，遇到事情发生常当代表与汉人交涉，对倮黑亦好，所以附近的佧佤头人及倮黑都一致拥护他，成为附近地区佧佤领袖之一。

群众对头人没有负担，若有全村公众之事（很少有），需要用钱或东西时，全村共同合理负担。有人送礼给头人，礼品多就平分给各户，礼品少不够分就由头人留用。寨中发生小事情由头人劝解，大的由寨中老人或能干的人共同开会解决。

（三）主要习俗

婚姻：婚姻自由，以男女双方自愿结合，父母不能强迫。婚礼简单，只以牛1头至五六头不等作婚礼。婚礼可欠着等婚后再给，但一定要给，这一代给不起，子孙出来都要给。一般的一夫一妻，有钱的一人娶四五个女人的也有。

剽牛：寨中有钱的常轮流剽牛做鬼（即祭鬼），有的两三年轮流一次，有的六七年一次不等。头人做的次数最多，每次剽的牛也多。做鬼多、剽牛多的他们认为是光荣，穷人剽不起牛的就用小猪、小鸡去做鬼。据翻译说，前几年佧佤山每年要剽几千头牛。班箐大寨今年全寨剽水牛22头、黄牛8头（拉勐从北京回来时做鬼剽水牛10头、黄牛3头——今年二月）。中课头人岩顶四月中旬做鬼也准备剽牛17头，目前他家中已摆着牛角100余架（是从1945年起到现在积下来的）。

砍人头：过去佧佤常到佧佤山边缘甚至跑出几天路去砍人头。班箐大寨中有3个木鼓房，即供人头的地方，一个供有人头5个、一个供有3个、一个供有2个，全寨共10个。供的人头每年换一次，据说去年供的人头是恶霸石炳麟去年退到佧佤山时被打死的。龙山上的人头骷髅每寨不下数百（祭祀之后送出去的）。据翻译说他们四月十八日那天去打鱼，路边挂着一个今年二月间才砍的头。中课头人说："砍头的风俗一下改不过来，但好人的头不砍，只砍坏人的头、做贼的头。"砍头的事近年来已少了。

（四）经济

1. 出产

班箐鸦片种得少，旱谷为最多，其次是苞谷、小米、荞、稗子，红豆较少；养小猪、小鸡的很普遍，而有牛的不多。自己种棉、织布、染布、做衣服，穿的可自给，并且还能织垫单、通巴（注：通巴即棉线织的背袋）等到西盟等街上去卖。全村有3家铁匠。

2. 生产力

铁的工具有除草小铲、下种凿土小铲、砍树用的大砍刀、割草镰刀、条锄、板锄、斧头、镖枪、犁头、三脚架等，都能自造，只有铁锅要靠汉人地区买来。有原始的轧花机，纺线用手捻，织布机简陋，每天只能织四五尺（幅面五六寸）。

耕地中比较平的熟地常用牛耕，开生荒或山坡太陡的就用锄头挖，不施肥，就靠烧荒地中长着的树及草之灰作为肥料，耕地开一二年就要荒五六年，等地中之小树长大又烧树开荒。每天每人可播种2斠旱谷（每斠3斤多），每斠可收1亢至3亢（5斠为1斗，6斗为1亢），每人每年吃5亢。舂米用脚碓舂。

在生产中男的砍树、烧地、挖地、犁地，女的纺织、栽种、薅草、舂碓（忌男的舂）。

3. 生产关系

（1）土地占有出租转卖情况：未经开垦过的土地是归全寨公有，开过的所有权为开者所有，子孙有继承权。土地各寨有各寨的范围，若外寨的来本寨地区内开荒要得本寨允许才行。

一般出租土地的很少，只有极少数没有地种的人家（多属外寨新来的或是无垫扎开荒的）向地多一点的人家讨种，种子由田主负责，收获平分。也有新搬来的，寨中每家给他一点地种，3年内不要租。

土地也可私人买卖，价格不等，看土地大小、位置好坏来决定。一块够三四个人吃的地，八九元半开就可买到。

（2）借贷及债务情况：佧佤向佧佤借50%的利息，汉人很少借给佧佤，只是有些做生意的汉人卖东西给佧佤有一些零星赊欠，因为汉人借给佧佤常常没有办法收得回来，他们就不敢借（汉人陈秀清说）。有欠佧佤账赔不起的，债主就来拉人拉牛或拿东西，若差账的人跑了就要那个寨子负责赔，不赔就抢那个寨子的牛或拉人，拉去后若不去赎就拿去卖或把牛杀吃了。

4.生活状况

一般说生活水平很低。自己种的菜蔬只有南瓜、冬瓜、豆类等很少几种，多吃山茅野菜（菜与饭煮作一锅）。比较富有的经常吃得上干饭，贫苦的常常只能吃得上稀饭。吃不上盐巴的很普遍，平时吃不到肉类，只是做鬼或有什么事才杀牛杀猪吃，有时打到鱼或野兽也可吃上一些。吃饭不用碗筷，而用一个小木盒装着用手抓吃。穿的衣服从棉花直到做成衣服的过程都是自己做。女的穿红色带白黑条花的裙子（有点像滇西山头族装饰），戴耳筒、项圈、手镯等银饰，小腿及腰上戴藤圈，男的穿蓝布裤子；男女都不穿鞋，男女上衣像汉人农村中农民衣式一样，不过他们常不穿上衣，只穿裙子或裤子。房子为木桩，上编架竹子，再盖上草顶所造成，有如僰族样式。

5.班箐大寨典型村调查

（1）概况：班箐大寨是班箐头人拉勐住的寨子，为班箐5寨中最大的一寨，共有人家100户。拉勐说全寨中有8家够吃两年（？），吃不完的就卖（开工钱或借给人）；够吃9个多月的有60余户，够吃七八个月的有20多户；田很少，卖工吃的有10多户，不够吃的四五月间挖山药、毛薯吃，六月间挖笋子、摘果子吃。全寨全年平均差3个多月的粮食。全寨有牛的20余户，最多的一户有三四头；有二三十户织垫单、通巴拿到山东、岩成去卖，到慕乃买盐巴吃。种鸦片最多的人家可收300余两，多数人家收二三十两。全寨需要盐巴2000多斤，目前一点买不起盐吃的占大部分。

（2）典型户：

①拉勐家：有7人，夫妇2人，儿子及媳妇2人，外孙1女2男（均七八岁以下），除3个小孩外都参加劳动。养水牛2头（1大1小）、猪两三个。年成好时每年收谷一二百亢（每亢约100斤），小红米10余亢，苞谷少数（粮食够吃两年），鸦片一二十两，棉花二三百斤（够自己穿，还可织垫单、通巴到山东、岩城去卖）。以马1匹、黄牛1头买一帮工，另请一个十七八岁的长工，每年工资10元、衣服1套，农忙时节有时一天请一二十个短工（工资谷子1箩）。送鬼时杀1个六七十斤猪、10头水牛、3头黄牛。五、六、七月寨中穷人没有吃的，每年给他们些吃，每年给吃的在一二十亢谷子（拉勐说）。

②岩嗓家：有7人，夫妇2人，另有1个姑娘、4个小孩；3个人参加劳动。无牛（原有2头，因差账被偷拉走了），有小猪3个。每年收谷子三四十亢，稗子一二亢，苞谷少数，荞1亢多，够吃。棉花四五十斤，够穿，还可织通巴去卖。鸦片10多两，卖了买盐吃。盐巴不够吃。

③岩甩家：有6人，夫妇及较大儿子两个，小孩两人；4人参加劳动。每年只收谷子五六亢，小米一二斗，荞两斗，棉花两三斤，养鸡两只。每年从冬月起有8个月没有吃的，靠织渔网（13天做一个可卖得半开5元）、编竹箩（两天编一个可卖得半开半元）。有时帮拉勐做工、砍柴、舂米，每天工资1箩，有时没吃的还送他1碗米、1坨盐。六月以

前挖山药、毛薯吃。有时去打猎，去年打到麂子两个、马鹿两只（母的无角）。

（五）民族关系（南本调查）

1.外族封建统治者对佧佤族之武装进攻

清光绪年间，澜沧的五佛（佛房、东主、卡笼、西盟、王佛爷）以东主、卡笼统领5000余倮黑打到佧佤山的中课、班箐（未攻下），后五佛这边最得力的名叫甲本泥的被活捉，慢慢地倮黑就垮了，被追到南本。

10年后石炳麟之祖父因被汉人侵入，从缅宁牛尖山带着一部分倮黑来到澜沧，打败五佛占领了募乃。后一年，又发动老百姓1000多人去攻佧佤山，一路打到那卡（护幸河边），打不下就讲和定界（以那卡河为界，另一处以护幸小河为界）。

民国六年，唐继尧派来禁烟的沈司令带来8连人，开到澜沧来打佧佤山，打到拉时脑，烧了5寨，然后打到中课，中课只有8人守住战壕，打垮了沈司令50多人。佧佤铅子头都打完，用银手镯宰下来当子弹头（拿火枪打），打死了沈司令，其部退却，佧佤就在河边到处挖战壕，防其再攻，后因滇军打四川就未派兵来打。

民国十五六年，因为佧佤常来边境砍头，倮黑报给石炳麟之父亲，石就从其管辖的募乃区每家派1人，千余人去打，到护幸河边未曾开火，在路上遇到5个打猎的佧佤，开一枪，石以为佧佤有准备了，就回头跑，事后佧佤知道了就挖战壕防守。

民国三十四年四月十八日，石炳麟带了一千二三百人想占领大蛮海，从徐林后面去到翁比里、翁笼葛抢烧了2寨，打下戛了、富阿、腰笼，打到葛罗沙寨边，被打死一个中队副，就退回扎驻南本，到七月才另请土匪1000余人并派老百姓2000余人打进中课，占驻1个月。时普洱李专员说石冒充团长，派两个连来缴石的枪，石部由其弟带到沧源，他暗逃昆明，想拉拢龙云再打回来。恰于当时龙云下台，后拉拢霍揆彰、关麟征。霍、关已答应派1个团，后因石病，接着国民党军调东北，就未成功。

1950年石炳麟组织叛变时，石炳麟之母亲以给10000元半开（一说4000元——已给2000元）、任其抢东主、田坝为条件勾结中课出武装2000，被我打败后石部佧佤退到中课附近。佧佤说受石之骗，就反过来打石部，打死100多人。

2.佧佤、倮黑、汉人间的关系

汉人当中的上层分子或商人勾结统治者对倮黑压迫、欺骗或高利贷剥削，倮黑对汉人非常惧怕及怀疑，直到现在隔阂仍深。如南本有汉人20余户、倮黑200余户，正村长是汉人，副村长是倮黑，有事倮黑副村长都不热情地参加。这次我们路过南本想请村长找几个倮黑谈谈，结果都没有来，有个汉族的老人说："他们怕像从前一样一来就被捆打，不敢来。"佧佤山边的汉人对佧佤族不敢轻易得罪，因怕他们报仇砍头。只是有些做生意的汉商，以欺骗手段做不等价交换。如有南本汉人进佧佤山听到腰卵那边打石炳麟时打得两打水笔（据说可能是派克水笔），他才给人家5斤盐巴一支（尚未买成），由此可想见汉商对他们之欺骗。

佧佤族常到佧佤山的边缘倮黑、汉人地区来砍人头去祭鬼。民国三十五年南本老寨离寨不远的地方被砍去一女人（汉人）的头，民国三十七年南本新寨汉人在山上窝铺中被腰卵佧佤砍去9个头（男的两个，余为女的），去年哈谷妈寨的倮黑去山上挖山药被砍去4个人头（两个是小孩，两个是小孩的母亲）。

今年没有来砍人头了，只是有为差账而被拉走人或牛的。去年新寨倮黑来帮工被班箐之拉每的佧佤拉走两个青年男子（以老人手上差他们钱为借口），其中的一个已卖到中课去了。倮黑雅米志（女）的儿子被中课小星寨的佧佤拉去（说雅之丈夫差他账，实际不差），后以一头牛40元钱赎回1个，另一个没有钱赎。

去年冬月南本汉人老云才差班箐对面倮黑名甲迫的9元半开，没有赔清，老云才的姑娘就被拉去卖给中课羌保长，又以一头黄牛60两烟的价卖给腰波罗的佧佤去。老云才帮中课头人埃顶做工4个月得100元，准备去赎但已卖远了。

由于外面统治者的多次攻打佧佤山，以及佧佤到汉人、倮黑地区砍人头、烧房子、拉人、拉牛、抢劫，佧佤与倮黑、汉人的极深仇恨。解放后，由于人民政府正确地执行了民族政策的结果，民族关系已开始好转，在南本附近来说没有发生过砍人头的事了，但是民族间的隔阂仍然存在着，如拉人拉牛的事情仍继续发生，叫倮黑来开会还怕一来就被捆打。

（六）头人情况

1.头人的影响范围

班箐头人拉勐直接管的有班箐5寨，不过因为他年纪大、做事公正，在佧佤、倮黑中很有威信，故附近寨子有事都找他，听他的话。

中课头人岩顶，直接管中课所属3个寨子，由于他的武力较强，在附近地区起的影响很大。

2.政治态度

岩顶由于历史上外来统治者很多次对中课的攻打，以及解放后石炳麟叛变时他帮助石打人民政府，对我们一直到现在仍然存在着很深的怀疑和顾虑。如去年拉勐到北京开会时亦动员他去，他只派他买养的儿子去。上次动员他到普洱开会，先说要收账不去，后来去了到半路看到前面有十几个打猎的抬着枪，他就惊疑逃回。我们到中课时他说：“解放军从我们这里过不怕，就是不要来多，一次来四五个，先通知我们，若来得太多我们惊慌。”由此可见疑惑仍然很深，但亦有逐渐靠拢之表现，如他儿子到北京去开会回来也愿让他留在普洱学习，这次他对我们说：“我是胆子小，不然已得去北京回来了。”

拉勐解放前他对外就是一向主张妥协和好，愿与汉人来往，所以几次中课被攻打都没有影响到班箐（当然班箐不在大路上也是原因之一），拉勐说：“选举头人不要好打仗的，因为他们会把寨子搞乱。”由这句话也可看出他们对打仗的痛恨，对和平的爱好。拉勐从北京回来时附近四五十个寨子来欢迎他，参加他做鬼剽牛，他说：“毛主席对待我们很好，比父亲对儿子还好，在了1个月，一句都没有说过（意思是没有骂过他）。”他对佧佤人民说：“以后我们不要抢人、偷人，要多生产粮食，砍人头不砍好人，只砍做贼和坏人的头。”又说：“特务说‘上海炸平了，到处都是国民党军队’。我才从上海来，上海还好好的，到处都是解放军，以后我们决不要相信谣言。”腰卵的佧佤到密巴骨偷倮黑之牛被追到小班箐打死了，以及腰卵的另外两个佧佤去偷倮黑的烟到拉叭被打死（今年二月），拉勐说：“打死了我喜欢，他们不听我的话，要去偷人。”拉勐做鬼时，小寨的头人借拉勐之名去倮黑寨敲诈（猪1个，半开20元），拉勐骂他，叫他去赔。南本的4个汉人到腰卵去卖盐，要60两洋烟一驮（100斤），他们说太贵了，只给20两，佧佤说，不卖就要把那4个汉人杀掉。拉勐知道了就向那些佧佤说：“你们不要乱来，汉人如蚂蚁一样杀不完的，汉人的子弹如水淌一样地出来。”佧佤就没有敢杀。他说：“从前别人都说钢是从英国来的，我这次参观看到中国到处有。”他从北京回来以后是相信政府的，看到外面好，也想改革自己的地方，但有些操之过急，有脱离群众之现象。不知道怎样教育启发本民族群众，遇到打击就灰心失望。如这次我们问他：“你选上了政府委员喜欢不喜欢？”他说：“就是他们（指头人）不听我的话。”

3.中课、班箐头人间之不和

拉勐与岩顶之间存在着矛盾，当我们在班箐请拉勐叫岩顶来开会时，拉勐说：“岩顶不会来，因为我们合不来，几次叫他都不来。”据我们了解，他们之间不合的原因是：

（1）几年前岩顶的女人死了，就抢走了拉勐的堂妹（已结过婚的）做女人，拉勐不答应，曾有拉勐的人民200多到中课去打过一次（以木棒、拳头打），后岩顶到班箐认亲并赔给其女人原丈夫半开300元作损失费，才算了事。

（2）民国三十四年岩顶打得石炳麟的子弹6驮，西盟区张区长写信给拉勐叫岩顶赔还3驮，岩顶说：“我不赔，你去叫石二（即石炳麟）来，我准备好等着他进来。”因此他们搞翻了。岩顶对拉勐跟汉人来往不满。

（3）据拉勐说：“腰卵附近几寨不听我的话而去听中课的话。”拉勐对此也引起不满。

（七）目前存在的问题

1.经济方面

（1）食盐：鸦片不值钱（以前可卖四五元至七八元1两，现在只卖9角1两），而且卖不出去，盐价太高（以前卖13元100斤，现在卖60元100斤，实际上是半开贬值）。他们卖鸦片买盐巴吃，而现在鸦片无出路，吃盐巴很困难，他们反映说：“我们听毛主席的话，就是盐巴太贵，希望政府减低盐价。”

（2）货币：内地禁银，半开已慢慢地集中边地，导致半开贬值。少数民族以半开为交易货币，手中持有半开，因半开贬值造成损失。目前他们提出说：“旗子半开也是汉人用出来的，现在1元只抵二三角（因为旗子半开为国民党造，为要打击它，专署说不用旗子半开，故跌价），我们不会与汉人来往。”

（3）生产：佧佤山以产鸦片为主，而内地禁鸦片，鸦片无销路，无钱买到盐巴吃。想办法多种棉花等可外销之农产品以换取食盐；粮食缺乏，生产技术差（不施肥，使用耕牛不普遍）。剽牛恶习亦是造成耕牛缺乏之原因。

2. 民族关系方面

佧佤之抢劫、拉人、拉牛、砍人头形成各族对佧佤之仇恨，中课、班箐头人之不和亦影响佧佤内部之团结。汉商对少数民族之欺骗不等价交易亦引起他族不满。

3. 民族干部

对拉勐等对内地情况及政府政策有些了解的人应密切联系，帮助进步改造，并应掌握以防止操之过急，或碰上钉子就灰心失望。一部分青年目前都很愿意出来学习，应多动员他们出来一些，并且要照顾到各部落地区都发动出来，因为佧佤山是没有统一政权的部落社会，本部落的人回去本部落比外地来的起作用可能更大些。

（注：本材料主要是根据与班箐头人拉勐及其寨中几个老人谈，典型户是根据访问 3 户主人材料，其次是以中课头人，南本的几个老人及翻译谈的。）

谭　森

1951年5月

丙、中课、班箐访问日记

我们由普洱出发，经11天，到澜沧访问各兄弟民族。为了解佧佤人生活情况，选定了佧佤山的班箐为工作地点，派我、谭同志同普洱专署的周同志到班箐去访问。到班箐后，顺便到中课去访问了一下。以下是我在这段访问中的一些日记。

1951年4月13日

领导同志宣布派我同谭同志到班箐去访问的任务后，我便同谭同志分工，出发的事情由他去办理，路途情况及佧佤人的生活习惯，由我去了解。下面便是我搜集到的一些他们的禁忌：

（1）到寨外要下马。

（2）屋外剽牛之木桩和剽猪之石头不能拴马。

（3）绿叶不能带进屋内。

（4）屋内火塘旁之床不能走近，更不能去坐。

（5）供神之龛内不能摸，更不能放东西。

（6）鬼门不能出入，鬼火塘不能走近。

（7）不能向已婚妇女拉手或开玩笑。

（8）未装木盒之戥子，不能带进家内。

（9）在屋内不能称戥子，或揩戥子。

（10）在屋内不能数钱。

（11）屋内所陈列之牛角不能挂东西。

（12）不能摸佧佤人之头。

（13）不能跨过火塘，火塘上之三脚架不能移动。

（14）佧佤给你吃东西，一定要吃，若不能吃，少吃也行。

（15）佧佤祭鬼时，须送礼，但要注意钱的数字。

（16）佧佤递水酒给你，接过来后，要滴一滴在地上，然后喝下；若不能喝可请人代喝，喝后把竹筒交还，但要伸着右手，手心向上，表示再接受之意。

（17）望佧佤同胞切忌斜视。

（18）吃饭时佧佤同胞在旁，须均分吃之。

（19）家内不能吃姜。

（20）忌讳送鸡蛋。

（21）送东西要注意平均，不可漏落一人。

（22）木鼓房不能进去。

（23）木鼓不能敲响。

14日

今早一早起来整理行李，一行15人，8时出发。一路经过的山都是光山，有的地方被倮黑翻为旱地，种下了旱谷。过刺竹河，午后5时抵南本。

此处为佧佤山与汉人、倮黑地区交界之地，附近有六七个寨子，共有220户，汉人有16户，倮黑有204户。解放前，当乡长者尽为汉人，解放后，正村长是汉人，副村长是倮黑，都是旧人员。

此地因接近佧佤山，与佧佤关系复杂，解放前内地之汉族烟商常到此地与倮黑、佧佤买洋烟。佧佤山有三大烟会地，一是西盟，一是木戛，另一个就是南本。每年夏历三月到四月，南本的一支山头上，天天摆满了各种物品，成百成千的人挤在这山上，一天要卖100条牛，但现在这盛会早已没有了。

过去由于大汉族主义的反动统治者去进攻佧佤山，每次遭到失败后，佧佤便一直跟踪追击，因此，南本这地方，无辜地遭到了许多次烧杀。民国三十四年募乃土司石炳麟（已投匪）被蒋匪帮委为佧佤山垦殖团团长，向佧佤山进攻，遭到全军覆没后，南本又吃过一次大亏，而且同佤山断绝了5年之久的来往。去年二月石匪又欺骗佧佤、倮黑来打东主时，南本又吃过一次亏，而且同佧佤山又断绝了1年之久的来往。

解放前，此地汉族商人有赊货给佧佤的，赊后订定：借1元半开，收洋烟时，须还1两洋烟（过去烟价最高卖到10元半开一两），但大多拿不到，因佧佤不还，商人就无办法。

佧佤也有放债给此地之汉人和倮黑的。据南本黄村长（汉族）谈，解放前南本人民同佧佤借债的，达一半左右，解放后约达1/3，利息均为5分。赔不起者，便被佧佤将小孩抱去。若欠户逃跑，全寨人民须负责代为赔偿，否则佧佤便来随意将任何一家之小孩抱去抵补损失。

如去年南本新寨汉人老云才（50多岁）老婆已故，有3个女儿、1个儿子。去年九月向倮黑族札拍借半开10元、洋烟1两5钱，到冬月札拍叫还20两洋烟，老云才赔不起。当他去盘山地时，札拍便领着一个佧佤人来将老云才之三女抱去，老云才去要，那个佧佤人要200元半开，老云才无钱去赎。去当中课头人岩顶之帮工，想储蓄工钱去赎。不料，当了3个月，其女又被卖到腰崩龙去了，卖得1条黄牛、60两洋烟。

有的不差佧佤债，也被佧佤人借口要债，把小孩抱去。

据黄村长说：自去年到现在（一年零两个月），南本被抱去小孩10多个（牛角寨3个、太爷寨2个、害谷妈寨2个、新寨1个）。

1951年正月，乌鲁寨倮黑老彭之子2人、牛1条，被小新寨佧佤人抢去（后用牛1条、半开40元，赎回1个人）。

1951年3月，南本杨小黑（汉人）家的狗咬着来赵承甫家一名叫凯的佧佤人，凯就把赵的一匹马拉去。

1944年，南本汉人老艾、老卫到中课去请和，被佧佤要去半开6000元、黄牛13条、水牛3条。

又据黄村长不完全的统计：

1946年，佧佤为祭谷地，来将老寨汉族一妇人之头割去。

1948年，腰累寨佧佤族来将南本汉人头割去9个（2男7女）。

1950年正月，佧佤族来将杞学寨倮黑之头割去7个。

1951年2月，腰恩、腰雷、诺麦3寨佧佤人到腰果龙割去佧佤人头9个（据说彼此有仇）。

过去佤族祭鬼时，常来向南本要盐4斤、小鸡1只，向倮黑寨每寨收半开6元。

今年正月，佧佤人来向南本要东西，南本给中课盐巴2斤、给班箐盐巴4斤，羊角寨给班箐半开6元，新贵寨送给佧佤1把长刀。

15日

天明起床，8时起身，我们得龚区长介绍，请了南本汉人陈秀清先生当领路和翻译（他虽不能说佧佤话，但能说倮黑话）。出南本，走了20多里，过害谷妈寨（倮黑寨）后即进入佧佤山地区。但不见佧佤人，寨子也不见。路旁草丛长得很高，阻碍了行路，有些地方被砍倒的树木阻挡着，竹竿横交成“十”字形，稍不小心就会被荆棘把头脚刺伤。据陈先生说：“这条路有1年多没有通了。”难怪这样难走。

弯着腰，低着头，在那草丛和森林里走着，一面提防野兽，一面提防被砍人头去祭谷地。忽然看见3个种地的，不穿衣服，身体很壮，惊奇地望着我们，使人不觉有些害怕。因为语言不通，我们没有同他们讲什么就走开了。

中午，到富新河边休息，河旁不远，有一碧绿的草地。据陈先生说：此地出着一股卤水，野兽常来吃水，从前佧佤人曾来此地舀卤水去煮过，后来因为地会动，而且有响声，佧佤人认为老天爷不给他们吃盐，就没敢去舀卤水了。（拉勐也是如此说）

下午，由富新河爬上一高山，即到班箐。

通过一个小寨子（袜麦寨），拐了一个弯，到腰田寨。这里约有100户人，都是草房。房子的样式与滇西山头人住的相像，用竹竿盖成，上盖茅草，四壁同楼板都是篾笆编的。人住楼上，楼下无遮栏，有的很矮，有的较高。人死了，恐被人把头割去，多将死者埋于楼下或房屋附近，以便保护。

房屋有正门、后门和鬼门，门下搭着一根砍了几道坎的木头，作为上下的楼梯。屋内分为两半，一半主人住，一半留予客人住。客人住之一半内有一鬼门和鬼火塘，客人不能走近。

有钱人家屋内之两壁上，挂满无数水牛角和猎取得的各种野兽头颅。

班箐共有5寨：①袜麦寨，有30多户，头人为格郎；②腰赫勒，约有20户，无头人；③腰衰，约有40户，头人为岩邦郎；④佤通，有30户，头人为补来；⑤腰田，有100户，头人为岩索。班箐的大头人为拉勐。

我们走进寨内，狗向我们吠着，佧佤人陌生地望着我们。到了拉勐家门前，一个高大的老人裸着上身向我们走来，一个熟悉的声音向他招呼着：“拉勐！”

拉勐老头子笑嘻嘻地向我们握手，经介绍后，拉勐领我们到他的一间客房里，让我们在那里休息。

“对不起你们了，我们到北京去（拉勐参加过1950年国庆）你们招呼得太好了，你们到我这里来，没有什么招待的，这里不讲什么规矩，你们可以随便。”

我们便在那间客房里住下。

拉勐忙搬上一大壶水酒来，请我们吃水酒。这是他们的风俗，他们所喜欢的客人来便请喝水酒。我们蹲在地上，一个一筒地轮流喝着，我就此说明了我们的来意，拉勐很高兴。

16日

天明起床后，在寨内找不到厕所，想到寨外去又担心把头砍去，最后还是大着胆子到寨外去解决了问题。

拉勐派人领我们巡视了一会寨内。

寨内很多人家都在门前栽着剽牛的木桩，木桩成“丫”形的是剽水牛的，“直棒”是剽黄牛的，聚在一堆的石条是剽猪的。祭鬼时，每剽一条牛，都要插一根木桩，把牛角绑在上面剽死。所以由木桩的多少，就可知杀死多少牛。

拉勐戛门前有“丫”形木桩70多棵、“直棒”形木桩19棵、石条一大堆。他家内陈列着的牛头也和那些木桩的数目差不多。离他家不远，有一家门前插着27棵“丫”形木桩，有9棵是才新插的。有一家门前插着30多棵“丫”形木桩，我本想详细数数那数目，可是这家也有，那家也有，彼此不一，简直不胜去数了。

这还只是一寨，倘若把佧佤山各个部落（有百多个部落）、各个寨子一年祭鬼所杀的耕牛统计一下，至少在万数以上。这是多么巨大的一个损失啊！假若不杀这些耕牛，而把它用在生产上，佧佤山的生产一定会增加不少的。

寨内上边有3个木鼓房，房子长约1丈，上盖竹片，很破陋，四周没遮栏。内有6尺多长、直径2尺余之木鼓两个，木鼓上开一长缝，宽约2寸，中空。用木槌捶其边缘，声震数十里，据陈秀清先生说，连南本也听得见。

这木鼓是不能随便敲的，要发生战争时，才能敲，听了这声音，各个寨子便拿着武器走来，为保卫他们部落而不惜一战了。

除此，是在祭鬼时才能敲。

祭鬼，那是佧佤人的一件大事。每年由十月起到第二年四月止，都是祭鬼的时期，祭鬼有公祭、私祭，大祭、小祭之分。大祭是有钱人家一次杀10多条牛、10多个猪来祭，小祭是穷人家没有钱，只用1只小鸡来祭。祭的原因多是因生病、庄稼不好、牲畜死亡或盖新房等，但也有为做好事一年一度而祭的。

公祭是在每年春天播种前，先剽几条牛祭，等谷种播了后，四处去砍人头，人头砍来后挂在寨外，等秧苗长绿时，卜个鸡卦，择定日子，才将人头提进来，插在木鼓房之外的竹竿上，然后请磨拔来念经、剽牛、剽猪、祭鬼。

若在春天砍不到人头，便到十月以后砍到人头时去祭。若砍不到活人头就砍死人头来祭，若连一个死人头也得不到，便几个寨合起来分一个人头去祭。

私祭是有钱人家，每年轮流着来祭，也是一样地要人头，然后剽牛、剽猪去祭。据说：今年本寨祭鬼的已有6家，已杀水牛22条、黄牛8条。

一连几天祭完后，把插在木鼓房外的一个旧人头拿下来送到竜山上，或用一个木箱装着，放在路旁，顶上压上一块石板，木箱一个连一个，有长达一二百公尺的。

一个木鼓房外，插着8棵竹竿，高低不一，竿顶剖开，编成一篮，有4棵竹竿上装着4个人头，顶上盖着笋叶。

一个木鼓房外插着10多棵竹竿，有3棵竹竿上装着3个人头。

另一个木鼓房外没有插着人头。

领路人领我们走出寨子门（那是一块完整的5尺多宽的木板，只有一扇）。门外是一条狭窄的隧道，出了隧道不远就是竜山，树木很茂盛。在那长着青苔的绿荫下，有一排木牌，木牌上画着一个骷髅，木牌后放着一个篾笼，这便是过去送出来的人头了。

我数了数这一排木牌有49个，内中有一个木牌是新立的，大概是今年才送出来的。

“上面还有呢！”带路的人告诉我们，但我们没有去看了。

为招待寨内头人，我们今天也请他们喝了一次水酒，并通过拉勐做了一些访问工作。

17日

今天，本拟继续做几家家庭访问，并请附近寨子头人来谈谈，已同拉勐谈过，他答应等去拿鱼回来再谈，他约我们跟他到富新河拿鱼，我们没有去，只陈秀清先生同他去。不料，他们一去，到了晚上才回来，使我们简直无法工作，只好把这两天所得材料整理了一下：

佧佤山西北至镇康，南至南峤的猛捻，长达1000多里，宽800多里。这一区域都为佧佤人居住。据估计，约有60万到80万人（连未定界之佧佤人在内），在我境内者有10多万人。这一区域之佧佤人有比较进步的，如岩帅（他们不喜外人称他们为佧佤），已不杀人头祭谷地；有比较落后的，如腰累、腰厄、腰不洛、恩格朗等地（离班箐50里），至今尚不穿衣裤、生吃肉食、不与汉人接近。

班箐是一个比较既不算进步也不算落后的地方。

拉勐小传

拉勐今年78岁，身体高大强健，须发已花白。他女人的年龄同他差不多，短发，颈上戴一银项圈，有时不穿衣服，只穿一红色短裙，赤足。他妹妹年龄也同他差不多，光头，也不穿衣服，赤足。她丈夫已死，没有什么人，故回娘家来生活。

拉勐之子岩金，28岁，已死，无子女。拉勐有1女，30多岁，嫁与岩诺，已生2子1女；因丈夫又讨了一个女人，离婚后改嫁中课头人岩羌。

中课头人岩顶是拉勐之舅子，岩勒是他的堂姑爷，但他们之间的关系却不大好。据拉勐说，原因是1945年石炳麟进攻班箐、中课失败后中课抢得弹药6驮，西盟张鸿兴区长写信叫拉勐赔还，拉勐便叫岩顶赔还他3驮，岩顶不高兴说：“不赔，他哪天来就哪天同他打。”岩顶疑惑拉勐靠拢石炳麟，因此对拉勐不满。

又，岩顶曾将拉勐之堂妹抢去做女人（此女曾嫁过人，但不满丈夫，已离婚）。拉勐不满，曾把岩顶捆起，叫岩顶赔还半开800元，因此，岩顶对拉勐很表不满（这是陈秀清先生告诉我们的，除此大概还有另一些原因）。

拉勐从北京回来后说：“毛主席很好，我们要听毛主席的话。”岩顶回答：“我们没有见过毛主席，我们不听他的话！”

但岩顶并不是不听毛主席的话，他的儿子岩竜去年还同拉勐一道到北京参加国庆，今年也还到普洱少数民族干部训练班学习；可知岩顶的话，完全是在打击拉勐。

拉勐17代祖先岩光，发源于石岗里，后赶到马尚居住。岩光之后是岩洛，以下历代姓名是岩熬士、岩里、岩魁、岩温、岩乔、岩康朗、岩归、岩梭、岩庆林、岩期、岩腮、岩憨、岩赫勒。岩赫勒即拉勐之父。

拉勐之祖先当过头人，故拉勐也是头人，他的头衔名叫“阿郎”，为管木鼓人之意。因他祖先由马尚赶来，所以现在班箐还同马尚保持着关系，拉勐有事还同马尚头人阿郎柳等商量，并听他们的话。

佧佤头人并不像内地头人一样地享有什么特权，当头人，像家长似的，是一种义务职。其职务：（1）有事召集部落内部人民商量；（2）管理木鼓，有战争或祭鬼时敲之；（3）充当对外的本族代表。

头人，有的叫“阿朗”，如班箐。阿朗之下有“卓米”（为老板之意。有钱之小头人，称为卓米）、“卡休”（无钱之小头人称为卡休）。

有的头人叫“昭法”（大概是受摆彝土司的封号），昭法下有“波郎”（如汉人之秘书）、“庆信”（小头人），庆信之下是“庆节”（更小的头人），如岩城。

有的头人叫“掌爷”“新爷”，如耿马。

其政治组织，彼此不一，有的世袭，有的选出。头人若不好，召集全部落人商议，由老年人提名，由全部落男女推选，妇女无被选举权。头人被选条件：（1）公正；（2）会说话；（3）会办事；（4）性平和。

有事时，头人召集寨内男女老小（不会听话之小孩不要）商量，若有少数人不赞成时，由老年人劝解他，到他赞成后才实行。

寨内人家有纠纷时，请寨内老人泡水酒解决，错者出水酒钱。

犯杀人罪者以命抵命（现可出钱赔偿），并抄家，其财物哪个拿得哪个得。

欠债人把要债人打死，以命抵命。

要债人把差账人打死，债账废弃，还要赔人命。

人民无负担，寨内有事，如公祭鬼时，大家出钱。

头人同人民一样做生产劳动。

因为头人无特权，像一个家长似的，故对手下之小头人无严密之联系，愿听他话者听，不愿听者就罢了，彼此无明确权利义务之联系。

除班箐之袜麦、腰赫勒、腰衰、腰通、腰田等5寨外，听拉勐话之寨子还有：麦施麦寨，约有300户，头人为岩期里；腰累寨约有60户，头人为岩枯；腰厄寨约有100户；腰波洛寨有100多户，头人为岩雷；阿莫寨约有400户，头人巴朗本，已死。

拉勐参加1950年国庆回来后，积极宣传，表现很好。今年二月腰累寨佧佤人到刺竹河篾笆骨偷牛，被倮黑打死1人。又腰累寨佧佤人2个，到拉八偷洋烟，被打死了。有些佧佤人借他的名去敲磕倮黑，有些佧佤人要去砍人头。这些事，拉勐知道后，都加以大骂，而且表示不管他们的事；因此有些人民对他起了反感，不听他的话，这点使拉勐很不好过。

腰田寨概况

拉勐居住之腰田寨约有100户，全以农为业，有3个铁匠也以农业为主，只是有人要打农具时，替人家打打。有几家还附带经商（把收获得而自家用不完之棉花织成棉被、背袋等卖出去，或到募乃买盐来此贩卖）。

土地：本寨附近之山地属公有，每年全寨人民到一处开荒，哪个开之地归哪个耕种，也就是归哪个所有。自家种不完之地，别人来租，只需泡水酒，不要租谷或租金，但若土地租给别人，种子由地主拿出者，收获主佃平分。但这种情形很少。

由别处新迁来之人家没有土地耕种，大家便把种不完之地，无代价地，一家分一块给他耕种。3年后他若买得起就卖给他，一块地最多值半开二三十元；他买不起，就给他耕种。

别寨人民来本寨开荒、打猎、砍柴，须得本寨人民之同意，打得野兽，要送1斤肉给头人，若送得多，头人煮好后还请几个老人来吃，自己不独享。

粮食：本寨全年收获之粮食只够吃7个月，种一年够吃两年之人家有8户，现在没饭吃的人家约有30户，到六七月没饭吃之人家约有60户。无饭吃之原因，据拉勐说是懒，不肯去开荒。

据我们调查，本寨有钱人家，以拉勐家为代表：他家一共7口人，有劳动力者5人，另外有2个长工，一个用1马、1水牛、1黄牛买得；一个是雇来的，闲时不给工资，只供伙食，做活时，每天给工资1斛谷子（约有3斤），供伙食。农忙时还请二三十个工来帮忙，每个工给1斛谷子。

拉勐家养水牛2条、小猪3个，不放债，全年收入约有谷子200亢、稗子10多亢、包麦[1]10多亢、洋烟约20两、棉花约300斤。

全家10口人（长工在内），一年要吃50亢谷子（以大小每人5亢计）；还有无饭吃之人家来讨饭，每人给一二碗，每年要给20亢谷子。这两项加起来共合70亢谷子，收入除食用（将稗子、包麦等作长工和零工工资）外，还可剩130亢谷子。

一亢谷子最低价是半开6元，最高价是30元，现在是12元。每元半开合人民币4500元，以中数12元计，合人民币5.4万元，130亢谷子约合人民币702万元。

全家一年约需棉花50斤，除此尚可剩250斤，以当地市价一斤棉花值人民币4500元计，250斤棉花共值112.5万元，加上130亢谷价计，共合人民币814.5万元，这是拉勐一年的重要收入。

他的支出：除食用（每年需70亢谷子）外，最大的一笔支出是祭鬼。今年二月拉勐家祭鬼，剽过10条水牛、3条黄牛，来宾500多人，其费用约在四五百万元以上，这笔支出也就不小了。

中等人家，以岩松家为代表：他家大小7人，有3个劳动力。养有3个小猪，农忙时，每天要换一二十个工，一年收谷子40亢、稗子两亢、棉花50斤、洋烟10多两，不差债，收获够吃够穿，唯缺盐吃（今年买过两斤盐），有5年未祭过鬼。

贫寒人家，以岩衰家为代表来谈：他家有大小6人，有4个劳动力，一年收谷子6亢、

① 包麦，即“苞谷”，或称“玉麦”。——编者

小米两斗（一斗有25斤）、棉花两三斤，养鸡两只。全年收获所得只够吃4个月，由冬月起就没吃的，不差账；帮拉勐家砍柴舂碓，每日得1箩谷子或得盐8两，另外拉勐给他1碗米和1小团盐。他会织网和编竹器，13天可织1个网，值半开五六元；两天可编1篾笆，值半开5角。向拉勐借牛用，无代价。没盐吃，向拉勐讨。

岩衰由腰竜迁来，所种之田地大家分给他种，无饭吃之日子挖野生毛薯吃，一年可打得一两条麂子或马鹿。

本寨养牛者（最多的一家有三四条），约有20户，无牛者占80%。

本寨种洋烟之人家，一年最多能收300两。

本寨全年需盐20驮（一驮有100斤），现无盐吃之人家约占98%。

本寨借贷之事很少，平常只是借牛，借牛一天以人工一天换之。

18日

今早起来后想请班箐各寨头人谈谈，并将带来的礼物送给他们。

但拉勐说："我已叫我妹子去请他们了，他们说，没有衣服，不好意思来。"只好将礼物送交拉勐转送给他们。

我们亲自看见拉勐分给腰田寨人民礼物，分得那样均匀，哪家也不多，哪家也不少。

正午，辞别拉勐起身到中课，拉勐依依不舍，送了我们一程才转回。

出了寨子，沿山路走去，路越走越狭，非常难走，问了一问人，才知把路走错了，赶忙转回走，走上了正路。走了两个点多钟，下到山脚，又爬上一高山，便到中课。

岩顶（中课头人）为表示欢迎我们，亲自替我们打扫住处。

中课有3寨，即大寨有70户，新寨有30户，容品有30户。

中课头人是岩顶、岩羌、岩勒3人，岩羌、岩勒因事出去，没有遇见。

岩顶是一个身体很结实的中年人，今年48岁，有3个儿子，长子名岩爽，次二名岩竜，三子名岩东。

岩顶父亲不是头人，他叔父——岩谷八是一个头人，很有声望。在刺竹河被倮黑头人札索杀死，两方冤仇很大，现已较好。

岩顶小时很穷，当过帮工，长大后会说话，会办事，汉族商人常请他代买洋烟。他买时，每两只要半开二三元，他卖给汉人每两可卖七八元，所以赚了不少钱。他现在年收谷子100亢，还放了不少的债给佧佤、倮黑、汉人，利息是5分，详细数字不明白。

他的财富，从他家所挂着的水牛角，可以知道。他家的水牛角在100对以上，门前剽牛的木桩也在百棵以上，比拉勐家还多。据他说，民国三十四年，募乃土司石炳麟进攻中课时，烧去了不少房子，他的房子也被烧毁，那时他家内还有30多对牛角。由此，可知自民国三十四年到现在，岩顶为祭鬼剽了100多条牛了。

中课佧佤人很强悍，据陈先生说，民国六年有个反动派沈司令带着8连人来进攻中课，附近寨子都降，独中课不降，8个佧佤人抵抗着8连人的进攻，沈司令爬上树用望远镜在看，忽然一枪被打死，他的人马便溃退。

在寨内走了一走，寨内房子很稀疏，每家门前都有几棵剽牛的木桩，不过没有岩顶家的多。

木鼓房在一棵大树下，很破陋，内中有两个大木鼓，房外立着10多根插人头的竹竿，但人头只有1个，别的那些人头送到竜山上去了。

晚上，我们请中课大小头人在岩顶家喝水酒。借此机会，我们把带去的礼物送了他们，并传达毛主席的关怀和慰问，强调民族团结、努力生产、过好日子。说后，中课头人要求：减低盐价，旗子半开不应贬值（募乃市价：一元有旗子之半开，只值半开一二角）；政府工作人员来往此地，人数不要太多，只要来三四个，免使他们害怕。

19日

早起，向岩顶辞行。岩顶坚持请我们多留几天，他正在祭鬼，过一两天要剽牛。但我们限于时间，不能耽搁，只好向岩顶婉谢，最后他还请我们喝了一台水酒。

李　乔

1951年5月

普洱区资料之十一
——澜沧县倮黑族情况
中央访问团第二分团
1951年7月出版

普洱区资料之十一
——澜沧县倮黑族情况

编者声明

这些材料是我们从1951年2月22日至1951年5月底（其中大部时间是在行动中），先后在蒙自、普洱、文山等地区进行兄弟民族访问工作中，通过当地干部、民族代表及熟悉当地情况的人士所了解的一些情况。为应各有关机关之急需，仅将原材料加以初步整理，尽量避免主观分析与结论，在文字上仅要求看得懂。但由于短期访问及仓促整理，情况难免不真实或不深入，观点难免错误。故仅能供各有关机关进行民族工作的参考或进一步考察的线索，并望于今后的调查研究，加以校正。

1951年6月　日

一、倮黑族概况

（一）人口及来源

澜沧全县人口约15万（西盟区除外），倮黑族占50%，即约75000人（根据傅县长的报告），分布于全县各区。

人口数及所占比例如下表：

区名	全区人口	倮黑人口	百分比（%）	居位	区名	全区人口	倮黑人口	百分比（%）	居位
西盟区	100000	8000	8	第二位	南卡区	5000	1200	24	第二位
镇边区	9800	8200	60	第一位	酒井区	10000	1000	10	第三位
南岭区	10000	6200	60	第一位	孟连区	6940	950	10	第三位
永安区	6500	6000	92	第一位	竹塘区			90	第一位
富邦区	6500	4500	70	第一位	谦六区	15958			第二位

续表

区名	全区人口	倮黑人口	百分比（%）	居位	区名	全区人口	倮黑人口	百分比（%）	居位
文东区	12000	4500	40	第一位	大山区				第二位
东朗区	6800	1500	22	第二位	东河区	不详			
上允区	42000	1500	3	第四位					

以上除有4个区之人口数不详外，共计人口45640人。此外未定界还有倮黑族，数目不详（总人口西盟区不在内）。

他们的来源，据说都是从顺宁、缅宁、景谷一带受了汉人的压迫迁移到这里，现已有两百多年。信奉佛教。耶稣教入澜沧后，一部分改信了耶稣教。

（二）经济生活

倮黑族都住山上，不敢住坝子，据说怕病。住山吃山，所以他们都种山地，很少种水田。就是水田也是梯田，并没有大面积的坝子让他们栽种。种的作物以大烟、旱谷为主（现在因内地禁烟，大烟已不占主要地位），其次是苞谷、水稻、荞。日常吃的粮食也就以米或苞谷煮成稀饭或干饭，菜很少吃，猪肉只是过年时得吃。每年所产粮食，够吃全年的只有很少几家人，其余都不够吃2个至10个月，而又以不够吃半年以上的为最多（见上下蒿枝坝调查）。不够吃都是靠帮工、砍柴、草、竹来卖。帮工1天，得吃1餐饭，另得1斛谷，农忙时（收、种）得2斛，柴1背卖得半开二三毛至五毛，竹子1根卖得半开5毛。

过去他们对国民党政府和土司的负担很重，又加上汉人在他们身上想尽办法放高利贷剥削，所以他们生活都很苦。如竹塘区上下蒿枝坝的倮黑族，每年收得的大烟，多的交到15两，少的也有3两；款项每年要交款3元至55元，此外还有门户摊派。最使他们痛苦的是每年都要帮石炳麟做白工，要先尽石炳麟的做好后，才得做他们自己的，如果不去做，就要被打、骂或罚谷。他们自己的工作有时便会给耽误了。

汉人对他们的剥削也很凶，放钱、谷、布等，年利都在100%以上，或借后折还另一实物，如借吃1斤猪肉，要还大烟8钱至1两或还谷1斗，不管借时还时物价涨跌如何。

倮黑族一年所能出产的东西本已不多，生活已很苦，还要被政府、土司、汉人剥削去一部分，他们的生活当然是更加苦了。

解放后，对我政府的负担大为减轻，竹塘区的更不要再帮白工（这是他们最喜欢的事）。从前欠的债，有就还，没有不能还，债主也不敢打骂，有的还把利息减轻。

（三）民族关系

这一带的倮黑族，过去可以说是最被压迫、歧视、剥削的一种民族，他们要受汉人、汉官、土司的压迫。过去他们被汉人骂作“死倮黑”“大肚子倮黑”。政府中他们没有人，他们只能当甲长，帮汉官土司收款、收大烟，其他的事就不能过问了。又加上受汉人高利剥削，所以他们与汉人的关系很恶劣，因此，才会有“倮黑三十年造一次反”的说法，实在的情形是“造反”一次后，可以使压迫剥削稍缓和些。等到后来压迫剥削一年年加重，到二三十年后已不能生活，所以在被逼得无法、不能生活的情形下，不得不又来一次所谓的“造反”。

他们与佧佤族的关系不太好。由于佧佤族砍人头祭谷地，倮黑族被砍了去一些人头，为了复仇，他们也杀死一些佧佤族。

僰族过去是统治者，他们有一段时间被僰族所统治，经济上也不及僰族。

此外的其他各族与他们都同是被压迫剥削的，所以没有什么仇恨。

（四）现存在的问题

1. 盐、布、粮食问题

倮黑族种大烟，过去大烟价好，最高达半开10元一两，不好也得三四元一两。那时布价每件3元，盐每斤约5毛，米每亢最高30元，最低20余元。卖1两洋烟很够买1件布及盐。那时要受土司、汉官的剥削，生活很苦。解放后，内地禁烟，大烟无法内运，只有那些暗运至缅境的仍在收买，但是价已很低，现只八九毛一两，又加上内地不用半开，半开都流到边地，形成半开贬值、物价高涨。

他们现在负担虽轻，甚至于没有负担，但受到了大烟价不好、半开贬值、物价高涨的影响，过去没穿、没盐、缺粮食吃的痛苦并没有解除或减轻，甚至于比从前还严重（他们不种棉，不会织布，盐要从磨黑驮来，须八九日路程）。他们都有这样相同的话：“买不起盐吃，买不起衣穿。”他们也知道种烟不好，而且愿意不种大烟，改种其他作物，但没有籽种，也没有钱买。

2. 干部问题

倮黑族在这里的人数占全县的一半。过去他们不能到政府中工作，保长也没有他们的份，现在他们参加我政府工作的仍很少，所以我们对倮黑族的干部要赶快大量训练。

3. 教会问题

倮黑信耶稣教的很多，达25000人以上。教会在这里活动已有30多年，对人民影响很深，也最严重，祖国观念亦极淡薄。天主教还有4个外国神甫在活动。基督教的永文生虽已不在境内，但仍在与我接境的景栋、班养一带活动，且随时还派撒拉来，人民对永文生还有怀念。我们要使他们真心真意地了解爱护祖国，就要把他们对帝国主义的怀念消除，也就要我们在这方面帮助他们认清帝国主义的本来面目，把他们组织起来、团结起来。

杨树谷

二、茨竹河调查

时间：1951年4月18日、19日于澜沧募乃的澜、宁、源各族代表大会。

调查对象：茨竹河副村长张扎夺及代表3人。

调查人：澜、宁、源各族代表大会调研股倮黑组。

（一）位置及全境村落

茨竹河在澜沧县竹塘区西北部，东距募乃约50华里，北距南本约30华里，西距佧佤山中课、班箐约110华里，南距募乃老银厂约40华里。

茨竹河共10个村落：达爹、骂登爹、卡爹、户牙、务六、东瓜林新寨、东瓜林老寨、骂爹、哈哭、哈戛等。

（二）户口

达爹：40户。

骂爹、骂登爹：共40户。

卡爹：15户。

户牙：20户。

务六：15户。

哈哭：17户。

哈戛：14户。

东瓜林新寨：15户。

东瓜林老寨：17户。

（三）耕地

茨竹河村落在募乃老厂北部大山脉之山腹间，靠西向东，村落东缘到河底约七八百公尺，均为广大梯田；沿河东岸亦有部分稻田，估计千余亩。

旱谷地：自村后山以至茨竹河之西面约三四十华里，均为茨竹河各村种烟种谷区域，因表皮土壤很厚，土质肥美，适于种植。

（四）作物

旱谷、苞谷、荞、豌豆、蚕豆、哈乐菜、鸦片。

（五）灾害

河岸稻田常遭水灾。旱谷因当地气候较凉，若种植较晚，即不成熟。

（六）牲畜

张扎夺等推辞没有计算过，不肯说出数目。但据1948年被驻孟连九十三师残部抢去的：达爹一寨即有牛马119条，卡爹一寨牛马60条。经1949年以来的蓄养，其数必不太少。

（七）生活状况

据说达爹寨衣食不够的有10户，有半年以上粮食的7户。去年因受水灾，河岸田被淹，不够吃的达17户，打谷以后就要找吃的有六七户。

其他各寨情况大体相同。

（八）民族来源

据说倮黑的祖先最初是在缅宁、顺宁。他们在那里开山挖地，田地肥美，丰衣足食。汉人来到，想要倮黑的田地，倮黑不给，就打起仗来。最初汉人打不赢倮黑，后来汉人用计，用响篾到寨外去吹，这时男人们都到田里工作去了，只女人在家。女人们听到响篾音韵悠扬，十分喜爱，就同汉人买，汉人说："拿钱不卖，你们去把你们家里弩上的药箭拿来换，我就换给你们。"倮黑婆憨，以为弩上的药箭自己能做，有什么要紧，就将倮黑所有弓弩的药箭都拿来同汉人换响篾。汉人共换去了药箭9囤箩零九簸箕，回去后，就开兵来打。倮黑们去拿自己的弩，才发现箭不在了，因此被汉人打败。

倮黑们被打败以后，他们到处跑，一些跑到茨竹河，一些跑到别的地方，分布在澜沧各处。到茨竹河的已有9代人了。

（九）规戒

1.10村共同遵守的

（1）不吹鸦片。

（2）不赌钱。

（3）不做贼。

（4）不许到汉人村里居住。

（5）懒惰不做活路的人驱出村子，不许居住。

（6）不向汉人及别村人借债。

（7）不跳歌，不吹葫芦笙。

2.特殊规戒

达爹、骂爹、骂登爹3寨不吃牛肉，不喝酒，不过年，家里不供神台，神供在烧火处木柱根。

以12日为一周，到第九天，在外工作的都回到家里来。十、十一、十二3日在家里除献神饭外即休息，不做工作。在谷熟季节，谷子熟了可以割，但不能打。

父母死日为忌日，以12属计，不借出任何物品。逢插种及收谷之初，献饭1餐，杀鸡1只，点烛1对。

（十）生产互助及社会活动

1. 变工互助

种田：哪家有水，先帮助哪家种。事难（即贫穷）的有水，还是大家来帮助种。有吃的人家种田时供饭，没有吃的人家栽种时各自带饭，没得带来的，有的分给吃。

哪一家盖房子，全村家家出动，男的砍木、抬木，女的割草、背草。

救济：没有吃的，由有的帮助供给，秋收归还；还不起的（如遇灾害），3年5年也没有息。没有耕牛的人家，无偿地向亲邻借用。

2. 雇工

除变工外，也实行雇工。一个工在割谷子时给两斜，五六月给1斜，二三月给1斜半，下晚给吃1餐饭（1斜约5斤半）。

3. 婚姻

婚姻自主，一夫一妻制，但结婚后却不能离婚，虽互相不满，亦得相守终身。非男女任何一方有死，不得另行嫁娶，因此嫁后夫妇不睦的常别有情人。如被人知道，不能立足，即相约尽力携带米肉逃往深山中尽情欢乐，米肉吃完后即相约饮鸦片水自尽。

婚姻构成经过：青年男女到十八九岁以上能耕种的，即为达到结婚年龄，由亲友介绍，男女互相聚谈。若互相喜爱，即以手镯互相交换，作为信物。此后由介绍人告诉双方父母，男家父母再请两个男人到女家进一步征求女家父母的意见，得到允许即择吉结婚。

男女家均有两三个儿子的，结婚照一般规矩，新夫妇到女家耕种3年后，自立门户。若女家无兄弟，即在女家耕种，养老终身。男家若无兄弟，征得女家同意，即娶过门，与男家父母养老终身。

婚礼：结婚之日，男家备食盐2斤、猪1个或2个（看有无）、米4筒、茶2包、钱30元、手镯1双到女家过娶，男家除父母外，兄弟姐妹及亲友均到女家迎娶。到达女家，用篾桌放置礼物，桌上置冷水一碗，新郎新妇面对桌子一齐叩头，亲友及长辈在两旁观礼。叩头后，司仪者为其祷告“夫妇从此百年偕老，子孙繁昌……”，并将冷水分给新夫妇饮，然后新夫妇二人各抬水桶1个，到井里抬水，青年男女尾随观礼。

午餐时用饭盒2个，各分盛饭肉。由媒人一手执肉，一手执饭，然后分给新郎新妇各吃一点，有如汉人饮交杯酒，吃剩之饭和肉交给新郎的姐夫带回男家给新郎的父母吃。

饭后回到夫家，亦照样行礼待客。

婚日：亲友都到男女家庆祝献礼，男女家均须杀猪宰牛款待，并以一部分猪牛肉分送亲邻。

新夫妇到男家行礼，吃饭后，即送到女家住下。从此耕作3年，报答女的父母。3年满，回男家工作3年，报答男的父母，然后另立门户。

4. 丧礼

人死了，用白布从头到脚包裹起，两手交扶胸前。用木棒2根平行放置，将死人捆在上面，头胸脚部各捆一道，做白布小旗四面扎在木棒尖端。又用竹篮1个，装锄头1把、小刀1把、小弩1张（男的）、镰刀1把（女的），1人背着在前走，两人抬死尸在后，村里每户1人抬柴到达化尸场，男的架柴9层，女的架柴8层。火燃着后，将死尸放上焚化，篮、锄、刀、弩即放置化尸处。12天后，去挖土盖起，从此不再去看。

人死后，若子女在家，当天即抬焚化；若不在，停在家中，一天子女赶回来。

5.生育

女子未生育前，须参加劳作，生育后休息12天即参加劳作，休息期间杀鸡猪给吃。

小孩生下先用冷水冲洗，再用温水洗，然后包裹，放置篮内。

（十一）政治组织

各寨有事，头人须召集大家商量，得到同意后，才能实施。如属全区的事，大头人须召集各寨头人商量，取得众人同意，才能实施。

有困难大家帮助。如向外借债的，本人无力赔还，大家凑聚帮他赔还；至第三次再犯，即驱出村外，不给居住。其他亦如此，一二次申诫，三次驱逐。

（十二）歌曲

1.历史

唱他们祖先过去居住的地方，为什么事遭杀，哪一代到什么地方。

2.教育（生产性的）

要勤苦劳作，要怎样才得有穿有吃。

3.祷告

唱祷大小鬼神，保佑无病痛、五谷丰收、骡马成群等。

4.情歌

青年男女互相喜爱，征求对方是否愿结为夫妇。

（十三）开山的故事

1.倮黑为什么不识字？

开山是人类的始祖，从前开山要人们都识字，将倮黑、摆彝、汉人的祖先都叫去，各写给了字，叫他们拿回去学习。汉人的写在纸上，摆彝的写在贝叶上，倮黑的写在粑粑上。

各族祖先得到文字以后都回去了，倮黑祖先回去途中，因为肚子饿，将粑粑吃进肚子里，所以倮黑没有文字。

2.为什么摆彝做了倮黑的统治者？

从前开山叫倮黑和摆彝去听讲，如何管理地方。讲了之后，开山见倮黑为人好，即将印放在他所坐的草墩上，意思是叫倮黑管理地方，不意来在路上，泥滑路烂，倮黑滑了一跤，摔在一个摆彝姑娘身上，一只手摸着摆彝姑娘的奶，她大怒，责怪倮黑：“你知不知道犯法？”倮黑心急，向她道歉，摆彝不依，最后摆彝姑娘说：“若要罢休，你随我拿一件你身上所带的东西。”倮黑无奈，只得答应。摆彝姑娘不要别的，单将他所背着的印拿走了，从此摆彝就管起地方来了，倮黑从此做了摆彝的百姓。

3. 倮黑为什么住山头，摆彝为什么住坝子？

摆彝得印后，开山来时，对倮黑说："给你们的印，你们不能管，给摆彝拿去了，坝子里你们不能再住了，你们走吧，搬到大山间，树林深处，挖地吃去吧。"从此倮黑只好离开坝子，搬到山间挖山地吃。

4. 为什么汉人会做生意，倮黑只会挖山吃？

开山叫汉人、倮黑去，他面前放两袋东西，一袋是银子、一袋是土，叫汉人和倮黑各拣一袋。倮黑不知道银子有什么用处，心想土拿去可以种庄稼，就拣了土。汉人很聪明，要了银子。因此汉人拿着银子就去买货物做生意，倮黑拿回去的是土，因此只会种地。

5. 佧佤为什么祭大鬼？

从前大小鬼时常出来害人，开山说："要鬼不来害你们，就得祭鬼，大鬼要杀猪杀牛献，小鬼杀鸡就可以了。"开山对佧佤说："你们要祭大鬼。"佧佤听了认为他们比倮黑强，因此，每年都要杀猪杀牛祭鬼。

6. 开山再来时

开山对倮黑、佧佤、汉人……都吩咐后，他要走了，他对众人说："你们照着我的吩咐去生活吧！千百年后，我还要来，我再来时，谷子会有洋烟果大。到那时，人们不吃大烟、不喝酒、不赌钱、不做贼，枪要收干净，不给任何人拿去做坏事。世上各样人要集合在一处，人人平等，个个自由，天下的道理只有一个了。这时鬼不再害人，绕在树上的藤子也各自分开，不再绕树，各得自由发展。"

7. 开山到来的征候

一种枪，不装火药，而威力最大，大山打倒，凹凹打平，这时开山到来了，天下就要太平了。

8. 毛主席和开山

张扎夺和其他代表讲完开山的故事以后，说："共产党来后所讲的道理，多数与开山相同，叫我们团结，叫我们互助，叫人民不吹洋烟、不赌钱、不做贼。这次开大会，又说要缴汉人反动派的枪，不给他们再压迫人民。这次来开会的有汉人、阿佧……各样民族，一个信仰，一条心。好多事情与开山所说一样，只是谷子还没有洋烟果大，还不像些。因此我们这样想，毛主席怕就是开山皇，开山已经来到世上了。"

（十四）目前的困难

"大会主席说，叫我们莫种洋烟了。我们已知道洋烟是害人的，我们倮黑说'洋烟就是害人的'，我们也不愿再种了。现在大家都不抽烟了，种出来也卖不出去，但我们不会织布、不出盐，不种洋烟，用什么来交换盐布呢？我们这两天实在难想了。"

澜、宁、源各族代表大会调研股倮黑组

三、澜沧县竹塘区上蒿枝坝调查

（一）人口

全村都是倮黑族，共20户（内有鳏的1户，有2人；寡的3户，每户1人）。人口86人，男约41人、女约45人。年老不能做工的5人，小孩不能做工的30人，能劳动的51人，青年6人（男2、女4），未婚。

（二）经济情况

全村共养有水牛15条（内老水牛1条）、黄牛14条（内骟牛6条），养牛与不养牛的各10家。自养有小猪的9家，分养猪的5家，分养母猪3个、小猪2个（分养就是代人养猪，将来自己分得一半；代养母猪，母猪生了小猪，分得小猪数的一半，母猪仍属猪主所有。分养的猪是向老塘山罗桂林分养4个，邓四婆娘分养1个）。

田地都系祖传下来的，如果能力不够，种不完的地，可以借给其他人种，不交租，等到有能力时，再收回自种。

有田的4家，一家可收得谷10亢（农会主席家），一家可收得15亢（居民小组家），一家收得4亢，一家收得三四亢。全村共收得谷32亢，需谷种4亢。

种大烟，每户最多可收得三四十两（此数不确实，最多的据我们估计，总有百余两），最少可收得四五两。

旱谷地需种11亢2斗3斛。收成好时，1亢可收得10亢；收成不好，只收得三四亢；中常年可收得七八亢。全村最少可收得90多亢。

种苞谷1斛，可收得一二亢，每家最多种一二斛，最少半斛，全村可收得30多亢。

此外还种苦荞，但不一定都种。去年有7家种，今年有8家种，一年可收得六七亢荞。

全村够吃的3户，其余都不够吃3个月至10个月。

（注：一亢有30斛或6斗，一小斛有10碗，一大斛有12碗。一石有10斗，一斗有10升，一石有240旧斤。）

（三）负担

解放前对政府及石炳麟土司的负担有大烟、款、门户、白工等。收大烟是按照每户所收得烟的多少来决定，收得五六两的，要负担3两。派款是按照有田、牛马的一年负担30元至40元，有骟牛水牛的要负担10多元，够穿吃的负担10元至15元，穷的负担二三元。门户每年每户负担钱1元、米1斛，都于每年八月收。过去全村交政府及石炳麟的大烟款项数如下：

姓名	大烟数（两）	款项数［半开（元）］
石宝	3	10
李甲老	3	10
甲猛	2	10
李四	3	10
石甲岩	3	10
石加娃	15	55
李加老	15	10
李哑八	15	13
石加讨	10	10
张四贵	15	13
李甲体	15	13
那体	5	10
张石宝	15	13
李直恩	15	13
李甲猛	15	13
老王家（汉人）	15	55
老王	7	10
李甲二	10	10
哑八	8	10
家甲猛	3	10
张甲体	10	10
老杨		4
甲老		9
甲二		13
扎阿		10

以上大烟共计202两，半开354元。

上蒿枝坝过去要代石炳麟做白工，负责1亢谷种的地，自犁地起至收获后送至石家为止。帮工1天得吃饭1餐，不去帮白工的就被打，要先种石炳麟的，然后才得种自己的，每月自己的只能种七八天，其余的时间都帮石炳麟做白工。

此外，每年还要代石炳麟到山上砍柴，每年砍二三次，砍好后堆起来，石炳麟自己去驮；又要代石炳麟到山上砍木料，每年也是三四次。

解放后，对我政府1949年的公粮负担是3公石、钱20元、大烟25两。

解放后，各种负担都减轻，人民都很喜欢，而最使他们喜欢的是不再帮石炳麟做白工。

（四）与汉族之关系

上蒿枝坝现全是倮黑族居住（过去有汉人1家，现已不属上蒿枝坝这一组），全村够吃的只3家，其余的都不够吃，要向附近的南井凹、田坝、老塘上的汉人借贷。他们有的是大烟，缺乏的是盐、粮食、布（他们不种棉，不会织布），要把大烟拿在街子上卖给收买大烟的汉人（四月十六日募乃街子天，就有29个收买大烟的汉人），再来向汉人买他们需要的东西，他们的一买一卖都要同汉人发生关系，所以倮黑族与汉人发生的关系多，也较其他族密切。

汉人从过去若干年到现在都随时在经济上剥削着倮黑族。剥削的方法很多，如借盐1斤还大烟5钱（过去盐一斤价半开5角，大烟一两价1元5角至5元）；借谷1亢，要还2亢；借钱1元，要还2元。解放后利息虽减少，仍在50%左右，借吃猪肉1斤要还谷1斗或大烟7钱5至1两（猪肉1斤合半开7角，谷1斗合半开一元五六，大烟1两合半开1元），借的是钱，折还作谷子或大烟；借的是谷子，折还作大烟；借的是布，又折还成大烟；借的是钱，付的利息又是谷子。总之在这折还中，倮黑同胞已被剥削了一次，再加上有的要出利，或利变本又生利的几重剥削，弄得倮黑同胞年年都借债，年年都还债还不清，债一年比一年多，收得的粮食、大烟大部分都用作还债。

我们在蒿枝坝，住在组长张甲体家，就有南井凹的汉人石镜华向张甲体要猪肉账，石镜华还在张甲体家吃了一餐饭才走。

倮黑同胞认为这些汉人都很好，借债给他们，救了他们的苦，是一番好意，所以欠的债都应该还。扎阿说："明年苦得哪样还哪样。"石宝说："今年还不清，明年再还。"

（五）现在最迫切需要解决的问题

全村主要的农产物除谷、苞谷外，就要算大烟。过去内地未禁烟，烟价好，每两价半开二三元至5元，吃的盐、粮食、布（3元一件）与大烟相比较，不算贵。现在内地禁烟，大烟只好卖给暗运至缅境的商人；价也不好，每两只是卖半开1元，合人民币4500元。布一件要51000元，盐一斤要2115元，米一斗重24斤，要18000元（募乃四月市价及贸易公司价）。与从前的大烟价比较，布一件现已贵了约3倍，所以感到很痛苦，"穿不起""吃不起"。不种大烟改种其他作物，又没种子，也无法向外借债。

（六）上蒿枝坝几个家庭调查

张甲体——家庭调查之一

全家6人，种有水田需种子4斗，可收得15亢。旱谷需种1亢，收成好得十二三亢，不好不坏可收得10亢，一年共收得约20亢。需苞谷种1亢，除青吃外可收得1亢多。大烟收得十五六两。一年不够吃3个月，靠卖鸡、猪或到南峤驮来吃（因石炳麟在时，常被叫去帮工或使唤，耽误了工作，所以才不够吃的）。全家一年要五六件布，今年未买布，现各人有衣服1套，儿媳另有新衣1套。手镯等饰品，近几年已卖完。盐只一月有一二顿不得吃，有时卖柴、竹或帮工所得买盐吃。自己不找工，过去欠的债已卖牛、猪还清，现在欠石镜华猪肉4斤，每斤要付大烟7钱5分。家养有水牛2条、驮牛2条、小牛及母牛4条、小猪4个。有大小铁锅各1、锣锅大小各1、石磨1、铜壶1、锑盆1、面盆1、土锅2、铁三脚1、碓1。

负担：解放后1949年的公粮出了3斗，大烟8两（？），解放前负担是大烟10两、款10

元、门户1元。

［解放前他曾当了好些年的组长（甲长），解放后换扎阿、石镜华儿子张××做村主席时，又换张甲体做组长。］

刘耀南调查

李四——家庭调查之二

李四，40多岁，妻1，小孩3（大的小孩可以背水挑柴）。

有1亢谷种的地，因无种，没有完全种，只收得二三亢。苞谷地需种1升，青时就吃完。种大烟，收得三四两。从前一年够吃五六月，近二三年来，只够吃一二月，不够吃的几月，靠帮工来吃。帮一天得谷子1粦，另得吃一顿饭，收获时，可得2粦。帮同族的工，可以带小孩去吃饭，帮汉人的工，不敢带去吃。此外还砍柴卖，得半开5毛，女人背的只卖得二三毛。家里有锄2、犁1、刀2、铁锅1、土锅2。睡无被盖，也没有猪、牛、种子等。由于太穷，没有人敢借钱给他，因此，没有欠债。

负担：解放前出大烟3两、款10元。解放后，没有出过什么。

刘耀南调查

石宝——家庭调查之三

石宝，30余岁；妻名南海，年约25岁；女1，年七八岁。

种有1粦洋烟地，今年收得13两，去年收得5两。种苞谷收得1亢多。有4斗种的旱谷地，可收八九亢，收成不好，只收得五六亢。收来的粮食，一年够吃四五个月，不够吃靠帮工、砍柴、砍竹卖。帮工一天，得谷1粦，另得吃饭一顿。一背柴换得两碗米（一天砍得两背），竹一根卖得半开5毛。养有鸡两窝，有鸡19只、蜂1窝。家有竹茅房一间，长1丈5，宽1丈。无三脚，有瓦竹用具几件、砍刀1把、瓦罐2个、蓑衣1件、毛毯2床、麻布被1张、木板铺成的床2张。房屋分成3隔，中一隔供有神桌，两旁两隔各有床1张。

一年需布2件，用洋烟或谷子换，现在穿的已破烂得很。平日多吃苞谷，米吃得少。一亢米，煮干饭，3人够吃2个月。每月需买盐2斤，油很少吃，有时吃一点，没有就不吃。猪肉一二个月吃一次，或几个月吃一次，每次吃一二斤，过年时买吃2斤，前久杀了20多斤的猪1个。自有剃发刀1把（别人送给他的），请人代剃，两月1次。病了自找草药吃，疟疾用“丫戒”（一种树根）切细用开水冲吃，味很苦。

债务：七八年前的五月间没有吃的，向田坝汉人李地安借了半开20元，买粮食吃，一年2亢谷利息，已付了2年。解放前不敢来要，解放后自动地一年只要2斗谷的利，去年今年的利，都已付过。此外还欠邓四1斗谷，去年五六月又借了盐1斤。

负担：解放前负担大烟3两、款10元。解放后，因为粮食不够吃，没有负担什么。

〔附〕杨二妹（石宝妹妹），属鼠，20余岁，寡妇，有1子，1岁。杨二妹前6年与思茅来的汉人老杨（约二十五六岁）结婚，老杨生前在区政府煮饭，二妹帮工过活。老杨死后，区政府给了半开2元，现在她搬来同石宝住，吃的饭她自己负责（菜同石宝一齐吃，其实除了盐外，就很少吃菜）。石宝今年给了她1斗旱谷种的地栽种，二妹现仍帮工，每日得1斛谷，不够吃由石宝供给一些。过去老杨在世时，穿的衣服还不感到很大的困难，现在穿的已很破烂，也无法缝新的。现因小孩还小，等小孩长大一点，就另嫁人。她现在有的财产，就是竹箩1个。

扎阿——家庭调查之四

扎阿，男，50余岁；妻1；儿1，13岁；女1，属鸡，约10岁。

种有半亢谷种地，收成好，可得2亢，收成坏可得1亢。种大烟，今年收得8两，去年收得五六两。种苦荞地2斛，可收得半亢，够吃两个半月（月需1亢谷）。不够吃去帮工，没有工帮就饿着或找野菜吃。家有母鸡1只、小鸡10只（猪牛没有）、蜜蜂1窝、锄2把、砍柴刀1把、三脚1个。一年需布3件，去年的衣服是卖大烟缝的，今年无钱，没有缝新衣。

债务：向田坝汉人小黄妹（女）前5年借得布2件，折做每件大烟5两，已付过3两（当时用钱买布一件值半开3元，大烟一两5元），今年二月底小黄妹还来讨欠债，扎阿没有，小黄妹也没办法。

去年二月向南井凹汉人石镜华借了半开15元到坝子去驮米，折还作大烟25两（当时半开1元5角一两）。今天石镜华又来讨欠账，要扎阿还大烟20两（当时市价半开9毛一两）或还半开15元；今年二月已付了大烟6两（每两价半开1元），扎阿现在没有，答应明年一次还清。

今年过年向张甲体借了两斤猪肉，二月间赔了张甲体大烟2两（当时猪肉半开7毛一斤，大烟1元一两）。

负担：解放前对政府与石炳麟的负担是款10元及白工，解放后1949年、1950年未出公粮，去年出了大烟2两。

（扎阿解放后到慕乃开会，因为他会听汉话，不很会说汉话，上级派他当居民小组长。去年石镜华的儿子张××做村长时，换张甲体做组长。）

杨树谷

四、下蒿枝坝调查

（一）一般情况

下蒿枝坝为倮黑族聚居村，在募乃（澜沧县府所在地）之东北，距募乃约10里。据倮黑同胞说：他们是从缅宁那边搬来的，到现在已经四五代人了。

在20年前，该村有过一场大病（即传染病），共死了40多人，全家死绝的有4户，当时每家都死过一两个。

全村人口32户，其中寡妇3户，去年（1950年）刚从南本搬来汉人1户，计160人。劳动力有90人，非劳动力70人。全村吸鸦片烟的有3人，其中汉族2人、倮黑族铁匠1人。该村不信教，全村没有一个人读书。

该村除扎迫靠帮人吃饭和铁匠家（种少部分田地）外，其余全靠盘田种地过生活。全村够吃10个月到11个月的有3家，够吃8个月到9个月的有11家，够吃五六个月的有5家，够吃4个月以下的有13家，其中有3家特别贫苦，从粮食熟到进家就没有粮食吃了，不够吃就全靠卖柴草、帮短工维持生活。

全村找长工的有1家，经常找短工的有2家，忙时也找几天的有9家。经常要砍柴挑草卖和帮短工的有13家，帮长工的有1家。

农产品以稻谷（旱谷和田谷）为主，其次为苞谷、荞子等。

（二）经济情况

1. 生产情况

生产方法——本村倮黑族自己不会织布。仅有一个铁匠，但无本钱，经常得不到铁打，生产力不高。生产工具除犁头外，其余皆为本村铁匠供给。生产工具有犁、耙、锄头、斧头、大刀。又因接近汉人地区，有时也向外购买，生产工具大多与汉人相同。

在生产技术上同汉人相差不大，旱谷地头年犁下，第二年犁耙4次、拔草3次。水田犁3次、耙3次、除草2次，有的只除1次。荞地最便宜，只犁1次，把荞种撒下，就等着收割。苞谷地犁2次、铲草1次。施肥仅是水田，而其他如苞谷、旱谷地等，甚至鸦片烟地都不施肥，他们的肥料仅要牛粪，猪粪、人粪均不要。

倮黑族不论男女均从事劳动，妇女除不犁田外，不但劳作和男子一样，而且还要操持家务。有位倮黑同胞对我们说：“嗯！我们倮黑苦啰，早上要背水舂米，吃了早饭就到田地里去，晚上回来又要背柴回来，一年四季仅过年得闲三四天，不是就不得闲了。”从上面这段话里，就可以看出他们的整个劳动情况。

生产关系——该村除1户靠帮人生活外，其余的全靠耕种田地。全村有水田的有18户，其中最多的有两斗种，最少的有两斛（每斛2升）种。旱谷地最多的有3亢种（每亢6斗），最少的有1斗4升。这些田地绝大部分是耕者自有，因而和外村没有租佃关系。内部有少数的租佃关系，但没有专门出租土地的，其出租土地多为没有劳动力而出租给亲戚朋友，租额一般的是主佃各半（对分租）。也有不上租的，这种情形多为山地。如有人地种不完，别人可以借出种，但当主人要种时，就得退还原主。该村山地都有主人，如果要开荒地，首先要和主人商量好，但不需付租谷。

生产互助——倮黑族很团结，如盖房子全村的人都去帮忙，有时主人供吃一餐饭，如果没有饭，就大家在家里各自吃了饭去。他们现在住的草房，没有自己出过工钱。在生产上，也是互助的形式，不分男女，一工换一工。换工时都各自从家里吃了饭去，有时中午在主人家吃一餐。如果没有耕牛的农民，也可用人工换牛工，一般的是两个人工换一个牛工，但有些亲戚朋友也可以用一个牛工换一个人工，也有送犁的。

2.生活情况

倮黑族生活很苦，他们说："我们倮黑生活苦啰！生意不会做，只会苦种呢！"不但他们自己说，其他民族的同胞也都承认倮黑的生活要比其他民族苦，普遍没有肉、油类的东西吃。有一个倮黑族的老大妈对我们说："我们吃肉要哪家有了死牛、死马得吃些，过年节时得吃点，平时就不得吃了。"从这简短的话里，不难看出他们的生活情况。

倮黑族的房子多用竹子盖成，人进去要弯着腰，有的甚至要蹲着才能进去。每一家有一间狭小的茅屋，有的有两间。但狭小的屋子里也是空的，除了几个背水吃的竹筒和一个火筒、火塘（火塘旁放着一张篾笆）外，其他就什么也没有了。晚上就睡在火塘旁的篾笆上，一家人都睡在上面，人多的有两三张篾笆。全村没有一家有被盖，最好的只有一张破烂的毯子。无论任何时候，都睡在火塘旁，主要是为了取暖，有的就一夜在火塘旁烘火。

每天吃两餐饭，在栽割两季时才吃三餐，吃饭时最好的能吃一碗小菜，最坏的一样菜也没有。由于接近募乃街，可以挑柴草、竹子去换盐吃，但有时候盐巴太贵了，也经常吃不起。

衣服除了身上穿的一套以外，家里就很少有换洗的衣服。一般10岁以下的小孩，多半没有裤子穿，有的整个是光着。年老的人，不能劳动的亦有没有衣服穿的，只有年纪轻的才比较穿好一些，因而他们的要求是"有吃有穿"。

3.贸易

该村倮黑族在过去主要的出产用以换布匹、盐巴的东西为鸦片烟，现在鸦片已无出路。估计全村每年可以产鸦片烟600两左右，除此而外，没有任何东西可卖，只是卖点柴草和竹子。现在每棵竹子可以卖半开5角，合人民币2250元，柴每担可以卖半开5角，妇女背的只卖得两三毛。稻草不一，有的卖得多些，有的卖得少些，但最多一担稻草只卖得五六角。至于粮食，除上高利贷的利谷外，还不够吃，而他们所需要的是盐、布和一些日用品。他们普遍的反映是盐、布太贵了，现在澜沧贸易公司的布，最便宜的，每件也要52000元（每件可做一套普通衣服），合半开是11元5角，如果要用粮食来买布也需要两亢谷子一件。如罗大家13口人（在本村生活较好之一），全年粮食收入46亢，如每人需要1套衣服，最少全家大小要11件布，就需付出谷子22亢，差不多要占全年收入粮食的1/2；

如果要用鸦片烟来卖，则需要11两6钱，但鸦片烟最多的也只是六七十两，这样，种的鸦片烟也只能买五六件布，因而他们普遍觉得“解放后样样都好，就是盐、布太贵”。

4.剥削情况

甲、高利贷——高利贷是本村一个比较突出的问题，全村共32户，其中借高利贷的就有21户，不借债的仅11户，借债就占全村户口2/3。其中所有债务，绝大部分是附近汉人村子（南井凹、老炭山、小田坝）借的，全村共借半开1075元、鸦片烟73.5两，稻谷35.2石、大米6斗。时间最长的是30多年，如石大的父亲向老炭山汉人借了20元半开，利谷每年2亢，借款时石大还记不得事，现在石大已30多岁了，其父已上利谷20多年，父亲已死五六年了。时间最短的是3年，最近这两三年来放债的也不放了。债务最多的是250元，最少的是3元，利息一般的每10元半开，每年息谷1亢，最高的是1亢半，最低是半亢。倮黑族内部也有债务，但多系亲戚之间的借贷。如石大向张扎母[①]借半开80元，没有规定利息，有时给点，有时就不给。其余都是一些盐、米、肉之类，一般没有什么利息，因而倮黑没有专门放高利贷的人。这21户借债者共需息谷100多亢（合60石左右），另外还有放秋烟、秋谷的不计算在内。

该村不借债的11户有两种原因：第一是穷苦，债主怕赔不起，因而不敢借给，这个情形本村11户不借债的就有8户；第二种是勉强可以过得去，而且是没有遭到“天灾人祸”的，如张扎木本来可以不借债，但因石炳麟的老婆把鸦片烟存放在他们村中，她自己的用人偷了，硬说是附近的人家偷的，结果张扎木一个人就赔了200元半开（全村赔了750元）。张扎木拿不出钱来，就得向汉人借，从此张扎木就受着高利贷的剥削了。我们到蒿枝坝共遇着两场来要债的，但老百姓反映说：“现在要债的不要了，没有也不敢打骂。”从这句话里我们可知从前要债的人是很够恶的。

乙、劳役——在解放前倮黑族要替石炳麟帮白工（即无偿劳役），全家每户都得帮他做活，石炳麟的小老婆种有100石水田和两亢种的旱谷地（也种鸦片），就全靠派白工来耕种，帮白工时只供给中饭一餐。

丙、雇工——该村帮短工一天，供两餐饭、1斠谷子，栽种收割时，可以得两斠。但帮汉人要受气，不能带小孩去吃饭，还要被雇主骂“混饭吃的死倮黑”。帮倮黑同胞家，可以带小孩去吃饭。

① 张扎母，本文又作“张扎木”。——编者

附：全村生产负担调查表

图表一：

姓名	人口		籽种量			产量				耕牛		全年够吃月数	解放前负担			解放后负担		要求
	劳动力	非劳动力	水田	旱谷	苞谷	水田（元）	旱谷（元）	苞谷（元）	洋烟（两）	黄牛	水牛		洋烟	派款	门户	洋烟	公粮数	
张扎儿	3	2	1	12	1升	3	7	0.5	30	无	无	8	0.5	5（元）	无			盐、布太贵
李老五	3	2	2	6	2升	9	10	15	15	1	2	5	5	7	无			同上
刘里福	2	1	1	5	无	9	10	无	无	无	无	1		15				同上
扎木	1	2	无	2	无	7	7	无	无	无	1	1						同上
那二	1	1	无	5	无	无	5	无	4	无	无	4	4	1.5				同上
扎阿	2	3	1	9	4升	5	10	无	25	1	1	6		3			5升	同上
李亚子	3	2	2斛	6	4升	1	10	2		无	1	5			1			同上
扎迫	4	1	2	9	1	5	23	0.5	15	1	2	11	3		2			同上
李扎母	5	4	无	9	5升	无	6	1		无	2	5	15	4	1		5升	同上
扎发	4	2	无	12	4升	无	20	3斗	20	5	1	9	5	15	2	4	1.5升	同上
罗保	2	2	1	3	2升	4	10	0.5	20	2	无	6	14	3	无	6.8	无	同上
那阿	2	5	3	6	7升	2	8	无	20	2	1	8	无	17	无	7	1升	同上
张扎二	2	1	无	6	1升	无	6	无	10	1	无	1	无	无	2			同上
张石保	2	2	4斛	4	无	2	2	无	10	无	无	1	14	无	1			同上
李福	4	1	3	8.5	2	10	10	1.5	30	无	1	8	4.5	14	1	2.5	1斗	同上
张家恩	2	4	1	6	1升	3	3	0.5	20	无	无	6	5	5	无	0.5	无	同上
张扎靴	2	4	2	9	3升	6	10	5	20	无	无	9	无	4	无	0.5	5升	同上
李扎罢	2	2	无	5	2升	无	5	无	15	2	无	×	无	无		无	无	同上
李扎拉	4	3	无	1	4升	无	15	2	8	3	1	4		无		0.5	5升	同上
李加福	4	4	2	6	1.5	10	10	2	8	1	3	8	4	4.5		6.5	5升	同上
刘李保	2	3	1	6	1.5	3	6	4	20	无	2	8	10	8		0.5	5升	同上
李扎努	2	1	无	6	1	无		0.5	无	无		无				无		同上
张扎拉	2	1	0.5	7.8	1	1.5	13		15	1	1	9	6	4		3	3斗	同上
张扎夺	5	1	6.5	9	1.5	无	15	4斗	无	无	3	8	无	4		1	1斗	同上
罗大	7	6	2	12	2	70	6	1	14	1	4	10	10	15		0.5	5升	同上
亚八	4	1	2	9	2	10	10	1	20	1	2	9	15	10		6.5	5升	同上
扎的	4	3	无	6	1	无		5斗	60	1	1	3	10	10		无	5升	同上
石大	4	3	5	1	2	15	10	1	30	3	2	10	无	无		无	无	同上
石阿发	4	2	无	6	2	无	20	1.5	20	无	无	9	2	10		4	无	同上
张扎思	2	1	无	6	2	无	6	0.5	20	无	无	1	15	15		1	0.5	同上

图表二：高利贷债务

借债人姓名	本金（元）	年息（亢）	年限	放债人族别
石大	60	5	5	汉
刘李保	50	3	3	汉
刘加二	50	5	15	汉
亚子	10	1	6	倮黑
李扎母	40	4	10	汉
扎驮	20	2.5	9	汉
那二	50	4.5	10	汉
李老五	30	3	5	汉
石大	10	1.5	5	汉
张扎靴	10	0.5	4	汉
亚子	30	3	10	汉
李福	100	10	10	汉
扎阿	10	1	10	汉
李元保	25	3.5	6	倮黑
张扎儿	10	1	6	汉
刘李福	30	1.5	5	汉

5.家庭调查

我们选5个可以代表全村最富裕及最穷苦的家庭访问如下：

家庭调查之一——张扎母

张扎母为本村行政副组长，曾做过头人，解放后当选副组长，为全村最富裕之户。全家5口人，他和他的妻子均有40多岁；姑娘13岁，可以做饭；两个儿子，大的可以放牛，小的才5岁。其叔父因不能劳动（带着一个小妹子约3岁，住在他家吃），也在他家闲着吃。今年找长工3人（其中看牛的1个、做活的2个），总共10人。

全劳动力（连帮工在内）4人，半劳动力1人，非劳动力5人。种田6斗种，好年可收10亢（每亢6斗），坏年只收得七八亢。旱谷地种子5亢，好年成可收40亢。鸦片烟每年可收70多两，今年仅收得60多两。苞谷种3斠，每年可收两亢。田地都是自耕，每年只够吃10个月。耕畜有水牛3条、黄驮牛5条、黄耕牛2条、小牛1条，共11条，现在没有养猪。工具有锄头4把、大刀3把、斧子1把、铁锅2口、锣锅1口、铜壶1个、洋瓷盆1个、柜子1个、小囤箩五六个，有烂毯子5张。每年支出须买布20多件，另外找帮工3人（一个每年6亢谷子、两套衣服，另外一个给1亢种的旱谷地，种出的粮食全归帮工，计可收七八亢，也是两套衣服。看牛的帮工只给穿吃，不给工资），需付出13亢谷子。

每日吃两餐，食盐可以经常得吃，吃饭时有时有菜一碗，有时就吃盐辣子。4年前向田坝汉人借款150元，年息谷7.5元[1]，本人借给石大（亲戚）半开80元，不给利钱。

负担：解放前每年出鸦片15两，出款10元，一年四季都要帮石炳麟白工。解放后，1950年出公粮4斗、鸦片3两。

① 元，疑当为“亢”。——编者

家庭调查之二——罗大（本村最富裕户之一）

全家11口人，姑爷1人，姑娘1人，3年后就要回婆家了，全劳动力7个、非劳动力5个。自耕3亢种的旱谷地，苞谷地2斗，每年可收6亢。水田6斗，每斗可收30亢。鸦片烟每年可收60两。耕畜有黄牛5条、水牛1条，有猪1个，20多斤。没有长工，忙时找些短工。每年需买布20多件，每人可得衣服两套。工具有锄头4把、斧子1把、大刀4把、铁锅1口、犁头1个、三脚1个、铜壶1把、土锅3个、米柜1个、火药枪2支，有破毯子5张。盐巴可以经常得吃，油肉吃不到。本人不借债。

负担：在解放前，每年缴半开16元、门户款17元、洋烟10两。解放后出公粮3斗。

家庭调查之三——张扎拍

张扎拍今年27岁，两年前来上门。全家7口人，劳动力6人、非劳动力1人；岳母家虽有4个劳动力，但很弱。种水田4斗种子，年收15亢。旱谷地种2亢，每年收10亢。去年没有种苞谷、荞子，今年种荞子1亢。鸦片烟今年收40多两。够吃7个月。以前自己没有耕牛，去年刚买了水牛1条。工具有斧头、犁头各1把，用具有铁锅1口、土锅3口、篾囤子3个。睡时仅有烂毯子，衣服只有穿在身上的1套，每年靠卖鸦片烟及柴草等，每人可以得1套新衣服。

有盐吃，没有油肉吃，常吃光饭。本人没有借债。因去年刚移居，因而也没有出公粮。

家庭调查之四——张扎儿

张扎儿有孩子4个，全家6口人，全劳动力3人、非劳动力2人、半劳动力1人。有水田2斗种，每年可收4亢；旱谷种子2亢，每年可以收六七亢；苞谷种子半斢，每年可收半亢；荞子1斗，每年可收1亢；豆种1斢，每年可收半亢；豌豆2碗，可收1斗；鸦片烟每年可收30两。田地都是自耕，不上租，没有耕牛，有小猪1个，是分养的（由别人买来给养，养大后各家一半）。工具有犁头1把、锄头2把、大刀1把、斧头2把，食具有烂铁锅1口、土锅3个。有烂毯子1张、棉毯1张，衣服只有身上穿着的破衣服。有茅屋1间。

自耕粮食够吃3个月，其余全靠帮工吃或卖柴草吃。借大塘子汉人半开10元，年息谷半亢。欠罗大谷子5亢。在解放前每年要出半开5元、洋烟4两多，帮白工每年三四十个，石炳麟的秋烟每年要8两。解放后没有出过公粮、洋烟。

家庭调查之五——李扎迫（最苦户之一）

李扎迫全家5口人。李扎迫帮人每年得谷子七八亢，母亲（40岁）和5岁的小弟在家帮人打零工，卖柴草，自己不种田。父亲在5年前病死了。家里只有一间茅屋，共有两格。生产工具用时向别人家借，全家有筒帕两个、土锅两个、烂篾箩1个、吃水筒7个、破碗三四个。现有鸦片烟4两、破毯子1床、篾笆1张、两个老母鸡、8个小鸡，这就是全部家财。五六月经常饿饭。现在砍柴卖草换得点盐巴吃，菜没有吃的，食盐一个月吃不上两次，油类更吃不上。衣服只有身上穿的破烂的一套。

（三）政治

1.政权组织及群众组织

解放前该村行政组织是头人制，张扎母的父亲就当了一辈子头人，死后由扎母继任。到解放后才换石大做行政小组长，石大为中农成分。副组长为张扎母继任，他是石大的舅子。

农会——农会在1949年成立，当时澜沧有一个民运工作团，这里农会就是民工团组织的，全村32户都参加农会。农会主席罗大为中农成分，本人不会说汉话，为本村生活较富裕之一。自农会成立后，一直没有做过什么事情，倮黑同胞说："农会的地，没有开过。"（意思就是农会没有发动开荒）但民工团发给他们的文件《农会组织条例》，农会主席还好好地保存着，民工团对他们的影响也是很大的。倮黑青年男女和小孩虽不会说汉话，但民工团教给他们唱的《歌颂毛泽东》，差不多人人都会唱。群众虽未发动起来，但由于阶级成分纯，过去受压迫深，因而工作是比较好开展的。

2.石二（石炳麟）对本村的压迫情况

我们一提到石炳麟，他们就说："嗯，老石二的事情说不完了。"在解放前，石炳麟的小老婆因与大老婆不和，小老婆便到下蒿枝坝盖了一间屋子，从此后，下蒿枝坝的同胞就更加受压迫了。剥削压迫的情况如下：

A.帮白工——石炳麟的小老婆种有百多石谷的水田和两亢种的旱谷地（主要是种鸦片烟），都是靠白工来种的。全村32户人家，没有哪一家敢不帮她种，每年帮几个工是无法计算的。不论栽秧割谷、除草犁田、种鸦片烟的季节，首先要把她的做完了以后，才能做自己的，否则就会遭到拴起来打骂，有时处罚谷子，如不去一天，就要罚一二斗谷子。村里的人，绝大部分被她拴打过，骂是更用不着说了，其中有的曾被拴打过两次。帮她做活时，只供给一顿中饭，早晚还得吃自己的饭。做活时，石二的小老婆还要亲自监工（表面上是参加劳动），如果有人想歇歇气，就要遭到她骂。

B.石二对本村的霸占敲诈——石二的小老婆到下蒿枝坝盖房子时，首先就霸占了张扎夺的两斜苞谷种好地（主要是种鸦片烟），现在屋子已破坏了，地仍然归扎夺种着。石大的父亲有4斗种的水田，也被石二霸占了7年，直到石二跑了以后，石大才敢去栽这份田。石二在该村真是做不到的没有了。有一次，石二的小老婆寄放鸦片烟100两在李加福家，她叫人从李加福家偷了鸦片烟，但她硬说是附近的人家偷了，附近5家倮黑同胞没有法，拿牛、猪、粮食赔她，她还不要，她专要半开（因为当时鸦片烟价高），所以这几家只得含着眼泪向汉人高利贷钱来赔她，共赔了705元，最多的赔200元，少的赔三五元。不但如此，家里私设法庭，吊打人民。有一次，有一个倮黑同胞甲那因打小雀，不防把箭射石二的房子上，石二硬说是甲那故意打他，就开枪打甲那（幸没打中），后又把甲那打一场才放掉。石炳麟家的后山上，有一个洞，是专门屠杀人民的地方，不晓得屠杀了多少人民。石二还用放秋烟（买新烟）来吸取倮黑同胞所得的果实。总之，石二在倮黑村的罪恶是说不清的。

（四）倮黑同胞的反映

倮黑同胞普遍的反映是“解放后，负担轻了，也没有杂派，要是像以前，过不出来了（活不成的意思）”。他们觉得最痛快的是“过去石炳麟叫我们帮种田、种大烟、砍柴、挖地……不去就打骂，现在得做自己的活了”。又说：“现在样样都好了，不好的丢了，从前怕当兵，铁匠的兄弟因为躲兵，到外面躲了6年，解放后才敢回来，现在好了，没有拉兵拉夫了。”这些都是解放后他们觉得的好处。也有的反映：“没有耕牛、种子，希望政府帮想办法（本村有好几户没有种子可种）。”而最普遍的反映是“盐、布太贵，买不起”。这主要原因是过去他们依靠卖鸦片烟来买这些必需品，而今鸦片烟绝了出路，从前卖10元半开一两，而现在烟价下跌，因而他们觉得盐、布太贵。

目前倮黑族（指本村）中，要使他们得利益，只有分别地废债。因为他们这里阶级悬殊不大，土地一般地说都为耕者所有，没有或少有租佃关系，而对外面汉人的接触主要是高利贷和汉商的中间剥削。他们对高利贷剥削感觉是很强烈的，但不敢公开提出反对，如有的说：“解放后要债的不恶了。”目前的困难是一方面鸦片无出路，另外一方面是想借债也借不着。从本村债务关系来看，解放后借的款几乎没有，因而使他们觉得解放后生活并没有改善，相反地还有某些程度的困难，当然最根本的办法还是帮助他们发展生产。然而接着就来了耕牛、籽种的问题，这些问题并不是一天两天可以解决得了的。

（五）民族关系

本村的民族关系主要是倮黑与汉人的关系。过去倮黑族不但在政治上受着大汉族主义的压迫，而且在经济上也受着汉人高利贷的剥削。一个倮黑同胞对我们说：“我们倮黑过去当过乡保长的没有几个。”过去当乡长的绝大多数是汉人，而这些汉人对他们又是横行霸道，因而他们认为汉人都是可恶的，如张扎拍说：“从前我们怕汉人，就像怕豹子（主要指拉兵）一样。”到现在，他们吓小孩子还说“海扒汉人来了”。另外一个原因是汉人的高利贷者利用倮黑族经济落后，对他们进行高利贷的剥削。本村的债务中绝大部分是向汉人借的，他们反映：“解放后好了，要债的不恶了，不有，也不敢打骂。”从这里我们可以看出解放前高利贷的面目。又如汉人放烟，由秋烟转为秋谷，再由秋谷转为秋烟，或赊布给倮黑同胞，到鸦片上市或谷米上市赔还，从中进行高利贷的剥削。如李加福5年前向田坝汉人何白借半开30元，年息谷1.5亢（当时谷价每亢30元），合半开45元。又如去年六月卖给大平坡汉人新烟20两，卖时每两0.5元，得半开10元，今年烟价不高，到十二月还他每两洋烟0.9元，合半开18元。又如李甲由去年七月向田坝杨某借布3件（合半开30元），今年八月还给利息6元（合半开36元）。同时附近的汉族坏分子也依仗势力欺负倮黑同胞，如倮黑同胞说：“我们的牛不能到汉人的地区，但汉人可以放牛来吃我们的东西，又不敢讲，要是说‘请关着你的牛些’，就骂说‘你要人还是要钱赔你’，或说‘你要多少赔给你’。”一个倮黑同胞说：“汉人常到我们的田里来拿东西，经常来砍我们的竹子和树，所以我们和他们不团结。”由于以上的原因，倮黑与汉族存在着隔阂，使倮黑普遍地存在着惧怕和戒备的心理。但自解放后，由于民族压迫已不存在，在人民政府领导下，工作同志执行政策的结果，因而民族关系有很大的变化，他们说：“过去见着穿黄衣裳的人就跑，现在不怕了。”“解放后样样都好了，没有人来搓磨（压迫）我们了。”

叶永镇

普洱区资料之十二

——车里攸乐族

中央访问团第二分团

1951年7月

普洱区资料之十二

——车里攸乐族

编者声明

这些材料是我们从1951年2月22日至1951年5月底（其中大部时间是在行动中），先后在蒙自、普洱、文山等地区进行兄弟民族访问工作中，通过当地干部、民族代表及熟悉当地情况的人士所了解的一些情况。为应各有关机关之急需，仅将原材料加以初步整理，尽量避免主观分析与结论，在文字上仅要求看得懂。但由于短期访问及仓促整理，情况难免不真实或不深入，观点难免错误。故仅能供各有关机关进行民族工作的参考或进一步考察的线索，并望于今后的调查研究，加以校正。

1951年6月　日

目次①

① 此目次内容与后文所述有所出入，为保持原貌，未做改动。——编者

五、攸乐族的风俗习惯

衣饰、住、结婚、丧葬、节日、信仰与祭祀、其他

六、攸乐、困格、本人三民族比较

（附件）两个典型村的调查

1. 漫漂寨调查

2. 窝专寨调查

一、一般情况

攸乐族全部聚居于攸乐山，在车里县勐养区的东南，东接镇越，北连思茅，南接勐养区的坝子，由3个小山合成，东是漫孔山，中间是漫打山，西边是次通山。漫孔山又称为谷山，山的周围要走6天才能走通。山势很高，多是原始森林，攸乐兄弟们是用刀耕火种的方式栽种旱谷、玉米来充饥，生活很苦。

攸乐族自称为孔明的后裔，孔明南征时把他们丢下了，以前称为“丢乐”，后来声音叫变成了“攸乐”。全族有3000多人。在车里县境内的攸乐族共有28个寨子，寨名、人口户数见下表：

寨名	户数	人口	寨名	户数	人口
漫鸦	123	350	罗汜	12	
次通	41	193	石嘴	24	
漫撒（上、下）	38	80	蛮桂	12	30
漫漂	18	123	蛮顺	18	
漫波	12	51（男6，女45）	生牛	28	
漫卡	98	450	欠庥	25（和议族杂居）	
漫海上寨	26	437（包括漫菜）	乍乜	46	
漫海中寨	31		回郑	13	
漫海下寨	16		蛮夯	12	
漫菜	26		回路	7	
乍累[①]	27	70	漫圭	30	80
小蛮旭	20		漫别	不清	不详
大蛮旭	17		窝专	25	119
坝过	5	28	蛮蚌	不详	不详
蛮肥	3	3（和议人杂居）			
共28寨780余户					

除以上28寨外，在思茅境内有3寨，漫通、漫瓦、漫武共46家250人左右。此外其他地方不听到有这种民族。

① 乍累，本文又作“乍娄”。——编者

二、社会组织

攸乐族没有一套完整系统的社会组织，是在僰族土司制度之下，但头人的名称、管辖的范围、薪俸等与僰族的下层组织又有些差别，现在简单地叙述在下面：

在最早以前攸乐族自己有个土把总，管理全攸乐山上的事务。当僰族土司制度发展到攸乐山来以后，土把总便为一个僰族的三叭所代替，但把总还在，不过只是个傀儡而已了。在三叭之下分老叭、老鲊、老线，老叭管辖七八十家，是几个寨子的头人，老鲊、老线都是一个寨的头人，在40家至十七八家的寨子设老鲊，17家以上设老线，有的寨只有两个老线没有其他，有的一个寨子中三者都有。寨中的事情由几个头人商量办理，除总的头人之外，每个寨中又有管经济的、管总务的小职员，如“掌等”（或称“管茶”）就是管理一切钱粮的，各户之间以至于各寨之间的交易、租借、现在的征粮等，都由他管。有的寨子有1个的，也有3个5个的。有的专管米，有的专管钱，有的专管茶。一般的都是两个，一个管米，一个管茶。“老白麽”是管总务杂事的，如寨子上有人来了，他就要找人背水、割草、拿米、送信及叫人开会。老菩萨、二菩萨、老伙头、二伙头，都是寨子上管祭祀的头人。菩萨和伙头又有分工，菩萨管祭野外的神，如山神、谷神等；而伙头管祭寨内的鬼神，如盖房子时祭祀、死人以至于送鬼等。他们都是有很高的威望，寨子里有什么事情，都要找他们和老鲊等商量解决。

从把总到老叭、老鲊、老线、老菩萨、老伙头、掌等、老白麽，所有这一切头人都是不脱离生产的，自己在家种地，又给大家管事情，同时他们也没有规定的薪俸，只是在过年、过节、婚丧喜事时，杀猪杀牛，或是打得野兽，就多分给他们一些。每杀一条牛，老鲊、老叭、老线有3条肋骨，一个猪有4条肋骨，菩萨、伙头分得四肢及一个头，掌等（掌茶）和老白麽都没有什么经济上的权利。

掌等也都是世袭，但大家认为他不好的时候，可由寨上头人（老鲊、老线）主持改选，大家选出最喜欢的人来。老白麽没有固定的人来任，是由全寨轮流担任，以户为单位，每家担任半年。头人们不负责老白麽的责任，老菩萨、伙头死了，由二菩萨、伙头接任，等他老了再找一个将来的继承者。二菩萨、伙头表面上是寨子里找最好的人，实际是找他的亲戚家人等。

国民党时虽改土归流，但并没有打破他们这一社会组织，只是在原有的头人身上又附加上一个保长、甲长等名称而已，解放后为尊重他们的社会组织，我们只是在区以上的政权机构换了我们的工作同志。

三、经济生活

（一）生产情况

攸乐族可以说是百分之百地靠农业生产来过活，但他们种的没有一寸平地或是水田，都是在山坡上烧块火山地种旱谷、苞谷等或采些茶卖掉来维持生活。他们的土地属全寨所有，寨与寨的界上插上削尖的竹签，在本寨的范围内每家可以自由选择土地耕种，多少没有限制，只有蛮鸦一寨，因接近汉族，又因人多地少，所以有了土地私有权。寨与寨之间互不侵犯，但这寨的山可出租给他寨，租额一般的很轻，规定是每百斤谷种上5斗谷子。

在民国三十一年以前，山上的畜牧业也很发达，每家都养着几条牛，多的养到几十条。因山上不用牛犁地，往往租给坝子里的僰族耕种，每条牛租一季是4担至8担谷子，租入人家用时管喂草料。自从民国三十一年暴动失败后，牛几乎被全部抢光，据一个汉族的老大妈说，她所看见赶下山来的牛有2000条以上。现在也有养的，但最多的寨子统计不过10多条，在可能条件下还是租出去。

攸乐兄弟们的劳动比起僰族兄弟们来是要强得多，从14岁起下地劳动，一直到50多岁仍下地操作。妇女也不像僰族那样柔弱，女人除和男人一样地下地、砍柴外，还做家事、织布、缝衣服等，不论是下地去的路上或是回到家来，都总是不停地纺着线，还有背水也是女人的工作。在攸乐寨子吃水是一件困难的事情。他们怕病而住到高山顶上，而山顶上又没有泉水，所以就要到山下来背，最近的也要三四里路。还有舂米等都是女人的工作。攸乐最大的缺点，就是吸食鸦片的太多，年轻力壮的小伙子一吸上鸦片便很懒，晚上不睡、早上不起，做活计也没有力气。

因为工具落后，产量很低。主要工具有大砍刀，刀刃长约1尺5寸、宽约3寸，铁柄木把有2尺左右。这是主要的生产工具，用来砍伐树木。剁铲长约4寸、宽约2寸5，木把长约5尺左右，是下种时挖坑用的。锄头（镐）和其他地区一样，小锄头形状像半个月牙而少了一个角，两面都有刃。其他还有镰刀、斧头等，都和别地一样。这些工具攸乐族自己都能做，每个寨子都有一两个铁匠，工钱很便宜，每天5毫钱。一天可以打5把刀，若打剁铲可做十几把，原料由外面输入，要用熟钢、熟铁。木头做的工具有“弯钩”，用以打谷，还有“风扇”，比芭蕉扇大一些，用竹子内皮做成，用来扇去谷子里的糠秕。

正月砍生地，把今年要种的地里的大树砍倒，二月到三月做围火炉（在地周围，把草割掉以防野火蔓延）、烧地、整地（把烧不完的重烧或拿出去）。三月底雨水一来就撒种，点棉花或撒谷子，撒下去要挖一次。四月下旬起到七月拔草，拔了花地拔谷地，完了再转回来。花拔过4道，谷子拔过3道后，到了八月棉花开了，苞谷也熟了，开始收割，棉花和苞谷收完以后到九月收谷子。到十一二月比较得闲了，男人出去打猎，同时找寻哪块地肥，以便明春耕种。女人们纺线、织布、砍柴，把明年用的柴在这两个月内砍好背到家。

最好的地可以种3年，不好的一年两年就不要了。第一年开出来的地种棉花，因土地肥沃长得好，第二年种谷子，第三年种苞谷，不好的只种一季棉或谷子就抛掉了。男女的分工情况大概是这样的：在砍地时男女都做，男人砍大树，女人砍小树或是拔草；点种（下种方式之一）时男人用剁铲钻坑，女人放种子，撒种是女人，男人用锄头挖；拔草不管男女老少一齐下手，每人劳动一日最好的得10多斤谷子，若以棉花计算，好的可得两斤籽花，不好时连种子也白丢了。现将收获量和用的劳动力计算如下：

播50斤谷种的地，砍时要6个工，烧和整理要10个工，撒种5个工，挖一次要30个工；拔一次草要40个工，拔3次共需120个工；割谷10个工，堆起来10个工，打好背回家30个工，舂（成米）50斤谷子要1个工；收获量最好的4000斤，平常时二三千斤，不好时一二千斤。总计用工240个，平均每工得13斤。

用棉计算：

播20斤棉籽的面积和播50斤谷子的面积一样，砍工6个，烧和整理10个，点种两个，拔草每道40个，拔4道共160；摘花30工，轧棉一天可轧10斤籽棉，年成好时可收500斤，平常二三百斤，不好时一点都收不着，平均劳动1日得1斤多。

（二）生活情况

一般讲来，攸乐族比僰族、汉族、濮满、困格等族苦一些，但有个别较好的，如漫鸦的老叭有四五年的谷子，还有8仓约六七万斤谷子；漫漂的老鲊有4个仓，装着三四万斤谷子，漫漂全寨差不多都够吃。而罗汜、漫惰、窝专，几乎只有半年的食粮，后山的几个寨子还要坝子补助。根据我们一般的了解，与两个典型村的调查，知道决定生活的好坏有两个主要因素。

（1）劳动力的多少。因土地都是为全村公有，同时土地还种不完，所以在土地上是没有什么剥削，只是劳动力多生活便过得好一些，没有劳动力就要挨饿。如漫漂的老伙头家有6个人，就有5个能劳动，1年生产可以吃两年。又像漫坡的老鲊不列车5口人，只有1个劳动力，他种100斤谷种的地，年成好时能收4000斤谷子，但不够吃，没有穿的。

（2）吹洋烟。哪家吹烟的多，哪家就苦；哪家吹烟少，吃穿就富裕。如罗汜、漫海、窝专、蛮惰、漫卡、漫坡等寨子，几乎家家都有吹烟的，因此家家的生活都很狼狈。在窝专寨，我们做了个调查，全寨有25家，就有20家吹烟的，共有23个人。最大的烟瘾一天要1钱，瘾小的一天5分，每月全寨要39两，合585000元；还有灯油每人一天以3钱计，一个月就要13斤，约需97500元，总计是682500元。当地谷子每石（200市斤）20000元，因此每月吹烟的开支其价值相当于6825斤谷子，一年即把相当于81900斤谷子的钱耗费在吹烟上，一个小小的寨子每月有如此大的开支，当然就会贫穷起来。同时吹烟不仅是开支问题，一个能劳动的人吹上烟后，他的劳动力大大地减低，生产亦随之减少，不到年老即易死亡。这个寨子女多于男（吹烟者多为男子），小孩子多，中年人少。

相反地，漫漂寨子有20家人，共计人口123人，吹烟的只有8个，劳动力有71个，所以全寨只有3家不够吃的，而且仅仅不够二三个月，不少人家每年还有很多余粮。从这两个寨比较看来，我们即可看出吹烟的害处了。

他们吃的是旱谷，多是做饭，没有米时吃苞谷，也是做饭。菜蔬就只有冬瓜一种。每天早晨天不亮就做饭，白天就不再做了。吃起来很简单，把饭放在半片竹碗里，一边放辣子、盐巴，还有半块竹片盛些冬瓜汤。用竹叶折叠一下当作勺用，左手抓把饭放在嘴里，右手就舀口汤喝。一天在家吃两餐，中午不回家时即用竹叶包点冷饭解决午餐问题。

住的房子也十分简单。屋顶是用野草扎成草排，叠压起来。地板是以竹子破开压平铺在地上，柱子就是弯弯曲曲的树干，盖起来很方便，不用木匠，也无什么复杂的工具，只要一把砍刀就可以解决问题。

穿的完全是自己种棉，自纺自织，不向外买。把收下的籽花压了之后，女人用手锭纺线，这是女人最经常的工作。纺了之后，用梭机织成了布，称之为砍刀布，自己也能用草叶、树根染成红、黄、蓝、绿等各种颜色。

自去年解放以来，他们的生活已有了显著的改善，主要是负担减轻了。如漫漂20家，在国民党反动统治时代有11家不够吃，今年只有3家不够吃，只差两三个月。实际负担数今年全寨共谷子2400斤，平均每户摊出133斤。政府见到搬运困难，又把谷子折成棉花，72斤谷子折1斤棉花，所以每家只出了两斤棉花的粮，比国民党时代每家要30多块钱是少了5倍①。

又如窝专寨，有25家，以前抬着8个门户（分配负担时的一种单位），现在人民政府看他们确实苦，就改成3个门户，今年每家实际负担数是棉花1斤。元卜家以前只是在收的时候（8月至11月）有吃的，而今年只欠两个月的粮食。漫撒的包某，以前有8个月吃的，其余不够吃的日子就吃树根野菜维持生命，或讨吃过活；今年除了把以前借的债还清外，还够吃全年。开会来的群众都一致反映——“解放了嘛，好过一些了”，白腊车讲“从去年嘛，翻起身来了”，“日子好过一点了”。

在生活改善的这个基础上，现在还有3个迫切的要求！

A. 办学校：他们都提出办法来说：“我们自己盖房子，老师薪水我们认一半（负担一半）。”

B. 医药。

C. 修路：上山下山的路不好走，希望政府帮助他们修，修宽点牲口好走。

四、民族关系

攸乐族人口少、力量小，受着四周各个大的民族压迫，因此在政治、经济、文化各方面都很落后，反过来压迫就愈来愈大，国民党统治时候，可以说是登峰造极了。

（一）历史上的民族关系

攸乐族在历史上曾经有许多次暴动，不过情况已不清楚，但现在还有一件大家记得的事：民国三十一年，反动政府对攸乐族的压迫剥削已到了极点，县政府派款、派粮、派

①“少了5倍”的表述有误。原文如此。——编者

烟，多得数不清，加之何保长浑水摸鱼，把攸乐人出的钱吃去了，还教攸乐人抗不交粮，于是县政府就来捕人。

那时杨安元、邱引才和县政府勾结着垄断攸乐山上的茶，不准卖给别人，只许卖给他们，但价钱又给得很少，使攸乐人吃了大亏。同时有些收税的汉人，对他们任意侮辱，如有些收税的汉人见到攸乐族妇女就乱追。……

由于以上的种种压迫和剥削，攸乐人就埋下了暴动的炸药。民国三十一年夏历五月间，有一天忽然天色昏黑，一阵狂风吹过后，攸乐人在地上拾得一张字，不知谁说是孔明带来的，字上说攸乐要出皇帝。从前攸乐曾出过一个皇帝，力气很大，手中拿着两把大刀，身上背着12块磨刀石。因杀人太多，被血把刀粘在手上，人们因为太怕他了，便想杀死他。有一天他站在山脚下，人们站在山顶上，就用绳子套住他的脖子，用力一拉，把他勒死了。

攸乐人因为担心着要出的这个皇帝，不知好不好，就去问车里宣慰。到了小猛养，那里的保长一见他们，不问青红皂白便开枪射击，把攸乐人打死四五个，捉去了四五个。其余的便跑回山中跟大家一讲，大家非常愤恨，就给孔明老爹搬兵，搬来了个黄头鬼，拿着一把能长能短的宝剑，一冲就打下山来了，由漫卡老四为首领，北边打到猛养坝，南边打到彝邦。反动政府看看势头不对，就从车里调来两个大队（两个连），同攸乐人激战，攸乐人就退回山上去了。坚持了四五个月，伪军第二大队打得只剩8个人，第一大队也受了大损失。到最后支持不住，伪军便和攸乐人讲和，算是把这台大事解决了。

但攸乐人在这一次暴动中也受到很大的损失，据估计，大约战死了两三百人，饿死的人不知多少；因在暴动时庄稼无人收获，致粮食缺乏，因而饿死；牛损失4000多条。如罗汜寨暴动前有百多户，现在只有12户了，四处是一片荒烟蔓草，非常凄凉。

（二）人民在解放前所受的剥削

（1）苛捐杂税：多得数不清，但主要的有4项：①门户捐，每年上3次；②厘金（交易税），一条牛卖得二三十块要上8块，一个小猪卖得五六块要上两块；③学校费；④差脚费，出30块左右。据我们调查，漫漂1949年一年全寨大约要出四五六十块的捐税钱，有2/3的人家出了钱后，生活就无办法；窝专1949年出了500多块的税捐钱后，全寨要借吃，只有3家人可以勉强吃10个月。

（2）高利贷：在攸乐族之间，钱的借贷与粮食的借贷都有他们自己的一种习惯，不管什么都是借一加五（增50%）。放高利贷的都是汉人，以鸦片烟放给他们，借一两洋烟一年的利息要五六块半开。有的借了2两洋烟，几年之后便弄到倾家荡产。如民国二十九年，鲁文丛（当猛养区的乡长）借了30两洋烟给攸乐人，3年之后变成了3000多块半开，当时有100多家都是把全部财产抵了债，赶了20多匹牲口去驮东西，有的人连衣服都给脱走了。如漫兴寨布着借了3两烟，吹了两个月，3年没有还，变成一二百来块钱。全家所有一切谷子400斤，花籽30斤，锄头、镰刀、锅、勺等家具都给夺走还不够。两个月后，婆娘给气死了，两个娃娃送给人家了，他才搬到漫漂和老伙头合在一起过活。

（3）乡长的勒索：从民国二十五年到三十年就是鲁文丛到小猛养做乡长的时期，他借口县政府买棉花，全部攸乐山的棉花只能由他去买，不许卖给别人；若偷着卖掉1斤，罚3块钱。那年市价70块一驮，但他只给36块一驮，那年他收了700多驮棉花，赚了不少钱。他还叫攸乐人帮他种地，那地可撒900多斤种子，由攸乐人代耕。除此，每个寨子还代种一小块可撒50斤种的地，收得之后还要给他背下山去。

（4）收租人上山来每家要出1块旅费，并供他大吃大喝。他任意地侮辱妇女，打骂人，抢东西。

（三）对僰族的关系

攸乐族对僰族非常仇恨，但是敢怒而不敢言。僰族对他们的压迫很重，攸乐族的老人要称五六岁的僰族小孩为“阿爹”，还有僰族的牛总是吃攸乐人的庄稼。叭高还强调说：“这是我们僰族的规矩，不用牛的时候我们便把它放出去了。”还有僰族常常到山上摆赌，赢了就走，输了就要，甚至把人家抓到土司衙门里勒索。这种事情自解放后很少了。

五、攸乐族的风俗习惯

（一）衣饰

攸乐人男人和女人的衣服颜色、式样、花纹都是一样。男人上身穿对襟小褂，没有纽扣，白色。在前襟每边有几根红色、蓝色的花条，胸部也绕着一圈大约有两寸宽的花条，背上正中间有6寸半见方的、用各色线绣成的花纹，有的是像太阳，有的像野兽，他们称之为“孔明印”，一寨与一寨的式样不相同。下身穿的白色短裤，腿上裹着白绑腿。蓝色的包头，赤脚。

女的服装胸前围着三角形的花布，称之为“围腰”，外面罩着蓝色、红黄花条对襟小褂。平常一般的都是自己织染的，下身围着一块白布，长到膝盖，两端交结在腹前，穿起来很不方便，腿上打蓝色绑腿。头上的装束在未生小孩前都是戴着尖帽子，生过小孩的头上斜顶上一块平平的篾笆，帽尖倒下来，但漫孔山上又有几寨不分，无论婚否都戴尖帽子。

（二）住

全部攸乐山上都是草房，式样和车、佛、南僰族的一样，分上下两层，下面装柴或养猪、养牛，上面住人。房子有前后两个门，门外有一个平台，用竹片编成，很干净，不走后门，只走前门，一进门就隔起一道篾笆，外面有个火塘，旁边铺着一张席子，这是为客人准备的，没有客人时火塘作煮猪食用。篾笆里面也有个火塘，是自己家用的。这个房子很大，约有3丈，是方形的，全家一天劳动回来都在这火塘边煮饭吃。在这大房子的两侧有很多的小房间，可睡三四个人，这就是卧室，外人不能进去。

（三）结婚

攸乐人的婚姻很自由，不受外人干涉。两人结识之后，有了爱情便同居，生了第一个小孩后，母亲怀着第二个小孩时才正式举行结婚仪式。仪式很简单，一个猪就解决了，男到女家，或女到男家就杀猪祭竜。完了分给老菩萨、老伙头4条腿、1个头，给老鲊3根肋骨，给父亲4根肋骨，其余的全寨一齐吃掉，主人家不许吃。晚上全寨跳唱庆贺，就算结婚了。一般的不是娶媳妇，而是男的去上门。

（四）丧葬

人死后土葬。小孩死了“竜”一天（全寨不下地，铁匠不打铁），当日埋掉就算了。老人死了他的儿子不能装殓，要找大女儿和女婿来，由女儿女婿把尸首抬入棺材，还有在女儿未来之前，儿子可以杀猪、杀鸡，但不得杀牛，必须由女儿看着才能杀。从人死这天请全寨“竜”3天，若是女儿3天内找不来，就要等到找来入棺。富有的人家杀牛、杀鸡、杀猪随便，贫苦的也要杀只猪或鸡祭献（祭竜），分给头人后，大家一起吃掉。

（五）节日

（1）过年：没有一定日子，由老菩萨算定，多是在农历的十二月间，庄稼收完了，便过年。一般的过3天，在这3天之内，不做活，吃好的。晚上在老菩萨和老伙头家祈祷完后，大家就跳起来，一面敲鼓，一面唱，一直到明天才停，这也是青年男女调情的好机会。

（2）火把节：（六月二十四日）这天不做活计，吃好的。晚上在寨外面烧起大火，火烧得愈高愈好，象征着今年五谷丰收、人畜两旺。等老菩萨向火祈祷后，大家围火跳一夜。

（六）信仰与祭祀

攸乐人迷信鬼神，认为山有山神，地有地神，谷子有谷神……一切都有神。鬼也很多，如生病、不丰收等都是有鬼作怪。除此以外还崇拜孔明老爹和神是一样。如民国三十一年暴动时，就给老爹搬兵，他们讲当时搬来的兵枪打不死。在漫撒寨子上面有个孔明洞，以前可以向老爹借下东西，无论是盆、碗、粮食，都可以借。

每年有3次祭竜，日期由老菩萨看定。大竜多在撒种前，或在撒种时，每家出1只鸡、1块盐巴、1碗酒、1升米、几个钱，买7个猪供于老伙头家，由老伙头诉告些吉利的话。小祭是置一个三四十斤的猪，祭后供品大家一起分吃掉。

每年祭山神两次，日期没有一定，用黑、白猪各1个，各色各种的鸡各1只，拿到山边去献。一块地要祭两次，一次是在砍这块地时杀一只鸡去献，一次是在撒种后拔草时杀只狗去献。传说很早以前，人们开了一块地，过一夜去看已长起了很高的草，人们很奇怪，杀了一只狗去献，草就不再长了。他们说："在阴阳不分之时，因为狗是男性的，其他都是女性的，所以狗能够压住一切东西。"

（七）其他

（1）盖房子：结婚之后不与父母一起住时，要另盖一所新房子，成立个新家。盖房子时全寨每家出一个人来帮忙，割草的割草，砍树的砍树，在两三天之内就可以盖起来。帮工的人到主人家吃饭、吃好菜、喝酒。房子盖好了，主人家买一条牛来，请全寨人来剽牛。由年轻力壮的小伙子剽3次，若还不死，就用棍棒打死。头和四肢分给头人，其他的全寨一起吃。当夜男男女女都可到这新房子来睡，人愈多愈好，以后主人家可以人财两旺。若这晚上没有人来住，明日又把它烧掉。

（2）打猎：每年十月到十二月间是比较清闲的时候。这时男人们出去打猎，同时查看哪块土肥，以便去开垦耕种。打得野兽后要分给头人一块肉，主人得1/4，其他的大家吃。

（3）"平在"：没有媳妇的男子得到某家的同意后，可以和这家在一起生活，一样吃穿，成为他家的一员，这就叫"平在"。当主人家生活好时帮他娶媳妇，盖新房子，让他单独去过活。

（4）搬家：当不愿在这个寨子住了，要想搬到别个寨时，就得先带去一壶酒，把该寨的头人找来商量。不同意就不能来，若同意了，头人就会召集全寨的人帮你盖房子，派人帮你搬东西。

（5）养狗：攸乐兄弟们喜欢养狗，每个寨子里都有十几条狗，原因大概是这样：①以狗祭地；②杀着吃：他们非常喜欢吃狗肉，但女人不许吃；③坝子中的僰族不养公狗，所以不生小狗，需上山来买狗。

六、攸乐、困格、本人3民族特点的比较

（一）居住的地区

这3种民族有个共同之点，都是住在山上，不经常下坝子。车里县困格有5个寨子，即竜炭2家8口人，困布郎有4家10口人，波撒有3家10人，把有7家14人，漫坡以前也有困格，现都变成攸乐了。本人有6个独立寨子，和攸乐杂居，还有6个寨子在车里县务本区（车里县），三达山上有7个本人寨子（平治12家、郎把河10家、驼寨13家、孙绣花6家、五家寨5家、唐家寨8家），但周围并没有攸乐、困格。

（二）从语言上的比较

（1）攸乐和本人的语言相同，但在腔调上本人比较重一些。

（2）本人大多已经失掉了本族的语言，能说的只有寥寥可数的几个老人，其余的都讲汉语了。

（三）风俗习惯上的一些比较

（1）信仰：三族都是迷信鬼神，各样东西都有它的主宰者。天有天神，地有地神，水有水神。人死变鬼，生病要祭祀，有不吉利的事要送“竜笆”。攸乐和本人崇拜孔明，困格特别崇拜火。每遇节日的晚上，寨边生起大火。全寨人绕火跪下，两臂斜举，仰头向天，由老菩萨祈祷火神。

（2）结婚：困格与攸乐在结婚的仪式上差不多，一口猪全部解决了问题。本人和汉人在结婚仪式上也没有多少分别。三族彼此间都能通婚，如漫鸦阿张是本人，到攸乐家上门；又如漫坡的沙兹是困格，上了攸乐的门。但三者与其他民族就不通婚。

（3）某家盖新房子时全寨来帮忙，这一点攸乐与困格相同。

（4）打得野兽全寨吃，空格与攸乐相同。

其他还多，不再赘述。

典型村调查之一——漫漂

（一）一般情况

漫漂在漫打山上，地当猛养区，位于攸乐各寨子的中心，所以我们工作同志和攸乐开会时多在此寨举行。此地距猛养城（区政府所在地）45华里，可通往攸乐寨子，最远的不过80华里。

这个寨子在民国四年有27家，人数不清。当年经常有像腿粗的长蛇进入寨子觅食，大家以为不吉利，于是就全寨搬到3里外的山头上去住。但因吃水种地不便，住了8年后又转回来。当时只剩下22家，其中5家有的搬到别地，有的死光了。距今（1951年）18年前，此寨发生过一次瘟疫，在3个月中老少男女死了32人，当时又有4家又搬走了。民国三十一年暴动（反抗国民党的反动统治）后，又拆掉了7所房子，到现在从外寨搬来的及原有的人家，共计有20家123人。说去年3月到今年（1951年）3月共死了大大小小11口人，出生的小孩共4个。从这个寨子的发展上看，由于国民党反动派的压迫和卫生医药的缺乏，人口愈来愈减少。

这个寨子是攸乐族中生活比较好的一个，在以前四周的寨子如漫坡、罗祀、漫多、漫海、漫卡、乍凸、乍娄等8寨都向漫漂找吃。现在据我们调查，在20家中有17家够吃，其中有6家不但够吃还有剩余，如老鲊家有4个谷仓，现在存有4万多斤谷子，棉花除上粮（替别人上粮）外，还存有800斤籽花，每年都是往外借。不够吃的只有3家，其中有两家欠两个月的粮食，一家因吸洋烟又不做活，亡妻留下来的小孩子送了人，乞讨过活。

（二）典型家庭调查

现在将本寨6个有代表性的人家，分为上、中、下3种情况分述于下：

（上）

1.老鲊家

夫妇两个，儿子两个均娶媳妇，女儿1人，其弟及弟媳两人，小孩两个，侄子3人、女孩1人，表姐1人，另外“平在”者两人（已八九年了）。共19人。有劳动力者10人，一老人可编制竹器，一小孩10多岁可以下山背水。

经济情况：

（甲）生产（1950年）：撒谷种600斤，收到谷子两万余斤。收籽花700斤，其中以300斤换得盐巴250斤；一部分换了洋钢10斤，打了7把砍刀；又以200斤籽花织了3砍刀布200揞（每揞约5市尺）。茶叶采得100多斤，卖得半开15元（半开1元等于5000人民币，1斤籽花值人民币1000元）。养水牛1条、黄牛2条（供祭竜用）。母猪两个，生小猪15个，卖过7个。卖过麂皮两张，得半开1元。

（乙）消费：全家19人日吃米1筐（约20斤），月约600斤，折合谷子1000斤。每月用盐巴六七斤。平均每人一年做新衣服1套（2件），每套用布5揞，约2丈5长。去年用酒200来碗（合七八十斤），支出酒钱约半开20元。过年寨中杀牛，分得牛肉18斤，另外买过猪肉15斤。一年需30斤烟草，去年自己出产20斤，另外买过10斤，每斤半开1角5分。买过青布7件（女人用），用去56元，全年买针买线，用了半开4元多。家中1人吹大烟，每月2两合半开5元。

2.老伙头家

人口：本人50岁，妻子53岁。“平在”者3人，年龄均29岁，其中1人有妻子，年27岁。共有劳动力5人。

经济情况：

（甲）收入：去年（1950年）种谷子500斤，收获谷子6500斤；种棉花80斤，收获100斤；种玉米15斤，收得1000多斤；采得茶200斤。养着1个老母猪，生了9个小猪，养过了3个月卖去，每个售得3块钱（本地银圆，每元合人民币5000元）。

（乙）支出：盖房子时，买黄牛1条用了20元，买水牛用了6元，帮盖房子的人吃了200斤米、猪1个，做了400斤苞谷的酒。上粮用了绒花2斤。吹洋烟一月要3两，一年要用108元（一两3元）。去年以两驮茶换得盐2驮，一年吃不完，今年不再买盐了。今年以30件籽花换得土布3件（每件约2丈5长、1尺宽）。请匠人打了6把刀、4个铁镐、两个锄头共用工钱1元（钢是自己去年买的）。

除以上开支外，今年还够吃，在国民党时代都不够吃，要欠两个月之粮食。

去年换得了1件布，男人们做包头用，今年3件给女人们2件做衣服。每个月下山赶几次街子，每次都要买二三斤肉带回来吃，平均3天可吃到1斤肉，过年过节都吃三四样菜。“现在的生活过好了”，这是老伙头的话。

（中）

1. 克波家

全家有5口人，劳动力有两个半——两个大人可以下地，12岁的小孩子可以协助农事。

经济情况：去年种谷子200斤，收到2500斤，不缺少吃的。种棉花两斗，因妻子生病无人除草，只收得籽花20多斤。采得茶叶30斤，收得苞谷150斤（若不受野猪之害，不止此数）。每月需盐巴1斤半，不缺盐吃。去年织过砍刀布15揞（约7丈多），另外还买过土布1件。

2. 铁树家

人口共计11人——大人8个、小孩3个，有劳动力者6个，其中有两人为“平在”者。由盘尼搬来此地已六七代了（铁家）。

经济情况：

生产：去年收谷子2564斤，收得籽花百多斤，可成绒花25斤。去年采得的茶叶80多斤，除自用外售出60斤，得9块钱，一部分换了点盐巴。

开支：所种的谷子能够吃，也无多余的，每月用盐4斤，买过土布两件，用了10块钱。以所收的花织了布5丈。1人吸大烟，每月需6块钱。

（下）

1. 冀乾家

共有3人，老母、妻子和他自己，2人可以下地做活。

经济情况：去年收的谷子2500斤，可出米1500斤，以300斤还了债，全年不足两个月的口粮，经常缺盐巴吃，以卖工及借讨维持。去年收茶18斤，以8斤换得盐巴4斤。所种的苞谷本来可收340斤，但因被野猪、狗熊吃去，未收一粒。家中无吸大烟者。

2. 白腊车家

本人、妻子（生病）及两个小孩，一个4岁、一个1岁半。去年收得籽花60斤、谷子1800斤、玉米600斤。有母猪2个，生得18个小猪，全卖掉，每个得2块钱。年吃盐巴约24斤，尚不缺少，一年尚缺两个月之粮食。去年应上2斤花，但自己只出得1斤，由别人（老鲊）代出了1斤。

典型村调查之二——窝专

（一）一般情况

全村共有25家，计119人，男有45个、女有47个，男女劳动力共45个。

这寨是攸乐山上生活比较苦的一个，25户中有20户仅有六七个月的粮食，其他5户比较好，可以够吃，一般的都是靠到附近的寨子去帮工，或以借讨来维持生活。

住的房子简陋不堪，有的草坏了，有的柱子歪倒了，快要倒塌，如曹梦家屋顶上都看不到几根草，远远看去使人会想到没有人住，走近去看仍见有人住着。在鲁车家的房子还没有1方丈宽，钻进去就得坐下，根本就站不起来。屋中有一口锅，还有一点稻草铺在地上。穿得非常可怜，10来岁的娃娃很多都是一丝不挂，有的妇女仅腰部有件围裙，如曹梦家里一个60多岁的老大妈，身上就挂几个烂布条，5年也穿不上一件新衣。

他们生活之所以这样苦，与抽大烟有关系。全村25户，有20户（4/5）吹烟的，每家一个二个不等。总计有23人经常吹，其他瘾小的不计算在内。总之在30岁以上的男人都吹，20岁至30岁的青年人有1/2的人吹，妇女会吹的也不少。正规的烟灯有8盏，很多连烟灯都卖光了而点明油灯，还是吹。

据我们所了解，多的一天吹1钱，少的吹5分，一个月即吹3两、2两，至少也吹1两半；以瘾大的这23人做统计，全寨一个月要吹烟39两，每两以3元计就要117元半开，折合人民币585000元。吹烟所耗之灯油（芝麻油）每人每日以3钱计，23个人就要耗费13斤，每斤1块半钱，一个月即需19块5角，折合人民币97500元。烟与油两项合计每月所耗半开约136.5元，折合人民币682500元。本地谷子4元一石（200市斤），因此一个月所耗费的钱，其价值相当于6825斤谷子，一年就是81900斤谷子。

（二）典型家庭调查

1.吓不鲁（寨长家）

全家14人（内“平在”者1人），小孩6个，老人1个，下地做活者5人。1950年收谷子约1万斤，除吃用外还有盈余。收籽花500斤，以100斤换得盐巴100斤，其余织布。养水牛2条、猪2个。1950年收苞谷200斤，自己煮酒吃。去年借出谷子300斤，还时加息5分。吃的穿的都不缺少，盐巴常积蓄。

2.彪山家

共4口人，大人2个、小孩2个，劳动力2个。去年收得谷子800斤，只够吃6个月。收籽花10多斤，换得盐巴10斤，够半年吃，不足者以钱买。夫妇二人经常到漫笃及盘民2个寨子去帮工，一个工可得谷子5斤，收谷子60多斤（因家中无人吹大烟）。

3.曹梦家

3口人，其中有两个60岁的老人，1小孩（8岁）。5年前儿子去世，4年前还种地，有衣有食。近4年不种地了（因年老），靠替别人做零活及编做竹器（以此为生）维持生活，每月可编得竹筐等10多个，可换得谷子70来斤。另养小鸡2只，除此之外，别无一物，不足之粮食及盐向别家借讨，为寨中最贫者。两老均吹大烟，每月需3两。

胡鸿章

普洱区资料之十三
——澜沧及车、佛、南4县阿卡族情况
中央访问团第二分团
1951年7月出版

普洱区资料之十三
——澜沧及车、佛、南4县阿卡族情况

编者声明

这些材料是我们从1951年2月22日至1951年5月底（其中大部时间是在行动中），先后在蒙自、普洱、文山等地区进行兄弟民族访问工作中，通过当地干部、民族代表及熟悉当地情况的人士所了解的一些情况。为应各有关机关之急需，仅将原材料加以初步整理，尽量避免主观分析与结论，在文字上仅要求看得懂。但由于短期访问及仓促整理，情况难免不真实或不深入，观点难免错误。故仅能供各有关机关进行民族工作的参考或进一步考察的线索，并望于今后的调查研究，加以校正。

1951年6月　日

一、澜沧阿卡族情况

（一）民族来源

传说在三国时代，诸葛孔明“征南蛮”时，阿卡族即随之迁入云南元江府之“他郎”（译音），当时的头人叫作索米欧。在150年前，汉族势力进入“他郎”，阿卡受不了汉族的压迫剥削，又迁入澜沧。他们迁入澜沧经过很多曲折的路线，据本县南京凹阿卡族说，他们在元江受汉族的压迫往南迁移至镇越县之九龙江一带居住，后又由九龙江迁至车、佛、南，又由车、佛、南北迁至宁江摆夷土司统治地内。因阿卡生活很苦，吃野菜树皮，摆夷土司怕他们将来把树都吃光，所以便驱逐他们出境。他们先到澜沧的上允，后又到南京凹。当阿卡族来到南京凹时，此地尚无人居住，因此阿卡便在此开辟本村，当时由澜沧至宁洱的路不经此地，他们来了才将此路开通。

阿卡最先居住元江，此说似乎属实，因镇越的阿卡族也如此说，唯元江现在没有“阿伓族”。据元江僾尼族李和才的女儿李宣明说，他们僾尼族的话与阿卡族相同。由此推想，也许现在的阿卡族可能是元江的僾尼族，又名惰塔族。

（二）人口及分布

全县阿卡人口约有14900人，酒井5400人，东回1000人，上允280人，谦六230人，西盟820人，镇边700人，南坎3600人。

（三）民族关系

阿卡一直被别的民族统治，最先的统治者是倮黑族。清光绪年间，汉族侵入澜沧，战败倮黑。他们又被汉族统治，从此阿卡无论在政治上、经济上一直受着汉族统治者的压迫与剥削。

1918年，倮黑打南京凹阿卡族。

1927年，倮黑打酒房的阿卡族。

1934年，汉人土匪正人春等大肆抢掠，阿卡也被侵害。

在倮黑统治时，阿卡每年要送倮黑礼物，他们说：“这是礼信，每年不可少。”到汉人统治时更厉害，除门户摊派、苛捐杂税外，要他们出“兵款”。他们说：“看树摘果，多有多出，少有少出，不有出人。”汉人对他们放高利贷，普通放1亢谷子，要赔2亢（1亢等于6斗，1斗等于60碗）；若次年不能赔还，第三年就要赔4亢，再不能赔照此类推。借钱利息高到1亢赔5元，又如南京凹阿卡族李国汉向汉人郭仁借100元半开（当时100元可以买谷10石），借了10年，利息是：头两年，每年交3石利息（两年6石谷价算9石合135元半开），第三年至第六年交4石利息（4年合16石，以每年谷价总算合214元半开），但到现在100元半开的债还没有还清。就在同族中的借贷最少的利息也是1亢还1亢5，如南京凹李民生（阿卡）之父，借李国汉两石谷子（七月借，此时谷价12元半开1石），同年九月还谷3石（此时谷价15元），仅仅二三个月的时间，利息差不多到1倍。

倘若本利太多，不能还时，时常会把自己的儿女抵给债主，有些甚至终身做奴隶。如酒房的黄章才，在8岁时因他父亲欠同村杨德明地主家76元半开，将他的15年劳动力去抵债。他到地主家去头4年是放牛，只得着一套衣服，工资分文不得，第五年叫他去种田做苦工，第九年配给他一个媳妇，由此杨家又多了一个劳动力。后来黄章才生了两个小孩，不但吃闲饭还耽搁母亲的劳动时间，地主开始怨恨那两个小孩子，时常咒骂。第十五年黄章才想离开杨家，就反被诬陷偷大烟50两，没有办法，夫妇两人只好把私蓄的100多元半开赔出才算了事。

（四）经济生活

阿卡族大多数以农业为主，因地处高山，水分缺乏，故多种旱田。出产以大米为主，其次有苞谷、荞麦等，除少数地区外粮食尚能自给。因为不施肥料，田地种2年荒1年，这对生产影响甚大。由于“剽牛”“祭鬼”的浪费及借贷之剥削，每年所得粮食还了账都不够吃，以致来年缺乏种子，妨碍了生产。阿卡族劳动力很强，男女都能吃苦耐劳，早出晚归，毫无休闲。他们最需要的是食盐、布匹，经常有2/3的人吃不到盐。

（五）宗教信仰

阿卡族从历史上传下来的一种教（是什么神他们也不知道）：用一木板挂于左耳房中，每逢年节必点烛祭之。

（六）风俗习惯

（1）婚姻制度：每年一、二、三月为嫁娶期，从播种到收获时，不准男女婚嫁。每村在播种后，在村外用几根木头立成一门架，从此把门关起到秋收才开门，在此期间不能结婚。婚姻自主，在村外互相歌唱，情投意合，举行结婚。离婚手续很简单，女离男交男方半开1元半，男离女交女方半开3元。

（2）生育：凡孪生或畸形婴儿则丢弃，父母到山上避居一月，请磨盖（巫师）送鬼后才能回家。

（3）有钱人家老年人死后，要剽牛去祭。

（4）每年撒种前要用一鸡祭地，以求丰收。

（七）头人态度

酒井头人黄窝梭，解放前曾任保长，解放后被斗争过，1950年到北京参加国庆回来，对我们有进一步的认识，但不愿为人民办事。这次当选区长，一再拖延，到现在还没有正式接事。南京凹头人李老四有些认识，常对人民宣传我党政策。南坎区大寨头人赵老三，富农，在旧社会中大肆放债剥削农民，现对我抱观望态度。

（八）对政府的要求与希望

（1）贷种：他们缺乏种子，希望政府贷给。

（2）贷款买耕牛：大多数人在解放前被生活逼迫，变卖了耕牛，现在希望政府贷款买耕牛。

（3）要求政府开办学校及识字班。

（4）现只有简陋的织布机，每日只能织2尺布，请求政府制造木织机卖与人民并教以技术。

（5）南京凹阿卡族要求清算本族地主恶霸李小佬、李民生二人，李小佬、李民生是堂兄弟。解放前李民生的爹曾贪污100多担学谷（每担约10元半开）、70多担积谷，李民生曾把本村民兵到倮黑村捕到的特务黄某放走。李民生到北京参加国庆，本来不是老百姓选他，而是李民生的干爹叫他去的。据说李民生曾给特务枪支，现已被政府没收，他现在可能还有几十支枪。李小佬家有200担谷子，自己不种田，请长工耕种。解放前李小佬当保长，卖过兵。有钱人给他钱就可以不去当兵，无钱人不应当去当兵的也被强迫去，每一个兵有卖到300元半开的。除了“卖兵”外，李小佬还吞公款，霸占公田（可收50石，每石150斤）。曾打死一个偷他玉米的倮黑，打伤了李金荣（昏死）。“北京代表李民生、李小佬是我们的皇帝，等他们回来（北京回来），你们敢不敢骂他们？”由此可知人民对他们的愤恨。

（九）阿卡村——南京凹简况

南京凹有30余户，全是阿卡族，每户最多人口是18人，最少3人。收获够吃的有20户，靠帮工生活的有7户，有8户是吃不完的，8户之中李民生家最好，其次是李小佬家，他们都是请有长工种田。李民生家有2个长工、1个童工，除此还有短工（短工多半是山上穷苦的倮黑，没有衣服穿，下坝子来帮他们，只得吃饭，不得工资）。

本村已组织农民协会及民兵，全村除了李小佬、李民生、李之个、李副村长等4家不得入会外，其余皆农会会员。民兵有20多人，由李文荣负责。人民自动地要求清算本族的恶霸地主，但目前他们有些顾虑，还惧怕李民生与李小佬。

二、车、佛、南3县阿卡族情况

（一）民族人口及分布

车里、佛海、南峤3县都有阿卡。车里县的景洪区有30多寨，橄榄区有20多寨，勐笼区有40多寨，务本区有19寨；佛海县的勐海区有80多寨，勐混区有18个寨，板洛区有12个寨；南峤县的勐遮区有1寨，曼燕区有7寨，别旧区有19寨，曼兑区有8寨。大的寨子如车里县务本区的崩岗有67户、佛海县勐混区的广岗有30多户、南峤县的曼兑区河顺寨有41户，一般的寨子有20多户，小寨子有10户左右。每户人口多的有10余人，一般的都有五六人，若以车、佛、南3县共270个寨，每寨平均20户，一户平均5人计算，估计可有27000人。

（二）民族来历及历史上的民族关系

据佛海县勐混区区长阿卡族唐老大说：“我们阿卡是从墨江、元江一带地方搬来的，到现在已有20代了。前几年我们一族的人还自元江、墨江到我们寨子里来卖针线，这次我到普洱去开民族代表会议，还碰到说话和我们一样的墨江县代表。”

（1）由于国民党统治时征粮、拉兵、派款，使阿卡不敢下坝子，见着汉人就害怕，生疏的汉人一进到阿卡寨，阿卡族的男女老少都会一齐跑到山中隐蔽起来。南革的阿卡族头人埃大卡俧说：“毛主席来领导好啦！我们可以放放心心地种田地了。要是从前，我们耕地都不安宁，今天来派款，明天来要粮，后天来要夫拉兵。”唐老大又说：“过去我们下坝子，一方面怕病，同时更怕拉兵拉夫，所以佛海街非到不得已时不去赶，只敢赶乡街子。”这种种的现象解放后仍然存在，例如普洱召开第一届民族代表会议，动员唐老大去开会，唐老大就有些顾虑不敢去，经过了很多解释与鼓励，于是唐老大才到普洱去开会。又例如驻扎佛海的部队派了几个警卫同志护送我们到南革去访问阿卡寨子，刚走近寨子时，阿卡妇女一见我们就喊叫着往山上跑，经过了翻译同志的解释她们才不跑，但从她们的面孔上仍可看出她们恐惧的表情。

（2）七八年前勐混土司召孟兰统治，召孟兰借口买牛运粮，摊派全区人民每户出半开4元；牛一直没有买，人民对此只是敢怒而不敢言。当时蒋匪九十三师驻扎勐混，就把召孟兰逮捕起来，并示意给老百姓，若每户出半开4元就杀召孟兰的头。于是大家都纷纷地把钱交去，但不见杀。这时匪军九十三师又示意人民，每户再出半开10元，则把召孟兰的头割下来轮流到每一个村寨去悬挂。老百姓闻之大喜，于是又把钱交去，但等钱交清了，召孟兰却放出来了。阿卡族讲起这件事情来还很愤怒。

（3）阿卡族所耕、住之地没有所有权，每年要纳给僰族土司一定的寨子土地租，栽种田地也有一定的土地租额。除上述租外，在一些区域阿卡族人还须向朴满头人或僰族头人服劳役。阿卡族人对朴满族人或僰族人须称“阿爹”“阿叔”。在10年前，当卡佤人（卡佤人是否攸乐族，尚待考）攻下勐笼来到勐混时，卡佤人宣传说：“我们的本领像孔明一样的大，刀枪打不进身。”勐混四山的阿卡族（连妇女在内）受了卡佤人的煽动，便一齐参加暴动，进攻坝子里的僰族，一部分并攻出缅甸，一时声势浩大，僰族接连败退，勐混坝子西部的南畔、东部的荷猛都被阿卡攻占。唐老大说：“当时我们的意图不仅攻打僰族，连蒋匪九十三师我们也要消灭。”后蒋匪九十三师帮助僰族，阿卡惨败，广岗等4个村寨被烧光了，牛羊鸡猪被杀食了，财物全部被抢光了。阿卡族一直败退至帮章，当敌军来追，有一阿卡70岁老妇出来求情，被僰族用刀砍死。这次战斗估计双方共死了200多人，不过以阿卡族人死的最多，阿卡族人和僰族人谈起来都彼此很痛心。

（三）社会制度

阿卡族不与其他民族杂居，尤其是僰族，阿卡族人说：“我们的古礼不能与僰族在一起住，更不能通婚，尤其是当我们祭祀时，决不能让僰族的行人通过我们的村寨，否则就不吉利了。”

在阿卡族的社会组织中，每一个村寨里至少都有1个“拆麻”，有的寨子里有两个“拆麻”，最大的寨子有3个“拆麻”，是以能力最强、服务又热心，并与处女结婚的人选任。“拆麻”选出来后，若村寨吉利、家家兴旺，“拆麻”一直不更换，甚至为世袭。若村寨不吉利，则必须迁移寨子，或另选“拆麻”。阿卡人一切行动都跟着“拆麻”做，服从“拆麻”的领导，如生产建设、教育、祭祀、医药、卫生、礼俗都由“拆麻”领导管理。有两个或3个“拆麻”的村寨，领导则由这两个或3个“拆麻”共同决定。当领导意见不一致时，则人民拥护这一个“拆麻”就跟着他，去另立村寨，绝不能在一个村子中有两种不同的意见和行动。

兹将“拆麻”的主要工作叙述于下：

（1）决定寨址：阿卡人居地是看具体情况而迁移，迁移的原因，照阿卡族人说“只要不吉利就搬了”。所谓不吉利，有流行病，有天灾收成不好，有接连发生双胎、怪胎、缺嘴或生六手指小孩等，阿卡族认为鬼怪在村中作祟，于是就只好迁移了。迁移时间、地点由“拆麻”选定。

（2）建设：寨子决定以后，关于修路、建屋、方向、大小、形式都由“拆麻”决定，领导着全村人一齐做。

（3）生产：“拆麻”经常都要推算时日，掌握季节，什么时候砍树、放火、挖地、下种、收割由“拆麻”卜定，并领导村人去做。如下谷种时“拆麻”先种几塘，然后村人便跟着一一栽种，收割与食新米时，也由“拆麻”先收、先食，村人才能跟着去做。“拆麻”不做的村人不能做。

（4）教育：村人有不遵守礼俗，不积极劳动或做了坏事的，“拆麻”便加以劝导，必要时由村人共同制裁。

（5）祭祀与礼俗：阿卡对于天灾、人祸、生产、婚、丧、嫁、娶都要祭鬼神，祭祀的时间、方式都由“拆麻”决定与主持。男女成婚，“拆麻”为其定吉凶、算八字。

（6）医药卫生：村人生了病，“拆麻”一方面为其念经祭鬼，一方面也到山上寻找一些药来给病人服食。

由此我们可知阿卡族中“拆麻”地位的重要，正如唐老大说的：“我们阿卡人最重要的就是‘拆麻’了，阿卡人的生活就靠‘拆麻’领着做。”“拆麻”不仅在村中管理阿卡重要事情，就是一些小事情他也得照顾，例如清晨大家出外耕作之前“拆麻”即在村中巡视一周，并告诉大家把村中牲畜关好、火灭熄、小心火星等。

阿卡人各家开垦之地各家有土地使用权，他们彼此互助，例如某家建造房屋，大家便来帮忙。修路时大家集体去修，打猎集体去打，即使个人打得的猎物也必须大家平均分享。孤、寡、老、弱、残废的全村代其耕作，并在各方面予以照顾。

阿卡族在对外关系上，以广岗的情况为例，唐老大虽然在群众中威望很高（现为佛海县勐混区的副区长），但在村中各事都服从“拆麻”的领导，唐老大专门对外，“拆麻”为本族中内部的实际负责人。

公粮分配比较合理，如唐老大与民兵队长老三，因为收获多，所以负担较重，一些贫穷的就没有负担。

“拆麻”有自己的土地，“拆麻”也和村人一样地耕种，村人对“拆麻”没有服劳役及上粮的义务，但“拆麻”经常享受到村人的招待与尊敬。

除“拆麻”外，阿卡村寨中还有专司念经看卦的“比目”与“女爬”，“女爬”为女人充任。

（四）经济生活

1. 生产情况

阿卡人的生活很苦，但凭着他们的团结互助与辛勤劳动，加上“拆麻”的集中领导，生产得还很好。

山地为轮耕或只种一次就不再种了，开辟山地那是一件不容易的事，必须付出很大的劳动力。先把树木砍倒晒干以后才用火烧，以炭灰作肥料，然后又挖地、刨树根、捶土、细挖等麻烦手续，才开始播谷种。种时男的在前挖一个小坑，女的在后面放下几粒谷子，种了以后，再经两次拔草，便长大成熟。

种田一挑谷种约可收16挑谷子，种地一挑谷种可收6挑至13挑。

耕作工具有刀、斧、锄（只有内地锄头一半大）、犁、镰刀、小锄、抓子等，都不能自造，必须向外购买。一斤铁合人民币15000元，以大米计算为75斤大米。

栽种的作物有谷子、苞谷、棉花、白薯、蚕豆、豌豆、萝卜、向日葵、瓜、芝麻等。

2. 生活情况

阿卡族人所生产的食米，一般说来都不够吃，以佛海县勐混区的广岗为例，广岗31户就没有一家够吃的，每年村中凡能劳动的人都须下坝子卖工，替僰族人挖地、挖鱼塘、栽秧、割草、割谷……来换取食物。卖工1天可换得谷子1箩，至少半箩，多时可得1挑。除卖工外又以养猪、养牛、背柴、背草排（盖房子用的）……换米来食。

阿卡族除了太贫困的外，一般都吃得上盐。阿卡族常祭祀，每次祭祀都少不了酒肉，因此大家都常可食肉。所吃茶叶为各家自己采摘，在某些区域阿卡族人还有采摘茶叶售卖的。

阿卡族人穿的衣服多为自织、自染、自缝的，因为大多数的阿卡住区都适种棉花，但目前所种棉花最多只够他们自己用，有的村寨还向外购买棉花来搓线织布。织布的工作为妇女担任，所以阿卡族的妇女常一面走路一面搓线，搓出来的线比较粗些，因此织出来的布也比较粗糙，这种布青年人两年需穿3套，老年人1年需穿1套。阿卡住区尚产少量的靛，因此阿卡布都系自己染的。妇女都喜欢佩戴许多银首饰，男的也喜欢戴一些银手镯。这些银器都是向外地买来的。

住屋分两层，楼上住人，楼下关牲口，屋中用竹篱或木板隔为两室，家中男人共同住男室，女人住女室，男女不能同室睡觉，女的出入又另有一道小门，这道小门男人是不能出入的。

在运输上阿卡人不会使用兽力，完全用人背，有很少特别富裕的人家养了马来代步。

3. 风俗习惯

阿卡族在生活习惯上的耗费是特别的大，因此这种耗费对于他们的经济生活有相当大的影响。

例如每年要栽1次“拿摘佐”的木架和1次“偈抗读”的木架，栽时白天晚上都用两个鸡、两壶酒祭。“拿摘佐”与“偈抗读”附近的树木须用鸡祭后才能砍来使用。

伐林开地之前须用鸡祭林，栽种前“拆麻”要率村人杀鸡祭水井（无水井的地方祭河）。谷将出穗时，每家在谷地前搭一个台子，杀3只鸡祭，收割时，每家又须以白鸡1只、黑鸡1只、酒两壶祭谷。吃新米时，有钱人家杀猪杀鸡，无钱人家杀鸡宴客，“拆麻”为当然的贵宾。

青年男女相爱后，男方须带酒两壶到女方家中求婚。第一次、第二次女方父母多表示不给，求到后来女方父母中意便允许了（阿卡认为多请求几次，女方家庭便有面子）。结婚时必定要杀猪两头（若无力杀猪的由全村人代出），这两头猪一头为全村共吃，一头为由结婚双方家庭吃，“拆麻”可分得排骨5根。

人死时无论年龄大小都要以1头猪、几只鸡、几壶酒祭鬼，无力杀猪的家庭，也由村人代出。我到广岗访问的那天，广岗寨中刚巧死了一个两个月的小女孩，小孩家就杀了6只鸡、1头猪，村人又杀了5只鸡来祭鬼。据说有钱人家死人要杀猪12头、公母牛各1条、鸡若干祭之，并把死人生前所骑的马送至坟上。

生小孩要以公鸡1只、母鸡1只、鸡蛋1个祭鬼。

女子无财产继承权。女儿出嫁后所生子女成婚时，须以银子5两、鸡猪各1个送回来给其父母，其父母便以家中财产分给出嫁了的女儿。

另外猪不能住在屋中生小猪，只能在野外生，若生在家中则把大小猪一齐丢弃。若母猪小产，母猪必须被丢弃；若小猪被豹子吃了，则母猪也必被丢弃。

此外还有牛角落掉、牛无尾、牛尾夹带树枝回家，牛也要被丢弃。

4.土地关系上的负担及解放后的变化

阿卡人没有土地所有权，因此在土地使用上，必须付予朴满族或僰族一定的土地租额。如车里县务本区较大的阿卡寨子，要付予僰族“波郎”（专管山上民族的僰族官）半开10余元，小寨子五六元。

南峤县别旧区东弄寨，共有56户人口，负担户计为32户，大部分土地租自朴满族，一部分租自汉族，靠近坝子的地区则租自僰族。所租的地都为荒地，是阿卡族自己开垦的，租额不一。如一块可收到50两到100两的洋烟地，每年则须上租20两。东弄全寨每年须向朴满族上寨子土地租5尺粗腰的猪1头。

南峤县曼兑区旧海寨共有25户，负担户计为10户，寨子土地租每年上半开10元、60斤的猪1头。

南峤县曼兑区乌松寨，每年上寨子土地租半开50元、60斤重的1头猪、鸡14只，每年交租时又须以1顿饭的米、盐、辣子、酒去请“地主”所在的全寨人（朴满族章郎寨）吃1顿饭。所种土地的地租，若交不足，须付利息。

佛海县猛海区第七保，僰族不收汉人的地租，只收阿卡族的地租。阿卡族人若不交租，僰族就放牛马去踏阿卡的庄稼。荷兰寨共25户人，负担户为7户。25户每年各户都要上给僰族波咪（山地主，“波咪”僰语意为干爹妈）棉花14斤、苏子14斤（打油用）、黄豆14斤，另外每户给波郎棉花20斤、苏子20斤、黄豆20斤，同时荷兰寨依过去规矩，每年要打1头野猪给猛海僰族议事庭。近几年野猪不易打到，改给家猪1头，今年又把猪折算成半开40元。荷兰寨阿卡人开垦荒地都需要得到僰族的允许，允许后每年送给僰族地主鸡两只、1壶酒、两斤米，并用红线捆扎送去。

佛海县猛混区的情况较特殊，猛混区的土司前后被猛混头人与人民联合杀死了5个。现在猛混僰族领导人为召活愧，为僰族人共同推选出来的，为人较老实，因此猛混区山上民族对僰族、朴满族的负担比较轻。例如哥猛岗的阿卡族有20户，负担户为4户。哥猛岗属朴满族猛岗寨管，哥猛岗20户人以15户计算，一年每户出半开1元，共出半开15元交给猛岗头人，阿卡族人便可到猛岗坝子附近采摘茶叶、冰片。又如广岗阿卡寨，共30户人，负担户为8户。全寨30户一年共上给蛮混朗的僰族波郎银子5两、鸦片5两、1背瓜，蛮混朗的头人盖房子时，阿卡人得去帮工，打得野物时以背肉送给波朗。

以上负担情况，解放后大多数仍保留着，没有改变。阿卡人曾纷纷提出要求，减轻地租，如南峤县甚至提出要政府下命令不给租。但也有部分地区把租减轻了的，如佛海猛海区荷兰寨原交给僰族波郎与波咪地租棉花、黄豆、苏子各20斤与14斤的，解放后已改为各14斤与6斤，广岗阿卡寨的地租解放后已不交了。广岗阿卡族唐老大对此表示："解放了，我们各民族团结了，我们都是兄弟，要上租给他们我们不是又不团结了吗？为了我们的团结，我们如兄弟相爱，所以应该不给了。"

5.广岗3个典型家庭调查（1950年4月20日调查）

A.老三（富裕家庭）

老三，男，年40岁，为广岗民兵队长。家庭人口共11个，包括1妻（年41岁）、3子（一个22岁，一个10岁，一个8岁）、子媳1个年19岁、女4（一为17岁，一为15岁，一为5岁，一为3岁）、老三的岳母1人。全劳动力6人，半劳动力2个。种3箩谷种的田，一年可收谷子50挑，又种3挑谷种的地，一年可收谷子80挑，合计一年可收谷子130挑。今年并收鸦片15两、棉花40斤、苞谷15背，另外还收了些蚕豆、豌豆……（数字没有统计）。有水牛两条、猪7头、大鸡10余只（小鸡没有统计）。住宽约2丈、长约3丈的草顶木架楼屋一大间，屋中隔木板，分成男女二室，地板也用木板钉成（为村中唯一用木板做的），楼下关牲畜。另外于住屋旁建一小屋，为其长子与子媳的卧室。有火药枪1支、三脚铁火架2个、破被盖2床、锄头7把、抓子1个、砍柴砍树用刀5把、斧子1把、犁1个、剃头刀1把（形似我们的裁纸刀）、夹胡子用夹子1个、镰刀6把。家中男女身上都佩戴着或多或少的银器。今年收到的40斤棉花，共缝了6套衣服，其余无衣穿的一部分买了些棉花来添补，一部分买了些僰族的旧衣服来穿。家中无人吸食鸦片。上公粮7挑。食盐用蚕豆、豌豆……换来吃。全家人每天要吃1箩谷子，每年雨季全家能劳动的都要下坝子帮工换取谷食米。

B.阿拿（中等家庭）

阿拿，男，年约30岁。家庭人口共4个，包括妻子两个（一为30岁，一为20余岁）、子1个（年3岁）。有3个全劳动力。种谷种3挑的地，今年收谷子20挑、鸦片20两、苞谷100多背、棉花20斤，另外收了些蚕豆、豌豆、瓜、萝卜、向日葵、芝麻（数字没有统计）。养母猪1头（为与混兰僰族人共养，办法是僰族人买1头小母猪给阿拿养，小母猪长大所生的小猪断奶时平分，一直要平分4次之后，母猪才为阿拿所有。阿拿所养的这个母猪已平分过小猪3次了，前后共已分给僰族人小猪7头，还须再分一次就不分了）、母鸡4只、公鸡1只、小鸡10只（数字没有统计）。有犁1个、锄头4把、砍柴砍树用刀4把、镰刀2把。住宽约1丈5、长约2丈、草顶木架楼屋1间。屋内也用竹篱隔为男女二室。有铁三脚火架两个，有破被盖1床，并盖破布1堆。阿拿家一年须吃谷子360挑，不够吃的以卖工、卖猪、卖菜、卖草排换食米来吃。阿拿吸鸦片，1天需1钱，因此所种鸦片不够自己吃，幸阿拿会打蓑衣（防雨用），以蓑衣卖后买烟吹。所收棉花20斤，缝织了阿拿的衣服1套，两个妻子的各1套，小孩子的衣服则买了一件僰族旧衣服来穿。上公粮3挑。

C.密得（最贫穷的家庭）

密得，女，年约30岁。夫于1个月前死掉，现为寡妇。有两子：一为7岁，一为2岁。种1挑半谷种的地，收谷子15挑。还种了1块棉花，因地不好，一斤也没有收到。鸦片种得较多，但因去年“广匪”（指九十三师残匪）常写信说要来，生活不安定，不能好好地照应，只收到15两。苞谷被猴子吃了，没有收成。住宅宽约1丈、长约2丈，无楼，也用竹篱隔为男女二室。有锄头2把、砍树砍柴用刀2把、栽谷用的小锄1把，牲口全无（原养有鸡及母猪1头，丈夫死时杀了送祭丈夫去了），有破铁锅1口、大土锅1个、小土锅2个，吃饭碗仅1个。垫有竹席1张，破布一堆。家中一天要吃4斤米，若吃糯米要5斤，近日密得家已改吃糯米（糯米价廉）。密得现因幼儿拖累，不能把全部精力投入生产，没有吃的时，不得已便把小孩丢在家中，背草排去卖。一背草排有32块，可换谷子1箩。编1背草排（割草、编扎、售卖）要花时4天。没种菜蔬，向邻家要吃或用茶水下饭，盐巴已1个月没有吃到。肉食的来源是小鸟或村人打到的野兽肉，或祭祀时村人分送的肉。衣服因没收到棉花，无法缝制，全家衣服都破烂。家人无银器佩戴。现在所住房屋，因丈夫死掉，依阿卡礼俗尚需烧毁另建一小屋居住。无人吸鸦片，没有公粮负担。

（五）存在于阿卡族中的几个问题（亦为山区各民族共同的问题）

1.鸦片问题

由于国民党反动统治，表面禁烟实则鼓励种烟的政策，造成了阿卡族普遍种烟的现象，阿卡族的生活一部分即靠栽种鸦片维持。解放以后内地禁烟，车、佛、南山区所种的鸦片销路少，价值降低，对阿卡族的生活产生了很大影响。人民政府有鉴于此，曾派了工作同志上山宣传，劝导不种鸦片，多种粮食、棉花。经过宣传之后，部分阿卡有了觉悟，但大多数的阿卡还认为人民政府不准他们种烟，他们的日子要难过了。关于鸦片栽种问题，我曾和阿卡族代表讨论过，他们的反映有下列几种：

A.头人准种我们就种，头人不准种我们就不种了（头人指工作同志与他们族中的头人）。

B.“荒地没有，租谷地种又没有钱，希望再准种两年，让我们慢慢地移至坝子边去开荒地，白天下山开，晚上回山睡。”

C.“只种谷子不种鸦片，吃也不够吃，穿也不够穿。”“不种鸦片苞谷不好，野草多，一样样（即各样）的种一点，日子才过得去。”“毛主席关心我们，心倒是好啦，叫我们多种粮食、多种棉花，使我们老百姓有吃的、有穿的，可是我们住在山上，地冷，棉花不会开花，苞谷又不结，茶与冰片（樟脑）不适种，到坝子边去种地僰族不给我们砍树，老实没有办法了。”（以上仅把问题提出来以供参考）

2. 匪特侵扰

接近国界的地方多为山地，匪特常常自国外入境扰乱，待大军前去进剿，土匪又跑出国境去了。靠近国界居住的民族，由于匪特的不断侵扰，随时提心吊胆，不能安心从事生产，因此匪特的扰乱即成为山区各民族的一个最大痛苦。如1950年11月，“广匪”自缅境入侵佛海猛混区的南冻，杀死了两个朴满族人，有一名叫老高的，“广匪”认为他时常把匪情报告我区人民政府，因此就把他杀了。又如1951年4月17日晚上，“广匪”又逼猛混区辛弄的阿卡人通知邦张的两个阿卡族寨子与1个倮黑族寨子，叫他们每寨各交出160元半开的烟课，若不交便要来烧房子、见人就杀，并扬言不怕共产党了，等几天就要来攻打猛混区了。这样的情况在接近国界的边区时常发生，山区的老百姓曾向人民政府请求好几次，希望派大军进驻保护他们，甚至提出大军的粮食他们愿意供给。阿卡族唐老大副区长也向我们提出：“我们边地的阿卡人，残匪一来便跑来逼我想办法。我报告区政府好几次，区政府也没有办法处理，希望访问团同志回去报告毛主席，只要随便派几个大军来驻在我们山区，我们的胆子就大了，广匪来我们就拼死命也和他们拼，我们担任围堵，让大军好剿灭他们。”

3. 伐林与下坝开荒问题

阿卡族及山区其他民族，都是刀耕火种，把山上的森林一棵棵地砍倒后，放火烧掉，开辟山地从事生产。解放后除接近国界的边区时常有些零星土匪扰乱外，一般的山区都较解放前安定多了，老百姓不必随时害怕国民党的拉兵、派款而逃亡了，这样一来山区人民都能安心而努力从事生产，又伐了不少的森林，开了不少的荒地。从山区人民的反映，他们的生活与过去国民党统治时是有天渊之别了，这种现象从鼓励生产与解决当前时期人民的生活来说，这是具有积极意义的，但长此砍伐森林，从将来长远的利益着想，也是一件不划算的事情。同时部分山区人民已有到坝子边开荒的现象，开荒时没有计划与领导，致引起了僰族人民不满，认为他们的茶树与冰片林给开掉了，有时竟因双方发生争执而闹到人民政府，这样发展下去对于民族团结是会有影响的。因此目前需要适当地解决山区民族的耕地问题，并适当地保护森林，与进一步利用山区的木材。

（六）意见和要求

阿卡族唐老大简单恳切地对我们说：“现在的人民政府什么都好了，我们没有什么话可说了。我们阿卡人最缺乏的是铁器、盐巴和医药，希望政府多为我们想办法。”

宋文治

1951年5月30日

普洱区资料之十四

——车、佛、南3县几个民族概况

中央访问团第二分团

1951年7月出版

普洱区资料之十四

——车、佛、南3县几个民族概况

编者声明

这些材料是我们从1951年2月22日至1951年5月底（其中大部时间是在行动中），先后在蒙自、普洱、文山等地区进行兄弟民族访问工作中，通过当地干部、民族代表及熟悉当地情况的人士所了解的一些情况。为应各有关机关之急需，仅将原材料加以初步整理，尽量避免主观分析与结论，在文字上仅要求看得懂。但由于短期访问及仓促整理，情况难免不真实或不深入，观点难免错误。故仅能供各有关机关进行民族工作的参考或进一步考察的线索，并望于今后的调查研究，加以校正。

1951年6月　日

一、分布

附表如下。

1. 朴满族分布表

车里县			佛海县			南峤县		
分布区域	村寨数目	附注	分布区域	村寨数目	附注	分布区域	村寨数目	附注
景红区	5寨	共27个负担户	猛混区	19寨	大寨有百余户，普通寨子有50户	曼燕区	2寨	共32户，负担户13户
橄榄区	5寨		板洛区	6寨		景真区	1寨	共50余户
猛笼区	7寨					猛满区	5寨	共250户
猛养区	6寨					别旧区	4寨	
务本区	1寨	住于坝子中				曼兑区	8寨	

2. 倮黑族分布表

车里县			佛海县			南峤县		
分布区域	村寨数目	附注	分布区域	村寨数目	附注	分布区域	村寨数目	附注
景红区	1寨	有10余户	猛混区	4寨	大寨约25户，小寨四五户	猛遮区	1寨	有6户
猛笼区	5寨		猛海区	1寨	有10余户	猛满区	17寨	
务本区	村寨多并散于山上	每寨二三户				别旧区	3寨	共78户

3. 黄倮黑族分布表（黄倮黑族皆与汉人杂居）

佛海县		
分布区域	村寨数目	附注
猛混区	7寨	有3个寨汉人多，有4个寨黄倮黑多
猛海区	6寨	汉人40户，黄倮黑共10户

4. 阿克族分布表

车里县			佛海县		
分布区域	村寨数目	附注	分布区域	村寨数目	附注
景红区	2寨	共49户，12个负担户	猛混区	1寨	共20户
橄榄区	2寨				
猛笼区	3寨				

5. 卡瓦族分布表

佛海县			南峤县		
分布区域	村寨数目	附注	分布区域	村寨数目	附注
猛混区	2寨	一寨有20户，一寨有3户	猛满区	1寨	共8户
			别旧区	2寨	共37户

6. 补夏族分布表

车里县		
分布区域	村寨数目	附注
猛笼区	6寨	

7. 老品族分布表

南峤县		
分布区域	村寨数目	附注
猛遮区	1寨	共10户，4个负担户

8. 老抗族分布表

南峤县		
分布区域	村寨数目	附注
猛遮区	1寨	

9. 倮倮族分布表

佛海		
分布区域	村寨数目	附注
猛混区	4寨	

二、生活情况

1. 朴满族

朴满族住山上，语言与僰族不同，但文字是与僰族相同的。信佛教，有与僰族相同的佛寺（即所谓缅寺）。吃饭米不吃糯米（僰族吃糯米）。住房形式与僰族同，但屋内无内室，为一整间。三角火架三面都能烧（僰族则只烧两面）。受僰族统治，对僰族有一定的负担。僰族与朴满族在关系上来往较密切，僰族通过朴满族统治山区其他民族，因此朴满族在山区为其他民族的统治民族。朴满族有自己的一套社会组织：最大的头人称"江"，"江"为车里宣慰直接委任，宣慰委任"江"时，送给"江"一把刀、一面鼓、一个铓，凭此即获有合法的统治权力。佛海县猛混区的朴满山上委了两个"江"（现仅有1个了）。"江"之下有"隔朋"，"隔朋"也由宣慰委任。此外尚有"隔道""隔先""隔论"。"江"所在的寨子，上述几种官职都有，这几种官为世袭。一个"隔朋"管一个大寨或几个小寨。例如：猛混区的弄养设有一个"隔朋"，此"隔朋"除管弄养的20余户朴满族外，尚管5个阿卡族寨子及1个约20户的朴满族小寨。除以上官职直接由宣慰委任外，也有由人民自选的"火需"，"火需"仍受"隔朋""隔道""隔先""隔论"的支配。朴满族寨中还有"召闷"，专管祭祀、礼俗、日历……"召闷"为头人指定，经指定后"召闷"也变为小头人。朴满族虽为山区统治民族，但由于劳动力不如阿卡、倮黑等族强，所以生活仍然困苦。朴满族不种鸦片，但吸烟的并不少。

2. 倮黑族

倮黑族一般都住于离坝子较远的深山里，时常迁移，一个阿卡族头人李四亢说："倮黑人是野人啦，东搬西搬没有一定的住处，3户、5户就是一个寨子，叫他们搬来靠近我们的寨子住，他们也不敢来。"倮黑族刀耕火种，善于打猎，他们发现一个野兽就追踪去打，有单身追至六七天的，疲倦时就在山林中随便躺一躺，肚子饿了就采一些树叶吃，一直要把野兽打到了才回家。一次，我问一个山头汉人："为什么倮黑族的生活特别苦？"他说："倮黑人喜欢打猎，不好好种庄稼。"佛海县猛混区的倮黑人信佛教，在稍大一点的村寨建有简单的佛寺，但没有佛爷。倮黑族不会织布，皆向僰族人民购买衣服穿。解放前佛海县猛混区阿卡族唐老大做山区保长，一次，唐老大被匪军九十三师捆去，花了200元半开才赎回来，唐老大即把这笔被勒索的款派在倮黑族人的身上。解放后唐老大经区人民政府婉劝，又把这笔钱退还给倮黑族人。

车、佛、南3县境内的黄倮黑人都与山头汉人杂居，一部分与汉人通婚。以农为主，耕作方法仍为刀耕火种。一年节日仅有过年（与汉人过旧历年时间相同）与火把节（阴历六月二十四日）。结婚时新郎须至新娘家住两三年，为女家劳动。不能吃狗肉（据黄倮黑人自己解释：他们的祖先为吃狗奶长大的）。祭鬼不能用肉食，只能以白饭祭。

黄倮黑与汉人杂居，一般都吃汉人的亏，受汉人的支配。兹举佛海猛混区那叭厅为例：那叭厅为4个黄倮黑寨与1个黄倮黑和汉人杂居寨子的总名称。解放前那叭厅的汉人大都是在逃汉族土匪苏法（任过乡长）的狗腿，那叭厅的几个寨子原拟划给弄养的朴满寨管，但弄养朴满族头人表示：因为那叭厅有几户汉人就不敢要，于是那叭厅就只好划给猛混城子管，并调整1个朴满寨猛岗、1个阿卡寨郭猛岗及新移至那叭厅的3户卡瓦族人归那叭厅管。那叭厅现大小共8个寨子，这8个寨子编为一个联合小组，联合小组长原为一汉人，最近改选为一黄倮黑族人张五，张五为人很老实，完全受汉人的支配。例如：我们到那叭厅访问时就亲眼看见那叭厅民兵队长汉人王耀中把联合小组长张五拉到屋后私语，私语后张五老老实实地跑来向我们提出要求，大意是要区政府发给他们民兵队枪支并发给民兵队符号。但说话中张五把王耀中教给他的话都忘了，不知如何说起，王耀中急忙在旁边加以补充。关于那叭厅要求发给枪支与符号的事情，后来向区政府了解了情况，才知道王耀中与汉人张树庭等（张树庭为那叭厅汉人与黄倮黑杂居寨子的小组长）意图拿了枪同符号到南峤做生意路上方便些。

黄倮黑与汉人在公粮的负担上也不公平，例如汉人张树庭即因当了小组长而不出公粮，黄倮黑族张五虽为联合小组长，则要代替3户卡瓦族出公粮3挑。又如黄倮黑老五所种尽为山地，所收谷子仅够吃9个月，其余几个月则只能吃苞谷，衣服、食盐都靠卖工、背柴草换取；出公粮6挑，为黄倮黑与汉人杂居寨子出公粮最多的一户。汉人罗小九一年所种谷子吃不完，并收鸦片约100两，还煮酒售卖，养马1匹、大猪3头、小猪4头。罗小九又为石匠，替僰族花三四天的工夫可打一个石臼，值半开10余元、米20斤。罗小九之弟又赶马做生意，而罗小九仅出公粮1挑。

那叭厅汉人、朴满族、僰族的关系也不好。例如：我到弄养时，问朴满族头人“有没有人欺负你们？”弄养朴满族头人即说：“我们弄养的朴满人现在倒没有谁欺负了，就怕将猛岗划给那叭厅管，那叭厅的汉人狡猾得很，他们会欺负我们猛岗的朴满人。”那叭厅汉人与僰族的关系也很恶劣，原来僰族知道那叭厅的汉人很厉害，不敢收他们的地租，但对黄倮黑人每户则需收半开5角。今年汉人叫黄倮黑人不要出了，不怕僰族了，于是黄倮黑也就不出给僰族了，为此僰族非常痛恨那叭厅汉人。另外，那叭厅汉人未经僰族允许便到坝子边开荒种鸦片，把僰族的茶树、冰片树都砍了，僰族为此也很不满意，也曾闹到区政府去。除此那叭厅汉人还鼓励黄倮黑到坝子边开荒，有5户黄倮黑听了汉人的话，花了30多个工去坝子边开了一片荒地，但被僰族强迫着收回去了。因此那叭厅汉人和僰族的关系以及黄倮黑与僰族的关系都弄得很不好。僰族曾向区人民政府提了几次意见，希望把那叭厅的几户汉人赶走。

3. 阿克族

阿克族有自己的语言，无文字。语言据说与阿卡族相近而又有所不同，生活习惯又有些像朴满族，社会组织中有头人“召闷”，地位很重要。佛海县猛混区的阿克族不种地，专编制竹器，替人盖房子、抬木头为生。不种地的理由是他们认为地中有鬼，种地会触犯鬼神，所以不敢种（是否正确尚待调查）。生活极苦，胆小，曾多次动员他们到佛海开会，他们始终不敢来。车里县的猛笼区也有阿克族，据说以种地为生。

4. 佧佤族

自澜沧移来，生活特别苦。如南峤别旧区有40多户，一条牛也没有，种的地又不好，因此不够吃，以卖柴草、卖马草、卖工、挖鱼塘、抬木头维持最低限度的生活。又如：佛海猛混区那叭厅新搬来的3户佧佤，所种也不够吃，以卖芭蕉叶、树叶、柴草添补。去年公粮3户每户分派着1挑，但无论如何拿不出来，于是为黄倮黑族人那叭厅联合小组长张五代出。

宋文治

1951年6月1日

普洱区资料之十五

——澜沧县帝国主义活动与宗教情况

中央访问团第二分团

1951年7月出版

普洱区资料之十五
——澜沧县帝国主义活动与宗教情况

编者声明

这些材料是我们从1951年2月22日至1951年5月底（其中大部时间是在行动中），先后在蒙自、普洱、文山等地区进行兄弟民族访问工作中，通过当地干部、民族代表及熟悉当地情况的人士所了解的一些情况。为应各有关机关之急需，仅将原材料加以初步整理，尽量避免主观分析与结论，在文字上仅要求看得懂。但由于短期访问及仓促整理，情况难免不真实或不深入，观点难免错误。故仅能供各有关机关进行民族工作的参考或进一步考察的线索，并望于今后的调查研究，加以校正。

1951年6月　日

一、概言

耶稣教传入这里已30多年，最先是基督教的浸礼会（A. B. M）的教士永伟礼来到镇边区的糯佛，建立教堂传教。以后又有天主教的罗维聪副主教来到东河区的大拉八传教。经过这些年传教的结果，澜沧境内的倮黑族以及佧佤族信教的人数达25000人以上。教徒最多，影响最大，活动最厉害的是基督教，其活动范围以镇边区的糯佛为中心，向外扩张至永安区、东回区、富邦区、文东区、上允区、沧源县的一部分以及佧佤族居住的佧佤山一部分。天主教活动范围较小，教徒也少，以东河区的大拉八为中心，向外发展到富邦区、文东区、上允区、南卡区。

天主教与基督教在教规上不相同，解放前虽因争教徒表面上还起了冲突，但本质是一样，都是被帝国主义利用来作侵略的工具，挑拨我民族感情，引起民族间的仇恨，麻醉奴化我少数民族同胞，并放高利贷，甚至做特务工作，解放时更勾结帝国主义、蒋匪残余以及石炳麟、李希哲土匪武装挑拨教徒叛乱，杀害我干部及人民。

解放后永文生带了一些他的忠实教徒逃到缅甸与我镇边区接界的景栋，但随时都在散布谣言，积极活动，有些少数民族的教徒对他还怀念着。天主教的神父现还有4人在我境内继续活动，散播谣言，阻止教徒进步，勾结地主恶霸，破坏团结，破坏我干部名誉。

教会在澜沧的时间很久，活动范围也广（沧源方面的材料很少），下面的材料都是根据澜沧县调查报告以及在澜沧开各族代表会时访问所得的。

二、基督教

（一）历史

民国初年有双江的倮黑人李老大（李大有）、李老二（李阳明）到景栋居住，认识了在那里传教的美国加利福尼亚州的传教士永伟礼，永伟礼便利诱他二人信教。

他二人信教后便被派到糯佛来传教，吸收了一些教徒。1920年前后永伟礼取道上海到昆明，再到澜沧，李老大、李老二还到昆明去接他。他到澜沧的孟连，向孟连宣抚购买宣抚对面的地盖教堂，宣抚不答应，后来把现糯佛教堂地卖给永伟礼，得洋1000元。（李晓村谈）

又据刘远东说：永伟礼到孟连向孟连宣抚要求设立教堂，宣抚不允许，僰族人民也反对，他便到谦六城与当时的镇边厅交涉。孟连宣抚当时不敢违抗镇边厅的命令，又受到永伟礼金钱的利诱，便将糯佛教堂地址以1000元的价卖给永伟礼。当时糯佛极为荒凉，只有五六户倮黑族居住，永伟礼买得后就在那里建盖教堂，以后又设立了学校，人口也就逐渐增多。

永伟礼曾于1933年回国一次，教务由双江传教的Miss Buger负责。永伟礼死后，教务又由永文生负责，永亨乐在未定界班养卡瓦区负责。

解放前，有一30多岁的美国女医生同永文生在糯佛，后来跟永文生一齐到景栋。永文生1945年回美国结婚，他的妻子是一大学生，有2子1女，现在景栋教书（镇边区景迈的彭志敏谈）。

（二）教堂、撒拉、教徒数及分布

（1）镇边区：镇边区的糯佛教堂1921年建盖，也就是基督教最大的一个教堂（属仰光教堂的领导），领导各地的教堂（连沧源县的也在内）。本区其他处另还有小教堂14个，分布于糯佛、上面庄、下面庄、瓦楚结、南屏、南弄、马岭、白白、香庄、南掌、爱里寨、香掌、瓦块，现在5个教堂已无人去做礼拜，其余10个星期日才有去做礼拜的。撒拉现只有彭光荣、扎白（现白白村副村长）、周觉民3人，教徒约1000人，彭光荣现已不做撒拉业务。解放前在这区的撒拉有陈定先、张元培、张明远、张扎白、扎哥、李崇玉、李崇明、周觉民，李扎制、小扎哥（陈定先弟弟）、哑八、爱乌、赵国雄、张崇宝、扎espoir秃秀、左阿伯、李崇文。

（2）东回区：教堂共5个，分布在东岗村、回龙村、怕底树。东岗村的教堂一个在班离，一个在大东岗。班离有一撒拉名扎衣（倮黑族），有90多户倮黑族教徒。教会势力比较大，信教也深，每星期礼拜1次。大东岗有倮黑20户信教，现无撒拉；礼拜虽做，但无人领导，只跳跳唱唱而已。回龙村有一个教堂在麻黑，现有1个代理撒拉扎都（倮黑族），教徒也是倮黑族。从前有一个撒拉张石钧已跟永生文逃到景栋。另一个教堂在李伯扎寨，这个教堂现已不存在，过去有撒拉扎闭，跟永文生跑，现回来，因年老不管事，也不信教了。教徒数不详。

（3）上允区：教堂数不详。糯砍村有教徒140家，蛮很有33家，那哈有51家。

（4）富邦区：卡拉有一教堂，全寨约20户，全信教，都是倮黑族。教堂约在1938年或1939年建盖。

（5）文东区：教堂共8个，设在大蛮堆、小蛮堆、多衣树[①]、就苦、蛮糯、平掌、东瓦、大车树。大小蛮堆信教的百余户（全户口共200余户），平掌信教的50余户（户口共百余户），大车树信教的40多户。永伟礼先后到文东区，去后有撒拉××去，××死了，现由本地信教的卫三负责。小蛮堆由陈三负责。

（6）南卡区：教堂4个，设在大的、哈璞曼、大拉八、小拉八。大的教堂有47户（男女各101人）信教。哈璞曼教堂1948年建盖，有30多户信教。大拉八教堂信教的85户（男178、女193人），全寨信教。小拉八教堂信教的87户（男190、女219人），全寨信教。大小拉八教堂都是20年前永伟礼来建盖的。

根据上面的不完全的数字可以看出，永伟礼父子自1921年建盖了糯佛教堂后，继续在各地活动，传教区域不仅在本县扩大，并且还发展到双江、沧源两县，教堂数也增加，至于各区教堂数以及教徒数不知道的还很多。据该县干部刘远东的报告：1921年至1936年的15年内，各地大小教堂学校达百余所，训练了300多撒拉，教徒2万余人。倮黑族在镇边区几乎90%信教，东回区90%信教，永安区50%信教，富邦区有30%信教。

三、天主教

（一）历史

据说民国十七八年，有一名叫徐师铎的从大理来到澜沧的文东区大平掌一带办小学，盖教堂传教，后来又在东河区大拉八建立教堂传教。神父罗维聪（巴西人）于民国十八年一月从大理到澜沧，罗维聪是大理区的副主教，到澜沧后即加强工作，并统一由他领导，以后继续来的还有李守一、席照明、张秉铎、蓝国栋。他们的简历如下：

① 多衣树，本文又作“多衣林”。——编者

罗维聪（Tsaeei），男，巴西籍，住大拉八。1925年到大理，同年12月到缅甸八莫学彝语，1933年到澜沧，1940年4月到大理，同年5月回到澜沧直到现在。

李守一（Salint Gaily），男，德籍，住平掌。1925年到大理，同年到澜沧猛福，1951年3月已被驱逐出境。

席照明（Oxibur），男性，英籍。1933年派至澜沧的坝老，直到现在。

张秉铎（Chaide），男性，法籍，现住大拉八。

（二）教堂、教士、教徒数及分布

（1）东河区：东河区的大拉八是天主教的总教堂、总领导机构。教堂一栋6间，占地约60方公尺。罗维聪副主教即是一个总的领导人，神父有张秉铎、蓝国栋，此外还有两个撒拉（小先生或称助手）：一姓戴，一姓胡（都是汉人），在东河区小学校教书。教徒约500人，都是倮黑族。

（2）文东区：教堂一个设在平掌，一个设在多衣树的小幸寨。平掌教堂有神父李守一在那里负责，另外还有一个助手（大理人）冯中相。平掌教徒有300多人（一共只有20多家），多衣树小幸寨教徒有七八家。

（3）上允区的教堂在坝老，有神父席照明，信教的有80多家。下允信教的有那哈16家。

（4）富邦区：原来教堂在刁炳烧了，去年冬腊月新盖了3个，今年3月新盖了2个，新的这5个教堂在自才、安康、麻栗坪、汉拐、半山。自才村有40户信教，半山有20余户信教。这些新盖的教堂建盖前未经我政府批准，建盖后经我政府制止即未去传教。

以上这几区共有教堂9个，教徒800人，另164家，若每家以5人计，教徒共约有1600人（在这里一个家庭中有人信教，其他的人也就信教，很少有例外的）。此外不知道的教堂和教徒还不在内。据澜沧县的傅县长报告，全县天主教徒有5432人。

四、传教方法

天主教与基督教最先传教的方法大同小异，他们都选择了最受压迫、最被剥削、最贫穷和政治地位最低下的倮黑族和佧佤族做传教的对象。佧佤、倮黑族人在痛苦的生活中得到了教会的物质（医药、贷款和其他东西）帮助与精神上的寄托（教义、上帝、死后到天堂等），自然对宗教很容易接受。现将他们常用的办法简述于下：

（1）医药及治病：边地疾病多，医药、医生条件差，生了病很少得药吃，轻微的病或身体抵抗力强的过一些时就好了，严重的病就只好“听天由命”了。传教士学会了一些医疗术或稍知道一点医药常识（一个富邦区的汉族说：李守一打针时笨得很，他不大懂医），到了传教地区既可自身防治，又可以代人医病。侥幸代人医好了病，病人一方面是感谢他们，再方面也使他们教会的威望增高。该地疟疾、大脖子病最多，天主教传教士就用这些药代患病的医治，又结合着少数民族喜欢饮酒，就用断酒药代他们戒酒，节省了一些无益的消耗。少数民族地区对于清洁卫生不很讲究，患皮肤病及生疮的当然不少，永伟礼为了博取少数民族的欢心及信仰，有一次竟用口把生疮的脓血吸出来。药品在先是送，后来有了一些信教的就只送给信教的，非教徒就需用钱买。教徒病好后常用鸡、鸡蛋或米等送给教士，以药品价与鸡、鸡蛋等价相比较，教士在这当中还是赚了钱。

（2）传教士神仙化：罗维聪等蓄有很长的胡须，称为神仙胡，要倮黑称他为“阿姑爸”（阿爹意），向倮黑们说：你们吃的穿的要靠我，我比你们父亲还好。永伟礼到佧佤山传教，佧佤族要杀他，“但弩打不出，刀也拔不出。佧佤族认为很神奇，就信教”。传教士用这些神话将他们的威信提高，也增加了信教的人数。

（3）给以小恩小惠：永伟礼最先传教时，都先到有钱的或头人家，送给礼物，吸引他们入教。这些人入了教后又吸收属于这些人领导的人信教。天主教在五六月时还杀牛，煮酒给大家吃喝。

（4）办学校收容孤儿：永伟礼到糯佛后，办了学校，吸收倮黑学生，用拉丁字写拼音的倮黑文教他们，并在澜沧、双江、缅境的景栋收养了一些孤儿，年龄可以读书的每年5月至10月就进学校读书，其余时间帮他种地，供给伙食及部分供给衣服。这样使附近的孤儿及寡妇的小孩也送去给永伟礼收养，前后共收养了500多人。（彭光荣谈）这些孤儿后来也就成为他的忠实信徒，做撒拉，被分配到各地去传教。学校方面吸收了一些学生，学会了倮黑文，信了教，后来再入类似训练撒拉的学校训练之。

（5）高薪收买撒拉：天主教也训练了一些撒拉，每个撒拉看他的工作好坏及时间的长短，给予高薪。每月每人自半开15元至30元，家庭眷属每人有伙食费3元（现在已没有了，也参加劳动生产）。基督教撒拉的薪金也按工作成绩、时间的长短而定，每人每月可得15文至30文缅币。（彭光荣谈）在当时这样的薪金是很高的，超过了当时在县府工作的人员，所以撒拉的生活都很优裕，穿的是西服革履，这样当然引起了当地倮黑族人对他们的羡慕，而增加了信教的人数。

五、教外活动情形

（一）解放前后活动的情形

（1）挑拨民族间的感情，如：①基督教牧师到倮黑家里，看见了戥子就问“用来做什么”，倮黑同胞说：“用来称鸦片。”教士又问：“称给谁？”倮黑同胞说：“汉人。”于是牧师便挑拨地说：“你们自己把鸦片称给汉人了，你们吃什么？”②从小就灌输了民族仇恨的思想，如教科书中有这样一句话：“汉人来了，我怕！”

（2）办学校、医院：基督教代倮黑、佧佤族用拉丁文创造了文字，并且还翻译成《新约全书》《赞美诗》《张袁相论》（用二人的对话来解答教义）。招收学生到学校读书，供给书本、纸笔。另外还收养了一些孤儿抚养，送到学校中读书，训练成大批忠实撒拉，分散到各地传教。解放前还办了一类似中学校的撒拉训练班。永伟礼在糯佛除了代人治病外，还在大猛养办有一个麻风院，将附近患麻风的集中起来医治。天主教也设立有学校，教圣经圣诗等。如1943年李守一在平掌办一小学校，学生有50多人。1945年因经济困难，与当地人民商量共同合办，经费由地方捐出，教会及地方各派一教员，学生30多人，因教授无多改变，到去年学校又由李守一单独办。“不办学校，就不能立足。”（文东区一汉族反映的）

（3）宣传美国的物质文明：如用电影照片、留声机等到处放映，宣传了美国的物质文明，使教徒只知道美国好，崇拜美国，而对汉族（尤其是他们接触到的居住在边地的汉族）轻视，对本族则认为非依靠美国不行。

（4）借债：借债给教徒们，基督教不收利息，教徒们随使用什么（除大烟外）折价赔还都可以。天主教的教徒赔还时就要收利息，利息与当地一般的相同。

（5）做生意：天主教的几个神父常到景谷、景东、大理以及缅境的景栋去购货，有时是从大理总教堂汇款到景谷，神父到那里取款或直接到大理取款，取得款后购买一批货物（如火柴、香烟、毯子、布匹）药品。有时是带了款去景栋购货，货物买回来，卖给附近地区的人民。教徒卖得便宜些，非教徒卖得贵。去年神父李守一曾到双江购得药品货物等10多驮，途中被土匪抢去。第二次世界大战以后，天主教经济力量已不如前，也就加紧做生意来解决经济的困难。

（6）班洪事件：民国二十二年时，永亨乐受了英人的收买，派东岗的彭伙头到班洪去拿那里所产的矿石，被彭光荣知道了，告诉李晓村。李晓村同张石安就向那时的县长张永兴报告，张永兴不理，民国二十三年，英人就派兵进班洪（李晓村谈）。

（7）登记人口：天主教徒如果生了小孩子，要请神父登记。

（8）支配婚姻：未婚男女教徒，可以由传教士介绍，双方相爱后，须在教堂结婚，并请教士证婚。结婚以后，不论在任何情况下，都不准离婚。

（9）特务活动：永文生在第二次世界大战中，曾充当魏德迈、史迪威的情报员。又于1944年至1945年时，有英游击队80多人，由英军官五六人率领，驻于糯佛，兵多半是边界上的倮黑族。永文生也参加工作。这些人的武器装备，由印度用飞机运来，每月2次。日本投降后才退到勐养，永文生留下了20多支枪，1949年教徒叛乱时才分发给撒拉。此外，1944年时，永文生说：“政府（指国民党政府）如果补助我，可以在这里编一个师，能发动1万多人参加。”

（10）挑拨教徒暴动：民国二十八年，沧源县长陈希真奉国民党政府命令禁烟，永文生挑拨教徒，大班糯教民就将陈希真及其他工作人员9人杀了。后来国民党派兵来打，永文生逃到景栋，少数民族被打死了30多人，并被罚了半开3万元。等事情结束后，永文生又转来，政府也不加干涉。勘界时，有一曾受永文生训练的教徒叫卡波，参加了英方的测量队，并使佧佤族同胞用芭蕉、甘蔗等物去欢迎英方，对中国方面去的则不欢迎。中国方面去的很生气，又因为了其他的一些事就打了起来，勘界的就被佧佤族杀了1人，随去的兵又将佧佤同胞打死了一些。

（11）奸淫妇女：撒拉扎拉与扎发（都是倮黑族）的妻子，民国二十八九年时被永亨乐奸淫。教徒吉脚（译音）的妻子（阿卡）名易武被永亨乐长期霸占。永亨乐在班养当行政官，见了一僰族女子，生得很美，就示意给当地土官把这女子送给他。土官把这女子送去，引起了永亨乐与他的妻子大闹起来。永文生在糯佛强奸了教徒何其美妻大妹（都是倮黑族）。（李晓村谈）

（12）造谣言：永文生在教堂中说"共产党不长久，国民党要打回来的"，又说"镰刀斧子国旗来时就要杀人"。

（13）武装叛变：1949年澜沧在解放战争时，5月我部队进驻糯佛，对待少数民族很好，吸收得少数民族几十人，成立了一少数民族中队（有教徒在内）。后我部队回到佛房，四面的匪特都一齐活动，文东土司扬元相，十一支队中队长顾云生，大山土司石炳中、石安华在黑河北叛变，并勾结了双江、缅宁的彭四、彭五，从文东区来到了募乃、刺竹河、南本，石炳麟也从佧佤山勾结了佧佤3000多人来到田坝（永文生当时帮助石炳麟3000卢比、10支枪、两箱手榴弹，石炳麟离开糯佛后，永文生也就到景栋）。那时少数民族中队驻东岗，有永文生的忠实信徒陈定先、张元培来挑拨叛乱。1949年11月17日，东岗少数民族中队就反，东岗刘绍红（伪澜、宁、源、车、佛、南剿共总指挥）的人也参加了一齐包围民工团（5人）及我派去少数民族中队工作的干部8人，分队长谢继成及政治干部肖成五因抵抗而牺牲了，其余的向四面分散避开，有曾国祥、赵家珍、姜瑞昌3人因病及受伤避入当地人民家中，被搜出来枪杀了。（李晓村谈）

（二）解放后活动情形

解放以后，基督教的永文生以及他的一些撒拉在教徒叛变时已到了缅境的景栋，现仍在景栋附近一带活动。过去天主教的神父曾有一段时间活动得很厉害，我政府现限制他们在只许在教堂内传教，今年三月将李守一驱逐出境，现表面上活动似已稍缓了些。

Ⅰ.天主教活动

（1）挑拨民族不团结：上月（三日）席照明神甫对多衣树的倮黑族说："你们倮黑不会发达，就是因为汉人百多年来葬的坟在你们山上，压了你们。"结果由过去的女乡长李××（倮黑族）指导下，把汉人百多年葬的坟挖了。大拉八的倮黑族住上寨，汉人住下寨，彼此互不往来，教徒胡健挑拨倮黑族说"汉人剥削倮黑族"，几次发动倮黑族清算汉族。

（2）造谣言：祈祷时点上两支蜡烛，对教徒们说"这支蜡烛是共产党，如果先点完，就是共产党先完"，实则这支蜡烛灯芯比另外一支粗，自然先灭。此外还说"共产党和天主教一样的好"。

（3）勾结汉人地主恶霸，胡行胡为：大拉八的忠实教徒有胡健（保山人）、段成、李光尧（从大理去的）、罗家荣，胡是教堂小先生，李解放后任村政府文书，罗现任区长，与熊镇堂①地主及过去总队长罗文翰以及大山、文东区的地主都有勾结。去年十一、十二月时，大拉八教堂指挥策动封建地主以副区长熊正堂、何三为首，组织反对我派去的旧区长张杰（旧人员，作风滥）及外去的人员；驱逐张杰，要将副区长熊镇堂作区长、李光尧为副区长。张杰有一次开扩大区代表会议，发动农民反对熊镇堂，熊也有一些人带了枪支来开会，双方大吵起来。去年征粮时教徒胡健、段成说我工作同志李非（党员）在大拉八调戏朱家华的女人，抱住这女人的脚（但这同志不会这样）。熊镇堂借区长名（现已换了）将公处的枪支收集来发给其爪牙。东河区每村都有教会爪牙分布，老师、村长都是教徒，把持村政权。如多衣林村长倮黑人不识字，熊派唐子林（汉人，前九十三师师长）做小学教员兼区政府文书，唐子林对人民说："区长已委托我，有什么事可以对我说。"旧年时唐又发动倮黑族向毛主席拜年，把人民拉到熊家，由熊镇堂代表毛主席接受拜年。

教徒胡健在政府公布了婚姻法后，公开在群众面前反对结婚要到区政府中登记，与熊镇堂大肆宣传婚姻自由与离婚自由，使结婚10多年有了小孩子的夫妇也离了婚。据该区政府杜希明同志谈，他们派到该区工作了15天，就发现熊等断了27件离婚案。

熊镇堂的妻子（汉族）是他从前霸占来的，此外还强奸有夫之妇四五个之多，同他的姨妹也有奸情。他的堂弟任麻黑村长也强奸有夫之妇，怀胎后即霸占为他所有。胡健也调戏女学生。

（4）与汉族地主合资经商：教会与汉族地主兼恶霸的罗文翰合资经商，他们的资本据说有半开1万元至2万元（合人民币4500万元至9000万元），常至西盟区、永安区、未定界做生意，并派一教徒李光尧做老板。熊镇堂勾结特务胡有廉把枪拿到西盟区卖给佧佤2支。教堂有枪3支，卡宾枪1支，罗文翰有二三十支，现都隐藏了。

Ⅱ.基督教的活动

（1）加强在佧佤地区及景栋活动：永文生同他的忠实撒拉陈定先（佧佤族）、张明远、张元培及另外的几个撒拉，到班养地区的佧佤族中活动，已有1个多月。四月八九日，有我们的人见他背了一支鸟枪同着另外的几个人、几个马驮子，从班养回到景栋（彭志敏谈），在景栋又盖了一间教堂，快将完工。但据撒拉彭光荣说："永文生传教的范围是分派在澜沧、沧源、班养的佧佤区。景栋是属于布克医生的范围。教堂盖好了布克医生就要来传教了。"又据镇边区的代区长卢治平说："我们得到情报说，永文生请求他们的政府派兵来打糯佛，让他好传教，他们的政府说，打什么，没有地方在，在景栋盖房子，好好教书。"（这可能是谣言）永文生的妻子现在景栋学校教书（彭志敏谈），此外还吸收了很多倮黑族的子弟到景栋学校读书，如"彭光荣的长子就在景栋读书，彭光荣又不寄钱，可是每月他的儿子都寄药品，寄信来给他"（卢治平谈）。由以上这些材料，我们可以知道永文生现加紧在班养、景栋活动。

① 熊镇堂，本文又作"熊正堂"。——编者

（2）送医药及造谣：去年十月永文生叫两个撒拉，一个叫阿乌，一个叫扎拉，带一些药品来到糯佛送给教徒，告诉教徒说："这是永牧师送给你们的，永牧师挂念着你们，你们也不要忘记永牧师。"这两人并请求我政府让他们到各区去看看教徒，我政府不准许，只在糯佛住了几天就回去了。这两人来时向我政府请求让其余的撒拉回来，这两人回去后，我们得到的情报是：其余的撒拉已回来到景栋，永文生说："以后一齐回去，美国兵要去打糯佛。"又有景栋做生意的回来时带来了谣言："蒋介石在造飞机场、教堂，用飞机运钱来，到景栋的才得使。"三月间文东区的佧佤族到景栋修路、修飞机场回来时说："永文生仍在景栋，并且叫他们也留在景栋。"此外永文生见到两个卖牛的，就对这两人说："共产党什么都要，鸡蛋都要上税，牛卖了就成共产党的了。"对读汉文的也说："不要读书，读书就要被共产党拉去当兵。"在与我接境的边地一带，永文生活动得也很厉害，每月都来传教及造谣言，有些教徒还盘查我国去那面的商人。二月我工作同志出去，一倮黑族的妻子（汉人）说："勐养不好去，老广（指二十六军残匪）五百要来打孟连、猛马，我和永文生很熟很好，你借给我钱，我代你去买。"

（3）勾结石炳麟等残匪：在接近班养的永瑞，永文生与石炳麟、李希哲、孟连宣抚刀派洪、班养土司（刀派洪岳父）彭四、彭五等32个土司在那里开会，开会内容不知道。（卢治平谈）

六、教会对人民的影响

教会侵入澜沧，已30多年，对人民经济、文化、思想上已起了很大影响，这些影响好的也有，坏的也多，现述于后：

（一）好的影响

基督教的教规有以下10条：①听父母话；②不信鬼；③一夫一妻制；④不偷人；⑤不饮酒、不吸大烟；⑥要亲爱；⑦不杀人；⑧不嫖；⑨不赌钱；⑩服从基督教。

少数民族有的很喜欢饮酒，信鬼神，男女对性关系也很自由。这一地区的倮黑、佧佤同胞又种大烟，更受了汉人的剥削与压迫，生病没药品，基督教针对这些情形，要信教的都遵守这10条教规，不吃酒可以节省粮食，不祭鬼可以减少祭鬼的浪费，实行一夫一妻制、不嫖可以使男女的生活趋于严肃。此外这地区产大烟很多，不抽大烟，可以节省大烟的消耗。教规除有几条外，可以说在当地情况下是有进步作用的，对教徒他们的经济是有裨益的（天主教规不忌酒，神父李守一很爱饮酒）。

教徒们见面时都互相握手。教会代倮黑、佧佤族创了文字，学校中也教这种文字，信教的也有能读能写的，可以通用于国内外同族地区。教会还训练了三不勒（佧佤）、三莫拉（父倮黑、母蒲曼）两个医生（现任缅议员）。此外如陈定先（父佧佤、母倮黑）是永文生的秘书，以及其他的一些人，文化水平较一般的教徒高；但受了永文生的毒害，现都很反动，跟随着永文生。

佧佤山的佧佤族生活很苦，所以很落后。这次到澜沧来开会的代表，很多人身上都只穿一套衣服，见了我们穿的衣服有内衣、外衣等，都向我们要衣裤。到寝室中见了一些日用品，向我们要或拿走，宣传队、巡视团的寝室中也去要。有一次我们正在寝室中整理送大会的礼品时，有两个佧佤同胞进来，一个拿起礼品翻看，另一个站得远远的，看见了这个翻看礼品的，就对他严声厉色地说了几句话。这个翻看礼品的笑了笑，放下礼品，走了过去同他站在一处。这当然是他告诉那翻看礼品的不要乱翻，我就同他谈了起来，他会说很少的汉话，是一个撒拉。由这件事，也可看出信教的与不信教的在某些方面是进步了一些。

（二）坏的影响

由于教会宣传一些美国物质文明与挑拨离间，教徒们都只知道世界上美国最强，他们非依靠美国不可；汉人都不好，与汉人互相不来往，汉人到糯佛甚至买不到粮食。他们所出产的东西，都拿到国外去卖，再将需要的东西买回来。

此外还养成了媚美、崇美以及殖民地的思想，去年到北京参加国庆大典的撒拉扎耶，参观上海的工厂后说："这些机器还不是美国人留下的。"看见了大洋房说："这些房子还不是美国人盖的。"在糯佛的教徒，星期六下午不工作，做小礼拜，星期日不论有无工作都一律休息到教堂做礼拜，撒拉们也把原来的衣服换穿了西服。

因为长期地中了教会宣传的毒素，所以对祖国认识不多，对人民的力量更认识不够，所以才会有1949年叛变的事发生，并且有一些还跟了永文生一齐逃到景栋，做了美帝国主义的小走狗。

七、现在教徒对我政府的认识

过去永文生在教徒中的威望很高，他到什么地方之先，那地方的人民就事前打扫迎接他，政府的一些政令，如不通过牧师，就不易行得通。永文生同他的一些撒拉逃到景栋后，教徒对他很挂念，如去年教徒们都说："永牧师在时，可以有药吃，现在没有了。"到了现在，教徒们对我政府有了认识，对永文生的挂念也减少了，也认识了教会的真面目，如过去跟永文生逃到景栋的教徒，回到了祖国后说："还是永文生不好，现在我们得回来，他不得回来。"孟连的佧佤族说："过去班养与南坎武（都是佧佤族）打仗，永伟礼派人参加打南坎武，永伟礼帮外国人的忙，不是好人。"又如彭志敏介绍我撒拉彭光荣时说，现在已不信教了。我就问彭光荣为什么现在不信教，彭光荣否认说："我并不是不信教，而是不相信永文生。"永文生曾写信来给彭光荣，请他代保管教堂及教堂内的千多册书籍，并说这是几十年辛苦的结晶，毁坏了很可惜，彭光荣接信后置之不理。再如逃去的撒拉想回祖国来，有的地方教徒们星期日也不去做礼拜，甚至有的还反教，如富邦区康朗地倮黑族扎老，过去甲长掌鹅叫他信教，他就信了教；1个多月后甲长死了，他见甲长信了教与不信教的没有什么不同，并且还看出了有些欺骗手段，如上天堂等，就反教了。

天主教徒的觉悟也提高了，有些教徒对教会的信心已大减退，星期日已不去做礼拜，有的撒拉甚至于参加劳动生产。

杨树谷

普洱区资料之十六

——澜沧、沧源几个情况汇集

中央访问团第二分团

1951年7月

普洱区资料之十六
——澜沧、沧源几个情况汇集

编者声明

这些材料是我们从1951年2月22日至1951年5月底（其中大部时间是在行动中），先后在蒙自、普洱、文山等地区进行兄弟民族访问工作中，通过当地干部、民族代表及熟悉当地情况的人士所了解的一些情况。为应各有关机关之急需，仅将原材料加以初步整理，尽量避免主观分析与结论，在文字上仅要求看得懂。但由于短期访问及仓促整理，情况难免不真实或不深入，观点难免错误。故仅能供各有关机关进行民族工作的参考或进一步考察的线索，并望于今后的调查研究，加以校正。

1951年6月　日

（甲）澜沧、沧源少数民族头人情况

（一）澜沧

1. 竹塘区

扎夺——竹塘区茨竹河村，倮黑族，现年42岁，旧政府时曾任保长20多年（其父为世袭保董）。游击战争时，曾参加石炳麟叛乱，为该村首要分子，石匪击溃后持枪投降。对我们有些怀疑和戒备，他说："民主好，国民党好，还要等30年看看才晓得。"我们曾数次请他出来开会，但始终没有出来，政府派一工作同志去配合他工作，他表示拒绝，除叛乱的一部分枪支收缴外，现估计暗藏的枪支尚有。

本人为富农阶级，自己参加劳动。据说从前中课头人唐古八带着几个佧佤到茨竹河被扎夺之父亲扎索杀掉，因而和中课有仇恨。

2. 南岭区

罗阿五——南岭区第二村回掌大寨阿佧族，现年54岁，曾任甲长。解放后任该村行政村长，对共产党表示坚决拥护，为人诚朴，号召力强（对阿佧族）。本人家系富农阶级。

李扎迫——南岭区第五村蛮弄山倮黑族，现年34岁，其父为世袭头人。国民党时曾任闾长，现任第五行政村长，对共产党和人民政府表示坚决拥护，和群众处得很好，同蛮山一带的汉人也处得不错。本人家庭为中农成分，能掌握汉族及本民族的武装八九十。

3. 镇边区

李宗仁——镇边区倮黑族，信基督教，但在教徒中还比较进步。国民党时，曾任保长、乡长，解放后他到普洱干训班受训，回澜沧时正值永文生挑拨教徒叛变，当时要他去叫倮黑回来，但去了以后受到威胁，因而被迫下景栋，到现在仍未回来，但经常写信回来要求回来。本人为富农阶级，在糯佛能号召广大的倮黑同胞，他曾表示过只有革命才有出路，但由于匪特鼓吹，对我怀疑而不敢回来。本人和李晓村、龚国清关系很好。

苏里亚——镇边区景迈行政村蛮景寨蒲满族，现年32岁，过去曾学过僰文，当过保长。本人为地主阶级，每年收百多石谷子，并兼做茶叶生意。1950年到北京参加国庆大典，回来后对共产党的政策懂得一些，并表示拥护人民政府。这次选为澜沧联合政府筹备委员会委员，表现还好，对代表说："只要老百姓喜欢我，我们什么都做。"在澜沧解放后，曾率民兵参加剿匪数次，能号召倮黑、阿佧、蒲满族的部分群众。

4. 酒井区

黄窝梭——酒井区大卡龙村阿卡族，现年55岁，过去是酒井区土司杨德民的忠实保长，曾有过一些恶霸行为，如对各族学生不来读书即罚款，人民对他不满，故在1949年曾进行过清算一次，因而对共产党有些惧怕和怀疑。1950年到北京参加国庆，回来后有些改变，但基本上仍是怀疑，如委他当副区长，他很怕干，但经过教育后，是可以争取靠拢我们的。本人为富农阶级，经过清算后，生活已有些变化。

刀农勐——勐马[①]僰族。土司制度时，曾当波郎公组（官名），后任召农勐（官名），国民党时当过保长、代理乡长等职。本人为富裕中农，为人直爽温和，在工作中很热情。

线唐甫——勐马僰族，土司时任勐阿老线（官名），负责勐阿村一切事务，解放后任过区长。本人务农兼做小生意，为富裕中农。由于历史上的关系，在勐马附近可以号召一部分群众。

5. 上允区

罗恒尧——汉族，旧政府时当过镇长，现任上允区长，本人为地主阶级，据说去年已

① 勐马，本文又作"孟马"。——编者

把主要收入的蛮良田交农会处理。在工作上很好，1951年3月又把步枪交农会5支，据老百姓说，一二支尚有（上允区枪支多，最少的村子有10多支，最多的有20多支，区政府掌握的60多支，但因干部缺乏，都分散在民兵手里）。

刀正纪——上允区僰族，土司时其兄为土司，他是头人，曾任保长，解放后任该行政村村长。本人为中农阶级，能号召僰族同胞。云南游击战争时，曾率民兵参加反石斗争。对工作热情，拥护政策及人民政府，和罗恒尧有关系。

6. 永安区

李扎迫——倮黑族，现任永安区长，解放前曾同佧佤族打仗数次，因打仗带头冲锋很勇敢，后来倮黑族就选他为头人，之后，国民党又委他当保长。本人为中农阶级，为人直爽，在木戛附近能号召倮黑、阿卡，在群众中威信很高。

7. 东回区

李秉权——汉族，据说他祖父是倮黑族，到他父亲这一代，变为汉人。本人为富农，解放后曾被清算斗争过一次。初解放时任东回区长，后来改选了，因而对我们有惧怕和不满的情绪。

8. 蛮达区

魏家珍——佧佤族，澜沧县立师范毕业，后到昆明读书，回蛮达后任过小学教员及保长，解放后任村干事及小学教员，在群众中有威信，是佛教负责人之一。

魏大安——佧佤族，在土司的压迫下曾号召佧佤打倒土司后，土司附近的9个村子都归他管。国民党委他当保董、保长，解放后任该村农会生产干事。能号召五六百人，在游击战争时，曾号召人民反石炳麟的斗争出过一些力，工作热心，和汉人王子和有关系。

（注：蛮达区有2000多户）

9. 西盟区

阿朗柳——佧佤族，马散头人。

岩那——佧佤族，马散小寨头人。

岩赖软爷——佧佤族，永不列[①]头人。

岩傈、岩卖——佧佤族头人。

岩客里——永帮头人，佧佤族。

岩顶——中课头人，佧佤族。

拉蒙——班箐头人，佧佤族，曾到北京参加国庆大典，回来后很积极宣传，表现很好。

岩龙——山东头人，佧佤族。山东在未定界。

召麻汉——班养头人，佧佤族，即葫芦王。辖5万户左右，原属中国，后英帝给他值3万多元小洋的一所房子，即归顺英国管。每年单收门户一项，即5万多小洋。

① 永不列，本文又作“翁别烈”。——编者

召克相——西唆头人，佧佤族。

找种——南抗武[①]头人，佧佤族。南抗武是未定界。

困衣——允恩头人，佧佤族，辖4000多户。允恩是未定界。

岩尚——巴德头人，佧佤族，辖600多户。

圈向——小中弄头人，佧佤族。

岩向——龙垮头人，佧佤族，辖1000多户。

波朗——蛮国头人，佧佤族。

召糯欧——莫斯莫头人，佧佤族。

困上、岩块——莫列头人，佧佤族。

困岩——敢色头人，佧佤族。

困衣——班况头人，佧佤族。

困衣——蛮局头人，佧佤族。

此外尚有班老、上下广忠、下达、下嗯、踏遍等地佧佤头人未知。

（以上佧佤头人，包括未定界及界外的佧佤头人）

李光华——倮黑族，西盟土司代办之子，其兄死后，职务就由他代理，现年25岁，在西盟少数民族中有威信，尤其是西盟附近的佧佤族，都听他的话，是普洱区人民政府委员会之委员。

张光明——倮黑族，前西盟扎约代办之子，今年20多岁，读过几年汉书，现在有几寨倮黑、佧佤都归他管，做事比李光华能干，但因性情暴躁，倮黑都怕他。现在是西盟佛堂之负责人，也是普洱区人民政府委员会之委员。

10.孟连区

孟连宣抚刀派洪，僰族，在旧政府时任过镇长。在过去土司辖境，每年每户要给他2箩谷子和一些款子，现在人民已不给他上粮了，只是靠他过去剥削的一些积蓄和做生意来维持生活。以前人民怕他，无论什么事情处理得适当与否，人民是不敢说话的，现在年轻的知识分子已不怕他了，只有年老的顽固分子才相信他。在澜沧解放时，曾提出“取消土司制度，共产党要打倒土司，要把土司的土地分给农民”。由于这样，他对共产党有怀疑和惧怕，故在1951年，到班养去做生意回来（他的妻子是班养土司的女儿，孟连宣抚自国民党设县以后，土司势力已逐渐削弱，现在已没有什么势力），他对我们是一种旁观的态度。和汉人李晓村、陶其礼、龚国清关系最好。

刀秉乾——僰族，土司制度时任召中糯（官名），因而他管的地方也叫他召中糯，在国民党时任过孟连镇长，在过去孟马、孟连的经济几乎完全操纵在他手中。工作同志谈：“他本人有厌世之心，不愿多管闲事，但有事找他，也能帮一些忙。”和汉人李晓村、彭智敏关系很好。

① 南抗武，本文又作“南康武”。——编者

刀换贞——僰族，在土司制时是景信、景茂一带的官，后当镇边乡长（镇边区），解放后任孟连县长（即孟连区，初解放时设孟连县）。过去与佧佤族有些关系，解放后有些佧佤区工作又多是他去接洽，因而在佧佤族中有些威信。他对民族政策很满意，但对土改政策则反映说："有田多的分给那些穷人种，穷人就不想做事了。"

（二）沧源

田兴武——又名田老五、沧源岩帅人，年50多岁，现任沧源县长（并且是普洱区副专员）。体格魁伟强健，诚朴守旧，心胸狭隘，不好说话、不易接近。有两个老婆，有1个独子，刚6岁。现为沧源佧佤中领袖，自从云南游击战争在沧源展开后，就坚决靠拢我们，敌人曾用各种手段引诱，但始终没有脱离我们。（详见沧源情况）本人参加劳动，今年曾到勐省坝耕田。

田兴文——又名田老七，是田兴武之弟。沧源展开工作后，和他哥一道同敌人作斗争，曾击退千余土匪两次进攻。为人聪明直爽，心胸较开展；喜与汉人接近，为人大方，肯周济别人，好闲谈。生活散漫，娶两个老婆，一个是汉人、一个是佧佤，有5个孩子。现任沧源县武装科长兼联合自卫大队长（也是普洱区人民政府委员），能掌握沧源县武装（除班洪、永和外），其威信与田兴武并齐。1949年曾到缅宁参加整训部队，1951年到普洱开民族代表会议，对我党有初步认识，只要肯耐心帮助他，将来即可成为佧佤族中的坚强干部。

魏文程——又名魏之保，忠实胆怯，没有魄力，是田兴武的忠实亲信人，原籍景谷，迁移岩帅已20多年，在汉人中威信较高。1950年代表田氏兄弟到北京参加国庆大典，回来后，较前进步、积极，可惜不识字。

赵太——佧佤族，为过去岩帅王子的后裔，现任联合大队中队长，年30余岁，性情强悍，跟着田氏兄弟走。

李大——佧佤族，现年36岁，现任岩帅区长。口是心非，为人狡猾，与田氏兄弟合伙做生意，作用不大。

胡荣耀——缅宁人，旧军官出身，现任联合大队副，想做生意升官发财，田氏兄弟也不大相信他。

赵撒腊师——佧佤族，现任勐董区长，现年40多岁，是永文生的忠实教徒，并随永氏到仰光，在沧源基督教徒中威信较高，与绍兴、绍帕均有来往，为人态度和蔼，不好说话，有嫌疑与永姓有联系。

勐董土司罕富民——僰族，在1949年被田子昌等逼跑，现住在南抗武附近，与李匪希哲有联系，和岩帅有仇恨，因而不敢回来，但勐董僰族则依依不舍，好像失掉了自己的父母一样，有些人还盼望他回来。

班洪王子——胡忠华，佧佤族，现年50多岁，抗战时期曾到过昆明、贵阳。在1935年龙云曾委他为"总管"的官衔，抗战时国民党又委他为游击司令。他有6个老婆（其中3个是他嫂子），抗战时到昆明讨了一个老婆，跟他到班洪后，骗了一笔金银便返回昆明，现在彼此还有书信往来。胡忠华对我们有怀疑和顾虑，故几次请他出来开会，都没有来。（详见沧源情况）现任普洱区人民政府委员。

找二——永和王的第二个儿子，自永和王死后，找二兄弟3人各自为政，像3个头人，现老百姓推找二为王子，但其大权都掌在大头人岩丧手里。永和佧佤同胞全部信基督教。

（乙）竹塘区团结街开街大会总结

（一）大会目的

解决各族的实际问题，通商进一步搞好感情和团结，并通过大会讲解政策、形势，揭破匪特谣言、阴谋和罪行，使群众分清敌我，把肃清匪特的口号变为实际行动。

（二）到会人数、思想情况及表现

到会代表146人，包括26个寨子、29个头人，3个民族，其中佧佤族47人、倮黑84人、汉族15人，到会群众最多到320人。

1. 思想情况

（1）迫切要求通商：①佧佤族头人肯说："在这里开街很好了，一盒饭就可以转回去。"②倮黑李阿五说："开起街来，穷人砍挑柴也可换点盐米，活计也不耽误，以前到最近的街也要花1个工，若到募乃猛允（上允），那5角钱还不够路费。"汉人杨宇坤说："自街子烧后，生活无法维持，现很希望开起来以便谋生。"

（2）想要东西：①中课岩伞不要帽子，要衣服。②翁别烈头人比里卡些硬要多分盐。③拉石笼头人，牛也剽了但还来要衣服。

（3）想搞好团结：①战马坡倮黑，为了要搞好团结，主动来搞招待，搭青棚，带炊具做饭给佧佤同胞吃。②在头人会上，倮黑扎倮保长说："佧佤与汉人、倮黑间的命案，死人还是以汉人、倮黑为多，但旧账算不清了，算了。"佧佤头人肯说："旧事让它像水一样地淌去吧！未来的就不能让它这样做！"

（4）来看民主（共产党、人民政府）：①佧佤代表腰不笼说："听去北京代表说民主好，但不知咋个好法，所以来看看。"②一个倮黑族老太婆说："听说民主好，好在哪里不知道，这次来看看。"

（5）希望政府帮他们解决问题：战马坡一带，在石匪叛乱时，牛马、谷米被抢的多，这次好多要求解决，有些甚至自带米来，好像来告状似的。

（6）怀疑试探：腰不笼头人派了一个会汉话和佧佤话的来听听到底是说些什么，因为以前石炳麟把他们叫出来开会，就强迫收烟税，觉得汉人会欺骗他们、整他们的。

2. 表现

（1）迫切要求解决实际问题。

（2）要衣服，争盐巴。

（3）爱看热闹，演剧跳舞人就多。

（4）牛剽倒后，口子朝天时佧佤很沉默。

（5）牛剽了很久没有死，还在呻吟，“佧佤麽”（巫师）心里很沉闷地转回去了，要准备叫魂，否则会减少他的寿命。

（6）岩伞乡长在剽牛时，协助维持秩序，表现很积极。

（7）喜欢蹲火塘。

（三）收获及成功原因

1.收获

（1）扩大了政治影响。对共产党、对人民政府和解放军进一步有了认识：①佧佤头人肯，握着解放军同志的手说：“解放军同志很好，过我们那里时，一定来坐坐。”②石掌爷倮黑老杨、小李说：“石炳麟从前在这里放烟课，拿盐巴来逼着放秋烟，不干就要打，现在政府就好了。”③一个倮黑在看歌剧《老母鸡》时说：“解放军与国民党不同都不知道吗？”

（2）揭发谣言，启发了群众的阶级觉悟。①大乾卜马罗扎倮说：“以后发现谣言分子，一定要交政府把他打死。”②哑剧演到军民合作起来打倒老蒋时，群众高呼：“大点些。”看到蒋匪的残暴时，有些倮黑说：“我也受到了，石炳麟就是这个样。”

（3）通过吃咒水、剽牛，进一步地搞好了团结。

（4）了解了一些情况，如对谣言的来源，有了一些线索，对政治、经济、文化及个别特殊人物也有一些了解。

（5）开了街以后，就解决了他们的一些困难，并打下搞好各民族间的感情和团结的基础。

2.成功的原因

（1）党和人民政府的政策正确。

（2）接受了西盟的经验教训。

（3）事先对干部动员和准备计划比较深入、明确，工作不乱，积极性也高。

（4）组织了党政军民的力量，尤其对倮黑族同胞的使用比较适当。

（5）人数比西盟少，变化比西盟有规律。

（6）受去北京代表和去专区代表归来的影响。

（四）优缺点

1.优点

（1）领导事先计划得够（如准备工作充分、力量配备适当、分工明确具体），任务交代得具体。

（2）抓紧汇报，检查出问题，即刻纠正解决。

（3）招待和登记工作做得好。

（4）戏剧漫画的内容，适合他们的接受程度，并起了调剂会场的作用。

（5）各部门配合得好。

（6）会场布置适当，使群众易于集中，秩序容易维持。

（7）有事多找头人商量，机动改变计划，使大会顺利进行。

（8）大会宣传与个别宣传结合得紧。

（9）用倮黑同胞招待佧佤同胞，工作搞得好，又增进了他们的感情。

2.缺点

（1）会前对代表的动员宣传工作不深入，在宣传中还有错误，如以物质名利作引诱。

（2）计划和对问题的考虑上还不够周密。

（3）各部门间互相联系还有点不够紧。

（4）对少数民族的态度上，部分表现得不够好。

（5）少数同志，责任心不够，怕困难。

（6）会议时间拖后了两个钟头，以致受赶街的影响。

（7）部队管理不够严。

（8）懂得倮黑话的人少，工作队识字的人太少，使工作收效不能更完满。

（9）大会中茶水没有普遍照顾到群众。

（五）经验教训

（1）对动员的人要慎重选择，动员中要设法了解他们的思想情况，解除他们的顾虑；对工作人员的动员，要深入明确，使对大会的目的了解，才能提高工作的积极性。

（2）工作计划要具体明确，力量组织要广，配合要适当，分工要明确紧密；坚持会议汇报，发现问题，立即纠正解决。

（3）招待的成败对整个大会很有影响，最好能够配合少数民族或了解他们的汉人，由于生活、习惯及语言的相通，更易搞得好。

（4）宣传要结合群众的思想感情和要求，才会被欢迎，收效才大，对兄弟民族以多作漫画和戏剧结合解释宣传，收效更大。

（5）登记时由头人负责报到，并发给领物证，这样既不乱而又准确，人数变化上也易掌握。

（6）各部门发现问题，须及时交换情报，以便掌握解决。

（7）有问题多与头人商量，事先说服打通，工作才能顺利。

（8）翻译员应物色老实可靠的，免使报告者的原意受到影响。

（丙）中英勘界问题（据张石庵报告）

在光绪十一年，英国侵占了缅甸。帝国主义野心不甘，还想继续向我境内侵略，于是积极准备借勘界为名，占我澜沧之银矿。英帝在勘界前，做了两个准备：

（1）派英人斯格德借游历之名来到中国，他由琨泽、敢色等地转到西盟山，并曾到过孔明山、高峰刮一带，每一个地方都到地上埋一堆石头，对澜沧的地理、物产都有了解，企图以埋石头来认界。到西盟区后，斯格德认识了当地土司（倮族）李通明，并和李打了亲家，并送李1支手枪、1个八音琴，想利用李在以后勘界时来帮助他。

（2）英国在缅甸本苗训练了1个临时测量队，专门测绘滇缅未定界、澜沧的详细地图。

清政府已知道英国人来测量，当时的外务大臣即派一个缅人到未定界了解情况，并画了一张地图，事先说明完成任务后给1万元钱。工作完毕之后，不给他钱，他就没有把地图拿出来，所以我国就不了解地理情况，只是用一张红纸贴在墙上表示国界，但一贴就贴到孔明山，把我国地方缩小了很多。

（一）勘界经过

勘界共经过了两次。第一次是在民国十四年（1925），英国的界务总办是斯格德，中方的是云南兵备道陈昶（正）及刘旺胜。英方来勘界时，带有武装到佧佤山，被佧佤杀死了百多人，此次勘界未得解决。

第一次勘界不成英帝心并不甘，他一面派永伟礼到澜沧借传教之名，化验我们的银矿，想以武力来开采。到民国二十三年冬（1934），英军忽然进入我境；班洪王便联络李希哲（匪霸）与英军周旋，夺回了几个地方，又由于当时人们都反英，故不久就赶走了英军。

英帝武装进攻不成，返回后，又与我国商量进行勘界，时间是民国二十六年（1937）。英方勘界员仍是斯格德，中方正为梁衣龙、副为尹明德。勘界的结果，银矿都归了英国，只有一些寨子归中国，班洪银矿为中英两国共管，但英方要占全权，投资英方51%，中方只49%。

（二）勘界中的界线问题

这个问题一直是没扯清。最初中国勘界总办陈昶为了挽回薛福成把界纸贴在孔明山之错，把怒江那里的山改为公明山，想把地界由帮桑江起转南板江，上公明山后南项河与周保河上至公明山至九十七号界桩为止。但是斯格德又有一线，想由帮桑江至我早已建立了政权的孔明山附近扒八地，经薄项（西盟土司属）东至南本（募乃土扎总康）上木戛，西北至班洪，西至已宣的九十七号界桩。内中将我早已开发的、但中止了的西盟新厂

（银）、石中厂（银）、踏田金矿（未开采）、莫列金银厂、大小范海银矿、班洪之银矿（班洪王早就是中国管的了），完全划归英国。

但到第二次勘界时我中国政府软弱无能，勘委会又媚外，虽然人民不愿归英管，但却把班洪银矿、莫列等地划归了英国。

（三）勘界中的一些情况

（1）民国十四年美国传教士永伟礼来糯佛建立教堂，明是传教暗是干特务勾当。第一次勘界后到民国二十三年，永伟礼的长子永享乐受英帝指使，在澜沧通过教会叫教民（西盟、班洪的）把西盟银铅矿给他带去化验后，因成分好，永享乐便坚决表示要求开采。

（2）在勘界中英方要我国西盟区勐梭地方，他提出了两个借口，但都不符事实。一说勐梭头人罕纳昭投顺缅甸，而事实罕纳昭是因叛变逃到缅甸的一小坝子去避难的。

（3）在勘界中英人是无孔不入，狡计百出，而清政府官吏则昏庸糊涂，处处失败。如说西盟是一向不归顺的民族，最近因怕政府武力强，才来归顺。把西盟说成新“征服”地区，而原不是中国地，这就给敌人有机可乘。

（4）在第一次勘界中，中方总办陈昶是想尽力维护祖国的土地，而副总办刘旺胜想献媚英方，把中方的决定都告诉英方，并告诉斯格德说：陈昶是一近视眼，在勘界时要他指地方，不合就可拨。幸而英方的翻译是中国人，有爱国心，把此计告知陈昶。陈昶便事先准备好，临勘界时并未指错，英方斯格德只好发一脾气走了，因而第一次勘界“勘而未定”。（此为张石庵听来的，不知真否）

（四）勘界时各少数民族的反映

勘界时边界各兄弟民族都愿意归中国，不愿归英，敢色、莫列曾作报告给中国政府，表示不愿归英国，又南抗、班洪王、南康武、困色、业列、蛮国、巴戛爷、山东、岩成等地都不愿归英国，虽然英美帝国主义在那边用教会施小恩惠，拉拢人民，但人民始终不愿归英。

此外如英来勘界时，佧佤族同胞不愿归英而发生械斗，在第一次勘界中杀死英军百余人。又西盟土司李通明，虽与斯格德打过亲家，但在勘界中并没有帮助斯，反而穿起军装（为了让斯看不出）来帮助当时的清政府外务大臣陈昶。

普洱区资料之十七

——车、佛、南农业及棉花调查报告

中央访问团第二分团

1951年7月出版

普洱区资料之十七

——车、佛、南农业及棉花调查报告

编者声明

这些材料是我们从1951年2月22日至1951年5月底（其中大部时间是在行动中），先后在蒙自、普洱、文山等地区进行兄弟民族访问工作中，通过当地干部、民族代表及熟悉当地情况的人士所了解的一些情况。为应各有关机关之急需，仅将原材料加以初步整理，尽量避免主观分析与结论，在文字上仅要求看得懂。但由于短期访问及仓促整理，情况难免不真实或不深入，观点难免错误。故仅能供各有关机关进行民族工作的参考或进一步考察的线索，并望于今后的调查研究，加以校正。

1951年6月　日

甲、农业报告

（一）一般情况

1. 人口

车里、佛海、南峤3县人口总数，根据1938年省建设厅统计如下：

县别	总人口	农民人口	农民占总人口百分比（%）
车里	41159	40748	99
佛海	22314	22091	99
南峤	25614		
合计	89087		

根据最近车、佛、南所得资料，人口数字如下：

县别	人口数字
车里	29091
佛海	22308
南峤	31303
合计	82702

2. 三县土地及耕地面积

无精确统计，据1938年建设厅估计如下：

县别	总面积（方公里）	已耕面积（市亩）
车里	4164	162996
佛海	1560	66942
南峤	2304	295000
合计	8028	524938

但根据最近材料，佛海县可耕面积，仅以坝子计，面积如下：

坝子别	可耕面积（亩）	已耕面积（亩）	荒地面积（亩）
勐海①	22500	13500	9000
勐混	33750	20250	13500
勐板	4500	2250	2250
打洛	7500	1500	6000
合计	68250	37500	30750

据南峤县最近材料，全县可耕面积为20万市亩，已耕面积12万亩，荒地8万亩（其中生荒5万亩、熟荒3万亩）。

3. 温度、海拔与雨量

温度无精确数字。在宁洱所得材料，车里全年最高温度43.3摄氏度，最低10.0摄氏度；佛海最高温度29摄氏度，最低5.5摄氏度；南峤最高27摄氏度，最低7.2摄氏度。

从各县所得材料，车里最高温度96华氏度，最低56华氏度；佛海最高92华氏度，最低40华氏度；南峤最高49华氏度，最低45华氏度。这些记载并不能代表全县，因为一县之中内坝子与山地不同，3县之中，坝子与坝子间差异很大。

车里景洪坝及橄榄坝海拔400公尺至500公尺之间，佛海的猛海坝、南峤猛遮坝，海拔在1200公尺左右。由于海拔不同，温度相差甚大，而植物的栽培也不同，在橄榄②及景洪有不少椰子树，在猛海、猛遮坝很少看见，而勐海顶真的茶树在景洪和橄榄又很少见。降雨量据车里的材料，该县年降雨量为1600公厘。

4. 坝子和山区农业的区别

坝子里多数是僰族，以种植水稻为主，而少大量种植其他作物。山区多为阿卡、朴

① 勐海，本文又作“猛海”。——编者
② 此处疑漏“坝”字。下同。——编者

满、攸乐、三达、孔格、阿克等族，栽培的作物种类较多，以旱稻为主，其次则为玉米、棉花、水稻、麻、黄豆、豌豆等。以土地利用来说，坝子中土地荒芜的很多，利用不完。山区除了一小部分梯田经常固定使用外，其余都要破坏一部分森林，实行原始的刀耕火种农业，所开出荒地使用二三年，不施肥料，迨地力耗竭，另行开荒。此种滥肆破坏森林的行为，每年都在大规模地进行。住在坝子里的人也知道森林被破坏，冲刷泥土，水源枯竭、河床淤塞，所以也喊出“山上开荒，坝子遭殃”的话来。

5. 土地肥沃

车里、佛海土地较为肥沃，坝子里在一般不施肥的情况下，每挑谷种（44市斤）可收获谷子40挑到80挑。由于土地多，休闲起来，便另开辟新地耕种。山区由于放火烧毁森林，开为耕地也很肥沃，地力耗竭，则另开荒。

6. 耕作粗放

坝子里种植水稻，一般不中耕除草，普遍只在栽秧前犁1次耙1次，2犁2耙的情形很少。对于3犁3耙，农民反映“3犁3耙只是头一年好，或者力头长在叶子上，结穗不会多”，“3犁我们也试过，枝肥叶大，谷子肯倒，遇着雨会发芽”，“肥料只要下在水里就行，田里不必放”。不仅坝子里不施肥，山区耕作更原始，以佛海附近阿卡族居住的小佛拉为例：不犁地，全村10余户无一条牛，也不利用肥料，所开荒地用人力挖出，“精耕细作”是谈不上的。

7. 不种冬季作物及蔬菜

坝子里一般不种小春。加之僰族的习惯，稻谷收获后，牛马随意在田间放牧，无人看管，纵有少数种小春的，也因牛马践踏而无收成。蔬菜除了汉族种一点外，别的民族很少吃蔬菜，平常多半找些野菜及水藻做菜。以气候来说，一年两熟绝无问题，就是种两季稻也是可能的，现在只种一季。要等雨水来后，才开始做秧田撒种及犁田耙田，雨水不来，田里工作完全停顿，但少数很好灌溉的地方，秧田就早一些。在车里戛东街，曾经种过两季稻，由于粮食不值钱，又无销路，也就不种了。如将流沙河、南央河水利兴修起来，种小春及二季稻无大问题。山区过去种过小麦，现在也很希望有麦种拿去试验。

8. 水谷多为糯谷

僰族习惯吃糯米，所以生产的亦以糯谷为主。一般说来，糯谷产量较饭米高，糯米普通每斤200元，饭米视各地需要价格略有上下，约400元至600元。车、佛、南每年产米5000万斤，然大部为糯谷。

9. 工资高

普通临时工每工5000元，汉族工作效率高，每工7500元。至于木、瓦、石工，每工12500元，还要供膳食。若以米折算，僰族每工为25市斤。工虽贵却很难找到，没有当常年工人的。僰族中有帮种一季的，从播种、栽秧直到收获完毕，代价为谷子40挑至60挑（每挑44市斤）。僰族工作效率不高，以中央访问团搬运发电机为例，从石屏到车里汉族工人只需11人，从车里以后，僰族工人搬运，则增至22人。

10. 耕畜农具缺乏

坝子僰族不缺牛。据车里景洪区蛮卖村的调查，该村84户，有耕牛82头，其分配情形如下：

耕牛头数	户数	合计头数
无	17	
1	57	57
2	5	10
3	5	15
共计	84	82

山区如佛海贺兰山寨的阿卡族，车里蛮散寨的攸乐族，根本就没有牛耕地。农具也非常缺乏，价格又高，买一把两斤的锄头，就得150斤米，需要3个人挑去卖。市场上有英国人做的洋锄，每把售人民币28000元。

11. 山区种鸦片

去年边远山区尚有种鸦片的，数量无具体材料，今年已把政府禁烟政策深入宣传，同时由于内地厉行禁烟不能内运，烟价下跌，但有些地区没有别的经济价值较高的作物出售换食盐，故仍在打算种。

12. 干部缺少

车里于4月中尚未成立建设科，有关农林工作由秘书兼任。佛海建设科长是一位僰族刀同志负责，由于汉文水平及技术限制的关系，对上级指示文件不能深入体会与了解。其余有生产股长1人，于4月下旬调做其他工作。南峤设工建科，负责农林工作者有科员1人，但对业务不熟悉。在区一般政府中全未设生产干事。由于干部条件，除了棉花生产由农业厅工作队协助部署外，对于粮食生产未具体布置，有的县如南峤也只做了一般号召，没有深入宣传布置，有自流趋势。

（二）车、佛、南的几种特产

本区特产前途有希望的产物有茶、樟脑、棉花、椰子、香蕉、甘蔗、金鸡纳、木薯等。茶、樟、棉另有专题报告，不再赘述，其余分述如下：

1. 橡胶树（Hevea brasiliensis）

这种橡胶树原产于巴西，所产橡胶品质最优，现车里县属之橄榄坝约有300余株，系暹罗华侨投资经营的暹罗树胶垦殖公司①种植。据该公司经理钱仿周君谈，该公司系由旅泰经营橡胶园之福建侨胞组成，资金50万铢，先集资一半。于1939年回国考察土质气候，选定橄榄坝种植橡胶树，运回种子5万粒，费时2月余。播种后全部未发芽，中途停顿。迨至1948年，再由泰国运回胶苗2万株。此项胶苗不是特别培育的，乃从泰国胶园中挖取

① 暹罗树胶垦殖公司，本文又作“暹罗橡胶垦殖公司”。——编者

二三年生之幼苗。去其顶端须根，留长约尺许的苗木，装箱经缅甸之景栋进口，每驮800株。为了减轻运费，所挖苗木粗如手指，太粗不用，于1948年植于橄榄坝猛竜区。株行距28呎乘14呎，定植前先挖穴，穴深1.5呎，共4000株。其余因场地未准备好，于10月初暂时假植，株行6吋乘6吋，于1950年移植于回轮地方。由于国民党反动派官吏的勒索，借了公司大宗款项，又不按时归还，公司许多作业不能及时进行，其主要的篱笆也未围好。僰族的习惯，割谷后牛马在田野放牧，无人看管，牛爱吃胶叶，连吃带践踏，损失惨重。加以解放初期，又因地主武装骚扰，负责人一度离开，无人主持，再由于公司管理粗放等等原因，截至目前，只余300株左右，粗如手指，高约尺余，此种情形显系生长不良。根据李德来氏（Ridley）云，在马来亚种于优良土地而不施肥的各龄橡胶树于离地面3尺处树身周径如下：

2 年生 9 吋　3 年生 14 吋　4 年生 20 吋　5 年生 24 吋
6 年生 30 吋　7 年生 36 吋　8 年生 42 吋　9 年生 48 吋

虽然我们不能要求橡树的生长在车里如马来亚，至少这批橡树到目前为止是生长不良的。该公司尚有15000株橡胶苗留在景栋，拟于最近运回，希望这批苗木到后，能加意培育。

2. 凤梨（Ananas comosus）

3县都有零星出产，当地叫菠萝或打锣槌，多种在僰族屋旁园子内，但在车里的景洪坝，南峤的顶真、勐满，则有较大面积的栽培，大都种在坡度不大的斜坡上。凤梨的经济价值较高，除供生食外，可做罐头。据估计每亩可种500株，采分根繁殖，种后1年半可收获，第一次每亩收200枚左右，以后每年可收600枚至700枚，于6年后产量渐低。如与甘蔗配合起来，本区的凤梨罐头业是有希望的。

3. 金鸡纳树

在南峤顶真区的顶真农场，现还有1株，据说已种植10年以上，种子从河口带来，在1947年、1948年夏秋之交，曾经开花结果。由于该地冬季有微霜，顶端常被冻死，现在高约8尺。因为顶真农场已停止经营，金鸡纳树由当地区政府在四周护以竹篱，并培土除草。

4. 椰子（Cocos nucifera）

车里的景洪坝及橄榄坝都有椰子，大都种在僰族的房屋及缅寺四周，生长很好，在橄榄坝曾看见一株结有30多枚椰子。现在椰子只拿来生食，椰子水味如荸荠水，椰仁生食没有什么味道，椰子仁含油丰富，如大规模种植，也是有希望的作物。

5. 香蕉

都有零星种植，以开远一带称为“西贡蕉”的占多数，也有芭蕉，香蕉比较少，以车里栽培最多。另外有一种“美人指蕉”，大小如手指，味香而甜。还有一种“象脚蕉”，植株基部特别肥大，上部细小，未见果子，据说不很好吃。车里种香蕉，由于冬季绝对无霜，其产量及品质较之现在产香蕉的开远可能更好，且香蕉所费人工较少，更适于缺乏人力的车、佛、南一带种植，只要昆洛公路修通后，销路也可以解决。

6. 甘蔗

各县坝子里都种一点在房子边园地内以作生食，种植也是粗放，种植后不施肥，不除草中耕，野草蔓生，到收获时将蔗砍回，放火烧掉杂草，翌年依然不施肥中耕，有收获五六年再另行种植的。栽培的品种以“马鹿”甘蔗最多，组织坚硬，略带酸味，所制之糖叫“板糖”，也带酸味。更有以甘蔗榨出糖水出卖的。此外，由磨黑及景东引入的品种，品质较佳，组织也还脆嫩，唯节间短，约二三寸，多作生食。3县所产糖，专署估计如下：

县别	产区	1950年蔗糖产品（斤）	品质
车里	橄榄、猛笼、景洪	14000	板糖，包括糖水2000斤
南峤	顶真、蛮燕	15000	板糖较佳，销澜沧、佛海
佛海	猛混	—	板糖，有酸味

7. 烟叶

每年可出产烟叶20万斤。车里产量较多，约占2/3，佛海约产5万斤。多销缅甸景栋。现种的多为“中烟”。以前企业局南峤农场，曾种过“美烟”，据云生长尚佳，由于不会烤制又无销路才不种植。本地烟在雨季来后，将谷子栽完后才种，有迟至中秋节前后种的，这种情形在生长后期需要干燥气候的“土耳其烟”，于雨季栽种一定很有希望。

8. 木薯（Manihot utilissima）

在车里的橄榄坝、景洪坝、小猛养都有发现，除了橄榄坝有栽培的，其余都长在园圃边作篱笆。木薯做出的淀粉称木薯粉（Tapioca），可以食用，在纺织工业上用作洗浆原料。栽培简单而又省工，以插条繁殖。一年可收，每亩产量1000斤以上，制淀粉后，其渣可喂猪。

9. 其他

车里的直立花生米，米粒饱满，食用及榨油都很好。猛养、猛板的橘子，景洪的槟榔（Areca catechu）、檬果（Mangifera indica）、波罗蜜（Artocarpus integra）、木瓜（Carica papaya）、酸角（Tamarind indica），都有出产，品质很好。

（三）意见

（1）应以发展热带农业为主：车、佛、南气候及现存的各种作物，都有热带的特点，所以农业建设的方针要尽量发挥这一特点。为了进一步发挥本区特产，最好在车里景洪坝设一热带农业试验场，专门研究橡树、金鸡纳、凤梨、椰子、香蕉、甘蔗、木薯、木棉、烟草、稻谷及其他热带果树等，同时以试验场来培养一批兄弟民族干部。

（2）培养少数民族技术干部：目前对于少数民族干部，以大批训练与培养政治干部为主，但在社会改革后，紧接着便是经济建设工作，立刻有各兄弟民族领导推进工作，同时在训练政治干部的时候，也应当给以一定分量的农业知识，只有各级干部思想上充分认识了生产的意义，才能将工作搞得更好。

（3）对于橡树，政府应深入地来试验研究，如种子繁殖问题、幼苗的灌溉及遮护，并对生长习性详细观察。对于暹罗橡胶垦殖公司应给以各种协助，使其安心工作。今年所运回的苗木，可购买若干，由各级政府负责于温度较高的坝子进行试种，如欲大规模种植，恐尚须以国家来经营，因为当地兄弟民族同胞无此人力和财力。

（4）金鸡纳在顶真前途希望不大，应于无霜的坝子种植，如橄榄坝、景洪坝、勐满坝等地。

（5）引入新品种，如甘蔗、棉花及小春作物品种，以改良当地现有品种。蔗糖在本区是有很大希望的，棉花应试行于雨季末期播种，在旱季收花。

（6）提高精耕细作，多施肥料以求粮食在单位面积上增加生产，并提倡多种籼稻及种小春。目前粮虽过剩，粮价低廉，但在昆洛公路完成后，粮食自可销至邻近缺粮县份。

（7）对于山区少数民族，应执行“靠山吃山、吃山养山”的原则，不得漫无限制地破坏森林，尽可能固定山区耕地，提倡多施肥料，精耕细作，并于森林破坏严重地点培育经济林木，从长远利益着眼。

（8）农业建设应与贸易、银行、工业各方配合，有计划地发展生产，将本区的特产应生产的数量、品质、规格具体地订出计划。

（9）兴修水利，打破靠天吃饭思想，并为种二季稻及小春建立条件。

（10）贸易部门应大力给本区特产谋出路。西藏解放后，佛海茶的前途应有新的计划。对棉花和茶叶应扩大预购，应大力供应农具及生活必需品。

（11）医药卫生工作的展开是发展本区农业的先决条件。本区瘴疟猖獗，除僰族稍能适应于坝子生活外，附近山区民族于雨季都不敢下坝子。要将农业生产推进一步，把所有荒地都加以利用，这与医药卫生工作是分不开的。

乙、棉花调查报告

（一）棉区

车、佛、南3县的棉花大部种在山地上，主要及次要产区如下：

县别	主要棉区	次要棉区
车里	橄榄区	猛笼区、猛养区、景洪区
佛海	猛混区	板洛区
南峤	蛮兑区、猛满区、别旧区	猛遮区

以民族来分，僰族种棉的较少，山区兄弟民族如阿卡、昆格、攸乐、朴满、阿克等族，种棉的较多。

（二）棉田面积及产量

面积及产量无精确数字，据旧建设厅的资料如下：

县别	植棉面积（亩）	皮花产量（斤）
车里	10000	300000
佛海	15000	450000
南峤	15000	450000
合计	40000	1200000

3县合计4万亩，共产棉花120万斤，面积4万亩估计过高。拿产量来说每亩平均产皮花30斤，以衣分30%计算，每亩平均产籽花100斤，恐亦失之过高。据普洱专署的估计，3县籽花产量为541000斤，每亩平均产量籽花40斤计，则棉田面积如下：

县别	棉田面积（亩）	籽花产量（斤）
车里	6275	251000
佛海	1000	40000
南峤	6250	250000
合计	13525	541000

这两个估计，后者较小得多，面积为前者的33.8%，产量为前者的40%，但这些数字的可靠性及精确性要加以考虑的。据省农林厅派往该地的工作组的经验，在车里县政府所得的材料，该县橄榄区1950年产籽花500担，但到区上调查，仅根据区政府合作社及产棉区村长等处所得的材料，在澜沧江两岸，21个阿卡族村子1950年共产皮花355担，约为籽花1400余担，相差2倍余。但是实际调查棉田面积也有困难，因为棉地多半是山地，其中有的还在地中存在一片片的石块，有的有大树，坡度又大而且零星，以往又未丈量，关于面积只有出于估计。

（三）本年生产任务

专署原来布置的任务，共计17000亩，产籽花680000斤。其分配如下：

县别	植棉面积（亩）	籽花产量（斤）
车里	8000	320000
佛海	5000	200000
南峤	4000	160000
合计	17000	680000

专署指示文件发出后，除佛海县由建设科长及生产股长到各区宣传植棉，并调查材料外，南峤对文件未研究，车里也未具体部署，一直等着农业厅及专署合组的工作队到后才商定计划，重新布置。估计1951年植棉面积及产量如下：

县别	植棉面积（亩）	籽花产量（斤）
车里	6925	276100
佛海	2000	80000
南峤	6250	250000
合计	15175	606100

上述任务，据3县负责同志于4月中旬表示，车里可能完成。佛海的问题在于治安关系，因为该县产棉区在勐混区的张宗、新龙、蛮阿3个村，靠近国界边境，残匪作乱，不易展开工作，如有部队前往驻防，工作可以深入，任务也就能完成。南峤任务因时间关系，山居同胞来不及开荒，可能完成3750亩，籽花150000斤。根据上述情况，3县籽花产量可能达到506100斤，约产皮花152000斤。

（四）生产费用

植棉费用调查一般是计算单位面积上所投入的人工、畜工、肥料、籽种来计算，由于山区土地没有丈量，又没有面积单位的概念，加之烧毁森林所开出来的耕地，其中有石块、石堆，故计算成本费用改用播种量及所费人工来计算每一个工可收若干棉花。

佛海贺兰上寨阿卡族植棉费用调查（种棉种子20斤所用人工）：

砍树刈草　10工

挖地　15工

碎土　10工

耙平　4工

撒种及盖土　5工

除第一次草　20工

除第二次草　15工

除第三次草　10工

收花　13工

合计　102工

上述20斤棉籽用工102个，其中砍树刈草10工，以平均使用土地两年计，每年为5个工，故植棉共费97个工，可收籽花60老斤，每工约合籽花0.26斤。开荒所费人工各地不同，我们有一份宁江的材料，种1斗棉种（约重15斤）的地，开荒所费人工如下：

砍小树　10工

犁二三次　1工

犁第一次　1工

挖地　7工（挖犁不着的地）

砍大树　5工

烧大树　10工（平地）

合计　34工（牛工在外）

这是比较精细的开荒，使用了耕牛，土地利以两年计，平均每年17工。除开荒外，植棉所费人工如次：

播种及盖土　7工

除草3次　24工

收花　10工

合计　41工

二者合计每斗种共用58工，收籽花50斤，平均每工收花0.86斤。

从这两个调查中，只要耕作较为精细，每工所收获的棉花要多0.24斤，但每个工作得的货价不会超过籽花1斤。

（五）棉花价格

车、佛、南地区棉花价格每老斤籽花约7500元，每老斤皮花约10000元；按大米价格每斤200元计，则一斤棉花折合大米50斤，这一价格大大地超过了全国的保证棉粮比价的比率。但是这一比价没有说明棉农对于植棉在生活上有什么特别利益，因为本区由于交通不便，粮食不易外销，形成米价低廉，但是其他的物品又特别昂贵，即以生活必需品的食盐为例，则每一斤皮花只能换4斤盐，所以盐一直是边区兄弟民族中的一个主要困难问题。为了奖励兄弟民族大力植棉，并解决盐荒，保证棉价一定要以食盐为主，而且在目前情况下，山区兄弟民族能拿来交换的、经济价格较高的农产品，也只有棉花一项。关于在普洱区保证棉花价格意见，曾向省农业厅及中央贸易部提出，原文如附一。

此外，关于以棉折征公粮，也给兄弟民族不少便利。以攸乐山蛮漂寨为例，该寨18户，1950年公粮负担为2400斤稻谷，以山区搬运情况来说，平均每人背50斤，需要48个人，来回以2天计共96工，后来以皮花36斤折缴，则只需要1个人来回2天就运完了，可以省去94个人工。

（六）坝子植棉问题

本区植棉地区多半是山区，山居兄弟民族耕作原始，采取刀耕火种的方式，把森林砍伐烧毁开始作耕地，不施肥，也不做防治冲刷的作业，迨地力耗竭，另去辟地，也就是又去破坏森林。这样去推广植棉也成了加速破坏森林，正如南峤干部说的“专署公文来迟了，来不及开山”，所谓开山，就是破坏森林。因此今后应该提倡坝子多种棉。坝子不是不能种棉，只是种得较少，今举车里景洪坝蛮卖村的调查为例，该村84户中，也有30户种棉。

车里景洪区蛮卖村棉花生产调查（僰族）

县别	产棉斤数	共产斤数
1	2	2
4	6	24
2	10	20
4	12	48
5	14	70

续表

县别	产棉斤数	共产斤数
13	20	260
1	40	40
合计		464

说明：原材料未指明产量系指籽花或皮花，以产量推测，可能指的是皮花，因为最高一家只收40斤，按每亩产皮花12斤计，也只有3亩余。

从这个调查中可以看出僰族也是种棉花的，只是种得比较少一点而已，在84户中，有30户种棉，其中还有1/3种棉面积不上1亩。

在温度较高的坝子，如景洪坝、橄榄、猛笼等处，在雨季末期播种，开花吐芽时正值旱季，这种方法是有希望的，对于棉花的品质及产量，可能更好。

今年思普垦殖场将于猛遮坝试种草棉20亩，专署建设科也在宁洱西门外农场种了很多品种，邻近车里的思茅县坝子里，专署同志也发现零星的草棉，每株有八九个铃壳，而且都是畅裂，坝子种棉是有希望的。要打破不种棉的成见，在播种期、品种及栽种方法各方面要加以试验研究，并吸收当地有植棉经验的农民意见，得出结论，然后在坝子大量植棉，这才能大量增加棉花产量，也是整个普洱区植棉的正确途径。

（七）棉贷

棉种贷款原定车里县为1440万元，佛海720万元，南峤900万元，3县共计3060万元。此项贷款，因本区棉种不缺，故未贷出，但山区棉农都缺少粮食、农具、耕牛及食盐，后专署指示，可将棉种贷款灵活应用，作为生产贷款，贷给缺少粮食、农具、耕牛及食盐之棉农。直至访问团离开该区，尚未闻如何具体布置，到普洱专署后得悉省府又指定以13000万元作普洱区棉花生产贷款。此项贷款如能及时贷出，对棉花生产将起巨大作用。

（八）轧花机

在车、佛、南以及整个普洱区，都感到轧花机的缺乏。车、佛、南区攸乐、阿卡，有手摇木制及手摇足踏轧花机，然因数量少，效率低，除能轧自用的棉花外，其余概以籽花出售。在市场上也可以籽花交易，商人将籽花运到普洱后再轧花，故普洱棉籽非常多，价格也低，棉籽每石（150老斤），在3月14日售价为21000元，每斤140元，当时的米价每老斤1400元，棉籽与大米的比价为1比10，其主要用途为供农民饲牛。以籽花运输，就增加了棉花的运输费用，从佛海运宁洱每驮（100老斤）运费12万元，如轧成皮花（以衣分30%计），运费只要36000元。轧花机问题在普洱很困难，宁洱贸易公司在宁洱存有籽花3万多斤，从去年10月到今年3月尚未轧完。当时为了要在雨季前把皮花运出，以及使资金周转快一点，发动老百姓轧花，将籽花交给老百姓，起初350斤籽花交皮花100斤，后来一直增加到390斤籽花交皮花100斤，在这种情形下尚不能将籽花轧完，宁洱所使用的也是木制手摇轧花机（墨江制），每人每日只能轧花10斤。宁洱利民工厂有皮辊轧花机3部，每天也只能轧花百余斤。

（九）木棉的前途

以往车、佛、南曾经零星地种过木棉，现在所剩极少，只在南峤景真区政府对面发现三四株，没有加以管理，生长不很好。另外在南峤新街南央河的堤岸上有四五株，也是经过牛马践踏，其中有一株生长甚好，有铃壳130余个，全都是畅裂。这可以证明木棉在南峤坝子是可以生长的。南峤坝子较附近坝子温度低，尚可生长得好，则其他坝子更无问题。以本区土地之肥沃，气候又炎热，只要经营合理，每亩木棉年产籽花40斤是有把握的。木棉之所以没有发展，是因为无人收购，而棉农又不会利用。木棉纤维多在$1\frac{1}{8}$寸以上，土法弹花由于纤维长把弦缠住而弹不开，所以不能手纺，种的木棉又都砍去。今后只要贸易公司能以合理的价格收购，并贷给生产贷款，本区是可以成为一个长绒棉产区的。在坝子种木棉较之种草棉以目前情况说，要更有把握些，这一工作值得积极展开。

（十）意见

（1）在目前交通情况下，棉花是一种经济价格较高、可以运销内地的农产品，也是一种可以代替鸦片拿来交换食盐的东西，关系甚大，领导应特别重视。

（2）应该以食盐来保证棉价，提高植棉兴趣，增加产量，保证棉农利益。其比率最好1斤棉花换5斤或6斤食盐。

（3）棉贷应及时贷出，生产贷款中应指定一部作轧花机贷款，于重点区组织生产合作社。

（4）积极展开坝子植棉，对于播种期、品种、耕作方法应进行试验研究，在雨季末期播种、旱季开花吐芽的耕种法应该试一下。

（5）提倡种木棉，并于各坝子内先行试种一部。

（6）加强技术指导，提倡精耕细作，以求单位面积产量的增高，吸收并介绍当地有成绩的棉农的经验。

附一

思茅区保证棉价意见

（一）情况

1.思普区为云南棉区之一，由于交通困难，边远坝子所产大米运费过高，无法外销，造成粮价过低现象（车、佛、南大米每斤200元，宁江500元），少数民族无力购盐，感到食盐缺乏。

2.边远县（以宁江为例），市价皮棉1斤换米25斤，换盐3.33斤。按照西南1950年规定，棉粮比价1比12，昆明3月14日零售公司牌价米盐为2比1，折棉盐为1比6；宁洱3月13日棉盐价为1比10，3月27日比价为1比8.8。

3. 据宁江的材料，生产棉花及大米（陆稻），每个工所换食盐如下：

58个工生产皮棉15斤，折盐50斤，每个工值盐0.862斤。

37个工生产大米240斤，折盐32斤，每个工值盐0.865斤。

如将棉价提高至1斤皮棉换6斤盐，种棉每工可值盐1.55斤。

4. 1951年本区植棉任务为38000亩，产皮棉570000斤，约为全区棉需的43.8%。

（二）意见

1.为奖励农民（主要为少数民族）大量植棉和解决棉荒，除保证棉粮比价外，缺盐地区应以食盐保证棉价，棉盐比率拟定为1比5或6。

2. 在合作社未建立的特殊情况下，贸易公司应广泛展开订立预购合同。

3. 其他类似地区可作参考。

（三）此电经中访团二分团王副团长补充修正

杨隆兴

3月29日于宁洱

普洱区资料之十八
——普洱区的紫梗、樟脑与茶叶[①]
中央访问团第二分团
1951年7月出版

普洱区资料之十八

——普洱区紫梗、樟脑与茶叶情况

编者声明

这些材料是我们从1951年2月22日至1951年5月底（其中大部时间是在行动中），先后在蒙自、普洱、文山等地区进行兄弟民族访问工作中，通过当地干部、民族代表及熟悉当地情况的人士所了解的一些情况。为应各有关机关之急需，仅将原材料加以初步整理，尽量避免主观分析与结论，在文字上仅要求看得懂。但由于短期访问及仓促整理，情况难免不真实或不深入，观点难免错误。故仅能供各有关机关进行民族工作的参考或进一步考察的线索，并望于今后的调查研究，加以校正。

1951年6月　日

一、普洱区之紫梗

（一）生成及性状

紫梗又名紫胶或虫胶，系由一种微小的介壳虫名胶虫者（Laccifer lacca）分泌而成，在普洱区产量颇丰。此胶虫多寄生于数种桑科及豆科植物（树木）的枝条上，其他各科植物亦有被寄生者，据估计其寄生的树木当在30种以上，在滇南最习见，而且产胶量最高的当推无花果属中的大青树（Ficus spp）。胶虫体微小，略似蚜虫，色红褐，群聚枝表吸取树液。平时成静止状态，能分泌一种紫红色树脂性胶质，此种胶质遇空气后，即形硬化，包被枝条，厚约1/4到1/2英寸，是即紫梗。此时虫体包藏于胶质中，以防恶劣的气候及外敌的侵袭。

紫梗之成分，据一般分析的结果，主要由紫胶脂、紫胶蜡与紫胶颜料所组成，其比例大致是：

① 本材料内页名称为“普洱区紫梗、樟脑与茶叶情况”，与封面标题并不一致。——编者

紫胶脂占74.5%——为虫体所分泌，其中一部分可溶于醚，一部分则为不溶性。

紫胶蜡占6%——由虫体特殊部分所分泌。

紫胶颜料占6.5%——含于虫体内，为水溶性。

（二）产区及产量

主产于印度、缅甸、越南等国，我国滇南及滇西南出产亦盛。在普洱区举凡燥热的河谷坝子均有出产，如以县份计，则有墨江、车里、江城、景东、镇沅、景谷、佛海、南峤、宁江、思茅等县。据不完全统计，墨江过去最高年产量曾到过8万斤，车里在5万斤，江城亦在1万斤以上。由此可知紫梗在思普区曾有丰富的产量，且为一重要外销的物资。无数穷苦的兄弟民族靠此维持生活，近数年来因无销路，致使大量紫梗弃于山野，无人捡拾。

（三）繁殖及采运

紫梗多系自然繁殖，亦有将带有胶虫的枝条挂于无虫的树上，如此经过1年后，即可蔓延全树，大树最高年产量可达50斤，小树亦多在5斤以上，一人一天平均可采10斤左右。采集季节多在冬腊月间，连枝采下者称柴梗，出售时大都将胶由枝上剥下是为肉梗，普通由私营商号向农民零星收购，收买后大多水烫（杀死胶虫）阴干，堆置地板上以防潮湿，每隔数日又须翻搅一次，以免胶结成团。

在墨江，1948年以前，多由源馨斋商号收购，亦有从事临时性的收购运销者，大部经河口入安南，或经打洛销缅甸，少数运至昆明转售四川，价格是每百老斤20余块半开，以当地市价折合人民币不过千余元一斤，近数年无销路。

（四）展望

紫梗的用途颇广，为制留声机唱片、油漆、水漆、石印油墨、玩具、器皿以及电工绝缘器材的优良原料，又紫胶颜料为丝织品及毛织物不褪色的鲜红染料，紫胶蜡可用以制造鞋油。紫梗既有如此众多用途，而我国除台湾尚有少量出产外，在大陆上仅云南能够繁殖，且产量颇丰，目前所以价格价廉，无人采购，完全无市场销路，今后政府应当重视紫梗与兄弟民族的经济生活是如何密切，而加以提倡与收购。

二、车、佛、南之樟脑

（一）产地

樟树为产于亚热带地区的一种常绿阔叶树，在普洱区以佛海县城所在地的猛海坝为分布中心，车里与南峤在靠近猛海的地区，亦有相当数量的栽培与产量，其他各地如思茅等县，虽有樟树，但培植不广，尚无制造。樟树在车、佛、南的种植，目前都是与茶树混作，甚少有纯林存在，在樟、茶混淆林中，樟树的比例远较茶树为少，大约成1与5之比例，在较高的山地（1500米以上），虽有茶林，但因气温较低，冬季有霜，樟树不见生长。

（二）树种

滇南的樟树与台湾或大陆如江西、福建等地所培植者并非一种，普通所指的樟树，亦即台湾所有者，学名为Cinnamomum camphora，其特点之一为具三出叶脉，耐寒性较强。分布在车、佛、南一带的樟树学名待查，其特点是叶脉羽状，耐寒性较差，或因采叶及砍伐关系，树干无一高大者。其中，似又有数品种，凡此均待加以检定后，始敢决定。

（三）产量

以1936年至1940年产量最高，3县合计最高产量在8万斤以上，此后减至4万斤，近两年因无销路，因之无人制造与收购。今年部分村寨已开始制取，但为数不多。今将过去旧政府统计资料及今年海关出口统计字表明樟脑年产量如下（以斤作单位）：

县＼年	1936年至1940年	1946年至1947年	1951年
佛海	70000	30000	3县合计1300
车里	8700	1300	
南峤	8000	5000	

（四）制法

阳历1月至3月为制造樟脑的季节，盖因是时所采的老叶含脑量较其他季节为高，同时天干人闲便于操作。制时先在樟树林边有水处，搭一临时草棚作为休宿处所，棚前空场上掘一火塘，上置铁锅，锅上放一糊有牛粪的竹箩筐作为蒸桶，将新鲜樟叶投入蒸煮，同时在蒸桶上再加一盛满冷水的铁锅作为冷凝器，水变热后，须另换冷水，换水3次后，即可将此具有冷凝作用的铁锅取下，刮取锅底上凝结的樟脑。至此工作告一段落，将锅内废叶取出，换取新鲜樟叶从事第二次制造。每次约2小时，一天可收集四五次，但一般在夜间亦多继续操作，所得成品仍含不少水分及杂质。此种制法据说60斤樟叶可得樟脑1斤。本人于4月中曾于佛海利用当地土法做一次实验，计24斤叶仅得2两，此数或较实际为低，盖是时所取樟叶多为新发者，且蒸桶与蒸煮锅之间未能密合，不少蒸汽竟由孔隙逸出。

（五）价格与运销

过去销路好时，曾卖到5块半开一甩（合44市两），目前一甩仅值1元半至2元半半开，折合人民币每老斤亦不过值4000元（当地1元半开折合人民币5000元）。主销缅甸，运出时先以笋叶包装再置竹篓中，因樟脑具有挥发性，途中消耗量颇大。至缅甸景栋后，即经重新包装与精制，其在缅甸市场的价格仅抵台湾所制者30%，且不如台湾所制樟脑受欢迎。由佛海至昆明运程需20多天，由于包装不好，中途消耗量势必更大，故迄今尚无内运者。

（六）改进意见

目前车、佛、南的樟脑事业上，仍有不少问题需要及时解决，以谋进一步的发展：

1.制法的改良

现时当地所采取的制法可说是最原始的、最粗糙的一种方法，如蒸桶与锅之间的不密合、用水的浑浊、冷凝作用的过分简陋等，不但樟脑油无法收集，连樟脑的产量与品质也因而大大降低。省方有关部门应派技术人员下去，对当地的土法制造加以初步改进，并争取在当地设厂，以科学的方法制取樟脑与樟脑油，并尽量收购农民所制成品加以精制，以起倡导、示范与推广作用，如此产量自可大增。

2.扩大樟树面积

目前樟树系与茶树混作，面积不够大，但当地荒地极多，应大量栽植。对于较高的山坡，也即此种不能生长的地区，则可引种台湾所产的樟树加以栽植。

3.包装与运销

樟脑具有挥发性，故在包装上，需特别注意，否则将遭重大损失。目前国内亦需樟脑，如能以汽油桶密封装置，则在运输上不会有任何消耗。据佛海海关负责人谈，此类油桶由缅甸输入并无困难，而且价格低微，希望贸易公司能统一收购运输，如此亦可刺激产量的提高。

4.技术人员的培养

制樟需要专门设备与技术，目前此类技术人员极缺，为谋来日的发展，此种专门人才需要早为培养。

（七）展望

樟脑与樟脑油为医药及工业上的重要原料之一，主产于我国台湾省，在大陆上车、佛、南算是最重要的一个产区。过去反动派对此丝毫未加重视，任其自流，使制法一直保留在原始的方式上，但在这种情况下，3县年产量好时能达到8万余斤，对僰族同胞的生活有很大的补助。目前僰族对制造樟脑仍抱有不少希望，今后只要政府能对上述诸问题（详见“改进意见”）加以解决，则产量当可大增。展望将来，樟脑与樟脑油的需要量将随社会的发展日益增加，车、佛、南樟脑事业的前途势必异常光明。

三、车、佛、南的茶叶

（一）基本情况

1.产区

车、佛、南3县土质肥厚、雨量充沛，普遍适合于茶叶的栽培，所产茶叶名“普洱茶”，著名中外，实则普洱县境并无茶山，只因昔时普洱为茶叶的集散与制造地点，故以“普洱”闻名。思普区（即普洱区）除车、佛、南3县外，尚有不少县份出产茶叶。今将思普区产茶县份与产量列表如后，以作参考：

县	主要产地（区）	最高年产量（1937—1938）（担）	1950年产量（担）	1951年估计产量（担）
车里	景洪、务本、猛宋、猛养	8400		4000
佛海	猛海、猛混	20000	5000	10000
南峤	蛮兑、顶真	4600	1500	3000
镇越	易武	3000	500	250
澜沧	镇边、大山	3800	600	2800
江城	惠民、嘉禾	3000	700	1000
景谷	永平、钟山	2000	746	1000
景东	景谷街、安定	15000	7000	10000
墨江	景星		200	250
宁江	安康	700		200
思茅	象明	3000		

2. 茶种及其特点

思普区所栽植的茶树与国内其他区域的茶树并非一种，其他产茶地区如祁门、安化、武夷等地的茶树为小叶种（Camellia sinensis），而滇南所有者是大叶种（Camellia assamica），为常绿性的亚乔木，叶肥厚，叶脉20对至24对，先端有尖、圆两种，嫩芽有显著的白色细毛，故所制毛尖略呈银白色的光泽，所制红茶色浓味厚，无印度、锡兰茶之辛涩味，颇合欧美人之饮茶习惯。又据一般茶商说，车、佛、南的茶树因与樟树混作，在品质上具有另一特点，即与酥油极易混合，其他区域的茶叶则不易与酥油相混，故车、佛、南的茶叶又特别为藏族所欢迎。

3. 分布与所有权

茶之垂直分布多在1000公尺至1500公尺的地区，以土质肥厚、排水佳良、湿度较大、雨量充沛的环境生长最佳，在车、佛、南大部地区适合上述条件。因之茶之分布颇广，生长亦较优良。茶山多为村社公有或私有，大都由各兄弟民族所经营，如猛海坝子四周山区的茶山属僰族，南糯山属阿卡，攸乐山则全为攸乐族所栽种。

4. 采茶与分级

普通于清明前半月开始采茶，历时两个半月是为春茶，因采茶时间的先后与叶的嫩老不同，春茶又可分为4等，即毛尖、细黑条、粗黑条与老茶，亦有将春茶分为雨前春茶与雨后春茶，或将老茶称为夏茶者，但为明了起见，第一种分法似较恰当。秋季7月底又为一采茶季节，是为谷花茶，亦有毛尖、细黑条、粗黑条与老茶（老叶）之分，先后历时2个多月。春茶味佳，谷花茶色好，前者产量多，约占全年产量的2/3。

毛尖产量少，每人每天不过采得5斤左右。其他各种茶，尤其是老叶茶，则可采到30斤，但在南糯山的阿卡族每天工作不过6小时，所采茶叶亦多不超过12斤。

5.制茶

茶叶的制造，除茶农自行初步制成散茶外，在佛海又有私营茶庄，收购散茶复制成紧茶、圆茶、砖茶等。解放前，佛海茶厂与思普茶厂更利用新鲜茶叶制成红绿茶。

（1）散茶：白天茶农采茶，当晚炒拌至叶瘪后，置簸箕内用手揉搓至出汁液为度，使成条索，再行抖散，继以日晒达半干时，再揉搓干后即成散茶，普通多置于竹筐内。

（2）紧茶：茶庄收购散茶后，即以等量的细黑条做包被（俗称面茶或梭边），粗黑条做底（俗称高品茶或二届茶），老茶做心子。此种老茶多为老叶，需由人工用大刀剁细后，始能应用，制时依次将三者放入铜制筒子蒸热后，用布揉制成锥形（名锭），然后堆置使其发汗即可出售。一灶连打杂需9人，其中4人专管做锭，每人每天可做420锭，每锭干时重6两5钱。最盛时佛海曾做出紧茶15000担（年产），占茶量80%以上。

（3）圆茶：其原料较紧茶为高，盖用粗黑条做心子，细黑条做面茶，而且以毛尖作为盖面，经两次加盖，用布袋揉制成圆饼，重10两5钱，生产量约占15%。

（4）砖茶：所取原料为较好的春茶，形似砖故名砖茶。佛海“可以兴”茶庄仿欧洲装潢做少量的砖茶。

（5）红绿茶：红茶与绿茶均需取新鲜毛尖作为原料，设备与技术亦较制紧茶、圆茶等为复杂。解放前在佛海有中茶公司、佛海茶厂，在车里的南糯山又有人企公司所办的思普茶厂，均以机制红绿茶为主。解放前后，两厂均曾遭受破坏，目前仅后者已经复工，更名佛海试验茶厂，直属省农林厅，拟于1951年完成精制红茶50担、绿茶11担半的任务。

6.运销情形

（1）紧茶：运销时先用竹箨包装，7锭包于一起，呈条形，是为1筒，合30筒即210锭为1平担，36筒即252锭为1满担。内运时因山高坡大，1驮只能装1平担，外销时改装为1满担。紧茶主要市场为西藏，大部系经缅甸转印前往。1942年日本占领缅甸，销路中断，产量大减，直至1950年稍有起色。是年产5000担，贸易公司曾收购1000担，运往下关，但存茶竟达2万担，其中有2000担经缅入藏。1951年国外市场较活跃，据佛海海关统计，1月至4月中，共出口4000担，唯至雨季销路即停。目前底价10万1担，运至缅甸景栋可售23万，其中每担脚价占去8万。由景栋5天达仰光，每担运费30盾，海运至加尔各答需15盾，再至加仑堡又需15盾。而于其地1担可售220盾，合人民币66万元。由加仑堡至拉萨尚有17站，由内地入藏需百日，运费较大。藏族希望用1担羊毛换1担茶。

（2）圆茶：产量不多，最盛时亦不过1500担。目前底价合21万1担，因无固定市场，国外价格亦不固定，分销马来亚、香港、仰光等地。今年2月至4月，曾由佛海输出148担。

（3）砖茶：产量很少，主销香港，价格较圆茶稍高。

（4）红绿茶：产量不多，内销外销均无问题，唯中茶公司不准私自运销，故在运销上尚未决定。

7. 茶叶与兄弟民族的生活关系

在车、佛、南的茶山，均由兄弟民族所经营，而兄弟民族的生活也直接或间接与茶叶的盛衰有关联。以车里南糯山为例，该地系阿卡族聚居的区域，佛海试验茶厂在该地收购较好的生叶（新鲜茶叶），计分上、中、下3级，每斤价格按级是400元、350元与250元，按1人1天工作6小时，即可采得生叶12斤，若以每斤300元计，则1人1天的收入为3600元。当地米价200元1斤，亦即工作1天可有18斤米的收入。较次春茶及老叶多由阿卡自己制成散茶，然后售给茶庄。以此计算，每人每天亦可有4500元的收入，因此当地阿卡族在生活上一般都比较富有。其他经营茶山的兄弟民族，也可拿此例说明。由此可知，茶业的发展对兄弟民族的经济、生活是有莫大的好处，佛海县的成长与繁荣也是由于茶叶的兴起所造成。此外，藏族对车、佛、南所制的紧茶特别喜好，若能加以发展，不但对当地的兄弟民族的生活可以提高，对藏族的需要亦可因之而解决。

（二）目前存在的问题

1. 运输上的困难

目前车、佛、南茶叶上最大的问题是运输上的困难。由内地入西藏，路险且遥，运费太高，例如在佛海一担紧茶仅10万元，运至普洱加脚价12万元，至景东再加12万元，至下关又需8万元，合计一担茶至下关成本加脚价即达42万元。由此入藏路程尚远，运费仍不会少，若经缅至印度加仑堡一担成本加脚力才不过36万元，故过去很少由内地入藏，最初经过缅印时，当地政府因在运输上有利可图，不加阻挠，日本南进后输出中断，日降后，缅甸政府初收进口税，每磅茶收税高达7安（1盾合60安），后经交涉取消，仅纳过境税，一担（60公斤）18安，合人民币不过3000元。此外又需请保，保证此项茶叶系过境性质，而不在缅境销售，此种手续须先至仰光办理，尚无多大困难，由缅入印阻挠增多，盖印度亦为一主要产茶国家，随时都想夺取西藏茶叶市场。如在日本南进期间，曾在大吉岭、阿三一带，高价聘请制紧茶技师，利用粗叶仿制佛海紧茶，倾销西藏，故印度政府对紧茶之经印入藏横加阻挠，如进口证很难领到，若无此证贸然进口，即遭罚款（一驮80盾至90盾）或没收，由此可知经缅印入藏，在成本上虽较内地入藏要合算，然而外国政府又予以层层阻挠。

2. 茶山的荒芜

在日本占领缅甸期间，茶叶无法销出，茶农由于无利可图，遂不加整枝刈草删除杂木，而听其荒芜。1948年经缅印入藏的路线虽开，又因印度政府处处留难，销路仍难打开，故极少茶山加以清理，即至今日仍有大半茶山，杂木横生，枝条未整。此外茶山被砍或毁于野火者亦时有所闻，例如距佛海县城10余里的蛮真，有思普垦殖场所经营，近20亩的茶樟树曾被驻当地的解放军（一〇九师）砍光，说是上级有指示“砍树烧山以避瘴气”。农民私营茶山亦有被砍者，此种现象目前已加纠正。野火破坏的程度又较砍伐为甚，如南糯山思普茶厂的茶树，原有17万株，近数年来前后遭受3次火灾，所余已不过7万株。

3. 茶厂、茶庄与茶农的困难

（1）思普茶厂成立于1938年，设于车里南糯山。其地距车里80里，距佛海40里，分种茶厂与制茶厂两部分，年出红茶60余担。1946年以后，因业务不振，而形停顿。解放前后，又屡经反动残匪摧残，以及不肖分子窃取，房舍机件损失大半。1950年边纵一部复员干部20余人调至该厂从事生产，由于领导权未确定，经费无着落，再加机件残缺，形成工作人员生活与工作上极端困难。在这连供给制的标准都得不到的情况下，他们仍赤脚操作，在1950年10月起至年底的2个月中，制出红茶5担，并拟定今年超额完成精制红绿茶60担的任务。最近该厂更名为佛海试验茶厂，领导关系已确定，眼下剩的困难是补充机件，以提高生产。

（2）佛海茶厂设于佛海县城，亦以机制红绿茶为主。解放前后，机件损失不小，现已由县府加以清点封闭，如何处理上级尚未指示。按佛海茶厂与思普茶厂机件均不齐全，又都缺乏技师，应当合并从事生产。

（3）茶庄：在佛海有9家，除运销困难外，在经营上需要贷款，如运茶入缅后，常以经费不足向景栋大商人伍蕴借款，利息高至5分，如货迟迟才能脱手，则所得茶款仅够付利息。同时在货未脱手亦即资金冻结期间，无法向茶农收购茶叶，影响茶叶生产甚大。此外，茶庄希望能扩大营业兼制红茶，但目前设备与技术条件均不允许。

（4）茶农的困难也在缺乏资金，不能培植与整理茶山。

（三）改进意见

1. 打开通路

正如上面所述，车、佛、南的茶业能否发展，关键主要在运输。目前印度政府既与我国表示友好，我国政府即应与印度当局交涉，使在紧茶经印入藏时不再遭受阻挠。在国内昆明至佛海打洛的公路，即将兴修，对于将来红茶的内运打开一条通路，不过佛海茶商更殷切希望普洱至弥渡间的公路，亦能动手修筑，如此产量最多的紧茶又可循公路经下关入西藏，不必一定经缅印而遭受其种种剥削。

2. 整理茶山

现有茶山多密生杂木（多系壳斗科常绿乔木），茶树反被荫蔽抑止，生长衰弱甚或枯死，此类杂木急需删除，使茶树得以良好发育。对于老龄及有病害的茶树，亦应即时予以更新。在茶樟混作区域，有时樟树稍显过多，亦需酌情删去一部。茶树的整枝仅见于南糯山，其他地区则任其自然生长，应由县建设科负责向茶农解说整枝利益劝导实行，如能再经中耕施肥等更佳。

3. 扩大植茶面积

车、佛、南土质肥厚，过去森林极为茂盛，只因烧山成习，大好森林遭受破坏而呈荒芜现象。此等地区面积目前颇广，且适合于茶树的栽植，故应在此等地区大力培育茶树，如此不仅可增加茶叶产量、防止土壤冲刷，又可解决山居兄弟民族的生活问题。

4. 充实设备改良制法

佛海茶厂应归并于佛海试验茶厂，使双方都感不全的机件得以补充，对于动力又需及时解决，如此所制红茶产量可由今年的50担提高至2000担。关于茶叶的生产，除紧茶制法尚需加以改进，并继续发展外，尤应将制造红茶的设备与技术传授于种、营茶庄，以便扩大红茶的生产，供给新民主主义国家的需要。

5. 统一领导

对于茶叶的生产、运销以及茶农、茶庄的组织等，均由国营贸易机构配合有关部门，直接加以领导，以免盲目地产销。

6. 发放茶叶贷款

茶农与茶庄均感资金缺乏，因此茶农无法整理旧有茶山，更谈不上重新培植，茶庄也不能大量生产与运销，故茶叶贷款目前十分必要。

7. 茶叶成品应予分级

各有一定的标准，随时予以抽查，以固定市场上的信用。目前紧茶在制造上品质已趋低落，盖所取原料，老叶所占比例甚大，且常有杂质掺杂其中，有时发汗不良，包心产生黑霉，不堪饮用，凡此均应予以检查纠正。

8. 佛海试验茶厂

除在茶叶制造上加以试验改良，以便提高茶叶成品与产量外，亦需注意当地茶树品种的调查、培植与改良。

（四）展望

思普区尤其是车、佛、南面积辽阔、土层深厚，雨量亦较充沛，为植茶的好环境，所栽的大叶种茶树品质又甚优良，故在过去曾有过极繁荣的历史。此后虽因交通阻塞，产量锐减，但基本上茶山并未破坏，只要去杂整枝，产量即可大增。解放后，国内走上建设之途，当地一般茶农与茶商对于茶叶的恢复与发展，更是抱有极大的关心与希望。这与他们生活的好坏以及当地能否繁荣是密不可分的。据他们说，销路若能畅通，政府如再加以扶助，则就目前的基础上，即可提高到每年5万担左右的产量。印度已与我国建立邦交并且表示友好，西藏亦于最近宣告和平解放，市场更无问题，苏联及各民主国家更愿我国能尽量供给他们大宗茶叶。同时昆洛公路正在测量，即将兴修，内运的困难亦可因此而告解除。由此可知，因交通阻塞而窒息了的佛海茶业，即将因全国的解放而得到新生与空前的繁荣。

薛纪如

1951年5月

普洱区资料之十九
——普洱区几个群众工作情况
中央访问团第二分团
1951年7月

普洱区资料之十九
——普洱区几个群众工作情况

编者声明

这些材料是我们从1951年2月22日至1951年5月底（其中大部时间是在行动中），先后在蒙自、普洱、文山等地区进行兄弟民族访问工作中，通过当地干部、民族代表及熟悉当地情况的人士所了解的一些情况。为应各有关机关之急需，仅将原材料加以初步整理，尽量避免主观分析与结论，在文字上仅要求看得懂。但由于短期访问及仓促整理，情况难免不真实或不深入，观点难免错误。故仅能供各有关机关进行民族工作的参考或进一步考察的线索，并望于今后的调查研究，加以校正。

1951年6月　日

（甲）宁洱县南5区农代会经验介绍

宁洱县凤阳、凤鸣、龙寿、德化、灵礼5个区的农运工作，由于干部对反霸思想不明确，态度不坚决，同时区乡干部成分不纯，大大地障碍了群众运动，所以三四个月以来，重点村没有很好的突破，面的推开逐渐陷于僵化。为了改变这一个形势，加速群众运动，召开5个区的农代会，由地委直接领导。

第一部分：代表会如何开

到会代表475人，贫雇农357人、中农118人（统计不精确），参加会议的工作队80人，会前经过4天的酝酿，选举代表条件是：①贫雇农积极分子最少应占2/3，中农只能占1/3；②通过群众选举的；③历史清白的劳动农民。选举结果仍有不少不纯分子当选代表，为了让代表们更加重视代表会议，纯洁会议成分，在集中开会之先，再让代表互相审查一次。

代表思想一般的是苦闷、消极，觉得身翻不好，要办法，要学政策，有的要求斗争地主恶霸，说："前年抓住3个恶霸被政府释放了，只是不痛不痒地整了一下地主，左廷高反当了区调解委员。"有的说："不放心政府，现在扣留3个恶霸、2个不法地主，又怕政府放掉了。""乡长郭发富包庇地主李星一，李贪污积谷，乡长不许清算斗争。""怕地主征粮后减不回租来。""怕逼反地主群众吃亏。"有的说："开地主会，狗腿二流子参加捣乱。"民主村代表说："只有1/3动得起来，妇女不敢动，不敢说话，对地主撕不破脸。"在生产方面，缺少谷种，缺垫扎，当心秧栽不下。总的说来，群众的基本要求：一是反霸，要求政府明白表示态度；二是要求清算地恶，追出果实，解决目前春耕春荒问题；三是对区乡（尤其是乡）干部成分立场有问题的表示不满，要求帮解决。

根据以上情况确定了以解决反霸问题为中心，前两三天是解决怎样从政治上打垮地主阶级，着重在诉苦算剥削账，找对头，开名单，开出名单并即时行动。在凤鸣、凤阳、龙寿3个区于会议第三日即行逮捕30多个恶霸地主，代表大为振奋，情绪高涨起来，干部对反霸弄明白了，各区各乡都找好对头，开好名单，准备回去马上展开反霸运动。后面两天是解决如何从经济上打垮地主阶级，着重在如何追出果实，提出5个办法：一是减租；二是退押；三是退工资，从前给地主当白工短少农民工资的一律退回，地主霸占农民的田地房屋、钱财、牲畜，一律退回；四是罚款，地主从前欺侮农民、打骂农民，进行破坏阻挠农民运动的科以罚款；五是没收其财产，对罪恶特别重大的恶霸没收其财产，用以抵偿农民的损失。以上5项办法除减租以外，以保本保值计算（不再计息），先要金银财宝及人民币（金银、银圆，人民银行可以兑换给农民），然后再取其浮财，土改中分配的一切东西不要。分配果实的办法是要求公平合理，经农协大会通过，本人得的罚款照顾贫雇农，在目前不主张办合作社，迅速地尽量地满足农民现刻的需要，但须防止大吃大喝。

除反霸问题以外，讨论了树立贫雇领导骨干的问题。5个区里的情况：贫雇还未起骨干作用，乡村干部中农占优势，甚至还有地富、二流子把持乡村政权及农协，这使得运动软弱无力，是农民翻身的障碍。明白了贫雇农要占2/3、主席村长要贫雇农当，龙寿芒海乡代表提出要撤换乡长李正昆（破落地主），温泉乡提出要撤换主席何朝珍（中农），并说：何朝珍主观，压群众的头，区长包庇他。新塘代表提出主席黄国峻（贫农）主观、包办，要批评，副村长李秉忠（雇农）立场不稳，要撤换，树立贫雇领导骨干的思想也较前明确起来。

第二部分：公审恶霸

会议进行第六日，公审陈其惠、赵子仪两个恶霸。陈为旧军官，几次企图叛乱，杀害干部，组织假农会，制造谣言，龙寿区农民恨之入骨。赵为宁洱地主当权派，纠集地主开会，暗中阴谋活动，曾以高利盘剥并霸占农民田产，逼死人命10多条。在斗争中，群众情绪极高，诉苦诉得很好，但由于事先教育准备不够，致使公审会议发生一些偏向。

公审以前集中苦主进行教育，打破顾虑，并讨论如何斗、如何追果实，哪些该算、哪些不该算、用什么方法算，并且每一个恶霸所残害的苦主要组织核心力量，苦主如何斗、旁边如何帮。苦主及一部分代表明白了要用说理斗法才能斗倒恶霸、追出果实、争取社会同情，以这个教育对苦主是收到效果的。这是一条好的经验，但对多数代表贯彻不好，所以产生了一些严重的错误。

在斗争进行中部分代表不关痛痒地在下面喊口号，不好好听诉苦，或喊打喊捆紧些，喊不许强辩，时常打断了诉苦人的话头，使得诉苦不能透彻。一个民兵持着枪，诉苦时打破了陈其惠的头，流血满面。在斗赵子仪时甚至施用了肉刑，上软板凳。后来调查出带头乱搞的多半是二流子，故意在群众当中出风头的中农。当赵子仪不能支持而倒下去时情绪大变，喊口号的没有了，诉苦的没有劲了，在宣判两个恶霸判处死刑时，并由民兵亲自执行，又才重新激动了情绪。

会后地主阶级反映说：共产党心太狠了。觉悟不高的农民说：整得痛快。有觉悟的农民说：打破头出了血不好。一个苦主说：赵子仪倒下去后诉苦诉在空处，果实追不出来。

这个会是开得很不够策略的，基本群众的教育作用起得不大，打失了社会同情，恶霸是被迫承认，口不服心更不服，这是值得深深检讨的一个教训。

第三部分：批评领导

恶霸被枪毙后，代表感觉很痛快，在这个基础上准备了批评领导，向地委、专署及各机关、部队提意见，先在小组讨论，每组选出1人成分纯的农民代表发言，并让各机关负责同志及所有干部参加听取批评。

代表提出批评意见50多件，他们批评“贸易公司看不起穷人，地主来买公米把饭都煮熟了，我们还在脚直直地等”，又说：“地主使人来买公米套出去卖给农民，赚我们的钱。”又说：“贸易公司按时间卖米，我们柴卖完时间过了饿着肚子回来，老人小娃饿着肚子等。”又说：“不卖零盐，秤头不够，又贵，只好去街上买，这样贸易公司不会发展。”说：“宣传时讲贸易公司是为了供给农民的需要，我们去看，一样东西也要不着，只有地主要得着。”批评专署税局等机构说：“我们吃树皮草根把公粮省出来，他们拿白菜稀饭喂猪。”说：“贸易公司、盐管会应该分清阶级，盐巴多卖给农民挑。地主武培之几十驮驮起来走，我们农民只准挑二三十斤。”批评专署“挑沙盖陵园，连河堤也挖空了，一点也不照顾农民利益”。批评部队事务员买菜，要5000他给1万卖给他，他说要挑到思茅，又说为了“买不得菜，守在菜担子旁边一整天，不许农民卖给别人”。说这是旧政权的一套态度，又批评龙寿区政府说：“农协主席何朝珍（中农）脱离群众不准批评！”说：“何朝珍放个屁吹得着火，区长老实信实何朝珍，不信实群众。”

代表们毫无保留地提出批评，针针见血，这些问题很多是属于原则性的错误，说明了我们政府机关的脱离群众的严重倾向。会后由各机关负责同志表明态度，愿意回去严格检讨、纠正错误，给工作干部洗洗脸，对代表的教育意义重大，既斗了恶霸又批评了干部，建立了当家做主的思想，拿出了主人家的身份，当时即通知各机关首长及党委专门讨论，深入检查干部思想作风，尽快纠正这些错误。

开好批评会的主要经验是充分酝酿，负责同志首先表明态度，虚心接受批评，不做任何解释，发言代表必须由群众公推成分好、觉悟高的农民代表担任。

5区农代会基本上是开得好的，着重地解决了一个反霸问题，主要经验有3条：

（1）坚持群众路线的领导方法，根据群众的思想情况迫切要求提出问题，经过讨论、酝酿后，给予综合提高，再坚持下去，具体明确地解决问题。这样扭正了过去农代会的公式主义，主观搞一套计划，时间耽搁了，效果不大。如反霸斗争、清算果实，解决生活问题和生产问题，从政治上、经济上打垮地主阶级，具体的为代表所接受。

会议初期内（前3日），干部对群众路线的领导方法认识不够，在下面不是启发，是代替包办，直接领导讨论汇报时，教给农民一套空空洞洞的“理论”，汇报一半天，还是不着实际，后期才放手起来，群众思想才得到解放，照他自己的意思进行讨论、做汇报，领导方才能够掌握真实情况。

（2）三反四复地交代政策，打通思想，对干部对农民群众都必须三反四复，否则不能一次再次体会了问题。如第一天汇报中，干部反霸认识不明确，报告灵礼恶霸地主两个，再行检查思想，反复交代，算出12个，到群众中去仔细讨论，开出名单，就有32个。群众接受了问题亦不能一两次解决，其思想发展有一定规律，经过好几次交代下去，经过讨论明确起来的。以斗争恶霸的办法说，由于贯彻不够，首先干部思想未全打通，不知应如何掌握如何领导，群众未全部接受，致使得坏分子有空可钻，进行破坏，基本群众亦不能觉察到。

干部领导方法的一般化，三次两次提出一点突破的方法，依然抓不紧，不能掌握，一个小组的情况更不能在一个小组内掌握，一个人受剥削的具体材料，结果漂浮而过，三番五次指示后才能使用这个办法。

（3）是依靠骨干。代表中每一个小组应树立骨干，每一个中心问题的讨论或一次斗争必须有坚强的、觉悟较高的贫雇农作为领导骨干，斗争才能取得胜利，能够做到会开得好、问题解决得好，否则就平平而过，没有依靠，回到乡里亦不能起更好的作用。

根据一般经验，发动群众的一个基本关键在于依靠贫雇农，树立贫雇领导骨干，坚决进行反霸斗争，5区农代会解决了这个问题，可以说这个农代会是基本成功的。

5个区在会前只清出恶霸地主53人，扣留的27人；思想打通以后，经代表讨论，就增到179人，在会议进行中捕捉的就增加了39人，会后随即逮捕66人，共捕135人。从这个数目可以看出，反霸问题与干部思想是有着很密切的关系的，这是一个很重要的关键问题，数字的增加主要是依靠群众进行讨论后补充起来，某些地区单纯依靠干部研究，距实际情况会有很大差别。

会后的工作布置是：

（1）迅速搜捕地恶匪特及一切反革命分子，一次捕捉不让逃跑，尤其是首要分子。

（2）让群众诉苦，算剥削账，贯彻反霸政策。

（3）群众讨论如何斗倒恶霸地主，如何追出果实（果实应以地财为主，其次是人民币）。

（4）在斗争进行中按各区乡实际情况进行批评和改选干部，逐步树立贫雇领导骨干。

反霸是一个中心关键问题，只有坚决反霸，坚决镇压反革命，才能从政治上提高农民群众的觉悟，从经济上照顾其生活及生产资料；积极地发现和培养贫雇积极分子，树立贫雇领导的骨干，才能把群众运动有力地蓬蓬勃勃地开展起来。

中国共产党宁洱地委

3月16日

（乙）宁洱县磨黑区团结乡群众工作情况（废债、镇反工作）

1951年4月20日

（一）一般情况

全乡共10个自然村，自然村又分小寨，20多个。全乡共326户，地主12户、破落地主2户、半地主式富农2户、富农6户、富裕中农11户、中农76户、贫农128户、雇农77户、农村小商人6户、小土地出租者2户、手工业者2户、宗教职业1户、游民1户。人口1300多人，每户平均约4人至5人。

（二）镇反前情况

在2月以前减租后，农协进行了一次改选，这次改选是在地委土改工作队干部的包办下，没有经过发动群众的，改选后群众非常不满，乡内新旧干部闹不团结，连农协小组会也召开不起来。

废债：也是工作队干部关起门来搞。他们首先忙着登记债务，然后召开乡民大会，在会上没有进行诉苦，地主装得特别开明，自愿把借约拿出来废掉；地主饶志新还演说："废债是给我们自新的机会，以后土改时，我们自己把田契拿出来。"这样和平废债，麻痹了群众和工作干部，群众认为地主很开明，干部认为地主低头了。实际上是地恶反革命分子见土改工作队在那点力量大，他们望风使舵，以便在干部和群众的麻痹中把乡政权、农协抓在自己的手中，大肆进行反革命活动，组织在宁洱企图叛变的反动组织，在2月中旬发展最快。而我们当时依靠开展工作的积极分子、村干，后来发现是反革命分子；反动组织中的中队长陶顺发（中农）是减租队的队长。农协委员11人中，有4人参加反革命组织：妇女委员张桂莲（贫农）为反动组织的妇女主任，财经委员谢怀先（中农）是反动组织中的正指导员，组织委员刀秉忠（中农）、调解委员陶光明（中农）皆为反动组织的暗杀组组长［未参加反动组织的7个委员有4个贫农、3个中农，其中教育委员唐天士（中农）还有嫌疑］。乡政权中参加反动组织的，有副乡长唐天银（富农），是反动组织的暗杀组组长；乡政府文书徐发昌（富裕中农），是反动组织的副指导员兼投毒组组长［正乡长田万青（中农）未参加］。

当时群众完全为反动分子所控制。如：岔河（自然村）群众，刀秉忠叫他们来开会，他们就不敢来，刀秉忠不来，群众一个也不敢来；在开会时，刀秉忠在旁使一个眼色，群众就立刻不开会散掉，但工作干部还不敢断定他是有政治嫌疑。当时讨论“揭盖子”，唐天士对群众说：“潘明同志（土改工作队队长）说过，工作队是大盖子，村干部是小盖子，要揭都得揭。”

当时工作情况的特点是：①工作干部对依靠谁的观点不明确，在2月初，虽然中农已经在压制群众，还强调说团结中农，使基本群众有顾虑；②工作是在和平中进行的。

分析阶级：在2月中减废后，开始分析阶级的学习，到的群众300多人，其原因：①工作队干部以群众晚上来开会，白天则帮忙他生产为条件去发动；②群众怕自己不来，会把阶级划高掉；③反动分子叫群众来开会，麻痹工作干部（当然也有一些觉悟了的群众）。当时，工作干部见群众有300多人天天来开会，还以为群众已经发动了起来。

在分析阶级时，多数村里：①反革命地霸首先承认自己是地主阶级，因而用不着评，评时把他们撇在一边；②岔河有7户中农，在反革命分子刀秉忠、陶光明的领导下，集体瞒阶级，并要把富裕中农评成富农，引起农民内部纠纷；③蛮海（自然村）反革命分子谢怀先，听其他反革命分子评他是富农，他原来就是中农，因此他天天在开会时吵闹；④将二流子的帽子戴在干部和积极分子的头上，使他们的情绪低落，而反革命分子也互相戴上二流子的帽子，以便好闹。因工作干部不知道分析阶级是为了明确界限，引起阶级斗争，只知道要把阶级分正确，所以对农民的阶级则斤斤计较，因此农民内部因分析阶级引起极大的纠纷，有一家父子夫妻3人，因为每个人在大会上报自己的阶级不同而争吵，打得头破血流。

在松腰（自然村），开始分析阶级时，群众的情绪不高，分析其原因：①地主装开明，麻痹群众；②富农虽然知道土改不动他们的利益，但他们愿意将多的田拿给农协，评成富裕中农，参加农会；③中农觉得中农的负担太重，而“共产党更喜欢穷一些的”，希望评成贫农；④富裕中农希望评成中农，有一富裕中农说：“我不要上首的中农（富裕中农），要下首的中农。”中农对开会很淡漠，觉得土改对他们没有关系；⑤贫农希望评成雇农；⑥贫雇农希望将中农评成富农；⑦贫民希望评成贫农，就是评成中农也好，以为这样才可以分到田。分析情况以后，就针对这些思想，分别地击破，故松腰分析阶级做得好些。在分析到地主阶级时，引起群众的愤恨，要求立即向地霸算苦工钱。工作干部回答说：“现在分析阶级，不要搞别的。”

同时，反革命分子还挑拨离间土改队和群众的关系，刀秉忠公开地说：“潘明是大地主，张文锦是二号地主，其余土改队的人都是地主，你们不要他们帮助生产，他们会把生产搞坏的。”他还拉土改队的两个党员说：“你们还要指望家里有农协会帮助你们生产！你们出来，家里的生产是耽误了！还来帮助我们生产！”土改队的人听了有些情绪低落，又不敢坚决提出刀秉忠有政治问题，怕别人说是立场不稳（刀秉忠是张孟希的狗腿）。

土改队检讨了工作以后，提出“争取落后贫雇农”的口号，工作干部都个别地去找落后贫雇农谈天，在谈天中引导他们诉苦，这样一共发动了317人，但在工作中起的作用不大。

在各村听了松腰的典型报告后，回去照样搞，工作勉强结束了，但群众多不满意，说把他们的阶级划高了。

工作好的方面是：①在工作进行中，工作干部认识到划分阶级也是一场阶级斗争；②通过分析阶级，群众诉苦，要求算剥削账，把群众初步发动起来；③通过分析阶级，个别村的基本群众，分清了敌我，团结了起来。

坏的方面是：①不把分析阶级认成阶级斗争，将承认自己是地主阶级的恶霸地主撇在一边不分析；②农民内部有挤阶级的情形，致分阶级后，群众不满意，尤其中农，因而造成了特务造谣拉落后分子的机会。陶光明公开地说：“土改后每60个人养活1个解放军。”“共产党的政策就是这份，是骗人的，以后不仅要动富农的利益，连中农的利益也要动的。”因此有一个由贫农评成中农的人，在分析阶级后参加了反动组织。

失败的原因：①土改队工作干部的工作分阶级分阶段即任务观点——蛮海40户中有20户提出找地主恶霸杨启昌算苦工钱，另外几村也有这样的要求，但工作干部要求群众按期完成分析阶级的任务，别的工作到以后再搞；②土改队包办代替群众划阶级——对岔河7户瞒阶级的中农，工作干部说都应该划成中农，后又说划成贫农也可以，划阶级由群众自报，无群众评议，只看到土改队的人在搞，所以群众说：“土改队替我们划阶级。”

经验教训：①凡是哪一村子的群众，明白了为什么要分阶级的，则阶级划分得好，群众团结了起来，否则就闹内部纠纷；②凡是由群众一起讨论、诉苦后划定的阶级，群众就满意；否则，就是认识到自己的阶级评合了，也不满意，希望评低些。

评干部：接着在上月初，就进行评干部，在群众已经有了一些发动的村子里，如在岔河，群众敢斗刀秉忠了；他们先在民兵小组中酝酿，然后在群众会上斗，把他的枪斗了出来，群众说：“以后可不怕他了。”在松腰一个农协小组内，斗了小组长李炳芬（女，贫农），评她：①私生活不严肃，没有结婚就生了3个小孩；②做工作有恶霸作风，喊人开会，不来就骂；③斗争地主不积极，立场不稳。大家不撤换她的小组长，要她以后把工作搞好，要她当场反省表示态度。此后她工作积极了，小组团结了，大家都有进步。

在群众没有发动的村子里，情形又是一样。在准备斗争陶顺发时，工作干部先找群众谈，以为是酝酿好了，就召集群众大会诉陶顺发的苦，群众不敢诉，只有一个积极分子说：“你过去是不好的，你想想看，现在还要压人！”陶鼓着眼睛说：“以前不好，那是过去的事，现在还有哪样？”积极分子吓得向他道歉，别人更不敢开口了。散会后，工作干部问群众“为什么不敢批评？”回答说：“怎么不敢啦，不有就不批评了。”干部不承认失败，认为群众还是发动起来了。另外，反革命分子张桂莲，因其和群众联系得好，就发动群众斗了工作积极但爱发脾气骂人的干部，工作干部也不在意。在施民塘村，换了一个农协小组长（雇农），因为他怕当小组长耽误了生产，换了以后工作反积极些，干部认为是换对了，而没有看出是反革命分子掌握群众，还以为群众全部发动了起来，准备按照原来计划在4月分田。

这时，发现了陶顺发公开地恐吓群众说：“土改队走了你们要过刀！”积极分子因此不敢动，群众认为开会是负担，至此，土改队干部才明白这样是不能土改的。在地委传达了省委关于扎正根子的指示后，土改队认真检讨了以前的工作，认识到工作要从头来，改变原来计划，决定让群众先算苦工钱。

（三）镇反中的情况

3月7、8日，结合欢迎中访团，说中访团是来了解群众疾苦的，发动群众诉苦，群众都自动地诉起苦来。领导上有意识布置领导算苦工钱，一算就算到恶霸杨启昌的身上（在蛮海40家中，有两家的人被他们搞死，雇农李朝凤帮了他18年的白工，还有17家受过他的压迫和剥削）。

正在诉苦算账时，县农代会代表（雇农）陆开福回来了。陆开福是在比苦中当选为代表的，当选后他觉得自己不会说话，当代表不合适，中农也反对他当代表，当他回来以后就说，我们不会讲话，但会做。他就找基本群众来，传达县农代会的决议；群众接着就诉起苦来，一诉诉到晚上12点钟，群众情绪激动了起来，就非立刻找杨启昌来算账不可。如是陆开福组织了20户苦主，又用客气方式把杨启昌找来（怕他跑掉），找来后就算账，随便算了一下就很多，杨说他没有那些钱。群众发怒了，就将他捆起来送给土改队。这时，正值土改队接到县里的公事，要捕杨启昌这批反革命分子。那晚，群众要求继续诉杨启昌的苦，土改队干部叫他们回去发动大家来一起诉，他们回去就发动了4个村子里的300多人来。当晚，继续展开诉苦，诉到晚一点半，天要下大雨，群众仍不肯散，而且在激愤之下将杨启昌痛打。工作干部怕将杨启昌打死了，且没有收集到他的反动材料，而当晚来参加诉苦的人数还不够，便强制群众散会。

次日，装作已经掌握了他们反动材料的样子，审问陶光明、刀秉忠等，问杨启昌的言语矛盾中，追出他是去年参加反动组织的，并追出由上而下的整个反动组织材料。

在斗杨启昌的头一天，松腰也展开了诉陶顺发、杨启昌的苦。陶顺发曾经打死一个佃中农的父亲和一个贫农，霸了他们的田产，这时，群众当面质问他说：“你要不是参加反革命，现在怎敢还这样威胁我们？霸占田产不还，还破坏工作队的威信哩？”

在捕了一批反革命分子以后，群众发动了起来，他们要求整顿民兵，整顿农协，要把枪抬到自己的肩上。有的说：“现在大石板揭掉了，要好好地站岗放哨，就是生病也得去。”有的说：“以前土改队说分田到现在还不分，现在才知道要土改嘛，先得改去这些人，不然，土改了也拿不稳。”蛮海的群众说：“以后内部决不能闹不团结了！要把眼睛放亮些看着地主。”这时，群众忙着站岗放哨，要求政府不要把抓去的人放掉。

这时，土改队和农协将反革命分子抓了一批后，不发动群众诉苦，关起门来审问，问出材料来后又去抓一批，把群众抛在一边不管，加上乡农协会抓得只剩一个主席，不能领导群众，如是各村各自为政。再加上土改队干部听信特务放的是慢性毒，到3个月以后才发作的谣言，又怕暗杀，心里恐慌，希望赶快把反革命分子抓完。另外，审问中，发现有3个土改队的干部参加了反革命组织（一个是党员，曾经参加过李希哲的叛变的），抓起来时没有向其他的干部讲明白，如是土改队内部也混乱了起来，反革命分子又乘机捣乱了。

事情是这样的：在抓了第一批反革命分子后，在松腰组织了3个雇农、2个贫农的苦主斗争1个地主，算回抵白工钱的126斤糖、14万元人民币。但是这5个人并不是最苦的苦主，当他们到地主家搬东西的时候，更苦的苦主着慌了，怕东西被他们搬完，以后分不到手，说：“哪一个人与地主没有一些手续？”如是大家在反动分子周朝进、梁继英的鼓动带领下，都到地主家去搬东西，事后进行检讨，群众认识到不按人民政府的办法做是不对的。当晚，就接着诉苦，雇农曹进斗从12岁起就替地主做白工，饭也不给吃饱，地主还要打他，现在他29岁，背驼了，身体也坏了。他诉苦诉得感动了大家，想道：“要是把地主的浮财和底财都搞出来，合理分配，不是更好吗？”但是，在第二天（3月19日）群众继续诉苦情绪激动时，周朝进等又领头去搬反动分子家里的东西，追浮财、挖底财，因此，别的村子不甘落后，在中农的带头下也去搬了。这时，因为领导上事先没有预料到有这样的情况发生，不知怎样去领导它，只喊农协主席向大家说：“这样搞违反政策了！”要群众进行检讨，另外觉得没有办法领导，任其自流。如是在勇敢分子（反革命分子）的带头、中农继起的形势下，贫雇农也随着去搬东西，贫雇农不知道自己的力量，去搬还有一些害怕，所以去的多，搬的东西少，反革命分子就抓得最多，一天挖出600多元半开的底财，周朝进等就立即贪污了100多元。别村的人说：“钱被松腰贪污了！”周朝进就用以挑拨群众说：“东西是我们松腰人斗争出来的，他们还诬赖我们贪污了。”因此各村群众之间有了隔阂。

在3月21日，没有经过酝酿就斗争一个地主，当地主装着可怜相问他的老婆说：“孩子的妈，把埋着的东西拿出来吧！我现在是死定了，死了以后，你好好地带着孩子！”如是群众就可怜了他，立刻一句话也不讲了。有些群众和干部，觉得“这样搞太过火了”。

这样一共搞了7天，搬了10家的东西，使当时情形陷于无领导的混乱状态，工作步骤也乱了。

（四）镇反以后

在土改队抓捕、审判反革命分子告一段落，在群众随着破坏分子搬东西告一段落以后，土改队整风了1次，整出任务观点和包办作风，并检讨出扎根子的阶级观点不明确——理论上扎在贫雇农头上，实际上是认为贫雇农顾虑生产，工作不积极，且又不会说、不会做，要中农带着他们才成，于是根子就扎在积极分子的头上，而在群众没有真正发动起来的时候，积极分子是能说会道的中农，和现在成分虽然好而历史不清白的地恶的狗腿、二流子和敢作敢为的土匪。在这次反霸斗争中，缺点虽然多，但不可否认的，群众的阶级觉悟是提高了一步，而且涌出一批贫雇农积极分子，如是土改队决心大胆放手让群众去做，而干部从旁帮助和指导。

3月28日，在各村召开贫雇农会，并以贫雇农积极分子为核心，检讨过去搬东西的事，使大家认识这样做对我们人民翻身事业是不利的，并选举分配果实委员会的委员，选时提出的条件是：①受苦最深；②大公无私。结果选出了7个贫农、2个雇农、3个中农，除3个中农外，都是各村贫雇农核心小组的人，如是以分配委员会为核心，领导在各村成立分配果实小组，并结合学习文化（正是冬学期中），提出分配果实的6条原则：①农民团结互助；②干部大公无私；③方法按人定等；④果实照顾贫农；⑤分配自报公议；⑥结果群众满意。

次日（3月29日）召开了一次群众大会，把反革命分子的材料公布出来，把镇反的政策详细交代下去；同时，叫反革命分子自首，当场自首的有8个，由群众批评后，交给群众管制；并结合分配果实，把地主的东西是从哪里来的做了一次分析，群众怜悯地主的情调消除了，说："地主还我们三代的东西，是还不完的，斗他还没有斗得厉害！""要把地主的东西完全搞出来，留着是祸害。"

接着，大家学习分配果实的6条原则，因为指导学习的干部，有些认为果实照顾贫雇就团结不好中农，所以有些村子里学习得不好，在这次学习中，主要的收获是认识了"天下农民是一家"。学习后就是定等，定等各村不同，有的定中、贫、雇农各一等，中、贫、雇农分三等九级；有的则因工作干部怕麻烦，没有定等，是按苦情分配；有的是贫、雇、中农平分。分果实都是自报公议，但因掌握的人不同，分配的公平合理的程度也不同，有4村是贫雇农掌握的，果实分配得合理，另有3村是中农掌握的，有1村是历史不清白的刘正荣掌握的，果实分配得不合理。像在蛮海果实分配小组中，有4个贫雇农、1个中农，而且雇农是小组长。工作干部以为这样就是贫雇农在领导，实际上是中农戴存仙（女，蛮海人，搬地主的东西也是她带头的）一个人在分配东西的时候提意见。她说衣服贫雇农不合用（女旗袍、皮衣等）给中农，碗碟也不分，留着公用（实际上是留着她用）；布匹本来她打算不分的，后来一家撕了一小块去；贫雇农要的是能够吃、能够下田的东西，打算这次少分点，下次就多分一点，所以也不多提意见，就是提意见她也不理。工作干部虽然觉得分配有些不合理，但是又觉得不能不团结中农啦！如是只对她提了些意见，还是由她分去。结果，果实照顾了中农（蛮海分谷子是中农2升至3升，贫农5升，雇农1斗）。

为了树立贫雇农领导骨干，在4月2日，召开乡贫雇农代表会，到会者42人。在会上，先听形势和镇反报告；报告是先从反革命分子在本乡破坏的情形谈起，一直谈到国际形势，强调镇反要结合抗美援朝。因为先从本乡谈起，大家容易认识，体会得深些，在小组讨论时说："要是不把蒋介石这个大匪首的岔根（指地霸反革命分子）挖得干干净净，他总要想办法来害我们，美国那棵大树，也不容易打倒。"在镇反中还有一个不好现象，就是在斗争地霸时用刑，这次对此也展开了讨论，大家认为用刑是不好的，"我们不听共产党毛主席的话，就对不起共产党毛主席！"如是由一部分代表找了一个地霸反革命分子来，用说理说法来斗争，用以示范。但在斗争时，追不出底财来，代表们就生气了，把他拉到山上隐蔽处，用起刑来，逼出了两个金戒指和百元半开，如是代表认为对地霸反革命分子还是打得对。另外一部分代表，到被斗的家中去，向他的小老婆说："横竖钱财不落在你手里，你告诉了我们以后，政府可以原谅你，让你劳动改造，你又何必跟着他们一家人一起死哩！"如是她说出10两金子、100两银子、××元半开的藏地，这样，代表们就展开讨论：究竟是用刑好，还是用政治分化的对？大家都承认用刑的确是不对的。接着就酝酿公审后杀掉两个地霸反革命分子，事先消息走漏，关着的地霸反革命分子在监里闹起来，守监的民兵将这情形立即报告代表，代表接着追根，追出走漏消息的一个是被杀者的外甥，一个是刘正荣，如是把他们两个斗了一台，决定暂不把他们开除农协，留着查看，代表们又批评了工作干部，在审查代表时不仔细，让坏分子混了进来。

在这次开完会后，代表们看到连杀人的事也是自己决定，工作干部的错误也可以批评，体味到贫雇农真是当家做主了，情绪极高，决定回去后即将所有的贫雇农发动起来。有一村，代表回去后就组织生产互助队，帮助劳动力缺乏的贫雇农生产；在生产时，同落后的贫雇农谈天，打通他们的思想，并将还没有分配的斗争果实——粮食，借给最苦的贫雇农吃；如是7天以内，除两户特别固执的贫雇农外，其余的都发动了起来。

（丙）景谷县钟山区民利村[1]工作总结（征粮、减租、清债工作总结）

1951年2月

（一）基本情况

全村包括大小自然村几个，南北长约15里，东西宽约10里。各阶层户口、土地占有如下表：

阶层	户数	人口	百分比（%）	土地分配	百分比（%）	每人平均土地
地主	24	119	6.2	1449.5	36.9	12.1
半地主式富农	1	17	0.8	87.0	2.2	5.1
富农	10	88	4.6	567.5	14.4	6.4
小土地出租者	4	17	0.8	39.0	1.0	22

① 民利村，本文又作"利民村"。——编者

续表

阶层	户数	人口	百分比（%）	土地分配	百分比（%）	每人平均土地
中农	92	582	30.3	1054.5	26.8	1.8
贫农	152	761	39.7	670.7	17.0	0.88
雇农	61	261	13.6	57.5	1.4	0.22
小手工业者	11	41	2.1			
小商	4	17	08			
游民	4	12	06			
合计	363	1915	100	3925.7	100	2.05
备注	1. 总户数人口当中，汉族占69户，239人，占总人口12.4%； 2. 24户地主当中，僰族占4户，人口37，占地主人口31%； 3. 富农全是僰族； 4. 亩积以1斗种者1亩计算； 5. 除水田外，另有旱地347.7亩； 6. 外村地主9户，人口49，岔本村土地390.4亩					

常年产量：1950年全村连岔出外村自耕产量共收稻谷6416土石，以每一土石折200市斤计算，计重1238200市斤。

租佃关系：活租制中的平分租占绝大多数，冬谷概平分租，定租制很少，旱谷一般多收定租，但本村旱谷很少。定租制中最重的一份是年产12石，要租10石4斗，田租占产量的86%。

债务关系：①干息最高年利1角5分，一般1角，最低5分；②水息最高年利5石，一般4石，最低3石。债利剥削非常残酷，一般的剥削方式是在谷价高涨时逼债，债务人无力偿还，即以当时谷价折现金，利上加利。例如农民徐桂林借地主罗松山谷子1石，息5斗，拗息4年共2石，未拗4年，利作本共合8石。当时粮价涨到每石20元，折成现金160元，让给10元，后徐桂林以年产8石的一份田抵押，平分租，罗松山共收租15年，计60石，前后23年，农民徐桂林共付息62石。

额外剥削：解放前地主对农民的额外剥削种类约有下列几种。①过年过节送柴、腊肉、扫帚及农业副产品，所谓一年三节礼，农民少不了要孝敬地主老爷，否则夺佃加租等威胁随之而来。地主家有红白喜事，佃户被喊去帮白工也是不可少的。②地主（特别是地主中的官僚，如陈荣暄等）出外，无偿逼迫佃户抬滑竿、拉马、抬枪护卫、烧饭、换烟筒水、喂马。③平日间帮舂米、挑水、砍柴、送信、领娃娃，甚至逼迫当丫头。④预收租：今年谢曹氏预收张信田租6石（例如农民罕朝东，欠地主罗松山谷子1石2斗5，后折合现金50元，拗过息谷2石，有一年天灾，拗息未清，罕朝东妹子就被逼当丫头5年，工钱分文不给）。

该村于1949年7月开始建政，8月一度改组，李匪叛变后瓦解，1950年再度建政，9月一度改组。1949年征粮，群众并未发动，9月改组后的农协干部当中，贫农2人、中农3人，农协主任周德才是中农，是地恶周宜之的亲戚，一切问题周德才均事先请示报告周宜之。农民对于农协没有什么认识，农协也没有替农民做多少事，农协会员并未审查，1户1人，农会大组长还不知道自己是否会员。第一届村农代会（10人或12人），农民代表说："这会不知干部是整哪样，大概同国民党的保甲长一样，叫我们举手就举手，管他要得要不得。"开农协小组会，地主、富农、佃富农、旧军人、高利贷者均来参加。民兵共有63人，但成分非常不纯，多数二流子气很重，内部各称英雄，民兵队长指挥不动，其中还有一个旧军人出身，作风恶劣，视民兵为私人武装的分队长。村政府只有村长、财粮两人在工作，副村长形同虚设，跟着地主跑。妇女会大寨的比较活跃，但仍限于浮面，对劳动妇女仍未有实际的教育及帮助，东巴、东拉的妇女则全未组织。这是开征1950年公粮前村政权和群众组织的一般情况。

反动势力自1949年以来，曾受过一些打击，但对群众，统治势力依然或明或暗地存在。势力最强是东拉少数民族地恶周宜之，他的胞兄是北平警备副司令，随傅作义起义，现任西南军政委员会委员及省府委员，并且是李匪的亲戚，因此群众对他的顾虑很大。1949年7月，周宜之曾因贪污被押一段时期后释放，李匪叛变时，周宜之曾将告他的人捆绑吊打。解放后，对群众暗中恐吓，并通过农协主任周德才进行压制。东巴是陈荣暄所统治，陈荣暄虽在1949年7月被枪决，但他的女人是李匪的妹子，他兄弟当过军长，现在昆明军政大学，因此，陈荣暄虽死，群众仍有顾虑。大寨土司刀永林虽随李匪叛变，逃窜过江，但在一般僰族的老者中仍有威望，其次是一些没落地主出身的旧知识分子，在1949年9月以前仍操纵我政权及农协。

1950年征粮，县确定以该村为典型村，由县直接领导，派县委会妇委黄群同志及部队农协工作队员3人参加工作。

（二）工作开展过程

从1950年12月18日开始工作，到1951年3月12日召开全村农民大会总结征粮、减租、清债，传达县生产会议的决议，布置村生产计划，正式号召转入生产为止，前后86天，大致可分成3个阶段①：

第一阶段：评产挤黑，结合整顿农协民兵（时间以1950年12月18日到1951年1月28日），该村财粮委员邵家才（贫农）由区扩干会回村，便由农协发动小组酝酿选举评议员的候选名单。18日召开各大组农民会议，选出评议员17人，其中雇农1个、贫农3个、中农12个（内佃中农8个）、富农1个，主任委员是贫农邵家才。划经济区定标准地随即开始，由于评议员的努力，他们背着背包、自带伙食、日夜赶工，到24日大致结束，共划了32块经济区，并依下列标准，评定了各种标准田地的常年应产量。

一等地的条件及常年应产量的标准：土质皮面黑，胶泥夹细沙，内底黑胶泥。阳光一概不受遮盖。水利是龙调水常年有，田盘水而平坦。常年应产量最高2土石5斗（每斗

① "分成3个阶段"，但后文只有两个阶段。原文如此。——编者

种），折合500市斤（谷重），最低每斗种产1土石，折合200市斤谷重。

二等地的条件及常年应产量的标准：土质近似黑胶泥，阳光略为背阴些，楼梯田，水利不缺，但很难保存，常年应产量定每斗最高2土石1斗，折合420市斤谷重，最低9斗，折合180市斤谷重。

三等地的条件及常年应产量的标准：土质是胶泥冷饭土，背阴且系楼梯田，底有白蚂蚁洞，水缺而且肯漏出。常年应产量每斗种最高是1土石6斗，折合320市斤谷重，最低定6斗，折合120市斤谷重。

这7天的工作，由于评议员的努力，划经济区、定标准地是有成绩的，但群众整个没有发动，群众把评议员看成清丈人员，当时县区的工作同志都未参加。县发现了这个问题，才召集了工作同志、农协委员、村委员、评议员联席会，研究了全村的基本情况，并检讨1949年公粮不能完成是由于群众没有发动。25日正式开会，到农代67人，连干部80余人，成分是雇农20人、贫农31人、中农15人、贫苦知识分子1人。会期3天，经过大会报告和小组讨论农业税收政策精神，并着重讨论评产挤黑，结合揭露地主的花样、对策，研究了催收尾欠的对象，顺带解决了民族政策的精神——团结、互助、友爱、平等，揭露了“共产党不容僰族做‘赕’”“缅寺不容修”的谣言。

这次会议基本上是成功的。这是由于以前农民干部集中学习了两天，由他们选出人组织小组作各种报告，并领导小组讨论，县区干部从旁协助；代表都自动带些柴米、小菜，有两个自然村还发动群众集体送柴米、小菜慰劳代表，一般情绪都好，最受人看不起的×××依靠砍柴、种山度日的农民都选上了代表。会后他们说：“从前在国民党时候黑啾啾的，这阵矇孔出了大太阳，眼睛睁都睁不开；多商量商量，才会认得咋个做主。1949年的粮，听工作同志说好，但认不得好在哪点，我们又想着自己上不着粮管不着，这回开了会才认得好处在哪点，打伙合手合脚地去搞，不怕地主玩花样。”会后抓紧了代表以农协小组为单位，选出了21个第一届农代会的常委，协助评议会深入到各小组抓紧代表工作，并定期集中汇报。整个评挤阶段抓紧了这一环，是这村评挤工作成功的原因之一。

但这次会对清匪反霸强调得十分不够，对“依靠贫雇，树立贫雇领导骨干”的思想观点也还模糊，表现在评议员中贫雇占4名都未被发觉。

紧接着农代会后，由代表分别召开了全村地主谈话会及富农座谈会，但两个会均告失败。会前已经研究了怎样召开这个会，但在会上农民仍撕不破脸皮，只有少数积极分子发言，地主用“我们早已准备交粮，只要政府一通知”来搪塞，整个会便冷下来，当中还有与地主称一家人的。对富农，则有农民干部上去对他们说：“朝前我们喊打倒地富是错的。”会后对这种观点模糊、失掉立场的错误做了一次检讨，并决定从突破大寨顽固地主张绍成[①]的欠粮着手，打击地主阶级的政治威风。

农代回去发动自报田亩产量，并将评议会划分经济区、定标准地产量交给群众讨论，

① 张绍成，本文又作“张治成”。——编者

一般群众对于经济区都没有什么异议。根据群众自报，在29日出了第一榜。农代常委、评议员及其他村干部便集中研究，发现中农及富农瞒产瞒种子相当严重，遂决定以东拉为重点突破富农，以大寨为重点突破中农。对富农的评挤，是采取发动群众、大会检举，结合法令突破大户，号召限期自报修正。30日晚上召集了一个200人的农民大会，做一般性的动员后，就以周宜之为重点，报告其自报的全部种子产量后，就号召群众检举。当时群众的顾虑很大，当众敢于出来检举的有10多人，挤出了5斗种两份黑田后会场便成冷场，而群众交头接耳，说悄悄话的很多，原来是周宜之的狗腿子孔庆福及周安祥的儿子混进了会场，在这种情形下会议遂告停止。在会外组织积极分子、干部10多人继续评挤，半天内便挤出2家富农，瞒田2石8斗种。当晚上召集了村民大会，根据可靠的材料，由积极分子带头挤出一两份后，便等待群众检举，场面遂在积极分子带领群众逐步以事实的启发下打开，结果除由积极分子带头根据已有材料在会场上检举1石2斗种外，其余1石6斗由群众检举出来，群众还另挤出了2斗种。会后总结了初步成绩，并号召限期自报修正，逾期照章处罚。东拉的评挤工作展开后，其他各村对富农都采取这一方针。

对中农的评挤是采取思想动员，举例对比，内部说服。30日晚上在大寨召集了11家中农开座谈会，会上做了一般的宣传教育，解释政策精神，结合一般的宣传教育，列举东巴年产300余石的那桩瞒田，仅地主陈荣暄就占300多石，而10多家农民仅占30多石来说明“地富瞒田一大片，农民瞒田一股线”的道理。其次又列举10多年前原来是中农成分，被陈荣暄及其他地主敲磕剥削到今日地无丘、田无埂的过程来说明在国民党反动派统治下中农的不幸遭遇，又解释减租条例及土地改革法中明文规定对中农的保护，并说明中农同属农民，农民在革命中的功劳及现在主人翁的身份。经过这座谈会的动员说服，到最后自己表态，11家中农只有两家思想打不通。富裕中农徐剑一份田评他7石5斗，他硬说只有5石，争持不下，他当场将笔甩去，离开会场。其余9家共挤出90多石产量，并组织这份力量继续去争取打通其他瞒产的中农；但一般农民对于常年产量由于交代得不够细致，具体仍然存在万年苦的顾虑。例如东拉蛮秀贫农周德青只有5斗种的田，早往年小菜好卖，他及东拉蛮秀一般农民对田地都照顾得很马虎，今年评他1斗种应产9斗谷子，他硬说只能出8斗谷子，收不得那伙儿多，咋个拿得出来。经过五六天列举了各种事实，例子对比说服，仍然打不通，最后才发现他原来是怕万年苦，而且他的田虽占头沟水，但往年都被周宜之霸光。后来又宣传了农业税条例当中鼓励生产的精神，以后下功夫多压粪，3年5年的常产量不改订，恶霸被斗争打垮，今后再不敢霸占沟水，这才逐步打开他们的思想说：“这份说，我今年吃一点亏，明年勤劳点就找回来，我就不说了。”另一个贫农周汉淌经过打通后，积极参加评产挤黑，富农说：“像水槽样渣渣渣来。”民利村的评产挤黑自从这样突破后，反复进行了3次大规模的评挤及个别的评挤，到出二榜，共挤出种子16石，挤出瞒产90多石。东巴农民修正了二等田的产量9斗为1石，三等田的产量8斗为7斗。大致上第二榜评挤已基本上结束，后来的评挤数量都未统计。

这段工作获得下列几条经验教训：

（1）评挤是一项复杂细致的工作，针对各阶层的思想，除做一般性的宣传教育外，应有不同方式不同内容的斗争。例如对富农瞒产采取群众大会检举，大会群众仍有顾虑，转为会外积极分子评挤，又在开群众大会中，积极分子带领群众评挤，既扫除富农的抵抗，又逐步启发了群众。对中农采取内部打通，列举实事实例及解释党对中农的政策，从切身利益打开其思想。这工作不是一两个大会能解决的问题，必须大会套小会，会内会外互相结合，反复进行。例如四榜大部入仓进行复查时，因为贫雇农已初步发动，仍挤出两家富农1石种子，查出中农出身的干部周德才包庇富农，故意算错负担达17000多市斤。

（2）群众对村干部、评议员成分不纯早有反映，但由于领导思想观念不明确，未即时大胆通过群众处理，致造成东拉富农在四榜入仓后仍隐瞒种子1石、负担17000多市斤的惊人数目，及三榜后4个中农出身的评议员涂改自己的种子数量。而在评挤工作中，还能比较即时发现问题，使工作比较顺利进行，是由于领导上抓紧了第一次农代常委，深入到各小组工作，每次出榜都集中了常委、评议员、村干部反复研究讨论、辩驳，造成比较群众性的评比，使产量近于实际，群众较满意。

（3）心底有数，突破大户，号召自报修正，并与政策相结合使运动加速，但由于领导抓不紧，村干部成分不纯，法令未具体执行，逾期被检举的未加应有的处分，致令四榜后仍有富农敢于玩花样，评挤工作仍不彻底。

12号公布榜后，当晚上召开了以农协为基础吸收评挤工作的积极分子参加的漫谈会，初步总结了前一阶段的工作。大家认为工作要搞好，领导成分一定要纯洁，便转入讨论整顿与巩固农协的问题。一个贫苦知识分子妇女说：“农协打比是一甑子白米饭，干部成分不纯像混入一颗老鼠粪。”一个农民说：“到煮成白米饭，再捡老鼠屎，已搞坏了大事，在洗米水的时候就应该拣掉。在这次评产挤黑当中，就见得到一些尾巴一甩一甩的地富狗腿包庇隐瞒，对这些狗腿这阵不拣掉，咋个搞得好减租退押，更说不上土改。”大家热烈地讨论了怎样才能发现老鼠屎，怎样拣老鼠屎，随后选出了8个贫雇农，8个中农学习分析阶级及农协组织章程，另组织了第二届农代会筹委会。经过两天的学习即酝酿选代表，16日正式召开第二届村农代会，出席代表72人，男代表42人、女代表30人；雇农成分16人占22.2%，贫农成分16人占22.2%，中农成分30人占41.6%，手工业者9人占12.5%，贫民1人占1.3%。这次会议的任务是整顿与巩固农协，方针采取划清地富与农民的界限，初步总结农协工作，批评干部，并提农协候选人名单。头天学习了怎样分析阶级，重点分析全村地富，农民只以代表为例子分析贫雇农中各种类型，划分地富阶级。我们都采用了这个方式，即由群众根据原有的基础上提出全村地富名单，逐个列举条件，从条件最模糊的分析起，结合讲解文件，地主着重分析了二地主、小土地出租者、破产地主、工商业兼地主、地主兼工商业，并在分析阶级中结合减租条例及土地改革法第二、五、六条，对待各种成分不同的待遇，以明确阶级划分对执行政策的重要性，结合农民切身利益，提高农民对划分阶级的积极性。

划清了阶级以后，又分析了利民村地主当中哪些是最坏的，群众提出了陈荣暄、谢谦六等几个官僚，随即转入诉苦。最后结合文件，讲解这些是地主阶级的政治代表，是地主阶级当中最凶恶者。列举了国民党时候如李希哲这一类都是一些地主，以启发农民的阶级觉悟，算初步决定本村斗争对象。划分富农成分，是采取先从自耕或雇工耕种的土地与出租土地的比例算起，以便检出应定为地主而混淆为富农者，后又划分与中农混淆一起的成分，以划清富农与富裕中农的界限。例如以前被误为富农的周宜之，他自耕及雇人耕种的只2石1斗种的田，而出租则达5石7斗种，出租超过自耕和雇人耕种的两倍以上。农民又说："他'早起冷冷不做活，日头辣辣晒不着'，只是间或到田头招招呼呼，不能算主要劳动。"又说："他一年下田的种子，就够我们一个农民吃还宽宽有余。"遂被纠正为地主。刀土司也纠正为地主，另又划出半地主式富农周安祥。又结合讲解土地改革法第三、六条，农民说："朝前定周宜之为富农，心里怪怄气，这回分得成他的田地了。"这样的与农民的实际利益结合，农民的斗争情绪明显提高。例如对周安祥在外村的出租田地数量不清楚，随即有农民代表就去调查，后被划为半地主式富农，农民说他生活过得这么好，光打锣槌一年收入就不知多少，从前还划他一个中农。

次日学习农协组织章程，从原有的农协出发，进行对过去工作的总结，农民说过去农协调整了一部分中农的田地给少地无地的农民，发动与领导减租，领导农民翻身，播下2石5小春，推动组织修建龙洞水利，办合作社、识字班都很好，但干部对我们的事情照顾很少，合作社办垮掉，识字班冷冷落落，播种小春不合时。徐大妈的猪被地主张治成戳死未赔，农协冷冷地阴起没积极处理。随后又检查会员，大家说朝前也认不得农协的要紧处，兵油子理发匠老袁为了向银行借款讨婆娘也入了农协，随后才结合具体材料讲解农协章程，着重报告任务与会员，又反复一次检讨、启发，明确了哪些人合入农协，哪些人不合入农协。减租是为任务的第一条，播小春就是任务的第二条，办学校就是任务的第三条，结合实际，认识了农协的三大任务，随后讨论入会手续，提农协委员的条件及候选名单，另又决定农协会员大会后整顿民兵。

这次会议基本上是成功的，主要收获有下列几条：

（1）农代学会了阶级分析，结合减租条例、土改法，对各阶层不同的待遇诉苦，使农代认识划清阶级的重要性及启发了阶级觉悟。

（2）启发使农代认识了农协是今后领导农民反封建斗争的司令部，有个农代说："过去我想着减租土改，别人有份，我还是有份，这次才认得农协的要紧。如果我们组织不好，农民团结不好，地主看不起我们，徐大妈的猪给张绍成戳死不赔也没有办法，还减什么租？更说不上分地主的田。"

（3）培养了一批新的农民积极分子，作为巩固组织展开下一阶段斗争的核心。

这次会议成功的因素，主要有2条：

（1）整顿农协划分阶级都是从实际出发，并结合得相当紧，与减租条例、土改法结合，反复讨论讲解，因为从具体事实、切身利益出发，这样使农民易于接受文件的内容，并启发了农民的阶级觉悟。

（2）充分走群众路线：这次农代会的召开，从未开始时，便是由农民积极分子反复讨论学习、启发，会议又由农民自己领导，做报告，领导小组，做决议、总结，都由他们自己动手，县区干部只从旁协助。

25日农代传达决议，吸收会员，审查会员，酝酿农协委员结束，并召开农协会员大会，通过会员名单，并选举农协委员，会上批准入会的有364人，占全村人口19%，占农民人口25%。11个委员中，雇农2人、贫农4人、中农4人、贫苦革命知识分子1人，主任是贫农，两个副主任中贫农各1，当天便在大会上决定：由农协领导斗争不法地主张绍成，当众保证3天内拗清尾欠39石，并赔偿徐大妈的猪价68元，并道歉。到会的5个地主，同样当场保证3天拗清欠粮，除张绍成扣押外，还斗争装穷叫苦、死皮塌赖的地主谢曹氏，并将她关起来，3天后谢曹氏也交清欠粮了，其余地主不敢再观望。

接着，开始整顿民兵，原来这村有民兵63人，成分还纯，但有些经历复杂，并有地富狗腿、反动分子，时常闹分裂，二流子气很重。整顿的方针是采取典型诉苦，启发阶级觉悟，划清阶级界限，步骤是挑选6个民兵当中苦最深的贫雇农，进行诉苦，作为整顿民兵的骨干。经过两天对骨干的培养，两天全体诉苦，审查基本上已比以前可靠，第四天晚上斗争了一个“老黄狗”出身的把民兵当作私人武装的分队长，一直斗到鸡叫，由他认错后，民兵把他开除出去，要他保证不能有任何破坏行为。经过这一次整顿后，民兵共有45人。队长是雇农，3个分队长，1个是雇农、2个是贫农。民兵成分是雇农10人、贫农21人，占46.6%；中农14人，占31.1%。

民兵整毕，四榜公布出去，即由农协领导民兵组成3个催粮小组，并组织了3个收仓小组，分在东拉、东巴、大寨3处入仓；并召开地主谈话会，宣布五项禁令、西南区惩治不法地主暂行条例。叫他们表示态度，多数地主沉默抵抗，当场有一个地主借故解便逃跑，被民兵抓回，斗了一台。后来决定接到通知后3天内交清，交不清的必须申诉理由，经农协批准，限期交清。

征粮工作的紧张斗争，到此告一段落。四榜公布后，统计全村负担如下表：

1950年合理负担征粮各阶层负担情况统计比较表

阶级	总收入	总负担	百分比总负担	总负担	各阶层最高负担				各阶层最低负担				备注
			全村总负担	总收入	姓名	总收入	总负担	总负担占总收入%	姓名	总收入	总负担	总负担占总收入%	内5户岔外村未计
地主	127707	95634	41^{+}	74^{+}	陈李朝凤	17925	11304	63	谢陈氏	1936	327	16.8	内岔外村者未计
富农	105049	34185	14^{+}	32^{+}	徐荣发	11780	3781	32	周永清	3705	873	23.0	
中农	557600	52268	22^{+}	9.3^{+}	石宝林	8184	3288	40	徐学贵	2856	267	9.3	

续表

阶级	总收入	总负担	百分比总负担	总负担	各阶层最高负担				各阶层最低负担				备注
			全村总负担	总收入	姓名	总收入	总负担	总负担占总收入%	姓名	总收入	总负担	总负担占总收入%	内5户贫外村未计
贫农	298520	50036.5	21^{+}	16^{+}	刘开清	7370	1432	19	刘福寿	520	21	4.0	
雇农	29308	456	1.9^{+}	1.5^{+}									
合计	1118229	232579.5	99.9^{+}										
附注	一、该村全年应产量1283200市斤（主副产物均计在内），依率计征负担额232579.5市斤，占常年应产量$18\%^{+}$。 二、农业人口1677人，占全村人口$87\%^{+}$。												

从上月初出四榜组织入仓，到3月10号，全村已入仓224091市斤，占依率计征负担232579.5的96.3%，占区分配的任务112915.86市斤的205%。

另催收入仓1949年尾欠粮25560市斤。

第二阶段：减租清债结合整顿村政府（时间：从2月初到3月初）。

准备与酝酿阶段：四榜公布开始入仓以后，便发动组织贫雇中农中积极分子，晚上展开火炉边漫谈，以诉苦算剥削账启发农民阶级觉悟，结合学习条例、债务纠纷处理办法及五项禁令、惩治不法地主暂行条例，在学习减租当中又结合公粮负担具体比较，收得的效果很大。例如参加学习的贫农徐桂林，今年应负担公粮509市斤，减租可得2石8斗，折5796市斤。废债谷78石，收回押田3份，共有2石种。农民说：“这回翻身翻得成了，撑腰的也有了，这回不怕地主调皮了！”又有的说：“今晚上来得很值得，明天非把公粮完成不行！还要催地主上粮。”东巴的农民说：“今晚上像抱着银子回家，不该气不出地在着，要宣传叫他们也来听听。”

次日，第一大组便入仓3万市斤，午后，还帮别组入仓，当天晚上来学习的比头天晚上更多。从那天起，村政府一到晚上就老老小小的挤满了人，其中经常到的有68人，最后一晚上总结这一次学习，并将他们组织起来，以东巴、东拉、大寨为重点，编成三大组，利用春节空闲进行宣传，酝酿第三次农代会的召开。积极分子接受了任务，回到村里斗争便展开了。以东巴自然村为例：旧历三十晚上，当诉苦算剥削账展开时，有一个农民想起了当年他父亲也在三十晚上被恶霸陈荣暄使狗腿逼账，被拉去关起，5年中被拉去耕牛4条、2个胖猪。有一年没有东西可拉，又把他爹拉到司法处扣起，卖了甘蔗才赎回来。又一年又被拉去跪石子。这样一诉开，大家便争着说：“今晚上我们也叫她说说，公粮交不交？”马上，100多人便冲进陈家院子，向已被枪毙的恶霸陈荣暄的女人陈李朝凤说理。她说：“今晚上是年三十，明早上是大年初一，不好出门！”农民就问她说：“你认得今晚上是三十晚上，明天是初一，往年你怎样对我们？”结果把她盘翻掉。

年初一又集中积极分子复习政策，结合检查交代政策的程度，酝酿第三届农代会的筹备工作，农代资格在积极分子会上做了初步审查。

2月8日（初三）正式召开三届农代会，共出席代表137人，成分是：雇农34人，占24%；贫农76人，占55%；中农25人，占18%。这次农代会是采取划清阶级、贯穿诉苦、算剥削账、结合实际、交代政策法令的方针进行的。初二晚上代表一到，便自然地形成小组，展开诉苦算剥削账，小组汇报时都说：“以前认不得咋个领导小组，这次不出提纲，讨论得怪有兴趣的，怪热烈的。”并且通过诉苦，检举了前农协主任，现任农协委员周德才包庇地主，压制农民诉周宜之的苦。

结合实际的诉苦材料，报告了减租条例及债务纠纷处理办法，农代们一面听一面巴不得把自己的苦水吐出来，争着上台讲话，农代中有一个老实本分的贫农叶绍宗，过去大会小会都不愿参加，并且说：“佃户租田种交租是合理合法的。”“减租有哪样减场，等到减租，减减就是嘛，你减得，我还不是减得。”经过诉苦算剥削账，别人说：“地主收租，账簿拿着，算盘打着，到田边，狗腿跟着，农民还要杀鸡招待。”他转变了以前的态度说：“今天非干不行，这回我找着路子了，朝前我不开会，想着不来也得，别人翻身我也翻身，认不得要打伙把地主打垮才能翻得成身。”

除了一般诉苦外，进行了对恶霸地主陈荣暄的典型算剥削账。东巴第二大组62户，几乎全是陈氏三弟兄的佃户，单陈荣暄就有佃户28家，今年应减租4421石，农民算一算可买牛8条，可做80亩旱田的盘缠，每年至少要产185石，够10家中农一年吃，10家中农至少60人，而陈家才5个人，现在要28家佃户养他一户，这28家才有田3石7斗种，而陈一家就有12石4斗种的田，这12石4斗种的田分给10家中农，生活宽宽有余。这样一算他们说：“翻身的道理就在这点。”接着又以原来是中农成分的铁三，被剥削得“田无丘，地无块”的典型例子，铁三原先有田有牛，生活宽宽有余，有一年陈拿了一份田给他种，硬说是8斗种，要租14石4斗，可是任哪年都只打得12石，这样一年交不清点，前后共拉去牛4条、猪3个，没有东西拉，就拉着他婆娘打、罚跪，一跪便是一炷香，今年共减得9石2斗8，往年拗掉租谷还要贴本钱。从这样一个典型算账，大家说：“共产党迟来几年我们都要被逼下坝子了。”于是有的诉说父亲被迫下坝子死了的，有的男人被逼下坝子死了的，好些都哭起来了。有个农民说，陈恶霸留到现在再整就好了，可惜死得太早掉。这样一个帮一个算，138个代表共减得210公石。

以同样的精神结合讲赤叶河、白毛女的故事，交代债务纠纷处理办法。东巴有个代表说：“陈荣暄就是吕仁知，农民但凡开出一丘田、一块地，他都来要租，说是他的田、他的地。”正在这时，有个58岁的僰族老农夫，自小帮工度日，在这次农代会上，从来未说句话，突然用僰族的小调、低声悲痛的表情唱出来，词意大概是这样的：“我们穷人苦难当，就像大石头底下的小树长大。我们穷人的苦诉不完，老母鸡拿出不算话，镇丁还要拉去关。我们穷人的眼泪流不尽，好像秋天大雨不断淋，真悲伤呀！真悲伤！我们穷人的汗钱一般大，辛辛苦苦自己种出来，轻轻便便地主剥削去，一无所有，落得两颗泪汪汪。我一年苦到头，种得3斗早谷、4斗冬谷，可是掼槽当当地响几天，谷子一粒也不见。我一想起大地主罗松山，他要拿我到镇公所去关，好容易卖了一条耕牛免了灾。我的大儿子因为没有钱，只得到河边土锅寨去上门。今天拿了罗大须来斗争，我们穷人个个都喜欢。以前他们刮了我们的骨，还要吸我们的血，穷人躬着腰给他们做垫脚石，他还不喜欢，今天斗了他，看看穷人是否还怕他。我们穷的原因是如何，国民党的兵款钱难逃脱，苦得汗水流满耳，还是吃不饱呀！穿不暖！今天使我很伤心，穿着一条破裤子，在大街人群广众给人羞，好不伤心哟！如果没有毛主席，我们哪得有今日，现在我们得过好世道，猪也可养成牛样大，没有天边的汉人来吃我们，也没有远方的奸商来欺压。毛主席像个红太阳，共产党是朝霞，解放大军是天上的繁星。我们想着早上的太阳，喜爱朝霞，更爱天上的繁星，只有见了他们，我的心才不痛。毛主席领导我们减租减息，穷人种得多少享多少，两口子生活好过日。但是我们减得的租息，不能大吃大喝吃酒肉，我们一定要节省，就像煮了酸汤漂点油。大家努力搞生产，今年要比往年有，一年更比一年有，也才对得起毛主席，使他更喜欢。毛主席领导我们各族都一样，我们彼此要爱护，要更加紧生产，不要给人说：'人穷就睡到日头红'。我们各位亲戚细想瞧，过去的苦没有毛主席的福庇，今天穷人不会像蜂子一样地包拢来，一齐来干翻身的大事。"这个受尽苦的农夫从悲哀到激昂，激动了全场都掉泪。

第三天早上闭幕，组织3个减退大队，先以大恶霸陈荣暄、大地主罗松山、高利贷者张应荣为典型，举行农民大会，当众算账。农民代表随罗松山婆娘到她家去退债纸及抵押品，她说："钥匙不在。"农民说："敲烂它，买把新的赔你。"结果钥匙还是找着，当面揭穿她的花样。干部拿出债纸问农民："这是什么？"大家说："这是地主吃人肉、喝人血的东西，烧掉它！"有人提议说，不要烧掉，留给下一辈子看看我们是怎样受剥削，立即全场轰动地叫同意。会上减掉废掉这3家地主的租和债，其他地主要他当众表示态度。又检查他们交粮的情形，其中地主周郑氏顽固不改，当场被斗争。问她不交粮、又骂民兵是何道理，她说不出即扣押，3天便交清。

最后大会做了决议，在3天内将地主的租和债大致减废完毕。3个大队分头并进，由农协委员领导，3天内统计获得以下的成绩（但由于忙乱，其中尚有错乱）：①减276.46石；②废债11903元半开；③退回抵押品、田契纸126份，合田亩275.5亩，金首饰共重1.551两；④无代价收回耕牛1条。

这场斗争取得的主要经验教训：

（1）阶级划分不够明确，致农民不能很明确地认识哪些该一律废，哪些还得细算，要使得减租废债打得又稳又准，应先将全村的阶级细致划分，将地富名单全村公布，并将政策反复交代，群众就会行动起来。

（2）事前的准备工作做得深入广泛，在斗争未开始前，已逐渐形成了群众性的运动，农代会前的火塘边积极分子漫谈，贯穿着诉苦算剥削账，结合实际交代政策，使政策与切身利益紧紧结合，不但政策交代得比较细致周到，而且使领导上掌握了减废情况，心里有数，农代会反复一次，使大家更清楚，培养了大批农民骨干，这是这次斗争成功的原因之一。

（3）具体应用了一般与典型结合的领导方法：诉苦与算剥削账采取了一般与典型结合的方法，使农民认识到地主阶级对农民的剥削之后，又以恶霸地主陈荣暄为典型算剥削账，加深了对地主的认识，一般农民受剥削的情形又结合了以铁三为典型，被剥削的情形又加深了农民对自己穷的原因的认识，这样具体地运用了一般与典型互相结合的领导方法，使问题的解决得到广而深的效果。又如以大地主大债主为典型，突破一点，使农民学会了具体掌握政策的方法，提高斗志，扫下地主威风，使全面推开时减少阻力。

（4）诉苦算剥削账启发阶级觉悟，启发了农民的智慧，在斗争中才能涌出大批的农民积极分子。例如这次涌现出来的贫雇农成分的叶绍宗，58岁的贫农徐荣先，在这次斗争中从自己的体验，以民间的调子诉出了他多年的痛苦，对毛主席、对党、对解放军的歌颂，并洋溢着他斗争的热情和信心。

（5）整个斗争的准备工作，通过了诉苦算剥削账，启发阶级觉悟，结合实际反复交代政策法令，大批发动教育组织以贫雇农为骨干的积极分子。又在每一个工作上，采取一般与典型相结合的领导方法，是这次斗争中比较成功的因素。但干部急于求成，对租佃、债务均未细致调研，斗争展开后不分轻重缓急，齐头并进，致步骤有些零乱，是这次斗争中严重的缺点。

3月13日在农民大会上总结报告这次减租废债的成绩如下：

（1）减租：全村佃户226户，参加减租216户，共减得28452土石，折合谷重56904市斤，平均每户得131土石。无代价收回水田33亩、地1块、牛1条，半开100元，匀出富农的公田学田2石8斗种，分租给无地少地的农民。

（2）清债：参加废债农民164户，废掉债务11346元半开，债谷未统计，退回押田385亩、金首饰共重2.6两、息谷26.5石。2月18日到25日，选举了这次斗争中比较有经验的贫雇农积极分子40余人参加区农代会，作为整个区农代会的领导骨干，并布置酝酿整顿村政权。区农代会后召开了一个传达决议的大会并改组村政府，洗清了地富尾巴副村长周应泉及其他两个工作不积极的委员。改组后7个村政权的委员成分是：贫农2，雇农1，中农4。村长是贫农，副村长是才翻身的原来是贫农成分现在应该是中农成分的周应成。接着就召开生产会议，拟定生产计划，并复查公粮负担及减租清债，结果查出周德才包庇地主故意算错周宜之等几家地富的公粮负担17320市斤，另算多700余市斤的照退。当场斗争了地主周宜之、富农恶霸周德富。清算的剥削账贪污款未统计。3月12日召开全村农民大会，总结报告86天来的斗争，批评并通过群众开除周德才的会籍，另又表扬工作模范邵家才。修正通过全村生产计划，另又选出5个积极分子赶往永平区参加区农代会。

（三）两项结合进行的工作

（1）龙洞水利建设：本村龙洞水利工程，从1950年12月16日开始动工，到1951年3月6日完工，共发动了3000个人工，政府拨了40石公粮雇石工，共筑了周围60丈的大储水池1

座，可灌溉87石9斗的田，最少年可增产320石稻谷。

（2）3月初开始在大寨举办了两所农民夜校，学生百余人；东巴举办了1所农民夜校，学生50余人；东拉的农民夜校正在筹备。

（四）领导问题

1月28日之前，领导上对依靠贫雇农树立贫雇农领导骨干的思想观点极不明确。评议会的评议员选举未充分发动群众，因此，群众到最后对他们当中的4个中农干部表示不满，而他们又暗地涂改自己的种子数。中农成分的干部周德才屡次包庇富农，因为领导上思想观点不明确，未及时发动群众撤换他的职务，致最后仍隐瞒富农周宜之等的负担。也由于这样，改组后的农协主任虽是贫农，但不是常年劳动的农民，3年前是长期教书的知识分子，因此群众仍然不够满意，县的领导前后更换4次，中途脱节，致损失了经验的系统化，对全县所起的指导作用也就受到损失。

清匪反霸在本村比别村更不坚决，但本村匪霸反革命分子则不少于其他村，其原因是对清匪反霸的认识不够，其次是对兄弟民族当中的匪霸的斗争，在群众（本民族）起来以后要求斗争，领导上仍不敢放手，怕斗争后影响其他地区，到最后，东拉的兄弟民族基本群众自动地起来斗争了地霸周宜之、周德富。

对农民经济上的利益的要求重视不够，特别对贫雇农的要求，因此减废所得，中农得益最大。例如雇农刀治昆、张大明、万宝灵等工作非常积极，但毫无得益。在一次漫谈会上，他们说："我们虽然没有得益，但其他农民兄弟得益就像我们自己得益，心中很高兴。"话是这么说，但心中总是不高兴，因此他们的结论是："我们的利益是在后面——土改，希望现在得益的不要像蛮坑×××，得了利益就不来开会，我们应该好好团结下去，最后打垮地主阶级。"

向经济上剥削的地主阶级算苦工钱，索回解放后所交出的谷息及其他的剥削账，现才开始展开。

领导上对农民得益后的自私性未充分估计，因此有不少农民在减废后退出斗争，开会自己不来，以小孩子、女人来代替，现正展开教育，将斗争胜利的原因主要是依靠群众的力量、依靠党正确的领导的认识普遍展开宣传。

附：景东、墨江及普洱专区有关少数民族教育文件

附一：景东县1951年4月9日景教字第435号报告

事由：请示如何救济贫雇农子弟入学的主副食及其他费用

一、我县所属的各小学校，由本学期开学以后即大力展开宣传吸收贫雇农子弟入学，经动员说服后，大批的贫雇农子弟纷纷进入了学校，但是这批子弟入校以后，家庭不能供给粮食及文具。家长屡向学校要求退学回家帮助生产或请政府救济以得继续入学。

二、各学校根据学生家长的意见纷纷请政府给予适当的救济，以使这数百个贫雇农子弟得继续入学。

三、根据文教政策，“学校为工农开门，教育为工农服务”，就应当积极培养大批的未来的新主人，不能使这批子弟丧失读书的机会，因此就必须给予适当的救济。

四、但我们对怎样救济这批阶级弟兄的子弟，尚不了解，难以救济，特备文呈请迅速明确予以指示，以便遵照办理。

附二：墨江县府4月14日教字第116号报告私立学校情况一案

一、我县现有私立小学20余校，学校性质均为兄弟民族开办、教会开办、地主私办等种。但地主私立者甚少，仅一二校。教会学校有五六校，但学生甚少，凋零不堪。自今年减租后，各地农民纷纷要求设学，现各兄弟民族农民均自动开办小学，前来要求补助经费、图书等。

二、兹据1月至3月各区转报：计有12校兄弟民族开办的学校要求补助经费，然以我县教育经费收入计算，维持现有学校尚且不足，无法补助，特将各校要求补助数字列表具报，请予审查并转报文教厅核定补助。

附表1份：

区名	村名	校名	要求每月补助数
白连区	新兴村	炳留小学	大米84市斤
白连区	新安村	谷堆山小学	大米75市斤
涟漪区	水龙村	会澜小学	大米95市斤
涟漪区		乌猛小学	大米45市斤
涟漪区		龙洞小学	大米45市斤
碧溪区		杜林小学	大米80市斤

续表

区名	村名	校名	要求每月补助数
雅色区	第二村	巴戛小学	大米30市斤
雅色区	第二村	所孃小学	大米30市斤
雅色区	第七村	南谷小学	大米30市斤
景回区	牛库村	牛库小学	大米751市斤
龙坝区		坝利小学	大米150市斤
龙潭区	安民村	花山小学	大米75市斤
合计		12校	大米814市斤

附三：普洱专区1950年11月17日文教字第299号报请省府核发少数民族教育费支出预算及1950年下期社教经费预算一案，兹摘抄少数民族教材编印费的一部分如下：

一、少数民族教育的一般情况

本区民族复杂，语言各异，民族多至40余种，其中除极少数的民族有文字外（车、佛、南一带之摆夷、倮黑、阿卡等族）（？），其他各族均鲜有文字。过去与缅越接近地区之卡瓦民族曾由帝国主义者（三四月间在澜沧造反之传教士永文生及南峤恶霸黄国珍等）代编有拉丁化文字一种，唯此文字之编辑其动机在于迷惑少数民族，使对帝国主义者存在有或多或少的幻想，存在有侵略意识，对国家民族均属害多益少。而过去国民党政府对边地教育之发展又多忽视，所办之各级省小，均以“大汉族主义”为中心，对少数民族强迫教授汉文，致使少数民族视学校为畏途，形同征兵，往往有出钱请人代替入学情事，造成民族间之隔阂。我区解放之后，由于共产党及人民政府的正确领导及对少数民族政策的正确掌握，已使少数民族一般的学习情绪都已提高。又经过澜、宁、源的各代会、少数民族干部会及车、佛、南各界人代会的召开，已使这些地区的少数民族同胞对文化的普及提高都感到迫切地需要。虽然其他地区的少数民族对文化还不够重视，但一般的都逐渐有了觉悟与初步的认识。今后的少数民族教育工作，亟应先就已有文字的摆夷等民族大力开展，帮助他们改进，再次及于无文字的民族，以求逐步地帮助少数民族进步。

二、教材问题（已有文字的民族）

过去车、佛、南摆夷民族的教育，系就各地佛寺办理，由大佛爷讲授佛经，镇越地区则由老一辈的农民就农暇时间，实行炉边教育，讲述传说故事，内容多系迷信封建荒谬之思想。此种教材沿用已久，若不配合新民主主义文化政策予以逐步地更改，则今后之少数民族教育实难期其有何成就，故关于教材之编印，实为推行少数民族教育之当前急务。我区以距中央较远，自不能将此项工作完全仰赖上级，故解决教材问题，实为我区推行少数民族教育工作之中心。兹就有关教材之编辑问题分述于下：

1. 取材

甲、就地取材，用他们自己的语言和文字，并先着重于车、佛、南地区。

乙、插图多用他们本地的风土人情及社会背景。

丙、特不提出对他们统治阶级的批评。

丁、强调民族团结，强调共产党及人民政府的领导。

戊、采取图画、汉、僰文及拉丁化文字等四合一的编辑。

2. 小学国常课所占百分比率

甲、文化课占20%（以当地民间歌谣为主）。

乙、卫生课占20%（叙述当地常有的疾病及预防治疗）。

丙、民族政策占20%。

丁、地理课占10%（以思普沿边之地理形势为主，强调属于国家之一部，并说明国防之重要性）。

戊、历史课占10%（民族进化及中国革命）。

己、自然课占10%（当地自然情况及物产）。

庚、人民政府、人民解放军及共产党一般情形的介绍，占10%。

3. 编辑人选共计设8人

甲、聘请对于编教科书之技术有经验者1人。

乙、聘请对发音学有研究并懂汉、僰文者1人。

丙、聘请当地对汉、僰文均懂之人士三四人。

丁、文教科派干部2人，掌握政策及宣传。

戊、勤杂1人。

4. 步骤

甲、于佛海成立编辑委员会。

乙、通过区村政权、各种会议、各种群众团体并配合图书画刊宣传编辑意义、民族政策，提起少数民族对文教事业之重视。

丙、搜集民间歌谣、民族风俗、自然情况、地理沿革、各种疾病、群众对学习要求等项材料。

丁、整理材料，划分单元，决定程度。

戊、编辑各类课本。

己、分组深入车、佛、南3县少数民族集中地区宣读并讲解内容，由群众修改。

庚、集中修改意见，做最后的决定。

辛、层转文教部及出版总署。

5. 分科标准

甲、小学部分计暂编初小国常8册，每册30课；算术8册，课数暂不定。

乙、中学部分暂编初中一年级，内分国文、历史、地理、算术、常识等5科。

三、经费预算——计分编辑、印刷两部分

1.编辑费

预计4月完成，计设置员薪津公杂旅费等项，共需支人民币1100万元。

2.印刷费

为求利于少数民族教育之推进，拟将上项课本全部免费供给，以提高少数民族入学之情绪。目前拟先就我区所设之3个省小及车、佛、南、澜、宁、源6县少数民族之子弟学校供给，每册需要2000份。外加中学部教本每册200份，共需印刷费人民币3009.09万元。

普洱区资料之二十
——宁洱县两个文教情况
中央访问团第二分团
1951年7月出版

普洱区资料之二十
——宁洱县两个文教情况

编者声明

这些材料是我们从1951年2月22日至1951年5月底（其中大部时间是在行动中），先后在蒙自、普洱、文山等地区进行兄弟民族访问工作中，通过当地干部、民族代表及熟悉当地情况的人士所了解的一些情况。为应各有关机关之急需，仅将原材料加以初步整理，尽量避免主观分析与结论，在文字上仅要求看得懂。但由于短期访问及仓促整理，情况难免不真实或不深入，观点难免错误。故仅能供各有关机关进行民族工作的参考或进一步考察的线索，并望于今后的调查研究，加以校正。

1951年6月　日

（甲）宁洱县普义区文教情况

（一）全区人口民族情况

全区有18种民族，有8000多人，少数民族占人口50%以上。

（二）解放前的文教情况

解放前全区有1所完全小学、2所初级小学，共有125个学生、5个教员。教员待遇为每年18石至20石谷子（20石谷子合3200市斤米），校长与教员一样待遇。薪水来源，乃由保甲长向每户摊派后，直接汇交学校。学费为每生每期2元5角半开，穷者5角半开。课程：高级每天6小时，初级每天5小时，为混合班制（复式教学）。春季始业，寒暑假皆放45天假。普遍用体罚。

学生中虽无反动党团组织，而5个教员却都很反动，在2月中枪毙2人——罗恒盈（宁洱区反动组织中的第二个大头子）与魏文辉，其余3人拘禁着。

解放前，在区中心办了一个夜校，办了3期；在第三乡普治村办了一个识字班，办了6期。这都是我们地下工作同志领导着办的，对群众的阶级教育与文化教育做了一些工作，现由识字班出身，会写会算的村干部有10多人。识字班的学生共900多（识字班的假期是栽秧时1个半月，割谷时1个月，春节前后半个月），识字班的经费是由群众捐助或用寺庙祭神费。

解放前少数民族的子弟，读高小者只3人，读初小者不到全体学生的1/10，他们在校，忍受汉族学生的轻视和辱骂，不敢接近汉人子弟和老师。少数民族子弟读书者，以海尼、卡堕为多。

全区中学生不到30个，大学生3个，全是汉族。

（三）解放后的小学教育情况

解放后，增加初级小学7所（1所是民办小学——经费由民众自理），学生由125人增到485人（高级生由70多人增至159人），教员由5人增至16人。学生成分，则汉人地富子弟相对减少，而少数民族中贫雇农的子弟增加到100多个，约占全体学生的1/3。

现在的16个教员，多出身于地富阶级，其中有1个因参加反革命组织而逮捕，有两个因家中被清算斗争而工作情绪不高，其余则都能尽职，中有3个是工作特别积极的——除领导学生搞好课内外工作外，还积极协助村农会与村政权工作。16人中的文化程度，有3个是高中毕业的，有3个是高小毕业的，余则为初中毕业或肄业（有1个高小毕业的少数民族的老师，最受群众欢迎）。

教育薪金由县统一发给。教初级的每月120斤米，教高级的与初级小学校长每月130斤米，高级小学校长140斤米。因每月每人伙食费约需米百斤，致零用、医药费无着，于是不安心工作，虽在去年8月在县里集中学习了17天的政策和整顿思想，但思想情况基本上没有转变。到今年1月25日到31日的冬学教师学习会后，尤其是冬学在群众的热爱和拥护下轰轰烈烈地开展了以后，教员们看到群众的力量，看到了知识分子只有全心全意为人民服务才有前途，大家才安心工作，而在这学期开学时，都能毫无异议地服从领导上的调动。

全区教员包括校长，每月开工作检讨会及工作改进会议1次，两级小学中5个教员（连校长在内，原有6人），每星期开工作检讨会及改进会1次。教员相互之间都能够互相批评帮助改进工作。

学校经费，也是由县里统一发给，每班每月大米20斤。现全区10所小学，共有15个班，高级2个班，余为初级班。编级分班及招生时间仍旧，学生自本学期起，地富出身的高级生交10斤半米、初级交7斤半米。教材采用华北版课本，教学时间较解放前每日增加1小时——高级7小时、初级6小时（其中都有1小时的自修），学生学习的情绪很高，不以为苦。另外，每星期有3次生产劳动，每次时间不超过两个半钟头，计全区上学期之生产所获，共人民币50多万元，其中一部分分给学生，一部分作体育设备费（生产投资有的是学生凑集的，有的是借用一部分学校经费）。另外，每校教员学生，在配合农村中每个时候的中心工作，做了一些宣传工作。

学校的配备非常不全，只两级小学有1个篮球及一些旧的儿童读物和画片（新的更少），教员也只有两级小学有1份《云南日报》和1份干部学习材料可看，其他则没有什么参考材料了。

解放后增设的7个初级小学的校舍都是利用祠堂庙宇或基本群众自动建筑的（新盖的2丈×6丈大的房子有5所），课桌和板凳全是群众自动砍木料做的，好几处都是群众把校舍盖好了、桌椅做好了，甚至连操场也平好了，才请政府派一个教员去教他们的子弟（就是没有子弟的人，也帮忙盖房子）。政府派去的教员，群众同意后才可以教书，如派在普治村教书的教员高惠英，因为他同一个地主的女儿恋爱，耽误了教书时间，群众就提议不要他，今年政府就把他调走了。另外，群众也可以请教员，只要政府批准就可以教书了。

群众希望每一个自然村都办一所小学，让他们的子弟都能够就近入学，但现在教员少而文化与政治水平差，故不能立即满足群众的要求。此外，高级学生缺乏政治常识教材，教学参考材料太少，而政府对教员之照顾与学习领导太少，希望给予解决。

（四）冬学情况

1.动员和组织情况

全区文教干事与小学教员从县里开冬学学习会回来后，就同村干及农会积极分子，商谈办冬学的事，他们都热烈地拥护，立即展开广泛的宣传——说“农民现在是政治上翻身了，在减租退押以后，在经济上也渐渐翻身了，要是真正的当家做主，还要在文化上翻身才得”，同时进行大规模诉不识字苦的运动，找贫雇农中的积极分子，先做典型诉苦。如普治村白永贵诉“因为不识字，被地主罗恒贵挂了‘黑账’，冤枉整去了30石谷子和1条耕牛，直到现在都没有牛耕田”；蛮磨乡农会会员诉他在看不清榜（评产）时，被地主讥笑说“你们穷人现在翻身了，自己去看嘛，何必问我”。如此诉着、诉着，直诉到不识字的苦是地主给的，因此加深了阶级仇恨。学习的情绪一直高涨，群众动员群众来读书，动员中小学学生来教他们书。普治村贫农家的老太婆罗宝贞（卡堕族），今年50多岁了，起初她说她的记忆力不好，不来读，后来她到街子上使用人民币，因不识字被骗了，如是回家后就去冬学读书，还发动大家都去读。此次动员的教师有53名（除小学16位教师）、学生2511名，其中成人占2/3，失学儿童占1/3，以性别分，则妇女占半数以上。全区共办了32个班，是以儿童与成人来分班的（村干和男子因为工作多，读冬学的较少）。

2.教学实施情况

为了不耽误生产，将成年班学生（儿童班在每天上午上课）编成生产互助队，教师也随着学生一齐去上山、下地，大家在一起做活，一起学习，因此群众非常感动说："共产党想尽了办法为人民，什么事情都送上门来。"所以入学的就更多了起来，教学也没有一定的地点，山脚、田边、火塘边都是课堂。授课的时间多半在夜晚，大家自动地点着明子，聚在一家比较宽敞的堂屋里，围着火塘学习起来。大家的学习情绪很高，好多人都是随身带着书和粉笔，一有空就坐在地上认认写写。第一村村长杨恒信，在他检查政权工作和检查冬学工作时（帮着办冬学）就是这样学习的，而且他认字和会写字的速度比一般人快1倍。

教学的另一特点是结合实际，在教师讲解了课文后（专区发的冬学教材），再由农民以他们的实际生产知识和斗争知识作补充。另外，则是结合本区实际情形具体工作编补充教材，如编不识字苦，就把被地主"挂黑账"、不认识榜被地主讥笑的事情编进去。在斗争恶霸地主罗恒盈等以前，就讲解哪样的人是恶霸地主，为哪样该斗，怎样斗法，并编了斗争的口号和歌词，教大家喊，教大家唱，也教会了大家的认字，在进行春节宣传和组织"减租队"时，也是这样教会的。这样不但提高了群众的阶级觉悟和对反动阶级的斗争情绪，而且提高了学习情绪和速度，群众在站岗放哨及走路时都在学习。在2月9日至3月9日的1个月的冬学学习中，认识的字，多者到一百七八十，最少的也认识20多，一般则在100字左右。

3.群众的力量

在冬学开办以前，领导上的顾虑颇多。政权工作干部怕搞冬学会妨碍中心工作，怕冬学经费不够（全区1000斤米），怕教员人数不敷，又怕学生不多……但在群众发动了起来以后，什么顾虑都打破了，什么困难也克服了。

没有黑板，群众自己做，将木板钉在一起，涂上蓝靛或用树浆和明烟（明子的烟灰）涂上去，就可以应用了。没有桌椅，就在地上钉下木丫，上覆木板或竹板就可以读书写字了。没有灯，他们晚上抬着油灯和明子来，书不够就请人抄写，粉笔自己用石膏做［在二乡新塞，群众还用细竹竿和草管制成水笔，用"萝菜果"（野果）泡制红墨水］。贫雇农买不起纸笔的，由公家供给，普治下村的人，大家自动地捐出钱来，买纸笔送给贫雇农，这样不但解决了物质缺少的困难，而且加紧了政府与群众间的联系及加深了阶级友爱。1000斤米的办冬学的费用，结果还没有用完。

冬学配合农会与政权，还做了一些实际工作！

①斗争了恶霸罗恒盈、罗恒标及富农黄唯兴（抗粮、调戏妇女）、陈耀三（勾结二流子杀村干部）。

②组织了163人的减租队——分宣传组、警卫组、说理组、算账组，有计划有秩序地带着群众，敲着锣鼓，首先去减最大的恶霸地主胡宗瑗的租，当天就斗出30石谷子、3石多米，并限他在3天内退完下欠的60多石的租谷。斗出的谷米担走时，还要他付1万元一担的脚钱，因此群众敢于向地主减租了，地主害怕了，便自动地减。

③在春节时，组织慰问队，扭着秧歌，敲着锣鼓，向军工烈属拜年、慰问、挂光荣牌，

并自动地捐献和募集了一部分腊肉、香肠、鸡蛋、大米、玉麦，送给贫苦的军工烈属。

在克服教师缺少的困难中，也创造了新的经验，除了由群众动员知识分子（中小学的学生）来教他们外，他们互相之间也即知即传。钟发亮是即知即传的典型人物。他（普治村，卡堕族，男，20多岁）仅在以前的识字班认识到20多个字，入冬学后，因为教他们的老师病了，他即白天到别村去学认字，回来晚上就教别人，这样支持到底，在冬学结束时，他认识了170多个字。

冬学结束以后，群众都要求转入识字班学习，现计转入识字班者约2000人，他们自动盖了两间6丈×2丈宽的教室，做长远学习的打算。

目前的文教工作，是如何来满足群众学习要求的问题。现在的识字班，没有经费（粉笔、灯油、纸张费），缺少教材和教师，这是需要即予解决的。

姜季贤

（乙）宁洱县冬学运动的总结

（一）概述——动员组织和发展的过程

1950年12月得到上级的指示，要在本寒假配合目前中心工作——征粮、减租、清匪、反霸，密切地配合发动群众工作来展开冬学运动。到1951年1月初，成立了冬学委员会分会，研究展开冬学的指示和计划。当时一般县区干部的反映是中心任务忙，正是挤黑评产的时候，白天要生产，晚上要开会，农民翻身的事情很多、很忙，没有时间学习。另外的说：到了三月，是春耕的时候，农民的确抽不出时间来学习文化。就是县区文化干部也信心不够，大部分教师对办冬学没有兴趣，他们看见冬学开始时，恰巧在春节，有的老师想回家过老年，有的想下学期不干了。所以在1月5日召开冬学教师会议，在会中主要是总结过去经验、传达冬学运动的指示、研究实施办法，多数教师都抱着沉闷的心情来开会，对冬学运动没有认识、没有信心。有的怕工作展不开，有的不愿意干。但是在检讨工作、交流经验及在张桂芬同志的工作报告后，对各老师为人民服务的思想及知识分子改造方向上起了很大的作用，一般都联系个人的思想及工作进行了较深入的检讨，一般都觉得自己过去为人民服务得太差了。又经过斗争苏自立，把他个人包办代替，看不起教师、看不起群众、盲目乐观、不接受批评的个人英雄主义的恶劣作风打垮。又通过斗争柳式颜，使大家明确了地主阶级出身的知识分子，当革命革到自己头上时，其反革命的思想就会爆发出来，在语言行动上有意识或无意识地都会起反革命作用，如在主观上不深刻地反省，在客观上不予以制裁，就会很快地走上反革命的道路，走向灭亡。又传达了办冬学的意义，学习了搞冬学的方法，强调了冬学要结合中心任务，不耽误生产，是一种送上门的教育，在方式方法上要有极大的灵活性，农民说怎样办就怎样办。又通过了廖学民同志减租退押结合知识分子的改造的报告后，讨论又强调了这是知识分子深入农村要求改造的机会，是一种考验。所以冬学教师会结束以后，教师们的信心提高了，认识了只有好好地为工农服务才有出路，只有放下知识分子的臭架子，向工农学习，才能得到改造。所以他们回去后，就找群众商量、找干部商量，而群众也是出乎意料地热心冬学，所以冬学就轰轰烈烈地展开了。但是展开了以后，由于对冬学的认识不够，所以没有很好地配合中心工作来搞，把冬学办成了识字班。在2月9日，各区冬学先后开办，15日到县里汇报，汇报历时3天，纠正了冬学中的偏向，研究了冬学结合中心任务问题，找出了典型例子，学了教政策的办法。各区回去后，把汇报后的新布置（精神及决议）传达了下去，并主动争取了各级领导的重视，冬学运动就提高了一步。以结合中心任务这一点上来说，一般都找出了很多办法，教师由400人增到906人，学生由12000人左右增加到20443人，要求把冬学变形后继续办下去，各区共计发动了7所民办小学，其余多数转入识字班。

在冬学运动中，除如上述顺利发展外，当中有地主、特务乘机打人，在冬学运动中利用合法地位来进行组织破坏活动，分化贫雇中农、破坏挤黑评产甚至组织暴动，如磨通区刘汉卿、李开尧等，造成冬学重大缺陷，这是由于领导上事先估计不够，没有具体布置，及时防止。

（二）冬学运动的实施情况及群众的反映

在冬学教师会召集之前，即将冬学的实施办法及指示通知各区进行酝酿，收集群众反映。收集得的一般情况是农民要求很迫切，希望立即办起来，有的在冬学学习的教师未回来前就建盖了或找好了冬学校舍，准备了纸笔墨，等候教师回来后开学。一般去教冬学的老师，是受到群众热烈的欢迎的。

由于冬学时间只有1个月，为了便于检查督促及时纠正偏向，交流经验，所以除照专署指示成立冬学分会支会以后，在支会以下又划分学区，组织了冬学运动小组，以乡长、农协主席、宣传干事、小学教师及热心文化教育的人组成，又规定冬学运动小组3天汇报1次，支会5天汇报1次，分会10天汇报1次。一般地说来，会议汇报制度坚持得很好，特别是小组和支会，所以偏向得到适当的纠正，经验也传播得很快。现以分会为例：2月9日开学，2月15日分会召集支会汇报（文助，区小校长），发现重点区普义区——普义区动员冬学学生时，除一般的宣传外，大规模地展开诉不识字的苦。如白永贵由于不识字被罗恒贵（地主）挂黑账，盘算去30石谷子和1条耕牛，现在翻身了，但耕牛还买不起。又一个李段氏被魏昌华挂黑账，盘算去8石谷子、40元半开。还有一个是芒磨乡的农会会员，诉苦说：“征粮算账出榜，自己不晓得，识字的人多数是地主，我去问一个地主，他说：‘你们穷人翻身了自己看嘛，何必问我。’”此外如使用人民币被人欺骗的，类似的情形很多。我们的主要工作是：“今天农民在政治上得到了翻身，减租退押后，经济也逐渐得到了翻身，文化上一直到现在还没有得到翻身。”最后把不识字的苦诉到地主阶级身上，加深了阶级的仇恨，学习情绪不断高涨。

普义村的教学方式是，先在支会上领导、老师先研究教材，冬学运动小组上更研究得仔细，他们还请不识字的村干部和农协积极分子来一起研究，由农会协助讲授。因知识分子缺乏实际例子，往往照字面解释，不如农民有实际经验，能联系实际，最成功的是结合诉苦，学生实行即知即传，群众的学习情绪很高，并组织冬学学生配合中心工作。

磨通区团结村的征粮队的×××同志把冬学运动用得很好，结合中心任务，例如在评功选模时，就组织群众讨论模范干部的条件，总结得6条：①成分好；②立场好；③生产好；④工作好；⑤信仰好；⑥团结好。又结合减租土改的工作，经过农民讨论后，总结得6条口号：①农民团结互让；②干部大公无私；③目的有利生活；④凡事民主协商；⑤分配公平合理；⑥结果群众满意。这样结合实际情况，领导群众创造活材料，由于是群众自由创造出来的，很能结合实际，有一个农民一星期学会了100多个字，少的也学了20多个，这更提高了当地群众学习的情绪，他们吃饭时也用筷子在桌上画，一有时间就在地上画字。

普义区冬学一开始的时候，就有发动起来的5位小先生魏学芳[①]、杨恒珍等，背着吃米到村上教冬学，农民到哪里他们就到哪里，农民要他们怎样教他们就怎样教，他们服务的热诚感动了农民，说："共产党把书送上来读。"这样把书送上门给农民读，结合了农民生产，我们觉得是很好的。

各区汇报后，知道区干部一般都不重视冬学工作，但是冬学运动已经在农民的迫切要求下，轰轰烈烈地展开了，我们觉得像这样的一个群众性运动，如各级领导不加以重视与掌握，那么冬学将不可能结合中心任务，更危险的是将会影响中心工作，将会有特务乘机破坏，造成巨大的损失，文教干部回区后，觉得首先要争取区干部的重视。

在冬学汇报中，我们的文教干部汇报了工作，检讨了工作，检讨了领导和文教干部的工作作风及对工作的责任心，发现了文教干部在工作中的主动性与积极性不够，不主动积极地提出意见和办法，而是依赖上级，望领导拖着他们走。

经过了3天的冬学汇报，检讨了工作，整顿了思想，将工作加以进一步地布置，各区的文教干事，充满了信心，把决议带回去，重新传达布置。例如以诉苦的方法来启发农民学习情绪，以冬学送上门，以冬学结合中心任务，配合生产创造材料，教师怎样向农民学习等经验，很快传播开去。又争取了各级领导的重视，所以冬学运动在各方面提高了一步，不但人数增加，而且出现了典型人物，最重要的是提高了群众的觉悟和教师的认识水平，取得了一些办冬学的经验，为今后扫除文盲工作找出了方向。

2月15日汇报后，猛先、凤鸣、龙寿等区将会议决议传达得比较深入，接受了一些典型经验，能很好地运用。如龙寿区的继续展开诉苦教育，启发阶级觉悟，结合诉苦创造材料，编写歌子——《不识字苦》。第一首："不识字，真痛苦，写信记账要求人，穷人专受富人骗，地主剥削整死人。"第二首："写借约，受人骗，五分息钱算八分，五月借的写二月，算盘一响给你活不成。"第三首："使票子，受人骗，二百当给你一千，还有拿

① 魏学芳，本文又作"魏学方"。——编者

伪票子当给你，一天血汗白送人。”第四首：“农民们快来读冬学，识字懂事好翻身，学好政策法令，当家做主不再受人骗。”这种来自群众的创造，是结合实际，得到了劳动人民的欢迎，是由群众创造出来的，他们更会记得。

普义区芒磨街乡长杨恒信，原来识得二三十个字，读了1个星期就学会了12课，会认、会读、会写，但他又做工作，又学习又教，他到哪里工作都带着冬学课本走，遇人就问，学会就教别人，看到好的或不好的都会来向冬学负责人汇报，所以他又是一个检查员。这种即知即传人的学习方法，在各区都成为热潮。普义区出现了全县特等学习模范钟发亮，他是卡堕族雇农，他不但在冬学中学会了170多个字，而且是一个即知即传的典型模范，现在他能把他们全村的人名写出，能开简单的条子。

在冬学运动中，通过冬学组织征粮队、减租队及站岗放哨，发动拥军优属，在反霸斗争中，起了很大的配合作用和鼓动作用。如减租队首先打垮地主胡季瑗、杨成武等，其他的就很容易地减出来。拥军优属方面，发动学生送礼、慰问、欢宴，使军工烈属感觉到今天的世界不同了，大家都感谢共产党和人民政府。有的说：“国民党的时候，儿子被拉去当兵，死了也不会知道，今天人民政府过年还来慰问我们，心里老实喜欢啰。”

我们此次办冬学，为了结合中心任务，不耽误农民生产，而冬学必须与生产结合，所以一般冬学老师，都能按照农民的要求，教师跟学生一道去生产，一面工作，一面唱歌，减低农民在工作中的疲劳，受到群众的热烈欢迎。更值得提出的是发动起来的知识分子，如魏学方等，自己带着吃米到村上教冬学，并能结合生产，所以很多不愿意读冬学的人，结果都热心起来了，许多五六十岁的老大妈，都去听讲冬学，学会使人民票[①]。通关区马永村张大妈，在建筑冬学校舍时受了伤，躺在家里，还念念不忘冬学，她要求教师去她家里教她，结果她在病中坚持了学习。德化区漫蚌村，有个哑巴叫大憨，见别人学得有兴趣，也跑来要求学习，在老师的耐心教授下，哑巴也学会了7个字（会写）。

冬学运动的浪潮，使十七八岁的几个吃素的尼姑——龙子真、王金秀等也参加了冬学，她们教了冬学，别的教师问她们：“你们对冬学课本上破除迷信是怎样讲的？”她们说：“我们还是讲不应该迷信。”直到冬学结束时，她们也一同来县上参加开冬学英模大会，又讨论到破除迷信问题，把她们的思想搞通了以后，到冬学英模大会上开斋，吃猪肉，把她们从封建的桎梏中解放出来。

“冬学不光是教给我们识字，而且还教给我们当家做主的办法，可是时间太短了，希望政府把冬学继续办下去”，这是基本群众的要求。

为了巩固冬学果实，发展和巩固识字班，提高农民学习情绪，争取改造知识分子，继续扩大抗美援朝、保家卫国的宣传，决定召开冬学师生英模大会，通过评功选模，总结经验，树立了优良典型，为今后成人识字班运动找出了方向。

冬学模范大会，参加的400多人，其中贫雇农60余人、原来的小学教师160人。会议的

---

① 人民票，当为“人民币”。——编者

经费，除11名模范教师和24名模范学生外，一律自带。会议历时10天，其中一天是把贫雇农（农协会员）和知识分子中农以上的会员分开上课，贫雇农学的是当家做主的办法，会议中清除了几名暗藏的破坏分子，说理说法地斗争了两个调戏妇女的二流子。由于整个会议是偏重在实事学习，所以农民知识分子双方都能够接受，而且互相学习到一些东西，知识分子学习农民老老实实的作风，就事论事，不谈空道理，站稳立场，农民觉得要向知识分子学文化，会议中彼此都有收获。农民说："此次来学习，政府教给我们当家做主的办法，教我们怎样做，而且还做给瞧（指斗争二流子）。"在会议中抓住每一个环节进行教育，在每一个场合中，都撑农民的腰，尊重农民的意见。农民的觉悟，推动了知识分子，教育了知识分子，所以在大会结束后，布置1951年的工作时，可说全部教师都服从调配，不讲价钱，其他的知识分子也愿意回来办好识字班或参加别的工作。

（三）优点及收获

（1）全县共办了647校，动员了906个冬学教师（小学教师、知识分子、小先生），参加了冬学运动，发动了20443人参加学习，占全县人口1/4，造成本县空前的学习浪潮。此外，冬学课本除上级配发4750本外，全县发动知识分子抄写了15000本左右，除磨通区外几乎每个学生都有一本。

（2）征粮减租、清匪反霸、拥军优属等工作中，起了有力的配合作用，并结合诉苦，所以大大地提高了农民的阶级觉悟和学习情绪，提高了教师的政治水平和工作水平。

（3）结合当地当时的实际情况、中心任务来创造材料，而且是由群众自己创造出来的，教师只负综合书写的责任，这样结合实际，灵活创造和运用教材，最受群众的欢迎。

（4）教师能按照农民的要求去教冬学，地点、时间、组织形式都有高度的灵活性。

（5）即时纠正偏向，传播经验。

（6）发挥了群众的创造性，如普义区不用漆可制成黑板，通关区创造了水笔，并具体地克服了纸笔墨的困难，没有纸笔仍然学会了写字。

（7）选出了73个模范，出现了站稳阶级立场、充分走群众路线的优秀的特等模范教师鲁华荣，指示了今后社会教育的新方向。

（8）即知即传人，学生是先生，先生是学生。

（四）缺点

（1）对实际情况了解不够，事先没有周密的计划和布置，工作形成临时拉扯，使干部到县上学习时，都是打些遭遇仗，使许多工作没有收到应有的成果，在冬学运动中造成一些缺点。如最初干部学习不深入，回区后一般的不会把冬学运动与中心任务相结合，一般的只起了一些配合作用，到2月18日汇报后，回去才提高一步。

（2）分会和支会的联系不够，除15日、18日来县汇报外，一个月中很少反映工作情况。

（3）由于布置得不严密，破坏分子得乘机打入，组织反革命活动，破坏挤黑评产，其中以磨通区较厉害。

（五）经验教训

（1）任何一个运动的展开，必须与中心任务相结合，否则就不能做得好。

（2）展开工作之先，必先打通干部思想，使其发挥积极性，工作才能做得好。

（3）依靠农协会，依靠积极分子，使群众发动群众。

（4）每一运动的展开，必须选择重点，创造典型，取得经验，推动全面。

（5）教学必须结合实际、结合生产。

（6）任何一个运动的展开，都会有破坏分子打入，必须即时提防。

（7）每一运动的展开，必须是农民所喜爱的、所需要的，群众才会发挥其积极性。

宁洱县文教科长李炎写

蒙自区资料之一
——蒙自区各民族情况调查
中央访问团第二分团
1951年7月出版

蒙自区资料之一
——蒙自区各民族情况调查

编者声明

这些材料是我们从 1951 年 2 月 22 日至 1951 年 5 月底（其中大部时间是在行动中），先后在蒙自、普洱、文山等地区进行兄弟民族访问工作中，通过当地干部、民族代表及熟悉当地情况的人士所了解的一些情况。为应各有关机关之急需，仅将原材料加以初步整理，尽量避免主观分析与结论，在文字上仅要求看得懂。但由于短期访问及仓促整理，情况难免不真实或不深入，观点难免错误。故仅能供各有关机关进行民族工作的参考或进一步考察的线索，并望于今后的调查研究，加以校正。

1951 年 6 月　日

一、历史情况

相传滇南各县，老早以前即为兄弟民族（原来所谓土著）所居，历史上称为“南蛮”，素为外人贱视。当时尽属于封建世袭土司统治，至明朝所谓开拓边疆，汉人才开始相继由内地迁来。以汉人相继增多，汉官遂采取残酷手段，逐渐把居平原（坝子）沃野的少数民族驱入山区。至清朝以来，在江内（红河以北临近交通线地区）渐次遂行改土归流，尽革土著官而为汉官，汉人占统治地位；在江外（红河以南）红河、新民、金平地区，因是边沿区，土司统治基础深厚，少数民族在封建统治下，由于地理环境的限制，文化闭塞，生活落后简单，没有什么政治认识，对土司的统治乃盲目服从。国民党时期，蒋匪曾表面上废除土司制度，而名为乡长，但实权仍归土司所有，只不过和国民党连在一起更凶残地剥削和统治各兄弟民族罢了。

二、各民族的分布及人口比例

全区少数民族约占总人口的72%，在江内各县（开远、蒙自、建水、石屏、个旧、曲溪、龙武、屏边等8县）城镇及邻近地区，交通沿线已汉化或部分汉化。土佬、民家、回族等文化水平较高，有些做小本营生，或赶马过生活，和汉人已没有什么大的分别。江外各县（除部分城镇如金平城、马安底、逢春岭、新民、新城、迤萨、思陀、大小羊街、元江城等）及江内沿山地之广大地区，皆为各少数民族聚居或汉彝杂居。少数民族居住的山区，河深坡大，深山老箐（大森林），道路崎岖难行。在江外，素称烟瘴地，气候极为恶劣，如金平之猛喇及红河边沿地区，四季潮湿，无风酷热。七八月间，温度高达104华氏度，且昼夜变化很大，一般上午8时前或下午10时或12时，突然变冷。其温度相差约在20华氏度下（摆彝、沙族居于河边）。

蒙自区各民族人口比例及分布地区调查如下：

（一）元江县

民族	人口数	占全县人口百分比	分布地区
汉族	17208	20%	城区路通、羊岔、大小羊街、猪街
窝尼	32695	38%	雾山、定远、崇善、安定等地
卜拉	1032	1.2%	羊街、天保等地
摆彝	9849	11.4%	城周及沿礼社及元江河边
㑩㑩	16343	19%	青龙区从里经猪街等地
民家	387	4.5%	因远、安定等地
山苏	9464	11%	青龙、仁里
傜人	189	2.2%	因远、大兴砦地区
苦葱	688	0.8%	雾山、崇善、骑马坝
阿梭	602	0.7%	因远区
卡堕	516	0.6%	雾山、崇善
奇地	430	0.5%	骑马坝
总人口	86040		

（二）石屏县

民族	人口数	占全县人口百分比	分布地区
汉族	64950	73%	城区、城关、宝秀、室子、新街村
㑩㑩	18950	21.3%	赤水、太平地、刘家山、红土坡、羊街等
摆彝	3000	3.4%	五部河、白荒郎河、三叉河一带
回族	800	0.9%	城区、大桥、宝秀
卜拉	1000	1.1%	太平地、大小山
山苏	300	0.3%	宝秀、西山区
总人口	92300		

（三）红河

民族	人口数	占全县人口百分比	分布地区
汉族	8611	10%	迤萨、瓦渣、思陀、他竜等
窝尼	39155	45%	五土司地、六春（上）及六春以南
倮倮	8611	10%	五土司地
卜拉	12966	15%	迤萨附近
摆彝	6968	8%	凡靠河边者是
傜族	2613	3%	各处山间
其他	7200	9%	五土司以南地区
总人口	86114		

（四）新民

民族	人口数	占全县人口百分比	分布地区
汉人	10444	12%	新街、新城、逢春岭、永乐
窝尼	34880	40%	各地均有
倮倮	17440	20%	各地均有
苗族	4354	5%	东山区
摆彝	7848	9%	各处河边
傜人	8720	10%	东山区各地山间
卡拉	3580	4%	各地均有
总人口	87200		

（五）金平县

民族	人口数	占全县人口百分比	分布地区
汉族	4250	10%	城区、铜厂
苗族	1690	4%	猛下地区
窝尼	22750	54%	各地均有
傜族	9000	20%	各地均有
卜拉	425	1%	金河乡
老乌	425	1%	次通坝
普耳	637	1.5%	猛喇区
沙人	637	1.5%	猛喇区
倮倮	1080	2.5%	宝山寨、新建镇
摆彝	637	1.5%	猛喇、次通坝
侢儸	425	1%	王布、金河乡
苦葱	1080	2.5%	者米、次通坝地区
总人口	42500		

（六）河口县

民族	人口数	占全县人口百分比	分布地区
汉人	2967	10%	河口市区、坝沙新间
沙人	4360	15%	桥头、卡落等河边地区
摆彝	1480	5%	沿边河边
苗族	11677	37%	马鞍底及各处山间
窝尼	2380	8%	马鞍底等地
傜族	2967	10%	坝田区、桥头、马鞍底地区
卜拉	895	30%	桥头等地
彝族	2084	7%	折甸老卡
倮倮	1090	5%	桥头乡
总人口	29670		

（七）龙武县

民族	人口数	占全县人口百分比	分布地区
汉族	4190	15%	城区龙朋等处
彝族	12329	45%	各地都有
倮倮	8217	30%	各地都有
其他	2739	10%	各地山间
总人口	27390		

（八）曲溪

民族	人口数	占全县人口百分比	分布地区
汉族	34978	62.2%	城区附近、交通线上
倮倮	15155	26.9%	甸鱼、清暴区、勒别区
回族	499	0.89%	管驿及南岛江边
摆彝	4950	8.9%	曲左冲及城区河边
苗族	721	1.2%	清暴区及高山间
总人口	56343		

（九）建水

民族	人口数	占全县人口百分比	分布地区
汉人	41125	35%	城区附近官厅、普雄、南庄
倮倮	52875	45%	各地都有
回族	5875	5%	回龙城区
苗族	5875	5%	靠江边山间
窝尼	4700	4%	官厅地区
摆彝	5875	5%	靠江边
傜族	1175	1%	官厅地区
总人口	117506		

（十）个旧

民族	人口数	占全县人口百分比	分布地区
汉族	7865	25%	城区市镇
俘俘	4721	15%	新老厂坝区
侮儸	7865	25%	城西南各乡
苗族	3145	10%	龙树脚马结地区
沙人	1571	5%	龙树脚地区
回族	2187	7%	城区
摆彝	1571	5%	蛮耗地区、河边
土佬	3774	12%	各地皆有
总人口	31457		

（十一）蒙自

民族	人口数	占全县人口百分比	分布地区
汉族	27000	30%	城区新安附近区
俘俘	25830	28.7%	鸡街以西、碧色寨以北
老佬	14490		城东水坝地区
苗族	12230		与屏边、文山交界边地
回族	6300		沙甸、鸡街城区
侬族	1200	1.3%	芷村白马田
沙人	250	0.3%	蛮耗河边
侮儸	680	0.8%	
卜拉	800	0.9%	冷泉区山间
其他	220	0.2%	
总人口	98398		

（十二）开远

民族	人口数	占全县人口百分比	分布地区
汉族	28740	35%	城镇间
回族	12201	15%	大庄地区
苗族	10574	13%	东山区
俘俘	21962	27%	各地均有
沙人	3253	4%	江河边
侬族	2440	3%	东山区
土佬	2318	2.8%	东山区
越侨	122	0.15%	城区
总人口	81344		

（十三）屏边

民族	人口数	占全县人口百分比	分布地区
汉人	9914	26%	屏城、新观、白竹箐等地
侬人	4441	9%	金陵、万全、白水各乡
卜拉	6444	13%	金陵、万全二乡
苗族	17351	35%	散居各地
傜族	5700	11.5%	玉屏、乐乡、金陵及全乡
倮倮	2725	5.5%	金陵乡、万全乡
沙人	1238	2.5%	金陵乡
摆彝	7430	1.5%	金陵、万全
老乌	992	0.2%	金陵、万全
总人口	69574		

（十四）总人口

民族	占全区人口百分比
汉族	27.48%
回族	2.44%
窝尼	12.92%
苗族	11.14%
卜拉	3.02%
倮倮	19.68%
傜族	4.44%
摆彝	5.55%
土佬	2.36%
花腰	3.46%
侬族	1.56%
沙人	2.2%
母儠	2.06%
普耳	0.11%
山苏	0.17%
苦葱	0.12%
老乌	0.23%
民家	0.35%
其他	1.63%

三、经济状况

甲、经济形态及生产力

在经济生活上，各兄弟民族一般都是自给自足的农业经济，除盐巴、黄烟及少许杂货之外，都能自给。摆彝、沙族、土佬、窝尼及部分倮倮等栽种水田，苗族、母儠及部分傜族、山苏等多种旱地。副业有织麻布，养鸡、猪、鸭，木炭，烟，石灰，编竹篓，淘金等。回族多经商，但亦以农业为主要生产，多数形成半商半农状态。而苗族、傜族则兼打猎，江内各县与汉人杂居的部分民族还有挑柴炭、赶马等以补助生活。在金平茨通坝、者米以南国界山野地区有苦葱族（为数很少），生活原始，部分还不穿衣服，不常与外面接触。各兄弟民族人民占有土地不多，土地大多集中于汉人地主及土司、里长手里。

在耕作方式上有牛耕及人力挖种两种。生产技术较差，不习施肥，土地渐瘦瘠后，任其荒芜，而移地耕种。使用农具：木制的如犁耙、锄板等多系自制，铁制的如犁头、刀斧之类皆向市面购买。男女皆参加劳动，田间犁耙皆为男子，收获、储藏等男女同作。10岁以上小孩即参加劳动。副业生产如绩织麻布（苗、傜）、编篓等归妇女负责；男子则赶马、烧炭。重男轻女，对妇女在劳役上有贱用观点，江外窝尼、傜族妇女竟连使用牲畜的权利都没有。

乙、生产关系

土地绝大部分皆集中于汉人地主及土司、里长（多为彝族）之手，而广大农民都以租佃来耕种。故各兄弟民族50%以上皆为贫雇农，富农很少，除彝族土司、里长外，地主几乎没有。以蒙自为例，90%以上的水田及75%以上的旱地皆为汉人地主所有。在江外如逢春岭临近450里之田地，皆为土司龙鹏程（现龙勾结匪特、法帝，反我政府，约有武装140人，在金平猛喇地区）所有。地主土司剥削花样繁多，一般地主除收租（地租有重至产量8/10者）外，佃户还要送给猪、鸡、火腿、箩篓、水桶等东西，或无代价服从劳役。地主放高利贷亦很多，其最高利率达20分，最低亦不下5分。土司地区剥削则更为凶残，土司为绝对的统治者，并掌握有一定的武装，农民除缴粮纳税外（如烟课税等），土司额外的剥削繁多，如土司生小孩、婚丧、委职及外来客人时都向农民收款。人民吃不饱、穿不暖，过着极苦的非人生活，有些因生活所迫，到青黄不接时，有上山抢劫来维持生活的，如蒙自的东山区即有这种现象。

四、政治社会情况

滇南地区除土司统治外，各民族内部没有什么整套的政治机构。国民党时期，广大地区皆实行保甲制度。对于土司则以收买、委职等手段拉拢，委其为乡长（土司制仍保存），实则仍为土司统治，使土司更能借公压榨人民。1949年，我游击队出没于江外土司地区，兄弟民族觉悟提高了一步，敢于起来进行斗争，无形中削弱了土司势力，但在土司残余势力的武力统治下，仍然处于敢怒而不敢言的状态。土司所在地称司署，所辖官皆由自己委任，下设内外管家，内管家专掌金钱、财粮、枪械等，外管家管理日常事务。管家下设里长（按地区划分为里，相当于保），征收粮款。里长下有“烘包”或“召保”“寨老”“里老”等（相当于甲），每寨设有“三合头”，为穷人轮流担任，做送信、催收粮款等差役事情。土司互相间争权夺利时，每家或每寨要出兵、出粮款，如有怠慢、不合土司意者，即有被杀头的危险。地主的夺租夺佃，旧保长的非法摊派，人民亦曾不断起来反抗，有保甲长因征兵被杀的，有成群结党反对土司的，但因无组织，终不能成事。解放后

（1950年元月），土司有的勾结外敌，持枪反我（如刀家柱与越省长刀文安结合）。有的与特务及二十六军残余合流进行破坏扰乱，如龙鹏程、陈裕民等。有的观望中立，保存实力态度，如王文龙等。

帝国主义尚无直接统治，教会亦未深入到农村中去。兹将各土司列表于后：

区分	姓名	民族	所辖户数	实力	政治态度及其他
（红河）思陀土司	李呈祥		（52村）1000⁺户	可号召100⁺武装	他家为土司已100余年，曾被赐以千总职，现靠我，选为蒙自区副专员
（红河）瓦渣土司	钱祯祥		1000⁺户	本人有200⁺武装可号召1000⁺人	曾为千总职，解放后勾结匪特反我，经几次打击后现逃往泰国
（红河）落恐土司	陈裕民	窝尼	40⁺户	步枪20支，可召集60人	现勾结匪特，反动
（红河）左能土司	吴济昌	窝尼	（十寨）500⁺户	步枪20⁺支，可号召40⁺人	去年曾与匪特勾结叛乱，现仍保存实力
（红河）亏容土司	孙尚文		400⁺户	步枪10余支，可号召30⁺人	已死，现由其兄执政，观望态度
（红河）永平土司	赵子贵		1000⁺户	下属里长有步枪60支，可号召100⁺人	兄10余岁，在昆明上学，现由下属里长掌事，反动
（红河）元春土司	孙宗孔		1000⁺户	步枪100⁺支，可号召300⁺人	与其子孙敏初勾结匪特，反动
（新民）永乐土司	普国泰		800⁺户	有50⁺武装，可号召100⁺人	已死，由其弟普次概掌事，反动
（新民）五亩土司	陶贵生	摆彝	200⁺户	步枪十余支，可号召30⁺人	现其子陶子其，曾勾结匪特，反动，现观望
（新民）泰和土司	普国政		800⁺户	其分队长白永清，有武装30⁺人	解放后逃亡越，其队长白日清，反动，现投机“自新”
（新民）猛弄土司	白日新		1000⁺户	其下属里长共约100武装	在昆明，下层里长专希孔、石占清等，反动
（新民）中卡土司	白济光		500⁺户	10支武装，可号召30人	反动
（新民）瓦遮土司	普国良		600⁺户	10人枪，可号召30人	靠我
（新民）新城土司	龙鹏超	汉族	800⁺户	可号召一部分人	已没有什么势力，受龙鹏程指使，反动
（新民）搞吾土司	龙健乾	汉族	1000户	和匪特勾结，指使反动武装约100人	反动。现在金平猛喇与刀家柱合流
（金平）猛喇土司	刀家柱	摆彝	1000户	100人及枪，可号召300人	与法帝及越猛梭省长刀文安勾结，反动
（金平）者米土司	王文龙		500⁺户	不明	中立态度，保持地盘

五、民族关系

历史上的民族压迫：各民族在历史上主要是受汉族反动统治阶级的压迫。汉族聚居较多的地方，往往施用各种压力，将少数民族撵走，开辟出来的土地亦被汉族统治者及土司占有。各少数民族无条件地向土司或汉族统治者服兵役、服劳役，他们的女孩子若被土司看中，须送去充当婢妾。其在政治和经济上的压迫，具体事实如红河土司每生一小孩，则向各户苛派屎布钱；差了土司的租将牛马牵去抵租外，还要出给土司“牵拉费”；犯了土司的“法”，人被绑走，还要出“绑人费”；江外土司每年春季麂子出山吃草的时候，限定每户须打3只麂子进贡，至于是否能猎获，土司不管；新民土司在其扫墓时，向每户派猪1口为其扫墓之用；搞吾土司龙鹏程养着公猪1口，任它生活在荒郊原野，其所辖区内，任何一家母猪生了小猪须送给他1对，并代他养大，理由是全区的小猪是他养的这口公猪的种；新民县汉族统治者及土司经常征派“民夫”，若挖一条水沟也要向少数民族收水沟租。

至于文化上的压迫，最显著的是各少数民族的子女不得到汉人区读书，只能在土司所办的小学就读，小学毕业后，则须替土司当差，若有不服从便杀全家或驱逐出境。如纳更土司龙九警告窝尼族李家，不许李文义在汉人区读中学，须立即退学回家，否则便要杀全家。

历史上的民族压迫固然残酷，但我英勇的兄弟民族也曾进行了不少的反抗斗争，但终因统治者的血腥镇压而失败。如1946年新民搞吾区曾有3个革命同志组织了一部分兄弟民族（当中以摆彝为主），围攻泰和土司普国政的土司衙门，失败后普国政纠集敦厚镇长唐世杰、永乐土司普国泰、建水官厅土司普家仁等的兵力1000余人向马陀摆彝寨进攻。该寨的摆彝团结一致誓死抵抗，相持了10余天，终为普国政利用谈判的缓兵计攻破，全寨人民被杀害500余人，房屋完全被火烧光。各民族间也曾不时发生一些斗争，如1934年及1949年元江上六村的统治者孙宗孔与下六村的统治者李和才因争地盘而发生激烈械斗，死伤数十人。河口的沙人在其统治者怂恿下，曾于解放前夕向傜族大肆抢劫，因而引起剧烈械斗。汉族统治者以及一部分商人对各少数民族施行种种压迫和榨取，致引起他们对汉人的仇恨，如用脏东西冒充“摆子药”向少数民族换取大烟，或贩运盐卖给少数民族常常将石灰掺在盐内。

这些地区自我游击武装建立，积极开展政治宣传后，各民族间的冲突逐渐缓和下来，他们了解到压迫他们的、使他们做奴隶牛马的是国民党反动派以及地主恶霸。各民族正需要如兄弟般地团结起来，共同为本身的解放而奋斗，因之自动参加革命队伍或送情报，大力支持人民武装，进行解放斗争。解放初期，国民党匪特乘我政权尚未普遍建立，群众基础薄弱之际，大肆活动，其主要活动方式，如煽动少数民族首领武装叛乱，破坏我征粮工作，杀害我工作干部。如河口第三区区长林瑞南（沙人）等叛乱后，率领部队渡过红河与越南法帝国主义勾结，企图向我边境进犯。后来见人民政权逐渐巩固，社会秩序安定，他曾写信来表示愿意回来，拥护人民政府，拥护共产党，悔过自新。如今党及政府在各少数民族间的威信大大增高，尤其是本年1月间，专署召开全区兄弟民族代表会议后，各少数民族认识到今天的共产党和人民政府是全心全意为他们切身利益而服务的。同时治安力量加强，匪特的活动由初期的明火执仗而转入潜伏活动，其活动方式则为勾结反动道门，散布神秘谣言。这些谣言，由于各兄弟民族政治觉悟已逐渐提高，多少能分辨是非了。国民党匪特见黔驴技穷，乃施展出了最下流、最无耻的卑鄙行为——在各引水地方放毒药，意图毒死善良人民及我工作干部，现我正发动群众严密防范中。

六、各少数民族对人民政府的希望和要求

各少数民族对人民政府的要求，可从专署本年1月间召开全区兄弟民族代表会议的提案中归纳如下：

（1）肃清匪特，安定社会。

（2）普遍开办学校，以便提高各兄弟民族的文化。

（3）筹设医疗及防疫设备，以减少人民的死亡。

（4）发放农村贷款，发展生产。

（5）设立贸易公司，组织合作社。

（6）救济元江兄弟民族于解放初期遭第八军、二十六军烧杀抢掠的灾民。

（7）开辟交通，便利物资交流。

蒙自军分区

蒙自区资料之二

——江外土司区几个情况的初步研究

中央访问团第二分团

1951年7月出版

蒙自区资料之二

——江外土司区几个情况的初步研究

编者声明

这些材料是我们从1951年2月22日至1951年5月底（其中大部时间是在行动中），先后在蒙自、普洱、文山等地区进行兄弟民族访问工作中，通过当地干部、民族代表及熟悉当地情况的人士所了解的一些情况。为应各有关机关之急需，仅将原材料加以初步整理，尽量避免主观分析与结论，在文字上仅要求看得懂。但由于短期访问及仓促整理，情况难免不真实或不深入，观点难免错误。故仅能供各有关机关进行民族工作的参考或进一步考察的线索，并望于今后的调查研究，加以校正。

1951年6月　日

一、地区的分析

我们根据元阳、红河、金平干部介绍的情况及我们在新民5个乡中接触的问题，于元阳及专区的代表会议中所了解之零碎材料，我们对江外土司地区的工作情况做过一两次的初步研究。我们觉得按目前土司区的状况大体可分以下4种地区：

（1）民族杂居的非土司统治地区的特点是：

①汉人地主恶霸或是外来汉商居统治地位，如新民的敦厚镇和邻乡及红河的迤萨等地区，过去乡镇保长皆为汉人地主恶霸及外来汉商担任，他们对群众进行着苛捐杂税、横征暴敛、地租及高利贷的剥削。据敦厚镇水卜龙村的统计，全村120户中没有被汉人地主进行高利贷剥削者只有1户，8户汉人地主占全村土地5/9，其他地区也是同样的情况。

②解放后汉人的地主恶霸已多为土匪，如和邻乡和迤萨等地。我们在这样地区有的是解放前已有了工作（如敦厚和邻），有的是在解放后首先着手进行了工作（如金平一区和红河的迤萨地区），因而群众有了初步的发动，一般的都组织了联防和妇女会等群众团体。

③由于汉人地主恶霸的统治，民族矛盾尤深，少数民族对汉族普遍地仇恨，他们认为是受了“反人”的压迫和剥削。另外也由于我们在当时发动群众上又多是从一个村或一个地区着手组织群众，尤其个别地区又是从一个地区的某一个少数民族村庄着手组织，因而使同一个地区的另外一种民族或另外的一个地方发生错觉，认为我们的干部有偏向。如在敦厚镇首先是在下半山僾僾民族中着手的工作，领导干部亦多为僾僾民族出身，在发枪时也就发给了下半山，未发给上半山，因之，上半山之窝尼等民族的群众对下半山就表示不满，认为我们政府对他们亦有歧视。

（2）土司已靠近我们的地区，如石炮和瓦遮[①]等地，这样地区的特点是：

①行政区域及土司制度和职位未动，土司且已兼我政府中之行政职位（如普国栋、李呈祥等）。

②在土司统治下的群众和土司虽存有尖锐的矛盾，但目前还没有或很少暴露，群众还多是依靠或服从土司。

③社会秩序一般比较安定，群众在土司的指使之下可以靠近和帮助我们，如红河的石炮，元阳的团结、瓦遮等土司区，不管在征粮、剿匪、动员必要的人力、给部队送信带路等工作，都能比较顺利进行和得到他们的帮助。

（3）土司已死，其制度已基本打乱，我们的力量已基本上占优势的地区（如纳更、搞吾、太和等）。这种地区的情况比较复杂，其特点是：

①土司下的大部头人都流入匪特，如：搞吾的小土司龙鹏臣在国民党特务的拉拢下，已参加“滇南江外分区反共救国军”；何匪光荣部其里长李万春（窝尼）、杨荫昌，管家张吾钟，队长赵×堂、李之俘，管家洪蔑禧等，也均已为匪；纳更的里长沈绍龙（汉）、李朝真（僾僾）、黄金强（汉）、刘永新（窝尼）、赵福祥（汉）、白小七（泰）、高翰臣等也先后均参加土匪；太和的情况也是如此。他们不断地对本地的人民，尤其是靠近我们的村庄，进行扰乱、烧杀、抢掠，如太和乡的牛角寨曾被普国桢之队长白永清烧毁30多家民房，抢去的财物和家具更难数计。

②反对土司之主要力量，一般是在土司压迫之下分化出来的各族头人做领导，又多是以一个地方的一个民族为主体，如纳更领导反对土司的苗族的杨四、僾僾族的黄青、窝尼的李老及领导反对太和乡土司的罗家荣、卢耀华、罗永康（泰）、白金仁（泰）、车有明（窝尼）、杨有发（僾僾）、李兴文（土老）、蔡廷光等均是各该族的头人。而在纳更以下半山、在太和即以下里为基础的这样的地区，也即土司统治薄弱的地区，这种反对土

① 瓦遮，本文又作“瓦扎”。——编者

司的斗争，当时虽直接或间接地有着地下党的支持或领导，但在斗争的方式方法上很多地方不够策略，而土司也有意识地挑拨和分化群众的力量，把反对他们的斗争说成上半山和下半山的斗争，上里和下里的斗争。因而今天土司虽已被打倒，但上里和下里、上半山和下半山的群众间的关系并未得到彻底解决，表现在工作上的是“下强上弱”。下里和下半山，一般组织了联防和初步地发动了群众，对匪特的斗争比较尖锐；但上里和上半山我们的工作则很薄弱，群众对我们怀疑和顾虑，个别村庄甚至靠近土匪。

③领导反对土司的成分，虽为各族的头人，由于受我党的教育和在斗争时期地下党的支持，对我党已有了比较明确的认识，再加以本身对土司历史上的尖锐矛盾，一般地说对国民党匪帮是坚决反对的，对我党及人民政府则是坚决靠拢的；一般地都成了我们的行政干部，工作也都表现积极负责，个别的并已发展成党员（如黄青、罗家荣等），而我们的一切工作在目前也多是依靠他们或通过他们去做。

（4）匪特统治区，也即是我们尚未开辟的地区，其特点是：

①这些地区多是靠近我们的土司区，一般地说来，土司也皆已当了土匪了，如红河之西处[①]、瓦扎、左能、落空，金平之遮米[②]以及新开辟之孟喇，元阳之永乐和孟弄[③]等土司地区，也就都是土匪活动的根据地。在这些地区内，除有个别的人物靠近和我们可以进行工作外（如猛弄中之两个里），一般地我们都还不能进行工作，只能是依靠武装进行活动。

②群众对土司虽有矛盾，但还没有任何反抗的表现，且一般地都听信土司的指挥，而群众在蒋匪特务和土司的谣言（白崇禧在越南有千万军队要来了、国民党的飞机要来炸金平了、昆明被“国军”占领了、河内河外之姑娘互换许配等）煽惑下，对我们还不十分了解，怀疑和顾虑也就十分大，不敢接近我们，如太和上里有些群众见到我们同志就关门闭户，甚至逃跑。

③土司和头人之间有分化，但不如打乱地区严重和明显。

根据我们的了解，元阳土司以打乱的地区较多，匪特占统治地位的土司区红河较多。

二、土司的几种情况

（一）概况

全区13个县市中，只有江外之元阳、红河、金平为土司区。据说该区土司是建于明末清初，到今已有300年历史，当时是分为上5司、下5司，有龙、普两姓分别上下统治，后由于元阳辖之纳更、撝吾、猛弄、永乐、太和、瓦扎等9土司，红河属之溪处、瓦扎、思陀[④]、落空、左能等土司，金平属之猛腊、遮迷二司，但据了解，另外还有几个小土司，

① 西处，本文又作“溪处”。——编者
② 遮米，本文又作“遮迷”。——编者
③ 孟弄，本文又作“猛弄”。——编者
④ 思陀，本文又作“司陀”。——编者

为元阳之六户、阿邦、马龙（少甫）、客家、小寨等，当地人也称其为土司或掌寨官或舍英。这些土司中统治面积最大者为2000户至3000户左右，一般的在500户至1000户左右，最小的百户上下（如六户土司30户）。随着国民党改土归流政策的实行，这些土司则根据统治面积的大小，在名义上都已改为乡镇保长职，解放后除死掉的外（如纳更、搞吾、猛弄等），多数土司都流入匪特或逃亡国外，目前只有司陀、瓦遮两土司和极少数的头人与我靠拢，但尚有顾虑。

（二）土司历史特点

（1）他们有着几百年统治的历史，除极小的土司外，一般的都有一套比较完整的统治机构。在其衙门内设有“门工”或“管家”“总管”“文书”等，在署外设有“里长”“召罢”“三使头”等农村统治的代理人，一般的都握有武装，大的都有千条步枪左右，并有轻重机枪和小炮。瓦扎土司钱祯祥，仅在解放前经常为其掌握的武装就有步枪500支、机枪28挺，其他土司的枪支，大都在二三百支左右（极小的土司不在内），如搞吾土司“二十响”就有两打。一般的，且有着一套军事组织，如设有团、营、队、排长等，个别的甚至对其统治下的人民进行军事训练，如钱祯祥解放前在国民党的帮助下，曾对本区的青壮年进行过两次训练，每次均有千人左右。

（2）土司之间都有着裙带关系，如普家仁之妹即李呈祥之妻，永乐土司普国泰又是瓦扎土司钱祯祥之岳父，普国泰又与思陀土司李呈祥是亲家，马龙土司又是土司普国振之外甥，孙崇孔之儿媳是左能土司武继昌之妹，由于他们这种世代的裙带关系和利益上的相同，历来对外基本上是一致的。抗战时，在国民党的号召下，18土司曾组织江外“十八联防”，声称江外“联防游击司令部”，以普国泰、龙继全分任正副司令员，后又改为什么“边防司令部”，在1948年太和土司被人民起来反对时，18土司均出兵协助镇压。某年红河土司也曾联合进攻我十支队，但他们为争权夺利，互相间也有着严重的矛盾，如白日新之父即被普国泰杀死，就此次白日新之死，据传说也是普国泰用人毒死的（？）；普家仁与普国振为争夺地盘，也有极深仇恨，互派间谍，瓦解对方势力；白日新为了独掌大权，明将其兄派到老七寨为区长，暗中又派人将其兄杀掉；钱祯祥与其堂兄钱继昌因争夺土司职位，在普国泰（钱祯祥之岳父）、李呈祥（钱继昌之岳父）挑拨及支持之下，曾进行8年的斗争。

（3）对人民都有着残酷的压迫手段：对其统治区内，比较富裕者则采取并吞和敲诈，如猛弄土司白日新见张绍鹏日子过得较好，就给张绍鹏安以要“造反”之罪名（张较聪明），将其全部财产没收。对一般的群众，则采取愚昧的和残酷剥削的政策，人民的子弟不得读书，如有读过书的就得为其使用，否则就有被杀害之可能，群众一般的反映是“土司官不叫我们读书”，“怕我们厉害了吧！我们得做官，他不得做官了嘛！”据纳更的统计，人民对土司的负担就有20多种。瓦扎土司区每大村每日必须给土司送猪1口，对于反抗他的头人和群众，则采取坚决杀害。据说瓦扎土司钱祯祥自任土司以来，杀害不下

2000人。为了笼络一部群众为其使用，尤其当内部反抗力量上升时，则采取小恩小惠，如太和乡土司普国振当下里人们起来反抗他时，他则挑拨利用上里的群众（尤其是窝尼）到下里烧抢，抢回之物品除贵重者交土司外，其余即分发给群众；抢回之耕牛，变款后1/3给群众。另外，有的还养土匪，他们对土司的使用，一般的是采取“兔子不吃窝边草”的政策，如李呈祥（现争取为副专员），经常派其匪众到元江地区拉牛，给其匪众以极小的利益，借以巩固内部。

（4）土司与国民党是既依靠又矛盾的关系，尤其当人民的力量起来反抗其剥削和压迫时，则与国民党勾结更紧，如太和乡普国振在下里人民起来反对他的时候，为了得到国民党的支持，就不断给建水县长送礼、送钱或请客等。在解放前后，钱祯祥、普国泰也曾帮国民党送出两批匪军，估计两三千人，且有的土司认国民党高级军官为干爹。但由于国民党实行改土归流剥削土司的统治权力与大批勒索土司钱财的关系，他们之间也存在有严重的矛盾。如每换一任县长时土司都要送大批的大烟、钱财进行贿赂，而每任县长到任后，也必到江外各土司一转，借以发笔横财。他们特别对于国民党的官员铲烟发财，表示十分痛恨，如李呈祥说：“铲烟委员们来了真敢要钱啊！”目前他们对法帝国主义多采取骑墙政策，当在国内不能活动时，就逃亡国外，对帝国主义则是为了得到他们的一点补助而借以维持其土司的统治，也正因为此，就给予法帝国主义破坏我国的有利机会。

（三）目前土司态度及其原因

（1）极少数的土司头人已和我们靠近，但对我们还有怀疑和戒备，据一般的反映是怕分地怕问罪，有的说：“谁过去没有得罪过人呢？”怕铲烟，主要的是怕我们政策的改变，因而封锁我们接近群众，如李呈祥说：“今后应多吸收我那点的少数民族干部去工作。”（意思是怕我们派人去）目前已靠近我们的土司头人，除个别外，对外来的匪特都表痛恨，如李呈祥等对本地土司（现是土匪）武继昌的反映是：“那个人是直性人，并不坏。”但对外来土匪刘子明、王纯昌就不然，他说：“江外的坏事都坏到他们身上了。”这显然说明土司与一般的蒋匪还是有相当区别的。他们所以靠拢我们的原因，据了解大体是这样的：

甲、认为大势所趋，反抗无力和无利，为了找个人出路。如红河有的头人说：“这是国家的潮流，哪个挡得住呢？”

乙、年老力弱，罪恶少和其他土司且有矛盾或经我们做过长期的耐心争取工作，如：红河之李法有年老眼瞎，且吸大烟，确无反抗力量；元阳的普国亮是有名的“憨官”，在土司中相当孤立，我地下党且做过他一段工作，这是促进他靠近我们的主要条件。

丙、老奸巨猾，别有野心，不过这一种情况在目前尚不明显。

（2）反对我们和动摇的土司：这一种占多数，他们在解放初期差不多都和我们接触过，后来所以形成这种情况，可能有这样几种原因：

甲、不愿意放弃统治且还有相当反抗力量，如最反动的土司钱祯祥、普国泰、刀家柱等，都为18土司中之最大土司，每人都有几百条枪的武装力量。

乙、罪恶大，杀过群众和我们的干部，如钱祯祥就杀过2000多人，刀家柱、普国泰、普国振都“整”过我地下同志，因而怕回来后受到人民的惩罚或我干部报复。如普国泰在解放后与我谈判时说：“什么都好办，就怕和苏县长的关系搞不好。”

丙、过去在我地下党支持下，反对土司的头人，今天已成了我们的干部，怕他们报复，如太和乡土司队长白永清曾一度被我争取为太和乡长，但后又逃跑为匪，据了解其所以如此，除受特务拉拢外，因与罗家荣的关系不好也是很大的原因（罗是过去领导反土司的泰族头人，今天已成了干部，白曾与罗打过几手）。

丁、被国民党威胁利用。几个较大的土司都被封了官，如刀家柱就被蒋匪委为“滇南反共救国军”司令，刘匪时荣加委为金平县长，白永清也被封为“江外分区反共救国军副司令”。也有的是被威胁的，如红河的六春土司曾到专区开过代表会议，表现尚好，回去后因受其女婿（据说是特务）威胁则又与我断绝联系。

戊、我们在政策上的弊端。在解放初期，多数的土司在我胜利形势的影响下都曾与我靠近或拉关系，成立元阳县人民政府时，普国泰还派人送100桌席的瓷碗为贺礼，并写有贺信，后又派其弟普次阶与我谈判，准备接受我领导，金平县之刀家柱也曾派代表与我接触，红河土司也有类似的表现。但因当时我们地方干部对土司历史的统治基础认识不足，对争取土司政策不明确，采取了过“左”的政策，提出“废除封建剥削，根除土司制度”等不妥当的口号，收缴土司的武装，没收其财产，金平刀家柱之代表与我接头时，我三区之区长对其代表则表示谈也得缴枪、不谈也得缴枪等不策略的态度。钱祯祥、普国泰等在与我接头后也都缴过一部分武器，钱祯祥之家产也曾被没收。另外再加在征粮时，我们某些干部之强迫命令，如新民、元阳有的把机枪架到交不上公粮的家门前，红河有些干部甚至到百姓家亲自搜查，领导上并提出“在搜粮时如对群众表示同情则是立场不稳”。尤其因不了解情况而产生畸轻畸重的现象，引起了群众的不满，这些就大大地增加了他们（土司）的反抗情绪和组织反抗的借口，也更给了特务拉拢土司组织暴动的机会。因此，我们可以说这些土司尤其是动摇的部分不是对国民党满怀信心起而反抗，而主要是畏罪怕杀和怕某些干部的报复，以及对我真诚地争取团结他们的政策不明而造成目前的状况。

（四）今后可能争取的条件

（1）根据我们的了解，土司的年岁都在四五十岁，因而都有思安的情绪，且都吸大烟。

（2）他们在流入匪特和逃避后，多是过着深山密林的生活，很苦，有时在我军进剿时常吃不上饭、睡不上觉，有时则一夜数移，再好的也不如在家的生活舒适。

（3）逃到国外者并无大的出路，除个别外，多数是被蒋匪胁诱和对我政策不明而逃避，因此今后只要我们能坚决努力地贯彻争取团结的政策，是完全或大部可以争取的。

三、目前的干部情况

金平、新民、元阳、红河4县所有脱离生产的党政群干部，每县都不超过100人。据了解，元阳在1950年8月的统计，全县干部只有61名（苏县长谈），目前也不超过80人，红河的统计连公安队员在内102人。这些干部中党团的成分很少，新民全县包括农村党员在内才30余人，青年知识分子为最多，高小及大学程度占全数60%至70%，地富出身占6%至7%，青年妇女占10%，一般的都是1948年、1949年脱离生产，据说1949年的最多。目前的干部政策思想状况，如连同由部队到地方工作的干部在内，大体可分4种：

（1）坚持过地下斗争的本地干部，这一部分多是今天的领导干部，他们在斗争中尤其是与土司斗争中产生了一种强烈的仇恨心，因而今天对我们争取团结土司政策，多是搞不通思想，所以虽上级再三强调和指示，但仍不能很好地贯彻，甚至有违背的行为。如在地委传达了发还土司的物资和武装的指示后，新民县的负责同志说“物资是可以还，枪是不可以还的”，就未还。据一些县的负责同志谈，其思想不通的理由是：

①土司是封建的领主，长期压迫剥削群众，群众非常痛恨他们，故不应再争取。

②土司过去打过我们，曾杀过我们同志，他们今天均已完全投靠特务或帝国主义，没有争取的条件。

③土司制度多已打乱，没有再争取的必要，且我们已争取过，他们不来。

（2）在土司统治下分化出来的各民族的头人又在反对土司的斗争中培养起来的干部，如新民的李志、罗家荣、杨四、黄青等，他们在动机上都或多或少的有报私仇的心，目前虽有转变，但对争取土司的策略和步骤也很难接受。如这次在成立专区联合政府的选举中，提出李呈祥为副专员，使他们十分不通，虽经上级再三地动员说服，也是勉强接受。

（3）在解放后吸收的一部青年知识分子和训练的一部兄弟民族的干部，这种干部的数目尚不少，这些人虽有工作热情，但更缺乏经验，新训练出来的兄弟民族的干部，因长期受着土司的压迫，今天一旦有了觉悟，反对土司的情绪表现很浓，在群众中提出反对土司的口号，往往是出于他们的口中。一些知识分子干部更怕批评立场不稳，故对争取土司合作的政策在他们也不能愉快地接受，一般的表现是“宁左勿右”。

（4）从部队中来的干部，他们多是一种朴素的阶级情感，过去就没有听说过有土司，今天一接触到土司对人民的压迫的惨状，则十分仇恨，但他们因有着长期斗争经验，对于争取土司的政策经过耐心的说服教育后，还是易于接受的，不过由于对这一工作的生疏和不了解当地情况，也有若干的具体困难。如在太和乡工作的大军工作队的同志说：“上级说争取土司，咱也知道争取好，对人民有利，可是咋个争取法呢？”也有的把宣传土匪的罪恶和土司混淆起来，如提到白永清时就必然涉及普国振，连上普国泰，尤其在发动群众诉苦中，因为不了解情况，很难掌握不涉及土司，当然也有一些战士同志因不懂政策而随便宣传反对土司（太和就有此情形），所有这些都是在目前使我争取土司头人政策不能很好贯彻的重要问题。

四、帝国主义的活动

金平、河口、元阳三猛等地，均与越南西北接连，国界线长约900华里。两边山峦起伏，人烟稀少，民族杂居，僰、苗、傜、苦葱等少数民族占国界线总人口的90%以上。这些民族的群众，一般不受国界的限制，他们只知有“大朝”（中国）、“小朝”（越南）之分，不明有国之别，帝国主义在此有相当的基础。就目前已了解的材料，帝国主义活动状况是：

（1）用大批经费通过其华侨中的特务，在老开①、河内等地开设国外商店，以此拉拢我国的商人，刺探情报。其方法是大批赊给我国商人货物，经一二次后，就开始无形的特务工作，有意识地问长问短，因此有很多人做了他们的义务情报员，自己并不发觉。我国商人，尤其河口一带的小商贩，为贪小便宜和生活问题所致，到越走私，经商者甚多，据河口公安局统计，在老开未解放前，河口市每日过河经商者不下200人，在我们封锁过紧时，一些妇女夜间用洗脸盆来回从河中运东西。据河口群众谈：这些特务的情报机关利用商店的手腕是相当灵活的，如欠他账目很多又不能供给情报时，虽表面仍与你照常共事，但暗地派出土匪将赊给你的货物劫回，其目的是又不使其资本有亏，又能讨好，尤其是更进一步地布置情报。

（2）设立特务机关，收容流军散匪进行训练。法帝在1950年3月间于老开、河内等地，都设有专门收散匪的招待所，当时在我军威势追残匪的情况下，二十六军、第八军之残军及旧政府人员都纷纷逃至国外，仅3月至5月两个月中，约计逃出六七百人。法帝之招待所除进行专门招待外，并每人每日发给法币15元，其收容的手续大概是：首先经老开暗查室登记，再转送边务处（负责人巨郭，法籍），暗查前后再经法之圈官“阿是木”批准，凡认为合格的，均用飞机送往河内集中营（有3个）训练，到集中营后，一切供给全由美帝负责。

（3）派遣特务，组织土匪，进行放毒、抗粮、暴动、破坏活动。如在蒙自曹坝11寨井中放毒，又据捕获之犯人供出：他们均系由越南派出，每股匪中，均由从越南派出之特务掌握，只宁瑞兰匪部从河口集中营派来作骨干的就有300余人（？），杨国华、谢恩学等股匪均系法帝供给军火。如去年6月21日和7月3日，两次法帝就给谢、宁等匪29箱子弹，据说至10月间又送给该匪一批军火，同时给谢恩学匪部装备了迫击炮、机枪。这些土匪在法帝支持下，对沿国防线之人民大肆烧杀，如沿红河之靖安乡、卡房、桥头乡、田房乡等群众之房屋都被烧光，使广大人民妻离子散，田地皆遭荒芜，至今仍无家可归者很

① 老开，疑为“老街（音gāi）”之不同译音。——编者

多。在河口初解放时，发给国特朱习明、黄日华大批武器、弹药，组织全县性的暴动（已破获），在我河口市电灯公司活动的特务润国章（已捕），据了解也系法帝所派遣。

（4）利用同族及裙带关系，拉拢土司、土匪。如匪首谢恩学，因系苗族，法帝就通过越南花圈洲官周章，以同族和表兄弟关系，将谢匪控制起来。又如金平土司刀家柱，在逃越南后，越猛梭省长刀文安便将其女嫁给刀为妻，以进行拉拢。太和土司普国政在逃莱洲后也娶一省长之女。刀文安在中国认了不少义子，如杨现光、唐世现等。

（5）公开侵略我国领土领空，武装掩护匪特。如1950年10月间，我军追剿宁瑞兰匪时，驻老开之法军就隔河扫射我进追部队，掩护宁匪过河。在1950年12月间，越盟占领猛梭后，越省长刀文安及其残余曾到我金平县猛腊土司区，并与土司秘密开会。

今年3月2日，法帝之圈洲官廖白林又到猛腊与土司会商，在3月8日我军进追金水河土匪时，法越保大4架飞机竟越境参战，当时被我俘虏其一圈官、“布色”等二三人。此外法机也不断侵我领空，有时给在我国界活动之土匪运送枪弹，如1950年1月2日、3日，有法机3架在金水河一带投降落伞39个。3月6日至8日，先后有法机两架在我金水河上空转来转去侦查情况。

（6）在军事经济方面，企图割断越地与我之联系，几乎将全部兵力布防于我国防线沿边，从广西到云南沿线之大小城镇都安设据点，全部工事都是云南解放前后修起来的，并调整原驻人员从商业上控制北越，限制物资出口，且实行粮食共管。在河口解放前，法帝之暗查长×克司，亲自过河暗设好席，拉拢国特陈桂芳等，因此陈匪把我仓库打开，偷卖给法帝大批粮食，并换回了不少枪弹。

（7）通过国特在我国境内之交通要道及我国防线之重要城镇设越南国民党机关。据了解蒙自全区就有国民党8个支部，如开远、蒙自、金平、河口等均设有总支和分支，他们的活动方式多是变乞丐、剃头、小贩，尤其开咖啡馆者最多。这些特务头子，都是保大亲信，如8个支部书记当中就有4个为其义子，如陈文理、陈文能等。

（8）施行小恩小惠，欺骗宣传，挑拨我少数民族离开祖国。如利用越南边界与我国国界同一语言之苗傜等族向他们宣传“法国好，搬到法国住3年不出粮”等谣言。因此，有不少少数民族在国民党大汉族主义压迫下逃出国外，解放后，他们更造出若干谣言，糊涂了我少数民族的国家观念，如说：“中国的苗族是从越南搬来的，都是一家人。”“周兴陆（越南洲官）、朝永学（中国土匪）都是苗族及老表。”显然，所有这些，可看出法帝是在有计划地离间我民族关系，以达到其破坏我国防之目的。

刘树生

蒙自区资料之三
——江外苗傜二族生活
中央访问团第二分团
1951年7月出版

蒙自区资料之三
——江外苗傜二族生活

编者声明

这些材料是我们从1951年2月22日至1951年5月底（其中大部时间是在行动中），先后在蒙自、普洱、文山等地区进行兄弟民族访问工作中，通过当地干部、民族代表及熟悉当地情况的人士所了解的一些情况。为应各有关机关之急需，仅将原材料加以初步整理，尽量避免主观分析与结论，在文字上仅要求看得懂。但由于短期访问及仓促整理，情况难免不真实或不深入，观点难免错误。故仅能供各有关机关进行民族工作的参考或进一步考察的线索，并望于今后的调查研究，加以校正。

1951年6月　日

第一部分　傜族生活

（一）
（略）

（二）元阳县傜族生活

元阳县傜族分作蓝靛傜、红头傜、沙傜、板板傜，分布在天顶傜山、三家村、太阳老寨、太阳中寨、太阳新寨、老里冲、空壳树、十八塘、灰竹寨、黄牛坡、傜人寨、纳更老寨、中寨等14个村子。

种的田是“龙官”的，土地是自己挖的，一般说来三月到六月没有粮食吃，“荞子吃完了，苞谷不收；苞谷吃完了，红稗不收；红稗吃完了，谷子不收”（黄清）是傜家生活最好的描写。种“龙官”的田，每年要交十几次粮食，每次一二斗、三四斗不等（每斗44斤），还派钱，出不起就吊起来打。傜家不当兵，拿钱顶兵，一个兵三四百元。每年还要替土司背柴、背瓦、挖大坪（地基）、背米到个旧去卖。

在地里栽点蓝，把蓝打成靛，除了自己染布做衣裳外，还拿到街上去卖，1毫钱1斤。傜家不种棉花和麻，布是从街上买回来的“沙人布”。

替窝尼、汉人、僾僾人干活，每天工钱2毫半。

纳更中寨有二十五六家人，收两三石谷子的只有两家。老寨25家，够吃的一家都没有。

“傜人好哩，偷吃、赌吃都不会！”（黄清）他们自己也承认“不偷人，不抢人，时常受人欺”。傜人不和他族通婚，如果有人把姑娘许给别族，他们就把婚约撕掉，不许她嫁。

除受汉人土司的剥削外，还受着窝尼民族的欺侮，窝尼时来抢、敲钉锤。黄二（64岁），原来住在黄牛坡，尼古布寨的人敲了他200元半开，就搬家到灰竹寨。去年（1950年）8月26日，窝尼人又来抢，抢走了两床被盖、80块钱、6个半“沙人布”、两个银盘，并且吊打他的大哥，用火筷烧他的侄子。

国民党匪帮每一个月要派两三次钱，什么办公费、团费、伙食费、征粮征实、更谷还仓……死也死不得。（黄二）

住的是木板房、草房两种。

“没有人挖地，要干活”（王二小），就无法念书，村子里也没有学堂。

第二部分　苗族生活

（一）元阳县苗族情况

石章新寨：10户人家种的是公田，不买卖，地是自己开、自己种，种不好就搬家。干地，雨水少，收的粮食不够吃，山高水低，吃的水要到河边去背。全寨够吃的只有两三家，没有余粮，不够吃的卖零工，一工3毫钱（3斤米），多半是帮本民族，帮汉人的少。再不就挖野草吃，“不毒人就挖”。

地里种苞谷、地谷、红稗。主要的副业是织纺麻布，自己种麻，自己纺织，自己穿着，自己穿的都织不出来，出卖的很少。1升种子可以收8斤麻。

干地自己栽不完，叫旁人种，不交租子。一份田撒1升种子可以收2石谷子，租额有平分、包租两种。借1元半开，利谷3升，也有高到6升的（每升12斤）。全寨有6条牛、7匹马，家家喂着猪。

苗族不欺人，怕事，不做生意。家家都吃盐巴，盐巴是从逢春岭驮回来的，油不常吃，住着草房，没有文字，也没有学堂。

“毛主席把我们争得了，大大小小都喜欢，大大小小有栽有种，勤快的多种多吃”（罗四）。

小寨：小寨是一个杂居区，连寨公寨母有58家，其中汉人4家、窝尼12家（都不够吃）、老乌18家、苗族20多家。

苗族的田是自己挖出来的，但现在都成了汉人地主的了。万四（苗家）原有一份田，当给汉人刘小苗，当价440元，由万四租回来种，年收二十七八石，包租12石，不够吃问刘家借，没有种子也向刘家借，借1斗还2斗，结果田就白种了。小寨4家汉人是刘小苗、杨小老、李小发、李小二，他们占有大量土地，“家里年年有余粮”。

小寨苗家一般都“接不着”，7/10差两个月粮，不够吃，就吃山药、马脑子（一种野菜）、木瓜等。

种点麻，自己穿着以外，织成麻口袋，卖了买盐巴吃，“买得就吃，买不得就不吃”。

全寨有10匹干马和歪歪马、18条水牛。

苗族和其他族不通婚，“牛是牛，马是马，牛不和马。我们的人穿裙子，不穿裤子，给你们不要，你们穿裤子不穿裙子，我们不要”，嫁女讨亲聘礼重，100多块钱娶个媳妇（酒、猪在外）。

“老乌、苗家都是干人，穷人多，不和气的事没得。”

纳更乡苗族分布在火塘（60多家）、崖峰头（60多家）、崖峰脚（10多家）、箐门（七八十家）、冬瓜林（80多家）、平安寨（二三十家）、大寨（百多家）。

大寨：大寨是黑苗的寨子，百多户，“自己挖点干地，上粮给土司”，田一点都没有，种荞子、苞谷、红稗和麻。种1升苞谷收一二背（每背1斗），撒1升荞子收5斗，种1升麻籽收二三十斤，这几年“叫土司整惨了”，反倒是“洋烟救了命”。

全寨够吃的只有邓抬坝一家，不够吃的就吃山芋头（切成大小块晒干吃）、火山头芋子、马蹄子（切成片晒干和饭吃），三月到五月大都吃这些东西。

一条牛都没有，锄头、镰刀都是几家人打伙用。

1个牛马换1个人工，要到外寨去换，卖1天工两毫钱。借汉人钱，利息是加5倍，借1斗谷子还1斗5。

村里人有的会做马鞍子、挖木盘、木桶、木勺等，木料是从山上搬来的。还有打铁货的。纳更乡7个苗家寨子有10个铁匠，打弯刀、镰刀、锄头，铁是从个旧买来的。女人织麻布。

住草房，有的土墙，有的是竹篱笆墙。

“天天要吃的盐巴，这几年老实贵了”，一家养个小猪，几家杀了凑着吃油。

没有学堂，到汉人学堂里读书的有，“马虎认得（字）的有几个”。

“地方老实苦了，只有我们苗家才得住，别人住不来。”（杨春发）

元阳县稿吾乡苗族寨子有：茅草坡、马家寨、上新寨、苗寨、石章新寨、长材寨、欠足苗永寨、老君山、小寨、平安寨、东瓜林、店唐等，共有200户左右，约1600人。

（二）金平县苗族生活

金平县苗族有花苗、青苗（正苗）、白苗，青苗住的寨子有鸡鸟寨、方家寨、老窝寨、齐腊等。

附

元阳县稿吾乡仆拉族生活

沿半山腰都是仆拉人的寨子，江外有60多个寨子是仆拉人住的。

稿吾乡的仆拉族住在载那本（二十几家）、老吾米（十一二家）、那古登、小寨（十多家）、曹茅老寨（40家，新寨是倮倮寨）、慢过下寨等，共有一百二十几家。

一般说来仆拉族都会说倮倮话。

曹茅老寨：曹茅是仆拉人居住最多的一个村子，40家人中只有1家倮倮。据说在5代以前，仆拉族就有一位能干的爷爷叫作“大先人”，书读得很多，手翻到背后能写字，并且还给他的孩子们开了许多水田。后来这些田都落在“龙官”和稿吾卡的汉人手里，龙官和汉人又把田租给他们种，收他们的租子；租子有平分的，但最多是四六成分。种些苞谷、地谷，撒些棉花，地虽是自己的，但没有产权，“山荒绿地，丢荒三年”，别人就随便可以耕种。若果丢荒未满3年，别人须征求原耕者的同意。一般说来，撒两升地谷，好一点可以收三四斗。撒三四升棉籽，可以收三四十斤棉花。曹茅寨40家人，没有一家够吃的，不够吃，借汉人的粮食，借1石还1石5斗，还有对本利的；借半开1块银利3升的有、5升的也有；帮汉人干活，1升苞谷1个工（1升苞谷3斤4两），半升米（4斤）两个工。

曹茅村没有一家养马的，只养有十八九条水牛、十一二条黄牛。

“老摆彝合法，窝尼拐拉，三言两语不和，动手动脚”，“偷人抢人，窝尼多数”，仆拉和倮倮彼此通婚，娶一个媳妇要12两正银。

仆拉寨中没有学堂，也没有读书的。

龙开宗

1951年5月30日，昆明，宋伯胤

蒙自区资料之四
——金平县民族概况
中央访问团第二分团
1951年7月出版

蒙自区资料之四
——金平县民族概况

编者声明

这些材料是我们从1951年2月22日至1951年5月底（其中大部时间是在行动中），先后在蒙自、普洱、文山等地区进行兄弟民族访问工作中，通过当地干部、民族代表及熟悉当地情况的人士所了解的一些情况。为应各有关机关之急需，仅将原材料加以初步整理，尽量避免主观分析与结论，在文字上仅要求看得懂。但由于短期访问及仓促整理，情况难免不真实或不深入，观点难免错误。故仅能供各有关机关进行民族工作的参考或进一步考察的线索，并望于今后的调查研究，加以校正。

1951年6月　日

一、民族及其分布

本县民族有汉人、窝尼、摆彝、倮倮、傜家（又分红头、蓝靛、平头3种）、卜拉、沙人、老乌、普儿、苦葱、长满、卡僟、多尼、必多等15种。各区民族人口如下：

一区：包括金河乡、新献镇、铜厂、王布镇，民族有汉、傜、窝尼、苗、卜拉、倮倮等6种，人口约有20000人至23000人。

二区：猛丁，分四里、四从、从里3个乡，主要民族为苗族，其人口占全区人口2/3，其他尚有窝尼、傜人、卜拉、倮倮等民族。

三区：猛喇，包括纳黄镇、新猛、旧经等地，主要民族为摆彝，其他有汉族、沙人、普儿、傜族、卡僟、苗族、长满等，全区人口约有20000人。

四区：包括者米、茨通坝，主要民族为摆彝，人口不详。

五区：包括金岭、万全两乡，原属屏边，解放后划归金平，全区人口约21000人。分布民族不详。

二、经济状况

金平由于接近越南，故在经济上过去受着法帝的侵略，尤其是滇越铁路被截断以后，许多法国货均从此入口，法国货有牙刷、牙膏、肥皂、毯子、毛呢、奶粉等，现在入口货已大减少，但还未完全禁止入口。

在金平县各个民族中，以摆彝生活比较富裕，他们居于河谷盆地，气候炎热，土质肥沃，便于灌溉，适于农业生产。农产品以米、棉为主，稻子每年可种两垡，除自给自足外，还可大宗向外运销，其次是草果、甘蔗、香蕉、咖啡等。

倮倮、窝尼、傜人、汉人等族多居半山地带，气候温和，也适于农业生产，但不如河谷富裕，主要产品为大米，其次为苞谷、荞子、棉花等。如金岭、万金两乡，每年都要向外输出大米。

苗族居山顶，气候比较寒冷，土质不肥，主要农产品为苞谷，棉花不会种，一般都是种麻，自织自穿。过去猛丁最主要的产品为鸦片烟。

苦葱族是金平少数民族中生活比较落后的一种民族，分布于猛喇南期河、茨通坝南课河一带，居住山林中。由于与外界隔绝，故胆子很小，除与他们交往的商人外，见到生人就跑，多数从未下山来赶过集。他们生产很落后，伐木开荒，刀耕火种，不施肥料。生产工具只有板锄，还不会使用兽力，完全是人力耕种，因此生产力非常低。农产品只有苞谷，菜蔬有青菜、南瓜。除农业生产外，间或打猎补助生活，他们打猎时都是使用明火枪。副业主要是养猪，其次为鸡，他们的猪大多是养了卖。据说苦葱族很老实，许多商人都喜欢到他们那里买猪卖。唯一的手工业是编竹席，编了后背下山来交换黄烟、食盐、火柴、布匹或旧衣。由于生产力很低，故生活很苦，尤其是与外人隔绝的地方，没有衣裤穿的人很多，有的用一块布遮着下身，为此，许多民族都看不起他们，说他们不怕羞。房屋是用石头与木棍砌成，屋顶上盖竹叶。因山头气候寒冷，又无衣被御寒，故终年日夜烧火取暖。

长满族分布于猛喇与猛蚌、赖州接界的国防线上，住在大森林中，能讲几句摆彝话，不知是否摆彝的一种。有文面风俗，口的周围刺有花纹。生产方法与苦葱一样，火种，不施肥料，也不用牛耕，完全用人力，生产工具有锄头，都是向汉人买来的。由于生产力低，故一年粮食只够吃一季，其他3季就要吃山菜、树根等。副业是养猪、养牛及打猎，所养的牛和猪多数是卖给其他民族。打猎用的工具是火枪及自制的弩。手工业能编竹席，用以向其他民族交换食盐及衣服。房屋是用竹子盖成，有两层，上面住人、下面养猪牛。多数没有衣裤穿，也很少与外人往来，怕见生人。少部分常来赶集，但胆很小，东西买卖完毕就回去。

傜族分为3种：一是红头傜（即云南傜），一是平头傜（广东傜），一是蓝靛傜。

1.红头傜的生活

红头傜分布的地方是：河头、甘棠、水滴冲、巴里草棵山、大傜山、窝尼田、太阳寨、汉家沟、新金镇草棵山、滥滩、大保寨等。

大保寨有红头傜16家，5条牛、4匹马，田大半是汉人的，自己有田的很少。租佃关系年收10石交5石，多至6石，没有押金。汉人地主住在伍家营。全村够吃的只有1家，一般的都差5个月粮食，最多差8个月，不够吃就吃野山药、马蹄子、山乌龟（都是植物）等，再不然就帮工。帮长工一年3石谷子工钱（合24块半开），卖零工1天得两角钱，也有1角钱的。1个牛工换1个人工，1个人工换1个人工，没有组织，自由帮忙。本村借贷办法是：借谷子1石还1石5斗，借100花洋还利谷息3石，债主是汉人。邓福观借了大山寨汉人黄三的500块钱，利谷15石，交不出把一份田卖给黄三，又租来耕种，每年收14石，黄三得8石、邓福观得6石。女人天天砍柴、挖地、煮饭、看娃娃，还要挑花，整天不闲。傜家勤苦，没有吃大烟的，住草房、穿布衣，睡时垫草垫、盖粗布单子，吃不起盐巴，也吃不起油（邓福观说）。

新金镇草棵山有红头傜15家，都是租种本民族的田，邓大妈（邓振秀妻）租同寨邓老官一份田，年收14石，给老官6石，自己得7石。全村够吃而且有余粮的只有两家，够吃的有一半，不够吃的只差一两个月粮食。平均每家都有1条牛，最多的养四五条，只有七八家没有牛。租1条牛要谷3石，耕毕把牛还给地主。解放前，新金镇的镇长任意剥削人民，伍家营刘世合，上边派100元他就向老百姓要150元。水槽是一个交通要道，又是一个大街子，刘世合不准草棵山的傜家去做生意，他自己叫他的帮手（一半汉人一半窝尼）去断路，自己派人赶马做生意，从“江那边”驮回盐、布、油等高价出售，赚了不少的钱。新金镇的田大部分是他的，一年收三四百石谷子。

滥滩有红头傜50家，分作两部分，彼此不团结。邓家有地、有钱，当公事（保长、甲长等），共有10家是一派。盘家（包括冯、赵、李等家）是一派，都是穷人，常受邓家欺侮。邓财银、邓财龙各收100石谷子。邓财科当过保长，收100石谷子。邓财贵、邓财有各收80石。一部分是地租，一部分是利谷，只有一小部分是自己劳动的。全村不够吃的有15家，租汉人田的3家，平均3家有1条牛，没有牛的有10多家。汉人常以极便宜的价钱收买傜族的谷子，又以高价卖给汉商。汉人接近政府，若汉人与傜家有纠纷到镇公所去打官司，不准傜家说话，还要罚傜人出钱。老窝寨汉人陈世宽祖坟在滥滩，盘文科（傜族）在离坟200公尺一丫口处盖了一座房子，陈说盘破了他家的“风水”，逼他把房子拆掉，把房基填平，罚了60块钱，还把盘文科关了1个月。盘旺银（傜家）小时，在村外放牛，一不小心牛跑了，被路过的汉商拉到镇公所，镇长姓彭（汉人），不让他进去，他回到寨子里把保长盘富轩叫去，盘也不让他进去，隔了一会，盘把牛拉出来了，说罚他30块钱。傜家“讨个媳妇不容易”，要请3天客，杀十几条猪，礼银要11两，也有要到15两的（盘旺银谈）。

2.蓝靛傜的生活

蓝靛傜分布的寨子有：火塘洞（13户）、小陵坡（6户）、广西寨（7户）、南木柯（5户）、包包寨（8户）、拉吾寨（12户）、新寨（13户）、大齐寨（9户）等8个寨子。

小陵坡有6家人，家家不够吃，解放前每月上给刀家柱两块半到3块的租，还经常派牛、派马、派鸡、派粮食（三五升或1斗）、派夫子背东西、派人盖房子（不给饭吃，不给工钱）。全寨有3条牛，1个牛工换1个人工（邓小二谈）。

火塘洞有13家人，够吃的只有4家，一家一年收20石谷子，不够吃的有9家，差三四个月粮食，卖一个工得5角钱，少的2角半，全寨有5条牛。全寨每年上给刀家八九石谷子，每月一家人出10块、8块不等，出不起把人吊起来或把锣锅抬去。傜人去赶街子常受汉商欺，1斤盐巴只称给半斤……（陆三谈）

鸡乌寨有苗族七八十家，汉人8家。

青苗熊大租傜家冯正当（老雷寨）3升种子的田，年收五六石，另外还有一份田，每年共收谷子十一二石，苞谷12背。家里6口人，有两个妻子、3个小孩，1条牛、1匹马。一年又差个把月粮食，种苞谷、荞子，撒2升麻籽收30多捆，可以做3套新衣裳。"冬腊月吃青菜，这两日（指三四月）吃野菜，吃不到油"。（熊大谈）

三、解放前政治情况

（一）土司来源

金平虽已设县治，但猛喇、者米、茨通坝为土司属地。土司来源据说是在清雍正五年平窝尼有功封赠的，官职为土外委。猛喇司为刀国安，世袭；者米为王姓世袭，茨通坝为李姓世袭。当时的封地以猛喇土外委最大，包括猛喇、王布田、铜厂3地，其次为者米，最小为茨通坝。民国六年，国民党把3土司地并归金河行政委员会管理。民国二十一年，猛喇土司刀治国呈请省府要求：①纳粮归政；②该族原有私庄请免税发照，准其照旧管理。省府的批示是：准予改土归流，并饬传谕嘉奖。至免税发照一节，应由该土司先造报私庄册籍备案，候全省清丈事宜推行到达金河，按册清丈后，再行发给，以免蒙混侵占，引起纠纷；在未发照以前，田赋暂旧上纳等因，当即转令遵照。民国二十二年，该土司又将猛喇土司区域内之荒地提归金河行政委员会公有。

（二）政权形式

自从改土归流后，国民党虽然在猛喇设置汉官，但实际上等于虚设，一切大权仍操在土司手里，在形式上土司制度改为乡镇保甲制度，但所有乡保甲长仍是土司委派的人员，一切法令、税捐派款均照土司命令办理，国民党委派的汉官仅只是一个傀儡，假若与土司关系搞得好，还可以立足，否则不是被杀害就是无趣而走。据金平猛喇来蒙自开会的代表刀智能说：大约在民国二十七八年，有一个姓余的汉官，因与刀家柱（刀治国孙）不合曾被杀害。后又来了一个姓金的官，在了几个月不知为什么又自己走了。1946年刀家柱不服从金平县府，杨自元（科长）曾带金河乡人民（俨俨、窝尼、傜人）攻打刀家柱，杀了许多人，烧了许多房子，故在解放前赵雨昌（即赵筱庵）打金平城时，刀家柱也参加来打。

（三）土司对人民的剥削

凡是土司辖区内土地，皆为土司所有，叫作官田。自己开辟的土地3年后（不上地租）才收为官田。

1.土地剥削

甲、官租：种官田除刀姓本族外，其他老百姓每年要向土司缴纳官租，租率不等，由10%到25%左右。

乙、租佃权：老百姓开出来的土地，种了3年变为官田后，土司需要钱用，可以随时将租佃权卖给别人耕种，而买田的老百姓不是买到所有权，而是买到租佃权，每年还是要缴纳官租。如摆彝族陆有材祖上开了一份田，每年出30石谷子，种了3年后变为官田，每年缴官租8石。到了刀家柱手上，收回一半，60元半开卖给人耕种，每家上官租4石。又如㑩㑩族张二自己开了一份田，每年能出8石谷子，3年后变为官田，每年上官租1石2斗谷子，后来被刀家柱75元半开卖给傜家耕种，傜家种了后缴不出官租，又卖给客家耕种。

丙、干地租：老百姓开的干地，不上官租，但要上地皮租。如张二的田被土司卖了后，自己开了一点干地，种干地谷，每年收1石多谷子，棉花30斤，但上土司的地皮租是2元5角半开，20斤棉花。

丁、劳役：土司除了官田以外，自己还有私田，完全由老百姓无偿代种，由耕田起至收获，土司完全不劳动，也不雇工，住在高山上的人，因不便耕作就替他放牛放马。此外保甲长（即头人）的私田也是由老百姓无偿代种。

2.其他苛杂

甲、月费：每月收1次，分3等，头等每户收半开10元，二等5元，三等3元。

乙、区乡保经常费：

①区公所办公费：每年收2次，分3等，头等每户半开3元，二等2元，三等1元。

②乡公所四季费：每年收4次，分3等，头等每户半开2元，二等1元5角，三等1元。

③保长费：每年每户收3斗谷子，无谷缴半开3元。

丙、兵款：㑩㑩族张二是一个贫农，每年负担的兵款在刀治国时是半开2元5角，到了刀家柱时每年增至5元。陆有材每年仅收15石谷子，每年负担兵款是半开2元。刀姓族内在过去不负担兵款，但到了刀家柱做土司后也一样要负担兵款。

丁、学款：每年收1次，各寨自行摊派，数目不定，每户负担最少是半开3元5角。

戊、国民党的公粮负担（数不详）。

四、土司刀家柱解放后的叛变经过

金平解放以后，刀家柱带着他的人马逃到越南猛梭（与金平接界），据公安局秘书谈，政府曾对他争取过几次，但他很顽固，不愿回来。1950年5月，勾结法帝（5人）、越南人（40多人）进攻猛喇，先截断猛喇与金平的联络线，然后攻打。由于失去联络，没有救援，故不久金平即被攻占，牺牲工作干部及部队同志20余人，失了机枪1挺、步枪20余支。刀家柱进入猛喇后，许多与大军靠拢的人民都被其杀害，据这次来开会代表的诉苦，刀家柱进入猛喇后，单白石寨一村损失如下：杀死傜家李队长1人，抢去牛3条、马2匹、半开1075元、大银锭105个、大米500斤、鸡30只、猪6条。7月27日，与孙光荣、李柄钧等土匪勾结围攻金平县，一直围了1个多月，被大军打散后逃回猛喇，今年解放猛喇后逃到猛梭，现猛梭已经解放，据说他与龙鹏程等逃往越南莱州去了。刀家柱岳父为猛梭洲长刀文恩（摆彝），由于此种关系，刀家柱与法帝勾结得很紧。金平土匪与法帝的关系都是刀家柱在其中做桥梁。本年一月法帝飞机曾在八贡（越南边界）投过4次东西，每次有10多个降落伞，其中有枪支、弹药、炮弹、子弹、衣服、日用品等，有一部分即是帮助刀家柱、贺光荣的。据说今年1月刀家柱、贺光荣、李柄钧、林瑞南等还参加八贡法帝主持的会议，企图再攻打金平，后因我们有准备，未敢来打。猛梭解放后，曾配合法帝来攻过一次猛梭，土匪伤亡很重。

五、人民对土司的态度

由于刀家柱过去打回猛喇时杀了一些靠近我们的人民，故有许多人都不愿而且怕刀家柱回来。据这次来蒙自开会的猛喇代表（包括刀姓本家）说：若是刀家柱回来的话，他们都活不成了，但这些代表都是猛喇比较积极的分子。据说猛喇人民分成两派：一派是反对刀家柱，一派是拥护刀家柱。

六、解放后的政治情况

金平是1949年9月在当地地下党的领导下解放的。解放后半年，工作基础还没有很好地建立起来，土匪即相继叛乱，除县城外其他地方大多陷入匪手，因此工作便停顿起来，直到金平城保卫战以后，工作才渐渐展开。1950年10月起有重点地重新建立各乡镇政权，直到现在为止尚有第四区（者米、茨通坝）及二、三区部分地区没有开辟工作。联防工作的组织普遍建立的只有一、五两区。二、三两区只有部分建立，而在第五区联防中，尚有成分不纯的干部存在。如这次在蒙自选举政府委员及协商委员时，第五区提出的候选人高自珍过去就做过土匪的小队长，起先不知道，小组讨论时代表才提出，他现在担任联防副主席。据检查的结果，第五区这次来开会的代表中，除高自珍外，尚有二人当过土匪。

第二区本年3月已开始开辟工作，联防已部分建立起来，苗族同胞很勇敢积极，猛谢联防（有土枪60支）组织起来后，就配合大军打死土匪38人。二区联防最近所缴获土匪枪支如下：王治邦之机枪2挺、步枪4支、手榴弹25枚，陶分队长之步枪11支，王班长之步枪1支、拉七2支，宋班长之步枪1支、明火枪1支、子弹25发。

附：金平、屏边土匪概况

金平县土匪概况[①]

本县匪首主要的有以下数人：

（1）刀家柱（详情看土司刀家柱解放后叛变经过）。

（2）贺光荣——宣威人，原为苗族（曾领导猛丁苗族反抗国民党政府），黄大的班长，为人狡猾，与江外各个土司拉得很紧。解放前为猛丁乡长，由于猛丁出产鸦片，故用以调换枪支，拥有武装甚多，在游击时期，任边防剿匪总司令，专门与我作对。解放后争取无效，1949年11月四野进军时，庄田带着六支队进剿，贺光荣知道势不能敌，把所有枪支、金钱运往山洞，以全部兵力扼守。据说山势非常险要，正路不易进攻，经过一番群众工作后，有200多个苗族自动出来帮助大军爬山开路，绕道进攻，贺光荣料不到有这一着，带着数十个心腹向深山老林逃亡，其妻被俘。1950年5月返回猛丁，为“云南人民剿共自救建国军”指挥，指挥金平、元阳一带土匪包围金平，被打散后逃往猛丁三合里一带老林。现尚有步枪80支、机枪2挺、匪众130人。据最近的消息，他为了减少目标，把许多不可靠的小匪分散，多余枪支埋藏。现在他能号召步枪170支、机枪5挺，平均每支枪有130发子弹。贺光荣老奸巨猾，作战时亲自领导，自己掌握机枪，在匪众中很有威望。

（3）杨自元——一区金河乡人，汉族，金平县中毕业，1946年任金平县府科长，1948年任剿匪大队长，两月后又改任一区金河乡长，剥削人民无所不为，1946年曾带金河乡僾僾、窝尼、傜人攻打猛喇，与刀家柱有矛盾。解放后曾经联络几次，但缴枪时他都不缴给人民政府，而缴给土匪赵筱庵（他的结义兄弟），后因要逮捕他，逃到国界与富鸿宾勾结为土匪，参加围攻金平。1950年10月又攻打三区，被民兵打死。

（4）富鸿宾——一区新献镇白马河人，汉族，贫雇农，1948年参加地下工作，1949年9月暴动时，任一分队大队长。解放新献镇所缴获枪支不交公，没收旧镇长的1箱沙金（八九斤）、1箱银子也被其私吞。解放金河乡所缴获的冲锋枪1支、步枪4支也被其隐藏，叛变时才拿出。1950年被派打猛丁贺光荣后被大军带到建水，回来后任公安大队长，

① 此标题为编者所加。——编者

1950年开始征收公粮时反对公粮负担太重，并暗地组织地下武装。当时老百姓已报告其反动行为，但县长许邻干不相信，并未加以拘捕。1950年4月拐带冲锋枪及步枪各1支逃走。1950年5月15日攻打新献镇，镇长吴某某被其杀害，又勾结谈明星攻打金河乡。1950年7月，强迫老百姓与刀家柱、贺光荣等围攻金平县城，其手下匪众有100多人，枪支二三十支。同年8月被打败逃到越南，9月又来攻仙人镇、十里村被打死，其部下争取回来者有二三十人，其余均被打散。

（5）谈明星——原为金河乡长，后又为金平参议会议长、云南省参议员等。解放后回到金平，为金平地主，每年收200多石谷子（每石大米160斤），征粮时负担200公石谷子，他不但不缴粮，反而到处造谣骂政府，被拘捕，才监禁一夜就越狱逃跑至国界，勾结李柄钧（其妹夫）为匪。

屏边县土匪情况

（一）地主与匪特间的关系

屏边县地主以万、李两家比较最大也最有势力。万家以万保邦、万保伦为首（保邦、保伦是堂兄弟，各有弟兄4人），弟兄8人，有的在昆明“当官”（保邦是龙云系统的，曾当过师长，现为民革中央委员），有的在家乡把持政权，枪支多，田产多。昆明、蒙自、开远等地，都有他家（主要是万保邦）房屋、田产。李家有李文宾、李文祥兄弟二人。民国十八年，李文祥在昆明读中学回家，与万家利益上有冲突，李文祥便勾结土匪与万家作对，并与匪伙进行抢劫，后被万保禄捉捕，送往河口“官府”，经李家花钱运动，用两驮银子把李文祥买出来，自此两家仇恨愈深，互拉土匪力量进行械斗。仅磨姑地附近5寨的老百姓，在万、李两家勾匪械斗中前后被洗劫过3次，房屋被烧毁。在1943年一次械斗里，5寨被杀死64人，其中7个孕妇被剖腹而死，抢去牛马280头，粮食全部被抢光。从这里便可看出老百姓所受的祸害和痛苦了。

（二）解放后的屏边

1947年屏边老百姓因生活困难，多数铤而走险，当时县长与万家利益有冲突，万洲麟率了一部分土匪杀了县长（余姓），自此以后，屏边变成了土匪恶霸各据一方的局面，省府从此再没有派县长去了。1948年春天，万家佃户在极度的被压榨下（暗中李家也帮助）发生暴动，见万家人便杀，万家全部人携财逃至蒙自、昆明一带，结果杀了万家50多个狗腿子。1949年春天，万保邦受卢汉之命，回到屏边招安土匪，他一回去先烧了自己的田契，一部分佃户对他缓和下来，在屏边他打起革命的旗子，成立中国人民自卫军，自称总司令，老百姓叫他“万老总”，土匪头子先后归顺了他，大匪首委任“团长”，中小的当“营长”。这时李家一方面势力大大削弱，当时万保邦统率招安股匪2000多人攻蒙自城，李文祥便乘机与驻蒙自国民党匪军二十六军联系，前后夹攻万保邦，结果万在蒙自东、南门之间溃败下来，匪徒分散到处抢劫烧杀，所过之地，鸡犬不留（到现在受害老百姓提起这事都很愤恨），逃回屏边后又恢复各据一方的局面。自此屏边地主很明显地各有靠山：万家是靠龙云、卢汉；李家投靠国民党匪帮，充当走狗。1949年屏边解放，在解放前地下党的组织十分薄弱——打不进去，当时土匪特务都自称“闹共产”，抢劫人民财物、散布谣言、恐吓群众，造成混乱状态，特别在县境南部与越南交界地区是匪特与法帝活动之处。1949年冬天，大军进剿，往来奔忙于县境内。去年腊月，大军进剿屏边、马关交界地区匪股，打死匪首李文祥。今年农村中展开清匪反霸，镇压了罪恶昭彰的反动分子。如枪决万保禄、万希林，监禁万洲麟等人后，群众基本上已安心了。但就目前情况来说，屏边仍是江内土匪特务最突出的一县，有的地方到现在为止还没有建立政权。全县行政区划分4个区，现在只建立了两个区，一个区未建，一个区托给金平代管。

（三）目前屏边土匪散布情况

屏边大、小股匪，现在联成一气，其中以碧河（碧色寨至河口）公路上新现乡南北山地，蒙屏、文屏、马屏交界地为活动区。

（1）散布碧河公路上的：新现南、水塘坡、吉稿吾等寨附近，匪首小春（李发之，苗）、小李（杨小李，苗，本年4月已被我军打死），匪众约有60人。

（2）新现北望六乡、法密寨附近，匪首熊小狗（苗），50多人，以上均系惯匪。

（3）蒙自、屏边交界地，芷村附近小坡头、菲租、烂着等寨，土匪150人左右，匪首有：

黄老六（苗，惯匪，蒙自人），有50多人枪，二水老板叫韩小法，活动于小金山一带。黄匪自称国民游击总司令，与越南方面均有联络，总司令部现驻章海寨附近。

张治全（汉，开远东山区人，国特），反共救国团团长，外号大耳朵山，有50多人枪。

杨文奇（汉，法密寨地主）及苗族惯匪马熊保、马小桥3人，有50人左右。

（4）文山、屏边交界地宝麟乡的左和木、麻塘着一带，共300多人，其中有国民党残匪40多人枪、广西过来的惯匪几十人，武器还好。西河坡魏村大地主秦安民（国特）有100多人、44支步枪、2支大卡宾，子弹很多，并将子弹头染成红色、弹壳染绿色，欺骗其群众说是“自己兵工厂造的，红子弹打出去能自动找人”。另有和有清（汉），文山地主，60多人、40多支步枪、1挺机枪、100多手榴弹。李国俊，34人、32支枪、2箱子弹。李国相10多人、6支枪。这些股匪对老百姓威胁很大，被劫村寨中他们专杀干部和积极分子，凡是出去开过会的代表都被杀害。

（5）马关、屏边交界处，土匪三四十人，匪首李文宾（文祥之兄）、李绍武、罗如平（苗）、王朝樑（侬青）、王永林、胡玉民等人。

（四）最近匪特活动情况

本年春季，大军在红河外进剿，金平土匪部分逃进屏边，同时由越南也偷进入一些匪特，策动扰乱屏边。从4月份起发生一连串的暴动。

（1）4月初，黄老六股匪，抢劫瓦塘寨、毛司仓、拉山碑、瓦五寨，烧毁瓦塘寨和毛司仓房屋，毛司仓被打死两人。所有牲口、农具、粮食全抢光，生产成了问题。

（2）4月22日早上，水塘坡附近十一寨（多为苗族），由农会主席和民兵队长领头叛变，投降土匪小春、小李。

①叛变原因：

甲、4月间外处土匪特务窜入后，匪势复起，并大大散布谣言说："凡是当过土匪的人，共产党早迟都要杀完，一个不留。"

乙、水塘坡一带是匪首小春、小李的家乡，农会主席和民兵队长以前都和他有关系，民兵中多数是自新土匪，表现一时积极，麻痹了干部思想。

②叛变经过与结果：4月21日下午，县上工作干部14人（13人是部队工作队、1人为县干）至水塘，宣传征粮工作并选举到蒙自开会代表。工作人员到水塘后，发现男人都不在家，他们问说哪里去了，女人们答"开会去了"，其实当时各寨男人正在水塘坡山寨里"吃血酒"，准备暴动，民兵也在那里。第二天早上，工作队叫召集各寨人到水塘坡开会，农会的人说："这几天都忙，不如分下各寨开好。"工作人员便一个两个地分散下去，到各寨时便被枪杀。死7人、失踪1人，民兵55人全部携枪投匪，暴动发生后各寨全跑完，把粮食埋在地下。第二天大军赶来，只剩些空房，在搜山中才搜出一些老乡，现在各寨人已回来了。在搜剿中打死匪首小李，土匪现已化整为零了。十一寨暴动时，水塘坡的一个石匠从土匪区回来说："土匪里有4个高鼻子蓝眼珠的，不像我们的人。"是否法国人现在还不能证实。

（3）5月1日，黄老六匪股威胁莫壁附近的松树棵村投降了他们，并威胁其他寨子："不投降便来打。"

（4）5月3日，熊小狗匪股围攻万乡寨、小龙鼓，烧了40多户人的寨子，打伤民兵2人。

（五）群众的反映

此次开会代表中，靠近土匪活动地区的，一般的顾虑很大，怕土匪来杀开会的人。说是："联防力量小，寨子离得远，土匪来了就没法，要杀就得给杀。"一致反映："土匪不消灭搞什么也没有心肠，你辛辛苦苦搞一年，土匪来时一下就给你搞光！"他们要求把人民武装成立起来，并希望派大军帮助把匪特彻底剿清才能安身。

尹寿铭、宋伯胤、黄林

蒙自区资料之五

——元阳妇女情况

中央访问团第二分团

1951年7月出版

蒙自区资料之五

——元阳妇女情况

编者声明

这些材料是我们从 1951 年 2 月 22 日至 1951 年 5 月底（其中大部时间是在行动中），先后在蒙自、普洱、文山等地区进行兄弟民族访问工作中，通过当地干部、民族代表及熟悉当地情况的人士所了解的一些情况。为应各有关机关之急需，仅将原材料加以初步整理，尽量避免主观分析与结论，在文字上仅要求看得懂。但由于短期访问及仓促整理，情况难免不真实或不深入，观点难免错误。故仅能供各有关机关进行民族工作的参考或进一步考察的线索，并望于今后的调查研究，加以校正。

1951 年 6 月　日

一、妇女生活情况

1. 汉族

汉族多居于街上，妇女不劳动，多做生意，如卖花线、做鞋子、做豆腐等，多缠脚。在他们思想上多以为我们汉人要比那些少数民族特别些，看不起兄弟民族妇女，说她们脏，很少与她们来往，如来看访问团演戏时，各民族妇女分别地坐。又如兄弟民族上街买东西时汉族妇女不高兴地说："买了东西快拿着走，不要站在这里。"

汉族妇女不愿嫁给兄弟民族，嫌他们愚蠢落后，住在山窝窝里，但是汉族可以娶兄弟民族的妇女，可是不能做大老婆，一般少数民族妇女仍愿嫁给汉人，还认为汉人有钱，生活可以过好点。

2.少数民族

傈僳族、摆彝族、窝尼族妇女都下地去劳动的。傈僳族抢婚的事较多，牛角寨的妇女很少出外，就怕被人拉去做妻子。也有的被人家抢去后才来讲价钱，有的是30元，有的40元，最多是50元。新街有一个姓杨的汉族木匠，因为是跛子，不能娶汉族妇女，在1950年1月，有一个石头寨傈僳族妇女来赶街，被这个跛子看上了，就将她抢去做妻子。她不愿，要跑又跑不掉，被男的发现，就捆起来打了一顿。

1949年边纵十支队到了新民时，就有两个傈僳族的妇女，因为在家受不住婆婆、丈夫的虐待，就来参军做向导、当翻译、做宣传工作。后来部队从江内回新民，她们就复员回家去了。

3.家庭妇女生活状况

龙二嫂，元阳纳更镇小寨人，现任那小寨妇女会委员，年23岁，生过一个小孩。丈夫有30岁，1950年被土匪打死了，有两匹马，也被土匪抢走了。弟弟有20岁，还没有钱讨老婆，会挖地种田，土匪乱，不敢在家。家里被土匪搞得乱七八糟的，丈夫未死之前能苦得些，每年都够吃的。

丈夫还娶过一个汉族的大老婆，是新寨人，有24岁，没有生过孩子。丈夫死后大小两个都很好，不争吵，大的喊小的妹妹，小的喊大的姐姐。

她与丈夫没有正式举行过结婚仪式，她说："我们都是爱心爱意的，没有吵过嘴。到了家后，丈夫曾送给过娘家1个猪、2斗米、十五六块钱、10多斤酒、豆腐、豆芽菜等。"

4.一个被土司压迫的妇女生活（窝尼族李月娥）

李月娥的父亲是龙九土司的部下。某年龙土司到广东时，父亲就娶了一位广东妇女为妻，即为李月娥的生母。父亲死后，李月娥就做土司家的丫头（60岁的母亲也同样在土司家里做老丫头，替土司的老太太洗衣服），9岁时即帮少爷洗衣服，送少爷们去读书。有一次从少爷的床边过，床上有一个虱子，土司的太太就骂："这是死窝尼的虱子，我家少爷不会生虱子的。"

大小姐们吃饭时要一碗一碗地递到手里。土司的太太袁如懿（是北京人，即袁世凯的孙女），1950年3月离开纳更镇（这时李月娥也与汉人结了婚，有两个小孩子，一个10岁的男孩，一个5岁的女孩。不知丈夫为什么悄悄领着10岁的男孩走了，走时推着说：出去收债。据说她丈夫是来这里经商的，是泸西人，有四五年没有消息了）时对李说："你同我出去做我的丫头，帮我做家务事，将来回来时，我送你块田养老。"于是就下定决心跟她离开纳更镇，5岁的小孩（小野妹）寄在二爷父家里，随着袁太太到了蒙自、个旧、昆明。这段时间因太太不如在纳更时了，有时候全家饭都吃饱了，太太骂"没有饭给你这死丫头吃了，不要吃了"。有时丢点不能吃的锅巴给李，李说："怎么吃得饱呢？"太太就骂："在你这些窝尼家里连米都没有，还说不能吃、吃不饱！"

整天洗地板、擦桌几，替小姐少爷们抬洗脚水。在昆明时，太太的衣服每天换1次、被两天洗1次，李问："怎么常常洗呢？"太太就骂："不这样养着你这些丫头做什么呢？”晚上12点钟还要去挑水来洗衣服，明明有厕所不愿去，要李天天抬马桶。

李只有一件衣服，没有换洗的，到夜里一个人在房中洗，洗后一个人在房里用火烘干后就穿上。冬天来了，又冷又饿，李这样想：“人家是土司，我们这些丫头，敢怎样办呢？”

在个旧时，土司的二太太也有一个丫头，有一次她翻了袁太太的抽屉，被发现了，袁太太拉着李打，“为什么不好好地招呼，让二太太的丫头来翻我的抽屉？”把李的衣领撕破了，而且打了她几个嘴巴。

在蒙自时，她把以前在纳更镇帮人家做针线积蓄的3石谷子的钱（值300块半开），用布袋装好围在腰里，后被太太发现了，就对她说：“你这傻姑娘，会用什么钱，拿来吧！我缝花旗袍给你，缝棉衣给你。”这样就把她的钱骗去了。她要想跑，可是人家不准出门。

袁离开后，她在蒙自替人做短工，参加妇女会上课，初步认识妇女翻身大事。不久又积蓄了一点钱，给孩子做了一件新衣服，回到纳更镇，过了些日子又没有吃的了，土司的家里政府接收了，她向政府说：“从小就在土司家里苦死苦活的，一样都不得，要求政府给点生活费。”政府给了她1斗米。过了些日子，米又吃完了，生活无着落，最后找到一个丈夫（窝尼族）才能生活下去。这次来开会，窝尼族的妇女一个也不敢来（怕被大军拉去做媳妇），一致推选她来，因她会说汉话。以前政府要她去新街当代表，成立联合政府，她没有去，原因是刚才嫁给人家20天，要替人家好好地做事，另一方面是窝尼族喜欢娶小，怕去后丈夫娶小。她要求本村成立妇女会，她说：“没有妇女会，妇女永远翻不了身，有妇女会，被人欺就有讲处。”

二、妇女工作

1. 小寨如何展开妇女工作

元阳县领导上对妇女工作没有专职干部，只是县委会里有个妇运小组。1950年选定了小寨作重点搞。小寨有60户人家，有傈傈族、窝尼族，以前受土司的统治，“女人上堂，家败人亡”，就是说女人是不能进土司衙门的。妇运干部初到本村时，工作很难展开，傈傈族、窝尼族的妇女都不敢接近她们，叫她们为“共产嫫”，一看见干部去，就躲起来，后来帮助她们做活、煮饭，让她们相信了，慢慢才展开工作。

取得信任后，就结姊妹，用1碗酒、1只公鸡，将中指头用针刺出血来，滴在酒里同鸡头上，当天一拜发誓说：“谁良心不好，天在上，地在下。”一边说一边喝酒，这样通过感情，个别地进行教育，讲妇女翻身运动，认清今天妇女在农村中起的作用。当前她们的任务就是组织起来，以自愿参加为原则，现已有会员40多个，贫雇农出身的为多，她们自己选出主席施大嫂、生产委员李大嫂，工作都很积极，但因经常受到土匪的扰乱，不能使工作转入到生产中去，土匪不来扰乱时，妇女们都很热情来开会，送公粮。

2. 大顺寨妇女会组织和存在的困难

由于干部的缺乏，所以在妇女工作上就没有一定的步骤。如太和乡大顺寨的妇女会，就不是县委会的妇运小组去搞的，是1950年四支队四六团的女同志黄岩、张玉、李箭、明正等过路此地所组织的。她们到本村时，就到每家去拜访（主要是发现积极分子），召开全村妇女会，由会议中选出负责人来，主席李三妹、副主席雨些、生产委员卡详、组长何仄妹，都是红摆彝族，共有30多个会员，都是贫雇农，组织起来后就有很多困难。

妇女会与联防队的对立，同时群众看不起负责人，如大顺寨李三妹当选了主席后，对工作是很积极的，在1950年本村的红摆彝族，有4个去当小偷，偷人家的苞谷，被联防队捉住，联防队的意思是要每人罚1石谷子，妇女会的意见是说他们穷没有吃的才来做小偷，最好是罚他们修路，可是联防队就说："你们这些老婆娘会管什么事情？"结果那事就由联防队去处理，李三妹说："要是访问团的女同志不来，我们要到新街去告诉那些女同志，联防队的看不起我们。"

李三妹当了主席后，一些妇女看不起她，说她穷配不上当主席，叫她花子向人家讨田种，李三妹家里实在没有田地，靠丈夫教书吃饭（他曾读过3年小学，后来因土司不准读书，就跑到敦厚镇读了3年的私塾，又到新街的师训班学习过，现已教了5年书）。李三妹说今后妇女要发动开荒，才能使粮食一天比一天增多，让那些轻视妇女的看看妇女的力量，要求女同志帮解决困难。

3. 芭蕉林妇女活动情况

（1）生产运动：芭蕉林这个村子，经常有县委会的妇运小组去工作。初下去的时候干部包办，只是讲加紧生产，群众发动不起来，后来发现一个积极分子（姓段，土老族，嫁给僰僰族），人人都喊她胖大姐，一向工作都很负责认真的，1951年蒙自专区开妇代会，就选着她去。开过会回去，懂得了一些妇女工作，回去就尽量地宣传，并发动了100多个妇女开荒，每家1个，个个都很高兴地参加，两三天后，开了五六斗黄豆种的地和落花生地，情绪很高。贫雇农的妇女，开荒回家后，就没有吃的了（由于江内的减租退押运动的影响），后来芭蕉林的地主妇女，每当开荒时就煮些饭送给她们吃，今后收得的粮食，由妇女会处理。

（2）防匪防特：站岗放哨、守井，参加联防队。妇女们站岗放哨是普遍的事，从甲村到乙村都要有通行证才可以走，守水井怕特务放毒药。

4. 牛角寨的妇女会与何大妈

何大妈是牛角寨的妇女会主席（副主席邓大妈），本村的妇女会是1950年4月由新民县去的女同志组织起来的（兄弟民族的妇女都不来参加，据她们说是因不会说汉话），有40个会员全是汉族。

何大妈今年70岁了，她说："人人都说我能办事，个个就选我。"她感到这地方的事很难办，"因为少数民族生在'彝蛮之地'，脑筋不开通，不懂什么，希望你们懂得的开导这些'彝蛮之地'的落后妇女"。

1950年4月间，刚组织好就发动妇女开荒，准备下种，匪就来扰乱，全村都被烧抢，人民东奔西跑的，妇女会就在这时垮台了。区政府撤退，何大妈就随着退到外面去，一直到8月间才回来。房子被土匪烧了，妇女会的名单也烧掉了，她说："访问团来了，真对不起，妇女会乱了，号召不起来。"

何大妈是汉人，丈夫已死了34年，是土司下的团长，是被杀死的。丈夫活着时何大妈是个十足的太太，她的大儿子，因在外面赌钱，赔不清债，就被白新寨的人杀死了，后来被何大妈到建水县府去告发，判决给4600块半开，现大儿子媳妇仍在家做鞋子、洗衣服过生活。

孙男叫何永福，15岁，解放前一年在本村小学读了1年。昆明学运消息传到本村后，土司即散布谣言说凡在昆明读书的都被政府杀了，读书人没有出路，是违法的，本村的小学就停办了，现想给他读书，可是没有学校。还有个孙女名何中明。

何大妈是昆明人，随着丈夫到新民县做生意，听说牛角寨的生意好做，就移到牛角寨来，有40多年了。丈夫活着时能赚钱，生活过得比较好，曾买过6个窝尼姑娘，名义上是讨养囡，实际上就是做丫头使用，受她的虐待、打骂等。如抛竹箐窝尼族小桂花，因为她父亲没有吃的，又没有钱吹洋烟，所以就将小桂花以20块钱的代价卖给何大妈。她当时才10岁，从小煮饭、放牛、做庄稼活，到20岁出嫁了，收下的礼银40元，全是何大妈收下。当我们访问小桂花时，问她你是哪族的，她说："我是汉族，因为和窝尼族在一起，所以学会说窝尼话。"她仍然不承认是窝尼族。

何大妈有9间草房被烧光了。现有老马1匹，有块1斗5升谷子的田，每年可收3石5斗，年成好是够吃的，不好就不够吃了。1950年征粮时出得太多，连谷种都拿去上粮，所以不够吃，用火草叶、黄簇花果、刚梨皮、马脑子（红的圆果）、土山药杂在饭里吃。

1950年6月28日，土匪来打区政府时，全村老百姓都跑光了，何大妈也跟大军跑出去，因为人老了，眼睛看不见，大军同志拉着她走。枪声激烈时，她跑在一边，大军同志走向一边，她独个人在那些高低不平的路上狼狈地跑着，全身都发抖了，手脚都软了，不能支持走路，只能用两手两脚在路上爬着，爬了一两里路，休息了一下，身体疲倦恢复了，一直跑到新民去，碰见了媳妇正替人家做针线，她在新民住了7天，东家讨一顿、西家讨一顿，向人家讨饭吃。

过了些日子，听见大军去围攻，土匪撤退了，就回去看家里是怎么样的，进了寨子，远远地就看见自己的房子被火烧了（全村烧了60多间房子）。走到街上，偶然间看见有一位大军同志死了，躺在街上，何大妈含着辛酸的心情，心里想："唉！大军同志是老远从东北到我们这里为老百姓做事的，被那些万恶的土匪打死了，尸首丢在街上无人管。"何大妈走向前去一看，身上的背包不见了，脚上穿的皮鞋被土匪脱去了，脸上流着血，被炎热的太阳晒着，发出臭气，过路人都用手将鼻子阻住。她将那衣服拉了盖着他的脸，叫他家的长工把他埋起，可是那长工一个人拉不动，何大妈想到自己离家时还带着1块钱，就雇了1个工，帮忙将尸首用席子包起来，抬去埋起来。回到家里什么也没有，讨了3天饭吃，向邻居们讨得点米来，又没有铁锅，只有用土锅煮饭吃，没有碗筷就用手抓着吃。大军同志来了，何大妈就领×连连长及指导员去找她埋的那位大军同志，何大妈对连长、指导员讲这大军同志的殉难经过。连长、指导员都对何大妈说："您家算是立功了，现在我们有命令要到金平去追歼敌人，等我们打了胜仗回来，再向何大妈致最高的感谢！"

何大妈向解放军同志控诉土匪的罪恶，家里的东西全被土匪烧光了，今后的日子不知怎样过。连长、指导员很耐心地安慰她，就写了一个条子给大妈，上边写着：何大妈家里被土匪全部烧光，还替我解放军同志埋尸体。她收下这条子，没有家不知道要放在哪里，就用布缝成一个小口袋，钉在衣服上。她年老头又昏，洗衣服时洗掉了。何大妈说："土匪使我们的日子难过，今后我们妇女要好好地组织起来，训练会打枪防土匪，使日子好过起来。"

5. 目前妇女工作的动态

有的地方搞得较为好，是因有干部去领导。有的地方只是组织起来，没有进行教育和工作。在干部思想上，总认为由干部直接去领导工作反而展不开，只要说些方式方法给她们听，效果反而好些。同时觉得兄弟民族地区的工作好展开，因为兄弟民族妇女一向是忠实、诚恳，同她们在熟后，什么事都好干。反之，在汉人地区的妇女很虚荣，对人不老实，大家愿在兄弟民族地区工作。

由于土匪的扰乱、特务的造谣，还未组织起来的妇女，如躲雨树窝尼族妇女，都不够了解妇女会的性质和作用。又由于特务的造谣说，参加妇女会就要嫁给大军同志做老婆。听到这种谣言，十一二岁的小姑娘不到结婚年龄也结了婚（在纳更镇以前也是同样地有这种情形），到了婆家一样家务事都不会做，反而影响了青年妇女的前途，躲雨树就有7家有这种情况。

李　凯

1951年4月

蒙自区资料之六

——元阳县经济情况、新街贸易情况及元阳金平两县矿产

中央访问团第二分团

1951年7月出版

蒙自区资料之六

——元阳县经济情况、新街贸易情况及元阳金平两县矿产

编者声明

这些材料是我们从1951年2月22日至1951年5月底（其中大部时间是在行动中），先后在蒙自、普洱、文山等地区进行兄弟民族访问工作中，通过当地干部、民族代表及熟悉当地情况的人士所了解的一些情况。为应各有关机关之急需，仅将原材料加以初步整理，尽量避免主观分析与结论，在文字上仅要求看得懂。但由于短期访问及仓促整理，情况难免不真实或不深入，观点难免错误。故仅能供各有关机关进行民族工作的参考或进一步考察的线索，并望于今后的调查研究，加以校正。

1951年6月　日

元阳县的经济情况

（此材料系根据新民办事处所供给的一些材料，及与干部、少数民族谈话时口述的一些情况，混合整理而成。）

（一）地理与区划

元阳位于红河南岸，北接建水、个旧，南接金平，东北接蒙自，西接红河之瓦璋、溪处，面积凡7400方公里。山势起伏，无一里长的平地。高山种地，梯田由峡谷至半山，土地肥沃，气候热，水源在高山，灌溉便利，俗谓“山有多高，水有多高”。全县分东、南、西3个区，东区包括吉如、纳更、稿吾，南区为猛弄（目前为土匪活动区域），西区

包括团结、太和、永乐、敦厚，村寨约580个。

（二）人口及其分布

全县人口约88600人，其中以猛弄为最多约22000人，稿吾18000人，太和12800人，团结10000人，敦厚9800人，纳更8000人，吉如4400人，永乐3600人。

为民族杂居区，凡11种民族，苗族多居高山，窝尼、老乌、傜人、土佬、沙人多居上半山，倮倮、普拉居下半山，摆彝（旱摆彝居下半山，水摆彝居红河沿岸）、母傒族仅东山区有，亦居上半山，汉族则多与窝尼、倮倮杂居于交通比较便利的中心乡镇。

在人口比例上，窝尼55%，约48700人；倮倮20%，约17700人；汉人12%，约10600人；摆彝5%，约4400人；傜族3%，约2650人；苗族2.5%，约2210人；土佬1.25%，约1100人；老乌1%，约880人；沙族0.25%，约220人。

（三）生产方式

耕作技术比较粗糙，很少施肥，甚而不施肥，其中尤以住在红河沿岸的摆彝为最差。他们栽种谷子时，只用牛在田里踩一踩，插上秧苗，就等待收割。又因土地肥美，稻子多栽独苗，稍不好的田栽上两苗就发得很大。住在高山的苗族同胞，没有田，在山地里栽种苞谷、荞子。一块地种两三年瘦了，又另辟新地。在劳动分工上，除苗、傜是妇女负担主要劳动外，东三区男女均下田，西区则以男子占主要劳动地位。一般说来，妇女除耕作外，还有许多烦琐劳作，如纺织、煮饭、打柴、领娃娃等，其中尤以摆彝妇女为勤劳。此外老人及小孩也附带劳动，老人送饭，照应家务，小孩放牛放马、喂鸡喂鸭。

（四）物产

农产方面：以米为主，其他还有苞谷、红稗、荞子、黄豆、棉花、鸦片、豆类。

矿产方面：有金、银、铜、铁、煤、石棉、钨、火硝、陶土、油煤、岩盐、水晶、玉石等，可惜尚未开采，或仅部分开采。

药材方面：有野三七、黄连、大黄草等。

山货方面：有鹿茸、熊胆、獭猫、狐狸、灵虫、多狗、穿山甲、麂子等。

森林方面：树的种类很多，也很稠密，有牛鼻涕树、松树、红椿树、红心树、麻栎树、茨通树、芭蕉树、东瓜树、金木树、香果油树、蔓姆树，又在猛弄与六村交界之分水岭及观音山，有周围四五十华里的大竹林，可供大量造纸。

（五）主要物产

产米最多的地区为稿吾、太和、敦厚3区，每年向外输出约400万斤。据当地干部与群众反映，解放前，在反动统治时期，少数民族受政府、土司、乡、镇、保甲长的重重压迫剥削，人民种稻反得不到米食，如反动政府的征实征购、军粮，土司的田租、官租，乡、镇、保、甲长的生活供给和扩大摊派，少数民族在重重的压迫与剥削下，所出产的大米往往拿去解缴，自己吃杂粮，甚而为了不多的一点差额，降低自己的生活，把米换成苞谷来食，所以江外虽然是个产米区，但出产数字只能是2/3自食、1/3输出换取其他必需品。反动统治时期，人民的饥饿它是不管的，农民出产的大部分米被刮去，五黄六月多数没有粮食，无奈以草根树皮充饥。另外，江外没有高粱，以谷子煮酒，耗去一部分粮食，有时小商人在市场上以稍高的价格收购谷子，也会形成谷价的逐步上涨。

较热的地方种棉花，全区年产量约9万旧斤，其中以猛弄区为最多，年产量约7万旧斤。全区除自用外，每年向外输出约64000旧斤。

全区鸦片的产量每年在10万两左右，占去了大部分有用的土地。反动统治时期，曾准许人民栽种鸦片，但将近成熟时又派人去铲，结果引起少数民族的武装抵抗，他们说："铲烟等于铲命。"

（六）少数民族需要输入的必需品

因为长期的反动统治，造成人民的经济落后，所以现在江外少数民族的需要不多，其主要的大约有盐、推烟、农具，次要的有丝线、花布、成药等。

（七）要求

由于数年的动乱，人民财产损失甚巨，截至目前，部分地区尚有土匪活动与盘踞，荒田在1/4左右，有的无口粮，有的无耕牛，需要政府举办农贷。

人民币的信用已普遍建立，但少数民族多不识汉字，不易辨认，贸易公司的货摊把票子陈列在壁上以资识别。截至目前，大多数少数民族卖土产还要半开，所以，人民币与少数民族的关系才初步建立，贸易公司在该区的货摊业务尚未开展。据逢春岭贸易组张镇北同志谈：在该区进行贸易工作，必须有少数民族的人参加，以便于解释；另外一层，少数民族对少数民族做生意，比较容易取得信任。

元阳县新街贸易情况

（一）人口与行业

新街包括水沟脚（即新街附近的居民区），共有500户人家，汉人350户、窝尼150户。在350户汉人中，有26户杂货店，58家是赶马的，140多家行商小贩，70多家吃食摊，20多家是铁、木匠及缝衣铺，10多家收租吃饭的寡妇，10多家公教人员，10多家不固定职业者（有时卖零工，有时背点货跑跑个旧）。在150户窝尼族中，一部分是农民（居水沟脚），一部分是商人，另一部分是泥水匠和力夫。

（二）汉商、赶马人、寡妇3种人的经济情况

“新街的资本不是个旧的货价钱。”这是当地的一句俗话，是形容新街商人的本钱小。在26家杂货店中，多系合资经营，其中1000万元以上资本的约3家、500万的10多家，其余100万至300万不等。26家杂货店中，又有十一二家有土地出租，其中收租百石左右的3家（王庆荣、戴子才、戴炳清）、30石左右的1家、5石至8石的七八家。

上述地富兼商的，多系光身汉来此发家的。他们所开设的店铺不大（甚至有的地主开一个小店来掩饰他的财产，上述的地租仅系其新民地区所有者，其家乡亦有商号和田地），还有的是今年经营、明年歇业，需要时营业、生意不好做或人手不足就歇业。他们由于过惯了收租吃饭生活，业务不愿开展，对于地方上的生产建设事业，也不愿投资。

在58家赶马业中，有30多家兼有土地，他们所收的租子10石至20石不等，专门赶马的只有10多户。

在10多家收租吃饭的寡妇当中，有一半是斋婆，租子收入往往比支出大1倍，兼放银利、谷利。

（三）历史情况

新街的商业如今是衰退了，民国十五年至三十年间，一般资本较现在大5倍（1亿为平常），以人口来说，也比现在多1倍。再拿缝衣店来说，当时30架缝衣机还忙不过来，现在五六架还没有生意。

新街商业的衰退，主要原因是农村破产，此外又与江城、猛拉、越南（河口、莱州）有关系。江城不通，杂货不能去，盐巴出不来。杂货从前多来自越南（如香烟、肥皂、水火油等），并且价钱便宜，商人获利甚丰，如柯达香烟当时在新街半开2毛5一包，拿到建水可卖1元。

河口与新街的交通，仅民国二十一年到三十年（10年左右）畅通，以后即断阻。

土产方面：从前杂粮比较多，民国三十年以前每斗黄豆价不上2元，自民国三十年以后，价钱没有下过3元，并且数量越来越少。

大米从前每集平均有60石运出个旧，现仅20石左右（先由小米商向农民收购，再转卖给大米商运出）。

棉花多来自金平县的老七寨，新民产量不多。旧历六月以后上市，七、八、九月渐旺，在此集散后经石头寨出建水。每集20驮（每驮100老斤左右），估计年出建水1000驮左右（和邻乡、稿吾区年出个旧300驮左右）。民国三十年以前，每百斤（16两秤）半开30元左右；民国三十年以后，没有下过40元。

甘蔗近3年来种植的人渐多，附近村落已有汉人榨糖。

麻的产量很少，大多供织口袋。

牛皮每年在新街集中300驮左右（少数民族过年过节，多宰水牛吃，其中尤以窝尼族

为甚，三月祭桑、六月过年，都要杀牛）。

其他土产，如藤篾、木耳、香菌均有，但数量不多。

（四）历史上汉商对少数民族的剥削

（1）互相兑换货物时，戥子杆内放水银。

（2）少数民族不识戥花，售给汉商货物时，往往先以半开置戥盘内称过，再将货物置盘内称，有一定的比例，譬如几个半开相等于若干货物，汉商在称货物时，偷偷地把半开拿掉一些，称完货数半开，少数民族就受了骗。

（3）放秋谷或放棉花给少数民族。在稻谷与棉花快收时，少数民族没有吃的，就向汉商借，譬如借钱时棉花的市价是5元1斤，以3元借给，言棉花成熟，本利交还棉花1斤。

（五）运输情况

由个旧、建水来货，或由新街运米去个旧均以马驮。

（1）由个旧至新街，第一天到水塘，第二天到石头寨，第三天到达新街。每匹马驮120斤，马脚人民币二万七八千元。

（2）由建水至新街，这一段路程与个旧至新街差不多，唯因有保路费，吃账较高，并且没有回头货，所以马脚几乎高出1倍，约5万元。

（六）新民供销合作社概况

新民供销合作社系因为新民办事处要求成立贸易公司未遂才成立的（现贸易支公司已修理门面，不久将开张），1951年4月2日开张，资金人民币3600万元，其中1600万元是办事处人员的福利金，2000万元是向办事处各部借来（需用时即退还）。它的目的是在调剂市场、平稳物价，给予少数民族购物的便利，利润方面只维持社内员工开支及微小的债息。半开与人民币均收，人民需要半开或人民币可以向合作社兑换。所销货物与私商不同，一部分是公用品，一部分是人民必需品。

在各种货物当中，仍以盐巴、推烟为主，其他约有香油、士林布、花布、香烟、电池、火柴、毛巾、茶叶、牙膏、墨水、水笔、袜子、铝盆、铝器、纸捻、草纸、肥皂、锁、罐头、搪瓷碗、墨、味精、衬衫、挂面、砚台等。每集销货收入平均300万元左右（5天赶两集），自开张迄今的50天当中，共销出盐巴4000多斤、士林布两匹。平均每集可销盐400多斤，零趸价均为（每斤）3500元（若零售每百斤有5斤的多头）。推烟每集可销70斤左右，每斤售价在一万三四千元。士林布零售每尺7000元。

除盐巴、推烟、香油外，其他货物销量不多，尤以茶叶及昂贵的货物滞销（按此地少数民族，多数不惯吃开水，茶叶更不需要）。

在收购土产方面：合作社现正着手进行，业务尚未开展。

金平、元阳两县的矿产

（金平、元阳两县几乎全为山区，矿产蕴藏丰富，解放以前长期受土司统治，部分被其占有，部分被其封锁，部分无能力开采。此材料系根据新民县稿吾区工作干部谭运高口述整理而成，又因前未曾有专家考察过，谭同志仅凭在当地的数年工作中所见所闻，并没有学过矿产，可能有错误。兹分述于后，以供参考。）

金矿——在金平县靠近新民县稿吾区之老麽多、马店、老君山3地都有金矿，其中以马店、老君山两地藏量较丰，马店矿藏位置较低，老麽多与老君山系在山上。淘矿非靠稿吾土司龙鹏程占有的几个靠山顶的水塘不可，据龙鹏程的副官肖××说，龙每年所收的水租和人头税（每一个淘金者必须纳税），在200两以上。据说3地最高产量年（1946年）达1万余两。以此为生者，各族人民都有，闻皆赚钱，很少贴本的。工人开采后，经淘洗成为金砂，卖给商贩转运蒙、个一带，成色不详，唯蒙、个一带金号以八成购买。

除上述3地外，金平县属猛丁和新民县属纳更交界处藏有金矿，唯开采时须打洞，凿洞不深即出水，故开采不便。

油煤——在稿吾区大鲁沙村的一块田中发现，状似乌泥，置炉中即燃，有火药味。龙鹏程统治时期，禁止村人掘取，亦不许人向外宣传，并借故说恐怕将田搞坏。

石棉——在新民县吉如区山崩后为草药医生所发现，夹于石间（质松的石头），最初人们取之做灯芯或刀口药。一洞在纸厂村附近，质较好，纤维约5寸，采取时（连石）可得1尺许方块；另一洞在糯咱，质较劣（纤维短），人取之做刀口药。

纸厂村附近的石棉，在国民党统治时期，当地的统治者秦玉湘（个旧人）曾运昆五六驮，二次再向人民索取，人民即推说找不着。

岩盐——蕴藏于江内（红河以北地区）蛮玉田地方。雨后日晒即现于山坡土面，粉状，煎后带红色，闻味与一平浪盐同，尚未开采，只雨后日晒出现时人民刮一点去吃。

煤——整个吉如区，可说是个大煤田，由山顶至山脚14华里的地区，均藏有煤矿，色褐。因当地烧柴易取，人民不喜欢用它，嫌它没有火焰，只在冬季取暖时用一点。闻高处（山顶）藏者质地较好。

陶土——又名马牙石，产于新民永乐乡，为瓷器原料。土司曾在该地设厂烧制（现已停办），闻工人技术不及建水，但出品可与建水媲美。整个新民西区，差不多都用这里的出品。

水晶石与玉石——藏于猛弄地方，发现后即被土司将洞阻塞。反动统治时期，土司唬吓人民说："这些东西不要给他们（指国民党政府）知道，他们知道了要来开采，他们一来，你们就要遭殃。"

两种不知名的矿物——马龙河边有一种矿物，体质没有铜重，青黄色，火烧即化。另一种在纳更上半山，矿脉很大，为夹在松石中的一种结晶体，置水中即浮于水面。

此外还有敦厚镇碧血关的铜、观音山的铁、敦厚大六乎及猛弄大山的银、猛弄黄毛岭及大六乎的盐、石头寨天生桥的火硝、老封寨的钨，只听说有，详细情况尚未明了。

蒙自区资料之七
——元阳县敦厚镇水卜竜村经济生活及政治情况
中央访问团第二分团
1951年7月出版

蒙自区资料之七
——元阳县敦厚镇水卜竜村经济生活及政治情况

编者声明

这些材料是我们从 1951 年 2 月 22 日至 1951 年 5 月底（其中大部时间是在行动中），先后在蒙自、普洱、文山等地区进行兄弟民族访问工作中，通过当地干部、民族代表及熟悉当地情况的人士所了解的一些情况。为应各有关机关之急需，仅将原材料加以初步整理，尽量避免主观分析与结论，在文字上仅要求看得懂。但由于短期访问及仓促整理，情况难免不真实或不深入，观点难免错误。故仅能供各有关机关进行民族工作的参考或进一步考察的线索，并望于今后的调查研究，加以校正。

1951 年 6 月　日

一、经济生活
（一）土地占有情况
1. 土地种类及农业收入
2. 土地占有及其来源
3. 土地转移及地价
（二）剥削情况
1. 租佃剥削
2. 债务剥削
附：两个债户的家庭调查
3. 雇佣剥削
附：3 个雇工（1 个男工、2 个童工）的生活调查
（三）副业和消费情况

二、政治情况

（一）解放前的情况

（二）解放后的几种群众组织

1. 联防组织

2. 妇女会

3. 青年会

4. 儿童团

一、经济生活

水卜竜村是民族杂居村，共120户，其中倮倮49户、汉人27户、窝尼6户、土佬1户，汉人娶“倮倮婆”的35户，倮倮娶“汉人婆”的1户，窝尼娶“倮倮婆”的1户。总共635人，男女帮工35人未计在内。

（一）土地占有情况

1. 土地种类及农业收入

水卜竜村的土质，共分为水田、干田、干地3种。水田分布在山腰到河边的梯形地带上，占全部土地之5/10。水田因其水量多少、土质好坏分为3种。①上水田——水量充足土质好，1斗种子，收6石多谷子，占水田总数的3/10。②洗沙田——地上面有厚约6寸的一层稀沙土，下面是小石子。雨下多了，上面这一层沙土被洗刷冲跑。1斗种子，收3石多谷，占水田总数2/10。③锈田——锈田土质较坏，栽秧后第二天就要把水车干，撒上草灰，谷子才能长得好。若果栽秧后大雨不下，谷苗变黄，收获量也会减半。1斗种子收4石谷，占水田总数的5/10。干田亦在山腰或河底，因其高于水源，不能积水，生产量很差。撒1斗种子，最多只能收3石，少点的收石把。占全部土地十分之点五[1]。干地都在山头，亦叫“雷响田”，收成很差，占3.5/10。

水田种谷子，正月播种，三月底四月初栽秧，八月收割。干田撒谷子，五月撒，九月收；也种黄豆，二月种，七月收。撒1升黄豆种子，收3斗。干地种苞谷，二月种，六月底七月初收。此外，在20里路以外的河堤点种棉花和麻，在村附近还种点蚕豆、莴笋、南瓜、辣子、金豆、青菜、胡桃、樱桃、梨子等。估计全村每年可收生麻60斤、南瓜500个、辣子120斤、金豆120斤、梨子600个、胡桃1000斤（连皮）、樱桃100斤。

生产工具一般用锄头、镰刀、砍刀、斧子、犁、耙、纺线车、织布机等，其形状、大小和北方差不多。都知道施肥，但不用人粪。种谷子的田，要撒1次牛马粪；黄豆地撒草

① 十分之点五。原文如此。——编者

灰；青菜地上猪粪（种菜籽时，把猪粪和种子拌在一起撒的）。

据不精确的估计，全村每年收获的谷子约1092石（每石130斤）。几家地富在麻栗寨、广平村一带，每年收回的田租，利谷约663石，共1755石。

2. 土地占有及其来源

本村土地没有具体的占有数字。国民党反动统治时期，曾经丈量过一次，发有“土地证”（据反映这个“土地证”十分不正确，花过钱的“土地证”上的亩数比实有亩数要少得多）。新街保卫战时，土匪占据水卜竜，大部被焚毁。为了了解土地占有情况，现在只能从公粮负担和收获量来着手，所得大致不差。

全村120户，土地大都集中在10个地富手里，其民族、家庭人口、自耕、出租、土地的收获量、公粮负担等列表说明：

姓名	民族	人口	土地占有		每年收获量	公粮负担	备注
			自耕（石）	出租（石）			
张学良	汉彝	14	80	180	260	6.9	
刘祖	汉	15	60	150	210	6.1	
李家兴	㑩㑩	7	50	100	150	4.6	
刘顺	汉彝	7	50	66	116	1.8	
刘正心	彝	8	30	70	100	1.8	
李德寿	汉	21	35	80	115	1.8	
刘正堂	汉彝	6	30	50	80	1.0	
张礼甲	汉	9	27	50	77	1.0	
李阿贵	㑩㑩	8	40	30	70	0.75	
徐章勤	汉	8	12	50	62	0.5	

10家收获量中利谷计在出租一项内。

10家地富（汉族5户、汉彝3户、㑩㑩2户）有103人，每年收到的谷子有1240石。这就说明了16%的人，占有70%强的土地。

全村自耕农有36家：

户主姓名	民族	人口	土地占有（石）	备注
董阿南	㑩㑩	7	50	
李永安	㑩㑩	10	30	
李德福	汉彝	5	28	
苏兆元	汉彝	7	27	
李阿成	㑩㑩	4	25	
何万	土佬	7	27	
李家保	㑩㑩	7	27	
李千旺	㑩㑩	7	30	麻栗坡有10石田1份，租给别人种
李起若	㑩㑩	5	32	棕皮寨有3石田1份，租给别人种
李阿亮	㑩㑩	7	30	

续表

户主姓名	民族	人口	土地占有（石）	备注
王昊兴	汉彝	6	12	广平寨有8石田1份，租给别人种
李绍兴	倮倮	4	10	
张云	汉彝	3	7	麻栗坡有8石田1份，租给别人种
张清堂	汉族	6	7	
李阿扎	倮倮	5	8	
李正发	倮倮	5	14	
李顺	汉族	4	12.5	
马文	倮倮	2	12	
苏兆成	汉彝	3	25	
田文光	汉族	8	2.5	
董二	倮倮	4	7	
张清甲	汉族	6	7.5	
苏兆贵	汉彝	5	12	
董阿发	倮倮	5	5	
李章旺	汉彝	3	13	
卢正清	汉彝	3	5	
董小三	倮倮	5	6	
李仁昌	汉彝	7	5	
李章	倮倮	4	5	
张文才	汉族	4	6	
田官甲	汉族	4	10	
李自明	倮倮	5	6	
阿哈藏姆	倮倮	1	12	寡母子
阿梦可明	倮倮	2	3	
张钱	汉彝	8	10	
王朝前	汉族	4	20	

36家中，倮倮18户、汉彝10户、汉族7户、土佬1户，总187人，占全村人口的29.4%；每年收谷548.5石，占有全村土地的31.2%（36户中大都欠着很多的债，他们每年收获的谷子，全部或大半交给债主做利谷，因而这个百分比和前面的并不冲突）。

没有一点土地、也不租种别人的有12家，倮倮4家、汉彝5家、窝尼2家、汉族1家。其他12家，有的自耕一小部分，租种别人一部分，有的则全是佃农。

至于土地的来源，不外5个方式：

（1）勤劳起家的——这方面显著的例子是倮倮族的董阿南，祖孙几辈都是“挖田过活”，“天一亮下田”，摸黑回来，省吃俭用买了点田。

（2）重利盘剥来的——最突出的是张学良家，根据7个家庭调查，张学良借出的钱有1150元半开。例如李顺（汉族）原借张学良100元，利谷5石5斗，4年没有还，到1949年一算，连本带利变成500元，把自己20石谷子的一份田抵给了他。陈国栋（汉族）的父亲，到个旧去卖猪赔了本，借张学良600元，后来还不起，张学良把他25石谷子的一份田要去了。李绍兴有一份田，张学良看中了，就设法装“关心”，零零碎碎借钱给他，现在已经借到250元了，利谷特别轻，每百元才要2石利谷。

（3）上门继承的——汉人刘正里，原姓李，安份寨人。1914年到水卜竜上刘家的门，刘家给了4石5斗谷子的干田1块。又像僾僾族陈立新，猛弄猛皮人，原姓李，24岁到水卜竜来上陈家的门，陈家给了4石租的水田1块、耕牛1条。

（4）做生意起家的——据刘正德谈：他们原是建水人。100多年以前，他的祖先挑着担担到安份寨一带卖东西，后来搬到皮弄，一面做生意，一面挖田，“积蓄了一点钱，买些田”。这样就“惹起僾僾人的嫉妒”，把两兄弟杀了，房子烧了，货也“抢光”，同时把第三个跛脚爷爷“赶在门外”。跛脚爷爷拿着一顶草帽，跑到百胜寨去投靠亲戚，亲戚不理，又跑到水卜竜替人放牛羊，帮人种田，赚得钱又做生意。“挑了几年担子”，赚下了不少钱，就向那时住在水卜竜的多尼族人买田。“日积月累”，“老实不容易哩”（刘正德）。

3.土地转移及地价

据说：水卜竜原是多尼族的村子，后来“湖广人”来了，赶走多尼，占有了这块土地。后来僾僾族迁来，姓李的一家做了这里的“招领”，“叫大家来住”，这块土地又成了僾僾族的。“谁能种多少，就种多少，不买不卖”（李正安说）。后来，汉族挑着担担来了，土地又渐渐地转移到了他们手里。这个转移是多次的、迅速的，举例如下：

（1）苏万（汉彝）的田，原是李九（僾僾）的，李卖给朱扎博（僾僾），田价是1口猪、12两银子。后来朱又以300元卖给苏万。不出10年功夫，这份田换了3个主人。

（2）李章成（僾僾）原有12石的田1份，6年前，卖给阿花寨张姓（僾僾），得来300元。3年以后，张又卖给马文（僾僾），270元。据说：转移迅速繁多是因生活贫困，如正保说：“没有吃的，老人家把田归给刘家。”李章成也说：“卖田还不是为吃。”据了解全村只有王荣良（汉人）的“田地是赌光的”（王荣良侄子）。

田价：上水田，每百元能买到2石谷子的田1块，最贵的只能买到1石5斗的田1份。锈田，每百元可以买到出产10石谷子的田1块。干地的价钱更便宜，1条牛可以换出产30多石的地1块。

在田地转移关系上，大体有4种形式：

（1）抬地借条：业主“因为不便”，把自己的一份地契押给别人借钱用，说明每年利谷多少。若果利谷交不上，债主就可以要田，或者把原契让给别人。

（2）典当：业主需要借钱，把自己的田典给别人，说明典期（最少3年，最多5年）。在典期内，田由债主耕收或租出，业主不能过问。或者仍由业主耕种，每年交利谷给债主。未满典期，业主不能还钱抽田。

（3）转典：有一份田，原来由业主典给甲方，规定典期为5年。在典期内，甲方有什么事情要用钱，把这份田转典他人。但在转典之前，必须先让原业主赎回，若果原业主赎不起，然后才能转典乙方，典价必须和原典契相同。

（4）杜断：业主把田永远卖断。

（二）剥削情况

1. 租佃剥削

全村佃户有72家，占总户口的60%。主佃之间没有契约关系，没有押金，没有永佃权及劳役剥削。额外剥削只有一种，即替地主喂猪，喂好了双方平分。如田官甲（汉）就给张学良喂着1口猪。

租额分为两种：

（1）包租——不论收成丰歉，都要交租，这种租额，一般的都是四六居多，也有倒四六的。李本禄（㑩㑩），租种李国保①田1份，包租18石，但只收二三石。

（2）分租——主佃两家在收割后，平分即多收多分、少收少分。另一种剥削方式是“提租”，即地主的一份好田很多佃户都争着种，地主就特别抬高租额，其余的数目一般是占每年收成的1/10至2/10，剩余部分地主仍平分一半。

2. 债务剥削

债务剥削是水卜竜村最为突出而严重的一个问题，也是造成土地高度集中和绝大多数兄弟民族的农民陷于饥饿与贫困的主要原因之一。就整个江外（红河以南）来说，水卜竜村的债务关系是具有相当的代表性。为了说明这一问题，特别访问了20个负债人的家庭：

借债人	民族	债额	每年利息		放债人	民族	备注
			利谷（石）	利银（元）			
李朝书	㑩㑩	50	2.0		徐章勒	汉	
		27	1.2		狐狸会		
李顺	汉族	100	4.0		徐章勤	汉	
		100	5.5		张学良	汉彝	
李得明	㑩㑩	30		18.0	刘祖	汉彝	
		18	1.08		狐狸会		
		10	0.6		赶牛会		
		7	0.42		狐狸会		
		50	2.0		李贵宝	㑩㑩	
李本禄	㑩㑩	50	2.0		李贵宝	㑩㑩	
		10	0.5		卢簈咱	窝尼	
李戛主	窝尼	20	1.2		张学良	汉彝	
		30	2.4		张钱	汉彝	
		10	0.5		杨××		债主在麻栗坡
田官甲	汉	50	2.5		徐章勤	汉	
		50	2.5		张学良	汉彝	

① 李国保，本文又作“李贵宝”。——编者

续表

借债人	民族	债额	每年利息		放债人	民族	备注
			利谷（石）	利银（元）			
		10		7.2	张学良	汉彝	
		20	1.2		大门会		
张国栋	汉彝	155			张学良		张学良系张国栋叔父，不要利息
		70	0.9		刘祖		内55元系借米1石折合的，没有利息
张礼清	汉彝	80	3.2		刘正堂	汉	
		10	0.4		刘祖	汉彝	
李云龙	汉	50		30	张学良	汉彝	
李起发	倮倮	12	1.0		张学良	汉彝	
		40	2.0		卢正清	汉彝	
		100	3.0		马××		在攀龙寨
		40		24	刘祖	汉彝	
李正保	倮倮	10	0.8		李××		在棕皮寨
李阿成	倮倮	4			李正安		无利息
李千旺	倮倮	100	5.0		张学良	汉彝	
		100	4.0		李学	倮倮	老风寨
		186	5.0		李家兴	倮倮	
		50			孔金亮		土锅寨，无利息
		10	0.5		李正安	倮倮	
		20	3.2（米）		刘纪庚	汉	原借300元，还得只剩20元，前后利息共计3.2石米
卢箭咱	窝尼	10	0.5		正月十六会	汉	
毛小二	倮倮	15	1.2		苗金叶	汉彝	
苏正明	汉彝	300	5.0		张学良	汉彝	
苏万	汉彝	100	4.0		刘祖	汉	
		20	1.2		刘正心	汉彝	
苏兆成	汉彝	250	10.0		张学良	汉彝	
李绍兴	倮倮	250	5.0		张学良	汉彝	
李阿贵	倮倮	100	2.5		张学良	汉	
		100	2.5（米）		刘正明		

20家人欠债的总数是2821元，其中张学良一家放出的有1397元，占总债额的49.5%强。每年20家人家需要付出的利谷（利银不管，利米也都视为利谷计算），有90石零5斗。田官甲说“交了利谷，一颗都不剩”，只好“找一顿吃一顿”（李起发）。

据调查：水卜竜村120户中，不欠债的只有两家，一家是张学良，一家是李家兴。但还有另一种不欠债的人，如卢格不（窝尼）、王荣昌（倮倮）、卢箭主（窝尼）等，并不是他们的生活富裕，不需要借钱，而是没有恒产和可靠的收入，放债人不借给他们。“没有田，没有地，人家不借钱”（李章，僾僾）。

债息种类，一般分为3种：

（1）利谷——借100元，年利谷一般的是2石5斗，特别高的也有6石或8石。

（2）利银——本村借债收利银的很少，原因是“没有收谷子可靠”。一般说来，年利率是60%到70%。

（3）利米——计利，借100元利米2石5斗，折合谷子6石2斗5升。算利米的很少。除了重利剥削以外，最可怕的还是利上加利的复利息。例如李顺原借了张学良100元，利谷5石5斗，“利谷交不齐，利上加利，到了前年一算，就成了500元”。李千旺在5年前借了新街汉商刘纪庚300元，屡年还只剩下20元的本，利上加利，一算就折成了3石2斗米。

据调查借债的原因大致不外下面5个：

（1）由于国民党反动统治的横征暴敛：张礼清说，国民党派款，拿不出。刘正德也说：“我借给你10块钱，你拿4斗利谷给我。”又如李朝书（僾僾），国民党把他拉了“壮丁”，“绑到昆明”，他跑回来，“一路上要饭吃”。回来后，土司普国栋说他是“逃兵”，罚他1000元。“没办法”，问李千旺借了600元、刘正德220元、徐章勤50元、狐狸会上24元，结果把田卖断或典给他们了。

据纳更乡的材料，国民党反动派每年向人民敲诈的钱粮名目就有37种：

甲、粮：省级公粮、县级公粮、征实、征购、常备仓、尾欠军粮、四八碾率、购谷还仓、保捐谷、更地谷、学校谷、卡夫谷、放猪谷、放秋谷。

乙、钱：征兵款、电杆款、公路款、招待费、骡马款、补足费、经常费、保经费、碾子款、靛塘款、枪款、马粮款、酒豆代金、布鞋劳军款、梨子款、差脚钱、押班钱、开锁钱、取枷钱、牲畜税、屠宰税、杂税、罚款。

纳更如此，水卜竜也大致相同。据说张学良一家，一年交出的“公粮”有三五石，官租五六十元，经常费、招待费等一年“不下四五百块”（张贵福——张学良的儿子谈）。有一次张学良向反动派说：“一年零零落落的，我高兴一次交500块包了。”小寨（距水卜竜半里路）僾僾族李阿高说：“蒋贼每月向我们要两三回钱，不给就拿枪托打。”普家喜成立所谓“江外自卫大队”，向水卜竜要300个壮丁，不出人就出钱。每个壮丁500元，逼得许多人卖地、借债。

（2）由于办婚丧大事，水卜竜流行着两句话：“娘父母背账，讨儿媳妇。”“儿子背账，死了娘父母。”话虽简单，却道出了水卜竜经济生活的一方面。据调查20家债户中，其中8家是因为“抬老奶奶”“母亲死了发丧”或者“亲戚家死了人送礼”借的。王荣良欠债的原因是“母亲死了，买石灰用”。其中有两家是给儿子娶媳妇借的。在水卜竜，婚丧是件花费很大的事情。家道好的花得多，差的就少花点，但一般都超过一年的收入，非借债不可。他们办丧事的用途：

甲、上等户发丧最低要用400元，高的可能到1000元左右。用途是：棺木1口30元至40元，猪两口200元，石灰3担共5元，砖300个共30元，纸货50元，盐巴、黄烟、辣子等

30元。

乙、中等户发丧花费在100元到400元之间。计：棺木1口20元，小猪1口30元，米5斗18.5元，盐巴、黄烟、辣子等8元，吹唢呐费3元。纸货不用，也不念经，修墓又买不起砖和石灰，只是用竹子编成一个半圆形的竹洞，盖在棺木上，用土掩没。

丙、穷苦人家发丧更简单了，但也要花40元左右：薄棺木1口12元，米2斗7元，盐巴、辣子、黄烟等5元，小猪1口15元。若果连这点都不能办到，“亲戚就会怪你”。（苏万）

（注：上述东西的价格是依照1951年2月14日新街市场上的价格）

至于婚娶的花费，仅礼银一项已经很大了。普通一个上等户送给女家的礼银要120元左右，穷苦人家要20元。中等户需送给女家礼银和礼品是：礼银60元，猪肉36斤合40元，银制针筒、手巾、锁、耳环、耳挖等银器合62元，米6斗21元8角，酒6斗（每斗12斤）7元2角，包头布5尺2元，公鸡、母鸡各1只3元，共需半开196元。招待亲戚邻舍用的食米、肉、酒、黄烟、辣子、盐巴等还未计在内。据李千旺说，去年（1950年）给儿子李正廷娶媳妇借了200元的债，结果还不够开支。

（3）由于拉本钱做生意而又屡遭匪劫的：李顺的父亲是做生意发家的，但也是做生意破产的。开始借了刘顺300元去做生意，到太和被土匪抢去了，又借安份寨李万强200元，也被贼抢走了。结果把安份寨的田典给李家。1946年到孟定做生意，被土匪杀了。“连本带货都光了，还欠徐章勤100元的债”（李顺的母亲谈）。李戛主“借了张贵福20元，拉来做生意”。田官甲借徐章勤50元，用来“赶小街子，买卖黄烟、盐巴”。李千旺借的债，大部分是用来做生意的，“到猛弄、太和去买猪，赶回来卖”，“利钱重，一年不如一年”（李千旺）。据统计，20家债户中有6家是拉债做生意的。

（4）因为缺乏耕牛而借债的：在20户债户中占有5家。如李本禄买牛借了卢簖咱10块钱，利谷5斗。李戛主掬了8斗利谷借来10块钱买牛。

“种田人没有耕牛，好比小娃没有妈。”（李阿高）可是耕牛在水卜竜村是很缺乏的。全村120户中仅有耕牛53条（其中有11条老牛），全村地富（徐章勤、张礼甲两家没有耕牛，有马3匹）占有耕牛12条。张礼贤和李章旺、李绍兴和广平村一家，苏万和箐口一家都是合养着1条牛。全村没有牛的有71家，占总户口的59%强。

（5）由于饥饿与贫困而欠债：这种情形较多，没有饭吃除出卖土地外，只好向地富借债，结果愈借愈贫困，但还不得不借债。据调查全村每年差两个月粮食的有二十几家，差4个月到半年粮食的有70多家，差8个月吃的10多家。“没办法，借着吃。”（毛小二）“顿顿吃稀饭。”（李得明）“吃阴藤、抓果、移依果、马脑子、芭蕉根、野山药、山茅野菜。”（李正保）“生活老实困难。”（李保明）“吃饭是个大问题。”（田官甲）

附

两个债户的家庭调查

（1）李朝书，俚俚族，48岁，贫农，9口人，妻49岁，“苦得”。大儿21岁，1950年在个旧参军。二儿18岁，靠卖工吃，参加联防。三儿到抛李寨毛家上门。四儿、五儿都还小。大女儿15岁，“背柴干活都行”，是妇女会会员。二女9岁，也会背柴。

以前家有47石水田，因被国民党拉壮丁跑回，被土司普国栋罚了1000元，因而将全部土地拿去押债。他说：现在还种着典给刘家的一份田，年得3石谷，种子刘家出，“利谷一颗也没有了”。“还挖点干地，种苞谷、荞子、黄豆”，“不济事，这家捞一升，那家捞一升。儿子卖工，一天两毫半，赚钱买点米和山茅野菜吃，油吃不起。盐巴每街子只买上一两毫钱的”。

李朝书还会打银货，以前销路还大，一个街子卖块把钱。最近没有打过了。“没有本钱，不是给别人洗旧货，就是人家拿银子来打。洗一件旧货，两毫钱。打一只镯头4毫钱。炉子闲的日子多，大约1个月能做两天工，去了炭钱，一年可以赚15元。有时还到建水背碗、背黄烟卖，一转赚3块钱。因路远，不常去，一年跑两三趟。”

妻子帮人家纺线，1斤线才得1元2毫工钱。要纺十五六天。

家有草房3间、铁锅1口、木桶1对、木饭甑2个、瓷泡茶罐2个、打银器的炉子和织布机各1个（织布机是和李正发合买的）、锄头2把、镰刀2把、弯刀1把、背箩3个（1个已经破了），以前有1条牛，新街保卫战时被土匪拉跑了，现在只喂着3只小鸡。

“国民党统治时代，一个月要派两三回款，每回三元五元不等。保长很恶，交不起就骂人。解放后，没有出过一文钱、一颗米，政府看得起我们穷人。”可是现在没有吃的，有钱的人不放了，想借都没处借，种刘家的田连牛都不借给。

（2）李德明，俚俚族，“自己老了，干不了重活路”。妻41岁（继室）。大儿27岁，去年害热病，没钱请医生，脚跛了，不能干活。二儿22岁，在棕皮寨帮“老窝尼家”，一年15块工钱。三儿15岁，四儿12岁，家里没有饭吃，都到百胜寨大姐夫家去放牛吃饭。二女19岁，在家种田，挖干地，“扎实苦得”，参加了妇女会。

自己原有24石田1份、10石地1份。“奶奶发丧”，把24石田卖给刘祖，得了200元，“抬母亲”又把10石地1份卖给徐章勤，得了160元。这两份田现在都是自己种着，卖给刘家的平分租，每家3石。徐家的那一份种苞谷，只能收6石，净给徐家5石5斗。

上前年，亲戚死了人，买条牛送去，借了刘祖30元，年利18元。前妻生病吃药，欠了董医生18元、利谷1石8升，又借狐狸会两份钱，一份18元、利谷1石8升；一份7元、利谷4斗2升。借赶牛会10元，利谷6斗。借李宝贵50元，利谷2石。“不还不敢说，还也还不起”，“庄稼一收下来就没有了”。

在山腰栽点洋烟，收2两多，到百胜寨换2斗谷子，天天吃稀饭。不是拌阴藤、抓果、马脑子，就是把洋烟籽磨成粉和苞谷吃。李德明说：“过年过节，7个人都不买1斤肉。”一个街子买2毫钱的盐巴，7个人吃5天。买盐巴的钱是在山上挖点野菜、田里拾点螺蛳，拿到街上卖后得来的。妻帮人纺线，1斤线1块钱的工钱，可以帮家里一些。没有牛，养着1个小猪、3只小鸡，“生活老实困难，有钱有粮食的都不借给我们了”。

债主调查：放债的人除了上面提到的几家地富以外，还有几个集体剥削的组织，开始这些组织或是互助的性质，后来就变了质，成了水卜竜村里的一种剥削形式。现在分述如下：

（1）狐狸会：3年前，几个彝亲打着一只狐狸，拿到街上卖了3元半，买回1口小猪喂在李甲博家里。猪养肥了，卖了75元。又买回4个小猪，中途死了两个，剩下两个养大后卖了115元，就开始放债。放给攀龙寨20元，1石利谷；麻栗寨10元，5斗利谷；放给李章成10元，利谷5斗；李朝书24块，1石2斗利谷（还有放出去的，因为会长不在，无法调查）。狐狸会现任会长是李正保、李甲博，会员16人，都是傈傈族。会期一年一次，五月五日在会长家里做。做会的那一天，把收到的利谷买1口猪，每个会员拿一点米，大家动手吃一顿，但只吃猪脚、猪头、猪杂碎，猪肉16家人平分。

（2）大门会：寨子脚原有一个石门，是李云龙等12家修的。8年前，石门垮了，12家把石头拆下来卖给余信德，得了8块钱。12家都是穷人，过年过节没肉吃，于是凑了个会。每家再拿出3斗谷子折成钱，在箐口典了份田，包租2石。并且放给田官甲20元，利谷1石。现任会长是李云龙，12个会员，有傈傈也有汉、彝。五月初五在庙里做会，买1口猪杀了吃。还做“糯米斋”。猪肉吃不完，会员平分拿回去，会长多得1斤。

（3）赶牛会：赶牛会又叫九月十三日会，历史较久，现在看到的债账最早记录是光绪十五年。宣统元年，赶牛会立了一个“禁规”，全文是：“今将众会友设立禁规，彝（原写夷）人汉人不得分山，倘若要去相帮，叫齐全友商议，要尊会长友人等语，只许去帮，倘不尊依，罚谷3斗。但彝人有事，罚谷3斗。早叫早到，晚叫晚到，若有违误者，早晨罚3升，白朝1斗。勿谓言之不先也。切切特知为据行。宣统元年五月初一日。”后又附两行：“八月初八，众会友会议，设禁规，只说死了事，别事不提，为因饮吃食出话，尸首送出山，不食，不食不管，众会友叫齐，言明开后。”文字虽有些地方很费解，但可以看出四十几年以前，赶牛会的精神是在互助这方面的。据说会友中有一家出了丧事，会友都去帮忙，并且把工作写在竹牌上，叫会友来抽，抽到什么做什么。分工是：2个人挖洞，5个人抬死人，1个人挑水洗菜，2个人看客，3个人杀猪做饭。又会友中有跑掉牛的，大家都去赶，因而名“赶牛会”。“赶牛会”现在知道它在麻栗坡有一份田，年收1石5斗谷子。放给何道观10元，谷利4斗；李章成5元，2斗谷利。放出去的债还有，一时没有调查出来。九月十三日在庙上做会，收谷利买猪吃。现任会长是李千旺、苏金华，会员26人。

（4）狮子会：现任会长李阿成、李永安，会员32人，大多是傈傈，汉人只有两家。32人都会耍狮子，有人办丧事，请他们去耍，得到的钱积起来放出去。每年做1次会，会期不定，大多在五月五日。会员中有死了人的，大家都去帮忙，并且每人凑1升米。李阿成原有1份田，因没有吃的，卖给会上，李得了127元。现在租给李正发种，平分租，会上得6石谷子。另外放给大新寨一家20元，谷利1石。田文亮20元，也是1石谷利。

（5）正月十六会：历史最久，有50多年的光景。现任会长刘祖、张清甲，26个会员，汉族最多，有几家汉彝。正月十六会的基金较多，在牛角寨花了200元，买了1份田，年收租谷3石2斗。放给全福庄40元，谷利2石。其他放出去的没有调查出来。去年做会，会长报告收了5石利谷（牛角寨租谷在外）。正月十六日在庙上做会，26人分两班，1年1轮。今年这13人闲吃，那13人做会。13人的分工是：2个会长总理一切，1个小催，1个蒸糯斋，1个挑水洗菜，4个杀猪做饭，1个打杂，3个看客。会长每年换一次，会长的任务是收利谷，买猪办会，报告账目。做会时，每个会员凑1升米。会员在庙里吃两顿饭。饭前给神献糯斋，会长领导大家烧香叩头。吃的菜只是猪脚、猪头、猪杂碎，猪肉由26家平分。会员中有办丧事的，其他会员每人凑1升米，并且帮忙“抬人”、背柴、做酒席。

（6）冬月十九会：现任会长是刘正良、徐正昌，会员有50多人，汉人最多，僾僾族参加的只有李阿亮、毛诰文、李启发等。会期在冬月十九日，因为这一天是太阳的生日。做会的内容与正月十六会相同，只是会员中办丧事大家不去帮忙。会中花了150元在麻栗寨买了一份田，年收4石5斗谷子。另放给田文光30元，谷利1石2斗。做会用不完的钱，还继续放出去。

3.雇佣剥削

全村有长年男女帮工43人：

民族		窝尼	僾僾	汉族	总计
性别	男	20	8	2	30
	女	9	0	0	9
童工	男	2	0	0	2
	女	2	0	0	2
百分比（%）		76.7	18.6	4.7	100
总计		33	8	2	43

这43个帮工，被雇用在24个人家里：汉族11家，雇工19人；汉彝8家，雇工17人；僾僾族5家，雇工7人。其中，雇用帮工最多的是张学良家，他雇着3个女工（窝尼）、4个男工（窝尼，其中有2童工）；其次是刘祖，有4个帮工（3个男工是窝尼，1个女工也是窝尼）。帮工43人，全是外寨来的，并且窝尼族占了76.7%。

工资：20岁以上的男工，每年6石谷子或40元至60元的工钱。15岁以下的童工，每年工资只是1石2斗谷子。女工不论年纪大小，每年工资只是1石谷子。一般的每年还给男工两套布衣裳、1丈5尺包头紧腰，女工则给1套衣裳、5尺紧腰、3尺包头。

工时：长年帮工，把一年所有时间都卖给雇主。有的雇主过年也不准雇工回家。鸡叫就起来，下田干活，太阳落了回来，晚上还帮雇主家做家中零碎事。天阴下雨也不得闲。童工放羊、喂牛、挑水、砍柴等。女的和男的一样，除了下田以外，还要做饭、纺线、背小孩。一般计算每日工作时间在14小时以上。雇主做生意，雇工跟着去赶马、背粮食、背酒。

帮月工的没有。卖零工的人家，占全村户口的2/3以上。卖一天工两毫半钱或3升谷子。倮倮族李章原是团结乡人，两兄弟在家“种分边田”，蒋介石抓兵把弟弟拉走，到建水跑回来了。普家喜根究，要敲钉锤，就搬到水卜竜来。5年了，70岁的母亲和妻子帮人家纺线、砍柴，自己卖零工，吃了这顿没那顿。没有田，没有地，借吃也借不到。

附

3个雇工（1个男工、2个童工）的生活调查

（1）李戛主：窝尼族，40岁，家有4口人，妻25岁、女儿6岁、儿子3岁。原是麻栗寨人，12岁到小寨何家帮工，后来又帮刘祖家，帮了七八年，一年给一件上身、两条裤，新布做的。“吃的和主人家一样。”后来又帮刘正心，在他家里熬了3年，一年给40元工钱。第三年十月间生病回家，因差两个月不满1年，刘正心就扣了他1套衣裳、10元工钱，“心肠扎实狠！”想起刘正心常常挖苦他，还扣工钱，就不帮他家了。又去帮刘正堂，工钱还是40元，一年一次给完的也有，两三次给完的也有。1944年从刘家出来，自己卖零工，原因是“苦来都是人家的”，自己“四面八方去卖工”，“多得多吃”，“少得少吃”，“不得不吃，不受气”，卖一天工两毫半。自己还会做石工，给人家砌墙，能赚几个钱。向隔壁邻舍借点小本钱，到牛角寨去背谷子，回来自己舂，再背到新街去卖，一回背5斗谷子，可以赚1升米。本钱是“现借现还”。自己没有一点田，去年和人种分边田，今年人家抽回去了。现在开了李千旺一小块“抛荒地”，种点苞谷。他说：“李千旺看得起穷人，不要租子。”去年买牛借了麻栗寨杨家（窝尼）10元，谷利5斗。借张国强的母亲30元，2石4斗利谷。利谷交不上，钱也还不了。春天没有吃的，又借了张学良20元，谷利1石2斗，也没有还。现住的房子是用石头砌的，地基是借用张国栋的，“隔壁邻舍不要钱”。现在喂着1条牛、1口小猪，还有1口破锅，“样事都没有”。天天吃稀饭及山茅野菜，没有吃过油。

（2）卢仁美：窝尼族，麻栗寨人，约12岁。父母早死了，沿门讨饭吃。其叔卢箫主把他带到水卜竜来帮刘祖家，已经两年了。去年刘祖家给了5斗谷子，今年1石5斗。阿叔家里没有吃的，其工钱分给叔父一半。刘家一年给两套衣裳，包头紧腰没得。帮刘家放牛、种田、砍柴。“打没有打过，牛失了，吵过一回。”主人不叫参加儿童团，在村里没有和汉人、倮倮的小娃娃在一起唱过、跳过，“连汉人小娃都没有挨过”。生病了，没有人送一口茶饭，要自己爬起来去拿。刘家的小娃太麻烦，乱使唤人，刘祖的妻常骂人。“帮人不愿意，没有家回。”

（3）卢作都：窝尼族，18岁，家住广平寨，父亲、母亲及哥哥3口人，没有田地，租别人的种。他12岁时到箐口刘大户家帮了1年，就到刘祖家来了。刘家每年给2石5斗谷子，

“哪天要，哪天给”。除此，给衣2件、裤子1条、包头紧腰3排（1丈5尺）。每天挖田、种地、背柴、挑水、舂谷子，到新街去卖米。“闲不了一袋烟的工夫”。有时生病睡几天，主人家不扣钱，但要补工，即使“主人不说，我们也要补工”。

（三）副业和消费情况

本村经营副业生产的人不多，所经营的副业有：

（1）木工：全村能做木工的有20多人，一点田不种，专靠木工来维持生活的只有王荣昌（汉族）一家。李生林（汉彝）、李仁昌（俚俚）都是在农闲做活。做一工七八毫钱，最高到1元，徒弟一工5毫。

（2）烧酒：烧酒卖的有苏万、苏兆贵、苏成、苏旺、苏金荣、苏金华、苏兆元、李云龙、田文光、徐正宽、徐仁昌等11家。烧酒用高粱或苞谷。苞谷从牛角寨买来，1斗苞谷刚从田里收来时是五六毫钱，五六月间卖到1元半，烧酒的人要在收苞谷时囤些货，没有本钱就拉账。高粱到半山去买，1斗（？）高粱1块钱，可以烧2斤酒。1斗（？）苞谷烧4斤酒，最多烧4斤半。1斤酒卖5毫。苏万一年烧8石苞谷的酒。

（3）银匠：李朝书，一年赚15元钱。

（4）编饭盒：苏旺妻编竹饭盒，一年可以编30个，大小不一。大的每个卖5毫，小的每个2毫半。

（5）做豆腐：村子里做豆腐的只有陈仁昌一家，一年约做两石豆子的豆腐。

至于喂猪、养鸡等副业，虽没有详细调查，但很普遍。

为了说明消费与生产情况和该村的生产关系，更进一步了解，特做两个家庭调查：

（1）苏万，父亲是汉人，母亲是俚俚。今年30岁，农会会长。现家有6口，妻31岁，大姑娘7岁，二姑娘4岁，男帮工1人（俚俚），女帮工1人（窝尼）。

一年收入：谷子12石，黄豆2斗（卖得12元），慈姑1石可卖15元，猪2口净赚72元。每月赶7个新街街子，一个街子平均卖10斤酒，每月净赚7元，一年赚84元。赶7个牛角寨街，每街买1石谷子（马驮8斗、人背2斗）回来舂成米，1石谷子舂4斗5升米，再背到新街去卖，每街赚2元，一年赚168元。总起来说，除过谷子不计外，一年可以收入351元，每月平均收入29元1毫7。

消费：全家6口吃饭，每月须1石5斗谷子，除付利谷5石外，收下的谷子只剩7石，还须购回11石（每石15元），须用165元，每月买米的钱要13元7毫5。一年付帮工工资30元（每月平均2元半）。每月买2斤半盐巴，2元钱；黄烟1斤半，4元半钱；猪油1斤，1元钱；辣子4两，3毫半；香油1斤（点灯用），2元。喂马的马料，每月2元钱。每年买20斤的棉花，纺线织布做衣裳，每月平均1块6。总起来每月消费29元2毫。这是精打细算的收支情况，若果每月少赶一次街或者有什么意外的开销，结果就不够吃。

（2）李章，俚俚族，32岁，靠卖工吃。妻31岁，帮人纺线、舂米。母70岁，也帮人纺线。侄子10岁，背柴卖。每月收入极不固定，多卖工多赚钱，没有人叫就上山砍柴，背到新街去卖，“一天都闲不得”。估计好的情况，卖工和卖柴，一个月赚6元钱。妻子帮人舂米，舂5斗谷子，得半升碎米、2升糠，一个月可以舂6次，赚3元1毫钱。母亲每月只能纺1斤线，得1元2毫。总加起来，一家人天天有活干，一个月最多只能收10元3毫钱。消费的多少，完全看收入的情况，“很难计算”。若果维持一个最低限度的，并且在水卜竜村具有代表性的生活标准来看，每月4口人要买3斗米（天天吃稀饭和山茅野菜），要11元4毫，盐巴1毫5、黄烟7毫，仅这3样，一个月就要用12元2毫5，收入的还不够支出。

像李章这种家庭，在水卜竜村是占有2/3以上的。我们且再举两个家庭调查来证明：

（1）李本禄，傈僳族，今年50岁，全家7个人吃饭。妻50岁，妇女会的卫生员，大儿参加联防，儿媳23岁。二儿11岁，参加儿童团，放牛。孙子1岁多。以前两弟兄各人分得4石田1份，自己种，另租张学良干田1份，出6石谷子，两家平分。租李贵宝田1份，种苞谷，包租18石，出22石，每年都要亲自背着送到他家里去。“抬母亲”借了李贵宝100元，还得只剩下50元，每年利谷2石。去年买牛，借了隔壁卢箭咱（窝尼）10元钱。原想借来用一下就还，后来还不起，就给他拗利谷，一年5斗。拗过利谷外，剩下来的谷子够吃3个月，父子二人卖零工，每工2毫半。儿媳妇帮刘祖家纺线，1斤线1元钱，一年纺两三斤。妻到团结乡背菜到新街卖，去一趟赚两三毫。天天吃稀饭、阴藤和抓果。种了点苦菜，今年收二三斤，自己吃。有1棵梨子树，不卖钱，留下给小娃吃。家里有1条牛、1只小鸡，和妻子的母亲合喂着1口猪，长大了两家平分。过年时，砍一两斤肉吃，一个街子买两三毫钱的盐巴，7个人吃5天。两三年穿不到一套新衣裳。

（2）史正明：傈僳族，45岁。家中有5个人吃饭，妻43岁、女儿约10岁、大儿10岁以上、二儿很小。原有20石田1份，因借了小寨李家100元、何家280元，把田给了他们了。现在没有田，也没有地，还欠会上6块钱、3斗利谷。去年5月间，没有吃的，借别人2斗谷子，利谷要1斗，到现在还未还。“日日喝稀饭，吃马脑子”，前一天把找回来的马脑子削皮，切成小块，放到锅里煮，煮后用冷水泡一宿，晒干，再切成丝和饭吃。“单吃稀饭都吃不饱，哪能吃菜吃油？”5日两头街只买半毫盐巴来吃。家里连鸡也养不起，有1口破锅、1个木饭甑、两把锄头，吃饭的桌子是用石头支的。两个木板床，铺的盖的都没有，只有块草席。衣裳穿得很破，大儿的裤子露出屁股。就是破衣裳，还是向人家讨来的。1950年，新街保卫战时，全家在五月（阴历）二十八搬到团结乡去，这家讨一点，那家讨一点吃。七月间回来，房子叫土匪烧了，现在住的是在断垣上搭了个草棚。以前，大儿子在学校里读过几天书，“衣裳没有得穿，不配在”，“人家小娃买东西吃，儿子回来要，拿不出”，就不读了。现在参加儿童团，白天挖干地，背柴烧，晚上守夜。“日子是靠卖工吃饭”，希望政府分点田，可是“今日栽谷子，今日不能得吃。穷人翻身不能急，自己还能熬。以前天乌黑乌黑的，现天晴了”，“还能苦多久？”“不久了！”

宋伯胤

二、政治情况

（一）解放前的情况

（1）水卜竜村一共有120户，过去为纳楼土司辖地，至光绪年间，普姓土司族内争袭职位，分裂为4个支系，水卜竜划归纳楼第三司管辖。1915年，由于土司支助龙济光下的旅长攻打建水、个旧等地，被撤职查办，土职从此终结，改为行政委员会。1930年又与太和里划为一个自治区，1940年扩大乡镇组织，该村方属敦厚镇管辖。

（2）虽政权形式屡改，但土司统治权并未根除，30年来，统治权还是操纵在普姓土司族内手中。在乡镇自治组织时期，曾实行过民主选举，但当选的乡镇长却还是普家喜、普鸿堂、普筱堂等人物，在政权行使上，亦是由他们高兴怎样做就怎样做，各自掌握武装，称霸一方，常互相争权夺利。如1942年，普家喜为充实自己力量，训练和组织民兵，引起群众不满，棕皮寨下寨窝尼卢宗木（敦厚管事）及新街某商人（做过乡长），因素与普家喜有矛盾，趁此机会，利用旧排民兵同以甲（僳僳）、管平村卢末子（窝尼），于看民兵操练时刺杀普家喜。普死后，官厅（现属建水）乡长普家荣又带兵报仇，把所有“凶手”杀害，仅卢宗木全家除几个妇女逃到猛弄投奔白日新得免于死外，余均被杀（据说这件事与猛弄土司白日新有关系）。

（3）土司虽早已取消，但土司对人民剥削的权利并未根除。土地人民可以自由买卖及保有土地权，但每年必须向土司后代交纳土司租，数量约占总产量的4%。水卜竜村，每年负担土司租是400石至500石，此外，有什么事情，土司对人民还有劳役使用权。此种情况，解放后已停止。

（二）解放后的几种群众组织

1.联防组织

解放以后，由于条件的限制，只建立了乡镇政权。一般村都组织了联防，其情况分述如下：

（甲）组织经过：敦厚镇的联防是1950年8月开始组织，其中下半山觉悟比较高，故联防也是从下半山开始组织。水卜竜村是属于上半山之一，群众觉悟较低，故组织较晚。在开始组织时，由于土匪特务的谣言，一般农民都不敢参加，他们的顾虑是“怕共产党不长久，参加了联防组织以后国民党和土匪来了，要杀我们”。后经多次的宣传和教育，群众才自觉自愿地逐步组织起来。

（乙）组织形式：敦厚镇一共包括芭蕉岭、旧排、老风寨、白胜寨、新街、水卜竜、庆口、麻栗寨、河底等11个分联防，其中除下半山芭蕉岭等合设总联防外，上半山及河底均未设总联防，完全直属镇公所领导。每个分联防又设分会，每个分会包括一个村子，该村联防的组织系统是：

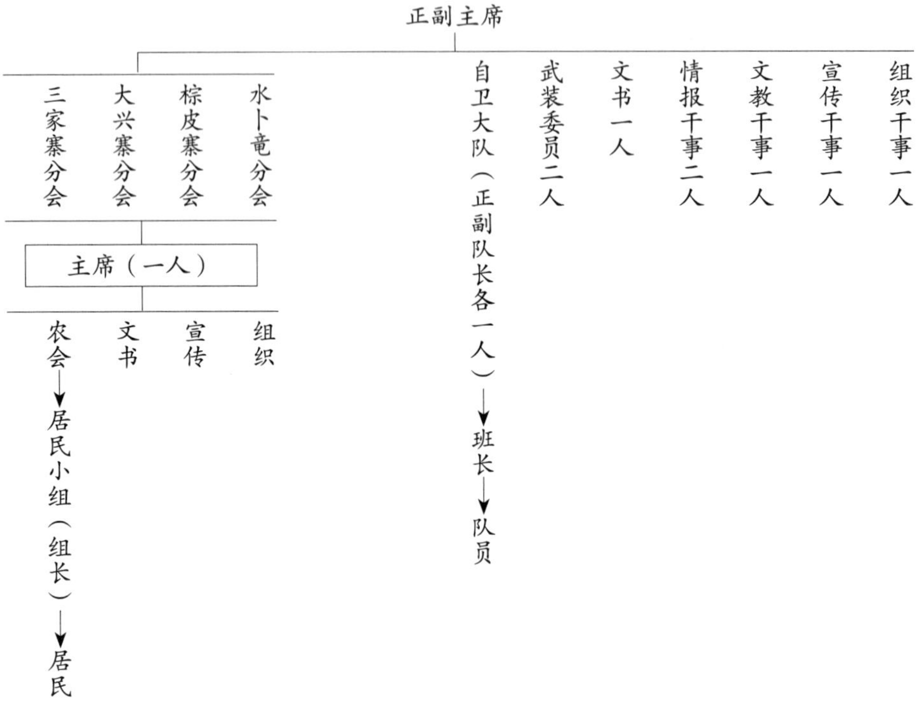

（丙）业务：

（1）主要的是剿匪自卫：每个分联防有一个武装自卫大队，水卜竜联防有50名武装，枪支都是百姓原有的或土匪缴来的。平时无事，各自生产，只要任何一个联防或分会发现土匪，枪声一响就互相帮助，堵住路口，不让土匪逃跑。

（2）协助政府工作：组织及领导农会，发动群众，征收公粮。

（3）调解及处理纠纷：人民发生纠纷，由分会主席调解或处理，如解决不了，由联防主席办理，再不能解决，才交镇公所处理。

（4）组织和领导群众团体：妇女会、青年会、儿童团等都是由联防组织和领导。

（丁）联防队员成分：

正主席：李正安，富农，工作积极，由民选产生。

副主席：何××，贫农，1949年11月参加革命工作，由镇公所指定。

队员：各阶层均有，包括地富、贫雇农，凡没有反动行为均可参加。

（戊）联防队员的表现：水卜竜联防组织内，地富较多，人民觉悟也没有提高，故表现不十分好。前不久，派了部分队员到猛弄协助剿匪，结果多数自动跑回。

2. 妇女会

水卜竜全联防有会员400人，单水卜竜村有100人，约占全村妇女人数1/3。

由1951年3月中旬开始组织，在最先组织时，一般妇女还有许多顾虑，不愿参加，后来经过许多宣传说服后，才渐渐有人敢入。

其入会资格很宽，只要不是土匪特务的妻子儿女都可参加，手续也很简单，只要报名后就算入了会。

一个联防为一个总会，一个村子设一个分会。

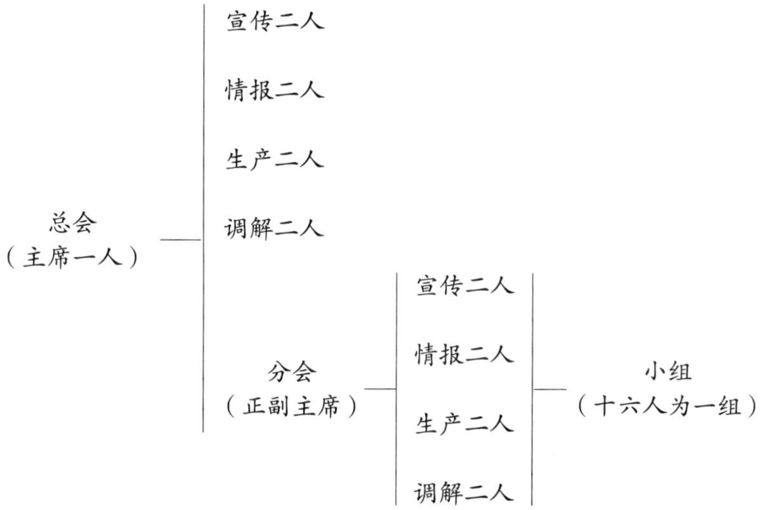

她们的纪律和会章是不准向外传播会内决定，生产要努力，开会不准乱讲话，不能带孩子来会场。假若违反规章，一、二次受大家批评，三次再犯，由群众（青年会、儿童团会员）吐她口痰作为惩罚。不准任意退出组织。

工作是每天晚上开小组长会1次，回去各组长召集小组开会，3天开全体会员会1次，检讨及讨论工作。每日晚上，有文娱活动，主要为唱歌跳舞，工作是每日轮流站岗望哨，每个路口两人，假若家内有生产工作，由全体会员帮助。

3.青年会

共会员47人，男35人（僳僳12人）、女12人（汉族）。会员中一半为联防队员，一半为普通农民，其中除两人为地主外，其他都是贫雇农。

凡工作表现积极，没有反动行为，年龄在12岁以上30岁以下者均可入会。入会手续是先报名，经过审查通过即可。

正副会长各1人，会长下设班，10个会员为一班。

其会章是：

（1）不准吸食鸦片和嫖赌。

（2）不准偷人东西。

（3）不准调戏妇女。

（4）不准任意缺席，一次不到批评，两次由群众惩罚，三次开除会籍，不发路条。

（5）不得任意退出组织，否则不发路条，以后就不能出水卜竜村子。

（1）（2）（3）条违反，进行批评后，开除会籍并停发路条。

（注：元阳县因避免匪特活动，在每个路口都要盘查，如无联防路条，就不准通过。）

需要经费时，由各会员临时分担，多有多出，少有少出，没有不出。

每星期一、三、五上午早操，下午7时至9时小组讨论，讨论内容为生产、纪律、生活。9时至10时文化娱乐，跳“土风舞”。每月开3次全体会员大会，检讨工作。协助联防站岗望哨，夜晚巡查。

现在对会员还没有什么福利，以后计划每个会员出资15000元合办一个合作社。

现在很多会员认为参加了青年会不但没有好处，反而增加了许多麻烦，想退出组织，又怕受批评，尤其是以后不发给路条，对一切行动有很大的威胁，因此，勉强留在会内，背地发发怨言。

4. 儿童团

组织起来还不久，时间与青年会差不多。水卜竜村共有团员47人。凡年龄在12岁以下、做事勤苦者均可参加。

每一个联防为一个总团，每一个联防分会设一个分团。

- 总团（正副主席）
  - 情报二人
  - 纠查二人
  - 分团（正副主席各一人）
    - 情报二人
    - 纠查二人
    - 小组（每十人为一组）

其纪律有3：

（1）放牛马不偷懒，不践踏别人田地。

（2）开会及活动时不捣乱。

（3）不得任意缺席。

如违反上项纪律中之一条，经3次批评后，罚捧人粪。

每天开全体会1次，会后唱歌跳舞。配合妇女会站岗望哨，每日轮流2人。

尹寿铭

1951年5月

蒙自区资料之八
——元阳县纳更稿吾土司情况及纳更访问片段
中央访问团第二分团
1951年7月出版

蒙自区资料之八
——元阳县纳更稿吾土司情况及纳更访问片段

编者声明

这些材料是我们从1951年2月22日至1951年5月底（其中大部时间是在行动中），先后在蒙自、普洱、文山等地区进行兄弟民族访问工作中，通过当地干部、民族代表及熟悉当地情况的人士所了解的一些情况。为应各有关机关之急需，仅将原材料加以初步整理，尽量避免主观分析与结论，在文字上仅要求看得懂。但由于短期访问及仓促整理，情况难免不真实或不深入，观点难免错误。故仅能供各有关机关进行民族工作的参考或进一步考察的线索，并望于今后的调查研究，加以校正。

1951年6月　日

一、纳更稿吾土司情况

（一）历史情况

1. 土司来源

稿吾、纳更土司均为龙姓一族世袭，据传说龙姓原为江南籍，先迁到龙武，后又迁到纳更，当时稿吾尚未开辟，纳更为白姓（窝尼族）土司地，其土职约于明洪武八年封。龙姓到了纳更，入赘白姓，土司死后，儿子较小，就被龙姓杀害，夺取土司地位（罗有发谈）。

2. 世袭

较远历史已无据可考，大约龙姓传至100多年前，共分为6房，长房世袭纳更土司，二、三、四、五房在纳更划出一个地区给他们居住，叫作“五房地”，自立自管，直接向临安府交纳皇粮，但不得干涉政权。第六房分在稿吾，当时稿吾尚未开辟，后来经过六房召人开辟即并吞，变为现在比纳更还大的稿吾土司地。

五六十年前，纳更土司龙金套，由于霸占民间妇女及其族内的矛盾，被人杀害，土司又发生争夺，告到建水，当时六房稿吾卡卡官龙济光见有机可乘，就助龙金套较亲支系龙某（龙宗洛文）夺得土司位，并为其代办。12年后，龙济光正式夺取土司地位，从此以后，纳更、稿吾两司，均为六房一系世袭，其世袭如下：

龙裕光（长子）因为庶出，未袭位。

龙观光（次子）世袭稿吾司——龙元贞——龙鹏程

龙济光（三子）世袭纳更司——龙体乾——龙象乾——龙健乾

3.辖地

稿吾司辖地为现稿吾区，有4000多户2万人口；纳更土司辖地为现纳更镇，有1000多户；五房地有700多户。

4.50年来土司与反动政府的关系

近50年来，与反动政府勾结得最紧，首先为龙济光，他夺得纳更土司位不久，即被清政府征调出去效劳，由于其部下兄弟民族作战勇敢，很快就被重用，先后打过广西、广东。后因清政府大势已去，投降革命军，任广东省督军，与袁世凯等勾结（其子龙健乾娶袁世凯孙女为妻），成为当时军阀之一。民国五年，被迫下台，占据海南岛，后来大势已去，闲居北京，至死为止。

龙济光之后，与国民党之关系并未断绝。民国四年，龙济光派其手下旅长及儿子来江外活动，攻打建水、个旧，土司职位虽曾一度被取消，但不久又恢复起来。龙鹏程曾被调来昆明受过训，后至1936年曾任金平常备队长，抗战时期又派龙健乾为江外“游击司令”，龙鹏程为“副司令”。1947年，又委龙健乾为“剿匪司令”，龙鹏程为“副司令”。

5.土司的衰亡过程

1947年，吉如区土匪赵筱安叛乱，保安第二团招安未果，反被解决一连人，于是政府派龙健乾、龙鹏程为正副“剿匪指挥”协助保安团攻打赵筱安。赵战败后，逃到屏边投靠万保邦之参谋赵汝慕，1949年赵又回攻逢春岭、纳更，两地先后攻破。龙鹏程逃至金平后，又勾结二十六军转回攻赵筱安，赵败走，但二十六军调蒙自后，赵又返回，龙鹏程逃亡到个旧。

6.解放后龙鹏程的活动

龙鹏程逃至个旧时，正当个旧解放，被我扣留，为争取改造起见，给其学习，但两个月后就私逃至昆明。人民政府仍然对他继续争取，希望他靠拢政府。当时正值江外土匪、土司、头人叛乱，政府派他回去说服他的部下的头目，但他回到纳更后，始终不愿与大军见面，不但未招降土匪头人，反而与其旧属中队长陆万春（窝尼族）带着100名武装逃至金平猛喇，并与法帝及金平土匪特务贺光荣、宁瑞南，土司刀家柱、李柄钧等勾结，1950

年7月27日围攻金平县城，被打散后，逃至越南莱州。

（二）司署组织及统治方法

1. 司署组织

（1）土司下设“门工”1人，为土司下最大官员，掌理内外大权。总管2人，一专门管粮、一专门管账。师爷2人，办理文书。自卫大队长1人，统率兵马。纳更土司下面还设有3个团，每团下设3个兵头，每名兵头管理10名兵。

（2）署外是里，稿吾司一共分9个里，纳更7个里，每里设里长，里长下设招坝，直接统治人民。

2. 统治方法

（1）土司因惧怕人民推翻他的统治，所以对人民采取愚民政策，除在当地举办小学外，不准人民出外读书，假若要去外县读书，必须征得土司同意，而且回来后，要替土司服务或暗地向土司送钱，否则，他就会借故生端的危害你。如小马朝吴小海长子，就是未经土司同意，私到昆明读书，而被龙鹏程诬以暗藏枪支被杀害的。又如猛东李之贞到个旧读书，龙元贞把其父监禁，迫令李之贞回来，回来后，不敢再住猛东，迁到别地。又如纳更龙顺福到蒙自读书，回来后，就被龙健乾杀害。

（2）土司对人民的统治是采取高压政策，谁要对他“不忠”或反抗，就将之杀害。牛苦补、陈三监为龙元贞之侍从，因土匪缴来的枪有一支未交，就监禁起来，没收其田地。陈三监出狱后不服，告到蒙自，官司不但没有告赢，反被龙元贞杀害。纳更客甲、小五房龙寿昌，与土司争夺土地不服，向昆明上告，结果全家也被土司谋杀。

（三）土司对人民的压迫和剥削

1. 人民的负担

（1）地租：稿吾土司龙鹏程每年收4000多石租，其土地约占全区的30%，完全租给老百姓种，地租率是50%至40%。

（2）官租：又称土司租，凡住土司区域人民，必须向土司缴纳官租，数量约占丰量的2%至5%，稿吾区每年负担土司租为600多石。

（3）办公费：土司衙门内办公人员薪金，由老百姓分担，纳更每年是半开800多元。

（4）教育经费：数目不定。

（5）过年费：过年时，凡所属下人民，每家必须出1元给土司。此种制度，1939年方取消。

（6）差费：土司出外开会或办公务，一切费用由老百姓分担。

（7）罚款：人民犯法或发生纠纷，就罚款。

（8）征兵：不愿当兵，每名兵应出款200元至250元（半开）。

（9）征粮：征借、征购，是抗日时期国民党反动政府对人民剥削最厉害的几项负担。

（10）派款：国民党政府有令要什么款，就由老百姓负担，名目很多，如电杆费、修路费、草鞋费、马料费等20余种。

（11）劳役：土司有事或建造房屋，由老百姓服劳役。1934年，龙健乾建造房子，派民工抬石头、抬木头，曾压死数人。

（12）民兵。

2.土司剥削手段

（1）谋夺土地：

稿吾土司，在龙元贞手上还没有多少土地，到了龙鹏程时，其田地已增到了4000多石租谷，占了整个稿吾区土地30%。这些土地，都是向老百姓的手上剥削来的，其方法有：

A.高利盘算：看到谁家有好田，就放款给他，平时不加追究，待过了相当时间，算盘一响，田地即归土司所有。

B.诬以罪名霸占田地：这种手段，无论人民、头目都逃不了。如张六有好田30多石，被龙元贞霸占，到蒙自上告，虽然打赢官司，但回来就被杀害。牛苦补、陈三监因藏枪1支，土地就被没收。

C.老百姓争夺土地，告到土司那里，土地就被没收，其理由是土地都是土司的地方，老百姓仅只是出一点劳动力而已，土地没收后给土地所有者一点开垦费。

（2）特殊剥削和压迫：

A.土司摆赌抽头。

B.叫老百姓买枪，买了后，慢慢地收归公有。

C.龙鹏程养着1只公猪，平时不管，待老百姓家养了小猪，就要分给他1只，理由是与他的公猪交配出来的。

霸占妇女更为平常，龙鹏程一人就曾经强占民女9个，且不准出嫁。另外还利用国民党的名义，从中剥削人民。龙健乾1949年在纳更建造新屋时，所用的很多钱就是利用征购的机会从中剥削而来，他的方法是领下款来，不发给老百姓，利用纸币贬值，囤积居奇。同时也很少发还群众。

尹寿铭

二、纳更访问片段

（一）龙家土司来历的传说

传说纳更土司原为白家（窝尼族），后被龙家抢夺来的。龙家自江内来，先与白家结为亲戚。某年建水官衙通令新颁土司印绶，白家约龙家同去建水，官衙传令说，五更鸡鸣授印。到日，龙家的人半夜拍簸箕，作鸡翅扑打声，仿鸡叫，引起附近鸡群都叫起来，将土司印绶从官衙骗走，待到真正“五更鸡啼”白家才去取印，官说印早取走了，怎么又来？白家再三说明并未来取过，官说既然这样想是有人盗骗，你们派人快追。但规定一个条件：持印的人跪着、走着、坐着、睡着，都可以把印抢过来，甚至将人打死，如持印人蹲在地上则不能动他。白家的人便慌忙分途追赶，那天天气冷，到红河边的一路，正见龙家的人抱着印蹲在地上，缩成一团，白家的人无可奈何，从此白家失去土司印，由龙家取而代之。

（二）民族关系

土司的爪牙及自卫队除少数汉人外，其余都是窝尼，土司利用窝尼群众穷苦，唆使他们抢人，都说“十个窝尼九个贼”。所以汉人一般看不起他们，造成民族之间的隔阂。

窝尼族较其他更苦，受汉族地主阶级的剥削更重，当地有这样的俗语：“窝尼田，苗子地，汉人吃主意。”汉人均住在纳更街子上，依靠放高利吃饭的很多，所以兄弟民族对汉人的印象不好，不愿和汉人来往（怕吃亏）。解放前汉人多靠拢土司，仗势欺人，看不起各少数民族，嫌他们“蠢”“脏”，讨人家妇女做小老婆，不当人看待，等于家里的丫头使女一样。于是都骂汉人：“死老汉人，死老贵州。”（因多是贵州迁来的）

（三）革命斗争史

据黄青谈：“民国三十七年（1948）二月，龙壮图和郑同志（现红河县县长）两个来该地区工作，宣传土司罪恶。那时我（黄青）正当土司的甲长，土司叫我收款，我见老百姓为出款把小鸡都卖掉了，饭也没有吃的，我不忍心逼他们，款就收不起，土司说我不服从，关了我13天，罚款220块。我没有收款，老百姓都喜欢我，土司整了我。想来想去土司是老实不好，就在二月里参加了工作。”

“当时上级指示并决定组织兄弟会，先从小寨、小土垄入手，因怕土司知道，在暗中悄悄活动，把一些人叫到山头上，放起警戒，分几处集中开会，主要讨论：‘如何才不受土司的压迫’，经过一时期后，小寨就发展了27人，小土垄20人。那时缺少武器，至九月扩大到哈卡、陶春山、大土垄、牛滚塘、土锅寨等，兄弟会员达200余人。这时内部也曾发生问题，如享文生（小寨倮倮族）偷走两支枪交土匪，因此更怕向土司告密，经公众同意就把享杀掉了。已参加兄弟会的，都积极生产，盼望大军消息，看风势动作。”

“十月二十二日，走漏风声，土司唆使上半山各寨（大半是窝尼）300余人，配合他的自卫队，带着百支子枪、2挺重机枪、3挺轻机枪，来剿兄弟会，这时龙壮图已去联络边纵。兄弟会也有百多支火枪，虽力量弱，但与之顽强抵抗，坚持了两天两夜，方撤走。由于我们的粮食、牲口、农具，差不多都抢光了，拿不走就给打碎掉。从这次以后，下半山的人（大半是倮倮族）都穷了。”

“失败后兄弟会大部逃跑，土司声言：‘谁拿住黄青发奖300元。’至民国三十八年正月十六日，我回小寨后，又继续进行兄弟会活动。至十月间，边纵就解放了纳更。至冬月十六日就开始建政，老郑当选为纳更镇长，我为副镇长。腊月间国民党二十六军、第八军千余人，进犯纳更，由于我力量薄弱，则只好撤走。1950年二三月，在大军6个人协助下，开始征粮；五月土匪侵入，将已征来之粮全毁掉，我军也被迫退到新民。五月二十日后，在我军胜利进军的威势下，国民党匪军纷纷逃跑，此时兄弟会才得发展。”

残匪重要头目：

（稿吾区）：龙鹏程（“中国人民反攻救国军总指挥”）
罗万春（团长）
杨应昌（团长）
（纳更区）：黄金强（团长）
赵府强（团长）
（吉如区）：朱应光（团长）
（猛弄区）：史赞清
李万易
李寿礼
（敦厚镇）：李春芳（匪团长）
（太和乡）：白永清（副司令）
（团结乡）：白继光
尹万易

以上这些人过去都是土司的爪牙或惯匪，不务正业的人。

当时谣言四起：老蒋任命龙鹏程为“江外十八土司总司令，管中国的事”，又说猛拉“飞机场，外国飞机运子弹和衣服来”，“中央军”已攻下了“昆明、四川……要打北京了”，“共产党要了粮还要人”，“老百姓不得活”。因而很多人怕了，就跟土匪跑。

土匪不团结，各管各的。那时新民有大军400多人，民兵有600多人，土匪打不进城。七月解放大军来援，内外夹攻下土匪被打死、活捉200多人，新民始得解围。八月土匪乘我军进金平时，又占纳更，黄青等20多人又第三次逼上山去。至十月二十二日大军又来，匪又再次逃跑，这时兄弟会已有了发展，由20多人发展了100多人，以后次第收复团结、吉如、纳更、稿吾等地。新民保卫战总共打了40多天。

1951年1月（即旧历腊月初二），纳更就正式成立了各民族联合的镇公所（按：为区人民政府），镇长张文绸（汉），第二镇长龙志伊（土司本家，地主），副镇长杨春发（苗族）、黄青（倮倮）、李老（窝尼），群运及财经工作由缪家才负责，文书、事务均为旧人员，武装李王（仆拉族）负责。在成立镇公所前后，曾开过两次各族代表会议，并办1期短期训练班，讲解了民族政策和讨论如何产生委员等，一般很成功，对到会的人，普遍地都有提高。

联防负责人是先指定而又进行选举的，除在大会上让代表选举外，下去还叫群众再选。黄青说：“百姓自己选了才有威望，他们也才喜欢。”群众都喜欢地说：“中央军（指国民党军）没有”，“土司没有”，“穷人这阵翻了身”，“老实好了，毛主席领导我们过好日子了”。“老百姓自动地欢欢喜喜‘斗’了两条牛杀吃”。在第三分联防成立时，大军还派人参加，共有400多人。选出了联防负责人。由于三小联防的示范，大家脑筋也通了，至腊月初一、初八，一和二分联防先后又成立。群众都明白了组织联防反匪自卫才能保证过安乐日子，而后又进一步地组织了总联防。至腊月十六大家又凑了1条牛、1条猪，欢欢喜喜地把总联防组织起来。黄青被选为总负责人。

联防的分工：情报管军情；组织管户口；武装管人员、武器、作战；治安管调查——办事人好不好，是否贪污？“老百姓”做庄稼，做生意，还是做蟊贼？此外还负责筹粮。小联防人户多少没有一定，小联防之下有联防小组，每组有十户至十五六户不等。看能力和威望，能多管的就多管几家。治安方面的调查，倚靠小组，由小组报小联防，小联防再报总联防。联防组织后，对帮助大军了解情况、带路搜山、打土匪、送情报、筹粮食等工作都起了不少作用。并争取回来不少人，如杨线就回来6个、广莱回来2个、官洞回来1个、新寨回来8个、大马寨回来3个、风口回来4个、响杂回来2个。但也有偏向，如对不明情况逃出的群众和土匪的主犯和胁从没有分别对待，一般地都限期回来，否则一律论罪。而在上下半山的关系上也有好转，如黄青说：“上半山的人抢了我们下半山，那时大家恨那些‘老窝尼’害得我们几家人共一把锄头，没粮食吃，样啥都光了。这时大家认得都是土司的坏，东西抢去了，我们不能去抢他们。我们现在是办革命，大家是一家人，去抢人家的是土匪干的。现在虽然苦，大家互相帮助，把生产搞好，困难就能解决。”

蒙自区资料之九
——元阳县太和乡下里反土司斗争及牛角寨调查
中央访问团第二分团
1951年7月出版

蒙自区资料之九
——元阳县太和乡下里反土司斗争及牛角寨调查

编者声明

这些材料是我们从1951年2月22日至1951年5月底（其中大部时间是在行动中），先后在蒙自、普洱、文山等地区进行兄弟民族访问工作中，通过当地干部、民族代表及熟悉当地情况的人士所了解的一些情况。为应各有关机关之急需，仅将原材料加以初步整理，尽量避免主观分析与结论，在文字上仅要求看得懂。但由于短期访问及仓促整理，情况难免不真实或不深入，观点难免错误。故仅能供各有关机关进行民族工作的参考或进一步考察的线索，并望于今后的调查研究，加以校正。

1951年6月　日

元阳县太和乡下里反土司斗争

（一）概况

太和乡原为细楼[①]土司地，现分上下二里，共9个半保、90余村寨、850余户、4250多人、7种民族。上里山势较高，于半山腰即可鸟瞰下里广大地区。上里人口最多的为窝尼族，次为旱泰族、倮倮、汉人等，分住在58个大小寨子。下里以窝尼族为最多，分布于果区、果通、七座、阿鼠洞、硬椿、热水塘、化龙、来龙、烟板凳、丫多、白石岩、新兴（包括新兴二寨）及马鞍等十数寨，计510余户2500余人。次为泰族，分布于妈拖（包括新寨、大寨、老熊寨、白线椿4寨）、石保、旱姑龙、大烦等寨，计210余户1000余人。倮倮分布于大皮渣、凉水井、广渣等寨，约60余户300余人。汉人分布于十皮渣、桃源、麒

① 细楼，疑为“纳楼”之误。——编者

麟吕等寨，计40余户，二百数十人。土佬仅肥香椿1寨，计30余户150余人。窝尼住下里上半山，因土质干燥，出产少，生活最苦。汉人、僰僰、土佬散布山腰。泰族居河边，种水田，养牛马、猪、鸡甚多，较各兄弟民族生活远为优裕。窝尼多给他们帮长短工，常向他们借钱借粮。泰族一般会说汉话（有的会说窝尼、僰僰等3种语言），识汉字的亦较多（窝尼绝少），在政治上、经济上、文化上均占优势（汉人例外）。因生活较好，部分上层常赶马往来于新街、临安，远到蒙自、昆明一带。走得较远，见的也较多，做事也较有胆气。汉人一般以小本经营谋生，兄弟民族则"盘庄稼"，内部团结力甚强。下里因距乡公所较远，不如上里被统治得紧，但受残酷压迫剥削则更甚，因此，下里人民反对土司情绪亦更激。

（二）普国政统治下各族人民的痛苦

普民阶初来太和乡是个穷光蛋，当了乡长，与县府勾结，残酷地剥削太和乡各族将近10年。买了很多田，盖起高房大屋，洋烟、半开搞得不计其数。许多兄弟民族被整得连裤子都穿不起，春荒二月，普遍吃草根树皮（舒副乡长谈）。牛角寨李保长（解放后选，僰僰族）说："早先过年多少人家都宰猪，一家宰不起，几家人合起来也宰1条，自从普民阶当了乡长，就没有一家宰得起了，日子老实难过。我们兄弟（即自卫队乡丁）捆进乡公所，拳打脚踢，吊猴子搬桩……哪阵敢说他半句不好的话？全乡都叫他老五官，否则不喜欢。"

普初到任即借口"本乡无自卫能力"，强迫人民出钱买枪，欺骗说："买来分发各保。"但前后买了几次，结果是装备了他私人，用来保护他自己和镇压人民的武装。"平日外出，前呼后卫"，人民视之如虎。

和各土司一样，过节收"节礼"，私断讼案，不问有理无理，要"磕头钱"，要鸡、酒。不管谁的田地抽收1/10的"私租"（驮送到他家）。春荒月份，以公租谷放贷给人民，要三成的利。抗日期间买卖壮丁，搞"购谷还仓""填蚀耗"（借名诈钱、粮）。那时每年究竟派了些什么名义的款，人民连名字都不知，派了多少，也没人记得清。人民最感痛苦的是被敲诈和浮派，如多收粮食或养一匹好牲口就会被普"打主意"；如借"拉兵""派夫"为名，不愿去则出钱，没钱则算粮食、拉牲口。又如1944年借口"司令自省城来电，需摊急款"，3日内敲诈全乡5000半开。又1945年，临安全县摊派6000余大包军米，分派给太和乡最多不过2000余大包，但普浮派至5000余大包，逼得许多人民出宅、卖地都不能交齐。因摊派多而重，人民则无法缴纳，普的自卫队便经常下寨坐催，不交齐不走，一到便吃鸡、吃猪，一日三餐（人民两餐），并强索"差脚钱"，此项勒索往往超过正欠。因交纳不起而被关押和吊打者，则不计其数。

不让群众读书，采取愚民政策，如戴汉征、李永兴等在外升学时便加重其家庭负担，逼着把人叫回，李永兴回家之后立即被拉壮丁，虽中途跑脱，但再不敢回了（后参加地下工作，牺牲在猛弄）。

任意砍伐群众的木料，并强迫人民给其盖房，宅后挖水塘，盖起水阁凉亭；每年春冬之交，牛角寨（乡长所在地）的人民轮流去掏淤泥。夏天到来，荷花盛开于塘中，普和他的几个太太及宾客坐于亭间纳凉，饮酒猜拳，观赏风景，人民却整日过着牛马生活。

普不但整群众，对上层也不放松，采取合并政策。甚至于连他的爪牙也被整，如杨思明（窝尼保长）因生活较为好过，他便故意给杨多包摊款（明知收不齐），几次缴纳不清，把杨扣在乡公所，牲口、田地全部抵光。据说全乡的保长差不多都被普整过。李永和说："哪个想当他的保长，是想跳岩子了。"因此，除了少数贴心的爪牙、和普有密切利害关系的人外，一般上层和群众都对他恨之入骨。如牛角寨的陈老官至今还对我们悄悄地说："那个杂种心肠过分的歹毒，再整几年，哪个活得了！汉人还好点，那些老窝尼……实在是可怜！"下里白成龙说："前些年，老五官把人民百姓硬整得惨，怨声载道、鸡犬不宁，太和乡的人谁人不知、哪个不晓？老五官简直是吃人的豺狗。"

（三）下里反抗斗争的过程

1.起因

（1）1942年×月，乡公所管仓刘新廷（汉人，能说会讲）与普国政勾结，包运军米4800大包，两人约定，搞了钱各得一半。由太和至官厅段，原由群众自运（多数有牲口），至此，刘乃不许群众自运，谓有"命令"由他揽运。每包米重200斤，强征民间牲口，一包米分装两驮，从太和至官厅，有两天半路，每包米刘收群众8块半开的马脚，但每匹牲口（连管运民夫）每天仅给8毫钱，一包米即贪污4块半开，4800包共贪污19200块。又用大斗收进，欺兄弟民族不会算账，多算"差脚"，见米中夹有少量糠壳，则不收，但交粮上去时则掺沙、泼水，因而从中又搞米不少。刘将贪污来的米和半开，大部分自吞，少数给普国政，普因此大发脾气，以"贪污国粮公帑"的罪名将刘拘押，直到将其家财田产抄没殆尽之后才释放。刘出来后，十分怀恨，"一条一条地"到处揭发普的罪恶。

（2）同年阴历七月，普召集全乡保甲长开会，摊派电杆费、公路捐、乡公所经常费等。县府的公文是12万国币，普伪称为12万半开，将公文藏起不给大家看，众人均感数字太大，惊疑不信，下里保长卢永康（泰族）乘便将公文盗出，证实为12万国币，向普提出质问，普恼羞成怒，大骂和威胁卢说："官说是黑的，你敢说是白的……你敢反抗官！？"要罚卢600块半开，卢不买账两人大吵。老人们劝卢："鸡蛋碰不过石头"，卢始以120块半开和七八十斤1条猪给普"赔罪"。罗家荣（泰族）与卢等是下里有威望的上层分子，表面虽认了罚，但对普从此更加不满，暗中广为宣传"……没有老百姓活的了！"不久，下里大烦、妈拖两寨举行了联合会议，共商反对普国政的办法，第一次到会的有300余人，第二次达800余人（均以下里占大多数）。1943年阴历二月，上下里推举温保强、罗家荣、白君仁为代表，搜集证据，到临安"告状"，提出反对普国政贪污敲诈、减轻负担及依据"宪法"民选乡长等要求。上下里（主要是下里）均为之民气沸腾。县长杨起凤唯恐事情闹大，亲到江外开群众会议，将12万摊派款分3期缴纳及民选乡长，因杨县长于同年八月去职，案情遂一度拖延。

2.普国政与政府的镇压、分化政策

接替杨县长的为聂晶品，普国政送他4驮洋烟、3万半开以贿赂。1944年阴历七月，上下里复推代表温保强（？）、卢永康等赴临安继续控告普，“审第四案”，因他们“有凭有证”，普国政“对审不过”。正当此时，猛弄人民因受不过土司压迫，也在“告官”，由县里一直告到中央，中央又拨回云南省处理。据说因猛弄白土司与某要员是干亲家，省府乃诬原告为匪，于是聂晶品竟以“勾结猛弄土匪”“反官”的罪名，将卢等及到案群众（据说同到临安的有300多人）共30余人予以扣押。与此威胁的同时，聂又提出“和平解决”（即要群众屈服），代表与群众都不答应，表示“死都要死得公平”。卢等遂由卫兵室被提进“模范监狱”。被扣的群众，则敲钱后方放回。

此时罗家荣在外奔走，设法营救代表，及见聂晶品因受贿“与普民阶一鼻孔出气”，感到县府已没希望，便推人往昆明上诉，控告普国政压榨人民的罪行及“行贿买官”“藐视宪政，目罔人权”，因是“黑白不辨、暗无天日”，要求将普撤职查办。1944年腊月，罗又亲自到昆明控告，要求省府“正义”，至此省府方批示将普撤职，并派委员到临安调查。1945年阴历五月，专员朱仲翔、县长聂晶品及普国政一道（自临安回）借查案为名，率领部队到了牛角寨乡公所，大家本有所戒备，但被朱仲翔欺骗说：“你们老百姓平日想见厅长、专员、县长都不得见，现在走到门边，你们有哪样话尽管出来说。”强调他们来的目的是为了和平解和，使“老百姓安居乐业”（？），传令各寨（主要对象是下里）速推代表前去开会谈判。上下里车勇候、白正、白有才、卢田贵、罗家荣、白君仁、卢正光、卢耀华等数十人均信以为真，大家齐赴牛角寨见官。朱仲翔等见重要分子到齐，突然变脸，一声“抓起来”，代表们没有一个走脱。下里领导斗争的重要人物，几被一网打尽。罗家荣、卢耀华、白君仁、白永清（均下里）等立即被押解临安，其余则押在乡公所。白正被关死在临安狱中，车勇候、卢永安二人被毒死（卢以1600块半开赎回，毒发，腹部胀大死去）；关在乡公所的，都被带上脚镣手铐，入夜四面站岗，以防逃跑。下里的卢正光（已82岁）、卢伯仁在黑夜中被乱刀戳死，说他们想“翻监逃跑”。其他被押代表，经常遭非刑拷打，有的被罚重款后放回。

当上下里联合反抗的局面已成，普国政看到事情严重，便企图以分化手段，削弱或瓦解群众的反抗力量。首先收买刘新廷，将前抄收刘的财产悉数发还，并给他当乡民代表会主席，支月薪半开60块，允许群众纠纷均由他调解，可以从中取利。刘便倒了过去。罗家荣被捕后，普威吓上里的群众说：“下里人是匪，谁敢通谋行动，烧杀无赦。”此时车勇候已死，刘新廷“又反了”，其他的人都不敢动。群众既失了领头，人人又惶恐自危，便动摇缩头了，成为下里单独作战的形势。但下里的反抗斗争，以后更趋激烈。

3.斗争的高潮与惨重损失

卢永康被关5个月多就病了，病势日渐沉重，后经医生检查属实，准许请保候审，于交纳了280块半开保费后，送院治疗。入院不久，罗家荣等被捕。有人透信给卢（据他说是共产党，连夜从新街赶来）谓“后路被五老官切断”，趁罗等未解到前，赶快设法。卢很着急，当天带病逃出临安，并星夜赶回下里。

当卢等被扣后，普国政派人沿通向临安的大小路口设卡放哨，盘查来往行人，企图切断下里人与卢的联系。卢等在狱中吃饭、用钱，一度陷于绝境。但下里群众在极度困难中翻山越岭、昼伏夜行、东绕西折地仍然到达临安城，送钱、送衣物、送消息，使卢等未致饿死，并得到精神上的安慰。至罗家荣等被捕，卢永康逃脱后，普对各条道路封锁更为严密。

与罗家荣等被捕同时，普派其自卫队长白永清、白全安弟兄（上里泰族）、钱咱乐等率领乡丁往大烦寨抄掠罗、卢的家产，锅、碗、水缸等不甚值钱及不便拿走的东西，悉数破毁，被捕各家无一幸免。并骚扰果通、果区各寨，吊打群众，逼收罚款。1945年阴历十月十一日，普国政自临安回，公开诬卢等为叛匪，增调大队乡丁对果通一带进行烧杀，毁房屋60余间，杀死男女30余人。

卢永康逃回下里，不敢住大烦寨。普出重赏抓他：“抓住活的给2000花钱（半开），死的1000。”成天东躲西藏，但借此向各寨联络、宣传，要求大家出钱出力援助罗家荣等。同年阴历十月十八日，卢组织下里各族青年300余人（据普国政递县府的控词中有“惯匪赵裕昌落选保长龙扒橡及石沙苗外匪百余人参加”），进攻乡公所，因新街镇长谭世杰的人赶来救援，没有打进去。同月，普自聂晶品处领得380余颗手榴弹，至二十五日乃勾结思陀、永乐、瓦渣、猛弄、落孔、左能、溪处、五猛（未到）等8土司（各土司与普非本家即亲戚）及谭世杰，集结达3000余人（大部分是掳东西的口袋队），进攻下里，普自称“江外剿匪总指挥”，由谭世杰负实际作战指挥之责，扬言“不将叛匪杀尽不止！”首先受到攻击的是果通、果区两据点。卢等见敌人来势汹汹，此两据点不便防守，因感妈拖寨地势甚好，遂主动撤出，集中力量于妈拖寨，意图凭险死守。最初土司武装攻打不进，施以重机枪、火箭炮（？）集中火力猛烈攻击，继续达数日夜之久。妈拖全寨大火冲天，群众伤亡惨重。卢等坚持至冬月初五六，终于溃败，分股突出重围逃跑。各土司武装乃争先抢入各寨，大肆烧杀洗劫，下里各族人民“数千余人四散逃命，哭声遍野”。

此役，据卢永康等人回忆：果通、果区先后被烧七八十家，妈拖、石保两寨全部焚毁，连墙脚都被推塌，有的屋基都被挖翻，仅果通、果区、妈拖3寨群众先后被烧死、中弹、杀死的即达70余人，被掳去和被焚毁的米粮达3000余石。家具、牲口洗劫一光。仅大小猪即被抢走千余条。群众逃亡后，庄稼成熟，多无人收割，任其在田里脱落、霉烂。

4.政府的欺骗“怀柔”措施

卢等逃出后，于冬月十一二日，相继集中于安镇里、排沙地，一面筹划紧急对策，继续“抵倒干”，和筹钱带给罗家荣等，一面推罗文林等数人急赴昆明作呼吁性控告。递省府的呈文中除详述了普国政与8土司残酷蹂躏下里各族人民的凶暴罪行外，并悲愤表示：

政府如再不认真惩办“元凶”“首恶”，“……民等十死无生，只有铤而走险，团结全乡难民，一致誓死拼命！”至此，事态确趋于十分严重。他们坚决要求“依法严办”及下里“脱离太和乡”（即普国政），划归敦厚镇或“成立独立保”。省府乃被迫撤换聂晶品，以朱光明代替，办理善后。但各“土司官有的是洋烟、花钱”，他们仍旧逍遥法外，连“一根汗毛也动不倒”。

朱上任后，下令给普国政：准许下里“分乡”另立联保办事处，直属县府，命令说：“若不分乡，老百姓不敢回来，后果堪虞。”但普竭力反对，要求县政府“收回成命”。白成龙说：“下里是太和乡一块肥肉，老五官咋个舍得丢，他也输不起这份面子。”普假造民意“飞雪片”一样地向县府递“状子”说：罗家荣、卢永康等“刁狡僇夷”，想当乡长“由来已久”，因而“每以人民一致拥护乡长而视人民为仇敌”，故“诬告乡长”，“通匪反官”，“造谣惑众，鼓动夷民”。又说：论“能力”“资望”，太和乡除普乡长外别无第二人，且“自当乡长以来，盗匪绝迹，犬不夜吠”。而且“太和里自明清以来，即为一家，一经划分，各事必成问题”：第一，“当今物力维艰，多一联保办事处，即多一份开支”；第二，“划成联保是使刁狡僇夷冶为一炉，将来之嫉视愤争、攻劫报复，自为势所必至”；第三，“罗、卢等肇事乱党，罪在不赦，若行分乡，无异让该乱党逍遥法外，实足启发乱源”，“本乡团结一致尚不能抵御外匪，镇压内乱，今若再将力量分散，是适合奸党之要求矣”。但县府仍决定上下里“分乡”。

1946年阴历三月，县政委派何季勋充任下里联保主任。何是土司普光德女婿，群众说他是“沾土司热气的烂人”（坏人），而且何初到太和乡和普国政一样是个穷光蛋，“饿臭虫，比饱臭虫更见咬人”，群众不愿意。此时罗家荣等仍囚禁未放，群众亦不满。罗家荣等也来信表示不要何季勋这个人。何到任10多天即敲磕了丫多寨300块半开，贪污36石租谷，群众遂群起反对，又推代表赴临安城告官，要求两点：释放在狱代表，撤除何季勋。朱光明调下里群众及何同去临安对审，朱说：“你们不要他，他用了很多钱（为买联保主任用），他当不成，会叫人来找你们的麻烦，你们能拿出6000块钱给他，事情才好办。”卢永康说：“那阵人民把老五官那份人恨毒了心，只要他们不压在我们头上，人民就多出几文钱也心愿。”朱光明一定要群众先交了钱，才能提意见——“愿谁做联保主任”。但下里人民新当惨重损失之后，一时无法凑足钱，好在下里与普国政已讲和，上里人敢出来帮助（和普有矛盾及同情下里的人），大家采取乐捐、拼凑的办法，据白成龙等的回忆，上下里各族人乐捐款数如下：

上里方面：严克明（汉）1500元（半开）
张惠安（汉）200元
蔡文明（汉）100元
李保云（汉）100元

下里方面：张少英（汉）300元（半开）
赵有贵（汉）100元

尚和宽（汉）100元

钱为新（窝尼）200元

李盘（窝尼）100元

张六拉（窝尼）100元

白成龙（红摆夷）100元

卢文贵（红摆夷）100元

白玉强（红摆夷）30元

其余20块、30块不等，由下里闾长、甲长（最多）、群众捐出。

1946年阴历八月，下里推举上里的严克明当联保主任，群众的看法是：第一，严的父亲虽当过普光德的团长，他自己也给老五官办过事，但不混账老百姓，穷人没吃的、没用的向他借肯借，人公平和气，“大人小娃都见得”；第二，财心不重，眼前他是“大生意人”，“靠自己血本赚钱”，自己好过，不会整人；第三，正在难关，帮下里出了很多钱，大家很感激；第四，见过世面，在官前可以讲话。

严就任后，逃亡的人民陆续回来，但罗家荣等经久不放，卢永康怕普国政暗害，也不大敢“落屋”。经群众要求，严克明曾多次上公事保释罗等，都不见效。至1947年阴历二月，罗等被迫具了结，写了悔过书，交纳4000块贿赂费之后（群众捐），才准由下里人民和联保办事处保释出来。

下里分乡以后，普国政仍是有形无形地控制着严克明，如仍叫严为他追收“分乡”前下里人民的“欠款”。至1949年12月卢汉起义，大军腊月初八到牛角寨，不久我新民办事处成立，才将严的职务解除，取消联保办事处，仍将下里并入太和乡。

（四）下里反抗斗争对上下里民族关系的影响及解放前后的一些变化

据下里若干泰族上层反映，普国政与8土司带给各族人民生命财产上的惨痛浩劫，大家死都不会忘记。他们恨8土司，尤其痛恨普国政。提到老五官就痛心得摇头：“唉！说不完了，3天3晚也说不完了！”受害各寨，至今仍未恢复元气。

1. 上下里民族关系的恶化

据说，从前上下里是和谐的，有事相通，互相帮助，感情相当的好，自从老五官来后，从中挑拨、分化，使民族与民族之间及各民族内部，慢慢地都不团结了。如他利用窝尼的穷、老实、强悍，就给点小恩小惠，将一些窝尼青年当抢匪，从中渔利。因而使上下里各族人都讨厌和看不起窝尼……“憨窝尼不是好人”。又如利用白永清弟兄当自卫队长，压迫群众，各族人一般都对白不满（白本人也坏），泰族表面自称他是白老板，暗地则说他不是好人。普国政与8土司打下里时，除调动原有的乡丁外（几乎都是窝尼），还迫使各族大批青年参加（据说仍以窝尼为多，许多且是出于自愿，因普允许他们“抢”为条件）。攻入下里后，普“放口叫大抢”（仍以窝尼抢得最凶），因此造成日后下上里的巨大隔阂。

下里分乡后，一般地断绝来往，有时下里人也去牛角寨赶街，普使人在途中拦劫，以后下里人便不敢也不愿去上里了。尤其是泰族（内部很团结）对上里成见最深，对上里的窝尼最看不起。对上里泰族（旱摆彝）亦甚不满（双方极少来往），我们曾问：“旱摆彝和红摆彝不都是一家吗，为哪样不来往？”他们说：“上里是上里，下里是下里，他们是旱摆彝，我们是红摆彝。他们跟我们不同，不好来往的咯！”有的说：“那些旱摆彝都变偰偰了！”卢永康说：“他们上里的人来我们下里，我们不为难他们。”但戒备却很严，尤其几个泰族寨子，只要发现路上有上里的人，便会引起密切注意，如这些人越来越走近他们的寨子，便会使他们紧张起来，枪上弹，准备开火了。（卢永康谈）自从下里惨遭蹂躏之后，他们随时提防上里人会来搞鬼。

2.解放前后的变化

在解放前，罗家荣、卢永康等表面与普国政讲和，但内心深深含恨，随时企图报仇，“揭去头上的大石板”。1948年阴历六月（？），舒仁明（现元阳县第一副县长）、谭世德（谭世杰之弟）等欲与卢、罗等取得联系，向他们宣传：土司等压迫人民的封建势力应该打倒，但需要大家联合，储备力量，耐心等待。（卢永康、白成龙、罗家荣谈）当谭与罗、卢进行联系时，卢对谭怀疑，“他哥当老官，兄弟干共产党，反对土司官，我不放心”，因而不信任。谭约去开会，卢不敢去，谭带信说，如怕老五官迫害，愿介绍他去蒙自余××家暂住一时。卢说“因那阵认不得共产党”，也不敢去。后来谭等袭击乡公所，谭本人牺牲，卢才知道谭是真心，很感到懊悔。（卢永康谈）

解放后，新民办事处委严克明为太和乡乡长，罗家荣、舒世明（汉）、白永清为副乡长。为了调整下上里民族关系，照顾团结，办事处希望上里以白永清为首与罗家荣等双方进行谈判，解除宿怨。旋由严克明、舒世明邀约白、罗等定期会谈于上里新安所，到日，下里罗家荣、卢耀华（第五联防主席）、白成龙、白荣光（第二联防主席）等百余人（中有10余武装）赴会。白永清以50余武装埋伏在路上，企图袭击罗等，但被罗等及时发觉，罗等一面派人速通知严、舒两位乡长，告以白永清无谈判诚意，一面向来路急退。白的人见对方已发觉，便开枪追击，罗等边打边退，直到下里七座寨，白的人才折回。严、舒等回复，叫千万不能冲突，以免更增加团结的困难。但这次袭击却增加了罗等内心的不快与顾虑：罗虽是副乡长，但大半时间在下里，公事也在下里办，即有必要，也是到乡公所一处，而且任何情况，决不留宿。“我们到牛角寨，罗来欢迎，大家再三请他留一夜，商量问题，结果还是回去了（有事也是实情）。”

现罗家荣等很靠近我，最近罗又被选为元阳副县长，而白永清则早当了土匪。就在那次谈判流产之后，办事处复数次提出希望他们谈判重开，但迄无结果。

下里自经过那次武装斗争后，一直保持着若干程度的武装组织。也因这一斗争的影响，使他们能在解放后较快地提高觉悟、表现积极、响应人民政府号召，很快地把联防组织起来，协助政府防匪自卫。但上里则因长期处于普国政严酷统治下面，过去没有工作基础，如今基础也仍很薄弱，加上白永清等匪经常在附近出没，骚扰威胁，群众顾虑很大，联防始终还搞不起来。我们问下里的人："你们把组织联防的经验告诉他们，协助他们把联防搞起来，上下里共同防匪保家不好吗？"他们说："我们管不着他们的事。"我们又问："罗乡长是大家的乡长，罗乡长该管得着？"他们说："罗乡长是我们下里的人，单管着下里的事，上里还有两个乡长！"

但一般人都认识到"各民族的老百姓是一家人"，"从前都是老五官那份人害的"，不算旧账了，"抢去的东西也拿不回来了"，"老百姓没有哪样错"，"今天大家要团结起来成一家人"。但谈到上里的事，便不大开口，一般仍表现冷漠。

卢　军

太和乡牛角寨调查

（一）历史传说与民族

牛角寨距元阳县城（新街）约30华里至50华里，属太和乡上半山（里），当东西观音山之间，地势高耸，水源丰富，所谓"山有多高，水有多高"。

传说窝尼族是这一带最早的土著，那时牛角寨一片荒山，乃是他们放牧的地方。那时窝尼人生活安定，每天清早赶牛群来"打野"，人们放心地去做活，晚上再将牛群驱回。窝尼话的意思直译成汉字为"牛搁"——搁牛的地方，后辗转传呼为"牛角"，"牛角寨"之名由此得来。

继窝尼之后是倮倮迁来，其次是泰族（据下里泰族说他们老祖公从广南迁来，因那边有"毛人"吃人），最后是汉人。后来的倮倮族由于渐占优势而喧宾夺主（纳楼普家土司即是倮倮族），窝尼族沦于被统治地位，并逐渐失去肥沃的土地，这些土地落到倮倮和泰族人手里。窝尼便由较低的、水源丰富的土地上向较高的干燥的瘦地迁移。汉人来得最迟（据说不超过150年），土地都有了主人（后来少数以奸商起家的地主），因此一般都凭着做买卖生活。

有的则说：窝尼、倮倮、汉人原是一家，窝尼老大，倮倮老二，汉人是小儿子，分家时，窝尼、倮倮分得田地，过劳苦生活，汉人分得钱做买卖，吃窝尼、倮倮种出的粮食。现在的牛角寨包括4种民族：窝尼、倮倮、泰族、汉人。

牛角寨是永宁、新寨、麻鸡、小岭岗4个大小寨子的总称，以永宁为最大。各族人口无确实统计，据估计：永宁寨有汉人、泰族各40来户，倮倮30来户，窝尼13户；新寨有倮倮16户；麻鸡寨有窝尼30户；小岭岗有窝尼8户。各族共计200户左右，平均每户以5人计算，有千余人（因匪患向外迁移，户口尚不固定）。

（二）政治情况

1.沿革与灾患

牛角寨原属纳楼土司，1915年政府改土归流，被辖于官厅行政委员；1917年废行政委员，被辖于新街县座；1930年废县，辖于（新街太和）区；1940年废区扩大乡镇，辖于太和乡。

土司统治时设有管庄、管舍（相当于政府的区副保长），之下，于本寨设丛头（无招把），为土司征收钱、粮、派夫役及办理一切行政事务，直接代土司统治人民。本寨分设窝尼、僇僇、泰族、汉人4个丛头，丛头之下为三伙头，负责传达各项命令。外有里老、七老，为各族内部有声望的老人，不参加行政工作，专管调解群众纠纷。

政府改土归流以后，行政委员或县座以下管庄、管舍、丛头等的制度，基本不变，至废区扩大乡镇，名义上改称为保甲长，实际仍为旧人物把持，因为没有他们政府便无法统治群众，对于这些民族内部的上层分子说来，群众一般是跟着他们走的。

据牛角寨里一老人谈：从1915年至1940年25年之间，本寨就发生了5次大规模的烧、杀、抢劫：

第一次是1915年，因土司帮助龙继光打临安等地被“省军”打败，“省军”一直打到牛角寨，不分民族地烧杀。

第二次是1916年至1917年，少数民族里出了“苗王”，谓符咒可避刀枪，“杀汉不杀夷”。少数民族蜂起响应，遇汉人就杀，江外为之震动，各地被杀的汉人不计其数。牛角寨的汉人也被“苗王”的人重重包围，突围逃走的悉被追杀。在危急关头，新街县座求援的外军打到，打退“苗王”，外军在村外“大草皮”大杀被击溃的少数民族。

第三次是1929年至1930年，狗街子大匪头子莫浦（音）之乱。

第四次是1931年蒋林的蹂躏。

第五次是木老王（音）的洗劫。

每次都是放火、杀人、抢劫。据说百年来牛角寨各族人口均无甚增加，这是一个大的影响。

1940年，太和改乡后，又受到普国政的残酷压迫与剥削，各族人民尤其兄弟民族受害极深，被压榨最厉害的是窝尼族。虽然他们男女老少都最勤苦，但大多数人常年衣不蔽体，一年中有长时期吃山茅野菜，损害了他们的健康，因而大多形容憔悴，为了活命，被迫偷盗，以至将闺女送或卖给人当丫头、做小老婆的都不少。一般说来，各兄弟民族均陷于穷困与落后的深渊。

2.解放以后及现状

（1）解放以后：

因长期受压迫，解放后许多兄弟民族对解放军和我工作人员均不了解，见了我解放军和我工作人员因恐惧有逃避或闭门的现象。最初因事见我乡人民政府同志，还抱着大雄鸡、提着酒、磕头下跪，误以为我同志“与土司是一样的”，不过“换一个官来管他们”

（舒乡长谈）。

1949年12月云南起义，腊月初八大军到达该寨，不久成立区人民政府（后因群众认不得区，只知乡，故又改为乡），及根据江内经验组织农会（工作队）。1950年4月（群众对我还有很大顾虑）广泛开征1949年公粮，数字较大，上面督促又紧，工作队为了完成任务，有的甚至不顾群众实际困难（也有将粮藏起的）亲到室内搜查，被搜人家急得哭。也不相信本地干部的劝阻，尚未经过详细调查，仅由个别群众或个别人报告谁是“大富婆”就据为摊派的标准，有因交不出而吊打人的现象。因而负担不能公平合理，使群众不满和恐惧。（舒乡长、罗副乡长谈）匪特乘机造谣：“共产党（地下斗争时）说不征粮，现在仍要征，苦头还在后面，要想不纳粮，只有打走共产党。”有些群众就反映：“送粮给土司还能吃碗饭，送粮给共产党，一口冷水不得吃。”因办事处在新街，匪特又说：“打开新街发洋财。”又说什么“中央军”已到了个旧。因匪特钻空子，对群众进行欺骗威胁，各地不久遂接连发生暴动，攻击我驻军及区乡人民政府，杀害我工作队，仅牛角寨街子口，我工作队即被杀死6人。5月以后，匪特气焰高涨，暴动面扩大，至7月被迫退出牛角寨（新民8个区丢了7个半）。直到9、10月间，我军与匪众在牛角寨一进一退凡五六次，征粮损失殆尽，被焚民房38家。（乡干、工作队谈）据说蹂躏该寨主要是瓦渣来的土匪，被他们的“口袋队”抢走马50多匹、牛百余头，被抢烧最惨的人户仅剩几个光人，据说连小孩的尿布、女人（汉）的包脚布都要。这次有的群众表示要求对瓦渣人报复，“大军好，不许拿他们的东西，不拿东西我们都答应，让我们去敲碎他们的碗碗钵钵，不然则出不了这口气”。

（2）现状：

白永清、白庆安是牛角寨的泰族。群众说，白永清是老五官（普国政）的“二也头子”，普以他来镇压太和乡的人民，以巩固其地位。解放前夕，普逃奈×木（音），白未去。牛角寨解放之后，为了争取团结上层，我曾委他为副乡长，并拟任白庆安为公安队长，但白等表现疑惧动摇，交出了少数破旧武器，但避免与我同志见面，不久便逃走为匪。据说其实力大时有二三百人（各族人都有）、枪，后经我军打击，政治争取，今已大部瓦解。如牛角寨去的多已陆续回来，有5人送去新街改造土匪训练班改造。现在还跟白的据说仅有五六十人，主要是一些泰族，而又多是他的亲戚、侄子等亲信分子，有的群众说：“这些人不会回来了，本来就是好吃懒做的‘烂人’，回来怕‘劳动改造’。”白永清也叫他们莫回来，“不劳动，共产党不准吃饭”、不能吹洋烟，当土匪有钱用，又有好的吃。但目前白对牛角寨的威胁仍大，白的人不断在附近出没、骚扰，经常写信向群众“借”钱、“借”粮，要盐巴、黄烟丝和洋烟，而且要负责送到，群众均被迫听从。据说连牛角寨里都有暗探，有时白的人亲自混进寨来，刺探我方情报，也有些坏分子与白勾结，主动送消息、送物资（如大富婆）。群众因有顾虑，常常明知不报。部分落后群众对白还有好感，他们说瓦渣土匪占牛角寨时乱抢乱烧，白曾加以劝阻，并集合百姓讲话，因此，牛角寨才免遭于更大的损失。群众说：“白永清回来还不是要靠老百姓凑伙（拥护），牛角寨是他的老根子。”

据工作队说，白与瓦渣、勐弄方面的土匪都有联系。从我军在瓦渣缴获的电台等证据证明，白与越南方面国民党匪特亦有勾结，如受刘匪时荣委为“江外第一战区副司令”（司令为贺匪光荣）。

驻该寨我军曾根据别处经验，结合“做好事运动”开展政治宣传，调查和培养积极分子，拟将该寨的联防组织起来，防匪自卫，并在这个基础上巩固地方治安，逐步开展民族内部的民主建政工作。但因白匪不断骚扰，群众有很大顾虑，几次都是刚把架子搭好，大军走了，土匪又来扑垮，因此牛角寨的群众至今都认识，“从来不见过这样好的军队”，但不敢大胆靠近我军，怕大军走了，“白老板回来抓他们”。工作队同志说：“不彻底打击白匪，这里的联防是组织不起来的，联防搞不好，其他的工作便难以开展。目前深感部队不足，部队不能在该寨多住一个时期，群众顾虑无法减轻，群众也无法发动起来。”

据我们了解，目前群众迫切要求：组织联防、肃清土匪，但首先要求大军不走。群众对大军说：“你们不走，我们才敢来开会，走了我们不来。”

直到我们去该寨时，寨里的工作基础仍很薄弱，解放后由“七老”“里老”协议，推举了正副保长（该寨原属六寨），而这两人还不愿和不敢干（正的倮倮族，副的窝尼族），正保长李永和直率地讲：第一，怕白永清等人回来整他；第二，怕将来钱粮收不清受累（如普国政时那样），现该寨大小事都经过他们两人再通过“七老”“里老”办理。因怕增加群众顾虑，还没搞居民小组。干部问题也相当严重，发动和组织群众的工作难于进行，也没有很好地进行，群众目前只能是在乡政府命令下才动。

3. 民族关系

我们还未了解到民族关系上有何重大的问题，但民族之间的歧视和成见是普遍存在的。

（1）以寨为单位看，本寨住着窝尼、倮倮、泰族、汉人4种民族，但寨内则是各民族分别聚居的，如最大的永宁寨，各族虽屋檐相接，但分为汉人、倮倮等4个小寨，不相混杂。各族内部团结力甚强，民族之间有着相当明显的界限，“各教（族）是各教”，谁是汉人、倮倮……他们分得很清，凡涉及全族的问题，一般都能一致行动，有事也总是找本族人想法，如兄弟民族都盘庄稼，播种期和收割期乃是两个重要关节，种不好和收不好都会影响全年生活，这时同族的人便成为定例的相互换工，帮种帮收，人工牛工都换，并不斤斤计较，表现他们互相帮助的精神。凡修房造屋，婚丧嫁娶，同族人都能主动帮助，至于“有济无”是很寻常的事。

（2）汉人是后来者，一般是所谓“走夷方”经商落籍的。自从汉人到了这里，兄弟民族便“节节退让”，如现住汉人的整条街子，据说从前都住的倮倮族，有的凭钱买，有的是半买半霸来的。最初汉人来得少，与倮倮族杂居，渐来渐多，倮倮族便逐渐迁走，后来剩下的人户，因感“夹起来不好在”（受气），只好都迁走了。

几乎所有的汉人都靠“做生意”——“买贱卖贵”、放利生活，因感“盘庄稼费力，汉人吃不下那个苦”，在兄弟民族的印象中存在着“汉人狡猾和主意多”。

汉族对兄弟民族是歧视的，如该寨徐大妈（汉）说："那些老窝尼、老僰僰，屋里黑洞洞的，一身衣服穿一年到头也不打算洗换，锅头灶脑，不干不净，挨到他们就有一股气息。""那些人邋遢（脏）死了，又不知道个粗细……我们汉教的姑娘利利爽爽的，把姑娘嫁给他们，不是把姑娘害了。"徐老官（汉）说："我们汉教讲文明，自古来都是靠官的一边，守礼守法，不像那些老彝人，粗手大脚，不懂道理。我们常往总是开导他们。"妇女会主席何大妈叫几个兄弟民族的老大妈来见我们，她说："你们访问团来到这点，我叫她们都要来瞧瞧！"

（3）僰僰与泰族的关系较好，因"摆彝都变僰僰了"。据一泰族说："从前上下里的摆彝是互相来往的。某年，上里年成不好，老祖公向下里借了粮，碰巧次年下里年成坏，谷子不结，下里摆彝怪上里摆彝把坏运带去了，双方闹气，就说了话、发了誓：上下里摆彝以路为断，过界的遭横死，从此上下里不通婚姻。上里摆彝人少势孤，只好与僰僰过，如今他们成了本家，许多摆彝妇女早换了僰僰装，不大能分了。"

（三）贸易情况

1.概况

全寨200多户人家，除依靠农业生活外，也多营小商，但以汉商占主要地位。

本寨5天赶两日街，集期即属狗、马、虎日。有5家较大的杂货店，据一店老板口述，每家资本约200元至300元半开。他们经营的货物大约有食盐、推烟（抽水烟的筒丝）、肥皂、手电筒、电池、火柴、生铁、牙膏、香皂、臭油、皮制及线编裤腰带、锡纸、鞭炮、酒、圣灵水、碧腊水、黄奎宁、红绵纸、草纸、颜料等。

除上述5家杂货店外，其余设摊售卖煮粉、糍粑、炒花生、花生糖、米花糖、烧豆腐、食盐、芭蕉等。此外，在赶集天，还有卖米、糯米、糠、铁器（锄、镰刀、门扣、锁链等）、棉花、蓝靛、辣子、酸角、蓑衣、菜蔬、烧柴、酒药、鸡、鸭、银手镯、金手镯等。

2.现状和历史

（1）他们多是来自建水一带的汉人，在5家杂货店中，有的是地富兼营商，有的是从小来此帮人，赚得本钱后开设的。如王发有，他说："20来岁就到此地来帮人，替老板挑货赶集，收拾打扫，给老板娘领娃娃。初来时除供吃外，年得工钱30元，帮了三四年，学得了一点本事，工钱积到80元，后来又向人借了一点凑起来，自己就干起来了。"他现在纯粹是靠经商为生的。他的店内计有：磨黑盐30多斤、双枪皂20多块、手电3个、红绵纸四五十张、火柴六七包、生铁50多斤、推烟10多斤、三羊电池四五对、酒一小罐（约30斤）、草纸七八刀、纸捻两捆（抽烟筒用）、圣灵水两盒、法国GIBBS牙膏六七条、半锡箔纸200多张、鞭炮四五封。按以上货物来说，约值半开160元左右，但现款及存货不知有多少，而且他们的生意是有一文本钱可以做两文的，只要他们与新民的号家建立了信誉以后，可以赊到东西，同时，熟悉的农民也可以向他们赊东西。据他说：现在每集销货收入40元左右，不逢集时，每天仅三四块钱，一般利润约5%。王说："在这里，只要不病不痛，随咋个不论干什么，都可以讨生活。”

一般说生意已大不如前。据商人说，从前一年四季生意都好做，逢本街就在家里卖东西，不逢本街就挑上东西去新安所、沙拉托、阿济去赶集，现在土匪扰乱、交通阻碍，就不敢去，仅靠逢本街卖一点，生意有限。又据干部说，从前生意利润高，一般是20%，现在新街成立了合作社，稳定了物价，致使一般以获厚利为目的的大小商人不得不少赚一点，利润由20%降为5%。另外还有一个原因，农村因初解放，农民购买力减低。

据一杂货店老板钮鸣岐说：“我们这5个杂货铺，是本寨成为一个集的主要条件，否则，这个寨子就冷落了。”

除上述5家杂货店外，其余的小摊贩，大多系边找边吃，除做小生意外，也对少数民族盘剥，以较低的价格收购农民的土特产，五黄六月，农民需要时又以高价售给农民。

（2）据商人反映，从前生意好做，资本也大，后来生意不振，几家地富兼商的已收手不做，一般货物已涨了半倍至1倍，例如前3年米价仅3毛1斤、猪肉5毛1斤，现在米价6毛、猪肉7毛半。生意好是在秋收以后，庄稼上场，农民有了米、棉花、苞谷等，以它们来换取较多的必需品；生意萧条是五黄六月，仅就本寨的农民而言，到时有80%忍受着饥饿，有的以稀饭充饥，有的吃芭蕉根、橄榄树皮、水冬瓜、马脑子（一种野果子）。在这种情形之下，商人的东西，销量就微小了。

（3）较大宗的货物

甲、外来货——食盐、推烟最畅销，此地商人销售者均由新街运来，据王发有估计：每集可销盐三五十斤（磨黑盐来自红河迤萨），推烟十五二十斤（产自蒙自）。少数民族购盐，多半买1斤至3斤，最少也买10两（5毛钱），间或也有买5斤以上的，那是买去卖的。至于推烟，买一二两者占多数。

乙、土产（即出口货）——以整个新民县而论，最主要的是米、棉，其次是鸦片。

3.货币情形及度量衡

（1）半开与人民币并用，唯农民售卖土产，仅要半开。据新街干部孔繁荣谈，半开在少数民族信用上已渐渐贬值，所以互相交易时接受人挑拣得很认真，“光绪元宝”4个字若稍不明显就用不掉了，致使半开冻结了一大部分。新民办事处前曾敲锣明令：只要不是假的，一概通用，但只维持了几天后，依然是“滑板”不用。目前人民币与半开的比值是5000对1，1元半开兑80个铜圆。按新街人民币与半开的比值，买卖货物仍是5000对1，兑换则4600左右，且每元半开仅兑60个铜圆。永宁寨离新街仅半天路，商人在货币上亦另有钱赚。

（2）度量衡：猪肉、盐巴、推烟买卖用16两秤，棉花交易用24两秤，米3斤4两为1升（一说3斤半，此可能系米之好劣、体质轻重之故）、6升为1斗（一般说有25市斤，即12公斤半）、10斗为1石。

4.手工业情况及兄弟民族交易的几个特点

（1）本寨大部分人家都有木织机，全系妇女操作，有些寡妇帮人纺织，纺1斤得半开

1元。据村主席李永和谈："窝尼、僾僾10家有3家每年每人制得起一套衣服，有5家每年只制得起一套新衣，其余两家全家想制一套均难。僾僾妇女，70%都会织布。"

另外，有些男子会编篾器。

（2）兄弟民族在交易上据说是有这样特点的：

甲、买盐时必先以手指蘸一点舔舔。

乙、买推烟，亦必先向商贩要点抽抽，此已成为一种习惯。闻有个别者在赶集时见卖烟的即索一点，抽几口即去，并非真买，往往嫌不好，拿着抽剩的就走了，积少成多，待集散回家时，已2两、4两地载回去了。又新街合作社（按：新民供销合作社为新民办事处开设）内，逢集生意热闹，少数民族购烟，许多人都手执烟筒在社内抽吸，因此，还受到贸易公司某同志的批评。

丙、当地窝尼民族交易，天明即开始。黑夜不买卖，认为不吉利。

丁、要真诚以待，如果施以欺骗手段，下次就不找你。若不送黄烟给尝试，也再不进门，如诚恳相待，还可以给你介绍生意。

（四）文教卫生情况

1.文教情况

过去因乡公所设在牛角寨，故有一所中心小学（初级），学生最多时达百余人。其中大半是汉族子女，其次是僾僾、泰族（汉化较深），窝尼最少。汉族学生男女均有，兄弟民族则限于男孩，汉族学生读"新书"，兄弟民族多读"四书""五经"。汉人送子女读书出于自愿，兄弟民族子弟多是在政府"查学"时给强迫去的。

据说兄弟民族不愿子弟读书的原因：第一，读书没有用，读了土司官不给事情做，而且读得好的还要"挨整"，如李永兴、戴汉征几人在石屏上中学，家里便受迫害。据李永兴说："兄弟民族本想子弟读书，读了书，脑筋才活泼，能够到处跑，便于做生意买卖。"数年前太和乡人民曾自动捐出3500块半开，要求普国政把学校办好，后来钱都被贪污了，普国政不喜欢人民读书，大家只好不读。第二，供不起学费，小娃上了学，家里又缺人生产。第三，小娃在学校里受气，不会说、不会听汉话，便无从受教育。第四，读来读去都是那几本书，读不上去，也"读不出个道理来"。

中心小学设在一所小而破旧的庙里（仅一大间），学生都挤在一块。设备方面，除几张高低破旧的桌凳外，一无所有，学生一天到晚紧傍在神像旁念"大狗叫"和"子曰"，毫无生气。

但仅这样一所学校也在1947年，昆明学生运动高涨时被普国政封闭了，因他"怕这些小娃跟昆明的大学生学坏，将来捣他的蛋"（戴汉征母亲谈）。

2.卫生情况

（1）气候：该处虽为山地，但天气很热。十月至次年三月为干季，雨水不多，气候稍冷；四月至九月为雨季，气候热，有烟瘴，尤在八月最甚，此时人易生瘴气，其他疾病易得。

（2）疾病情况：

甲、传染病：因环境卫生与个人卫生的不讲究，故传染病极易变成流行病。在此地区，多患有下列几种疾病：

天花：一年到头流行，种过一二次痘后仍患，患者不论大人（少数）、小孩。附近数村寨都是如此，死亡率亦不小，约为50%。如良心寨有100多户，自去年正月至今年正月死亡的约100人，年岁自5岁至40多岁。（以上数字据蒙自专署卫生科长谈）

疟疾：老乡们有许多不同的称呼，例如“泥鳅痧”“羊毛痧”（这是重症或恶性疟疾）、“出痧”“着痧”（这是轻症者）。泥鳅痧：发冷发热，上吐下泻，头晕、痛，七八月时患者最多，有时一天即死，死亡率也大，约为50%至60%。例如黄新寨有20多户，均为傈傈族，自1月到现在死亡20人，死绝七八家（黄新寨一老乡谈）。着痧：头闷、痛，发冷发热（较轻），全身痛，发紧，鼻子不通，类似感冒症状，差不多每人均患过，“100人里有101人得”，“病死的几乎没有”。（老乡说）

痢疾：流行得比较轻，死亡率亦不大。不过坡头寨老乡谈，该寨因痢疾死亡者有多至50%。

其他伤寒、感冒（伤寒并不严重）、胃疼、胃胀者不少。咳嗽者亦有，眼病多（轻症）。

乙、地方性病：甲状腺肿并不多，“良心寨100户有四五个人有”。

（3）一般死亡年龄：40余岁至五六十岁死亡者最多。

（4）妇婴卫生：

甲、结婚年龄：十五六岁到二十几岁不等。

乙、妇女未婚者爱患干血痨。

丙、孕期无休息日（汉人还注意些），所以生在地里的很多（少数民族占多数），同时在孕期亦不营养。产后有钱者则不论傈傈、泰族、汉人均休息1个月，窝尼休息3个月，3个月内不出远门或下地。出门时要用衣服或布盖在头上，不见阳光，说是“生孩子有罪”。无钱者则不一定什么时候就出去或下地做活了。

营养品吃姜、糖、蛋者很普遍，尤其姜，说是吃了好，所以有钱无钱者均要吃。鸡与肉，现在吃得起的只有一两家。

丁、生产姿势：坐、蹲、站不定，躺着生说不好生。接生多由自己，汉人有时还找人看看。遇难产时，则无法，说是大人“有了罪”，有的用手掏，常致大人小孩均死亡。

戊、断脐带用瓷瓦法：汉人不用剪子，说用剪子会得“风病”；少数民族则瓷瓦、剪子不论了。脐带长留至足尖，汉族割断后在脐根部用丝线结扎，将脐带中之余血挤出，打结，然后将脐带盘于根部，撒以草药粉，用布包起，三四天可脱。又将所余之部盘于筷子上，用火烧断（谓：如果脐带“啪啪”响的不会抽风，不响的三五天就会着风）。少数民族处理法就没有这么讲究，只不过割断盘好包起就是，婴儿由于患脐风死亡者约60%至

70%。

己、产妇产后患惊风者最多，在死亡中此病也占多数，此外大出血致死者也有。患乳腺炎者有，但不会死人。

庚、流产者多由于过累，产后也休息1个月。吃点糖、蛋、胡椒酒、姜或鸡、肉。但均视人力财力而定。

（5）环境卫生：

甲、水源：泉水，在山脚下，他们将上面用石板、砖盖起一个棚，下面也用砖砌一道。不过仍不能避免风沙，而大家全用木勺去掬水，如一家有病，完全可由用具上传染，挑水人手不洁时亦可传染。

乙、厕所：无，均随地大小便，故街道两旁都是，尤其牲畜粪遍地均有，且此地冬季不冷，苍蝇、蚊子终年不断，故传染病极易流行。

丙、房屋：街子两旁都是汉族居住，房屋则大部是砖墙、灰顶，少数民族房屋大部是砖墙茅草顶，都是没有窗户，四壁被烟熏黑，人与牧畜住屋不分者占大多数，连猪食盆、鸡食盆也在屋内。亦有上下层房屋者，有的因房子被土匪烧毁，现在即用草盖一个草棚，极低小，有的即在烧毁的墙围中用草及竹篾扎了一间住下，地上极潮湿阴暗。汉人及泰族屋中较为清洁。

（6）个人卫生：洗脸、洗头、洗脚的习惯，兄弟民族一般没有，泰族、僾僾因生活较好，衣服也较清洁，窝尼族因贫困所致，一般没有可更换之衣服，故衣服穿上身直到破也不能洗。又由于终年忙碌，洗头洗脚者更少。

（7）营养：

甲、主食：在汉人中食大米者多，尤其做生意者要好些，但因常有土匪抢烧，故现在生活比以前相差很多，大都以野菜、树枝或各种草、野山药等杂在粮食中吃，这些植物都是苦的，需用水泡才能吃。

乙、副食：青菜、白菜、莴笋、黄瓜、豆、豆腐均能吃到，但须到雨季才能下种，故干季时菜蔬极少，油、肉兄弟民族就很少得吃。

丙、嗜好：吃酒、辣椒、吸黄烟，现在还有20多家吸大烟的。

（8）此地无卫生工作人员，工作队也没有卫生员，因为天花流行只有大军来种过两次牛痘，大人小孩都种，人数不详。

群众对西药稍晓，大军曾给过他们黄药（阿的平）吃，因此知道它的效力好。牛角寨街子只有一个草药医生，专门医治枪伤，效力据说很好，也会治其他的病。

（五）3个家庭（牛角寨家庭访问）

1. 王玉华

70岁，僾僾族（父亲为汉人，母亲是僾僾族，故随母教）。前妻（僾僾族）已故，继室为窝尼族，去年八月病故。现有1子，名王玉珍，去年腊月结亲，媳妇20岁。现全家共3

口，有草房1间（分3格，一格为牛厩及厨房、一格做堂屋、一格堆柴草，人住楼上），今年三月，被土匪烧去屋顶一半（现已修好）。有耕牛1条、半大猪1口，农具齐备。租种严克明（惠廷）20石谷田，每年收割，各分一半。严对他还好，不像其他地主那样刻薄，净得的10石粮食，可维持生活半年。种棉花地1块，年收棉3斤。儿媳妇抽闲纺织，可制衣服两套。不敷口粮，一部分卖工添补，五黄六月找山茅野菜掺苞谷吃。种苞谷地1块，年收2斗；种花生地1块，年收二三斗（自吃）。过年吃5斤肉，油不天天吃，五六天买二三毛半开的调剂一下。夜晚不点灯。年须盐巴合半开20元，饲养鸡鸭换取，每回买一二两。去年腊月讨儿媳妇用去半开80元，自有50元，借债30元，月息8分，与债主立约今年秋收后赔还。现在家无存粮，栽种困难。

2. 亚光明

泰族，自己不知年岁（约二十七八岁），妻子一同劳动，抱养子能放牛，亲生子才1岁。租种汉人13石谷田，收割时地主亲至田间分租，各得一半。所得稻谷才够吃5个多月，不够数靠卖工、杂粮维持五六个月，兼吃树叶。收棉花三四斤、花生2斗、苞谷1斗。年需棉花12斤，不够数亦赖卖工补助。有耕牛1条，鸡1只。因土司老五官（普民阶）勒索，欠一窝尼人半开120元，每年秋收，赔还一部。

3. 杨克包（大顺寨人）

泰族，37岁，与妻子同年，长女10岁、长子8岁、次女4岁。有10石谷田，因土司摊派，借账抵押，一部分押给杨姓，一部分押给会（会为公产，所收租谷、银息为每年九月十三日做会费用及举办公共事业）。本人为会之伙头（相当于甲长，跑公事、传达，召集所管户口），年得工资十一二石谷子，只能维持4个月生活，自己种点苞谷、黄豆，能吃两个月，其余半年生活靠卖工、借贷和要求亲邻救济。目前迫切要求找地种。

蒙自区资料之十
——元阳县敦厚镇两个农村调查
中央访问团第二分团
1951年7月出版

蒙自区资料之十
——元阳县敦厚镇两个农村调查

编者声明

这些材料是我们从1951年2月22日至1951年5月底（其中大部时间是在行动中），先后在蒙自、普洱、文山等地区进行兄弟民族访问工作中，通过当地干部、民族代表及熟悉当地情况的人士所了解的一些情况。为应各有关机关之急需，仅将原材料加以初步整理，尽量避免主观分析与结论，在文字上仅要求看得懂。但由于短期访问及仓促整理，情况难免不真实或不深入，观点难免错误。故仅能供各有关机关进行民族工作的参考或进一步考察的线索，并望于今后的调查研究，加以校正。

1951年6月　日

一、三家寨调查

（一）人口及劳动力

全村有26户人家，全为僾僾族，总计人口129人，男76人、女53人。129人中，除儿童及残废外，劳动力有66人。

（二）土地种类及生产情况

（1）水田：产量最多，最好的1升谷种出3石谷子，坏一点的1升谷种出2石或1石谷子。

（2）干田：产量不如水田好，而且不可靠，天不下雨就有遭受旱灾的可能。

（3）干地：一般都不依靠干地生活，可以自己开荒，不出租，但由于下的工本太大而收获太少，故一般都不愿多开干地，只开一点种苞谷、豆子、棉花、菜蔬等，最多每家每年收二三斗苞谷、一二斤棉花。

（三）土地占有情况

户名	人口	耕牛	出租土地	自耕土地	租种土地	总计	每人耕土地
罗光	11	2	不详	不详	不详		
卢里鱼	4	1		20石		20石	5石
杨开宁	8	1		9	22石	31	3.85石
杨里四	4		15			15	3.87石
杨鲁拓	8	3		6	20	26	3.25石
杨正宽	2	1		6		6	3石
杨祖望	6	1		8	7	15	2.5石
杨回金	4			10		10	2.5石
杨里恒	8	2		10	8	18	2.5石
普力真	6	1			8	8	1.33
普小二	7	2		10		10	1.43
杨五杰	5			8		8	1.6
杨括沙	5	1		6		6	1.2
杨你戛	2			2		2	1
普阿春	2			2		2	1
普亮文	6	1			5	5	8.3
杨李文	5	1		6	20	26	3.2
普八里	4						
普福里	4	1					
普东里	5						
秦雨才	5						
罗光文①	5						
施绍文	3						
杨登甲	2						
杨康生	8						
普负	5						
合计	134	18	15	103	90	208	

（关于土地的单位，一般农民都是以出产量计算，无法知亩数）

上面的土地占有情况表中，可以看出三家寨僾僾族经济生活的几个问题：

（1）土地贫乏：全村出租量（不算向外村地主上的地租）每年是总计208石谷子，每石谷子能出4斗大米，每斗25斤，208石谷子折合大米共计36400斤。全村人口129人，平均每人日食1斤，每年每人需食大米365斤，全村129人共需大米数是47085斤，以全村产量计

① 罗光文，本文又作“卢光文”。——编者

算，每年不够大米10685斤，除去租谷外不够的数字还要高些。

（2）赤贫户多：全村26户人家中，没有土地可耕的就有9家，占全村总人户34.6%。

（3）贫农多：全村除4家够吃外，其他22家都不够吃。

（4）自耕土地还不算集中：13家有自耕土地人家中，除卢里鱼有20石外，其他12家自耕土地都没有超过10石，而且有5家兼佃农。

（5）外村地主：全村208石谷子，除本村有一家地主（杨里四已经在猛弄被打死，现在只剩下3个小孩、1个妇人，缺乏劳动力，把仅有的15石谷子出租，每年收租7石5斗，只够吃8个月）出租15石谷子外，其中有75石是外村地主所有，占全村土地36%。

（6）耕牛：16家有土地耕种人家有18条耕牛，平均每家有牛1条，但其中有几家占有2条或3条，有5家无耕牛。

（四）地租

全村租种土地者有7家，他们的土地都是向小水井孔大户、水卜龙李家兴（偻偻）等三四个地主租来种的，地租率是50%，即对半分。

（五）贫困的原因

许多人家本来有土地，但因土地很少，受不了波动，再加以高利贷的剥削，很容易就把土地出卖了，而贫穷下去。

杨开宁：原有谷子2石，一家生活还过得很好，但有一年谷子被人偷去了，不够吃就拉账，利息一年一年地加上去，拖了四五年，把田卖给孔大户，将够赔账。

卢光文：原有五六石的田，又借小水井孔大户家钱（数目记不清楚）。过去每年赔2石5斗谷利，去年没有钱，就把田抵账，还不够，现在尚欠2石，每年3石谷利。

普东里：原来比较富有，有田40多石，因缴纳国民党的派款及偶尔多用了一点钱就拉了债，几年后为了赔债，就把所有的田卖光了。

（六）副业

由于土地不够，故多数是靠副业来辅助生活。

（1）经商：从太和乡驮米来新街卖，一次可赚1元左右。最多是背靛卖，全村有8家做此生意，本钱不多，只要半开四五元就够了，由胜村背到牛角寨去卖，每次可赚到1元多。此外还有到迤萨背篾帽来卖或买鸡蛋。

（2）手工业：打席子卖，每条席子可赚5角（半开银币，下同）。

替人纺线：三四日可纺1斤，得1元。

织饭盒：每个可卖5角，不做其他的事，一日每人可织1个。

（3）卖短工：在农忙时，一般都喜欢到别的村子卖工，每人每日除供给伙食外，可得工资2角5，或者3升谷，这是历来规定的数目，因此在秋收谷贱时（7角1斗）都是给谷子，春耕时谷价高（1元5角1斗），一般都是给钱。虽然雇工者转来转去地剥削，但一般贫农还是喜欢卖工，因卖工比做其他的事上算。

（七）雇佣

一般贫雇农除了卖工外（短工），有的到地富家里去做帮工（长工），待遇是每年两套衣服、两双鞋子。成年人工资没有一定，视其劳动能力决定，一般每年由15元至60元，童工（放牛）由7元至30元。

（八）债务

债务是三家寨一个严重的问题，普遍都欠债，我们访问的8家人，其中就有6家欠债。

（1）借债原因：综合6家人的原因有4种——结婚、丧事、生活贫困，或为国民党派款而借债。

（2）放债人：放高利贷者，分为两类：一类为外村地主、富农，如水卜龙村的李永安、张学良，小水井的孔大户等；另一类为会礼，如大兴寨的赶兽会、本村的狮子会、小水井的毛草会等。

（3）种类：分两种。

①谷利：把款放出去，第二年收谷子作为利息。第二年不赔本，第三年照算。不赔利，则利上加利。

②青谷：五黄六月把款放出去，第二年秋收时，连本带利赔还谷子。

（4）利率：

①谷利：100元半开每年谷利4石到8石不等，款数较多，谷利较低，款数少，谷利较高。杨李文借卢保长93块半开，每年谷利是5石，杨开宁借水卜龙张桂富50块及土锅寨李里特50块，每年谷利都是3石。卢光文借杨李恒10元，每年谷利是8斗谷子。

②青谷：普东里借水卜龙张子良5块钱，第二年青谷是1石5斗。一般青谷是1元，秋收后本利赔谷子由2斗半到3斗半。

二、棕披寨调查

全村有67户人家，全为窝尼族，分上下两寨。与敦厚镇各个村子比起来，在上半山的村子中是比较穷的一个，但与下半山各村子比较起来，还不算十分穷。

由于过去国民党横征暴敛及土匪的抢劫，一般说来生活很苦。全村过去原有耕牛96头，去年被钱祯祥抢去78头，现在只剩18头，平均3家还分不到1头。全村中除两家地富外，其他贫雇农很多，我们虽没有做过全村详细调查与统计，但从公粮负担上可以看出，1950年的公粮负担，全寨是大米10石（2500斤），两家地富各负担了2石5斗，合起来共负担了全村的一半。

为了解他们的生活情形，选择了几个有代表性的家庭，做了初步的访问调查，分4类如下：

（一）富有家庭

全村中比较富有的两个家庭。

（1）卢阿祖：卢阿祖已经在去年死了，他有3个妻子（最大40岁、次之38岁、最小29岁）、4个儿子、两个女儿。长子已于去年患痢疾死去，二子现有16岁，三子14岁，四子10岁；两个女儿，一个是18岁，一个是16岁。

祖上很贫穷，没有田，没有地。卢阿祖的祖父，非常能干，专门养猪卖，生活很刻苦，把钱慢慢地积起来买田。到了卢阿祖时，已经买得了水田100多石，自己耕种，家里雇男女长工各1人，到了每年春耕及秋收时雇工帮助。

卢阿祖和大儿子先后死了后，由于办理丧事，卖了一部分田，现在只剩下100石。同时由于死去两个主要的劳动力，即便田减少了一部分，还是耕种不过来，现在把田分50石给人家种，每年收租25石，加上自己耕种的50石，生活还是很好过。自己有柴山，烧柴不用买。自己还耕种了一点干地，每年收五六斗苞谷、八九斗白豆，此外还种一点菜蔬。

家里原有耕牛4条，去年被土匪抢去3条，现在还有1条，有马1匹，秋收时用以驮谷子，此外还养着鸭子10只、鸡15只、年猪两个。

1950年公粮负担是大米2石5斗（625斤）。

（2）每乐[①]：经济状况次于卢阿祖。

每乐夫妇二人，有儿子1人、媳妇1人、3个孙儿孙女。梅乐很小失去父母，给人家帮工，放牛放马，什么事情都做，非常勤苦，大家都喜欢雇用他。后来渐渐积蓄得点钱，就辞去帮工，做小生意，赶猪、背靛、背盐，什么有利就做什么生意。赚到一点钱，就娶了媳妇，慢慢又买田、地。生意一直做到前年才没有做。

原有水田50石，前几年因儿子媳妇死去，又另娶了一个，为了这两件事情负了债，没有办法，460元半开卖了10石田，但还赔不清，现在还欠着50元半开的债，每年两石谷利。

现在还有水田40石，完全自己耕种。家里雇着1个童工，放放牛马，做做杂事。秋收春耕时，人手忙不过来，每年插秧时要雇短工30个、收割时雇20个。除水田外，还种着一点干地，每年收得五六斗白豆及一点棉花，棉花收来自纺自织，只够一家人穿。自己有柴山，用柴自己去砍。

原有耕牛3条，去年被土匪抢去2条。现在养着牛1条、马1匹、猪2个、母鸡1只。

在国民党时代，是本村负担最重者，村里派着100元的公款，单他家就要出四五十元，每年还要出积谷五六石、军粮四五石。解放以后，一切苛捐杂税都取消了，心里很高

① 每乐，本文又作“梅乐”。——编者

兴，1949年公粮负担是1石6斗大米，1950年是2石5斗大米。每乐说："这点负担并不重，而且是应该出的。我们不出公粮，大军拿什么吃？没有饭吃，就不能帮老百姓剿土匪。"他对本村公粮的分配上有点意见，他说："出公粮是很应该的，数目也不多，但是卢阿祖家有100石谷子，公粮数与我出成一样的，有点不公平。"

（二）中等家庭

格每达：是棕披寨一个中等生活家庭。

全家一共有15个人，格每达夫妇已年近50，有3个儿子、3个女儿，两个儿子已经娶了媳妇，有5个孙子。

没有田，租种水卜龙张贵富家15石田、李千万家5石，地租是对半分，种子由地主出，每年收得的粮食只够吃两个月。自己种着一点干地，每年收苞谷三四斗、棉花五六斤，自纺自织，供给全家穿还不够1/3。

格每达家在棕披寨比较起来，生活还算中等，主要的是其善于经营及不断地劳动，自己养着1匹马，经常由新街驮盐到别处去卖，卖了后又买谷子回来踩，然后再驮到新街去卖，这样经常地做生意来补助家庭生活。两个大的女儿都送到新街做帮工，每年每人可得工资半开5元。到了春耕秋收时，全家大人都去卖工。

有时生意不好做时，家里就没有饭吃，只好拉账。现在欠新街李光玉半开30元，每年5斗谷利；欠水卜龙张富贵半开50元，每年4斗谷利。

没有耕牛，到春耕时向别人借。棕披寨借牛都不要租钱，只要牛闲都可以借来耕种。

国民党时剥削厉害，每年都要出三四十元派款，1949年公粮负担是大米1斗（25斤），今年政府已经免了。

（三）贫户

（1）卢光明：原来是别个村子的人，因为国民党抓兵，跑来棕披寨做帮工，慢慢地娶了媳妇，成了家，现在已经有了3个女儿。

没有田，租种卢阿祖家田13石，地租是对半分，每年剩6石5斗谷子，自己开辟一点荒，种一点收苞谷及小菜自己吃。

每年收得的粮食只够吃7个月，有5个月要靠其他劳动来补助。卢光明夫妇都是年轻力壮的人，很能吃苦，春耕秋收时就替人家卖工吃（每日每人3升谷子），平时妻子替人家纺线，1斤棉花得两斗谷子。卢光明则遇有人到个旧就替人家抬滑竿，每天除伙食外，可剩半开5元，如没有生意，就砍柴卖。

家里没有牲口，现在只有养着1只鸡。

前几年讨媳妇，借了债，现在还没有还清。欠新街李光玉30元，每年是2石1斗谷利；欠水卜龙张学良20元，每年1石4斗谷利；欠卢洛比10元，每年7斗谷利。

国民党时候，每年要出一二十元公款，解放后，公粮负担完全免缴。

（2）哈渣吗萨：全家4人，哈渣吗萨26岁、妻20岁、母61岁、岳母50岁，全家主要靠哈渣吗萨夫妇二人劳动。

原来有10多石田。祖父死时被其典出办理丧事，一份以85元半开典给新街李光玉，一份50元典给本村杨家。现在就种典给李光玉的田，每年产10石谷子，上租后剩下5石。此外，开点荒地种，每年下半升苞谷种，可收两三斗苞谷。每年的粮食只够吃5个月，其他7个月要靠卖工及割草吃饭。三四月和七八月，替人家卖工，在不能卖工期间，夫妇两人割茅草去新街卖，每背卖得两三毛钱。

除种田地外，自己还种一点菜地，有青菜、皮菜，好的时候可以卖一点，不好的话还不够吃。没有耕牛，也没有养其他牲口。

前年结婚时，用了30块半开，向新街梁朝谷借了10元半开的青谷账，去年应赔3石谷子，已经赔了1石5斗，今年利上加利，又变成2石2斗半，现在还没有赔。

虽然很穷，但在国民党时，还是要出款，每年总是要出十几块半开。现在解放了，政府对他们不要一文钱，对毛主席非常感激。

（四）赤贫户

卢则木：卢则木是一个72岁的老人，眼睛已经失了明；妻子有50岁；仅有1个儿子今年已经20岁。家内除了一些破烂家具外，什么都没有，住的也是一间最小的房子。

无田无产，也没有佃田耕种。老妻开了一点荒地，种一点苞谷、青菜。儿子送到水卜龙帮工。妻子替人家纺线，纺1斤棉花得半开1元3角，有时还到河底（摆彝区）卖工，混两顿饭吃，换点旧衣服来穿，有时亦得到点工钱。

虽然不停地劳动，还是不够生活，饿顿饱顿。有钱的时候吃干饭，无钱的时候就吃一点稀饭。

现在欠人家8石谷子、3元半开的债，但由于太贫穷，债主不要了。像这样赤贫的人家，国民党时还是向他们派款，过去每年要出三四块半开。

尹寿铭

蒙自区资料之十一

——元阳、蒙自、建水、龙武4县教育概况

中央访问团第二分团

1951年7月出版

蒙自区资料之十一

——元阳、蒙自、建水、龙武4县教育概况

编者声明

这些材料是我们从1951年2月22日至1951年5月底（其中大部时间是在行动中），先后在蒙自、普洱、文山等地区进行兄弟民族访问工作中，通过当地干部、民族代表及熟悉当地情况的人士所了解的一些情况。为应各有关机关之急需，仅将原材料加以初步整理，尽量避免主观分析与结论，在文字上仅要求看得懂。但由于短期访问及仓促整理，情况难免不真实或不深入，观点难免错误。故仅能供各有关机关进行民族工作的参考或进一步考察的线索，并望于今后的调查研究，加以校正。

1951年6月　日

这份材料是根据访问几个县的文教科长和蒙自专署仅有的一点材料整理出来，很粗疏，更不完备，写出来仅供参考。

一、一般情况

蒙自区第二届各族各界代表会议提出提案75件，内有12件是有关文教事业的，提案人有元阳、屏边、元江、河口、红河、金平、曲溪、个旧、建水、蒙自等10个代表团，签署的代表337人，占出席代表总数的24%弱。提案一致要求：“普及文化教育，使我兄弟民族能从几千年来封建愚民政策的黑暗统治下得到翻身，我们不愿再做睁眼瞎子。”（金平代表团提案）他们不仅向政府要求“办学校，学习新知识、新技能”（个旧代表团），而且自己还动手协助政府解决校舍问题。像元阳县百胜寨小学没有上课的地方，上寨联防主任陆光明就自动地把自己房顶的平台让出来，盖了一个草棚，叫学生来上课。团结乡准备办4所小学，兄弟民族自动地出钱出力，没有钱的踊跃背竹子，到河底去背石头，会做木工

的砍木料。“情绪之高是从来没有过的。”（元阳文教科长毛柄乾[①]）蒙自县二区西平寨是仆拉、侬亲、苗族3个民族杂居的村子，今年听说政府要在他们村子里办学校，“高兴得了不得！”大家动手盖了一座4间大的草房，到山上割藤条编门窗，村上的木匠自动地来做黑板，把斗争地主得到的桌子抬来做课桌，不到三两天就收拾好了。

学校里的经费很困难，按照省财经会的决定：小学教师月薪是120斤到180斤大米，完全小学教师月薪150斤到250斤，每班公杂费30斤。在元阳，教育经费未列入公粮预算内，现由各联防自己负责。民办的学校经费更困难，教师的薪米要等谷子收了以后才给，现在是挨门挨户凑一餐两餐给老师吃。

在兄弟民族地区教书的教师，除了生活艰苦以外，工作非常繁重，教书之余还要教唱歌、教跳舞、读报纸、写路条、做会议记录、写对联、写申请、读公事；有的学校里有远道的小学生，教师还要帮学生煮饭；小学生过河，水涨了教师要一个一个地背过来，散了学又一个一个地送过去，像蒙自县四区擦尼皮寨老师陈子华就是这样。

一般教师都认识到教育第二代工作的重要性，努力克服困难，在物质条件极端困难的条件下他们还创造了不少新的经验：像元阳旧桃识字班没有课本，他们就拿人民币来教学生认识人民币上的字，这样一面识字一面还推广了人民币在兄弟民族地区的流行。有些兄弟民族的子弟听不懂汉话，汉族老师又不会说他们的话，于是就创设了小先生制：把能听懂老师话的学生组织起来，在老师讲完课后，再由这些小先生用他们本民族的语言传达给他们。没有时钟，在院子里立个竹竿，看日光的影子。学生买不起纸笔，他们就带着学生到院子里拿树枝在地上教画字。但有些个别教师还存在着下面3种思想情况：

甲、觉得政府对文教工作不够重视，教书不重要，没有搞社会改革吃香，因此有“赶浪头”的思想。（蒙自县）

乙、乡村工作人员太少，把教师当作行政干部用，工作太忙了。（蒙自县）

丙、待遇太低。（元阳县）

至于课本：目前蒙自地区虽已全用了新华书店发行的新教科书，但兄弟民族的反映是课本的内容和他们的生活距离太远，他们所最熟悉的事——天天见的、听的，课本上就没有。因为他们不熟悉，教师讲起来就要绕许多弯子，费时间。元阳县一位教师来问文教科长“馍馍是用哪样做的”就是最好的说明。

师资缺乏是一个严重问题，有的地方已经把校舍修理好了，就是请不到教师，要求政府动员教师下乡，成了兄弟民族一致的呼声。

二、元阳县的学校教育

元阳县在江外（红河以南），辖地分作8区：猛弄乡、永乐乡、太和乡、吉如乡、稿吾乡、纳更乡、团结乡、敦厚乡。民族有窝尼、僳僳、汉族、苗族、摆彝、土佬、仆拉、

① 毛柄乾，本文又作“毛炳乾”。——编者

老乌、倮儸、沙族、傜族等11种。其中，窝尼占55%，总人口约88600人（这是根据旧材料，现有人口在10万以上）。县政府在敦厚乡的新街。

据元阳油印的《新民概况》里说："国民党匪帮长期统治造成生活贫困，文化低落，各民族中除倮倮族有不普遍的文字外，其余各民族均无自己的文字。……除摆彝、苗、瑶、僰僰等族外，文化水平很低，窝尼民族寨中找不出一个认得字的人来。"

此外土司对兄弟民族读书子弟的限制、迫害与摧残，也是造成文化低落的主要原因，像纳更乡铜春山有一窝尼民族青年到建水去读书，叫龙九（即龙健乾）晓得了，罚了他家1000元，把牛马整光了还赔不完。永乐土司普国泰的弟弟普国政做乡长时，牛角寨戴汉征（汉族）、李永兴（僰僰族）等人在外边读书，普国政给他们家里派的款子特别重，逼着要把他们叫回来。1947年昆明"闹学潮"，普国政把牛角寨小学封闭了，"怕受影响"，从此这个学校就停办了。

全县现有小学12所（内有一完全小学）：敦厚乡7所、团结乡4所、太和乡1所。教育经费解放前靠收斗捐来维持，解放后应由公粮内拨出，但公粮并未把教育经费列入，因而还是由各联防自己负责。联防人多田好的，经费就充足些，可以办学校，如敦厚乡。联防穷的就办不起。"学校还没有向穷人开门。"（毛炳乾）现在的计划是在"民办公助"的原则下逐渐地恢复旧校。

1951年2月，在新街办了一个师资训练班，2月27日开学、3月21日结束，学员23人，其中摆彝1人、僰僰5人、汉族17人，有的读过旧学，有的是初中一、二学期的学生，有的做过长时期的生意。联防保送来的比较纯朴些。学习的内容有：目前形势与民族政策、文化教育政策、业务学习、目前教育精神与方针，并且深入讨论了取消体罚问题、复式教育问题、小学的政治思想教育问题、小学教育的民族观念问题。在学习期间对教员的思想情况没有很好地掌握，原因是同时办有3个训练班，一个是第三期干训班、一个是自新人员训练班、一个是师训班，干部不够分配，没有好好地总结。结束后有19个人分配到职业，汉族15人、摆彝1人、僰僰3人。这4个兄弟民族教师是：普光禄（僰僰，32岁，教过老学）、张学渊（僰僰，29岁）、纳文魁（僰僰，44岁，教过老学）、陆耀辉（摆彝，34岁，读过5年旧学）。

一般说来比较安定地方，读书的要求就很高，敦厚乡木者皮寨就自动地办识字班。广平村人觉得到老风寨去上学，路远不方便，自己办了一个。麻栗寨要办学校，自动地修理校舍，把门前的草坪都挖得平平的。政府请不到教师，村子里筹不出经费就搁起来了。元阳第一届各族各界代表会议上，稿吾乡代表团也提出办学校的要求。

全县小学分布及学生人数如下：

1.敦厚乡

新街完全小学，学生200人，汉族子弟占95%。广平村小学，学生40人。老风寨小学，学生51人。芭蕉林小学，学生50人。木者皮寨小学，学生31人。箐口小学，学生40人。这5所小学学生的民族比例不晓得。百胜寨小学，学生52人，其中窝尼10人、僰倮34人（有3个女生）、汉族8人，分作一、二、三、四年级复式教学。教师张学渊（倮倮），课程有国语、算术、文娱、体育、背诵、默文、作文（仅四年级），每天上4堂课。4月1日开学，教师到现在还没有领到薪金。学校没有房子，在联防主任陆光明家里的平台上上课。学生大都买不起纸笔，学校公杂费按两班计算，共60斤米，合人民币39000元（按新街市场价每斤650元），买些粉笔、贡川纸、灯油后就没有了。连一份报也订不起，新书更不能买，教课时先就课本上的文字用汉话读给学生听，并且教给他们念，然后再用倮倮、窝尼话解释，“讲一课书很费时间”。课本上的图画，学生看不懂说：“和我们穿的不一样。”

2. 团结乡

石头寨小学学生数目不详、倮铺小学40人、岩子脚小学40人、胜村小学100人，经费是采取募捐方式，已凑好4个月的经费。

3. 太和乡

大胜寨小学，4月才开始，学生数目不定。平常来上课的有二十几个人，最多有40多个，大部是摆彝民族的子弟，上课是借用一家住户人家的房子。

全县12所小学，共有小学生687人，以全县人口来看，平均每千人中才有8个小学生。

三、蒙自县的学校教育

蒙自县分作4个区，有84所公立小学、民办的21个。根据1950年的统计，全县有小学生6538人、189班（现在还超过这个数字），以全县人口来看，平均每百人中有7个小学生。

第一区

有38所公立小学、民办的14所，全区小学生约2000人，其中倮倮民族的子弟占80%以上，其余是汉族、土佬、苗族、回族等。十里铺小学是一个倮倮族的学校，有300个学生，按县上编制只设两个老师、两个班。学生多，班级大，两个老师教不过来，自动地把自己除过伙食留下来的米打伙请了一位老师来帮教，但还不行，每一班的学生还是在百人左右。于是动员全校学生和村里人，利用农闲和星期天，把已经荒芜了的学田开垦种谷子，再请了一位老师。可是办公费就成了问题（因为按照县上的规定，十里铺小学只设两班，领40斤米的办公费），现在分作4班来用，“实在不够”。另一个苗族自己办的小学是沙格背村小学，今年3月间才开始上课。

第二区

有小学38所，民办的6所，兄弟民族的学生有2661人（1951年统计）。全区教师76人，其中兄弟民族的教师32人，倮倮族14人、回族13人、摆彝4人、土佬1人。有两个完全小学，一个是沙甸鱼峰小学，是回族的学校，以前是私立，解放后要求“公办”，经费由县上发给，现在学生7班、258个学生（男141人、女117人）。另一个完全小学是鸡街小学，有学生304人，上学的学生包括着回族、僳僳族、汉族3个民族的子弟。

乍甸有14所小学：汉族的4所，学生160人（男91人、女69人）；兄弟民族的10所，学生210人（男112人、女78人），包括着苗族、倮倮、僰僟3个民族的子弟。

犁耙庄是仆拉人的寨子，全寨没有一个识字的。今年3月，自己办了一所学校，有学生20人，经费是大家乐捐的。现在凑起来的钱只够维持1个多月，老师由县上代请，没有校舍，自己让出一间住房来做校舍。他们说："有了老师就有人读报纸听了。"

凡有学校的地方，都有了识字班，成年妇女最多，全区大约有2000人，兄弟民族占一半以上，经费是自己想办法，教员由工作同志、小学教师来担任，课本供不上，二三十人才能有一本书。农民课本少、买些工人课本回来，不适用。妇女会要求派几个女同志去教他们识字，原因是大姑娘怕羞，不好意思来识字念书。

第三区

有5所小学，其中有3所是兄弟民族的，都是今年办的，有学生198人。这3所学校是：

（1）黑山小学——现在只有一年级学生78人（僳僳族），内有女生13人，有十几个学生住校，由老师或他们煮饭，柴是星期天上山去砍，找些野菜来师生一起吃。课程进度慢，教师（汉族）不会说僳僳族话，学生不会说汉话，要认汉字还要学汉话。

（2）兴隆街小学——现有僳僳族学生38人，内有8个女生，房子是借用的。

（3）牛母鹿小学——这是一个苗族学校，学生82人，内有11个女生，都是苗族子弟，年纪比较大，最大的到30岁左右。教师王树发，今年20岁，蒙自中学修业，也是苗族。师生都是苗族，会听汉话的就说汉话，不会听的就说苗话。"用苗家话教汉字"进度比较快，感情也极融洽。学生大都是从二三十里路外赶来的，学校里没有房子住，早上来晚上回去，"不吃白日饭"。

第四区

有11所小学，学生约850人，其中仆拉、苗族、侬亲的学生不少。

（注：蒙自县最近重新划区，学校数目不十分精确。）

四、建水县的学校教育

（建水县文教科的书面材料——1950年12月11日）

解放前全县123所小学中，兄弟民族仅占35所，而这35所大多集中在近城或较大的寨子，广大的兄弟民族居住的边远地区，则学校很少，甚至没有。又这些学校多只有一复式班，学生人数平均不超过20人。统计全县兄弟民族学生最多不超过700人，据不精确统计：建水县130585人中兄弟民族人口占52658人，平均每百人中受小学教育者仅有1人。

解放后由于各项中心工作，干部调动频繁，致使教育工作未能很好地展开，因此对兄弟民族教育既不能谈照顾，更谈不上计划，不过由于新形势的到来，他们对文化要求也很高，纷纷自动设法筹办学校或要求协助开办识字班。在建水县所办的19所小学中，兄弟民族兴办的在半数以上，由于匪乱、经费、师资及地理条件所限，未能满足他们的要求，例如第一区大罗家寨群众（窝尼族）要求办小学1所，因匪乱及经费困难未能开办，又如第三区团山寨群众（彝族）虽有经费但因匪乱未能开办，再如第五区白水河群众（僳僳）要求办夜校1所，因当地无教师，距离又远，未能开办。

1950年上学期兄弟民族教育统计表

人口	学校数	学生数	班数	本期新办学校数	因匪乱停办校数
52658	37	1000	40	10	10

五、龙武人民设治局的学校教育

（龙武人民设治局的书面材料——1950 年 11 月 23 日）

“本县兄弟民族有彝人、窝尼、三道红3种，占全县人口70%，其中彝人有50%、窝尼为10%、三道红为10%，并无文字……对于兄弟民族教育未予照顾，尤以师资缺乏，均由外处请来……且地方粮少，教育经费不敷应用，本县32所小学，公办者只有12所，内中完全小学1所，其他均为乡村复式学校（1个老师，10多个学生，年级不一样地读着）。兄弟民族学生400人。”

附：蒙自区第二届各族各界代表会议关于文教提案摘录

1. 提案人：金平代表团。

案由：普及文化教育使我兄弟民族能从几千年来封建愚民政策的黑暗统治下得到翻身，我们不愿再睁着眼睛做瞎子，要求政府派50名教师到我县工作。

理由：

①现在已经开辟工作的地区（一、二、三、五区）人民已经初步组织起来，并且大部分（80%）已有相当觉悟，迫切要求读书识字。

②第一区和第五区人民自动将学校修好，但政府无老师派去。

③现在虽有少数教师，但质量不够好，并与需要数差得太远。

2. 提案人：红河迤萨苏受荣、李抚、李蓬春、封三等8人。

案由：请求政府提高文化教育案。

理由：红河地居边隅，少数民族占百分之八九十，大多数均目不识丁，以致对国家认识不够。

3. 提案人：河口代表团邓天才、王升发、陶建福等6人。

案由：请派小学教员10余人，以便建立初级小学。

理由：各族人民目前要求文化，许多地方已准备了校舍，只缺教员。

4. 提案人：个旧代表团韩贵、刀正光、普家玉等5人。

案由：要求办乡村小学校。

理由：农村人口多，解放后群众觉悟已有提高，男女农民迫切要求提高文化，办夜校学习新知识、新技能。

5. 提案人：屏边代表团。

案由：请专署调剂拨给地方经费，多开办小学校。

理由：屏边县小学教育素来就非常落后，尤其在少数民族地区，几个村子找不到一个识字的，写一封信要到很远的地方去找识字的人。以前办有学校的村子，现因政府不能拨给经费，而村上也无法筹款开办，大多不能开学，使许多可以读书的儿童失学。

6. 提案人：元阳代表团。

案由：兴办学校，发展文教事业。

理由：我各族人民，长期被封建统治，无法获得文化，现为积极参加新中国建设，提高学习文化，培育儿童。

7. 提案人：元江代表团。

案由：元江兄弟民族文化低，请求政府多办学校，并请多给些材料，如连环画、画报、杂志、图书等。

理由：兄弟民族在元江占80%，但过去一向受反动派压迫，也有被地主恶霸霸占了学产，使我们言语不通，文化低落。

8. 提案人：蒙自王恒昌、尹家恒等58人。

案由：请政府代购小学教科书。

理由：农村里的小学，教科书非常缺乏，影响学习情绪。

9. 提案人：曲溪代表团普福英、沈光中等6人。

案由：加强少数民族地方文化教育，多办学校。

理由：

①我们兄弟民族地方文化太低，识字人太少，对政策的理解也就不够。

②老师没有吃的，去做他的工，教一天，不教一天；学生没有钱买油、买文具纸张，不得读书气了哭。

③政府帮助得太不够。

④两级小学设备不全（特别是校具、教具、校舍）。

宋伯胤整理

1951年5月30日

昆明

蒙自区资料之十二

——关于红河民族情况的报告

中央访问团第二分团

1951年7月出版

蒙自区资料之十二

——关于红河民族情况的报告

编者声明

这些材料是我们从1951年2月22日至1951年5月底（其中大部时间是在行动中），先后在蒙自、普洱、文山等地区进行兄弟民族访问工作中，通过当地干部、民族代表及熟悉当地情况的人士所了解的一些情况。为应各有关机关之急需，仅将原材料加以初步整理，尽量避免主观分析与结论，在文字上仅要求看得懂。但由于短期访问及仓促整理，情况难免不真实或不深入，观点难免错误。故仅能供各有关机关进行民族工作的参考或进一步考察的线索，并望于今后的调查研究，加以校正。

1951年6月　日

一、红河概况

红河地区辖石屏江外五土司地（思陀、左能、洛孔、瓦渣、亏容）及建水的溪处、元江的迤萨、六村等地区，解放后新设为红河县（今改为红河办事处），所辖地区初划为7个区（即迤萨、思陀、溪处、六村、洛孔、瓦渣、左能）以及三猛地，共约80000人。兄弟民族占90%强（窝尼占70%、僰族占6%、傈傈族占10%、卜拉族占3%、傜人占1%）。长期受着封建统治，根深蒂固。土司官是世袭的，死了一个，又一个来统治他们。各族人民生活极苦，对土司制度恨入骨髓，如民国二十三年溪处土司赵贵生病死及国民党政府下令“废乡设镇，改土归流”，溪处人民杀鸡叩头当天宣誓，并写誓书两张，一张当众于香火上焚烧，一张存李发友（当过溪处群众选举乡长）手中，决心永远不让姓赵的做官。

二、土司制度问题

（一）土司历史情况

思陀土司已世传700余年，清乾隆时赐以千总职，嘉庆二十一年赐五品顶戴，所辖52寨2000余户，编为6里，司署设东育村。

左能土司，明洪武年间吴蚌颛辟荒地，众推为长，因调御安南有功，即授以副长官司，隶属临安府，传至今吴继昌已700余年。辖10寨分为4里，500余户，司署设大寨。

洛孔土司起自明洪武年间，传14世，已700余年，辖16寨，分为5里，司署设龙祥村。

瓦渣土司起自唐时，清康熙四年授以千总五品顶戴。民国三十七年国民政府第二十六军师长叶植楠到迤萨组织江外十二乡镇联防，委钱祯祥为总队长。传至今已1000余年（？），辖数十寨，人口6000余户，分12里，司署设甲寅。

溪处土司起自明洪武年间，传至今700余年，辖11里，2000余户，司署设石头寨。该司袭职争夺职位，互相谋杀。至赵永年被杀后，临安府派委员到溪处执政，民国二十四年改为永平乡，李发友任乡长，徐维明为副乡长。

亏容土司，旧时为摩锁客甸部，明洪武年间授以正长官司。后因族内相争，吵闹不息，至清光绪二十六年分为上下两司。传至今已700余年，辖400余户。解放前之亏容土司孙尚文被人民谋杀，解放后已划归迤萨区属。

（二）司署组织及分工

司署内部约100人至150人左右，内土司官长1人，司爷2人至3人，办理文牍及协助司长办理民事案件。门上或值班里长1人至2人，负责司署杂事。管家2人：1人负责伙食开支、招待来往客人、指导菜司工作，1人负责收租收捐税。差头1人，辖管小差二三十人，负责送信。提人侍候5人至20人，担任司长的保卫和侍候工作。班房官1人，负责看守犯人。厨师2人，负责做司署上层人物之伙食。菜司一二人，负责种菜园。马锅头1人，辖马夫二三十人，负责喂马、驮脚。教号队长1人、大队长1人、中队长二三人，辖兵40人至80人，担负保卫司署任务。司署下设里（等于保），内里长1人；石长1人，负责内部文书保管工作。武装5人至10人不等，负责送信、随从里长等任务。里长下设招坝，又名赊头（等于甲长），内分抬坝1人、当客1人、武装二三人。自然村设有3伙头，负责打锣、传讯任务。

（三）司署封建制度及剥削制度

甲、每年正月择日出行，在出行之日司长穿长衫马褂（即称皇帝衣服），坐16人抬的龙轿，轿顶上放一把红伞，抬起宝剑、大刀，打起锣、鼓，行于轿前。各里长都须背上宝剑和大印，骑马送行，伴随群众叩头、烧香、放炮，向吉利方向出行。这天司署办酒席请客。

乙、祭虎山祭阴兵每年1次，在这一天全司署、人民休息1天，停止做活，否则受罚。祭山时附近居民全体参加（汉人参加时禁止说汉话），杀牛杀鸡抬上，烧香放炮去祭祀。祭山所花的钱由夷人收米负担。

丙、司官因事出行某寨，该寨居民须摆香案桌磕头迎接，并称“祖爷”。进寨后要杀猪招待，否则得罪了“祖爷”该寨不利。

丁、处理犯人，无论民事或刑事案子，先经门上考查，再经司爷审讯，最后经司长批准（土司有杀人权），但原告人必须先杀猪1口作为礼物，然后由被告出钱，经过判决后，里长、管家、差脚、卫兵、班房官统得向被告要钱，不管给多少，总要带个“6”字（如360、36）形式。

戊、在土司地区种田地，不管田地属于谁的，每年均得向司署上粮，种什么上什么没有具体规定。在司署统辖的街镇，逢街时司署便收实物税（即卖什么收什么），居民已成习惯在赶街即准备好交税的东西，到时司署管家就来拿走。山上打的野兽平常之物给司署一半，贵重之物如熊掌、鹿茸……就得全部交司署，打猎人不得要。

己、土司地方当官，得用钱向司官员。如当个里长须出800元至1000元半开，招坝500元，当个侍候也得出200元。但里长、招坝、侍候取得官职后，一则不出负担，二则还可压迫剥削人民。如侍候看见谁家闺女好就得找来配以为妻，否则司署就要怪责人民。没钱用向人民借，不借给就得坐班房，借后又不还。

庚、土司建造房子、种田、结婚、红白喜事要钱要工统由全司人民摊派，吃水烧柴由群众供应，司官闺女出嫁时陪田一份，多少不等，还陪丫头1人。

目前保持比较完整的土司制为思陀、左能、瓦渣土司。司官钱祯祥去年5月结合蒋匪特务，组织暴动后逃往仰光。溪处土司官赵贵生病死。上亏容土司官孙尚南，因残酷地压迫剥削人民，被群众杀死。左能土司官吴继昌任匪滇南二纵一支队副司令。洛孔土司之弟陈裕民为匪之团长，近逼走他哥陈顺民（因靠拢人民）到莱州去做生意。下亏容土司孙振南观望。思陀土司李呈祥靠拢我们。

三、我们对土司制度怎样办？

（1）我们的答复是土司制度不予变更，保持土司原有武装（不是土匪武装）。为什么要这样做？因为土司制度多系沿边区，几百年长期受着统治，造成各族人民的迷信落后，认为世袭土司就是他们的官，改变这个制度是各族人民自己的事情。为了社会秩序安定，提高各族人民觉悟教育，等待各族人民自觉自愿地起来自己解放自己，所以我们承认土司制度，但为了照顾各族人民的利益，土司必须服从下列3个条件：

甲、坚决服从人民政府统一领导。

乙、反对共同敌人帝国主义，反对国民党土匪特务，爱护祖国，安定社会秩序。

丙、拥护各民族团结互助的政策，好好领导各族人民从事生产。

（2）承认土司制度后要积极设法教育各族人民，只要土司区人民同我见面就是工作机会，为此可采取下列办法：

甲、经常召开县和司署的各族人民代表会议，每年各须开三四次，结合群众每委的中心要求，每次以两个事情为中心，以达到教育和争取上层、团结和提高下层。这种代表会不仅领导上需要，也是各族人民的要求，如代表说“像这样的会要多开，并让兄弟民族多参加，使我们多认得一些事情”。在代表会未召开前，须注意骨干的培养，以便加强领导，如红河代表会议到会的地区代表只是该区头人来，为了加强领导，必须将机关部队代表拆散到地区代表内充当第二召集人或小组长领导开会。

乙、成立民族协商会议，吸收各阶层人民参加，规定协商委员会的权利与义务。权利方面：①听取人民政府有关民族问题的工作报告，并讨论审查和批评；②协商全区性的工作；③调解各族人民间的纠纷；④有选举和被选举权。义务方面：①坚决执行人民政府政策法令；②坚决执行县各族代表会议和协商委员会本身的决议；③每半月每个委员向协商委员会报告一次工作。县协商会会期，全委员1个月1次，常委会半月1次。凡是协商之问题，一则由政府下达土司署，另一则责成各委员贯彻执行。

丙、在开辟初期，抽出区乡干部名额（干部不够）办兄弟民族短期训练班，每期十天半个月解决一个问题，轮番数次再改换课目。训练成员应为基本群众，毕业后除个别的在自愿条件下吸收参加工作外，一般的介绍回原籍，争取在广大农村散布种子。

丁、搞贸易、卫生、学校，先搞好一点扩大影响，随着各族人民要求再逐步展开。如思陀代表看到迤萨医疗队给群众无代价治病、贸易支公司便宜卖东西，则请求贸易支公司和医疗队到思陀去。待贸易、卫生、学校展开后，又有系统地召集些部门会，检查总结工作，提高技术，规定任务，以便逐步地使各族人民得到些好处，必要时可召集些里长、招坝会议，给他们以教育。

总之，经过上述方法逐渐提高各族人民觉悟，使他知道在人民政府领导下，各族人民在政治上、经济上一律平等。而在各族人民觉得我们好，请求我们进去时，则在上级批准下即组织代表团进去工作。

蒙自专员公署

蒙自区资料之十三
——建水、石屏、元江3县民族概况
中央访问团第二分团
1951年7月出版

蒙自区资料之十三
——建水、石屏、元江3县民族概况

编者声明

这些材料是我们从1951年2月22日至1951年5月底（其中大部时间是在行动中），先后在蒙自、普洱、文山等地区进行兄弟民族访问工作中，通过当地干部、民族代表及熟悉当地情况的人士所了解的一些情况。为应各有关机关之急需，仅将原材料加以初步整理，尽量避免主观分析与结论，在文字上仅要求看得懂。但由于短期访问及仓促整理，情况难免不真实或不深入，观点难免错误。故仅能供各有关机关进行民族工作的参考或进一步考察的线索，并望于今后的调查研究，加以校正。

1951年6月　日

建水县

（一）民族分布

本县少数民族有彝族（又称彝亲）、窝尼、摆彝、回族、土僚5种，其人口数共51992人，占全县总人口约40%，而其中以彝族又比较占最多数，人口约有30000人。各区分布情况如下：

第一区：汉人聚居地只有普雄镇，占全区面积5%，少数民族聚居区占全区面积约80%，其余15%为民族杂居区域。全区人口约6240人，少数民族占50%。

第二区：分布民族有彝、窝尼、摆彝、土僚等4种，多数都是聚居，占全区面积80%，汉人聚居地仅有2%至3%，其余地区为杂居区。全区人口约20000人，少数民族约占85%。

第三区：分布民族只有彝、汉两种，彝族聚居区约占全区面积60%，汉人占30%，其余10%的面积是彝、汉杂居区。全区人口约22343人，彝族约9000人，占全区人口40%。

第四区：分布民族也只有彝、汉两种，彝族聚居区占全区面积60%，汉、彝杂居区占

20%，其余20%为汉族聚居区。全区人口约有24500人，彝族约有10100人，占全区人口约40%。

第五区：分布民族有回族、彝族、汉族3种，彝族分布于巫山区一带，回族分布于回龙区一带。彝族聚居区仅占全区面积2%，回族占10%，汉族占60%，有28%地区为彝、汉杂居地。全区人口有47938人，汉人约有38300人，约占全区人口79%；回族约有600人，约占全区人口1.5%；彝族有9038人，占全区人口约19.5%。

第六区：分布民族仅有彝、汉两种，彝族聚居地，占全区面积约30%，汉族聚居地占40%，其他30%地区为汉、彝杂居地。全区人口约有9560人，汉人约有5760人，占60%；彝族约3800人，占全区人口40%。

（二）苍菩村彝族生活概况

苍菩村共有130户人家，全是彝族，一般生活比较贫困，全村没有一个地主，130户人家中仅有1户富农、1户富裕中农，其他有55户中农、65户贫农、10户无产无业者，每年粮食够吃的只有1/3。一般不够吃的就开荒地，种苞谷、棉花、菜籽、花生等补助，但收获很微，故有的贫雇农或无田产者常到山脚摆彝地区卖工，每日除供饭外，可得两升谷子（约3斤大米）工钱。据说摆彝地区比较富裕，每年可种两发，一般摆彝自己不劳动，只雇山上贫苦民族来替他们劳动。

（三）解放前兄弟民族所受的痛苦

1. 土匪的压迫

建水县在解放前是一个多匪的地区，许多山区（少数民族地区）几十年来并未把土匪肃清过，许多兄弟民族都是在土匪的压迫及剥削下生活着，许多兄弟民族子弟，因生活穷困常被利诱而当了土匪。一区龙玉河一带过去就为汉族土匪马有兴盘踞，解放后虽收过他的一部分枪弹，但他旧性不改，仍与国民党匪特勾结，直到去年11月才被打散，马逃至江外。

2. 土司的剥削

现在第二区一带，原名复厚里，为纳楼土司辖地。土司制度早于1915年取消，但土司的后人保有一种封建的特权，凡普姓人（无论破落与否）都有一种尊贵的地位，无论大人小孩，老百姓都叫他们“阿爹”，每年要向老百姓收租。据统计，单在第二区每年要征收谷子2000多石。以黑尼街一村来说，不过20多户人家，每年上给土司的租就有83石8斗谷子。至于个别负担数额，没有一定，有的较轻，有的较重，如苍菩王乡长家每年总产量为15石谷子，土司租是7斗3升谷子，其他租率为4.9%。杨中兴家每年产8石谷子，土司租是7斗，其地租率是8.8%。地租送到土司家里，还要用风车把谷子扬过，每石谷子还要酬谢2斗5升的风车费。此外，人民买卖土地时，必须经过土司的允许，始能生效，土司在其中又要抽取一部分钱，表示准许买去，取得转佃权。解放以后，土司地租虽未明令禁止，但一般老百姓已经自动不缴，还有一些土司对人民的特权已完全取消。

3. 乡长的压榨

官厅乡长普家仁，不但对老百姓任意压榨，而且任意杀人。解放后在诉苦会上，农民对他诉的苦，除许多贪污的事实外，单他在官厅杀死或打死的人就有300多人，其中妇女占100多人。这些无幸受害的妇女，都是丈夫或儿子触犯了他，遂诬以“拿魂婆”而被打死或吊死的，现在苍苔乡长的母亲就是被他的狗腿用“拿魂婆”的名义处死。此外还有被他手下人抢劫时打死的不知有多少。在官厅以他的房子为最大、最讲究。据说，建造这所房子时，除榨取人民钱财外，单被他派去山上拉木料被木头打死或压死的就有四五人。

（四）兄弟民族解放后的表现

初解放时，因受特务谣言及长期土匪恶霸压迫的影响，不敢靠拢政府，他们的顾虑是：

（1）怕共产党不长久，共产党走了后，更加受土匪恶霸的压迫。

（2）政府的力量不能照顾，如苍苔乡曼法村的摆彝，因靠近红河边，红河那面为土匪盘踞，渡江船只亦为土匪掌握，随时可以过来，故20多户人家大多受不住土匪的威胁而他迁，现在只剩下五六户人家。

因为有这些顾虑，故最初开农代会的时候，许多过去受地主恶霸压迫的农民都不敢诉苦，但经解释后，大家争着诉苦，几天都说不完。

征收1949年欠粮时，苍苔乡还有集体瞒粮的现象，经过农代会后，表现很积极，挤出黑地公粮1500石。二区狗街子在征粮中，兄弟民族的表现很好，虽然在困难的情形下，但都能自动地负担起公粮的任务。缴粮时，男的挑粮，女的背着枪支护送。

在这次减退当中，许多兄弟民族一天来区政府催促几次，他们要求政府赶快评产，评过产后，他们才好缴粮。

石屏县

（一）民族分布

1. 民族人口

石屏县的民族共有彝、汉、回、摆彝、卜拉、山苏、窝尼7种，各族人口如下表：

民族（人）	彝	汉	摆彝	卜拉	回	窝尼	山苏	总计
人口	56000	39400	3000	1000	200	100	300	100000
百分比（%）	56	39.4	3	1	0.2	0.1	0.3	100

（上表材料系由县政干部了解而来，仅是一约计数）

2. 民族分布状况

（1）彝族：除少数分布在城区，或坝子内与汉人杂居外，大部分分布在山区。县南最多，亦即彝族聚居；县北彝族较少，多为杂居，彝族聚居的地方多为山头水边。各区彝族所占百分比如下：

第一区：占全区人口50%。

第二区：占全区人口35%。

第三区：占全区人口60%。

第四区：占全区人口90%。

（2）汉人：汉人多聚居城区和各区坝子内，占有优良的土地。

（3）摆彝：分布于五郎沟河、北花龙河一带，分水、旱两种，水摆彝多住低地或水边，旱摆彝住山头，都是聚居。

（4）卜拉：分布于第四区（山区），与彝族杂居或个别小村聚居。

（5）山苏：分布于第二区绿美尼、坡底冲一带。

（6）回族：分布于城区大小水城，与汉族杂居。

（7）窝尼：分布于花龙河一带山区。

（二）民族关系

石屏县少数民族中，以彝族人数最多，在民族关系上亦以彝汉关系较为复杂。据县府建设科长可某（彝族）谈，彝族在明朝以前就居住在石屏了，那时他们是住在坝子内，汉人非常少。自从明洪武年间，沐英进入云南在石屏屯兵以来，就把彝族赶到山区居住，从此以后，汉人亦跟着起来，霸占了坝子内的好地方。现在坝子内虽有一部分彝族居住，但都是经过许多斗争才得生存下来的。

1.历史上的民族隔阂

（1）明崇祯时都督龙在田（龙武彝族）的儿子龙滔、龙滚请了一个城内汉人姓张的老师去教书，因公子们顽皮，得罪了张老师，从此以后，张老师就怀恨在心，从中挑拨离间，在龙滔那里说："你小心点，龙滚有心谋害你。"在龙滚那里又说："龙滔某月某日要谋夺你的兵权。"两龙性直，相信了张老师的话，互相兴兵问罪，幸好在途中相遇，问明情由后，知道是张老师离间之计，非常愤怒，合兵一处攻打石屏城，要把张老师处死。张某挑拨两龙后，又向石屏方面伪报，说是龙氏弟兄谋反，意想趁龙氏弟兄火拼时再以汉军消灭之。当时吴三桂镇守云南[①]，因石屏兵少，闻报后，分兵两路救援，一路从峨山进兵，另一路从建水进兵，救兵还未到，龙氏兄弟已经围困石屏，城中没有办法，只得把张老师送出处死才解了围。两龙退兵到半路上，与援兵遭遇，打了一战，双方互有死伤。

（2）嘉庆年间，斐龙的彝族受不了当时反动政府的压迫，有一个名叫普列罗者，领导一部分彝族起来斗争，后来被清政府镇压下去，并取消反抗者的后人入学的资格。由于这种关系，许多汉人对彝族产生了一种歧视的思想，直到清朝末年，许多彝族子弟（未参加反抗斗争者）在学校中读书还受到汉人子弟的欺负，说他们是叛逆种子，反正没有功名，何必读书。可科长说，他幼年读书就亲身体验过这种痛苦。

① 此处有误，原文如此。——编者

（3）彝族比较老实，因此常受个别汉人的欺诈，而引起彝汉之间的隔阂。例如三转弯、马鹿塘等三村的山地，本为彝族的财产，因不识字，就请希老河的老师（汉族）代他们上粮和看纸契，久而久之，纸契名字被老师换了，粮户的名字也被老师改了。结果所有马鹿塘等3个村子的彝族都变成老师的佃户，老师握有真凭实据，告到官府也不生效。

（4）在彝汉之间，彝胞感到耻辱和伤心的是个别汉人调戏他们妇女的事。妇女常到山上去背柴，因此有个别汉族流氓子弟常常在彝族妇女上山背柴或单独一个的时候，强拉着调戏，若不顺从，便把头发割去，彝族妇女为此常羞愤自杀，有时告到反动政府那里，也占不了上风。类似这样的事，过去常常引起彝汉之间的不团结。如宣统年间，龙口嫁罗白地的姑娘回娘家路上被宝秀街的汉人拉去调戏，不从，被剪去头发，回家后在羞愤之际，吃鸦片烟自杀了。当时罗白村人非常愤怒，一些青年到宝秀街报仇，从此两村结下仇恨，互相械斗，几年不相往来，一直过了10多年，两村仇恨才渐渐淡漠。但当时领导彝族报仇的一个青年人（可科长舅父，武艺很好，宝秀街的人都怕他）到宝秀街又被汉人活活打死，新仇旧恨，两村的仇恨又从此燃起来了。

2.解放后的关系

解放以后，彝汉关系已比较好转，但尚有下列事实存在：

（1）汉人调戏彝族妇女的事虽然已经减少，但还没有完全绝迹，这是民族间不够尊重的事。县府可科长（彝族）亦提出希望政府严禁汉人调戏彝族妇女，他认为这是他们彝族感到最悲愤的事，亦是破坏民族团结的事。

（2）少数不良分子，欺负彝人老实。如城内铁匠某人到二区抛竹箐向可某（彝族）买了1个猪，言明到宝秀街给钱，到了宝秀街又说没有钱要到城里拿，直到猪都卖了还不给钱，一直骗了好久，才告到区政府，把铁匠关起来，一直等了好久才拿到钱。卖猪的彝人老老实实地在城内等了许多日子，待钱拿到手时，除了在城内耽搁的开支，所剩的钱已经不多了。类似这样的小事，常常引起彝族对汉人不好的印象。

3.民族工作及彝族的要求

（1）民族工作概况：除第四区为彝族聚居区外，其他的兄弟民族都是散居或聚居在汉人中间，生活亦大部分与汉人接近，尤其是城区的彝族，大多数彝族话都不会讲了，一切生活习惯都与汉人相同。在政策的执行上，除四区外，都是按照汉人地区执行。第四区是一个比较特殊的区域，全区均为山地，彝族占该区人口90%，生活比较寒苦，去年征粮时，并未按照一般规定开征，完全由人民自己决定办法，负担数额很少，今年未实行减租退押。解放后在四区增设了免费小学两所，全区过去有学生70多人，自从增设学校后，现已增加到300多人。

（2）彝族的要求：

A.办学校：少数民族代表反映，说他们过去无知识，受人欺骗，都是不得受教育的关系，希望政府替他们设立免费学校，使他们的子弟有进学校的机会。普家村（一区六乡）普国强提出要求，说他们过去经过许多年的斗争，好容易到民国二十七年才办起一所小学校，但现在中左所村长郭若卿要叫他们停办，并与中左所小学合并（校产有10多石谷子也要合并），但普家村离中左所有四五里路，小孩子上学不方便，希望不要合并。

B.一般少数民族都住在山区当佃农，生活很苦，希望赶快实行土改，改善生活。

C.希望政府照顾少数民族：有一个姓李的彝族说，政府对少数民族的照顾不够，山水城村政府向张广才、张福德、张玉广3家彝族，每家交3石谷子，先不说明理由，后来才补了一张借条，说是借，他说这是欺负他们少数民族，就是借也该向地主借，如张广才是农会评定的中农（8亩田，4口人），并且当过农代会代表。

元江县

（一）民族种类人口及分布情况

本县民族人口及分布情况如下表：

<table>
<tr><th>民族种类</th><th>户数</th><th>共计</th><th>百分比</th><th>说明</th></tr>
<tr><td>民家族</td><td>1100户</td><td></td><td></td><td rowspan="7">1. 窝尼族有布孔、碧约、堕塔、布都、苦葱等种
2. 摆彝族有水摆彝、旱摆彝、花腰摆彝、苦菜花摆彝、黑摆彝等种</td></tr>
<tr><td>窝尼族</td><td>8400户</td><td></td><td></td></tr>
<tr><td>彝族</td><td>2575户</td><td></td><td></td></tr>
<tr><td>泰族</td><td>2210户</td><td></td><td></td></tr>
<tr><td>汉族</td><td>3450户</td><td></td><td></td></tr>
<tr><td>普拉</td><td>610户</td><td></td><td></td></tr>
<tr><td>山苏</td><td>350户</td><td></td><td></td></tr>
</table>

元江县4个区的民族种类及户数：

<table>
<tr><th>区别</th><th>民族种类</th><th>户数</th><th colspan="2">共计</th><th>民族分布情况简略说明</th></tr>
<tr><td rowspan="5">第一区</td><td>彝族</td><td>1820户</td><td>户数</td><td>人口</td><td rowspan="19">1. 汉族——多居城里及市镇上，一般不种田
2. 泰族（摆彝）——多住坝子里，种田
3. 民家族——住坝子里，善经商
4. 彝族——住于山顶，种田
5. 山苏——住山上，生活很苦
6. 窝尼——住山上，种田</td></tr>
<tr><td>泰族</td><td>480户</td><td rowspan="4">3880户</td><td rowspan="4">15800人</td></tr>
<tr><td>普拉</td><td>280户</td></tr>
<tr><td>山苏</td><td>350户</td></tr>
<tr><td>汉族</td><td>950户</td></tr>
<tr><td rowspan="5">第二区</td><td>泰族</td><td>1680户</td><td rowspan="5">2410户</td><td rowspan="5"></td></tr>
<tr><td>窝尼</td><td>300户</td></tr>
<tr><td>彝族</td><td>150户</td></tr>
<tr><td>普拉</td><td>130户</td></tr>
<tr><td>汉族</td><td>150户</td></tr>
<tr><td rowspan="3">第三区</td><td>窝尼</td><td>3100户</td><td rowspan="3">4500户</td><td rowspan="3"></td></tr>
<tr><td>民家</td><td>1100户</td></tr>
<tr><td>汉族</td><td>300户</td></tr>
<tr><td rowspan="5">第四区</td><td>窝尼</td><td>5000户</td><td rowspan="5">7200户</td><td rowspan="5"></td></tr>
<tr><td>彝族</td><td>600户</td></tr>
<tr><td>泰族</td><td>150户</td></tr>
<tr><td>普拉</td><td>200户</td></tr>
<tr><td>汉族</td><td>1250户</td></tr>
<tr><td colspan="5">总计户数：17990户；总计人口：73850人</td></tr>
</table>

（二）民族来源

（1）倮倮和摆彝来自石屏。据说是被汉人压迫而来，此地有一句俗话说："倮倮被赶山头上，摆彝被赶山冲冲。"

（2）山苏族：此地有一个神话说："山苏族是木头变成的。在几千年前，有一位有名的木匠，很会雕刻，技术很高，名叫鲁班师傅。有一次他在深山老箐里，刻好四五个木头人站在山上，不会说话，只会吃饭。一天鲁之妻子送饭来给他，那些木头人便来抢着吃。那时鲁妻认不清谁是她的丈夫，她一想，她的丈夫每天都做工，鼻子上一定有汗，因此当木头人抢饭吃的时候，鲁妻看见鼻子上有汗的就给他吃饭，没有汗的把他们撵到深山老箐里放火烧，当放火烧的时候发出一种响声，所以汉族就称他们山苏民族。"他们本民族也是这样说，现在他们家里死人时都不装棺材，送到山上用锄头挖一个洞，将尸体放进洞里去，上面用一块木头盖上，表示对木头的尊重。

（3）倮倮族：据他们自己说，倮倮族当初是住在城里的。因为在老古时候，官家要倮倮族同汉人做两件好事，倮倮族被分配盖一所庙，汉族被分配建设一座石桥，结果汉族很快地将石桥建好了，倮倮族因经济困难，未动工盖，官家就处罚他们，将他们撵到山坡上去，不得住在坝子里和城市里。

（4）布孔族：传说布孔族原来住于元江县城里，几百年前，布孔族的祖先，只有一个儿子、两个姑娘。一天，有一个汉族青年和一个摆彝青年来追野猪吃，一直追到天晚，没有追到，就向布孔族的两个姑娘讨饭吃。两个姑娘很好地招待他们，两个青年留在布孔族的家里做工、种田，后来就同那两个布孔族的姑娘结了婚。她们向她们的父亲要点田自己耕种，她们的父亲说："这只猪跑到哪里，哪里的土地就算你们的。"这两个姑娘很聪明，为了多得一些土地，她们就将猪的肛门用一些破布塞起来，放火一烧，猪放开腿就跑，跑得愈快，土地愈得得多，所以布孔人常说："我们布孔族的生活没有山苏那样苦。"

（5）摆彝族：从前摆彝族住在元江坝子里，同汉族分田，汉族是用石头为记号，摆彝族是用木头为记号。汉人很聪明，就将摆彝做记号的木头拿去了一些，因此摆彝分得的田就少，所以汉人常骂"摆彝一天憨三回"。

（三）各族经济生活

（1）汉族：多居住于城里，一般的都不种田，他们认为种田是一种耻辱的事，所以多经商，有田都是租给少数民族种。汉族地主、富农占80%，如第一区甘庄坝、青龙厂，全是汉族地主的土地，全部租给摆彝族种。此坝共有4056亩，年产13700石谷，上租的田占95%，主佃六四分（最高的租额占出产量的60%）。除地租剥削外，地主对卜拉、山苏等民族还派白工，如造屋、背柴、挑瓦、抬滑竿。汉族中最大的地主是吴真、吴澈、唐自和（地恶）。元江县第一区4700人中，地主约占30%至40%。

（2）彝族：居住于山顶，主要食杂粮，有文字，能自动办学校，文化仅次于民家。内部团结很好，斗争性强，善舞蹈。本族有大地主，一般彝民都是他们本民族地主的佃户。

（3）摆彝族（泰族）：摆夷族土司方草芳改土归流后，还照样剥削山苏族，剥削的方式是派白工、放高利贷。解放前群众都说：山和水都是土司的。摆彝土司连方在内有7个，大地主5个，富农3个，除此都是中农、贫农。无文字，内部很团结，已自动斗争本族地主。花腰摆彝是靠种田过活，地主全部是汉人。大南马、阿敌摆彝，大半是自耕农。江边水田一年可种两次，除种稻外，还可种甘蔗、棉花。租佃关系普通是平分，谷子放在佃户家里，地主什么时候要，什么时候就得送去。

（4）民家族：聚居于烟远坝，自耕农占80%。民家族善经商，常到暹罗去做生意，运入的货有布匹、水笔等，没有本钱时向本族的人借。在元江几个少数民族中，要算民家族的文化程度较高，读高中、大学的都有。

（5）山苏族：除了极少的山地外，多以砍柴为生活，山地种苞谷、荞子、高粱、旱谷、棉花、红薯、稗子等，喜欢吃酒及黄烟。不吃饭可以，不得吃酒不行。

（6）窝尼族：居大山间，斗争性强，生活很苦。

（四）解放后的暴动

（1）原因：主要是地主恶霸反对征收公粮，但我干部作风不好也有影响。如第一区征收1949年公粮时，工作干部没有组织群众、发动群众，按照政策办事，在评产的时候，干部包办代替，自己用绳子去量田，量了半月一样都没有搞好，便主观地分配公粮数字下去，只求完成任务，限期缴粮，强迫交纳，不问负担能力，所以一些觉悟程度较低的农民，受土匪的利用便去投匪。

（2）暴动经过：开始征收1949年的公粮时，最初是元江第一区先暴动，因该区的他克鲁乡接近新平县，该县有土匪，地恶吴自林的狗腿周朝俊与土匪唐为钦、张大爷等勾结，1949年农民要清算吴自林，他悄悄地偷跑，我人民政府争取他回来，他只缴了一支美国左轮及几支坏枪，人不回来，在征粮时常抢老百姓的东西，反对征粮。1950年6月他发动暴动，初只有30人，新平暴动后，约有100人至200人，杀死干部27人至29人之多。暴动参加的人有500多个，第一区暴动时参加的人有1000多个，称为“云南反共军”。1950年6月先攻青龙厂，区政府撤退至甘庄坝，土匪又去攻甘庄坝，抢了区政府的30多石公粮，后被我军打退。

第一区第九行政村（邓耳村），有4个混入党内的阶级异己分子，在第一区暴动时，一起参加暴动。第六村寨水村方天宝的父亲（泰族，以前是土司），也参加暴动。猛拉村的民兵队长杀了4个倮倮族农民，在1950年羊街暴动时就投向土匪。现在这些土匪都回来自新登记了。

（五）减租退押的发动过程

未开农代会之前，一般群众对阶级分析认识不明确，如第一区猛拉农会主席向维开是一个富农，也给他当了主席，后来他参加了暴动。1948年各地才普遍组织农会，成立了县农会。

第一次农代会于1950年召开。会议的内容着重于阶级教育，发动农民诉苦，认清敌我，特别强调民族团结。代表们说："要谈民族团结，首先应该分清阶级界限，各族内部都有地恶，凡是霸占我们田地房产的恶霸地主都要打垮他。"在诉苦中农民又说："我们这些少数民族，随时受着大民族的压迫，常言说：'汉人压彝人，彝人压山苏。'今天认清了汉族的压迫只是汉族中的恶霸，不是所有的汉人都压迫我们。"代表们回去后，自动缴粮，才完成了1949年的公粮。在县农代会号召铲烟时，农民自动铲烟。五在地村有一个地主方国梁，不铲烟，而且抗粮，被农民起来斗争他。

第二次农代会主要是交代政策，评产减租。有的地区由于干部直接领导，所以搞得比较好；不过有的地区搞得太左，如洼底第且龙村斗了一个贫农，这是由于农会组织不纯，有的地富在其中操纵。

农代会后清算斗争展开，本县第二区大水平乡，共有40多个寨子。白田村有40多户，计100多人，佃农20户、贫农9户、雇农1户，全村都是摆彝族。本村最大的地主刀金科每年收租1000多石谷子，在国民党统治时，刀金科的势力最大，土地房屋很多，本村有20户是他的佃户，地租是平分或包租，租子一点也不能少。

白田村的贫雇农白贵亮、刀逢思、刀保生、白桂清（全是摆彝族），1950年参加了农代会后曾斗争刀金科，清算他霸占本村公田的事（白田村有一部分公田，每年收谷子60石，这项收入是全村老百姓的）。

在减租退押运动中，全村的老老小小都向刀金科清算，退劳役押，可是刀金科没有拿出来，大家就当场打了他一顿，叫他退押头，他说"家里一样都没有了"。农民将他双手双脚用绳捆起来，用棍子绞，绞得他死去活来，他都说没有。后来农民吓他，要将他拉去杀，他老婆说不要杀，我领你们去拿好了，农民一个也不敢去，只有刀逢思很勇敢地去拿。到了刀家，刀金科的老婆指着墙脚说就在这里，你们挖吧，于是从墙脚挖出半开四五千块，还有一个留声机。

从刀金科家里挖出来的东西，有被4床、毯子两三床、衣服三四套、猪10口，分给贫雇农，衣服上的银器存在区政府。

分果实的方法是通过农民代表会议来处理的。在分的时候，是按阶级成分来分：凡是出着押头的全部退还，贫农退一半，没有出过押头的贫雇农分给他们两三块半开，中农得一块至两块半开。农民分得了胜利果实后，都提出保证，加紧生产，多买工具。